Strumenti

Economia

a Carlo Masini

Giuseppe Airoldi Giorgio Brunetti
Vittorio Coda

Corso di economia aziendale

il Mulino

I lettori che desiderano informarsi sui libri e sull'insieme delle attività della Società editrice il Mulino possono consultare il sito Internet: **www.mulino.it**

ISBN 978-88-15-10680-3

Premessa

Questo libro è un testo pensato per i corsi universitari di introduzione all'economia aziendale e intende fornire agli studenti gli strumenti concettuali necessari per affrontare con rigore di metodo e con spirito critico la complessa e dinamica realtà delle aziende.

La teoria dell'azienda qui esposta si colloca nel filone della ricca tradizione degli studi economici aziendali originati da Gino Zappa e sviluppati dai suoi allievi. Di conseguenza, lo scritto si ispira a quattro idee di fondo: 1) l'unitarietà dei fenomeni aziendali, che devono essere osservati nei loro molteplici aspetti, di gestione, di organizzazione, di rilevazione, ma sempre in un'ottica integrata; 2) la centralità delle persone, sempre membri di istituti, e la ricerca dell'economicità mediante il contemperamento degli interessi di tutti i portatori di attese; 3) l'estensione dell'analisi a tutte le classi di istituti; non solo le imprese, ma anche le famiglie, lo Stato e gli istituti «nonprofit»; 4) il progresso economico come mezzo per il progresso civile. Ne discende inevitabilmente un quadro molto articolato che si riflette nella struttura di questo libro.

Il percorso di lettura del testo si articola nel modo seguente:

- i primi due capitoli trattano dei *soggetti* protagonisti dell'attività economica: le persone, i gruppi di persone, gli istituti;
- il capitolo 3 illustra l'articolazione dell'*attività economica* svolta da tali soggetti;
- i capitoli 4 e 5 trattano degli *interessi* che convergono negli istituti e delle modalità di loro *contemperamento* nel rispetto del *principio di economicità*;
- i capitoli da 6 a 8 mostrano come l'*economicità* possa essere *rappresentata, misurata e indirizzata* mediante il modello del bilancio di esercizio e, più in generale, mediante il sistema delle rilevazioni d'azienda;
- con il capitolo 9 si entra nei temi della *dinamica delle aziende*, dell'*interazione con l'ambiente*, del mutevole configurarsi delle variabili che compongono la *struttura delle aziende*: l'assetto istituzionale; le combinazioni economiche; l'assetto organizzativo; l'organismo personale; il patrimonio;

• i capitoli da 10 a 17 sviluppano il quadro delineato nel capitolo 9 trattando delle *principali decisioni aziendali che concorrono a definire la struttura di ogni azienda*; così, si affrontano i temi della configurazione del sistema di prodotto, delle scelte dimensionali e di integrazione e diversificazione, di gestione finanziaria, patrimoniale e tributaria, di sviluppo delle competenze e delle risorse che compongono il patrimonio dell'azienda, della progettazione degli assetti organizzativi ed istituzionali; la trattazione di tali temi in termini di decisioni da prendere vuole stimolare lo studente a riflettere sulla rilevanza concreta dei temi affrontati negli studi di economia aziendale e sulla necessità di disporre di solide basi concettuali per poterli affrontare in modo appropriato;

• il capitolo 18 propone una sintesi nella quale si mostra come le decisioni illustrate nei capitoli da 10 a 17 si combinano e interagiscono nel determinare l'economicità dell'azienda rappresentata secondo i modelli visti nei capitoli 6 e 7.

Questo volume è frutto di un processo molto lungo avviatosi a metà degli anni '80 che ha portato alla pubblicazione di *Lezioni di economia aziendale* nel 1989 e di *Economia aziendale* nel 1994. Poche pagine sono rimaste invariate; la struttura del testo è cambiata profondamente con parti eliminate, parti riscritte e parti aggiunte. Le novità sono dovute ad una molteplicità di ragioni: 1) le critiche e i suggerimenti dei colleghi e degli studenti che ringraziamo tutti; 2) la «fusione» in un solo volume di *Economia aziendale* del 1994 e del testo di S. Di Martino e C. Parolini (*Scelte di Economia aziendale*, Il Mulino, 1998); 3) la decisione di inserire nel testo anche numerosi esempi; 4) la trattazione esplicita degli istituti «nonprofit»; 5) l'aggiornamento e l'arricchimento dei riferimenti teorici attingendo alle varie discipline generali e particolari (economia aziendale, management, microeconomia, economia industriale, organizzazione, ecc.) che confluiscono nella nostra visione della teoria dell'azienda.

Infine, all'indirizzo **www.mulino.it/aulaweb**, al volume è collegato un sito che offre a studenti e docenti materiale per lo studio e per la didattica.

Sin dall'origine il testo è stato configurato combinando le idee e i contributi dei tre autori. Nella stesura operativa di questa versione, Giuseppe Airoldi ha scritto i capitoli 1, 2, 3, 4, 6 (eccetto il paragrafo 6.5), 9, 14, 15, 16 e 17 e Giorgio Brunetti ha scritto i capitoli 5, 7 e 8, e il paragrafo 6.5. Importanti contributi sono stati forniti anche da Daniela Montemerlo (parr. 9.3, 10.1, 10.2 e 10.3), Paola Varacca Capello (parr. 10.4 e 10.5), Mario Minoja (cap. 13), Cinzia Parolini (parr. 11.1, 11.4, 11.5, 12.1, 12.3 e cap. 18), Susanna Di Martino (parr. 10.6, 11.2, 11.3 e 12.2).

Ai colleghi e agli studenti che ci vorranno fornire i suggerimenti per ulteriori sviluppi di questo lavoro vanno i nostri ringraziamenti anticipati.

Gli autori

Milano, Università Bocconi
10 maggio 2005

Indice

Le persone, l'attività economica, l'economia aziendale

Capitolo 1

1.1. L'attività economica

1.1.1. La centralità della persona e delle società umane nell'analisi economica

Le *persone*, nel loro complesso divenire, perseguono molteplici *fini* di varia specie e di vario grado; il perseguimento di tali fini suscita *bisogni*; per soddisfare i bisogni le persone svolgono, tra l'altro, l'*attività economica*, ossia l'attività di *produzione* e di *consumo* di *beni economici*.

Gran parte dell'attività economica si svolge nell'ambito di società umane, in particolare nell'ambito di *istituti* quali le famiglie, le imprese, gli istituti nonprofit e lo Stato. L'analisi dell'attività economica richiede perciò il costante riferimento sia alle persone sia agli istituti.

L'attività economica si manifesta prioritariamente nel lavoro; *lavoro* che è di *persona* e di persona come *parte della famiglia e di altri istituti*[1].

L'attività economica è svolta *dalle persone e per le persone*; persone che si uniscono in società umane. Ne discende che la persona umana è al centro degli studi che si occupano di economia. Ogni teoria economica, ossia ogni teoria dell'attività economica svolta dalle persone, è fortemente influenzata dalle ipotesi – implicite o esplicite – circa la natura delle persone e dei gruppi di persone. Si pensi, ad esempio, a quanto potrebbero essere differenti gli sviluppi di due teorie economiche che si fondassero sui due seguenti insiemi alternativi di ipotesi: *a*) «le persone sono singoli individui isolati, perfettamente razionali e spinti solo da interessi egoistici»; *b*) «le persone agiscono in quanto membri di gruppi, in condizioni di razionalità limitata e ispirate anche da principi di altruismo».

In questo testo di economia aziendale si enfatizza il riferimento alle persone spinte da motivazioni non solo economiche e non solo egoistiche, e alle

[1] Queste prime proposizioni derivano direttamente dall'opera di Carlo MASINI [in particolare 1979, parr. 2-4 e 17; 1987b].

persone come membri di società umane. Ne discendono conseguenze rilevanti sia sul piano concettuale sia sul piano pratico. Sul piano concettuale ciò significa elaborare una teoria di economia aziendale intrinsecamente multidisciplinare; una teoria che ingloba, tra gli altri, contributi di psicologia, di sociologia, di etica. Sul piano pratico significa tentare di produrre una teoria che aiuti concretamente a comprendere e a guidare l'attività economica in armonia con i valori delle persone e delle società umane.

1.1.2. I bisogni e i beni

L'attività economica è svolta, congiuntamente ad attività di altra natura (religiosa, politica, artistica, ecc.), per il soddisfacimento dei *bisogni*. I bisogni, di persona, sono suscitati dal perseguimento dei fini delle persone viste anche come membri di istituti. Si definisce bisogno l'esigenza di un bene necessario agli scopi della vita. Un bisogno si manifesta soggettivamente come desiderio, ossia come sensazione e consapevolezza dell'insoddisfazione dovuta a una mancanza. Tradizionalmente, si distinguono due grandi classi di bisogni: i bisogni naturali (o fisiologici) e i bisogni sociali.

I *bisogni naturali* sono suscitati dalla componente biologica delle persone; si tratta dei bisogni di alimentazione, di protezione contro le intemperie, di riposo e così via; sono bisogni relativamente uniformi per tutte le persone in tutti i tempi e dunque «universali»; in particolare, sono bisogni universali i bisogni naturali basilari e indifferenziati tipici dei bambini, mentre i bisogni naturali delle persone adulte tendono a differenziarsi risentendo anche di condizioni contingenti. La dizione sintetica *bisogni sociali* sta ad indicare la vasta gamma dei bisogni *sociali*, *etici*, *estetici* e *religiosi*. Si tratta dei bisogni suscitati dalla sfera spirituale delle persone e dal fatto che le singole persone interagiscono con vari insiemi di altre persone che formano le società umane. I bisogni sociali possono essere distinti in «bisogni radicali» (informazione, giustizia, libertà, uguaglianza) e in bisogni «non radicali» (appartenenza, identificazione, sicurezza, amicizia, ecc.).

Sia i bisogni naturali sia i bisogni sociali possono essere distinti in *bisogni essenziali* (o primari) e *bisogni voluttuari* (o secondari, o superflui). I bisogni voluttuari sono fortemente influenzati (talora forse creati) dai processi imitativi e dimostrativi connessi al fenomeno delle mode e al formarsi di gruppi di riferimento; sono anche i bisogni più facilmente suscitabili e modificabili da specifiche strategie di comunicazione attuate da imprese o da associazioni e movimenti di varia natura[2]. In linea generale, si può assumere che le varie categorie di bisogni si manifestino secondo una sequenza: le persone percepiscono e soddisfano in primo luogo i bisogni naturali e sociali elementari per poi passare via via ai bisogni più complessi ed elevati[3].

[2] In materia si vedano le opere classiche di VEBLEN [1899] e di DUESENBERRY [1949] nonché le rassegne di teorie contenute in BUSACCA [2004].

[3] Una notissima teoria in materia è quella proposta da MASLOW [1964] secondo la quale

Una teoria dei bisogni è riferimento fondamentale di ogni altra teoria economica; la teoria economica trae da altre discipline e dottrine (etica, psicologia, sociologia, ecc.) le conoscenze sui bisogni delle persone e ne elabora gli aspetti rilevanti per l'attività economica di produzione e di consumo. La teoria dei bisogni è essenziale per comprendere l'origine ed i fini delle scelte compiute nell'ambito delle famiglie in merito ai tempi, alle modalità e alle intensità di prestazione di lavoro, in merito ai livelli e alla composizione dei consumi e in merito ai risparmi e alle forme di investimento. Nelle imprese le scelte di volumi e di qualità dei beni da produrre, così come le modalità di pubblicità, di promozione e di vendita, sono in larga misura basate su ipotesi circa i bisogni dei clienti intermedi e finali; con le dovute varianti, lo stesso vale per le scelte degli istituti pubblici.

Per l'analisi economica sono particolarmente rilevanti le dinamiche dei bisogni[4]. I bisogni delle persone si dispongono in una *gerarchia*; essi si pongono cioè in un ordine di priorità che si manifesta nelle variazioni delle scelte di consumo al variare dei redditi disponibili; mano a mano che i redditi disponibili crescono, si accede a certi consumi abbandonandone altri e viceversa quando i redditi disponibili decrescono. L'ordine di priorità è piuttosto rigido per i bisogni e per i redditi più bassi; variano invece significativamente le preferenze individuali in corrispondenza dei livelli di reddito più elevati. Al variare dei redditi disponibili la domanda dei differenti beni varia con andamenti differenti: alcuni ascendenti, altri costanti o discendenti. A fronte di bisogni, di beni e di livelli di prezzi relativi «nuovi», le scelte delle persone sono soggette a processi di *apprendimento*. I bisogni, soprattutto nelle economie «progredite», manifestano forti gradi di dinamismo; nuovi bisogni e nuovi beni si influenzano reciprocamente; alle tradizionali analisi di statica comparata occorre affiancare analisi della dinamica dei bisogni[5].

Il soddisfacimento dei bisogni richiede, tra l'altro, la disponibilità di beni. Si distinguono due grandi classi di beni: i beni economici e i beni non economici. Sono *beni economici* le merci ed i servizi *utili* per il soddisfacimento dei bisogni delle persone e *scarsi* rispetto alle esigenze espresse dalle persone. Sono *beni non economici*, o *beni liberi*, i beni non soggetti al limite di scarsità ossia liberamente disponibili in quantità e qualità più che sufficienti rispetto alle esigenze di tutte le persone che ne sentono il bisogno. Per soddisfare i loro bisogni le persone consumano sia beni economici sia beni non economici.

le persone percorrono una scala di bisogni partendo dai bisogni fisiologici per risalire i gradini dei bisogni di sicurezza, di socialità, di stima e di autorealizzazione; questa teoria è illustrata nel cap. 15 dove è utilizzata come base della teoria della motivazione al lavoro.

4 Ci si limita agli aspetti di base richiamando l'attenzione sulla dinamica dei bisogni. Alcuni riferimenti sono tratti da PASINETTI [1981; trad. it. 1984, 76-87].

5 Per una rassegna sulle relazioni dinamiche tra livelli retributivi, consumi, tempo libero, imposizione fiscale e «felicità» personale, si veda: LAYARD [2003].

Per l'analisi dei bisogni e dei comportamenti economici sono rilevanti alcune categorizzazioni dei beni economici. Alla distinzione dei bisogni primari e voluttuari corrisponde la distinzione tra *beni «primari»* e *beni «voluttuari»*. Molti bisogni sono soddisfatti dal concorso necessario di più beni che di conseguenza sono denominati *beni complementari*. Uno stesso bisogno può essere soddisfatto da beni differenti alternativi; si parla allora di *beni fungibili*. Molti beni possono essere progettati, prodotti e venduti da una certa impresa con caratteristiche particolari differenti rispetto a quelle di analoghi prodotti offerti dalle imprese concorrenti; sono i beni *differenziabili*; in altri casi la caratteristica rilevante è una sola, uniforme e costante; quel bene è offerto con caratteristiche uguali da tutte le imprese; si tratta dei *beni non differenziabili*, denominati anche *commodities*. I beni utilizzati direttamente dalle persone per soddisfare i loro bisogni sono chiamati *beni di consumo*, mentre i beni utilizzati per produrre altri beni sono chiamati *beni strumentali*. I beni di consumo e i beni strumentali possono essere *beni ad utilizzo singolo* oppure *beni durevoli* a seconda che cedano la loro utilità totalmente in occasione di un solo impiego o progressivamente in impieghi ripetuti per tempi anche lunghi. Si distingue anche tra *beni a consumo individuale* e *beni a consumo collettivo*; questi ultimi sono i beni per i quali l'atto del consumo è unico per diversi consumatori[6].

Altra classificazione fondamentale dei beni è quella che distingue tra *beni privati* e *beni pubblici* che, in prima approssimazione, coincide con la distinzione tra i beni prodotti da soggetti privati (le imprese, le famiglie, gli istituti nonprofit) e i beni prodotti da soggetti pubblici (lo Stato, le sue articolazioni, i suoi aggregati)[7]; tipici beni pubblici sono, ad esempio, i servizi dell'anagrafe, della difesa nazionale e della giustizia; varie categorie di beni possono essere offerti sia da soggetti privati sia da soggetti pubblici; ne sono esempi i trasporti, la sanità, la scuola.

[6] Esempi di beni riferibili alle classificazioni qui illustrate sono: *a*) beni economici: la generalità dei beni utilizzati dalle persone quali gli alimenti, gli abiti, gli automezzi, ecc.; beni liberi: l'aria, la luce del sole; *b*) beni primari: il pane, l'acqua, l'istruzione di base; beni voluttuari: il caviale, lo champagne, il corso di ikebana; *c*) beni complementari: la carta e la penna; beni fungibili: la penna e la matita; *d*) beni differenziabili: i capi di abbigliamento, i servizi turistici, i corsi universitari; beni non differenziabili: in generale le materie prime; *e*) beni di consumo: i quotidiani, gli orologi da polso, gli arredi dell'abitazione; beni strumentali: i veicoli industriali, i macchinari, gli immobili industriali e commerciali; *f*) beni ad uso singolo: alimenti, imballaggi, materie prime industriali; beni durevoli: elettrodomestici, automezzi, fabbricati; *g*) beni ad uso individuale: bevande, abiti, personal computer; beni ad uso collettivo: spettacoli, giardini pubblici, difesa nazionale.

[7] Un'altra distinzione tra beni pubblici e beni privati (che parzialmente si sovrappone a quella qui proposta) si basa sulle variabili «non rivalità nei consumi» e «non escludibilità»; il punto è ripreso e svolto nel cap. 3.

1.1.3. Le attività economiche di produzione e di consumo

L'*attività economica* consiste, secondo una dizione di massima sintesi, nelle *operazioni di produzione e di consumo dei beni economici.*

L'attività di produzione e di consumo di beni economici si svolge, nei sistemi economici progrediti, secondo una vasta gamma di operazioni tra le quali sono particolarmente evidenti le *operazioni di trasformazione tecnica* che si svolgono sia per la produzione sia per il consumo in tutti gli ordini di istituti: nelle imprese, nelle famiglie, nelle amministrazioni pubbliche e negli istituti nonprofit. Le operazioni di trasformazione tecnica sono operazioni di *trasformazione fisica, spaziale e logica* delle materie prime, degli impianti, dei dati e delle conoscenze. Nelle imprese manifatturiere si hanno, ad esempio, operazioni di: apprestamento di impianti, di macchine e di attrezzature e loro manutenzione; trasporto, conservazione, lavorazione e assemblaggio di materie prime e di semilavorati vari; confezionamento, conservazione e trasporto dei prodotti finiti. Operazioni di trasformazione tecnica tipiche delle imprese commerciali sono il trasporto, l'immagazzinamento e il confezionamento dei beni negoziati e tutte le connesse operazioni di costruzione e di manutenzione dei magazzini, dei punti di vendita e dei mezzi di trasporto. Nelle aziende di credito e di assicurazione la trasformazione tecnica è rappresentata prevalentemente da operazioni di trasformazione logica; si registrano le posizioni di credito e di debito, di copertura e di risarcimento, di incasso e pagamento essenzialmente variando insiemi di dati e di informazioni. Nelle famiglie sono operazioni di trasformazione tecnica: il trasporto, la conservazione e la lavorazione dei beni alimentari; la pulizia e la manutenzione delle abitazioni, dei mobili, dei capi di abbigliamento e così via.

I processi di produzione e di consumo si attuano all'interno dei vari istituti, ma, nelle economie moderne, gli istituti non sono economicamente isolati gli uni dagli altri, bensì sono collegati da fittissime reti di scambi. Così, accanto alle attività di trasformazione tecnica, tutti gli istituti svolgono molteplici *operazioni di negoziazione*. Le negoziazioni svolte dagli istituti sono strettamente complementari alle attività interne di trasformazione tecnica e caratterizzano fortemente sia i singoli istituti sia i sistemi economici nei quali essi operano. Le negoziazioni si classificano essenzialmente in ragione dell'oggetto scambiato. Moltissime negoziazioni hanno per oggetto *beni privati* (gli alimenti, gli automezzi, i libri, gli immobili d'abitazione e industriali, ecc.), altre hanno per oggetto la *disponibilità di mezzi monetari* a vario titolo (capitali di prestito e capitali di rischio), altre ancora *la copertura di rischi* mediante contratti di assicurazione e sempre di grande rilevanza sono le negoziazioni che hanno per oggetto il *lavoro* prestato dalle persone; nel vasto mondo delle negoziazioni intese in senso lato rientrano anche le operazioni attraverso le quali lo Stato eroga i *beni pubblici* e gli altri soggetti ne acquisiscono la disponibilità versando tributi. Le negoziazioni si svolgono secondo una molteplicità di *condizioni di scambio* e di *forme contrattuali*; spesso alle relazioni di puro scambio si sovrappongono relazioni di *cooperazione* e di *competizione* tra gli istituti coinvolti; insiemi omogenei di scambi formano i *mercati*.

Per completare il quadro generale delle grandi classi di operazioni nelle quali si sostanzia l'attività economica, si deve ricordare che a complemento delle attività di trasformazione tecnica e delle negoziazioni tutti gli istituti svolgono importanti attività che riguardano il proprio governo e che si possono distinguere in: operazioni di *configurazione dell'assetto istituzionale*; operazioni di *organizzazione* e di gestione del personale; operazioni di *rilevazione* e di informazione. In sintesi, l'attività economica di produzione e di consumo è riconducibile ad alcune grandi classi di operazioni: operazioni di trasformazione tecnica, negoziazioni, configurazione dell'assetto istituzionale, organizzazione e rilevazione; questi temi sono ripresi e sviluppati nel capitolo 3.

1.1.4. La produzione economica, la produzione di beni e la produzione di redditi

Definita nei termini generali l'attività economica, si pongono a confronto i concetti di *produzione economica*, di *produzione di beni* e di *produzione di redditi*. Si fa riferimento alle imprese.

Tutte le imprese svolgono attività di *produzione economica*. Tutte le attività svolte da un'impresa sono attività di produzione economica, incluse le attività di approvvigionamento, di marketing, di vendita, di organizzazione e di rilevazione; produzione non è sinonimo di fabbricazione. Non tutte le imprese attuano in senso stretto *produzione di beni* (merci o servizi). Lo fanno le imprese manifatturiere, estrattive ed agricole che producono beni tipicamente nella forma di *merci*, e lo fanno altre classi di imprese che producono *servizi*: servizi di trasporto, di assistenza medica, di consulenza economica, di custodia e così via. Invece, le imprese commerciali, le imprese di credito e le imprese di assicurazione non producono beni (né merci né servizi), se non come attività accessoria; la loro attività caratteristica di produzione economica consiste nello svolgimento di negoziazioni aventi per oggetto, rispettivamente, beni, crediti di prestito e rischi specifici. Comunque svolta, (mediante la produzione di merci, mediante la produzione di servizi, mediante lo svolgimento di particolari classi di negoziazioni) la produzione economica non è *il fine* dell'impresa, bensì la *funzione caratteristica* che essa svolge nelle «economie di mercato». In tali sistemi politico-economici la funzione della produzione economica è cioè delegata per gran parte alle imprese; una parte minore, relativa ai beni pubblici, è svolta dallo Stato.

Il fine delle imprese è la produzione di rimunerazioni; in particolare, la produzione di rimunerazioni del lavoro e del capitale di rischio. È il *fine* «dell'impresa» in quanto fine perseguito dalle due categorie di persone (i prestatori di lavoro ed i conferenti di capitale proprio) che hanno massimo rilievo per la formazione e per il governo dell'impresa. In tal senso, il fine dell'impresa è la *produzione di redditi* (le rimunerazioni del lavoro e del capitale proprio) mentre la produzione economica (produzione di beni o svolgimento di particolari classi di negoziazioni) è *il mezzo.*

1.1.5. Le condizioni di produzione

L'attività economica di produzione si attua con l'impiego di *condizioni di produzione* (correntemente, ma con significato più ristretto, denominate anche *fattori di produzione*).

Il *complessivo insieme delle condizioni di produzione* è inteso in modo molto ampio; esso include ogni elemento o circostanza che direttamente o indirettamente contribuisce a rendere possibile, a facilitare, od ostacolare, la produzione economica d'impresa; rientrano nelle condizioni di produzione elementi materiali e non, elementi d'ambiente ed elementi interni all'azienda. Nelle combinazioni produttive delle imprese entrano fattori del tipo:

- le materie prime, i componenti ed i servizi acquistati presso altre aziende;
- gli immobili, gli impianti e le attrezzature;
- il lavoro operativo, direttivo e di governo economico;
- la terra, che ha però significato profondamente differente per le aziende agricole, estrattive, manifatturiere e di servizi;
- i beni pubblici;
- i beni liberi.

Tra le condizioni di produzione hanno rilievo speciale le condizioni primarie. Le *condizioni primarie di produzione* sono definite secondo un duplice criterio: *a)* si tratta di condizioni di produzione fondamentali per ogni impresa; *b)* sono condizioni la cui natura e le cui modalità di apporto all'impresa sono tali da suscitare nelle persone che le conferiscono interessi economici primari nei confronti dell'impresa. Le condizioni primarie di produzione sono:

- il *lavoro*;
- il *capitale risparmio.*

È condizione primaria di produzione il lavoro di ogni specie (operativo, direttivo, di governo economico) prestato dalle persone che all'impresa dedicano in modo continuativo la totalità, o comunque la parte preponderante, della propria attività lavorativa (in generale, le persone con un rapporto di lavoro «dipendente»). È condizione primaria di produzione il capitale risparmio conferito a titolo «di rischio» e denominato anche capitale proprio. Le due condizioni primarie di produzione fanno capo alle due categorie di persone che in linea di principio compongono il *soggetto economico* d'impresa, ossia l'insieme delle persone che hanno interessi economici primari nell'impresa e che di conseguenza hanno il diritto-dovere di governare l'impresa stessa[8].

Questi brevi cenni, che sono abbondantemente sviluppati in capitoli successivi, dovrebbero bastare per chiarire l'importanza attribuita in questo scritto ai prestatori di lavoro ed ai conferenti di capitale proprio.

1.2. Le persone e i gruppi di persone

1.2.1. La persona umana e l'«homo oeconomicus»

Come accennato all'inizio del capitolo, ogni teoria economica è fortemente caratterizzata dalle sottostanti ipotesi in merito alle persone, ai gruppi di persone e ai loro comportamenti. Per questa ragione si ritiene opportuno esplicitare qui le ipotesi scelte in questo volume.

Un primo passaggio consiste nel richiamare il concetto di *homo oeconomicus* contrapponendolo al concetto più ampio di *persona umana*. Le scienze economiche studiano le società umane isolando e analizzando le manifestazioni economiche delle stesse, distinguendole dalle manifestazioni biologiche, sociologiche, psicologiche, politiche, etiche e morali che sono oggetto di altre scienze complementari all'economia. Tradizionalmente, e per oltre due secoli, le scienze economiche hanno rappresentato l'essenza economica della persona umana usando l'immagine dell'*homo oeconomicus* quale soggetto autonomo ed egoista, orientato esclusivamente alla massimizzazione dei propri redditi e della propria ricchezza, sempre in grado di valutare razionalmente le proprie scelte; l'orientamento alla massimizzazione della propria ricchezza è mitigato solo dall'aspirazione al tempo libero utile anche per godere della ricchezza accumulata. Questa interpretazione ristretta della persona come attore economico permette di formulare teorie generali molto rigorose che permettono di spiegare adeguatamente molti fenomeni economici; d'altro canto, essa porta ad ignorare alcune manifestazioni essenziali della realtà economica portando ad analisi e a proposte non corrette. Le moderne ricerche economiche tendono dunque ad adottare visioni più articolate che comportano sì teorie più complesse e più difficili da formalizzare, ma che, in compenso, rispondono meglio agli obiettivi interpretativi e propositivi delle scienze economiche.

In questo testo di economia aziendale il centro di attenzione è dato dalla persona *nella sua totalità*. Le relative ipotesi fondamentali sono: *a*) la persona svolge l'attività economica non come fine ma *come mezzo* per realizzare i fini di persona; *b*) le persone sono *membri* di gruppi, di istituti, di collettività, in

[8] Esposta in termini elementari, questa è la teoria delle condizioni di produzione e del soggetto economico proposta in MASINI [1979]. Sviluppi di queste teorie si trovano in successivi capitoli; in particolare, nei capp. 2, 4, 15 e 17.

generale *di società umane*; i fini, i valori e i bisogni individuali sono influenzati da tale condizione; in altro aspetto, le scelte economiche non sono mai di singola persona in senso stretto, sono di persona in quanto membro di più società umane; *c*) le persone e i gruppi di persone compiono le loro scelte economiche secondo razionalità che però è sempre razionalità limitata; *d*) le persone umane, se poste ad operare in contesti retti secondo giustizia, condividono i valori della solidarietà, della lealtà e del progresso[9].

1.2.2. Il principio di massimizzazione del benessere individuale

Adottare una visione ampia della persona umana non significa rinunciare ad un'analisi di tipo economico; significa invece sviluppare un'analisi economica più compiuta che tenga conto della storia delle persone e dei gruppi, delle connessioni intertemporali delle scelte umane, delle interazioni sociali. Di seguito si espone un insieme di ipotesi coerente con tale impostazione[10].

Le persone agiscono in modo tale da *massimizzare il proprio benessere individuale* (che non è solo benessere materiale) come esse lo percepiscono. Il loro *comportamento* è *previdente e coerente nel tempo*, poiché esse fanno del loro meglio per prevedere le conseguenze incerte delle loro azioni; è dunque un comportamento razionale. Le azioni delle persone sono soggette a vincoli di reddito, di tempo, di memoria e di capacità analitiche, nonché di altri limiti connessi alla disponibilità di risorse e opportunità, economiche e non economiche. Tali opportunità sono, a loro volta, per lo più determina-

[9] Si confronti quanto sin qui esposto con le ipotesi di lavoro tipiche della moderna teoria dell'organizzazione economica. Emblematica è la posizione di MILGROM e ROBERTS [1992, 78-79]: «Adottiamo il punto di vista secondo cui molte istituzioni e pratiche commerciali sono determinate come se le persone fossero motivate solo dall'interesse personale ed in grado di perseguire i loro obiettivi. Questo modello di comportamento umano incorpora il concetto di interesse personale che si assume usualmente, nei modelli economici, come quello di un consumatore che effettua, a prezzi dati, acquisti che massimizzano la sua utilità. Ma esso va oltre: in effetti postula che le persone siano capaci di scoprire tutti i modi per perseguire il proprio interesse, e che esse siano fondamentalmente amorali, che ignorino le regole, infrangano gli accordi ed utilizzino la frode, la manipolazione e l'inganno, pur di ottenere un guadagno. Come vedremo, quest'assunzione serve allo scopo: essa produce buone spiegazioni e previsioni precise e controllabili. Inoltre, anche se la descrizione delle persone come individui amorali e condotte solo da un'esclusiva attenzione all'interesse personale è certamente una caricatura, la spiegazione del funzionamento delle istituzioni è spesso robusta rispetto a tale descrizione. [...] Allo stesso tempo, non faremo le seguenti assunzioni che sono comuni in alcune analisi economiche: che gli individui sono capaci di fare assunzioni istantaneamente, perfettamente e senza limiti e costi; che essi possono efficacemente e senza sforzo prevedere tutte le possibili contingenze e tutte le implicazioni delle informazioni possedute e delle decisioni possibili; e che essi si comportino sempre in modo ottimale in tutte le situazioni».

[10] L'esposizione si ispira ai saggi raccolti in BECKER [1996]. Per un inquadramento dell'evoluzione del pensiero in materia, si vedano: KAHNEMAN, DIENER e SCHWARZ [1999]; FREY e STUTZER [2002].

te dall'azione privata e collettiva di altre persone e organizzazioni[11]. Le scelte delle persone sono influenzate dalle loro preferenze, o gusti. Le preferenze sono certamente influenzate da: *a)* i bisogni umani fondamentali (biologici) di cibo, bevande, protezioni dalle intemperie, divertimento; *b)* le caratteristiche dei beni e delle esperienze fruibili in un certo momento. Tuttavia, le preferenze sono fortemente influenzate anche da: *c)* il «*capitale personale*», ossia le esperienze personali passate (dell'infanzia, della vita in generale) inclusi i consumi passati, le abitudini e le dipendenze individuali[12]; *d)* il «*capitale sociale*» ossia i comportamenti delle persone che compongono la rete di conoscenze e di controllo sociale della persona, incluso l'insieme di valori e di regole denominabile cultura. Nelle economie evolute, le scelte personali sono sempre meno influenzate dai bisogni umani fondamentali, mentre il «capitale umano complessivo» (l'insieme del capitale personale e del capitale sociale) svolge un ruolo crescente; ciò vale anche nelle scelte che hanno per oggetto beni, quali il cibo o gli indumenti che, in linea di principio, dovrebbero essere scelti «solo» per soddisfare i bisogni fisiologici della fame e della protezione personale. Il capitale sociale è determinato soprattutto dalle scelte delle altre persone che compongono la rete; in tal senso, la singola persona ha scarsa capacità di influenzare il proprio capitale sociale. Tuttavia, la singola persona può, entro certi limiti, scegliere il proprio gruppo sociale di riferimento e, in tal senso, lo influenza direttamente. Le scelte delle persone, il capitale umano e le preferenze sono legati da una relazione dinamica[13]; i gusti delle persone, tuttavia, sono relativamente stabili e uniformi; le variazioni nelle scelte di acquisto e di esperienza delle persone sono spiegate prevalentemente dalle variazioni dei redditi disponibili e dei prezzi dei beni, non da variazioni nei gusti. L'attività svolta all'interno delle famiglie e l'*interazione tra i membri della famiglia* hanno un ruolo fondamentale nel processo di soddisfacimento dei bisogni delle singole persone; le persone, infatti, non soddisfano i loro bisogni semplicemente acquistando un bene e consumandolo; i bisogni sono soddisfatti acquistando beni e combinandoli con attività ed esperienze di vari membri di una famiglia; si originano situazioni e pro-

[11] BECKER [1996, 165-166].

[12] Il concetto di «capitale personale» è proposto da BECKER [1996, 21] che così lo definisce: «i consumi e le altre esperienze passate con effetti sulle utilità presenti e future».

[13] Le scelte dei beni e le esperienze compiute al tempo *t* influenzano il capitale personale (le proprie esperienze) e il capitale sociale (le azioni delle altre persone che compongono la rete sociale); il capitale umano, così modificato, determina le nuove preferenze, le nuove utilità e, quindi, i nuovi comportamenti. Inoltre, le persone decidono tenendo conto anche delle possibili influenze delle decisioni di oggi sul capitale umano di domani, ovvero sulle utilità e sulle scelte del futuro; si pensi, ad esempio, alle scelte che possono influenzare la salute nel medio e lungo periodo. Molte persone sono portate a sottovalutare le utilità future per via della scarsa prevedibilità e valutabilità delle stesse; chi, con opportune attività di studio e di ricerca, riduce l'incertezza circa il futuro è portato a dar maggior valore alle utilità future e, di conseguenza, a compiere scelte orientate al medio e lungo periodo [BECKER 1996]. Sulla varietà dei significati attribuiti all'espressione «capitale sociale» si veda: ADLER e KWON [2002].

cessi che tipicamente soddisfano contemporaneamente più bisogni[14]. Ciò aiuta ad evidenziare il ruolo delle società di persone (in questo caso la famiglia) nei processi economici.

1.2.3. I processi decisionali individuali: la razionalità limitata

L'attività economica, così come ogni altra attività umana, comporta continue scelte e decisioni. Lo studio dell'economia è per molti versi studio delle scelte dei soggetti che svolgono l'attività economica. La teoria dei processi decisionali degli attori economici è perciò una parte rilevante della teoria economica. Qui si presentano tre modelli utili per capire come le persone decidono: *a*) il modello delle scelte individuali secondo razionalità assoluta, un modello astratto ma utile per meglio comprendere il significato dei due successivi; *b*) un modello delle scelte individuali secondo razionalità limitata; *c*) un modello delle scelte a più attori nei contesti organizzati, sempre secondo razionalità limitata.

Il *modello di razionalità assoluta* è il modello di prima approssimazione utilizzato in buona parte della teoria economica. Secondo il modello della razionalità assoluta, un soggetto che debba prendere una decisione (ad esempio, deve decidere quale appartamento acquistare come propria abitazione) si trova in una situazione riassumibile nei seguenti punti:

- è perfettamente chiaro il problema affrontato ed altrettanto chiaro è l'obiettivo da ottimizzare;
- sono disponibili immediatamente e gratuitamente tutte le informazioni relative alle possibile scelte alternative;
- sono altresì perfettamente conosciuti tutti i possibili futuri «stati del mondo»;
- tutte le alternative sono tra loro confrontabili ed il confronto avviene simultaneamente;
- il decisore è unico ed isolato;
- la persona sceglie l'alternativa migliore.

L'osservazione della realtà ci mostra che tutte le ipotesi precedenti si realizzano solo parzialmente. Mai «il problema» è perfettamente definito (nel nostro esempio: si tratta di acquistare un appartamento o di trovare un'abitazione, eventualmente in affitto?) e mai l'obiettivo da ottimizzare è uno soltanto (l'ampiezza dell'appartamento, la luminosità, la vicinanza al luogo di lavoro e all'abitazione dei genitori, il pregio della zona, la rivendibilità, ecc.). Le informazioni sono disponibili solo in parte, sempre con qualche ritardo e la loro acquisizione comporta costi; a nessuno è dato di conoscere compiu-

[14] Si pensi, ad esempio, ai beni e alle attività necessarie per organizzare un cena in famiglia in occasione di una speciale ricorrenza, e alla molteplicità di bisogni soddisfatti (la fame e la sete, ma anche la socializzazione, il divertimento, la reputazione, ecc.).

tamente il futuro. Sempre si presentano problemi di incommensurabilità tra le alternative (quanto conta la luminosità dell'appartamento rispetto alla vicinanza al posto di lavoro e all'abitazione dei genitori?). Sempre il decisore è parte di qualche società umana e deve tenere conto anche delle preferenze di altre persone (gli altri familiari che abiteranno nello stesso appartamento o che potrebbero ereditarlo). In definitiva, le persone scelgono secondo razionalità; ma la loro razionalità non è razionalità perfetta; è razionalità limitata.

Herbert Simon, lo studioso che ha elaborato il concetto di *razionalità limitata*[15], ci propone un modello di rappresentazione dei processi decisionali umani secondo il quale le decisioni scaturiscono da *processi iterativi e sequenziali*; secondo questo modello, la scelta finale è «soddisfacente». Schematicamente:

- *il decisore parte da un certo insieme di attese iniziali*; ad esempio, pensa di poter trovare un appartamento di 100 metri quadrati, molto luminoso, distante dieci minuti dall'ufficio, ad un prezzo di 200.000 euro;
- *una prima ricerca esplorativa porta ad individuare qualche possibile soluzione*; avendo poco tempo a disposizione e investendo alcuni euro in giornali contenenti annunci gratuiti, il protagonista del nostro esempio ha individuato tre o quattro alternative;
- *il decisore esamina e valuta una prima possibile soluzione*; confronta le caratteristiche di tale possibile soluzione (un primo appartamento) con le sue attese; possono prodursi due situazioni: *a*) la prima soluzione presenta caratteristiche nettamente inferiori alle attese; *b*) la prima soluzione presenta caratteristiche pari o superiori alle attese;
- in entrambi i casi avviene un *aggiustamento delle attese* (nel primo caso, il decisore comincia a rivedere le proprie attese verso il basso; nel secondo caso verso l'alto);
- *il decisore esamina altre possibili soluzioni* confrontandole questa volta con le attese che via via si modificano in base agli esiti della ricerca;
- il decisore continua in questo processo: *le alternative vengono valutate una ad una in sequenza*; le attese si modificano in funzione degli esiti delle analisi;
- «ad un certo punto» *il soggetto sceglie*; sceglie quando stanno per scadere i tempi, quando la ricerca sta diventando troppo costosa, quando le ultime valutazioni non danno più luogo a scoperte positive, quando una delle soluzioni è compatibile (soddisfacente) rispetto alle attese che si sono via via adattate.

Evidentemente, in questo modello: non si ipotizza che si conoscano tutte le alternative possibili; non si ipotizza che il confronto avvenga contestualmente tra tutte le possibili soluzioni; non esiste un problema a monte perfettamente definito; il problema, le soluzioni e le attese si intersecano in un

[15] SIMON [1997].

processo di apprendimento. Tutto questo non significa che il processo decisionale non sia razionale; il processo e la scelta finale sono razionali, ma la razionalità è limitata, non assoluta. Riflessioni critiche in merito alla razionalità dei processi decisionali derivano anche dalle teorie cognitive. La mente umana opera mediante strutture cognitive che determinano come le informazioni vengono captate, selezionate, codificate, organizzate nella memoria e come poi vengono richiamate e interpretate influenzando così le valutazioni, i giudizi, le previsioni e le inferenze[16]. Il terzo passo da compiere per capire come le persone decidono nella vita reale, consiste nel riconoscere che molte decisioni sono prese da persone che operano in contesti organizzati quali le imprese o le pubbliche amministrazioni. Un noto modello delle *scelte a più attori in contesti organizzati*, modello che sviluppa la teoria della razionalità limitata, si basa sui concetti di: attori, problemi, soluzioni, occasioni di decisione[17] ed è illustrato nel paragrafo 1.2.5.

1.2.4. I gruppi sociali, le norme e i ruoli

Per il perseguimento dei loro fini, le persone umane interagiscono tra di loro sia occasionalmente sia in forme relativamente stabili e strutturate che genericamente si denominano società umane. L'azione individuale integrata nell'ambito di società umane produce benefici individuali e benefici collettivi di vario ordine; l'ottenimento di tali benefici richiede comportamenti appropriati; i comportamenti delle singole persone membri di società umane sono fortemente influenzati dall'appartenenza alle stesse. Tutto ciò vale anche quando le persone e le società umane sono osservate quali attori economici; ciò significa che l'attività economica deve essere analizzata anche come attività di persone membri di società umane e non solo come attività di singoli individui isolati[18].

Le società umane sono di natura molto varia e sono analizzabili in molteplici aspetti[19]; qui concentriamo la nostra attenzione sui «gruppi sociali»

[16] Si veda, ad esempio, MARKUS e ZAJONIC [1985].

[17] COHEN, MARCH e OLSEN [1972].

[18] Quanto l'attività economica debba essere studiata come attività di singole persone o come attività di aggregati di persone è questione dibattuta. Nella teoria economica anche recente continua a prevalere il riferimento alle persone singole. Ad esempio, in MILGROM e ROBERTS [1992, 48] si legge: «Sono le azioni degli individui che determinano il comportamento e la performance delle organizzazioni. Inoltre, sono soltanto i bisogni, le volontà e gli obiettivi degli individui ad essere dotati di una valenza etica: le organizzazioni economiche sono da giudicare sulla base di quanto adeguatamente esse servano i propositi delle persone. Infine, sono le persone che dopotutto creano e gestiscono le organizzazioni, giudicano della loro performance e le modificano o abbandonano se questa risulta inadeguata».

[19] Sono società umane le famiglie, i gruppi di amici, le imprese, le associazioni culturali, le chiese, i partiti politici, e così via. Le società umane sono studiate da una molteplicità di discipline: la sociologia, la psicologia sociale, l'economia, la politologia, l'etica, l'antropologia, la storia sociale, e così via. In sociologia si adotta come concetto centrale quello di

poiché, da un lato, essi sono le società umane «elementari» presenti in tutte le società umane di ordine superiore e, dall'altro lato, molti dei loro caratteri sono estendibili, con i dovuti adattamenti, a tutti gli insiemi di persone che interagiscono.

Il *gruppo sociale*[20] (d'ora in poi, semplicemente gruppo) è un insieme di persone avente i seguenti caratteri: *a*) è composto da un *piccolo numero* di componenti, tipicamente tra tre e sette persone; *b*) si forma *spontaneamente* tra persone che per varie condizioni organizzative e logistiche si trovano ad interagire tra loro; *c*) è composto da persone che condividono i *valori di fondo*; *d*) è orientato al perseguimento di un *obiettivo comune* a tutti i membri; *e*) ha una propria *struttura sociale interna*; *f*) sviluppa regole di comportamento, tipicamente implicite, denominate *norme* che tutti i membri del gruppo devono rispettare; *g*) è coeso e permane nel tempo se si realizza un sostanziale *equilibrio* tra ciò che ciascun membro fornisce al gruppo e ciò che ciascun membro ottiene dal gruppo; *h*) decade e si scioglie quando si rompe l'equilibrio di cui al punto precedente.

Al centro di un gruppo sociale sta dunque una fitta rete di scambi che fanno fluire tra i membri del gruppo oggetti molto vari: lavoro, affetti, beni, prestigio, protezione, potere, stima, divertimento, ecc. Nel gruppo sociale in senso proprio ciascuna persona ha intense e stabili relazioni con ciascun altro membro del gruppo; per tale ragione un gruppo sociale è formato da un piccolo numero di persone; ciascuna persona, infatti, ha risorse limitate disponibili per gestire le varie relazioni (tempo, energia emotiva, ecc.). Un gruppo è formato da pari e la sua «organizzazione» è spontanea e implicita; ciò non significa però che si tratti di una «organizzazione» debole; al contrario, per quanto implicita, la struttura è forte; in particolare, un gruppo sociale deve avere un leader che lo guidi; una debole leadership porta inevitabilmente al declino del gruppo; considerazioni analoghe valgono per le norme, le regole di comportamento del gruppo; sono regole implicite, ma la loro trasgressione comporta sanzioni che possono giungere all'espulsione dal gruppo.

Quando una persona fa parte di un gruppo, il suo comportamento è fortemente influenzato da tale appartenenza; la persona, infatti, diventa il centro di un *sistema di attese di comportamento da parte di altri soggetti*; si forma il *ruolo*. Il concetto di ruolo è una chiave essenziale per analizzare la struttura e il comportamento di un gruppo. Il ruolo è il sistema delle attese di comportamento che convergono su una persona che occupa una certa posizione in un certo gruppo[21]. Ciascuna persona membro di un gruppo

«gruppo»; si distinguono differenti tipi di gruppo [RUGIADINI 1979, par. 31]: il gruppo sociale, il gruppo formale e il gruppo informale, il gruppo di riferimento, il gruppo di interesse, e così via.

20 Per un inquadramento del tema si veda: RUGIADINI [1979, cap. IV].

21 Si presenta qui l'interpretazione classica del concetto di ruolo [KATZ e KAHN 1966, cap. 7; RUGIADINI 1979, par. 32]. Per ulteriori sviluppi e per l'approccio cognitivistico in materia si veda: BURKE e REITZES [1991].

TAVOLA 1.1. *Un esempio di ruolo: lo schema delle attese di ruolo convergenti sul dr. Ferrari, direttore della filiale di vendita di Urbino della Astra s.p.a.*

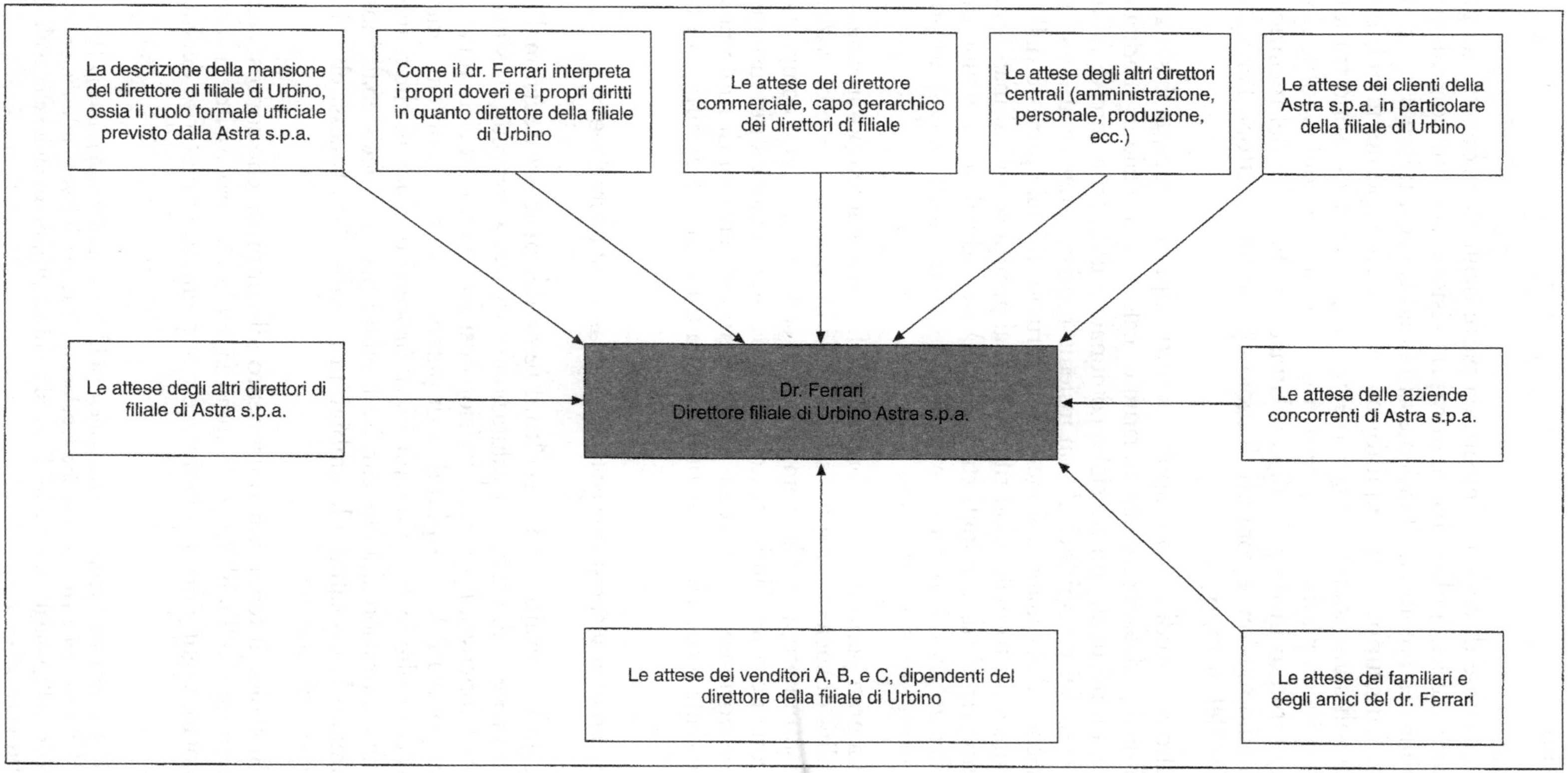

suscita attese di comportamento da parte degli altri soggetti del gruppo; la persona stessa, inoltre, ha una propria visione dei comportamenti che dovrebbero essere attuati; l'insieme di tali attese costituisce il ruolo della persona. Un gruppo è «in equilibrio» (è efficace e permane nel tempo) se i vari ruoli sono coerenti e complementari; se le attese sono tra loro incoerenti o incompatibili (i soggetti *A* e *B* hanno nei confronti di *C* attese incompatibili, o incompatibili con la visione che *C* ha del proprio ruolo) si originano tensioni e conflitti di ruolo che compromettono l'efficacia e l'esistenza del gruppo.

Il concetto di ruolo si applica a tutti i tipi di gruppi, inclusi i gruppi formali quali, ad esempio, una squadra di calcio, una filiale di vendita di un'impresa, un tribunale, un consiglio comunale o il dipartimento di un'università. Nel caso dei gruppi formali, un insieme fondamentale di attese è quello che proviene «dall'organizzazione», ossia il ruolo ufficiale previsto dalla struttura organizzativa formale. Con riferimento ai gruppi sociali, si manifestano alcuni ruoli tipici (denominati ruoli sociali) riconducibili ad alcune dicotomie: «leader-gregario», «novizio-anziano», «regolare-isolato», «esperto-moderatore», «conformista-deviante».

La gran parte delle persone adulte fa parte contemporaneamente di una pluralità di società umane, ossia si trova in una situazione di *inclusione parziale* in più gruppi[22]. Ciò comporta due conseguenze: *a*) il comportamento di ciascuna persona è influenzato contemporaneamente da più insiemi di attese di comportamento; *b*) frequenti e importanti tensioni di ruolo possono nascere dalle incoerenze o incompatibilità tra le attese di differenti ruoli[23].

1.2.5. I processi decisionali collettivi: tra caso e strutturazione

Nel paragrafo 1.2.3 è svolto il tema dei processi decisionali osservati come processi di analisi, di valutazione e di scelta compiuti da singole persone. Nel concreto, i processi decisionali si svolgono in società umane, ossia in spazi popolati da una pluralità di persone che tutte contemporaneamente sono coinvolte in una molteplicità di processi decisionali che si intersecano. Ai limiti di razionalità che caratterizzano i processi decisionali individuali si sommano le causalità e le ambiguità proprie dei processi che si svolgono nelle società umane.

Si svolge il tema con riferimento alle imprese che sono società umane organizzate nell'ambito delle quali si svolgono processi decisionali molto articolati. Ogni giorno nelle imprese si prendono numerose decisioni aventi

22 L'eccezione è rappresentata dalle cosiddette «organizzazioni totali» [ETZIONI 1961].

23 Spesso, ad esempio, sorgono tensioni tra il ruolo di lavoro in un'impresa, il ruolo di membro della famiglia e il ruolo di membro di un gruppo di amici che svolgono assieme un'attività sportiva.

oggetti e portata molto differenti (aprire un nuovo stabilimento, lanciare un nuovo prodotto, scegliere il canale pubblicitario, assumere il direttore acquisti, stipulare un contratto di vendita, compiere un intervento di manutenzione, sollecitare un pagamento da parte di un cliente, e così via). Le decisioni da prendere devono essere tra loro coordinate e coerenti, ma sono anche in concorrenza tra loro; la *concorrenza tra le decisioni* ha due origini: *a*) ogni processo decisionale richiede l'impegno di risorse tra le quali il tempo e l'energia della persona o delle persone che devono decidere; tali risorse da investire nei processi decisionali sono sempre scarse e così accade che alcuni processi decisionali siano avviati e conclusi mentre altri non sono neppure avviati o, se avviati, si arenino senza produrre scelte; *b*) le scelte che scaturiscono dai processi decisionali pure comportano l'impiego di risorse; di nuovo, le risorse disponibili sono limitate e, di conseguenza, una scelta (ad esempio, investire un milione di euro in ricerca tecnologica) può essere incompatibile, e quindi in concorrenza, con altre scelte (ad esempio: investire in pubblicità, rinnovare gli impianti, acquisire un'impresa, e così via). Non solo le decisioni, ma anche le *soluzioni* sono *in concorrenza tra loro*; infatti, uno stesso problema può trovare più soluzioni, magari proposte e sostenute da soggetti che hanno schemi mentali e interessi differenti; così, ad esempio, a fronte del problema dell'inquinamento fuori norma del nostro stabilimento Alfa, si può scegliere di investire in un impianto di abbattimento dei fumi, oppure di chiudere lo stabilimento Alfa trasferendo le produzioni nello stabilimento Beta, oppure di cessare la produzione e acquistare il bene presso un fornitore cinese.

Il tema si può sintetizzare in due domande: *a*) che cosa fa sì che talune decisioni siano prese e altre no?; *b*) nel caso delle decisioni prese, che cosa fa propendere per una certa soluzione anziché per altre possibili? A queste due domande risponde il modello delle decisioni organizzative proposto da Cohen, March e Olsen[24]. Le decisioni si prendono in tempi e luoghi chiamati «occasioni di decisione» che possono essere più o meno codificate (il consiglio di amministrazione, piuttosto che un gruppo di lavoro o una riunione *ad hoc*) e alle quali partecipano le persone che nel loro insieme hanno le necessarie deleghe e autorizzazioni per prendere quelle decisioni. Le occasioni di decisione sono rappresentate come contenitori nei quali in modo solo parzialmente programmato confluiscono tre ingredienti: le persone, i problemi, le soluzioni. I tre ingredienti si combinano e, quando i contenitori vengono «svuotati», scaturiscono le scelte compiute[25]. Nelle occasioni di decisione

[24] COHEN, MARCH e OLSEN [1972]. Per una rassegna dei principali filoni di pensiero in merito alle decisioni aziendali (razionalità limitata, politica e potere, *garbage can*) si veda: EISENHARDT e ZBARACKI [1992].

[25] L'immagine proposta è quella del bidone della spazzatura (*garbage can model*): si supponga di rappresentare un'occasione di decisione come un bidone della spazzatura nel quale i partecipanti buttano vari problemi e soluzioni; ciascuna impresa ha molti bidoni contemporaneamente; il mix di spazzatura in ciascun bidone dipende in parte dalle etichette che contraddistinguono ciascun bidone, ma dipende anche da quale spazzatura è prodotta in quel pe-

le persone portano i *problemi* ai quali ciascuno attribuisce differenti *priorità*; il problema viene affrontato cercando concretamente una soluzione se tutti i partecipanti attribuiscono al problema una criticità sufficientemente elevata; chi ha un forte interesse a che si affronti il problema in una certa occasione preparerà il terreno facendo in modo che la *criticità percepita* dalle altre persone sia elevata, magari a discapito di altri problemi; anche problemi che richiederebbero scelte urgenti possono rimanere irrisolti semplicemente perché alcune delle persone che dovrebbero intervenire non ne percepiscono la rilevanza e l'urgenza. Nelle occasioni di decisione le persone portano *soluzioni*, ossia proposte di intervento non necessariamente connesse esplicitamente ad uno dei problemi da trattare; in tal senso si dice che nelle occasioni di decisione entrano *problemi in cerca di soluzioni* ma anche *soluzioni in cerca di problemi* per i quali possono essere risposte. *Una certa scelta si compie se una soluzione viene presentata in modo compiuto e convincente come risposta ad un problema percepito come rilevante ed urgente.*

I processi decisionali che si svolgono nelle imprese (e nella generalità delle società umane organizzate) sono dunque solo parzialmente strutturati secondo meccanismi sovraordinati di razionalità; l'impresa progetta e codifica alcune forme di occasioni di decisione, definisce le deleghe e le responsabilità decisionali, attiva meccanismi atti a segnalare i problemi critici e a formulare alternativi corsi di azione; le dinamiche ambientali, i limiti cognitivi delle persone, le differenti preferenze e percezioni in gioco lasciano però sempre ampi spazi per il caso e la soggettività.

Le strutture organizzative delle aziende sono progettate in modo tale da orientare e integrare le singole decisioni prese da persone e da gruppi di persone[26]; occorre far sì che tutte le decisioni individuali siano coerenti con gli obiettivi dell'organizzazione, ossia che nelle intenzioni rispettino la razionalità dell'organizzazione; ci si attende che le persone membri di un istituto adottino le finalità e le politiche aziendali come guida alla loro azione individuale; per agevolare l'applicazione di tali logiche di comportamento le organizzazioni elaborano e propongono *regole organizzative, procedure e routine*; si suppone che applicando tali regole, procedure e routine si ottengano risultati coerenti con gli obiettivi dell'azienda; risultati negativi si ottengono quando le procedure sono attuate per sé, sono ritualizzate, senza aggiornamenti e verifiche della loro permanente funzionalità. All'interno degli istituti, molti problemi si presentano frequentemente e in termini relativamente omogenei; i relativi processi di ricerca delle possibili soluzioni e di scelta tra le stesse si svolgono allora in modo molto semplificato perché le persone applicano *routine consolidate*[27]. Applicando le routine, le persone riducono fortemente la

riodo, dal mix di bidoni disponibili, e dalla periodicità secondo la quale i bidoni vengono ritirati e svuotati.

26 Il punto è svolto sulla base di SIMON [1997, capp. V e X] e di MARCH e SIMON [1958].

27 Sul ruolo delle routine nel funzionamento e nella dinamica delle organizzazioni si veda anche NELSON e WINTER [1982].

loro discrezionalità: prendono poche decisioni e circoscrivono la gamma delle scelte considerate. Le decisioni che si prendono nell'ambito degli istituti sono il frutto della combinazione di sistemi di valori individuali e collettivi, di schemi mentali, di strutture di ruoli, di regole e di routine.

Tutto quanto sopra ci porta a riflettere sul fatto che l'attività economica svolta dalle persone è soggetta a varie spinte; spinte che sono in parte divergenti perché le persone hanno differenti valori e bisogni e le risorse complessivamente disponibili sono limitate; ma anche spinte che devono trovare qualche forma di integrazione per poter realizzare, almeno in parte, i vantaggi dell'azione organizzata e cooperativa. Nel corso dei millenni, le persone hanno imparato ad utilizzare una varietà di meccanismi di integrazione: i contratti espliciti, le gerarchie, i contratti impliciti, la fiducia, la reputazione, la socialità, gli incentivi, i diritti e i doveri di comando, i meccanismi di ripartizione del rischio, e così via.

1.2.6. Cooperazione, opportunismo, fiducia e altruismo

La ragion d'essere delle società umane e la condizione essenziale per il loro efficace funzionamento è la cooperazione tra le persone che ne fanno parte. La cooperazione consente di ottenere risultati non conseguibili dai singoli operanti individualmente; la *cooperazione produce una «rendita»*[28] che dovrà essere distribuita tra tutti i partecipanti; in tal senso ciascuna persona ha interesse a cooperare poiché anche dalla sua cooperazione dipende l'entità della rendita poi disponibile per compensare il suo contributo; nello stesso senso ciascuna persona che voglia partecipare alla rendita ha il dovere morale e formale di cooperare lealmente. In linea di principio ciascuna persona dovrebbe essere ricompensata in relazione ai contributi forniti godendo di una quota della rendita organizzativa proporzionata all'impegno di cooperazione. Nella realtà, tuttavia, *né i contributi individuali, né i risultati complessivi realizzati sono perfettamente conoscibili*[29] e ciò dà spazio a comportamenti opportunistici, ossia a comportamenti egoistici e attuati con astuzia che consentono alle persone di godere dei vantaggi della cooperazione senza fornire i dovuti contributi. I comportamenti opportunistici, frequenti all'interno dei singoli istituti, a maggior ragione tendono a manifestarsi nelle relazioni tra persone che appartengono a differenti istituti; si pensi, ad esempio, alle relazioni di scambio tra differenti imprese.

I comportamenti opportunistici sono al contempo causa ed effetto di relazioni di sfiducia tra le parti. La costruzione di un *rapporto di fiducia*[30]

28 AOKI [1984].

29 Per un inquadramento del tema si vedano: ZATTONI [2004a, cap. 1]; ALCHIAN e DEMSETZ [1972]; WILLIAMSON [1975].

30 PERRONE [2004].

richiede l'adozione ripetuta di comportamenti leali e cooperativi; le transazioni tra due persone legate da rapporti di fiducia sono fluide ed efficienti; i comportamenti opportunistici di una parte incrinano il rapporto di fiducia e stimolano l'altra parte a comportamenti opportunistici; le transazioni in contesti di sfiducia sono difficoltose, costose, non efficienti.

Il formarsi e il deteriorarsi di relazioni di fiducia si realizzano secondo un tipico meccanismo di profezie autoverificanti; tale fenomeno è evidente, ad esempio, nel governo dei rapporti tra le imprese e le persone che vi prestano lavoro. Una parte notevole della teoria e della pratica organizzativa si fonda, più o meno esplicitamente, e comunque erroneamente, sull'ipotesi che i prestatori di lavoro tendano *naturalmente* (ossia per caratteristiche proprie della natura umana) ad applicare pratiche restrittive rispetto alle attese di comportamento espresse dall'azienda. Secondo tale impostazione le persone attribuirebbero al lavoro un carattere puramente strumentale rispetto all'ottenimento della retribuzione; non solo le persone minimizzerebbero lo sforzo per ottenere una data retribuzione ma ricercherebbero coscientemente i «difetti» dell'assetto organizzativo che consentono comportamenti opportunistici nel rispetto formale delle regole esplicite; non si darebbe nessun fenomeno di assunzione spontanea di responsabilità. Si trascura ogni ipotesi di interpretazione del lavoro come dovere e di identificazione dei prestatori di lavoro con l'azienda, con gli obiettivi, con la professione. Evidentemente da tali ipotesi di sfiducia discendono la teoria e la pratica dell'assetto organizzativo prescrittivo, costrittivo e caratterizzato da totale accentramento delle decisioni rilevanti. Nella nota opera di Douglas McGregor[31] la posizione sopra delineata è definita *Teoria X* ed ha i caratteri delle «profezie autoverificanti». L'assetto organizzativo coerente con l'ipotesi negativa sulla natura umana *causa* esattamente i comportamenti previsti da tale ipotesi; le persone soggette ad un assetto costrittivo, e private di ogni delega, sviluppano atteggiamenti restrittivi ed opportunistici; l'impossibilità di esercitare giudizio in assenza di delega produce necessariamente la mancata dimostrazione della capacità di assumere responsabilità complesse. McGregor contrappone alla Teoria X la *Teoria Y*. Si ipotizza che le persone tendano spontaneamente ad assumere responsabilità, abbiano per natura un atteggiamento di lealtà e di impegno, si identifichino con l'azienda, con gli obiettivi e con la professione; di conseguenza si adotta un assetto organizzativo inteso come guida al comportamento e caratterizzato da forte delega su obiettivi: l'ipotesi si autoverifica e le persone si comportano come previsto dalla Teoria Y. L'adozione della Teoria Y è condizione essenziale per la realizzazione di assetti aziendali che favoriscano la congiunzione di risultati di efficienza e di soddisfazione. Si intuiscono facilmente le difficoltà di passaggio da una situazione «X» ad una situazione «Y»; nelle situazioni «X» la sfiducia è reciproca e ciò tende a bloccare ogni mutamento verso un'impostazione differente.

31 McGregor [1960].

Accanto ai comportamenti opportunistici, le relazioni interpersonali fanno registrare anche *comportamenti altruistici*, ossia comportamenti che producono un vantaggio ad altri con un sacrificio da parte di chi agisce. I comportamenti altruistici possono apparire come comportamenti non economici o contrari al principio della massimizzazione del benessere individuale. Così non è: i valori, gli obiettivi e i bisogni di una persona, nonché le circostanze nelle quali essa si trova ad operare, possono essere tali per cui *il comportamento altruistico è perfettamente funzionale alla massimizzazione del benessere personale*[32]. Ad esempio, i comportamenti altruistici possono servire per creare buone relazioni sociali che soddisfano i bisogni di socialità e rendono meno costose le future interazioni; possono essere mezzo di realizzazione dei principi di giustizia, equità, progresso civile. Il contesto sociale, economico, giuridico e religioso incidono notevolmente sulla combinazione dei comportamenti egoistici, opportunistici ed altruistici[33]. In generale, i comportamenti altruistici sono del tutto coerenti con il principio della massimizzazione del benessere individuale poiché consentono di soddisfare un insieme importante delle attese personali: positive relazioni sociali, bassi costi di transazione presenti e futuri, autostima e stima altrui, offerta e fruizione di solidarietà, sicurezza, giustizia e carità[34]. I comportamenti opportunistici sono attuati dalle persone che ne sottovalutano la disutilità futura in termini di più alti costi di transazione, di sanzioni morali e di sanzioni legali, oppure dalle persone che dispongono di basi di potere tali per cui queste sanzioni diventano irrilevanti.

1.3. L'economia aziendale

1.3.1. I principi generali

Quanto sopra esposto in merito all'attività economica svolta dalle persone, membri di società umane, consente di definire i principi generali dell'economia aziendale.

Le scienze economiche si articolano in due rami: l'*economia politica* e l'*economia aziendale*. Le scienze economiche hanno come oggetto comune le attività di produzione e di consumo dei beni atti a soddisfare i bisogni delle persone. L'economia politica osserva i fenomeni economici propri dei grandi aggregati regionali, nazionali ed internazionali; l'economia aziendale li osserva nelle manifestazioni delle aziende singole, delle classi e degli aggregati

32 SIMON [1993]; SEN [1993]; DORE [1983]; GRANOVETTER [1985].

33 KAHNEMAN, KNETSCH e THALER [1986]; NORTH [1990]; ROE [2003]; ZATTONI [2004a].

34 I vantaggi dei comportamenti altruistici e della fiducia nelle relazioni interpersonali sono studiati sia a livello macroeconomico sia a livello individuale; si vedano: MUTTI [1998]; PUTNAM [2000]; BOWLES e GINTIS [2002]; GLAESER, LAIBSON e SACERDOTE [2002].

particolari di aziende, così come dell'ambiente in cui le aziende operano. L'economia politica, fondandosi anche sui contributi dell'economia aziendale, elabora le conoscenze e le teorie economiche utili per le decisioni di politica economica regionale, nazionale ed internazionale. L'economia aziendale, fondandosi anche sui contributi dell'economia politica, elabora le conoscenze e le teorie economiche utili per il governo delle aziende di ogni ordine (familiari, di produzione, nonprofit, di amministrazioni pubbliche). Sia le decisioni di politica economica sia le decisioni di governo economico delle aziende si fondano solo in parte sulle teorie di economia; in esse convergono anche le teorie di altre scienze umane e di scienze naturali, oltre che le considerazioni di tipo etico.

Le scienze economiche sono orientate anche all'individuazione delle alternative modalità di svolgimento dell'attività economica e alla selezione, nonché all'innovazione, delle modalità più convenienti nei vari contesti. L'economia è qui intesa come scienza che non si limita alla *ricerca di uniformità relative* nel «comportamento economico» e nei «risultati» dello stesso; l'economia deve tendere anche a *spiegare le relazioni di causalità* (seppur relative, ossia non univoche) tra le alternative soluzioni strutturali e tecniche ed i risultati economici. Nell'esprimere giudizi sulla convenienza relativa delle alternative modalità di svolgimento dei processi economici, l'economia assume anche caratteri di *scienza «valutativa»*. Con ciò non si intende assegnare alle proposizioni di economia valore «normativo» assoluto; nel campo delle scienze dell'uomo ogni valutazione è relativa, e non ha quindi valore normativo assoluto, poiché implicitamente o esplicitamente si basa su particolari opzioni di valori e di metodo e poiché sono sempre rilevanti i limiti di conoscenza e di razionalità dei processi che portano alla formulazione delle teorie; inoltre, come poco sopra ricordato, la teoria economica da sola non può produrre proposizioni di pieno valore normativo; essa a tal fine deve combinarsi con i contributi di altre scienze e con l'etica.

La ricerca di nuove e «migliori» modalità di svolgimento delle attività economiche si ispira evidentemente ad una *visione dinamica dei processi economici*, ossia ad una visione che giudica auspicabili e possibili continui progressi di efficienza e di efficacia dell'attività economica.

È importante notare che il concetto qui proposto di innovazione delle modalità di svolgimento delle attività economiche non coincide con il concetto di *progresso tecnico* correntemente utilizzato nella teoria economica. Ivi il «progresso tecnico» è genericamente inteso come spontanea applicazione all'attività economica delle innovazioni e degli sviluppi della tecnologia o, comunque, come affinamento delle modalità di loro applicazione. Così inteso, il progresso tecnico è variabile esogena, esterna alle aziende e alle scienze economiche, portato delle scienze naturali e delle scienze matematiche e logiche. Il concetto di innovazione delle modalità di svolgimento dei processi economici qui utilizzato include sia le *innovazioni «tecnologiche»* sia quelle *«economiche»*. Inoltre, i processi di ricerca, di sperimentazione e di adozione di innovazioni tecnologiche non sono semplici e spontanei processi di applicazioni di invenzioni «esterne»; sono processi complessi, parte integrante dell'attività economica di azienda.

Il processo dinamico di innovazione delle modalità di svolgimento dell'attività economica si attiva e si svolge a due livelli distinti se pur interagenti: al livello delle aziende, ove si esprimono le spinte e le capacità innovative delle singole persone e degli aggregati primari di persone; al livello degli organi di governo dei sistemi economici regionali, nazionali ed internazionali. È componente essenziale delle «economie di mercato» il fatto che i singoli istituti, in particolare le famiglie e le imprese, possano operare *in libertà* nella scelta delle combinazioni economiche e delle modalità di loro svolgimento e che le autorità pubbliche intervengano a regolare, ad innovare e a svolgere l'attività economica negli aspetti e per le parti la cui responsabilità non può essere assunta dalle singole aziende o da limitati aggregati di aziende.

L'*oggetto proprio dell'economia aziendale* si identifica assumendo come centro di riferimento le attività economiche svolte dalle aziende. Si tratta di un oggetto complesso ed una sua definizione precisa non può che derivare da un'articolata serie di proposizioni congiunte declinabili nel modo seguente[35]:

1. l'economia aziendale ha per oggetto l'*ordine economico* (ossia il sistema degli accadimenti economici) *di tutti gli istituti* nei quali si svolgono significative attività di produzione e di consumo di beni economici;
2. si considerano particolarmente rilevanti *quattro classi di istituti*: le famiglie, le imprese, lo Stato che si articola in istituti della pubblica amministrazione, gli istituti nonprofit; ad esse corrispondono quattro classi di aziende sinteticamente denominate: *aziende familiari di consumo*, *aziende di produzione*, *aziende di pubbliche amministrazioni (o aziende composte pubbliche)*, *aziende nonprofit*;
3. l'economia aziendale studia l'attuazione delle produzioni e dei consumi e, con riguardo ai sistemi economici progrediti, i connessi processi di: *configurazione degli assetti istituzionali*; *trasformazione tecnica*; *negoziazione* (di beni, di capitale di prestito, di rischi particolari; di lavoro e di capitale proprio); *organizzazione*; *rilevazione e informazione*;
4. il sistema degli accadimenti di azienda, analizzato nell'ottica dell'amministrazione d'azienda, è riconducibile ai grandi aggregati dei processi di *gestione*, di *organizzazione* e di *rilevazione e informazione*;
5. le operazioni di azienda si attuano con il concorso di vasti insiemi di *condizioni di produzione*; nelle imprese, si definiscono condizioni primarie di produzione il *lavoro* ed il *capitale risparmio* cui corrispondono i *prestatori di lavoro* ed i *conferenti di capitale risparmio* come prime categorie di persone componenti il soggetto economico;
6. in economia aziendale si distingue il concetto di *produzione di beni* da quello di *produzione di redditi* per la rimunerazione dei prestatori di lavoro

[35] Con piccole varianti si tratta delle proposizioni alle base di MASINI [1979].

e dei conferenti di capitale; nelle imprese la produzione di beni è, da un lato, la funzione caratteristica per la collettività e, dall'altro lato, il mezzo per la produzione di redditi; la produzione di beni *secondo efficienza* (in senso lato) è condizione necessaria per la produzione di redditi soddisfacenti per i membri del soggetto economico;

7. tra i processi economici di azienda si pongono in evidenza i *processi di innovazione* delle modalità strutturali e tecniche di svolgimento dell'attività economica.

1.3.2. L'innovazione economica e l'innovazione tecnologica: il progresso civile

L'attività economica si svolge secondo modalità che variano intensamente nel tempo. Nel corso dei secoli si sono registrati processi evolutivi spesso lenti, in altri casi rapidi e talvolta turbolenti. Tali cambiamenti, frutto del concorso di molte circostanze, si possono utilmente analizzare usando il concetto di *innovazione economica*. L'innovazione economica consiste nella ricerca, nell'individuazione e nella sperimentazione di nuove e più convenienti modalità di svolgimento delle produzioni e dei consumi.

È principio fondamentale dell'economia l'*utilizzazione massimamente efficiente delle risorse scarse*, ossia dei beni economici (principio del minimo mezzo o del massimo risultato: nell'attività economica si tende ad ottenere un dato risultato col minimo impiego di risorse, ovvero ad ottenere il massimo risultato da un dato insieme di risorse). Tale principio spesso è inteso in un senso ristretto e secondo una visione statica: *dati i beni scarsi e le modalità del loro impiego*, si tratta di ottimizzarne le combinazioni nella produzione e nel consumo. Il principio del minimo mezzo e del massimo risultato deve invece essere inteso in senso più ampio e in ottica dinamica; si tratta di *«massimizzare» la disponibilità di beni*, oltre che di utilizzare i beni in combinazioni ottimali; e per «massimizzare» la disponibilità di beni occorre ricercare *modalità più convenienti* di svolgimento dell'attività economica, ossia innovare. *L'economia* non è solo la scienza dell'impiego ottimale delle risorse scarse, essa *è anche la scienza dell'innovazione delle modalità di svolgimento dell'attività economica*.

L'innovazione economica non deve essere confusa con l'*innovazione tecnologica*; le due forme di innovazione spesso si manifestano congiuntamente, ma ciò non significa che l'innovazione tecnologica sia l'unica possibile fonte di significativi incrementi di produttività dei singoli istituti o dei sistemi economici[36]. Nelle imprese si sperimentano continuamente innovazioni economiche relativamente indipendenti dalle innovazioni tecnologiche: si modificano

[36] Vedi il concetto di «innovazione organizzativa» in WILLIAMSON [1985, 585-586] e i concetti di innovazione tecnologica, di mercato e organizzativa proposti in SCHUMPETER [1912].

le caratteristiche tecniche e funzionali dei beni prodotti combinandole con nuove politiche di prezzo che permettono, ad esempio, più elevati volumi di vendita e conseguenti minori costi unitari di produzione; si configurano nuove strutture di reti distributive accompagnate da nuove tecniche e politiche pubblicitarie; si perfezionano i sistemi di informazione per le decisioni; si ricercano e si adottano nuove forme di struttura organizzativa; si stipulano innovativi accordi di collaborazione con altre imprese; si sperimentano modalità di copertura del fabbisogno finanziario alternative a quelle correnti e così via. Innovazioni economiche di pari rilievo si attuano in continuazione anche a livello di sistemi economici di Paesi e di insiemi di Paesi.

L'innovazione economica attuata nell'interesse comune delle società umane è fonte di *progresso economico*; il progresso economico è una delle basi del *progresso civile.*

Gli istituti, le aziende, la specializzazione economica

Capitolo 2

2.1. Gli istituti

2.1.1. Le società umane, il bene comune, le istituzioni e gli istituti

La complessiva società umana si articola in numerose società umane particolari che si aggregano e si intersecano secondo relazioni molteplici. Ciascuna persona partecipa contemporaneamente a più *società umane*[1]. Le società umane sono di varia natura: le famiglie; le società civili e politiche quali lo Stato e le sue articolazioni (Regioni, Province e Comuni, principalmente) e le comunità internazionali; la Chiesa e le comunità religiose minori; le comunità e le associazioni di interessi economici, politici e culturali quali le imprese, le associazioni di imprese, le associazioni (i sindacati) di prestatori di lavoro, i partiti ed i movimenti politici, i circoli culturali e ricreativi, le associazioni di assistenza e di beneficenza, e così via.

Le persone tendono naturalmente a far parte di gruppi e di società umane per due ragioni: *a*) per produrre risultati non attuabili con le risorse individuali o comunque attuabili più convenientemente con i contributi coordinati di una pluralità di persone; *b*) per soddisfare i bisogni di socialità mediante intense e positive relazioni interpersonali.

Ogni società umana persegue il *bene comune* dei suoi membri. Il bene comune

> è il prodotto della cooperazione societaria che condiziona i singoli nella «società»: è un bene funzionalmente per tutti, inteso come agevolatore dell'attività dei singoli membri; è costituito dal complesso di beni che per natura loro hanno una funzione universale e un'attitudine per tutti. Va inteso, dunque, come bene dei singoli, fattore di agevolazione di ogni persona verso l'alto fine della persona umana[2].

1 Il paragrafo è impostato secondo quanto in MASINI [1979, 6-18 e 712-721]; in aggiunta, si rende qui esplicita la classe degli istituti nonprofit.

2 MASINI [1979, 8].

In termini strettamente economici l'azione coordinata in istituti che operano in contesti dinamici produce due fenomeni di grande rilevanza: la «rendita organizzativa» e il «risultato residuale»[3]. La rendita organizzativa è originata dalla cooperazione intelligente tra più persone volte allo stesso fine; tale cooperazione produce un vantaggio economico (denominato rendita organizzativa) rispetto a quanto ottenibile da comportamenti isolati competitivi o opportunistici; tale vantaggio è frutto della cooperazione di tutti e quindi tra tutti coloro che hanno cooperato deve essere ripartito. Il risultato residuale è il frutto della cooperazione e dell'incertezza; per attivare la cooperazione occorre, tra l'altro, stipulare patti che predeterminano i contributi e le ricompense di ciascuno; il dinamismo ambientale e i limiti della razionalità umana (con dizione sintetica, l'incertezza), tuttavia, fanno sì che, *ex post*, compiuto un certo insieme di attività e rimunerato ciascuno come da patti, si manifesti un risultato residuale (positivo o negativo) che deve essere attribuito ad uno o più dei soggetti che hanno partecipato all'attività organizzata[4]; la decisione in merito a chi debba ricevere il risultato residuale è fondamentale nel determinare la struttura di governo dell'istituto poiché di solito è bene che il diritto-dovere di governare l'istituto spetti agli stessi soggetti cui si attribuiscono i risultati residuali.

La vita delle persone nella società umana complessiva è caratterizzata dal sorgere e dall'evolversi di *istituzioni* di varia natura, ossia da regole e strutture di comportamento relativamente stabili per i singoli e per i gruppi. Tali istituzioni possono essere codificate in norme del diritto positivo ma in merito si manifesta una relazione dinamica non univoca. Le società umane che assumono caratteri di istituzioni, ossia di regole e di strutture di comportamento relativamente stabili, sono denominate *istituti*. In tal senso sono istituti le famiglie, le imprese, i partiti politici, i sindacati, lo Stato e così via. I processi attraverso i quali particolari regole e strutture diventano di uso comune e vengono codificate si denominano processi di istituzionalizzazione. L'istituzionalizzazione riflette e consolida anche le strutture di potere esistenti e diventa quindi un fattore di inerzia nella dinamica degli assetti istituzionali e organizzativi[5].

Un istituto si presenta come *complesso di elementi e di fattori, di energie e di risorse personali e materiali*. Esso è *duraturo* (impropriamente talora si dice «stabile»). *Il suo permanere è della specie dinamica*, sia per i fenomeni interni sia per quelli di rapporti esterni con l'ambiente. Come complesso è *ordinato* [...] *secondo proprie leggi* anche di varia specie (fisiche, sociologiche, economiche, religiose, e così via) ed in multiforme combinazione. È *una unità* per i rapporti che lo costituiscono, ma che proprio si manifestano in un modo e non in altro e con vincolo degli elementi e fattori a carattere di complementarietà *per essere rivolti ad un insieme di fini comune.*

[3] AOKI [1984].
[4] Si vedano: AOKI [1984]; WILLIAMSON [1975]; ALCHIAN e DEMSETZ [1972].
[5] Si vedano in materia: NORTH [1990]; POWELL e DIMAGGIO [1991]; SCOTT [1995], MARCH, SCHULZ e ZHOU [2000].

[...] L'istituto presenta inoltre il *carattere dell'essere autonomo*, ma di un'autonomia relativa per i nessi con le altre componenti della società umana. La *ricerca* intorno ad un *istituto* è necessariamente di tipo interdisciplinare[6].

Le società umane, di ogni tipo, sono oggetto di studio di varie discipline che utilizzano propri linguaggi specifici. Normalmente nelle scienze sociali le società umane che qui denominiamo «istituti» sono distinte in due insiemi: le «famiglie» e le «organizzazioni»[7]. Le famiglie sono le società umane naturali, mentre le organizzazioni sono le collettività orientate al raggiungimento di scopi relativamente specifici e dotate di regole di comportamento che sono progettate deliberatamente e che sono rese esplicite. In questo testo preferiamo l'espressione istituti che comprende sia le organizzazioni sia le famiglie.

2.1.2. Gli istituti, le aziende e gli aggregati di aziende

L'attività economica si svolge prevalentemente in istituti e per relazioni tra istituti. In tutti gli istituti, almeno in linea di principio, si svolge in qualche misura attività economica ossia attività di produzione e di consumo di beni economici. L'economia aziendale ha per oggetto gli istituti in cui l'attività economica è particolarmente rilevante manifestandosi con evidenza ed intensità in ricavi, costi, consumi, risparmi, investimenti, movimenti di moneta, rapporti di debito e di credito, patrimoni e capitali. Gli istituti nei quali l'attività economica è particolarmente rilevante sono: 1) le famiglie, 2) le imprese, 3) gli istituti pubblici, ossia lo Stato e le sue articolazioni[8]; 4) gli istituti nonprofit[9]. Mentre le imprese sono istituti tipicamente (ma non esclusivamente) economici, le famiglie e gli istituti pubblici presentano caratteristiche, anche dominanti, di specie diversa: sociali, etiche, religiose e politiche. Gli istituti nonprofit sono di natura molto varia; in alcuni casi prevalgono i contenuti economici, in altri casi i contenuti sociali o politici.

Si definisce *azienda*, per astrazione, l'*ordine strettamente economico di un istituto*, ossia, l'insieme degli accadimenti economici disposti ad unità secondo proprie leggi. Alle quattro classi di istituti sopra elencate corrispondono le seguenti quattro classi di aziende oggetto dell'economia aziendale[10]:

- l'*azienda familiare di consumo e di gestione patrimoniale*, per astrazione distinta dalla famiglia;

6 MASINI [1979, 11-12].

7 Per un approfondimento del tema si vedano: SCOTT [1981, 37-41]; GRANDORI [1999].

8 Per ragioni di semplicità espositiva, nel testo si usa frequentemente l'espressione sintetica «lo Stato» per indicare l'intera gamma degli istituti pubblici nazionali, locali e sopranazionali.

9 L'espressione «istituti nonprofit» rappresenta male gli oggetti sottostanti; nel linguaggio corrente e nel linguaggio scientifico non si è ancora codificata un'espressione più efficace. Dizioni analoghe sono: organizzazioni nonprofit (o non profit), organizzazioni senza fini di lucro, organizzazioni sociali, organizzazioni non lucrative [MINTZBERG 2001; PROPERSI 2001; ZAMAGNI 2002].

10 Classificazione tratta da MASINI [1979, 18] con l'aggiunta delle aziende nonprofit.

• l'*azienda di produzione* propria del caratteristico istituto economico-sociale impresa;
• l'*azienda composta pubblica* (azienda di produzione e di consumo) per astrazione distinta dall'istituto pubblico (lo Stato e le sue articolazioni);
• l'*azienda nonprofit* (che può essere azienda di produzione, oppure azienda composta di produzione e di consumo) ordine economico degli istituti nonprofit.

L'istituto è realtà unitaria in corrispondenza dell'unitarietà della società umana che esso riflette e del bene comune cui esso è finalizzato; unitaria è dunque per sua natura anche l'azienda; non si danno in senso proprio manifestazioni economiche individuali, ossia di singola persona; i bisogni economici, il lavoro, la proprietà, il patrimonio, i redditi, i consumi sono di persone in quanto membri di istituti. L'economia non è di persone singole; è di azienda e di aggregati di aziende.

Le quattro classi di aziende sono accomunate dal *fine generale* del soddisfacimento dei bisogni umani e dal *mezzo* costituito dall'attività economica; sono però differenti per i particolari *fini immediati* e quindi per le loro *strutture* caratteristiche in termini di *assetto istituzionale*, di *combinazioni produttive*, di *organismo personale*, di *assetto tecnico e organizzativo* e di *patrimonio*[11]. *I fini immediati*, in prima approssimazione, sono: per l'azienda familiare, il *soddisfacimento dei bisogni* dei membri della famiglia; per l'azienda di produzione, la *produzione di rimunerazioni* per i prestatori di lavoro e per i conferenti di capitale di rischio: per le aziende pubbliche composte, la *produzione* ed il *consumo di beni pubblici* oltre che la produzione di rimunerazione per i prestatori di lavoro; per le aziende nonprofit si danno varie combinazioni di fini di *produzione di rimunerazioni* e di *produzione e consumo di beni* da parte dei membri dell'istituto.

L'economia aziendale ha per oggetto caratteristico anche gli aggregati di aziende, ossia gli insiemi di aziende avvinte da forti relazioni istituzionali che sono soggette ad un indirizzo strategico unitario di regola esplicito ma talvolta tacito. Sono esempi di aggregati di imprese i gruppi economici, i consorzi di imprese, le associazioni in *franchising*, i distretti industriali. Gli istituti in cui si articola lo Stato sono entità fortemente interconnesse, da analizzare dunque sia individualmente sia come aggregato; aggregati di istituti pubblici (e di relative aziende) si formano anche a livello sopranazionale; si pensi, ad esempio, all'Unione Europea e alle Nazioni Unite. Importanti aggregati si possono formare anche tra famiglie che condividono patrimoni e redditi. Così pure, sono frequenti gli aggregati tra istituti nonprofit che si associano variamente su base geografica, politica, confessionale e così via.

[11] Con l'eccezione di quanto concerne le aziende nonprofit, la teoria delle aziende qui illustrata è una rielaborazione di MASINI [1979, parr. 1, 3 e 4] con integrazioni tratte da BORGONOVI [1984, 18, 41-43; 1979, 293-299]; REBORA [1983, cap. 1]. Per impostazioni parzialmente differenti si veda: AMADUZZI [1976, Introduzione]; AZZINI [1982, cap. I]; ONIDA [1965, Libro Primo, cap. 1].

2.2. Le aziende, ordine economico degli istituti

2.2.1. Le aziende familiari di consumo e di gestione patrimoniale

La *famiglia* è istituto primario della società umana ed è caratterizzata da *finalità dominanti di ordine sociale, etico e religioso*; la famiglia sorge per i suoi fini comunitari che soddisfano fini naturali e soprannaturali dei suoi componenti; *genera, alleva, educa ed assiste le persone.*

La famiglia è anche unità economica; con i fini di ordine sociale, etico e religioso si combinano anche *fini economici*; in generale, *il fine economico immediato consiste nell'appagamento dei bisogni delle persone che la compongono.*

Nel caso della famiglia gli *interessi economici istituzionali* (ossia gli interessi economici dei membri della famiglia) si riassumono nel «soddisfacimento adeguato dei bisogni attuali e futuri dei membri della famiglia, con il sostenimento conveniente dei costi di consumo, col correlato conseguimento di redditi in misura tale da consentire la partecipazione dell'unità familiare al progresso civile»[12]. Tra i fini economici della famiglia può rientrare anche il soddisfacimento di attese economiche di persone e di società non membri della famiglia (ad esempio: prestatori di lavoro per servizi domestici; membri di altre famiglie legate da relazioni di parentela), ossia il soddisfacimento di *interessi economici non istituzionali.*

Per i propri fini economici l'azienda svolge attività economica. Il sistema di accadimenti proprio dell'azienda familiare è tipicamente costituito da processi di consumo e processi di gestione patrimoniale; da ciò la dizione *azienda di consumo e di gestione patrimoniale.* L'azienda familiare è anzitutto azienda di *consumo* combinato con la produzione di energia di *lavoro* e di *studio.* Ad essa pertengono una proprietà di beni di consumo ed un patrimonio. Il *patrimonio* è formato da beni conferiti al momento della costituzione della famiglia, dalle *eredità* e dal *risparmio*; in relazione alla misura e alla composizione del patrimonio si attuano *gestioni patrimoniali* variamente complesse che possono includere il conferimento di capitale risparmio ad imprese. I redditi dell'azienda familiare derivano principalmente dal lavoro prestato in imprese o in istituti pubblici o svolto in professione autonoma e dalla gestione patrimoniale. La famiglia partecipa al finanziamento delle produzioni e dei consumi degli istituti pubblici mediante il pagamento di *tributi.* Il risparmio è originato principalmente dalla differenza tra il totale dei redditi percepiti, i costi di consumo e i tributi pagati. In sintesi, i fenomeni economici tipici dell'azienda familiare sono: redditi di lavoro e della gestione patrimoniale, consumi, risparmi, investimenti e quindi patrimoni; di rilievo possono essere anche negoziazioni di credito e di rischi particolari; tali fenomeni producono i connessi flussi di entrate e di uscite monetarie e posizioni di debito e di credito di regolamento e di prestito.

[12] MASINI [1979, 48].

2.2.2. Le aziende di produzione

L'*impresa* è istituto economico-sociale con dominanti caratteri e finalità di tipo economico. Nei sistemi economici «occidentali progrediti» l'impresa è l'istituto fondamentale per la produzione dei beni economici privati. *Le imprese sono parte rilevante della società umana generale e secondo condizioni proprie partecipano al raggiungimento del bene comune della stessa.* L'impresa è un istituto e dunque una società umana; ne sono membri persone e queste contemporaneamente sono membri di altre società umane quali le famiglie e gli istituti pubblici; ciò manifesta il carattere anche sociale, e non solo economico, dell'istituto impresa e, dunque, i vincoli di finalismi extra-economici che ne caratterizzano l'azione. Le relazioni dell'impresa con altri istituti del sistema sociale sono non solo di tipo economico.

Il fine *economico immediato* dell'impresa è la produzione di rimunerazioni monetarie e di altra specie.

Gli *interessi economici istituzionali* fanno capo di regola ai prestatori di lavoro di ogni tipo (deliberante, direttivo ed esecutivo) e ai conferenti di capitale risparmio sotto forma di capitale di rischio; ad essi sono destinate le rimunerazioni prodotte dall'impresa secondo combinazioni varie di «stipendi», di «quote di utili», di «variazioni di valore delle quote conferite di capitale risparmio», di «distribuzioni di quote di capitale risparmio». Tali rimunerazioni alimentano, direttamente o indirettamente, i redditi ed i patrimoni delle aziende familiari di cui i prestatori di lavoro e i conferenti di capitale risparmio sono membri. Alle imprese fanno sempre capo *interessi economici non istituzionali* (ossia di soggetti non membri dell'istituto) molto rilevanti; basti pensare agli interessi economici dei fornitori, dei clienti, dei finanziatori a titolo di prestito, dello Stato in quanto percettore di tributi.

È impresa un istituto nel quale alla produzione economica corrisponde sistematicamente il formarsi di costi e di ricavi unitari «di mercato», di entrate e di uscite di mezzi monetari, di variazioni di debiti e di crediti di regolamento e di prestito, di redditi e di capitali; tali manifestazioni, nell'insieme o per classi, possono presentarsi con gradi vari; al loro decrescere, l'istituto si allontana dalla configurazione dell'impresa in senso stretto; non sono imprese gli istituti nei quali la produzione economica ha rilievo marginale, oppure ha per oggetto beni destinati all'autoconsumo.

L'ordine strettamente economico dell'impresa è l'*azienda di produzione*; fatti salvi i vincoli da finalismi extra-economici, l'impresa e l'azienda di produzione coincidono.

Nelle imprese il fine della produzione di rimunerazioni si realizza per mezzo di processi economici caratteristici differenziati. Nelle imprese industriali sono tipiche le combinazioni di processi di trasformazione fisico-tecnica e di scambio (acquisto e vendita) di merci e di servizi; nelle imprese di intermediazione finanziaria si attuano processi creditizi, di formazione di moneta di banca e di erogazione di connessi servizi; nelle aziende di assicurazione sono caratteristici i processi di negoziazione dei rischi particolari e le gestioni patrimoniali originate dalla riscossione dei premi «anticipata» rispetto ai rimborsi corrispondenti ai sinistri. Tutte le imprese sono caratterizzate dalla combinazione di prestazioni di lavoro con capitale risparmio e dal pagamento di tributi.

2.2.3. Le aziende composte pubbliche

Le famiglie e le altre società di persone si compongono a sistema in comunità politiche nazionali. La finalità, il bene comune, di una comunità politica nazionale consiste nella complessa realizzazione del *progresso sociale e spirituale* dei suoi membri. Lo Stato è l'ordinamento politico, sociale, giuridico ed economico che cura il perseguimento del bene comune della comunità nazionale e promuove anche il progresso morale e sociale della comunità internazionale.

Lo Stato si articola, secondo differenti logiche combinate, in varie «amministrazioni». Si concentra qui l'attenzione sullo Stato, le Regioni, le Province ed i Comuni e si osservano tali entità quali *istituti pubblici territoriali.* Per semplicità si assumono gli istituti pubblici territoriali come rappresentativi (o sintesi) della vasta gamma degli istituti pubblici. L'azione di ciascun istituto della pubblica amministrazione è fortemente condizionata da quella di molti altri; per la costituzione e la gestione di una scuola, o per la realizzazione di un nuovo tratto di autostrada, ad esempio, può essere necessario l'intervento di decine di istituti pubblici con ruoli e responsabilità variamente intrecciati.

Negli istituti pubblici territoriali si svolgono processi economici di grande rilievo; di conseguenza, rilevanti ma non dominanti, sono le finalità economiche. La forte intersezione di finalità economiche e non economiche si riflette anche nella struttura degli organi di governo di questi istituti che comprende sia organi politici elettivi sia organi tecnico-amministrativi.

Per astrazione si configurano le aziende composte pubbliche come ordine economico degli istituti pubblici territoriali. Nelle aziende composte pubbliche si attuano prioritariamente processi economici di produzione di *beni* (specialmente servizi) *pubblici* e di consumo degli stessi (i cittadini membri dell'istituto pubblico consumano i beni pubblici) con i connessi processi di raccolta dei tributi (i cittadini membri dell'istituto versano imposte, tasse, contributi e quasi-prezzi). Le aziende ordine economico degli istituti pubblici sono dunque *aziende di produzione e di consumo*; da ciò la dizione *aziende composte pubbliche.* La produzione di beni pubblici avviene con il concorso dell'attività di prestatori di lavoro e di mezzi monetari raccolti in forma di tributi, di capitale di prestito ed anche per mezzo dell'emissione di carta moneta di Stato. Il consumo dei beni pubblici si intende attuato in modo indifferenziato da tutti i membri, variamente associati, della comunità politica cui l'azienda composta pubblica corrisponde.

I *fini economici immediati* delle aziende composte pubbliche sono: *a*) l'appagamento dei bisogni pubblici delle persone pertinenti alla collettività politica territoriale mediante *la produzione di beni pubblici ed il loro consumo*; *b*) la rimunerazione dei prestatori di lavoro. Si noti che, a differenza delle imprese, la produzione ed il consumo di beni qui è fine e non mezzo. Negli istituti pubblici i portatori di *interessi economici istituzionali* sono prioritariamente tutti i membri delle corrispondenti unità politiche; il loro interesse immediato e comune è la produzione ed il consumo di beni pubblici. Interessi pure immediati e rilevanti, ma particolari, sono quelli dei prestatori di lavoro; per le aziende pubbliche non si configurano conferimenti di capitale di rischio assimilabili a quelli caratteristici delle imprese.

Anche per gli istituti pubblici territoriali si manifestano rilevanti *interessi economici non istituzionali*; i più importanti sono quelli che fanno capo ai fornitori ed ai conferenti di capitale di prestito.

Non si devono confondere gli istituti pubblici territoriali con le *imprese pubbliche*, ossia gli istituti *di produzione* caratterizzati da un capitale conferito totalmente o in maggioranza da istituti pubblici. Gli istituti di produzione con capitale pubblico che sostituiscono al fine della produzione di rimunerazioni quello, ad esempio, di *produrre beni* da cedere a condizioni di prezzo «particolari» (ossia non atte alla rimunerazione soddisfacente del lavoro e del capitale risparmio) perdono in vario grado il carattere di impresa e la loro indicazione con tale termine diventa impropria; più correttamente si dirà di *istituti pubblici* i cui membri sono le persone che traggono vantaggio dal loro operare.

2.2.4. Le aziende nonprofit

Si qualificano come nonprofit gli istituti che: *a*) sono di natura privata, ossia non sono parti o emanazioni dello Stato; *b*) prevedono il divieto di distribuire il risultato reddituale (l'utile, impropriamente denominato «profitto») e il patrimonio tra le persone che esercitano il controllo sull'istituto (amministratori, manager, fondatori, finanziatori, ecc.)[13]. Sotto la dizione nonprofit si collocano classi di istituti molto differenti con riguardo alle finalità e al tipo di attività economica svolta. In generale si può dire che questi istituti si ispirano principalmente a finalità di ordine sociale, morale e culturale; i tipici ambiti di attività sono[14]: cultura e ricreazione; istruzione e ricerca; sanità; assistenza sociale; ambientalismo; promozione dello sviluppo delle comunità locali; promozione e tutela dei diritti civili; intermediari filantropici e tutela del volontariato; attività internazionali; organizzazioni imprenditoriali, professionali e sindacali. Dal punto di vista economico ed istituzionale le

13 HANSMANN [1987, 28]. Si noti che «nonprofit» non significa impossibilità o divieto di produrre un «profitto»; significa divieto di distribuirlo.

14 Si usa l'elenco sintetico delle attività previste dall'ICNPO, International Classification of Nonprofit Organizations.

TAVOLA 2.1. *Una classificazione schematica degli istituti nonprofit*

	Utenti associati	Utenti non associati	Colletti-vità in generale	Benefat-tori, volontari	Stato
Associazioni culturali, sportive, ecc. chiuse (solo gli associati ne fruiscono; gli stessi si accollano tutti i costi)	F, P				
Associazioni culturali, sportive, ricreative, ecc. aperte produttrici di beni escludibili (anche i non associati, a condizioni determinate, ne possono fruire); lo Stato e i privati non fruitori contribuiscono giudicando l'iniziativa di interesse collettivo	F, P	F, P		P	P
Istituti fornitori di servizi assistenziali, sanitari, educativi, ecc. con autolimitazione dei prezzi; ne consegue un fabbisogno di coperture esterne; intervengono lo Stato e privati		F, P		P	P
Istituti di beneficenza: i fruitori non sostengono alcun onere		F		P	P
Istituti culturali, ambientalisti, ecc. produttori di beni pubblici puri, ossia ad accesso non escludibile per l'intera collettività; l'onere è preso in carico da donatori, da volontari e dallo Stato			F	P	P

Legenda: F = fruiscono; P = pagano (sostengono *in toto* o in parte i costi).

grandi differenze tra classi di istituti nonprofit nascono dall'analisi dei soggetti coinvolti e dei loro ruoli economici, ossia, in particolare, di quali soggetti sostengono i costi necessari per produrre i beni e quali soggetti fruiscono dei beni stessi. In alcuni casi i costi sono sostenuti dagli stessi soggetti che fruiscono dei beni prodotti, in altri casi c'è una separazione totale. Una classificazione di prima approssimazione è proposta nella tavola 2.1[15].

La componente economica degli istituti nonprofit ha peso vario; in alcuni casi – come quello delle piccole associazioni culturali chiuse – può essere quasi trascurabile; in altri casi – come quello degli istituti pubblici ospedalieri – può essere determinante.

Il fine economico immediato degli istituti nonprofit non è mai quello della produzione di redditi anche se la rimunerazione del lavoro può essere una componente rilevante dell'azienda e, naturalmente, deve essere determinata secondo equità. Il fine economico immediato è quello del soddisfacimento di bisogni di talune categorie di persone che, a seconda dei casi sono gli associati oppure specifiche classi di fornitori terzi o, ancora, l'intera collettività. Parallelamente è varia la configurazione dei portatori di interessi economici istituzionali:

• nelle associazioni chiuse: i membri dell'associazione e gli eventuali prestatori di lavoro;

[15] Per un inquadramento del tema si vedano: POWELL [1987]; HANSMANN [1987; 1988]; AIROLDI [1996]; PROPERSI [2001]; ZAMAGNI [2002]; MINTZBERG [2001]; BARBETTA, CIMA e ZAMARO [2003].

TAVOLA 2.2. *I caratteri essenziali delle quattro classi di istituti e delle relative aziende*

	Famiglie	Imprese	Stato, istituti pubblici territoriali	Istituti nonprofit
Aziende	Aziende familiari di consumo e di gestione patrimoniale	Aziende di produzione	Aziende composte (di produzione e di consumo) pubbliche	Aziende nonprofit
Finalità dominanti	Sociali, etiche, religiose	Economiche	Sociali e morali	Sociali, morali, culturali
Fine economico immediato	Appagamento dei bisogni dei membri della famiglia	Produzione di rimunerazioni monetarie e di altra natura	Produzione e consumo di beni pubblici (e produzione di rimunerazioni del lavoro)	Appagamento di bisogni di associati/ fruitori escludibili/ collettività in generale (e produzione di rimunerazioni per i prestatori di lavoro)
Portatori degli interessi economici istituzionali	Tutti i componenti della famiglia (più eventuali altri soggetti)	I prestatori di lavoro e i conferenti di capitale di rischio (più eventuali altri soggetti)	Tutti i componenti dell'entità politica (e i prestatori di lavoro)	Varie combinazioni di associati, donatori, Stato, prestatori di lavoro
Principali portatori di interessi economici non istituzionali	Altre famiglie legate da parentela; prestatori di lavori domestici	Fornitori, clienti, conferenti di capitale di prestito	Fornitori, conferenti di capitale di prestito, altri istituti pubblici	Fornitori, conferenti di capitale di prestito, Stato, «clienti»
Processi economici caratteristici	Consumi, gestione patrimoniale, lavoro, studio	Negoziazioni di beni, trasformazioni tecniche, negoziazioni di credito, negoziazioni di rischi	Produzione e consumo di beni pubblici, raccolta di tributi	Produzione (o produzione e consumo) di beni

- nelle associazioni aperte: i membri dell'associazione, i prestatori di lavoro ed eventualmente lo Stato o i donatori se il loro intervento copre la parte maggiore dei costi dell'istituto;
- negli istituti fornitori di servizi a prezzi limitati: i donatori che mettono a disposizione il capitale necessario rinunciando alla sua rimunerazione, i prestatori di lavoro ed eventualmente lo Stato in ragione del peso del suo contributo;
- negli istituti di beneficenza: i donatori ed eventualmente lo Stato;
- negli istituti che producono beni di interesse collettivo e non escludibili: i donatori ed eventualmente lo Stato.

I portatori di interessi economici non istituzionali possono essere, a seconda dei casi, i fornitori, i conferenti di capitale di prestito, i «clienti», lo Stato sia come finanziatore sia come soggetto interessato (o meno) a che istituti nonprofit offrano servizi che altrimenti dovrebbero essere forniti dallo Stato stesso.

I processi caratteristici sono quelli della produzione di beni (e del loro consumo nel caso delle associazioni) e della raccolta di contributi privati sotto forma di donazioni e di lavoro volontario.

Nella tavola 2.2 si sintetizzano i caratteri essenziali delle quattro classi di istituti e delle relative aziende.

2.2.5. La differenziazione degli istituti: modelli economici alternativi

Come possiamo facilmente constatare osservando la realtà che ci circonda, e come già schematicamente detto nei paragrafi precedenti, la generale società umana si articola in una pluralità di istituti di varia natura e tra loro notevolmente differenziati; corrispondentemente, l'attività economica si svolge in una grandissima varietà di contesti: le famiglie, le imprese della più varia specie, le associazioni sportive, gli enti di beneficenza, i vari tipi di istituti pubblici locali, nazionali e sopranazionali, e così via. Per comprendere la natura degli istituti nei quali si svolge l'attività economica è necessario riflettere attorno ad alcune questioni fondamentali riassumibili nel modo seguente:

1. Perché l'attività economica non è totalmente svolta all'interno delle società umane elementari, ossia delle famiglie? In altri termini, come mai il modello dominante non è quello della produzione per l'autoconsumo in contesto familiare? Perché gran parte delle persone si specializza nello svolgimento di piccole sezioni di attività economica anziché dedicarsi a produrre tutti i beni che occorrono per soddisfare i propri bisogni?
2. Come mai le singole persone specializzate nello svolgimento di piccole sezioni di attività economica, tendono ad aggregarsi in istituti (le imprese, lo Stato, gli istituti nonprofit) anziché operare indipendentemente scambiandosi input e output secondo le regole del mercato?
3. Perché l'intera attività economica non si svolge nell'ambito di una sola grande organizzazione che suddivida, pianifichi e coordini l'attività di tutti i soggetti assicurando così l'integrazione ottimale dei singoli contributi?
4. Perché i vari istituti esterni alle famiglie si differenziano in macroclassi quali le imprese, gli istituti pubblici, gli istituti nonprofit? Come mai non sono tutti imprese, o tutti istituti pubblici, o tutti istituti nonprofit?
5. Come mai, all'interno di ciascuna macroclasse (imprese, istituti pubblici, istituti nonprofit) si trovano realtà molto diverse tra di loro? In particolare, perché, all'interno della macroclasse imprese, si trovano imprese estremamente differenti in termini di: *a*) dimensioni; *b*) integrazione verticale; *c*) diversificazione; *d*) articolazione dell'assetto proprietario?

Le risposte a queste domande sono piuttosto complesse, fortemente interdisciplinari e mai complete e definitive[16]. Di seguito si espongono le prime risposte sintetiche di tipo economico; ulteriori trattazioni di maggior dettaglio si trovano in paragrafi e in capitoli successivi[17].

1. *Perché l'attività economica non è totalmente svolta all'interno delle società umane elementari, ossia delle famiglie.* Gran parte dell'attività econo-

[16] Si tratta in realtà delle domande alle quali, dalla metà del XVIII secolo, cercano di dare risposte sempre più precise e complete tutte le discipline economiche (la macroeconomia, la microeconomia, l'economia aziendale, ecc.) integrate dalle altre discipline sociali (sociologia, diritto, psicologia, politologia, ecc.).

[17] In particolare, si vedano i capp. 3, 12 e 16.

mica di produzione non si svolge all'interno delle famiglie per via del fenomeno delle economie di specializzazione, da un lato, e delle limitate dimensioni economiche della famiglia, dall'altro lato. Infatti: *a*) le persone (o le unità produttive elementari) specializzate in particolari produzioni sono più efficienti rispetto ad unità non specializzate; *b*) i volumi di produzione convenientemente ottenibili da unità produttive specializzate sono tipicamente molto superiori a quelle consumabili da una famiglia. Di conseguenza, è più conveniente per tutti che le singole persone (le singole unità produttive elementari) producano grandi volumi di uno stesso bene da cedere, totalmente o in larga misura, ad altri (ed ottenendo in cambio altri beni) piuttosto che produrre in piccolissimi volumi tutti e soltanto i beni per l'autoconsumo individuale o familiare. In altri termini, per la gran parte dei beni la produzione su scala familiare è non conveniente se non addirittura tecnicamente impossibile quando si vogliano adottare le tecnologie progredite.

2. *Perché le singole persone specializzate nello svolgimento di piccole sezioni di attività economica, tendono ad aggregarsi in istituti anziché operare indipendentemente scambiandosi input e output secondo le regole del mercato.* Le singole persone, o le singole unità produttive elementari, possono operare come entità autonome scambiandosi gli input e gli output secondo i meccanismi del mercato; non sempre tuttavia, i meccanismi del mercato sono particolarmente efficienti; l'integrazione attraverso il mercato comporta *costi di transazione*, ossia «i costi sostenuti per negoziare e per concludere un apposito contratto per ciascuna operazione di scambio che si svolge nel mercato[18]»; tali costi diventano particolarmente elevati quando: *a*) la razionalità limitata delle persone deve confrontarsi con elevati gradi di incertezza e di complessità; *b*) le minacce di comportamenti opportunistici sono particolarmente elevate ed è difficile trovare partner alternativi per realizzare lo scambio; in questi casi, conviene passare ad una differente forma di integrazione tra le parti; le parti concordano di aggregarsi sotto una stessa autorità (una stessa gerarchia) entrando a far parte di uno stesso istituto (di una stessa organizzazione) i cui *costi di integrazione* (costi di gestione delle transazioni interne ad uno stesso istituto) sono più bassi rispetto a quelli del mercato (costi di gestione delle transazioni svolte nel mercato)[19]. In questo modo, dunque, lo spazio economico viene a popolarsi di «organizzazioni» di produzione più o meno grandi anziché «atomi» corrispondenti alle singole persone. Tutto ciò trascurando i vincoli e le opportunità di tipo fisico e tecnologico; inserendo le variabili fisiche e tecnologiche, le spinte all'aggregazione diventano ancora più evidenti; i grandi impianti (stabilimenti, macchine, magazzini, laboratori, sistemi informatici, ecc.) tipici delle economie progredite impongono di fatto grandi aggregazioni di persone e di capitali al di là di quanto richiesto dalle economie di transazione.

[18] COASE [1937, 389].
[19] WILLIAMSON [1975; 1985].

3. *Perché l'intera attività economica non si svolge nell'ambito di una sola grande «organizzazione» che suddivide, pianifica e coordina l'attività di tutti i soggetti assicurando così l'integrazione ottimale dei singoli contributi.* La capacità umana di raccogliere e di integrare la grande massa di informazioni necessarie a tal fine è grandemente inferiore, se pur supportata dai più potenti sistemi informativi, a quanto necessario. Si noti che tra le informazioni necessarie per ottimizzare il sistema rientrano anche quelle molto difficili da esprimere, codificare e comparare che sono relative ai valori delle singole persone, ai loro bisogni, alle loro competenze e alle loro preferenze; rientrano altresì le informazioni relative alla configurazione delle relazioni interpersonali; il tutto documentato nel passato, aggiornato nel presente e proiettato nel futuro. Così, nei tentativi di attuazione di tali modelli economici (e sociopolitici), si disperdono enormi volumi di conoscenze e di capacità individuali e sociali, si adottano soluzioni sovrasemplificanti e impropriamente uniformanti, si diffonde il senso di iniquità e svanisce la motivazione al lavoro. Sul piano etico e sociale, non meno importante di quello economico, è evidente che la corrispondente straordinaria concentrazione di potere può facilmente dare luogo a comportamenti iniqui.

4. *Perché i vari istituti esterni alle famiglie si differenziano in macroclassi quali le imprese, gli istituti pubblici, gli istituti nonprofit.* Il formarsi, accanto alle famiglie, di tre macroclassi di istituti (imprese, Stato, istituti nonprofit) è dovuto principalmente ai seguenti fattori: *a*) l'opportunità di sfruttare l'efficienza e l'innovatività tipiche delle imprese che operano nei mercati; efficienza e innovatività stimolati dalla concorrenza, dall'attivazione di tutte le competenze e di tutte le capacità imprenditoriali disponibili finalizzate alla massimizzazione del benessere individuale; *b*) la necessità di interventi dello Stato quando l'azione solo privata produrrebbe inefficienze o iniquità; ciò accade soprattutto in caso di: beni ad uso collettivo non escludibile, per i quali dunque le imprese private non sarebbero in grado di riscuotere un prezzo; condizioni che portano alla formazione di monopoli naturali o di comportamenti collusivi da parte delle imprese; il manifestarsi di economie esterne ossia di vantaggi privati a spese della collettività; *c*) l'opportunità di dare spazio ad attività organizzate ispirate anche da motivazioni altruistiche, di solidarietà, di proselitismo e nelle quali si combinano sia interessi di insiemi specifici di persone sia interessi della collettività più ampia; è questo il campo di azione degli istituti nonprofit[20].

20 MINTZBERG [2001] propone una spiegazione completamente differente in merito al peso relativo e al ruolo dello Stato, delle imprese e degli istituti nonprofit. Le tre macroclassi di istituti sono funzionali al soddisfacimento di tre insiemi di bisogni: lo Stato soddisfa i bisogni di sicurezza, l'impresa soddisfa i bisogni di consumo, gli istituti nonprofit soddisfano i bisogni di socialità. Poiché le persone sentono tutte le tre classi di bisogni, una società equilibrata (*balanced society*) è quella in cui le tre classi di istituti sono tutte presenti con peso rilevante, nessuna con peso dominante.

5. *Perché all'interno di ciascuna macroclasse (imprese, istituti pubblici, istituti nonprofit) si trovano realtà molto diverse tra di loro.* La grande varietà di forme all'interno di una stessa macroclasse è spiegata da una pluralità di fattori concomitanti[21]. Qui concentriamo la nostra attenzione sulle imprese che certamente presentano i massimi gradi di varietà; possiamo distinguere tra fattori che spingono verso la varietà e altri che spingono verso l'uniformità. Spingono verso l'adozione di forme differenti: *a*) le differenti caratteristiche dei prodotti e dei mercati che danno luogo strutturalmente a differenti scelte di dimensione, di localizzazione, di integrazione verticale, e così via[22]; *b*) la ricerca di vantaggi competitivi da parte di ciascuna impresa nei confronti delle imprese sue concorrenti; lo sviluppo di competenze distintive interne[23] e l'adozione di speciali mosse strategiche danno luogo a forme aziendali differenziate; *c*) l'innovazione (tecnologica, organizzativa, finanziaria, commerciale, ecc.) che per periodi più o meno lunghi, finché non si compiano fenomeni di replica o di imitazione, dà luogo a forme speciali d'impresa[24]; *d*) le differenze di competenze e di propensioni di singole persone e di gruppi di persone. I principali fattori che promuovono l'uniformità di configurazione delle imprese sono: *a*) l'imitazione delle forme distintive o innovative adottate da altre imprese di successo; *b*) l'adattamento a modelli di impresa giudicati «normali», e quindi affidabili e corretti, da determinate comunità; si tratta del processo di istituzionalizzazione che, rendendo più accettabili talune forme organizzative rispetto ad altre, riduce la varietà delle stesse concretamente osservabili in un certo momento[25]; in molti casi l'uniformazione all'interno di uno stesso dominio organizzativo avviene anche attraverso sistemi espliciti di autoregolamentazione; *c*) l'uniformità e l'omogeneizzazione nel tempo e nello spazio delle regole formali che influenzano le strutture e i comportamenti d'impresa (il diritto societario, del lavoro, fiscale, ecc.); *d*) l'integrazione tecnica dei mercati mediante lo sviluppo delle fonti di energia, dei sistemi di comunicazione e di trasporto, dei mercati finanziari regolamentati[26].

La varietà, l'uniformità e l'evoluzione delle forme d'impresa (la dimensione, l'integrazione, la diversificazione, l'assetto proprietario, ecc.) – si tenga presente – sono sempre frutto anche «della storia» e delle strutture di potere in essere[27]. Contemporaneamente, i gradi di libertà disponibili per compiere le relative scelte sono sempre ampi e nuove soluzioni sono continuamente in sperimentazione; la realtà ci mostra anche che insiemi di obiettivi simili pos-

[21] In tema di varietà delle forme organizzative (convergenza, divergenza, polimorfismo) si vedano: GRANDORI [1999, 530-538]; DIMAGGIO [2001].
[22] Vedi più avanti i capp. 9, 11 e 12.
[23] Vedi più avanti i capp. 10 e 14.
[24] SCHUMPETER [1912]; MALERBA [2000].
[25] SCOTT [1995]; SCOTT e MEYER [1994]; NORTH [1990]; POWELL e DIMAGGIO [1991]; CARROL e HANNAN [1992].
[26] CHANDLER [1977].
[27] NORTH [1990].

QUADRO 2.1.

Quattro modelli alternativi di configurazione dei sistemi economici

1. Il modello dell'autoconsumo: il sistema economico e sociale è formato esclusivamente da gruppi primari di persone (le famiglie in senso lato); tali gruppi svolgono al proprio interno, e in sostanziale autonomia rispetto ad altri gruppi analoghi, tutte le attività di produzione e di consumo di merci e di servizi, inclusi quelli che in altri contesti si definirebbero «pubblici». Quanto prodotto all'interno di ciascun gruppo primario è destinato esclusivamente all'autoconsumo. In tale situazione, mancano le forme di specializzazione economica del primo e del secondo livello; in una sola comunità sociale, politica ed economica, convergono le funzioni, economiche e non, delle famiglie, delle imprese e degli istituti pubblici; si danno invece, con vari gradi di stabilità e di articolazione, specializzazioni del terzo livello, ossia forme di ripartizione dei compiti tra i membri del gruppo primario. Questo modello rappresenta in forma stilizzata le economie «primitive».

2. Il modello atomistico di mercato: qui esistono soltanto persone singole (membri di famiglie) che svolgono in autonomia (ossia, in assenza di imprese) la propria attività di lavoro specializzata; le singole persone svolgono attività di lavoro particolari ma non esistono imprese; le loro attività sono coordinate dai meccanismi di «mercato», ossia dalle forze e dalle dinamiche della domanda e dell'offerta in termini di volumi, di qualità e di prezzi dei beni economici. A questo modello non corrispondono realtà storiche di ampi sistemi economici; è un modello astratto utile per la nostra riflessione e che può rappresentare situazioni reali particolari.

3. Il modello della gerarchia totale: esiste un'organizzazione statale centrale che pianifica l'intera attività economica; le singole persone sono specializzate e il coordinamento è attuato dalla gerarchia centrale anziché dal mercato. In luogo delle imprese esistono unità operative (fabbriche, magazzini, negozi, ecc.) che eseguono i piani e i programmi statali centrali. È il modello delle economie socialiste reali.

4. Il modello della pluralità di istituti specializzati. È il modello che ci è familiare. Il sistema economico e sociale è formato da numerosissimi istituti di varia specie (famiglie, imprese, amministrazioni pubbliche, ecc.). All'interno delle imprese le singole persone attuano comportamenti definiti e coordinati da una «gerarchia», ossia stabiliti da un'entità centrale aziendale cui i singoli prestatori di lavoro debbono obbedienza; le relazioni tra le imprese sono regolate tipicamente dal mercato, ma alcune di esse, ad esempio nel caso di gruppi di imprese, sono regolate da gerarchie interaziendali; per converso, entro una stessa impresa, definita da una gerarchia, talune relazioni si attuano secondo le modalità tipiche dei mercati.

sono realizzarsi con configurazioni aziendali differenti (equifinalità) e che una stessa configurazione d'impresa può essere funzionale a insiemi di obiettivi differenti (plurifunzionalità).

Nel prossimo paragrafo si sviluppa il tema della specializzazione economica, mentre le altre variabili sopra accennate trovano sviluppi in capitoli successivi.

QUADRO 2.2.

Le famiglie, le imprese e gli istituti pubblici in Italia

Come primo riferimento concreto per i primi due livelli di specializzazione si considerino i seguenti dati relativi al nostro Paese. L'attività economica di produzione e di consumo è svolta in Italia da 17 milioni di famiglie, 5 milioni di imprese, 12 mila istituti pubblici. Il grado di specializzazione economica può essere analizzato a vari livelli di dettaglio; nella nostra contabilità nazionale, ad un grado di dettaglio intermedio, si distinguono 300 classi di imprese con definizioni del tipo: agricole, della pesca, zootecniche, di produzione di bevande alcoliche, di prodotti dolciari, di macchine utensili, di commercio al dettaglio di calzature, di elettrodomestici, banche, di assicurazione, di prestazione di servizi di vigilanza, di consulenza fiscale e così via.

2.3. La specializzazione economica

2.3.1. Tre livelli di specializzazione

Una delle caratteristiche più evidenti dei sistemi economici moderni è la specializzazione. La forte specializzazione delle attività economiche moderne si manifesta a *tre livelli*: *a*) ad un primo livello generale si palesa la specializzazione *per macroclassi di istituti*: nelle imprese si svolgono prevalentemente i processi di produzione dei beni privati; nelle famiglie si attuano in particolare i consumi; gli istituti della pubblica amministrazione sono caratteristicamente dedicati alla produzione e al consumo di particolari categorie di beni (soprattutto servizi) detti beni pubblici; gli istituti nonprofit si collocano, per molti versi, all'intersezione tra le prime tre macroclassi; *b*) ad un livello intermedio si osserva la specializzazione *nell'ambito di ciascuna classe di istituti* e ciò vale particolarmente per le imprese e per gli istituti pubblici; mentre le famiglie svolgono insiemi di attività economiche relativamente uniformi, le imprese si presentano con forti gradi di specializzazione nella produzione di particolari categorie di beni destinati a specifiche categorie di clienti e nello svolgimento di particolari classi di negoziazioni; per certi versi intermedio può considerarsi il grado di specializzazione economica degli istituti pubblici con riguardo alla gamma di servizi pubblici prodotti ed ai vari sistemi di persone che ne fruiscono; *c*) al livello di maggior dettaglio si osserva la specializzazione economica *nell'ambito delle singole aziende* ove le varie unità organizzative e le singole persone svolgono compiti particolari, utilizzando speciali competenze e risorse.

2.3.2. Le economie di specializzazione

Perché le persone tendono ad organizzare le proprie attività secondo la regola della specializzazione? La specializzazione, evidentemente, comporta vantaggi: le attività si svolgono più efficientemente, più rapidamente, con minore fatica, con risultati di qualità migliore. Tali vantaggi, che in chiave economica possiamo denominare «economie di specializzazione», derivano essenzialmente dalle seguenti circostanze (le fonti delle economie di specializzazione):

- *i processi di apprendimento* che derivano dalla ripetizione di una medesima attività: *i*) lo sviluppo di destrezza «fisica»; *ii*) la scoperta e l'invenzione di modalità più efficienti o efficaci per lo svolgimento dell'attività; *iii*) la costruzione, più o meno esplicita, di un repertorio di situazioni problematiche e delle relative soluzioni, con conseguente risparmio di tempo e di energia per le decisioni[28]; le economie di specializzazione sono tanto più rilevanti quanto più i compiti da svolgere sono complessi e quanto più lunghi sono i tempi di apprendimento;
- *i limiti e le non uniformi distribuzioni delle competenze individuali*; sia dato un compito *C*, da svolgere in un volume *V*, che richiede il lavoro di *n* persone (supponiamo 2) ed *m* abilità corrispondenti ad altrettanti fasi del processo (supponiamo 6), si possono verificare due situazioni: *i*) le *m* abilità richieste sono tutte molto semplici; dopo un breve periodo di sperimentazione e di apprendimento entrambe le persone possono acquisire una completa padronanza delle abilità, ossia, si manifesta una curva di apprendimento che rapidamente si appiattisce e si eguagliano le abilità delle due persone indipendentemente dal volume prodotto da ciascuna delle due; di conseguenza, qualunque sia la ripartizione delle fasi e dei volumi, le due persone le svolgono con lo stesso livello di abilità; in questo caso non si hanno significative economie di specializzazione derivanti dai limiti e dalla non uniforme distribuzione delle competenze individuali; *ii*) alcune abilità sono molto complesse e richiedono particolari doti individuali; ad esempio, sono richieste particolari sensibilità artistiche o relazionali; in questo caso, differenti assegnazioni producono differenti risultati; si può individuare una ripartizione più efficiente rispetto ad altre; si producono economie di specializzazione derivanti dalle differenze interpersonali;
- *la differenziazione degli orientamenti tecnici e manageriali*: a compiti specializzati si possono fare corrispondere persone con orientamenti tecnici e manageriali particolarmente focalizzati, garantendo così il perseguimento efficace degli obiettivi prefissati; per converso, possono sorgere problemi di integrazione con le altre persone aventi differenti orientamenti[29];
- *i costi di apprestamento e di passaggio tra le fasi*: se una stessa persona deve compiere più di una fase di un certo processo produttivo, ogni volta che passa da una fase all'altra deve dedicare tempo e attenzione per preparare la nuova fase e per concentrarsi sulla stessa; si sostengono costi di apprestamento detti anche costi di *setting*; si noti che specializzando ciascuna persona su una sola fase non si annullano i costi di *setting*; i passaggi di fase,

28 GRANDORI [1999, 303].
29 LAWRENCE e LORSCH [1967]; GRANDORI [1999, 303].

infatti, si trasferiscono alle relazioni tra le varie persone addette alle differenti fasi; anche questi costi di *setting* possono essere elevati; ciò accade soprattutto quando i compiti sono complessi e così la qualità e i tempi degli output della fase a monte non sono perfettamente garantiti; di conseguenza, l'operatore della fase a valle deve compiere interventi di controllo e di aggiustamento; si tratta dunque di mettere a confronto i vantaggi e gli svantaggi delle differenti soluzioni;

- *le differenti performance tecniche degli impianti e delle attrezzature*: sin qui, come in gran parte della letteratura classica in materia di specializzazione economica, si è fatto riferimento alla specializzazione del lavoro delle singole persone; ma almeno altrettanto importanti sono le economie di specializzazione che derivano da altre condizioni di produzione quali gli impianti e le attrezzature che, schematicamente, possono essere «generici» (in grado di svolgere con costi e qualità accettabili una pluralità di lavorazioni) oppure «specializzati» (svolgono una sola lavorazione con altissima efficienza e qualità); spesso sono le scelte di specializzazione degli impianti che trascinano le scelte di specializzazione del lavoro delle persone e che determinano differenze sostanziali di costi tra le varie alternative;
- *l'identificazione e la motivazione al lavoro*: una forte specializzazione del lavoro può produrre effetti positivi sulla motivazione individuale: la persona fortemente specializzata tende ad identificarsi con la sua attività e fruisce di un senso di padronanza della situazione; la maestria, la sensazione di insostituibilità e la qualità dei risultati sono funzionali al soddisfacimento dei bisogni di stima; per converso, la forte specializzazione può portare a mansioni povere e demotivanti.

2.3.3. Gli svantaggi della specializzazione

La specializzazione produce anche svantaggi ed è dunque dal bilanciamento dei vantaggi e degli svantaggi che deriva il grado di specializzazione opportuno. I principali limiti e svantaggi della specializzazione (diseconomie di specializzazione) si possono riassumere nei punti seguenti[30]:

- *i costi di coordinamento*: quanto maggiore è la specializzazione tanto più numerose diventano le interfacce da gestire tra i vari soggetti che svolgono l'attività economica; tra soggetti differenti che hanno differenti interessi possono sorgere tensioni e conflitti; le tensioni e i conflitti sono più frequenti quanto più sono differenziati gli orientamenti tecnici e manageriali; se l'attività da svolgere è complessa, e quindi con relazioni tra contributi e ricompense non del tutto programmabili, si manifestano comportamenti opportunistici; attività complesse scomposte in molte parti interdipendenti producono gravi rischi di *breakdown* anche a seguito di piccoli difetti nello svolgi-

[30] Si vedano: GRANDORI [1999, 302-303]; BECKER e MURPHY [1992, 1141-1143]; BORLAND e YANG [1992].

mento di una sola fase. Tutte le problematiche di coordinamento qui citate danno luogo a costi di coordinamento di due specie: *i*) i costi degli strumenti di coordinamento da mettere in atto (procedure, programmi, gerarchie, meccanismi retributivi, ecc.); *ii*) i costi delle disfunzionalità residue, ossia non evitate dagli strumenti di coordinamento;

• *i costi di rigidità e gli investimenti specifici*: le persone e gli impianti fortemente specializzati sono tipicamente rigidi e quando occorre modificare le attività da svolgere, i tempi e i costi di cambiamento possono essere particolarmente alti; persone e impianti con capacità polivalenti sacrificano i vantaggi della specializzazione ma riducono i costi di rigidità. Lo stesso punto può essere letto in termini di investimenti specifici; le competenze specializzate sono frutto di investimenti specifici[31], ossia di investimenti il cui valore può andare in larga misura perso ove cessasse l'attività alla quale sono destinati; di conseguenza, la persona può trovare non conveniente una forte specializzazione e lo stesso vale per le scelte relative agli impianti;

• *la demotivazione*: come già accennato, la specializzazione del lavoro può produrre effetti sia positivi sia negativi sulla motivazione al lavoro. L'effetto è negativo quando la specializzazione porta ad attribuire alle singole persone compiti molto isolati, semplici e ripetitivi, ossia compiti che non consentono il soddisfacimento di bisogni di socialità, di stima e di realizzazione.

2.3.4. Specializzazione e dimensioni convenienti

Il fenomeno delle economie di specializzazione ha effetti fortissimi sui volumi convenienti di produzione dei beni e sulle dimensioni convenienti degli istituti che producono i beni. Quanto più grandi sono le possibili economie di specializzazione, tanto più numerosi sono i nuclei di attività che conviene specializzare e, di conseguenza, tanto maggiore è la capacità produttiva che conviene installare. Schematicamente e con riferimento alla specializzazione del lavoro delle persone: *a*) supponiamo che, come situazione di partenza, esista un'impresa formata da una sola persona la quale produce un bene che richiede lo svolgimento di 10 operazioni ciascuna delle quali comporta 6 minuti di lavoro; lavorando 8 ore al giorno, la nostra persona ha una capacità produttiva di 8 pezzi al giorno poiché ciascun pezzo richiede complessivamente 60 minuti, ossia un'ora di lavoro; *b*) supponiamo che da appropriate analisi risulti conveniente specializzare il lavoro assegnando ciascuna delle 10 operazioni ad una specifica persona che svolge sempre e soltanto quella operazione; così facendo si prevedono economie di specializzazione tali per cui il tempo di svolgimento di tutte le operazioni passa da 6 a 4 minuti; *c*) si decide allora di formare un'impresa nella quale lavorano 10 persone specializzate; la capacità produttiva risulta essere di 120 pezzi al giorno (4.800 minuti disponibili/40 minuti richiesti da ciascun pezzo) contro

[31] WILLIAMSON [1985]; DOERINGER e PIORE [1971].

gli 8 di partenza. In sintesi, le economie di specializzazione rendono più conveniente un'impresa da 120 pezzi al giorno rispetto ad una da 8 pezzi al giorno; nell'impresa più grande si ha una produttività di 12 pezzi per persona al giorno, mentre nell'impresa più piccola la produttività è pari a 8 pezzi per persona al giorno.

Questo fenomeno è rilevante per tutte le competenze e per tutte le risorse aziendali, incluse quelle particolarmente sofisticate, complesse ed estese. Si pensi ad esempio, alle attività di ricerca e sviluppo o di progettazione di prodotti complessi (ad esempio, di progettazione di un'automobile); per poter disporre di tutte le competenze specialistiche necessarie, si deve costituire un laboratorio di, supponiamo, 1.000 specialisti; il risultante laboratorio di 1.000 specialisti potrebbe avere una capacità produttiva di 1.000.000 di automobili anno (ossia, una capacità di progettazione in grado di sostenere una gamma di modelli avente un mercato di 1.000.000 di pezzi); questa diventa, dal punto di vista della funzione di ricerca e sviluppo, la dimensione minima efficiente dell'impresa nel suo insieme. Il livello ideale di specializzazione degli impianti per la produzione dei motori potrebbe suggerire una dimensione di 1.200.000 pezzi, mentre la specializzazione degli impianti per lo stampaggio delle carrozzerie potrebbe portare a 500.000 pezzi. L'impresa che volesse sfruttare tutte le economie di specializzazione in tutte le aree di attività dovrebbe dimensionarsi per produrre 1.200.000 pezzi.

Sulla base delle argomentazioni sin qui svolte, possiamo esplicitare un primo insieme fondamentale di ragioni che spiegano il nascere delle imprese e di altre classi di istituti accanto alle famiglie. Le famiglie, istituti originari, sono i luoghi nei quali spontaneamente si attivano i processi di produzione e di consumo, dando luogo all'archetipo delle economie di autoconsumo. Le economie di specializzazione (che possono diventare particolarmente evidenti con il progresso tecnologico) fanno sì che la dimensione conveniente per la produzione di molti beni sia molto superiore alla dimensione corrispondente ai consumi della singola famiglia (anche dei gruppi di famiglie); la produzione di quei beni può allora avvenire mediante una specializzazione a livello sovrafamiliare (i membri di numerose famiglie si dividono i compiti); il loro coordinamento si può realizzare in vari modi: mediante accordi informali, contratti espliciti, scambi di mercato più o meno strutturati, mercati organizzati, ecc.; una forma particolarmente efficace è rappresentata dalle imprese, che, in quest'ottica, sono dunque istituti che «organizzano» la produzione di beni specializzando e coordinando una pluralità di attività umane e di risorse materiali e immateriali. Analoghe considerazioni valgono per le attività svolte su scala sovrafamiliare dallo Stato e dagli istituti nonprofit[32].

In merito alla specializzazione economica delle famiglie è critico il tema della distinzione tra le aziende familiari (aziende di consumo e di gestione

[32] Si vedano in materia: DEVEREUX e LOCAY [1992]; LOCAY [1990]; BECKER [1991]; DURKHEIM [1902]; MASINI [1979, 99-101].

patrimoniale) e le imprese «di proprietà familiare», che spesso nel linguaggio corrente sono pure denominate «aziende familiari». Quando un'impresa è condotta esclusivamente con il lavoro ed il patrimonio dei membri di una stessa famiglia non è sempre agevole distinguere nella pratica le manifestazioni di costi, ricavi, entrate e uscite monetarie, redditi, investimenti propri della famiglia e dell'impresa; ciò non toglie rilievo alla distinzione concettuale tra i due tipi di istituti. Un fondamentale aspetto della progressiva specializzazione economica di primo livello è rappresentato proprio dalla tendenza alla separazione delle aziende familiari dalle imprese «familiari»; tale separazione si attua negli aspetti giuridici, fisici, organizzativi, oltre che economici, quando alla formazione del patrimonio e dell'organismo personale (ossia dell'insieme di persone che prestano lavoro di ogni tipo) concorrono altre famiglie ed altre imprese.

2.3.5. L'ampiezza dei mercati e delle conoscenze

Per chiudere il tema della specializzazione, può essere utile qualche ulteriore riflessione a livello dei sistemi economici complessivi. La storia delle economie progredite ci mostra con chiarezza che lo sviluppo economico è strettamente collegato ai gradi di specializzazione economica e all'accumulo di conoscenza. I tre fattori sono interdipendenti e l'analisi economica cerca di spiegare a quali condizioni la specializzazione e l'accumulo di conoscenze possono continuare a crescere alimentando così lo sviluppo economico[33].

Una prima risposta classica fa riferimento all'ampiezza dei mercati: la specializzazione può crescere tanto più quanto più i mercati sono ampi e si espandono, ossia quanto maggiori sono i volumi di produzione e di consumo dei vari beni. Se i mercati sono piccoli o non si espandono diventa difficile spingere la specializzazione al livello che consente di estrarne i massimi benefici. D'altro canto, una forte specializzazione consente di ottenere prodotti di alta qualità con costi contenuti e ciò, di rimando, consente di estendere i mercati.

Una seconda spiegazione è di tipo organizzativo: la crescita dimensionale delle singole aziende (con i connessi vantaggi di economie di specializzazione) può essere frenata dalle problematiche organizzative; oltre certe dimensioni può diventare molto problematica l'integrazione delle varie parti specializzate e l'impresa può diventare ingovernabile. Per contro, l'invenzione di nuovi strumenti di integrazione (strutture, sistemi operativi, supporti informatici, socializzazione, ecc.) apre la possibilità di passare a dimensioni più ampie e di realizzare ulteriori economie di specializzazione.

Introducendo la variabile conoscenza accumulata, si osserva che essa è correlata alle dimensioni dei mercati e delle imprese; infatti, quanto maggiori sono le previste dimensioni del mercato e le potenziali economie di specializ-

[33] Si segue l'impostazione suggerita da BECKER e MURPHY [1992, 1145-1150].

TAVOLA 2.3. *Una rappresentazione schematica del tema della specializzazione economica*

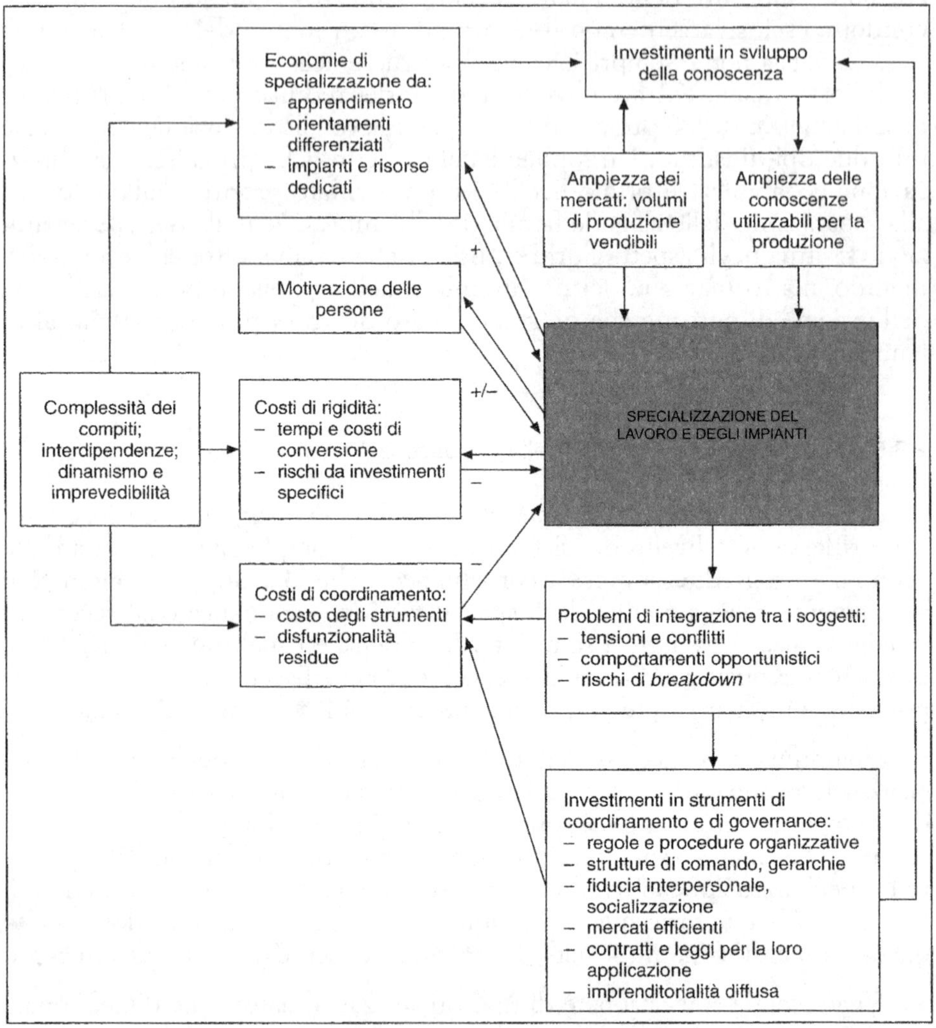

zazione, tanto maggiori sono la disponibilità di risorse e gli incentivi per investimenti in ricerca e sviluppo. A loro volta, gli investimenti in ricerca e sviluppo, producendo più ampia conoscenza, permetteranno nuove forme di specializzazione rendendo più convenienti maggiori dimensioni delle imprese e dei mercati. Il circuito virtuoso che correla l'accumulo di conoscenza alle dimensioni dei mercati e delle imprese può non attivarsi quando mercati piccoli richiedono grandi investimenti in ricerca e sviluppo; in questi casi diventano importanti le iniziative di ricerca attuate o incentivate da organi sovraziendali pubblici o privati.

Una rappresentazione sintetica del tema della specializzazione economica è proposta nella tavola 2.3.

Le combinazioni economiche di istituto

Capitolo 3

3.1. Il sistema degli accadimenti e le combinazioni economiche

Nei capitoli precedenti abbiamo visto che le persone svolgono l'attività economica per soddisfare i propri bisogni di ogni ordine. L'attività economica è essenzialmente attività di produzione e di consumo di beni economici. L'attività economica si svolge in istituti, in una grande varietà di istituti. L'economia aziendale studia l'attività economica che si svolge negli istituti. L'insieme delle operazioni economiche svolte dalle persone in un istituto forma le *combinazioni economiche generali* dell'istituto stesso.

Le combinazioni economiche sono parte del *sistema degli accadimenti*, ossia dell'insieme di azioni e di fenomeni che si manifestano nell'azienda e nel suo ambiente; azioni e fenomeni, economici e non economici, avvinti a sistema da relazioni molteplici[1]. Il sistema degli accadimenti è un insieme molto vasto includente, ad esempio: i comportamenti dei clienti, dei fornitori e dei concorrenti; le dinamiche particolari e generali dei prezzi-costo e dei prezzi-ricavo; gli interventi locali, nazionali ed internazionali volti a regolare l'attività economica dei vari ordini di istituti; le negoziazioni di acquisto e di vendita attivate dall'azienda; le variazioni di dimensione e di composizione dell'organismo personale; il progresso tecnologico e le innovazioni di assetto tecnico dell'azienda; i processi di rilevazione, di informazione e di controllo e così via. Una speciale categoria di accadimenti è rappresentata dal *sistema delle operazioni*, ossia dal sistema delle attività svolte dalle persone che compongono l'organismo personale d'azienda; come detto, tali operazioni nel loro insieme formano le *combinazioni economiche*; *combinazioni produttive* con riguardo ai processi di produzione economica e *combinazioni di consumo* con riguardo ai processi di consumo.

[1] I riferimenti generali utilizzati per l'impostazione di questo capitolo sono: MASINI [1979]; RUGIADINI [1979, par. 14]; TESSITORE [1979, cap. 2]; ZAPPA [1957, parr. 18-32, 42-72, 94-109]; CODA [1965].

Nei quattro paragrafi che seguono si presentano le combinazioni economiche tipiche di ciascuna delle quattro classi di istituti presi in considerazione. I quattro paragrafi sono svolti con parti «descrittive» (che cercano di dare una visione quanto possibile viva e concreta dell'attività economica svolta nelle varie classi di istituiti) e con parti nelle quali si propongono definizioni e classificazioni utili per ricondurre a concetti sintetici la grandissima varietà di manifestazioni concrete dell'attività economica. Un paragrafo conclusivo rende esplicite le relazioni di complementarità e di interdipendenza tra le quattro classi di istituti.

3.2. L'articolazione delle combinazioni economiche delle imprese

3.2.1. Le coordinazioni economiche parziali e le negoziazioni: il quadro d'assieme

Le coordinazioni parziali: una classificazione

Nell'ambito dei sistemi economici progrediti l'impresa svolge un ruolo fondamentale nella produzione dei beni economici, in particolare dei beni privati. L'espressione «produzione di beni privati» evoca immediatamente l'immagine dell'impresa manifatturiera che produce beni materiali quali le automobili, i capi di abbigliamento, i generi alimentari; tuttavia, l'attività di produzione economica svolta dalle imprese non si limita a tali fattispecie; accanto alle imprese manifatturiere operano, ad esempio, le imprese commerciali all'ingrosso e al dettaglio, le banche, le compagnie di assicurazione, le imprese che offrono servizi di trasporto, di accoglienza alberghiera, di consulenza, e così via. Si intuisce facilmente che le varie classi di imprese svolgono combinazioni economiche che hanno alcune caratteristiche di fondo comuni, ma che in molti aspetti possono essere molto differenti tra di loro.

In questo paragrafo, per ragioni di semplicità, presentiamo l'articolazione delle combinazioni economiche delle imprese con riferimento alla fattispecie delle imprese manifatturiere, ma si tenga presente che i concetti utilizzati sono di portata universale applicandosi, con opportune varianti, a tutti i tipi di imprese e a tutte le altre classi di istituti.

Le combinazioni economiche generali d'impresa si articolano in *coordinazioni economiche parziali* ossia in insiemi di processi caratterizzati da una *funzione* (ad esempio: ideare e sviluppare nuovi prodotti, fabbricare i prodotti, vendere i prodotti, acquisire i mezzi finanziari, gestire i prestatori di lavoro) e da un *insieme di competenze specialistiche* applicate al loro svolgimento (ad esempio, competenze di progettazione, di fabbricazione, di marketing, di finanza, di gestione del personale). Spesso, nel linguaggio corrente, le coordinazioni parziali sono denominate semplicemente «funzioni» e così si parla di «funzione ricerca e sviluppo», «funzione produzione», «funzione commerciale», «funzione finanza», «funzione personale».

Per tutte le imprese (come già detto, qui si fa particolare riferimento alle imprese manifatturiere) le coordinazioni parziali sono riconducibili alle seguenti classi e sottoclassi di operazioni:

- configurazione dell'assetto istituzionale;
- gestione:
  - gestione caratteristica:
    a) ricerca e sviluppo;
    b) approvvigionamenti;
    c) fabbricazione;
    d) commercializzazione;
    e) logistica;
  - gestione finanziaria:
    a) gestione del capitale di rischio;
    b) gestione dei debiti di prestito;
  - gestione patrimoniale;
  - gestione tributaria;
  - gestione assicurativa;
- organizzazione;
- rilevazione.

Le operazioni di *configurazione dell'assetto istituzionale* determinano il disegno complessivo secondo il quale l'impresa nasce, si trasforma e si svolge; qui si decidono i fini dell'impresa, i suoi campi di attività, le strutture di governo, le alleanze e così via. Configurato l'assetto istituzionale, l'attività d'impresa si svolge in tre grandi aree: la *gestione*, l'*organizzazione* e la *rilevazione*.

La *gestione* è il grande insieme di operazioni attraverso le quali l'impresa attua direttamente la produzione economica: raccoglie i capitali, acquista i macchinari e le materie prime, fabbrica i prodotti e li vende, paga i tributi; di regola la gran parte dei prestatori di lavoro di un'impresa è occupata in operazioni di gestione; dalle operazioni di gestione discende direttamente la gran parte dei costi e dei ricavi dell'impresa e, di conseguenza, il risultato reddituale (utile o perdita) della stessa. La gestione si compone di cinque sottoinsiemi; i primi tre sono le gestioni caratteristica, finanziaria e patrimoniale; gli altri due, che sono trasversali rispetto ai primi tre, sono la gestione assicurativa e la gestione tributaria. La trasversalità delle ultime due gestioni rispetto alle prime tre consiste nel fatto che la gestione caratteristica, la gestione finanziaria e la gestione patrimoniale originano anche operazioni di gestione tributaria e di gestione assicurativa.

Una buona gestione richiede lo svolgimento di altre due grandi aree di attività complementari che hanno minor peso economico e coinvolgono un minor numero di prestatori di lavoro ma non per questo mancano di criticità; si tratta delle attività di organizzazione e di rilevazione. Le attività di *organizzazione* si sostanziano nel disegnare la struttura organizzativa dell'impresa, nell'assegnare i compiti e le responsabilità alle persone che vi lavorano e nel gestire i sistemi di ricompensa e di sviluppo delle persone stesse (retribuzione, carriera, formazione). Le attività di *rilevazione* consistono nella raccol-

TAVOLA 3.1. *Le coordinazioni parziali di un'impresa manifatturiera e le loro interconnessioni*

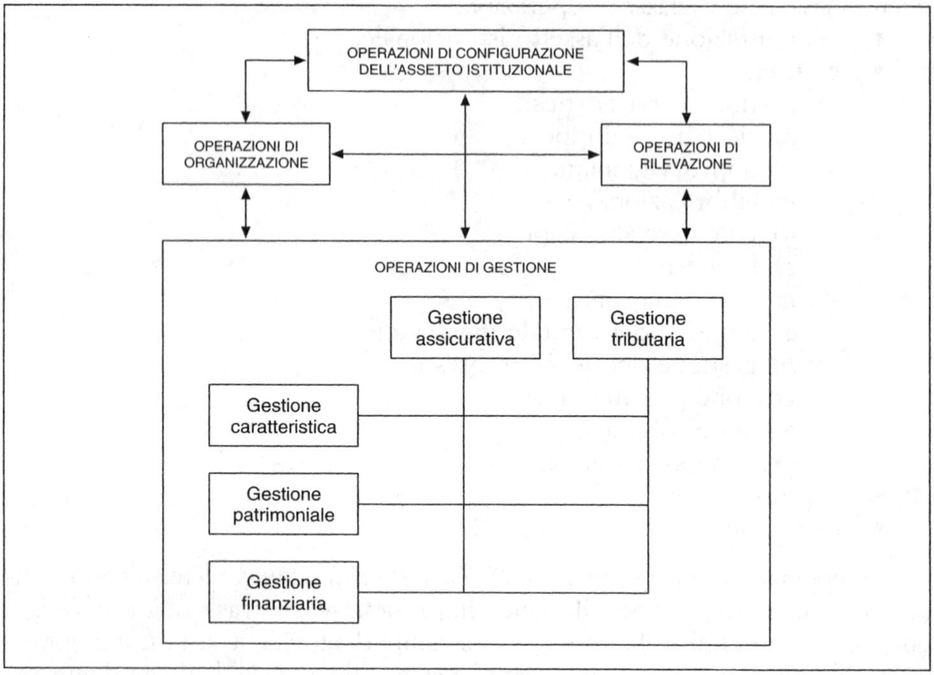

ta, elaborazione e diffusione dei dati e delle informazioni necessari per prendere buone decisioni e per informare tutti i soggetti interessati alla vita dell'impresa. Le interconnessioni tra le varie coordinazioni parziali sono sintetizzate graficamente nella tavola 3.1.

Le negoziazioni: una classificazione e alcuni concetti chiave

Lo svolgimento delle combinazioni economiche si attua in parte attraverso insiemi di *operazioni interne* (dette anche *operazioni di gestione interna*; ad esempio, le attività di progettazione, di fabbricazione, di rilevazione) e in parte attraverso operazioni che coinvolgono soggetti esterni denominate anche *operazioni di gestione esterna*; tra queste ultime, di grandissimo rilievo, sono le *negoziazioni* ossia le operazioni attraverso le quali l'impresa acquisisce da terzi le condizioni di produzione e cede i propri prodotti o condizioni di produzione. In questo aspetto, le combinazioni economiche di un'impresa possono essere ricondotte allo schema elementare di tavola 3.2.

Le grandi classi di negoziazioni svolte dalle imprese sono:

- negoziazioni di beni privati;
- negoziazioni di beni pubblici;
- negoziazioni di lavoro;

TAVOLA 3.2. *Le operazioni interne e le negoziazioni*

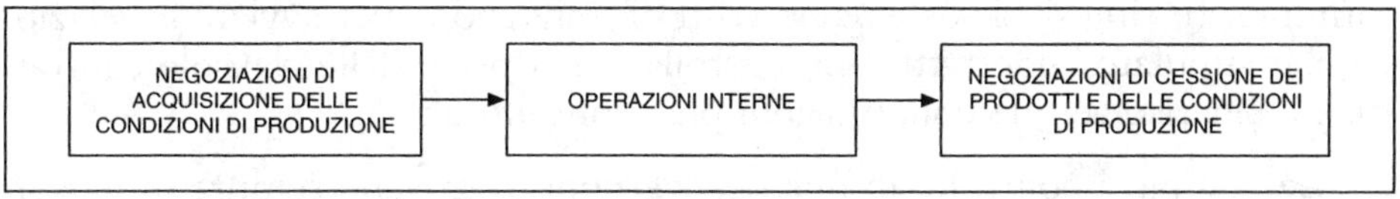

- negoziazioni di capitale di rischio;
- negoziazioni di capitale di prestito;
- negoziazioni di rischi particolari.

Nei prossimi paragrafi si presentano in maggior dettaglio le classi di coordinazioni parziali e di negoziazioni elencate nei punti precedenti. Alcuni concetti chiave preliminari per la corretta analisi di tutti i tipi di negoziazioni sono:

- i costi di transazione;
- l'asimmetria informativa;
- gli investimenti specifici;
- la forza contrattuale.

Quando si svolge una negoziazione, ad esempio uno scambio di merci, i soggetti coinvolti, il venditore e il compratore, sostengono dei costi *di attivazione e di gestione della negoziazione*, denominati *costi di transazione*[2]. Ciò significa che il compratore sostiene due insiemi di costi: il costo di acquisto della merce al quale si devono «sommare» i costi di transazione; analogamente, il venditore ottiene un ricavo rappresentato dal prezzo complessivo della merce ceduta, ma tale ricavo deve essere «decurtato» dei costi sostenuti per attivare e per gestire la transazione. I costi di transazione nascono essenzialmente dal fatto che le parti coinvolte nella negoziazione operano in situazione di *razionalità limitata* e dispongono di spazio per *comportamenti opportunistici.* Così accade che il fornitore prima di iniziare una relazione commerciale con un nuovo cliente raccoglie informazioni circa la solvibilità del possibile nuovo cliente e circa la sua correttezza negli affari; lo stesso fa il cliente nei confronti del potenziale nuovo fornitore: vuole sapere se ci si può fidare, ad esempio, della qualità e della puntualità promesse per le forniture. Nel corso della trattativa e al momento della stipulazione del contratto le due parti possono sentire la necessità di dedicare tempo alla definizione dettagliata delle clausole contrattuali, magari coinvolgendo commercialisti e avvocati; anche questi sono costi di transazione, così come lo sono i costi che il compratore sostiene per costituire e fare funzionare un «ufficio ricevimento merci» che controlla tutti gli arrivi verificando i documenti, le quantità e le qualità delle merci, la puntualità della consegna. E ancora sono costi di tran-

2 Le negoziazioni sono classi particolari di transazioni; transazione è in generale ogni relazione nella quale un bene è trasferito attraverso un'interfaccia tecnologicamente separabile [WILLIAMSON 1981]; sono transazioni anche le relazioni che si svolgono tra i differenti organi di uno stesso istituto.

sazione le energie e le parcelle che saranno dedicate alle contestazioni delle forniture. In sintesi, si sostengono costi di transazione per avviare la relazione, per stipulare i contratti, per controllare il rispetto delle clausole contrattuali e per risolvere le contestazioni post-contrattuali[3].

Le due parti coinvolte in una negoziazione si trovano sempre in una situazione di *asimmetria informativa*; gli insiemi di informazioni detenute sono differenti e ciascuna delle parti tende a tenere nascoste le informazioni che potrebbero danneggiarlo; l'alta asimmetria informativa stimola comportamenti opportunistici; talvolta l'asimmetria informativa è tanto alta da bloccare lo svolgimento della negoziazione perché una delle due parti percepisce un rischio troppo elevato di comportamento opportunistico da parte dell'altra; per cercare di colmare in parte l'asimmetria informativa o di limitarne le conseguenze si sostengono costi di transazione.

Spesso per attivare e mantenere relazioni di lungo periodo (ossia per attuare negoziazioni di lungo termine o ripetute nel tempo) una delle parti è indotta ad effettuare investimenti il cui valore può azzerarsi (o ridursi drasticamente) quando la relazione si interrompesse. Tali investimenti sono denominati *investimenti specifici*[4]. Ne sono esempi: *a*) studi, impianti, magazzini specializzati realizzati *ad hoc* da un fornitore per soddisfare al meglio le esigenze di un determinato cliente; *b*) competenze specialistiche sviluppate da un prestatore di lavoro per svolgere una speciale mansione in una certa impresa e non utilizzabili in altre imprese. Evidentemente, chi effettua investimenti specialistici lega le proprie sorti a quelle della controparte contando di trarne vantaggi ma correndo anche rischi addizionali.

Le due parti coinvolte in una negoziazione possono presentarsi con *forza contrattuale*, ossia con capacità di influenza nei confronti dell'altra parte, più o meno equilibrate e ciò, naturalmente, ha effetti importanti sull'esito della negoziazione[5]. Un fornitore si trova in una posizione di grande forza contrattuale quando non ha concorrenti, offre un prodotto critico e non sostituibile per il suo cliente, non ha effettuato investimenti specifici per servire quel cliente e gode di un vantaggio informativo; al contrario, si trova in una posizione di debolezza se molti concorrenti offrono un prodotto analogo al suo, se il bene in oggetto non è critico per il cliente, o è comunque facilmente sostituibile, se ha effettuato investimenti specifici e se è in condizione di asimmetria informativa. Considerazioni speculari valgono per la parte in posizione di cliente.

[3] Il tema è ripreso e sviluppato nel cap. 12 ove si parla di costi e di economie di transazione.

[4] WILLIAMSON [1985]; DOERINGER E PIORE [1971].

[5] Il punto è ripreso e sviluppato nel cap. 9 dove si presenta il modello del sistema competitivo allargato.

3.2.2. Le attività di configurazione dell'assetto istituzionale

Le operazioni di configurazione dell'assetto istituzionale sono le operazioni che determinano la nascita, la configurazione di base, le trasformazioni e la cessazione dell'istituto. Sono dunque operazioni di configurazione dell'assetto istituzionale: la costituzione dell'istituto, la definizione e la trasformazione della forma giuridica; la configurazione degli organi di governo; la trasformazione della compagine dei membri dell'istituto; le acquisizioni, fusioni, scissioni; la stipulazione di alleanze e la formazione di aggregati istituzionali con altri soggetti; la liquidazione dell'istituto.

In un dato momento della vita di un'impresa, l'assetto istituzionale è dato dalla configurazione di: *a*) i soggetti nell'interesse dei quali l'azienda si svolge; *b*) i contributi che tali soggetti forniscono all'azienda e le ricompense che ne ottengono; *c*) le prerogative di governo economico che fanno loro capo; *d*) i meccanismi e le strutture che regolano le correlazioni tra i contributi e le ricompense ed attraverso i quali si esercitano le prerogative di governo economico.

Per le imprese sono di primaria importanza le scelte di configurazione del capitale proprio, ossia le scelte in merito a quali soggetti apportano il capitale di rischio e in quale misura rispetto al fabbisogno monetario complessivo dell'impresa. Altrettanto critiche sono le scelte in merito alla configurazione complessiva dell'organismo personale e alle modalità di partecipazione dello stesso (anche mediante le relative rappresentanze) alle decisioni dell'impresa e ai risultati reddituali della stessa. A seconda dei casi assumono vari livelli di intensità e di criticità le operazioni di attivazione e di gestione delle relazioni istituzionali interaziendali. Sono sempre critiche, e talvolta molto complesse, le operazioni di progettazione e di gestione dei meccanismi e delle strutture istituzionali (assemblee del soggetto economico, collegi di amministratori, organi di sindacato del governo economico, ecc.).

Tutte le altre classi di operazioni (gestione, organizzazione e rilevazione) sono fortemente influenzate dalle scelte di fondo che si compiono con la configurazione dell'assetto istituzionale.

3.2.3. La gestione caratteristica

La *gestione caratteristica* è composta dall'insieme delle operazioni di gestione che identificano la «funzione economico-tecnica» tipica di ciascuna azienda. Per le imprese agricole, estrattive e manifatturiere la gestione caratteristica include dunque l'acquisto di materie prime, di impianti e di macchine, la trasformazione tecnica, la vendita dei beni prodotti, i pagamenti e le riscossioni connesse a tali acquisti e vendite. Per le aziende commerciali la gestione caratteristica è composta prevalentemente dalle negoziazioni di beni in acquisto e in vendita e da operazioni di tipo logistico; la gestione caratteristica delle banche si compone prevalentemente di negoziazioni di credito di prestito in raccolta e in impiego; le imprese di assicurazione tipicamente svolgono negoziazioni di rischi particolari.

In un'impresa manifatturiera la gestione caratteristica è rappresentata dalle attività di acquisizione dei fattori produttivi destinati alla trasformazione fisico-tecnica (materie prime, componenti, impianti, macchine, ecc.), di trasformazione fisico-tecnica (ossia di fabbricazione, spesso impropriamente denominate «di produzione») e di vendita dei prodotti. La gestione caratteristica origina costi (per le materie prime, per il lavoro, per gli impianti, ecc.) e ricavi (dalla vendita dei prodotti) e, per differenza, un risultato reddituale (un utile o una perdita) denominato *reddito operativo della gestione caratteristica.*

Lo schema elementare sopra accennato (acquisizione dei fattori produttivi, trasformazione fisico-tecnica, vendita dei prodotti) è utile per acquisire un prima visione concreta dell'essenza della gestione caratteristica di una impresa manifatturiera; tuttavia, per evitare sovrasemplificazioni, occorre procedere sviluppando una seconda approssimazione. La gestione caratteristica di un'impresa manifatturiera si articola nelle seguenti coordinazioni economiche parziali (che, come già ricordato, nel linguaggio corrente, sono spesso denominate «funzioni»):

• *operazioni di ricerca e sviluppo*: si tratta essenzialmente delle attività volte a configurare le caratteristiche del prodotto e le modalità di svolgimento dei processi di fabbricazione; si applicano soprattutto competenze di tipo tecnico e ingegneristico; si tratta di ideare prodotti che rispondano alle attese dei clienti in termini estetici, funzionali e di prestazione e che, contemporaneamente, siano producibili con costi bassi e, quindi, vendibili a prezzi competitivi;

• *operazioni di acquisto di merci e di servizi destinati alla produzione*: si possono distinguere: *a*) acquisto di fabbricati, impianti, macchine e attrezzature destinati a perdurare per lunghi periodi di tempo; *b*) acquisto di materie prime e di componenti destinati alle lavorazioni e ai montaggi; *c*) acquisto di servizi privati di varia natura quali, ad esempio, servizi di consulenza, di sicurezza, di pulizia; le persone che svolgono queste attività di approvvigionamento devono possedere competenze sia di tipo tecnico sia di tipo commerciale poiché, da un lato, devono saper valutare correttamente le quantità, le qualità e i tempi degli input da acquistare e, dall'altro lato, devono saper individuare i fornitori più affidabili e cooperativi e saper negoziare le migliori condizioni di acquisto (prezzi, tempi e modi di consegna, tempi e modi di pagamento, garanzie, ecc.);

• *operazioni di fabbricazione*: il nucleo è rappresentato dalle attività di lavorazione e di assemblaggio delle materie prime e dei componenti acquistati ma indispensabili e altrettanto importanti sono le attività di programmazione della produzione, di controllo intermedio e finale della qualità, di installazione e di manutenzione dei fabbricati, degli impianti e delle attrezzature; sono richieste competenze tecniche ma anche capacità di valutazioni di convenienza economica poiché bisogna bilanciare le esigenze di standardizzazione tipiche della fabbricazione (produrre grandi volumi di prodotti uguali per tempi lunghi) con le esigenze di varietà e di variabilità espresse dai clienti;

• *operazioni di commercializzazione*: si tratta di vendere i prodotti dell'impresa massimizzando la convenienza economica della stessa; occorre analizzare le attese dei clienti attuali e potenziali nonché l'offerta dei concorrenti, individuare i potenziali clienti ed attivare i contatti con gli stessi, definire le nostre condizioni di vendita (prezzo, confezione, modalità di consegna e di pagamento, garanzie, ecc.), sottoporre l'offerta ai clienti attuali e potenziali, stipulare i contratti e far sì che si concludano con l'incasso di quanto pattuito; spesso, nel linguaggio delle imprese, la «funzione commerciale» è distinta in due parti: la «funzione vendite» vera e propria e la «funzione marketing» che include le analisi di mercato, le attività di pubblicità e le attività di promozione; in quest'area di attività sono naturalmente critiche le competenze commerciali sempre accompagnate dalle capacità di valutazione di convenienza economica e, in molti casi, quando il prodotto da vendere è tecnicamente complesso, anche da elevate competenze tecniche;
• *operazioni di logistica*: con questa dizione si coprono i vasti insiemi di operazioni svolte per trasportare, immagazzinare e movimentare le materie prime, i semilavorati e i prodotti finiti[6]; anche qui si richiedono competenze multidisciplinari per bilanciare le esigenze tecniche, amministrative e commerciali.

Tutte le coordinazioni parziali che compongono la gestione caratteristica sono fortemente interdipendenti. Nella tavola 3.3 si propone uno schema elementare che illustra alcune delle principali relazioni.

L'analisi della gestione caratteristica per «funzioni» può essere utilmente integrata dall'analisi per processi trasversali, ossia per insiemi di operazioni accomunati da un forte obiettivo comune e trasversali alle funzioni nel senso che per il loro perseguimento sono richiesti contributi critici da tutte le funzioni. Nelle imprese manifatturiere sono particolarmente evidenti due esempi di processi trasversali. Il primo è il caso del *processo di sviluppo di nuovi prodotti*: la ricerca e sviluppo deve fornire nuove idee dal punto di vista dell'innovazione tecnologica, il marketing deve cercare di capire i bisogni latenti dei clienti, gli acquisti devono attivare rapporti con nuovi fornitori, la produzione deve verificare la fattibilità, e così via. Il secondo caso è quello dell'*evasione degli ordini provenienti dai clienti*; qui sono fortemente coinvolte le unità di vendita che raccolgono gli ordini, la logistica che programma le produzioni e le spedizioni, l'amministrazione che emette le fatture, ecc. L'utilità di analizzare e di gestire le aziende anche per processi trasversali cresce al crescere del dinamismo ambientale e della rapidità di risposta richiesta per essere competitivi; i processi trasversali sono difficilmente gestibili nelle aziende in cui le persone specializzate nelle singole funzioni hanno orientamenti tecnici e manageriali molto focalizzati. Lo schema della tavola 3.3. contiene nella parte superiore molte delle attività riconducibili al processo

6 Secondo un'interpretazione più ampia, la logistica include anche le attività di acquisto e le attività di programmazione della produzione.

TAVOLA 3.3. *Schema delle coordinazioni parziali della gestione caratteristica di un'impresa manifatturiera*

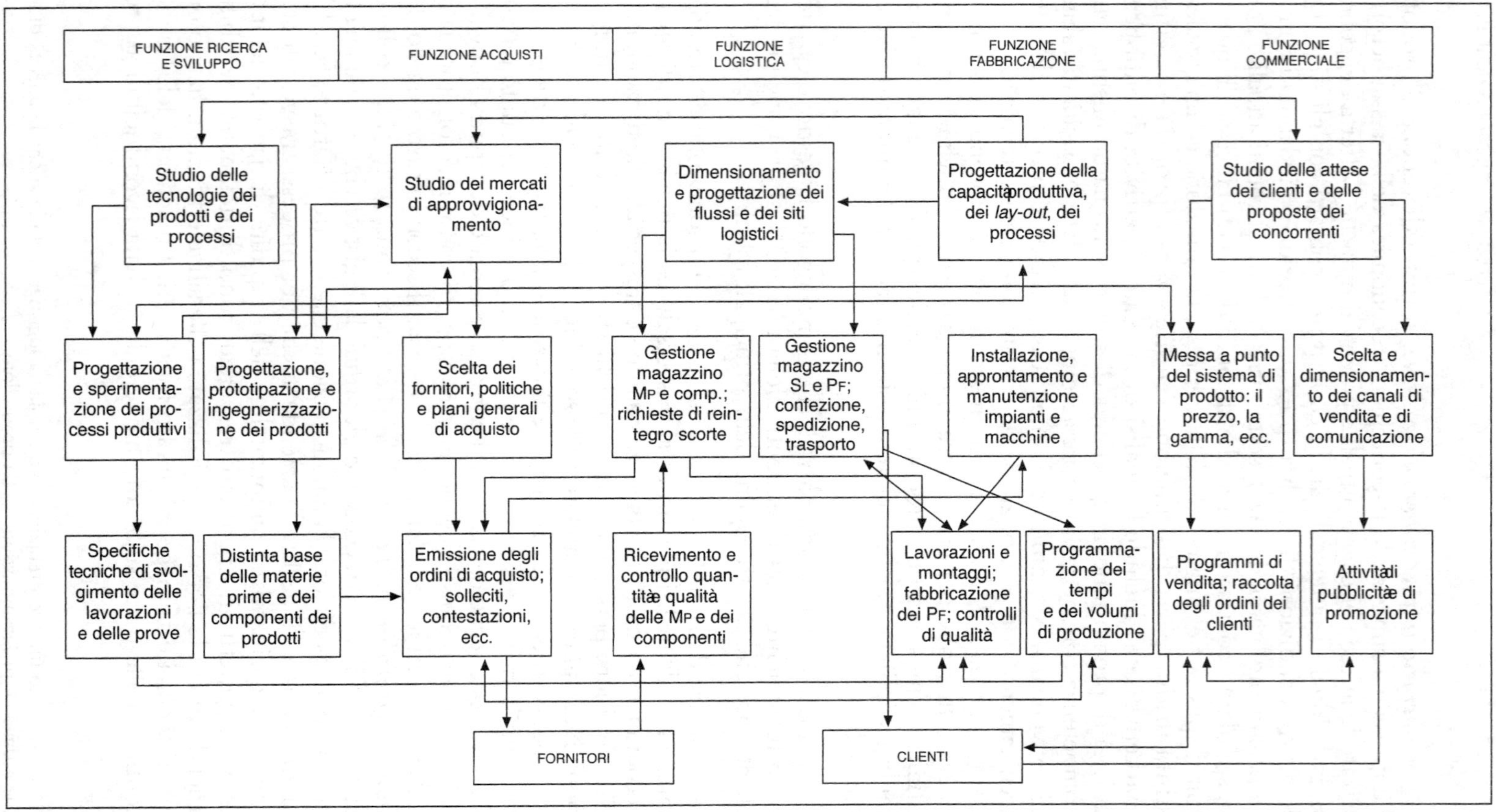

trasversale di «sviluppo nuovi prodotti», mentre nella parte inferiore si trovano gli elementi del processo trasversale «evasione ordini».

La gestione caratteristica suscita *vari insiemi di negoziazioni*: negoziazioni di beni privati, di beni pubblici, di lavoro, di coperture di rischi particolari. Qui soffermiamo la nostra attenzione sulle negoziazioni di beni privati rinviando a punti successivi la trattazione degli altri tipi di negoziazioni.

Le *negoziazioni di beni privati* sono le operazioni di acquisto e di vendita di merci e servizi che sono ceduti da soggetti privati (imprese, famiglie, istituti nonprofit), ossia non dallo Stato. Un'impresa manifatturiera svolge negoziazioni di beni privati sia in posizione di acquirente (quando acquista fabbricati, impianti, macchinari, materie prime, servizi privati) sia in posizione di venditore (quando vende i propri prodotti ed anche quando procede alla dismissione di impianti giudicati non più utili per le combinazioni economiche dell'impresa).

Di regola, nelle economie moderne, le negoziazioni di beni privati si svolgono secondo la forma dello *scambio monetario* ossia mediante lo scambio di un bene a fronte di una quantità di moneta, il prezzo complessivo, che si determina moltiplicando il volume di bene scambiato per il prezzo unitario; in casi rari lo scambio avviene secondo la forma del *baratto*, ossia mediante lo scambio di un bene contro un altro bene.

Nello scambio monetario il prezzo complessivo può essere pagato «in contanti», ossia al momento del perfezionamento del contratto, oppure in un tempo successivo; in questo caso, per il venditore sorge un *credito di regolamento* e per il compratore un *debito di regolamento*; debito e credito che si estingueranno con il pagamento dello stesso.

Il bene scambiato, il volume, il prezzo unitario, il prezzo complessivo e il tempo del pagamento sono gli elementi più evidenti di uno scambio; essi non sono tuttavia i soli rilevanti; coloro che conducono le negoziazioni di beni privati (in posizione di acquirente e in posizione di venditore) sanno che grande attenzione deve essere dedicata anche ad altre *condizioni di scambio* quali: la qualità del bene (spesso definita da una pluralità di parametri), le condizioni di consegna (mezzi, tempi, luoghi), le garanzie, le condizioni di assistenza tecnica pre e post-vendita (inclusi, ad esempio, i costi e i tempi di intervento per le riparazioni e per i ricambi); le penali a carico delle parti in caso di mancato rispetto di quanto pattuito. Gli scambi di beni privati si possono svolgere come singole operazioni «isolate» oppure come parte di accordi che prevedono l'effettuazione di più scambi su archi temporali lunghi; in questi casi le due parti concordano in anticipo alcune condizioni riducendo così l'alea circa la disponibilità del bene (dal punto di vista del compratore), la saturazione della capacità produttiva (dal punto di vista del produttore) e la volatilità dei prezzi[7].

[7] Ulteriori indicazioni in merito allo scambio si trovano nel par. 3.6.2.

3.2.4. La gestione finanziaria

La gestione caratteristica è il nucleo centrale delle combinazioni economiche di ciascuna impresa, ma, come già illustrato sinteticamente in precedenza, attorno ad essa si svolgono sempre altre importanti coordinazioni parziali tra cui la gestione finanziaria. La *gestione finanziaria* è quella parte dell'attività d'impresa che è volta a coprire il *fabbisogno finanziario*, ossia il fabbisogno dei mezzi monetari necessari per avviare l'impresa e per sostenerne lo sviluppo.

Il fabbisogno finanziario delle imprese deriva essenzialmente dal fatto che di norma le imprese devono sostenere i costi ed effettuare i *pagamenti* prima di poter vendere i prodotti, di conseguire i relativi ricavi e di realizzare i conseguenti *incassi*; il fabbisogno finanziario è tanto più elevato quanto più alti sono gli investimenti richiesti per allestire ed estendere la capacità produttiva, quanto più lunghi sono i cicli produttivi, quanto più brevi sono i termini di pagamento nei confronti dei fornitori e quanto più lunghi sono i termini di pagamento concessi ai clienti. In alcuni casi speciali i quattro fattori possono combinarsi in modo tale da originare un fabbisogno finanziario nullo o addirittura un *surplus* di mezzi monetari (gli incassi avvengono in anticipo rispetto ai pagamenti), ma la regola è quella di imprese che devono ricorrere a finanziatori per coprire il proprio fabbisogno.

Trascurando per semplicità i fenomeni connessi ai tempi di pagamento e di riscossione dei debiti e dei crediti di regolamento, il fabbisogno finanziario di un'impresa può essere coperto ricorrendo essenzialmente a *due fonti*: il *capitale proprio*, o *capitale di rischio* e il *capitale di prestito*. La *gestione finanziaria intesa in senso lato* è l'insieme di operazioni volte a coprire il fabbisogno finanziario delle imprese mediante capitale proprio e mediante capitale di prestito; la *gestione finanziaria intesa in senso stretto* riguarda soltanto il ricorso al capitale di prestito. Questa distinzione non è una semplice questione nominale; essa si impone per il fatto che le decisioni in merito al capitale proprio sono sì decisioni di copertura del fabbisogno finanziario, ma, nel contempo, esse sono decisioni di assetto istituzionale in quanto al capitale di rischio sono collegati i diritti di proprietà, e quindi di governo dell'impresa; la trattazione congiunta della gestione del capitale proprio e del capitale di terzi è dovuta alla forte interdipendenza tra le due gestioni, ma non deve nascondere la disomogeneità delle stesse.

Intesa in senso lato, la gestione finanziaria si compone essenzialmente dei seguenti insiemi di attività: *a*) *previsione e analisi del fabbisogno finanziario* con particolare attenzione alle durate e alla variabilità nel tempo; *b*) valutazioni di tipo istituzionale e di tipo economico in merito alla *combinazione ottimale di ricorso al capitale di rischio e al capitale di prestito* nelle sue varie forme (mutui, obbligazioni, anticipazioni, ecc.); *c*) pianificazione e *attuazione delle negoziazioni* di capitale di rischio e di capitale di prestito; *d*) *gestione dei relativi contratti* tra cui definizione e liquidazione dei dividendi, rimborso dei debiti di prestito, pagamento degli interessi passivi sui debiti di prestito.

La gestione finanziaria attuata mediante ricorso al capitale di prestito produce costi sotto forma essenzialmente di *interessi passivi* (e di commissioni passive); gli interessi passivi sono *il prezzo* pagato dalla nostra impresa per poter disporre di un certo ammontare di denaro per un certo periodo di tempo. Il ricorso al capitale proprio comporta un «costo» rappresentato dalla rimunerazione attesa dai conferenti di capitale di rischio; tale costo ha però natura completamente differente rispetto agli interessi passivi; anche la raccolta di capitale di rischio comporta costi sotto forma di commissioni.

In prima approssimazione, la gestione finanziaria può essere intesa come l'attività di copertura del fabbisogno finanziario originato dalla gestione caratteristica; in realtà, la gestione finanziaria copre i fabbisogni «netti» originati da tutte le gestioni: caratteristica, patrimoniale, assicurativa e tributaria.

Sempre intesa in senso lato, la gestione finanziaria è caratterizzata da due classi di negoziazioni: le negoziazioni di capitale proprio e le negoziazioni di capitale di prestito.

Le *negoziazioni di capitale proprio*, che derivano direttamente dalle scelte di configurazione dell'assetto istituzionale, consistono nell'acquisire la disponibilità di mezzi monetari a titolo di capitale proprio; i conferenti di capitale proprio apportano all'impresa mezzi monetari attendendosi una rimunerazione correlata ai risultati reddituali dell'impresa, e quindi incerta nel suo importo e nel suo segno a seconda che i risultati siano utili o perdite; per tale ragione il capitale proprio è denominato anche *capitale di rischio*. In caso di utili, i conferenti di capitale proprio decidono quanta parte debba essere distribuita ai soci e quanta parte debba essere trattenuta nell'impresa per alimentarne lo sviluppo. Per quanto riguarda il rimborso del capitale proprio, si intende che questo avverrà di regola al momento della cessazione della vita dell'impresa, ma il conferente di capitale proprio può, a determinate condizioni, decidere di cedere la propria quota ad altre persone prima di tale cessazione; quando la cessione si realizza (o quando l'impresa cessa) il conferente di capitale proprio realizza un *guadagno* (o subisce una perdita) *in conto capitale* che rappresenta una parte essenziale della rimunerazione del suo investimento. In sintesi, il conferente di capitale di rischio si attende una rimunerazione composta in parte da distribuzione di utili e in parte da guadagni in conto capitale. Il conferimento di quote di capitale di rischio dà diritto al voto nelle assemblee dei conferenti di capitale di rischio, ossia negli organi ai quali sono riservate le decisioni essenziali per la vita dell'impresa. Le negoziazioni di capitale di rischio hanno principalmente per oggetto, oltre che l'importo del conferimento e la durata prevista dell'impresa: le modalità di rimunerazione periodica (le politiche di distribuzione degli utili e di copertura delle perdite; gli eventuali «privilegi» nella distribuzione degli utili); le modalità di partecipazione al governo economico dell'impresa (la partecipazione alle assemblee dei conferenti di capitale di rischio, le modalità di espressione del voto, la nomina degli amministratori, ecc.); le modalità di trasferimento delle quote di capitale di rischio ad altri.

Le *negoziazioni di capitale di prestito*, in generale le operazioni del mercato del credito, hanno per oggetto l'acquisizione e la cessione di mezzi monetari destinati alla copertura dei fabbisogni finanziari delle aziende. La negoziazione ha per oggetto la disponibilità di una certa quantità di mezzi monetari per un certo periodo di tempo. Il soggetto che riceve il capitale di prestito si impegna a rimborsarlo entro certi tempi (in una sola soluzione o in più rate) e concorda di pagare un prezzo sotto forma di interessi passivi; gli interessi passivi sono proporzionati alla quantità di denaro ricevuta in prestito, alla durata della disponibilità e al livello di rischio che il conferente di capitale di prestito attribuisce alla negoziazione (ossia alla probabilità che il prenditore non paghi gli interessi e non rimborsi il capitale o non lo faccia nei tempi concordati). Il tasso di interesse può essere fisso oppure collegato a determinati indicatori come il tasso di inflazione. Il ricorso al capitale di prestito si può realizzare in forme molto differenti: *a*) i conferenti di capitale di prestito possono essere aziende di credito, altre imprese, famiglie, i conferenti di capitale di rischio; *b*) le forme tecniche vanno dai mutui bancari alle emissioni obbligazionarie agli scoperti di conto corrente; *c*) i tempi previsti di rimborso possono essere molto brevi o estendersi anche a molti anni. Naturalmente le differenti alternative presentano ciascuna propri vantaggi e svantaggi e una parte rilevante della gestione finanziaria consiste proprio nelle relative valutazioni e scelte[8].

3.2.5. La gestione patrimoniale

La gestione finanziaria serve per coprire i «deficit» di mezzi monetari e, salvo eccezioni, tutte le imprese si trovano sistematicamente nella necessità di ricorrervi per finanziare i propri investimenti e la crescita. Tuttavia, si possono verificare anche situazioni nelle quali un'impresa si trova a disporre di mezzi monetari in eccesso rispetto a quelli richiesti dalla sua gestione caratteristica; per periodi di tempo più o meno brevi e per importi di varia grandezza l'impresa può avere a disposizione risorse monetarie che, secondo economicità, è opportuno investire per trarre redditi addizionali a quelli prodotti dalla gestione caratteristica. L'attività di investimento di tali risorse monetarie eccedenti *pro tempore* i fabbisogni della gestione caratteristica si denomina gestione patrimoniale. La gestione patrimoniale si configura dunque anche come combinazione economica parziale[9] finalizzata alla produzione di redditi addizionali rispetto a quelli della gestione caratteristica mediante l'*impiego di disponibilità originate dal «risparmio»*. Il significato ed il ruolo della

[8] Per alcuni approfondimenti si veda il cap. 13.
[9] Il concetto di combinazione economica parziale è illustrato nel par. 3.2.10.

gestione patrimoniale variano notevolmente nelle differenti classi di aziende. Nelle *imprese* possono manifestarsi più o meno duraturi eccessi di risorse rispetto a quanto richiesto dalla gestione caratteristica; tali risorse possono essere allora impiegate in una gestione patrimoniale con investimenti in titoli del debito pubblico, con l'acquisizione di partecipazioni nel capitale proprio di altre aziende (senza obiettivi di «controllo»; si tratterebbe altrimenti di operazioni istituzionali), con l'acquisto di immobili da reddito e da rivalutazione, eventualmente con la concessione ad altre imprese o allo Stato di crediti di finanziamento. La gestione patrimoniale produce redditi (non sempre positivi) addizionali a quelli provenienti dalla gestione caratteristica; il suo svolgimento comporta operazioni di negoziazione di beni, di negoziazione di credito di prestito, di riscossione e pagamento.

In corrispondenza delle scelte di investimento, la gestione patrimoniale si attua attraverso vari tipi di negoziazioni:

- *negoziazioni di capitale di prestito*, se si decide di investire in titoli di Stato o in obbligazioni emesse da imprese; se conveniente, l'investimento può essere semplicemente rappresentato da un deposito in conto corrente che è pure una forma di conferimento di capitale di prestito;
- *negoziazioni di capitale di rischio*, se si decide di comprare azioni (quote di capitale di rischio) di imprese puntando sulla distribuzione di dividendi e sui guadagni in conto capitale;
- *negoziazioni di beni privati*, se l'investimento consiste nell'acquisto di beni da reddito e da rivalutazione (immobili, preziosi, opere d'arte, ecc.); in questi casi possono essere connesse anche operazioni di copertura di rischi particolari mediante la stipulazione di contratti di assicurazione.

Tutti gli investimenti della gestione patrimoniale si ispirano all'obiettivo di ottenere proventi netti positivi, ma è evidente che essi comportano sia costi accessori certi (provvigioni, spese di manutenzione, perizie, imposte di registro, ecc.) sia rischi di non rimunerazione (ad esempio, nessun dividendo sulle azioni acquistate) sia rischi di perdite in conto capitale (azioni con corsi azionari sfavorevoli, mercati immobiliari in difficoltà, elevati tassi di inflazione, ecc.). In sintesi, la gestione patrimoniale si attua per realizzare risultati reddituali positivi addizionali a quelli della gestione caratteristica, ma è possibile anche che i risultati netti siano negativi.

3.2.6. La gestione assicurativa

Ciascun istituto è soggetto ad un *rischio economico generale*, ossia alla possibilità che le combinazioni economiche complessive producano utili e perdite che ne sostengono o ne minacciano la vita duratura. Tale rischio economico generale è connaturato all'autonomia dell'istituto; esso, cioè, fa necessariamente capo all'istituto (non può essere trasferito ad altri) se ed in quanto esso intenda salvaguardare la propria autonomia economica. Ciascun istituto è però soggetto anche a *rischi particolari* (o rischi specifici) che possono essere oggetto di «copertura» mediante assicurazione. Si tratta di rischi di eventi sfavorevoli particolari (furti, incendi, infortuni, ecc.), ossia relativi a limitati insiemi degli accadimenti economici dell'istituto, e definibili nell'oggetto, nella probabilità di manifestazione e nella grandezza economica del connesso danno. Tali rischi specifici sono negoziabili a fronte del pagamento di *premi di assicurazione*. Di regola un soggetto della negoziazione è rappresentato da un'impresa di assicurazione che svolge la sua funzione di aggregazione di insiemi di rischi omogenei compensabili su basi probabilistiche. L'assicurazione di alcune categorie di rischi specifici (infortuni, malattia, vita, ecc.) può essere giudicata di pubblico interesse; in tal caso le relative negoziazioni sono soggette a regolamentazione pubblica e, talvolta, fanno capo direttamente a pubbliche amministrazioni.

Le negoziazioni tipicamente suscitate dalla gestione assicurativa sono denominate *negoziazioni di rischi specifici* o, con termini correnti, *contratti di assicurazione*, e sono volte a coprire in forme varie i danni derivanti da possibili eventi negativi nell'ambito della gestione caratteristica, della gestione patrimoniale e di aspetti speciali della gestione tributaria. Un tipico contratto di assicurazione contiene: una definizione del tipo di evento e di danno coperto dalla polizza; un elenco di eventi e di danni analoghi ma esplicitamente esclusi dalla copertura; un elenco di circostanze che possono invalidare la copertura (ad esempio, la colpa o il dolo dell'assicurato nel causare l'evento dannoso); gli importi minimi e massimi copribili a fronte del danno; le modalità di denuncia, di accertamento e di liquidazione del danno; i meccanismi di rinnovo della copertura assicurativa; il prezzo (premio) a carico dell'assicurato.

3.2.7. La gestione tributaria

La *gestione tributaria* deriva dal fatto che tutte le imprese sono soggette al pagamento di tributi di varia natura a fronte del diritto di fruire dei beni pubblici messi a disposizione dallo Stato. Le attività di accertamento e di liquidazione dei tributi si denominano gestione tributaria. La gestione tributaria comporta tipicamente costi e non ricavi.

L'area della *gestione dei tributi* si presenta con caratteri molto peculiari e variegati a causa della grande varietà dei beni pubblici, delle modalità di loro utilizzazione e delle forme di correlazione tra accesso al consumo del bene pubblico e pagamento dei tributi. Con grande semplificazione, si possono distinguere: *a*) tributi correlabili direttamente ai beni acquisiti e quindi con caratteri analoghi a quelli dei «prezzi» pagati per i beni privati; è il caso, ad esempio, dei trasporti pubblici urbani per i quali l'utente paga un «prezzo» per l'uso del bene (il biglietto o l'abbonamento), ma una parte rilevante dei costi dell'ente erogatore è coperta dallo Stato; *b*) tributi non correlabili direttamente all'uso di particolari beni pubblici (le imposte sul reddito e gran parte delle imposte indirette pagate a fronte dei beni pubblici «indivisibili» quali la difesa nazionale, la polizia locale, le strade ad accesso libero). Le operazioni relative al primo caso sono assimilabili alle operazioni di negoziazione dei beni privati; le operazioni relative al secondo caso si manifestano concretamente sotto forma di *accertamenti e pagamenti di tributi*; tali accertamenti e pagamenti sono le operazioni caratteristiche della gestione dei tributi. Lo schema semplificato qui proposto non deve portare a sottovalutare la complessità della gestione dei tributi nelle aziende di produzione; in essa convergono molte decisioni complesse (relative all'assetto giuridico; alle dimensioni; alle forme di copertura del fabbisogno monetario; alle condizioni contrattuali di acquisto, di vendita, di locazione; ecc.) che influenzano notevolmente la struttura, il livello e la distribuzione temporale del prelievo fiscale.

Per quanto detto, nel caso dei *beni pubblici* il termine *negoziazione* si deve intendere in senso molto ampio; si fa qui riferimento alla vastissima gamma di operazioni mediante le quali da un lato gli istituti della pubblica amministrazione cedono i beni pubblici e, dall'altro lato, le famiglie e le imprese li acquisiscono dietro corresponsione di un tributo. I contenuti di queste operazioni spesso sono fortemente vincolati dalla normativa pubblica lasciando margini molto stretti, o praticamente nulli, per la negoziazione in senso proprio.

3.2.8. Il profilo reddituale e monetario delle gestioni

Il significato economico delle cinque aree di gestione sopra brevemente descritte (caratteristica, patrimoniale, finanziaria, assicurativa e tributaria) si può ulteriormente chiarire analizzandone:

- il profilo reddituale;
- il profilo monetario.

Analizzare la gestione secondo il *profilo reddituale* significa indagare il formarsi dei costi e dei ricavi (più in generale, dei componenti positivi e negativi di reddito); in particolare, indagare come ciascuna delle cinque gestioni contribuisce al formarsi del risultato reddituale (l'utile o la perdita). Da questo punto di vista, la gestione caratteristica e la gestione patrimoniale sono due tipiche *gestioni attive* nel senso che da esse ci si attendono risultati reddituali positivi (ricavi della gestione caratteristica superiori ai corrispondenti costi; proventi netti della gestione patrimoniale positivi), mentre le gestioni finanziaria, assicurativa e tributaria sono tre tipiche *gestioni passive* comportando in linea di principio solo costi in forma di interessi passivi (per la gestione finanziaria), di premi assicurativi (per la gestione assicurativa) e di tributi (per la gestione tributaria). Un risultato reddituale complessivamente positivo si ottiene quando la somma del reddito operativo della gestione caratteristica e della gestione patrimoniale è superiore agli oneri complessivi della gestione finanziaria, della gestione assicurativa e della gestione tributaria producendo un utile in misura giudicata soddisfacente per la rimunerazione del capitale di rischio.

TAVOLA 3.4. *Esempi di differenti contributi delle varie gestioni al risultato reddituale netto*

	Impresa *A*	Impresa *B*	Impresa *C*
Ricavi della gestione caratteristica	1.000	1.000	1.000
Costi della gestione caratteristica	900	900	990
Risultato della gestione caratteristica	+100	+100	+10
Risultato della gestione patrimoniale	+10	0	+90
Oneri della gestione assicurativa	–5	–10	0
Oneri della gestione finanziaria	–15	–110	0
Risultato prima delle imposte	+90	–20	+100
Oneri della gestione tributaria	–45	0	–50
Risultato netto	+45	–20	+50

Analizzare la gestione secondo il *profilo monetario* significa invece studiare i flussi di entrate e di uscite, ossia delle riscossioni e dei pagamenti suscitati dalle varie classi di negoziazioni (oltre che i movimenti monetari interni tra «sezioni» e «filiali» di una stessa impresa) e ciò serve per capire se e come l'impresa è sistematicamente in grado di far fronte, con le entrate, ai propri impegni di uscite; in altri termini, serve per capire se l'impresa è solvibile. Di nuovo, tutte le cinque gestioni concorrono a queste dinamiche poiché tutte originano entrate ed uscite; le dinamiche monetarie complessive, dunque derivano dal combinarsi degli effetti delle cinque gestioni. Le entrate e le uscite sono in larga misura suscitate dalle stesse negoziazioni che determinano i costi e i ricavi; in prima approssimazione, dunque, si potrebbe pensare che il profilo reddituale e il profilo monetario coincidano (una buona redditività coincide con una buona solvibilità e viceversa); così non è. Certamente i due profili sono interconnessi (e «nel lungo periodo» necessariamente convergono), ma essi non coincidono ed è per questo che occorre compiere anche distintamente le due analisi. La non coincidenza dei due profili è dovuta essenzialmente a tre cause: *a*) importanti entrate ed uscite non corrispondono a costi e ricavi; ad esempio, un aumento di capitale, oppure l'accensione o il rimborso di un mutuo; *b*) molti costi, con i relativi esborsi, devono essere sostenuti in anticipo rispetto al conseguimento dei ricavi e delle relative entrate; *c*) molti pagamenti e riscossioni non avvengono in contanti e, inoltre, i tempi medi di pagamento dei debiti di regolamento non necessariamente coincidono con i tempi medi di riscossione dei crediti di regolamento.

Nella tavola 3.4. si presenta una tabella che esemplifica la struttura del reddito di tre differenti imprese manifatturiere che fanno registrare differenti risultati delle cinque gestioni. L'impresa *A* presenta un profilo reddituale «normale»: le due gestioni attive producono risultati positivi (100 e 10) e il risultato della gestione caratteristica è nettamente dominante; la gestione assicurativa e la gestione finanziaria comportano oneri contenuti (5 e 15) e così si ottiene un buon risultato prima delle imposte; la gestione tributaria dimezza tale risultato, ma l'utile netto finale pare soddisfacente. L'impresa *B* presenta una gestione finanziaria estremamente onerosa che induce un risultato finale negativo; il risultato della gestione caratteristica non basta per coprire gli oneri della gestione assicurativa e della gestione finanziaria. L'impresa *C* ha una bassa redditività della gestione caratteristica (10), ma la gestione patrimoniale produce un risultato straordinariamente positivo (90); l'impresa non sostiene oneri finanziari (è in una posizione finanziaria attiva) e il risultato finale è positivo; per esprimere un giudizio sulla redditività occorre capire quanto straordinaria o strutturale sia la possibilità di ottenere elevati redditi dalla gestione patrimoniale.

3.2.9. Le attività di organizzazione e di rilevazione

La dizione *operazioni di organizzazione* copre un'ampia gamma di attività riconducibili a due grandi insiemi: la progettazione dell'assetto organizzativo dell'impresa; la gestione dei prestatori di lavoro.

La *progettazione dell'assetto organizzativo* consiste anzitutto nella *progettazione della struttura organizzativa* dell'impresa: si definiscono i compiti da svolgere, si assegnano insiemi di tali compiti agli organi che formano la struttura e alle persone che vi operano, si esplicitano le relazioni gerarchiche; in estrema sintesi, possiamo dire che progettando la struttura organizzativa si giunge a far sì che ciascun prestatore di lavoro sappia quali attività deve svolgere, a quale unità organizzativa (reparto, ufficio, settore aziendale) appartiene, chi è il suo capo, chi sono i suoi subordinati; queste scelte spesso sono codificate in organigrammi e mansionari. Complementare alla progettazione della struttura organizzativa è la *progettazione dei sistemi operativi* che si suddividono in: *a*) sistemi di pianificazione e di programmazione attraverso i quali si definiscono le strategie da perseguire e si assegnano a ciascun organo aziendale e a ciascuna persona gli obiettivi da realizzare e le risorse disponibili a tal fine; *b*) sistemi di gestione del personale che definiscono le regole in merito alle modalità di ingresso delle persone, alla loro retribuzione, alla carriera e allo sviluppo delle loro competenze professionali.

La *gestione dei prestatori di lavoro* (detta anche gestione del personale) può essere vista come l'attuazione dei sistemi operativi di gestione del personale. Si compone di: processi di ricerca, selezione, accoglimento e inserimento del personale; processi di analisi delle mansioni, dei carichi di lavoro, delle competenze e delle performance delle persone; processi di determinazione e di liquidazione delle retribuzioni; processi di valutazione delle competenze potenziali delle persone, di promozione e di rotazione delle persone tra le varie posizioni; processi di addestramento e di formazione. I sistemi di gestione del personale sono progettati ed attuati in modo tale che: *a*) l'impresa disponga sempre di un organismo personale che per dimensione e per competenze sia adatto a svolgere le combinazioni economiche pianificate; *b*) le persone siano ricompensate secondo equità e siano poste in condizioni di crescere personalmente e professionalmente. In altri termini, occorre coniugare le esigenze di efficienza delle combinazioni economiche dell'impresa con l'esigenza di motivazione delle persone che prestano lavoro.

Si ricordi che i prestatori di lavoro portano interessi primari nell'impresa e che, secondo forme opportune, essi partecipano al governo dell'impresa e alla ripartizione del risultato residuale. Ciò significa che le scelte organizzative in generale e le scelte di gestione del personale in particolare hanno strettissimi collegamenti con le scelte di configurazione dell'assetto istituzionale.

Le operazioni di organizzazione suscitano varie classi di negoziazioni; tra queste sono di particolare rilevanza le *negoziazioni di lavoro*. Le negoziazioni di lavoro si sostanziano in contratti che l'impresa stipula con i prestatori di lavoro. Si negoziano da un lato le prestazioni di lavoro attese dall'impresa (i compiti da svolgere, i tempi, i luoghi, i carichi di lavoro, i comportamenti professionali) e, dall'altro lato, le rimunerazioni, le prospettive di carriera, i programmi di addestramento e di formazione, le condizioni fisiche e sociali di lavoro, le regole di uscita dall'impresa, i diritti di manifestazione e di sciopero. Con riguardo alle retribuzioni si negoziano cinque componenti: 1) la retribuzione periodica «fissa», normalmente liquidata su base mensile; 2) la retribuzione «variabile» legata ai risultati individuali o di gruppo che spesso viene liquidata su base semestrale o annuale; 3) la retribuzione «variabile» legata ai risultati complessivi dell'impresa, ossia la partecipazione al risultato residuale d'impresa, liquidata di solito annualmente[10]; 4) la retribuzione differita sotto forma di «trattamento di fine rapporto» liquidata in unica soluzione al momento dell'uscita dall'impresa[11]; 5) la retribuzione differita sotto forma di «trattamento pensionistico» liquidata periodicamente a partire dalla cessazione della vita di lavoro della persona.

Le negoziazioni di lavoro hanno un'evidente criticità non solo a livello di assetto istituzionale della singola impresa, ma anche a livello di sistemi economici locali, nazionali e sopranazionali. Da ciò il loro inserimento nel quadro di una complessa normativa speciale e di «contrattazioni» che si svolgono a livello nazionale, settoriale, aziendale e personale.

Le *operazioni di rilevazione* sono svolte dalle imprese per predisporre dati e informazioni destinati a due insiemi di utilizzatori: *a*) le persone che operano all'interno dell'impresa e che devono prendere le decisioni nelle varie aree funzionali (acquisti, produzione, vendita, ecc.) e ai vari livelli di responsabilità (operativo, direttivo, di governo economico); *b*) le persone e gli istituti che portano interessi nei confronti dell'impresa e che necessitano di informazioni per decidere come attivare e sviluppare i rapporti con l'impresa; si tratta di fornitori, clienti, finanziatori, prestatori di lavoro, lo Stato. Data la varietà dei destinatari e delle finalità, gli output delle operazioni di rilevazione sono molto vari comprendendo elementi quali il bilancio di eser-

[10] Spesso questo componente della retribuzione non è reso esplicito nella forma qui proposta, ma nella sostanza è sempre presente nelle retribuzioni dei prestatori di lavoro.

[11] Questo componente è particolarmente rilevante in Italia dove l'importo del «trattamento di fine rapporto» è calcolato, schematicamente, come prodotto del «numero di anni trascorsi in un'impresa» per la «retribuzione mensile finale».

cizio, la contabilità dei costi, le statistiche delle vendite, le analisi dei mercati e dei settori, e così via. Le operazioni di rilevazione sono essenzialmente operazioni di raccolta, di elaborazione, di rappresentazione, di conservazione e di diffusione di dati e di informazioni; grande rilievo hanno i sistemi informatici e telematici a supporto dei sistemi di rilevazione e di informazione.

Una particolare categoria di operazioni che può essere considerata una classe a sé, ma che è strettamente connessa alle operazioni di rilevazione e informazione, è data dalle operazioni di rivalutazione. Le *operazioni di rivalutazione* rappresentano una classe di accadimenti aziendali del tutto particolari; si tratta di operazioni che si sostanziano nella variazione (rivalutazione, nuova valutazione) di valori componenti il capitale di funzionamento dell'azienda (valori di impianti, di macchine, di rimanenze, di particolari categorie di fondi). Tali interventi di rivalutazione si compiono quando si manifestano fenomeni (d'azienda o d'ambiente) che fanno cambiare il significato dei dati sulla base dei quali si configura il reddito di esercizio delle aziende. Così, ad esempio, si devono rivalutare i valori degli impianti o delle rimanenze in presenza di significative variazioni dei livelli generali dei prezzi (inflazione, deflazione) o, più in generale, quando si manifestano o si prevedono situazioni di contesto molto differenti rispetto a quelle in atto al momento del formarsi dei valori in oggetto[12].

3.2.10. Le combinazioni economiche parziali

Sin qui si è detto dell'articolazione delle combinazioni economiche generali d'impresa in sottoinsiemi denominati *coordinazioni economiche parziali.* Ora dobbiamo aprire una seconda dimensione di analisi, quella dei sottoinsiemi di operazioni denominati *combinazioni economiche parziali.*

Molte imprese, soprattutto le imprese di dimensioni maggiori, attuano più *combinazioni economiche parziali* o, come si dice nel linguaggio corrente, operano in più *aree di affari.* Si tratta delle imprese che nel corso del loro sviluppo hanno deciso di compiere *mosse di diversificazione* aggiungendo alla gamma di prodotti sino a quel momento offerti una linea di prodotti molto diversa rispetto alle precedenti o entrando in un mercato con caratteristiche molto disomogenee rispetto a quelle dei mercati in cui l'impresa operava sino a quel momento. In sintesi, una combinazione economica parziale è una *combinazione prodotto-mercato* con propri caratteri distinti rispetto alle altre combinazioni prodotto-mercato attuate dalla stessa impresa; combinazioni economiche che suscitano costi e ricavi in larga misura specifici e per le

12 Il lettore avrà notato che per le attività di configurazione dell'assetto istituzionale, di organizzazione e di rilevazione non sono state evidenziate le dinamiche reddituali e monetarie che pure esse suscitano. Si adotta la prassi corrente di attribuire i relativi valori alle gestioni che ne sono più direttamente influenzate.

TAVOLA 3.5. *Schema delle combinazioni economiche di un'impresa articolate per coordinazioni e per combinazioni parziali*

Coordinazioni parziali	Combinazione parziale (area di affari) *A*			Combinazione parziale (area di affari) *B*			Operazioni comuni ad *A* e *B*
	Combinazione elementare *A*1	Combinazione elementare *A*2	Operazioni comuni ad *A*1 e *A*2	Combinazione elementare *B*1	Combinazione elementare *B*2	Operazioni comuni a *B*1 e *B*2	
Progettazione degli assetti istituzionali							
Gestione caratteristica							
– ricerca e sviluppo							
– approvvigionamenti							
– fabbricazione							
– commercializzazione							
– logistica							
Gestione finanziaria							
Gestione patrimoniale							
Gestione assicurativa							
Gestione tributaria							
Organizzazione							
Rilevazione							

quali, dunque, è possibile ed utile calcolare un *risultato economico parziale*. Le imprese che attuano contemporaneamente più combinazioni economiche parziali sono chiamate *imprese diversificate*; i loro costi e ricavi, le attività e le passività, le entrate e le uscite, e così via, sono suscitati con caratteri propri da ciascuna combinazione parziale; da ciò l'opportunità di analizzare le singole combinazioni parziali anche distintamente. Nel contempo, le varie combinazioni parziali sono avvinte da condizioni di *complementarità* e di *comunanza* e, di conseguenza, si possono apprezzare compiutamente solo se osservate nel loro insieme. Spesso l'articolazione in combinazioni parziali si riflette anche nella struttura organizzativa dell'impresa che diventa una *struttura divisionale*, ossia una struttura articolata per divisioni corrispondenti alle varie aree di affari; talvolta la struttura organizzativa si articola *a matrice* coesistendo sia le unità organizzative che presidiano le coordinazioni parziali sia quelle che presidiano le combinazioni parziali[13].

La tavola 3.5 presenta lo schema generale delle combinazioni economiche di un'impresa diversificata e nella quale si possono distinguere due livelli di diversificazione (ad esempio, un'impresa chimica potrebbe articolarsi in: A. prodotti per l'agricoltura, A1. fertilizzanti e A2. antiparassitari; B. prodotti farmaceutici, B1. analgesici e B2. antibiotici). Le combinazioni di secondo livello si possono denominare *combinazioni economiche elementari* (o *subaree di affari*). Lo schema della tavola 3.5 mette in evidenza il fatto che le varie combinazioni parziali ed elementari sono sempre connesse tra loro da attività comuni (ad esempio, la gestione finanziaria e la ricerca di base comune a tutta l'azien-

[13] Il tema delle varie forme di strutture organizzative è svolto nel cap. 15.

da, gli stabilimenti e la distribuzione comuni a tutti i prodotti per l'agricoltura, gli informatori scientifici comuni ad analgesici ed antibiotici), suggerite dall'opportunità di sfruttare economie di specializzazione, di scala e di raggio d'azione (o economie di scopo)[14], e che sono un segnale dell'unitarietà delle combinazioni economiche. In generale, e a titolo esemplificativo, possono aversi le seguenti forme di relazioni tra due linee di prodotto, *A* e *B*, di una stessa azienda: alcuni impianti di produzione sono comuni; sono comuni in parte le reti di vendita e di distribuzione fisica; sono uniformi alcune materie prime, alcuni imballaggi ed alcune condizioni di vendita; *A* e *B* sono pubblicizzate in parte con campagne comuni e con marchi uniformi; i clienti preferiscono acquistare da aziende che offrano contemporaneamente i prodotti di tipo *A* e di tipo *B*; la ricerca di base è parzialmente comune ad *A* e a *B*; in un certo periodo di tempo gli «utili prodotti da *A*» sono destinati a finanziare *B*, e viceversa. Ciascuna di tali relazioni fa sì che le decisioni relative ad *A* influenzino *B* e viceversa; il prezzo di vendita di *A* influenza la domanda di *B*; maggiori volumi di produzione di *A* limitano i volumi di produzione di *B*; la decisione di cessare la combinazione parziale *A* riduce la domanda di *B* e produce sottoutilizzazione di tutte le risorse comuni; e così via. Le relazioni sono ancora più strette se tra i beni *A* e *B* si danno relazioni di complementarità o di fungibilità dal punto di vista dei loro compratori; le relazioni sono «vincolate» se *A* e *B* sono prodotti congiunti, ossia se *A* e *B* escono necessariamente assieme da uno stesso processo produttivo come accade, ad esempio, per i prodotti derivanti dalla distillazione del petrolio.

La tavola 3.5 è un esempio emblematico di «mappa» delle combinazioni economiche generali d'impresa tracciata a forma di matrice «coordinazioni parziali × combinazioni parziali». Le righe rappresentano le coordinazioni parziali secondo la classificazione illustrata nei paragrafi precedenti, mentre le colonne rappresentano le combinazioni parziali (a due livelli) e le operazioni comuni a più combinazioni parziali. Questa matrice è sempre di grande utilità per una rappresentazione di base delle combinazioni economiche di un'impresa.

3.2.11. Le varianti per differenti classi di imprese

Come visto nei punti precedenti, le combinazioni economiche delle imprese (e di tutti gli altri istituti) sono riconducibili ai seguenti insiemi di operazioni:

[14] I concetti di economie di scala e di raggio d'azione sono sviluppati nei capp. 11 e 12. Per ora si usino i seguenti riferimenti sintetici: le economie di scala sono i vantaggi economici di regola goduti dalle imprese di maggiori dimensioni (di maggiore scala); le economie di raggio d'azione sono i vantaggi economici di cui godono le imprese diversificate che riescono a sfruttare un certa risorsa già disponibile (know-how, marchio, immagine) per attivare una nuova combinazione economica parziale.

TAVOLA 3.6. *Schema delle operazioni economiche d'impresa*

Le negoziazioni con i conferenti di condizioni di produzione	Le operazioni di configurazione degli assetti aziendali e i processi interni	Le negoziazioni con i clienti
Negoziazioni di lavoro	Configurazione dell'assetto istituzionale	Negoziazioni (vendita) di beni privati: merci[a]
Negoziazioni (acquisizione) di capitale proprio		Negoziazioni (vendita) di beni privati: servizi[b]
Negoziazioni (acquisto) di beni privati: merci e servizi	Trasformazione tecnica	Negoziazioni (concessioni) di capitale di prestito[c]
«Negoziazioni» (acquisizione) di beni pubblici	Organizzazione	Negoziazioni (conferimenti) di capitale di rischio
Negoziazioni (acquisizione) di capitale di prestito	Rilevazione	Negoziazioni (assunzioni) di rischi particolari[d]
Negoziazioni (trasferimento a terzi) di rischi particolari		«Negoziazioni» (cessione) di beni pubblici[e]

[a] Operazioni tipiche delle imprese manifatturiere, [b] delle imprese di servizi, [c] delle aziende di intermediazione finanziaria, [d] delle imprese di assicurazione, [e] dello Stato.

- operazioni che servono per acquisire gli input necessari per la produzione; sono, in senso lato, negoziazioni svolte con i conferenti di condizioni di produzione: negoziazioni per acquisire lavoro, capitale proprio, merci e servizi privati, merci e servizi pubblici, capitale di prestito e coperture assicurative di propri rischi particolari;
- operazioni che servono per trasformare gli input in output cedibili ai clienti; si denominano operazioni di trasformazione tecnica che può essere trasformazione fisica, spaziale, logica, simbolica;
- operazioni che servono per cedere ai clienti i beni offerti dall'impresa; sono in senso lato negoziazioni di vendita di merci e servizi privati, negoziazioni di conferimenti di capitale di prestito e di capitale di rischio, negoziazioni di copertura di rischi particolari altrui (e, includendo il caso dello Stato, negoziazioni ed erogazioni di beni pubblici);
- operazioni di impostazione e di governo della complessiva attività aziendale: operazioni di configurazione dell'assetto istituzionale aziendale (l'assetto proprietario e le strutture di governo economico); operazioni di configurazione dell'assetto organizzativo e di gestione delle persone; operazioni di rilevazione e di informazione a supporto di tutte le decisioni aziendali.

Se si considerano tutti i possibili oggetti in input e tutti i possibili oggetti in output (incluso il caso dello Stato che cede in output i beni pubblici), si può costruire la tavola 3.6.

I vari insiemi di operazioni sopraelencati (con l'eccezione delle cessioni di beni pubblici che sono tipiche dello Stato) si svolgono comunemente in tutte le imprese, ma in differenti classi di imprese il peso relativo dei vari tipi di operazioni varia notevolmente. Schematicamente: *i*) gli acquisti di merci, la trasformazione tecnica e le vendite di merci sono operazioni tipiche delle imprese manifatturiere; le imprese commerciali sono caratterizzate dalle negoziazioni di beni in acquisto e in vendita; *ii*) le negoziazioni di vendita di servizi sono tipiche delle imprese che offrono servizi di trasporto, di sorveglianza, di pulizia, di pagamento, ecc.; *iii*) le negoziazioni di rischi particolari in posizione di assunzione dei rischi sono le operazioni che caratterizzano le imprese di assicurazione; *iv*) le negoziazioni di capitale di prestito in posizione di acquisizione (raccolta del risparmio) e di concessione (impieghi) sono tipiche degli intermediari finanziari, anche se possono avere notevole peso per altre categorie di imprese, e in generale per tutte le classi di istituti; *v*) le negoziazioni di conferimento di capitale di rischio sono diffuse tra tutte le imprese anche se sono tipiche di particolari imprese del settore finanziario; *vi*) le operazioni di «negoziazione» di beni pubblici in posizione di cedenti dei beni pubblici sono tipiche dello Stato ma possono riguardare anche imprese private che producono e cedono beni pubblici «per conto» dello Stato nonché istituti nonprofit.

QUADRO 3.1.

Le combinazioni economiche della Belgeri s.p.a.

Nell'autunno del 2004, due fratelli lecchesi, Pietro e Paolo Belgeri, decidono di lasciare la Manzoni s.p.a., nella quale hanno lavorato per una decina di anni, per fondare una propria impresa per la produzione e la vendita di proiettori (*videobeam*) per aule scolastiche e sale da convegno. Fatte le loro valutazioni, il giorno 3 gennaio 2005 i due fratelli si presentano presso il notaio Valsecchi e fondano la Belgeri s.r.l. Il capitale sociale è di 200.000 euro posseduto da Pietro al 60% e da Paolo al 40%. Viene aperto un conto corrente presso la Banca Popolare di Lecco e si versano i 200.000 euro.

Per iniziare, i fratelli Belgeri pensano di produrre un solo modello di videoproiettore adatto ad aule e sale con capienza di 100-500 persone, con un costo dei componenti e di montaggio di circa 650 euro e vendibile ad un prezzo di 1.000 euro. Si tratta di un prodotto nuovo che i due fratelli hanno ideato in base alla loro esperienza presso la Manzoni s.p.a. (Pietro come progettista e Paolo come venditore); adesso occorre passare alla progettazione operativa sia del proiettore sia dei processi produttivi. Il proiettore è composto da alcuni pezzi che dovranno essere acquistati (le lenti, le lampade, i motori elettrici, i circuiti integrati), mentre altre parti saranno prodotte internamente (il telaio, la carrozzeria, il sistema di messa a fuoco, le ventole di raffreddamento, il software, il libretto delle istruzioni). All'interno si svolgeranno anche il montaggio, il controllo di qualità, l'imballaggio dei prodotti finiti e la loro spedizione. Le lenti saranno comprate dalla Zeiss, le lampade dalla Osram e i motori elettrici dalla MEL. I circuiti integrati saranno invece acquistati presso la Valenti s.n.c. che li produrrà secondo le specifiche decise dalla Belgeri s.r.l.

Si prende in affitto un capannone, si acquistano attrezzi e impianti, si assumono 2 persone e il 1° marzo 2005 inizia la produzione. Per commercializzare il proiettore i fratelli Belgeri hanno deciso, almeno in una prima fase, di affidarsi a una dozzina di agenti di commercio che vendono altri prodotti analoghi o complementari e che riceveranno una provvigione pari al 15% delle vendite che realizzeranno.

La Belgeri s.r.l. si iscrive all'Associazione industriali lecchesi e aderisce al contratto nazionale di lavoro dei metalmeccanici.

L'attività si avvia, alcune cose funzionano, altre sono problematiche. I fratelli

Belgeri chiedono al loro amico Gigi Brusadelli, che è laureato in economia aziendale e lavora in una società di consulenza di Milano, di dare loro una mano per capire quali sono i punti critici. Si incontrano tre o quattro volte la domenica mattina in fabbrica (quando non c'è nessuno e si può stare tranquilli) ed emerge che occorre prestare molta attenzione: allo sviluppo del prodotto, perché i concorrenti stanno ampliando la loro gamma andando a coprire anche la nicchia che i fratelli Belgeri avevano individuato, alla scelta dei fornitori, al lotto di acquisto, al controllo in ingresso dei materiali, alla pubblicità sulle riviste specializzate, al comportamento degli agenti. A seguito degli incontri, Brusadelli stende un breve documento nel quale sono schematizzati in forma di *flow-chart* i principali processi aziendali.

L'attività della Belgeri s.r.l. comincia a prendere forma. Il progetto è stato messo a punto; si effettuano gli acquisti, le produzioni interne e i montaggi; arrivano i primi ordini, si spediscono i proiettori e si emettono le fatture. Il conto corrente bancario fa registrare numerosi movimenti in corrispondenza dei pagamenti dei fornitori e dei prestatori di lavoro nonché delle riscossioni a seguito delle vendite. Per sostenere lo sviluppo si deve ampliare la capacità produttiva (si acquistano nuovi impianti in sostituzione di altri ormai obsoleti che vengono venduti) e occorre accelerare gli acquisti; si rende necessaria l'accensione di un mutuo per 50.000 euro che sarà rimborsato in quattro rate semestrali da 12.500 euro e che comporta interessi passivi del 12% su base annua. Si stipulano contratti di assicurazione per la copertura di vari tipi di rischi (furto, incendio, danni a terzi) e si pagano i relativi premi.

Nel giro di pochi mesi si riesce a migliorare il prodotto e a ridurre i costi di produzione; il successo commerciale è chiaro e il conto corrente comincia a far registrare incassi più consistenti degli esborsi. Avendo a disposizione un po' di liquidità per alcuni mesi, si acquistano titoli di Stato che fruttano interessi attivi; successivi investimenti richiedono la vendita dei titoli. Si pagano vari tipi di tributi sul patrimonio, sul reddito, per le concessioni statali, e così via.

Le cose vanno bene, si comincia a pensare ad una linea di prodotti «home». Francesca, la sorella di Pietro e Paolo, decide di lasciare il suo attuale posto di lavoro ed entra come terzo socio apportando 40.000 euro di capitale sociale.

Si sviluppa una prima serie di prodotti della linea «home» che viene presentata a EuroMedia, grande catena di distribuzione nel settore dell'elettronica di consumo. Il progetto «home» ha successo, ma per il suo sviluppo occorrono grandi investimenti di vario tipo; nel giro di pochi mesi: *a*) la Belgeri s.r.l. diventa una s.p.a., con l'ingresso di due soci non familiari che apportano 60.000 euro; *b*) si forma un consiglio di amministrazione nel quale siedono i tre fratelli Belgeri, il dr. Brusadelli, uno dei nuovi soci, e il dr. Bertacchi, commercialista dell'altro nuovo socio; *c*) la Belgeri s.p.a. contribuisce alla costituzione della Panzeri s.p.a., destinata a produrre i componenti elettronici, conferendo 40.000 euro di capitale di rischio e inserendo Paolo nel CDA; questa partecipazione sarà venduta due anni più tardi; *d*) la Belgeri s.p.a. stipula un contratto di esclusiva con EuroMedia per la distribuzione e l'assistenza tecnica dei propri prodotti.

Progressivamente, l'organismo personale si amplia con l'assunzione di quattordici operai (nel frattempo due si sono dimessi), due progettisti, sei persone destinate alle attività di marketing, un responsabile amministrazione e finanza e due ragionieri. Diventa sempre più chiaro che «bisogna organizzarsi»; con l'aiuto di Brusadelli, viene definita la struttura organizzativa indicando i compiti principali di ciascuna persona e stendendo anche alcune procedure trasversali all'azienda (in particolare, la procedura evasione ordini e la procedura sviluppo prodotti); si compie anche qualche intervento di addestramento e di formazione delle persone. Il nuovo responsabile amministrazione e finanza riconfigura tutto il sistema di rilevazione; accanto alle rilevazioni obbligatorie (il bilancio civilistico, il «bilancio fiscale», ecc.) sviluppa un sistema di contabilità analitica per conoscere con sufficiente precisione i costi dei vari prodotti e avvia la costruzione di un «sistema di budgeting» che permetta di fissare periodicamente gli obiettivi di produzione e di vendita e di verificarne l'andamento.

Dal momento dell'ingresso dei soci non familiari, la Belgeri s.p.a. inizia a distribuire ogni anno una quota degli utili sotto forma di dividendi. A sua volta, la Belgeri s.p.a. riscuote dividendi della Panzeri s.p.a. per i due anni nei quali partecipa al capitale della stessa; in occasione della vendita della partecipazione, la Belgeri s.p.a. realizza anche un guadagno «in conto capitale» poiché le azioni sottoscritte per 40.000 euro vengono cedute ad un prezzo di 52.000 euro.

Schema sinottico delle combinazioni economiche della Belgeri s.p.a. riclassificate per combinazioni parziali e per negoziazioni

1. Configurazione dell'assetto istituzionale	Costituzione della Belgeri s.r.l., iscrizione all'Associazione industriali lecchesi, adesione al contratto collettivo dei metalmeccanici, trasformazione in s.p.a., allargamento della gamma dei soci, partecipazione alla costituzione della Panzeri s.p.a. e successiva uscita, configurazione del CDA della Belgeri s.p.a. e della Panzeri s.p.a., contratto di esclusiva con EuroMedia.
2. Negoziazioni di capitale di rischio	Primi conferimenti di Pietro e Paolo; successivi conferimenti di Francesca; conferimenti dei soci non familiari; conferimento di capitale proprio nella Panzeri s.p.a.; pagamenti e riscossioni di dividendi; cessione della partecipazione nella Panzeri s.p.a.
3. Negoziazioni di lavoro	Stipulazione dei contratti di lavoro per ciascuno dei prestatori di lavoro dipendenti; pagamento degli stipendi; versamento dei contributi; liquidazione delle indennità di fine rapporto. Stipulazione e gestione dei contratti con gli agenti di commercio; liquidazione delle provvigioni.
4. Negoziazioni di beni privati (acquisizione e cessione)	Acquisto di impianti, macchine, materie prime, componenti, servizi, ecc.; presa in affitto di un capannone e di alcune macchine; relativi pagamenti. Vendita di prodotti finiti e di impianti obsoleti; relative riscossioni.
5. «Negoziazioni» di beni pubblici	Utilizzazione di beni pubblici vari e pagamento di «corrispondenti» imposte, contributi, tariffe, quasi-prezzi.
6. Negoziazioni di capitale di prestito (acquisizione e cessione)	Accensione del mutuo, pagamenti degli interessi passivi, rimborsi delle quote di capitale. Investimento in titoli di Stato di una temporanea eccedenza di cassa; riscossione degli interessi attivi; vendita dei titoli.
7. Negoziazioni di rischi particolari	Stipulazione di polizze per la copertura di rischi per furti, incendi, danni a terzi; pagamento dei relativi premi.
8. Trasformazione tecnica	Progettazione dei nuovi prodotti; approntamento degli impianti e delle attrezzature di produzione; ricevimento e controllo delle materie prime e dei componenti; fabbricazione e controllo di qualità dei prodotti; imballaggio e spedizione; assistenza tecnica ai clienti pre-vendita e post-vendita; manutenzione degli impianti e delle attrezzature; stesura dei manuali di istruzione; predisposizione delle campagne pubblicitarie, ecc.
9. Organizzazione e gestione dell'organismo personale	Definizione della struttura organizzativa e progettazione delle procedure e dei sistemi operativi; ricerca, selezione e addestramento del personale; promozioni e rotazioni del personale; gestione delle dimissioni di prestatori di lavoro; ecc.
10. Rilevazione e informazione	Impostazione e svolgimento dei sistemi di rilevazione: contabilità analitica dei costi; budget e consuntivi delle produzioni e delle vendite; bilancio civile e bilancio fiscale; ecc.

3.3. L'articolazione delle combinazioni economiche dello Stato

3.3.1. Il ruolo dello Stato nella produzione dei beni economici

Lo Stato (per semplicità, sotto questa dizione includiamo anche le articolazioni quali le Regioni, le Province e i Comuni, nonché le aggregazioni sopranazionali) svolge un ruolo essenziale nei sistemi economici intervenendo secondo più modalità: producendo direttamente o indirettamente taluni beni sia pubblici sia privati, regolamentando la produzione e il consumo di altri beni, imponendo tributi di varia specie, ridistribuendo ricchezza.

Tutti gli Stati moderni producono un'ampia gamma di beni destinati alla collettività intera o a sezioni rilevanti della stessa; in altri termini, tutti gli Stati moderni si presentano con un'ampia gamma di combinazioni economiche parziali definibili sia in termini di classi di «prodotti» (difesa, giustizia, istruzione, ecc.) sia in termini di «clienti», ossia di insiemi di cittadini ai quali i prodotti sono destinati (tutti i cittadini, gli anziani, gli immigrati, ecc.). Tuttavia, in questo quadro si osservano anche notevoli differenze di comportamento; alcuni Stati intervengono in settori molto numerosi, altri restringono le proprie aree di intervento lasciando maggiore spazio alle famiglie, alle imprese, agli istituti nonprofit e il dibattito in merito alla preferibilità dell'una o dell'altra posizione è da sempre aperto.

Per analizzare le combinazioni economiche dello Stato, e in particolare l'ampiezza della gamma di combinazioni economiche parziali, occorre capire quali sono le ragioni dell'intervento dello Stato nell'economia. Una prima indicazione generale è la seguente: lo Stato interviene nei processi di produzione e di consumo di beni economici quando si presentano congiuntamente due condizioni: *a*) il bene economico in oggetto è giudicato *politicamente critico*; *b*) lo Stato giudica che lasciando la produzione di quel bene a imprese private operanti secondo le regole del mercato (o alle famiglie e agli istituti nonprofit) si otterrebbero esiti non positivi *dal punto di vista politico*[15].

I beni economici politicamente critici sono quei beni che a parere dei governanti devono essere accessibili (ossia economicamente convenienti) a certe categorie di cittadini con un certo contenuto qualitativo garantito. Così, lo Stato può ritenere politicamente necessario che tutte le persone possano godere di un certo «paniere minimo» di generi alimentari e di un certo «livello minimo» di istruzione; se i meccanismi dell'impresa privata e del mercato por-

[15] Si noti che per entrambe le condizioni si tratta di un giudizio politico; qui per giudizio politico si intende la valutazione di funzionalità di una certa decisione rispetto al mantenimento del quadro politico in atto, valutazione formulata da coloro che detengono il potere politico (e che, presumibilmente, intendono mantenerlo). I soggetti che governano un certo Stato possono giudicare politicamente rilevante che tutti i cittadini raggiungano un certo livello di educazione scolastica; altri no. I soggetti che governano un certo Stato possono giudicare politicamente conveniente che tutti i cittadini paghino lo stesso prezzo per l'energia elettrica; altri no.

TAVOLA 3.7. *Schema delle aree economiche coperte dalle varie classi di istituti*

		GIUDIZIO SULLA EFFICACIA POLITICA DEL LIBERO MERCATO PER QUEL BENE	
		positivo	negativo
GIUDIZIO SULLA CRITICITÀ POLITICA DEL BENE	alta	Operano le imprese e altri tipi di istituti	Interviene lo Stato
	bassa	Operano le imprese	Operano le imprese e altri tipi di istituti

tano al soddisfacimento di entrambe le esigenze, lo Stato non interviene; se in uno dei due casi – o in entrambi – si giudica che il mercato produrrebbe esiti politicamente non positivi, lo Stato è portato ad intervenire (tav. 3.7).

Il giudizio negativo in merito all'efficacia politica del mercato (giudizio che include anche le valutazioni di tipo economico) può derivare da più circostanze distinte o anche congiunte. Di seguito si descrivono le *otto ragioni* di tipo economico che normalmente sono evocate per spiegare l'intervento dello Stato.

Le prime cinque ragioni sono note nell'analisi economica come «inefficienze allocative dei mercati» e sono sintetizzate nei punti seguenti[16].

1. L'esistenza di *beni pubblici puri*. I beni pubblici puri sono i beni che presentano contemporaneamente i caratteri della *non rivalità nel consumo* (il consumo da parte di una persona non impedisce il consumo da parte di un'altra persona; il bene può soddisfare contemporaneamente un numero illimitato di utenti) e della *non escludibilità* (non è possibile escludere una persona dal godimento del bene, o si dovrebbero sostenere costi eccessivi per escluderlo). Ad esempio, è un bene pubblico puro la difesa nazionale. I beni pubblici puri sono molto rari; sono invece molto numerosi i casi di beni misti, ossia di beni che presentano elevati gradi di non rivalità nel consumo e più o meno elevati gradi di escludibilità; ad esempio: le strade, i porti, le trasmissioni televisive, le bellezze naturali. I beni pubblici puri non sono governati adeguatamente dal sistema delle imprese operanti secondo le regole del mercato; infatti, essendo beni non escludibili, le imprese non possono chiedere il pagamento di un prezzo, e dunque non è per loro conveniente produrre questo tipo di bene. Anche i beni senza rivalità nel consumo ma escludibili non sono governati al meglio dalle regole di mercato poiché, imponendo una tariffa per la loro utilizzazione, si produrrebbe una sottoutilizzazione degli stessi. In linea di principio, una collettività di soggetti privati

[16] L'esposizione segue lo schema proposto dalle correnti teorie economiche secondo le quali lo Stato interviene «quando fallisce il mercato» (*market failure*) in termini di efficienza allocativa e di efficienza distributiva. In particolare si segue quanto in STIGLITZ [1988; trad. it. 2003, capp. 3, 5, 7 e 8]. Per interpretazioni parzialmente differenti si vedano: HANSMANN [1996]; HART, SHLEIFER E VISHNY [1997].

potrebbe decidere di finanziare con contributi volontari la produzione di un bene pubblico (ad esempio, servizi di sorveglianza o di tipo culturale); si producono però fenomeni di *free-riding* (persone che non partecipano al finanziamento del bene pubblico sapendo che ne potranno comunque fruire); l'intervento dello Stato, che ha capacità di imporre obbligatoriamente il pagamento di tributi, è più efficace nel governare i fenomeni di *free-riding*. In caso di beni pubblici puri (o misti) non offerti dalle imprese private (un monumento decorativo per una piazza, una strada cittadina, l'esercito, la polizia, tutte le infrastrutture di sicurezza pubblica) lo Stato deve valutare – in termini economici e in termini politici – se intervenire con una produzione propria (diretta o indiretta).

2. Il formarsi di *mercati non concorrenziali* e, in particolare, di *monopoli naturali*. Le imprese private possono avere grande convenienza nella produzione di beni per i quali si formano monopoli naturali; si forma un monopolio naturale quando condizioni fisico-tecniche non rendono conveniente (o fisicamente possibile) la coesistenza di più imprese; di conseguenza, il primo entrante acquisisce una posizione di monopolio non scalzabile; si pensi, ad esempio, ai casi dei servizi di trasporto che richiedono imponenti investimenti in infrastrutture quali le linee ferroviarie, le autostrade, le metropolitane, i porti, oppure ai servizi turistici ed educativi che implicano l'uso di spiagge o di opere d'arte uniche. Affidando questi servizi ad imprese private lasciate libere di operare secondo la loro convenienza, queste potrebbero applicare condizioni di accesso e prezzi giudicati politicamente non validi. Le situazioni di monopolio naturale spingono l'imprenditore privato a fissare prezzi che massimizzano la sua redditività ma non l'utilità collettiva. Per far fronte a ciò, lo Stato può intervenire: *a*) subentrando direttamente nella produzione; *b*) lasciando che la produzione sia svolta da imprese private ma indirizzando i loro comportamenti con apposite *regolamentazioni* ed eventuali *sussidi* per garantire che il servizio sia esteso anche ad utenti non convenienti nell'ottica dell'impresa privata.

3. Il diffuso fenomeno delle economie esterne, o *esternalità*. Si ha un'esternalità ogniqualvolta un soggetto compie un'azione che ha effetti (positivi o negativi) su un altro soggetto senza che quest'ultimo paghi per tale effetto (se positivo) o riceva un indennizzo (se negativo). Quando un soggetto produce benefici per altri, e questi non ne sostengono il costo, siamo in presenza di esternalità positive; quando un soggetto produce danni a carico di altri, e questi non ne sono indennizzati, siamo in presenza di esternalità negative. Molti problemi di esternalità negative si possono risolvere mediante interazioni dirette tra le parti coinvolte, ossia mediante *soluzioni private*; le principali forme sono: *a*) costituzione di entità economiche – associazioni, cooperative, condomìni – sufficientemente estese per internalizzare le esternalità; *b*) unificazione dei diritti di proprietà o attuazione di speciali combinazioni di diritti di proprietà e di accordi tra le parti[17]; *c*) ap-

[17] Secondo il teorema di COASE [1960] in assenza di rilevanti costi di transazione, due

plicazione delle leggi generali che prevedono che i danneggiati debbano essere risarciti dai danneggianti. Lo Stato tende ad intervenire quando: *a*) l'estensione e la complessità delle relazioni tra le parti sono particolarmente elevate (danni difficilmente misurabili, grandi numeri di soggetti, facilità di *free-riding*, alti costi di transazione nella ricerca di accordi privati, ecc.) e, di conseguenza, le soluzioni private sono inefficaci; *b*) si è in presenza di estese e gravi esternalità negative giudicate politicamente non accettabili. Il caso più evidente è oggi quello dell'inquinamento ambientale e lo Stato può intervenire secondo tre modalità generali: *i*) multe e imposte che stimolano il soggetto a trovare soluzioni che producano minori esternalità negative; *ii*) contributi a fronte della riduzione delle esternalità negative; *iii*) regolamentazioni progressivamente restrittive delle esternalità negative consentite.

4. L'esistenza di *mercati incompleti*. «Ogniqualvolta i mercati privati non offrono un bene o un servizio, pur essendo il suo costo di produzione inferiore al prezzo che i consumatori sarebbero disposti a pagare, si ha un'insufficienza del mercato che viene indicata come mercati incompleti[18]». Anche in questi casi lo Stato deve decidere se e come intervenire.

5. Le *asimmetrie informative* (carenza di informazioni). In alcuni settori le informazioni sui prodotti sono molto critiche ma non fornite spontaneamente in misura sufficiente (prodotti finanziari, beni alimentari, prodotti farmaceutici), oppure le informazioni sui prodotti e sui relativi costi (e quindi sui prezzi equi) sono oggettivamente molto difficili da esplicitare *ex ante* (sanità, educazione); di conseguenza, le persone preferiscono rivolgersi allo Stato.

Anche in presenza di mercati perfetti quanto ad efficienza allocativa, lo Stato può ritenere opportuno intervenire per altre due ragioni.

6. *Ridistribuire il reddito*. Un mercato pur efficiente può produrre una distribuzione dei redditi – o un'accessibilità alle varie categorie di beni – giudicata politicamente non valida dallo Stato; questo obiettivo ridistributivo spiega, ad esempio, l'intervento dello Stato come produttore di beni perfettamente privati (ossia escludibili e a consumi concorrenti), quali la sanità e l'istruzione, quando lo Stato stesso voglia garantire che tutte le persone vi possano accedere indipendentemente dal reddito; altre forme di ridistribuzione del reddito si attuano attraverso la distribuzione di incentivi e di sussidi e, con grande rilevanza, attraverso la configurazione del sistema fiscale. Si inquadrano in questa categoria anche gli interventi dello Stato volti a garantire servizi quali i trasporti o le telecomunicazioni a quelle comunità di persone che, se servite secondo le regole del mercato, dovrebbero sostenere costi ingenti.

7. Imporre il consumo di *beni di merito* (*merit goods*[19]) ossia di beni giu-

attori economici privati possono sempre trovare, qualunque sia la distribuzione iniziale dei diritti di proprietà, una soluzione efficiente al problema delle esternalità.

[18] STIGLITZ [1988; trad. it. 2003, 61].

[19] MUSGRAVE [1984].

dicati politicamente importanti ma che i singoli potrebbero decidere di non consumare in base alle loro preferenze individuali e in base al principio della massimizzazione del benessere individuale (ad esempio: l'istruzione elementare, le cinture di sicurezza, la medicina preventiva).

Infine, ma di primaria rilevanza, si deve ricordare l'intervento dello Stato non già «in sostituzione del mercato», ma per garantire l'efficacia dello stesso.

8. A monte degli interventi dello Stato per supplire i «fallimenti del mercato» c'è l'esigenza che lo Stato faccia il possibile affinché il mercato funzioni. Il ruolo (l'intervento) dello Stato, dunque, è fondamentale anche per il *funzionamento del mercato* e consiste essenzialmente nel definire con precisione i diritti di proprietà e nel garantire l'esecuzione dei contratti. «Le attività dello Stato dirette a tutelare i cittadini e la proprietà, a garantire il rispetto dei contratti e a definire i diritti di proprietà possono essere considerate come le attività fondamentali su cui poggia il funzionamento di tutte le economie di mercato»[20].

3.3.2. Le combinazioni economiche parziali

Le sopraelencate otto ragioni di tipo prevalentemente economico che spingono lo Stato ad intervenire nell'economia danno esiti differenti a seconda delle circostanze economiche e tecniche (grado di sviluppo economico del Paese, condizioni logistiche, tecnologie disponibili, ecc.) e a seconda dei giudizi politici ed etici prevalenti tra le persone che devono prendere le relative decisioni. In generale, comunque, le grandi aree entro le quali gli Stati oggi intervengono sono:

- difesa nazionale;
- giustizia;
- sicurezza pubblica;
- relazioni internazionali;
- istruzione e cultura;
- assistenza e previdenza;
- sanità e igiene;
- trasporti e comunicazioni;
- sviluppo economico.

In ciascuna di tali aree lo Stato (direttamente o mediante le varie amministrazioni pubbliche locali e sopranazionali) interviene offrendo una *pluralità di prodotti* (si pensi, ad esempio, alla molteplicità di interventi attuati dallo Stato nel settore istruzione e cultura: i vari ordini di scuole, le biblioteche, i musei, i teatri, ecc.); tali prodotti sono destinati a varie *categorie di cittadini* in relazione alla loro età, salute, posizione lavorativa, ecc.; inoltre, nel frequente caso di Stati ad ampia estensione geografica, l'intervento pubblico si specializza anche per aree geografiche distinte secondo logiche am-

[20] STIGLITZ [1988; trad. it. 2003, 56].

TAVOLA 3.8. *Le tre dimensioni fondamentali delle combinazioni economiche degli enti pubblici territoriali*

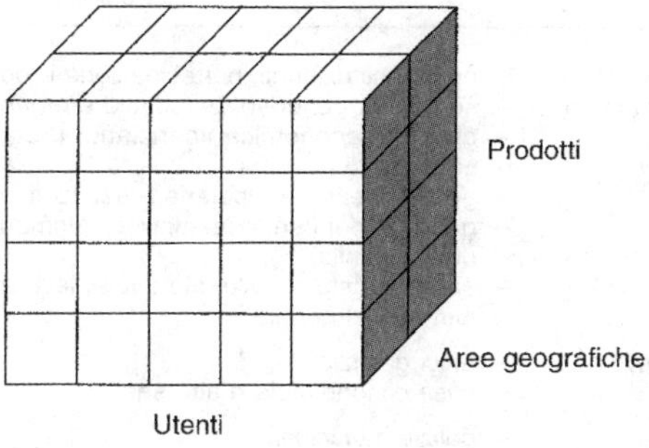

ministrative (Regioni, Province, Comuni, quartieri) o di altro tipo (aree montane, aree economicamente meno sviluppate, ecc.). In sintesi, le combinazioni economiche di uno Stato sono tipicamente molto estese e molto articolate; almeno tre dimensioni di analisi devono essere utilizzate per identificarne le combinazioni economiche parziali: i prodotti, i destinatari, le aree geografiche (tav. 3.8). Le combinazioni economiche di un piccolo Stato sono molto più articolate e complesse delle combinazioni economiche della maggior parte delle grandi imprese.

Con riferimento ad una realtà relativamente semplice come quella di un Comune, si consideri la tavola 3.9.

3.3.3. Le modalità di intervento dello Stato: la gestione caratteristica

Il fatto che lo Stato intervenga o meno nei processi di produzione e di consumo dei beni non deriva semplicemente dalla desiderabilità politica dell'intervento stesso: questo è soggetto a molte condizioni; sempre al vincolo delle risorse scarse. Sempre lo Stato deve compiere delle scelte di priorità che inevitabilmente lasciano scoperte alcune delle aree di intervento pur giudicate politicamente rilevanti. L'intervento dello Stato può compiersi in varie forme in relazione a: *i*) il tipo di «fallimento del mercato» da correggere; *ii*) i livelli di servizio ottenibili nelle varie ipotesi considerate; *iii*) la convenienza economica comparata (o l'efficienza) delle differenti alternative che, ad esempio, permettono di realizzare in varia misura economie di scala, di scopo e di transazione. Le modalità fondamentali di intervento sono[21]:

[21] Con riguardo alle modalità di intervento dello Stato e, in particolare, alla scelta tra produrre e regolamentare, si vedano: MARZI, PROSPERETTI e PUTZU [2001]; BALDWIN e CAVE [1999]; LAFFONT e TIROLE [1993]; PANOZZO [2000]; PALETTA [1999]; BROSIO [1993].

TAVOLA 3.9. *La struttura per «funzioni» e per «servizi» prevista dal d.p.r. 194/1996 per l'analisi della spesa del bilancio annuale dei Comuni italiani*

Funzioni	Servizi
1. Funzioni generali di amministrazione, di gestione e di controllo	– organi istituzionali, partecipazione e decentramento – segreteria generale, personale e organizzazione – gestione economica finanziaria, programmazione, provveditorato, controllo di gestione – gestione entrate tributarie e servizi fiscali – gestione dei beni demaniali e patrimoniali – ufficio tecnico – anagrafe, stato civile, elettorale, leva e servizio statistico – altri servizi generali
2. Funzioni relative alla giustizia	– uffici giudiziari – casa circondariale e altri servizi
3. Funzioni di polizia locale	– polizia municipale – polizia commerciale – polizia amministrativa
4. Funzioni di pubblica istruzione	– scuola materna – istruzione elementare – istruzione media – istruzione secondaria superiore – assistenza scolastica, trasporto, refezione e altri servizi
5. Funzioni relative alla cultura e ai beni culturali	– biblioteche, musei e pinacoteche – teatri, attività culturali e servizi diversi
6. Funzioni nel settore sportivo e ricreativo	– piscine comunali – stadio comunale, palazzo dello sport e altri impianti – manifestazioni diverse nel settore sportivo e ricreativo
7. Funzioni nel campo turistico	– servizi turistici – manifestazioni turistiche
8. Funzioni nel campo della viabilità e dei trasporti	– viabilità, circolazione stradale e servizi connessi – illuminazione pubblica e servizi connessi – trasporti pubblici locali e servizi connessi
9. Funzioni riguardanti la gestione del territorio e dell'ambiente	– urbanistica e gestione del territorio – edilizia residenziale pubblica locale e piani di edilizia economica popolare – servizi di protezione civile – servizio idrico integrato – servizio smaltimento rifiuti – parchi e servizi per la tutela ambientale del verde – altri servizi relativi al territorio e all'ambiente
10. Funzioni nel settore sociale	– asili nido, servizi per l'infanzia e per i minori – servizi di prevenzione e di riabilitazione – strutture residenziali e di ricovero per anziani – assistenza, beneficenza pubblica e servizi diversi alla persona – servizio necroscopico e cimiteriale
11. Funzioni nel campo dello sviluppo economico	– affissioni e pubblicità – fiere, mercati e servizi connessi – mattatoio e servizi connessi – servizi relativi all'industria – servizi relativi al commercio – servizi relativi all'artigianato – servizi relativi all'agricoltura
12. Funzioni relative ai servizi produttivi	– distribuzione gas – centrale del latte – distribuzione energia elettrica – teleriscaldamento – farmacie – altri servizi produttivi

Fonte: PALETTA [1999, 241].

• la produzione, diretta o indiretta, dei beni;
• l'emanazione di leggi e di regolamenti;
• i trasferimenti di mezzi monetari (sovvenzioni e incentivi) in forme varie.

Con riguardo alla *produzione*, si ricorda che, lo Stato può decidere di produrre sia beni pubblici puri, sia beni privati o misti, ossia beni che hanno in varia misura i caratteri della rivalità nel consumo e della escludibilità. Nel linguaggio corrente si usa denominare «bene pubblico» ogni bene offerto dallo Stato, indipendentemente dal fatto che abbia o meno i caratteri della rivalità nel consumo e della escludibilità. Anche in questo testo si denominano *genericamente beni pubblici* i beni offerti dallo Stato; quando si vuole indicare la categoria dei beni non escludibili e senza rivalità nel consumo si usa l'espressione completa *beni pubblici puri*. Circa le *modalità di produzione dei beni pubblici*, si danno situazioni molto varie a seconda di come si combinano i seguenti elementi:
• quale tipo di soggetto svolge l'attività di produzione: può essere lo Stato direttamente, e allora si parla di *produzione diretta*, oppure, in varie forme di *produzione indiretta*, possono essere un'impresa posseduta dallo Stato, un'impresa privata o un istituto nonprofit che opera in concessione, o comunque secondo le regole dello Stato, aggregati vari di tali tipi di istituti;
• le modalità di copertura dei relativi costi: i costi possono essere coperti da imposte non correlate al fatto di fruire del bene; tasse e tariffe correlate alla fruizione del bene ma non proporzionate al costo dello stesso; tariffe proporzionate al costo del bene e analoghe ai prezzi che sarebbero richiesti da imprese private (dette anche quasi-prezzi).

L'*emanazione di leggi e regolamenti*, in generale l'emanazione della normativa pubblica, può essere considerata come l'attività essenziale, ossia non delegabile, degli istituti pubblici. Osservata nel suo complesso tale attività copre evidentemente tutti i campi d'azione (economici e non economici) degli istituti pubblici nonché la stessa definizione degli assetti istituzionali ed organizzativi degli stessi. Qui si limita l'attenzione a quella parte dell'attività di emanazione di norme pubbliche che direttamente influenza il soddisfacimento dei bisogni pubblici. In tale ambito ristretto un posto molto critico è occupato dalla normativa che regola la *produzione di beni pubblici da parte di soggetti privati*[22]. Nel campo dell'edilizia privata, ad esempio, l'autorizzazione alla costruzione di edifici è soggetta all'obbligo, variamente regolato, della contestuale costruzione di «infrastrutture» aventi carattere di bene pubblico (ad esempio, strade) con relativo onere parzialmente o totalmente a carico delle aziende private che promuovano l'iniziativa. Le imprese, specie se di grande dimensione, sono soggette ad obblighi in merito, ad esempio, ai servizi di trasporto dei prestatori di lavoro, ad alcuni servizi dell'area sanità ed igiene, eventualmente anche a servizi «di sorveglianza» riconducibili all'area

22 Vedi: Brosio [1993, 45].

della sicurezza pubblica; e così via. In sintesi, si fa qui riferimento a quella parte dell'attività di emanazione di norme pubbliche che direttamente influenza il soddisfacimento dei bisogni pubblici e, in tale ambito, si distinguono le norme che impongono divieti, autorizzazioni e regole di comportamento e le norme che impongono la produzione di beni pubblici da parte di soggetti privati.

Una parte rilevante della «spesa pubblica» si attua tramite *trasferimenti di mezzi monetari*, ossia assegnando una parte dei mezzi monetari raccolti dallo Stato *ad istituti che non fanno parte della pubblica amministrazione*; in altri termini, una parte delle «entrate» pubbliche è destinata all'attività degli istituti della pubblica amministrazione; una parte minore, ma rilevante, è trasferita ad istituti esterni alla pubblica amministrazione: principalmente famiglie ed imprese. I trasferimenti si ispirano a principi e a finalità molto vari e corrispondentemente varie sono le forme tecniche di loro attuazione[23]; schematicamente si possono distinguere:

- trasferimenti direttamente volti ad attuare «ridistribuzioni di ricchezza»;
- trasferimenti volti a finanziare attività o ad adottare comportamenti giudicati di interesse pubblico.

Il primo tipo di trasferimenti di regola ha per destinatari le famiglie (impropriamente si dice le singole persone); si tratta di sussidi di varia natura tipici delle aree di intervento dell'assistenza, della previdenza e della sanità; tali interventi sono strettamente congiunti con quelli propri della gestione dei tributi che è lo strumento fondamentale di ridistribuzione della ricchezza. Il secondo tipo di trasferimenti raggiunge soprattutto le imprese e gli istituti privati che svolgono attività culturali e di ricerca scientifica. Le finalità sono molto varie: favorire l'occupazione in determinate aree o per date categorie di persone; incentivare l'«industrializzazione»; promuovere la ricerca in dati campi della scienza; promuovere iniziative culturali; ecc. Una quota rilevante dei trasferimenti può essere destinata ad imprese pubbliche (o anche ad imprese private) per la produzione e la vendita a condizioni particolari di «beni pubblici» o comunque di beni di rilevante interesse pubblico; in questi casi si manifestano «produzioni indirette» di beni pubblici.

Si noti che le tre classi di operazioni che compongono la gestione caratteristica (produzione di beni, emanazione di leggi e regolamenti, trasferimenti di mezzi monetari) sono strettamente complementari in tutte le aree di intervento dello Stato. Ad esempio, la tutela della salute dei membri della collettività secondo modalità efficienti ed eque richiede almeno: *a*) leggi e regolamenti in merito alla sperimentazione ed autorizzazione di uso dei farmaci, all'esercizio delle professioni mediche e paramediche, alla sicurezza dei beni di uso domestico, alle varie forme di inquinamento, ecc.; *b*) il trasferi-

[23] Vedi: BROSIO [1993, 46-56]; BORGONOVI [1984, 8-9].

TAVOLA 3.10. *L'intersezione tra le aree di intervento e le gestioni*

Gestioni	Aree di intervento								
	Difesa nazionale	Giustizia	Sicurezza pubblica	Relazioni internazionali	Istruzione e cultura	Assistenza e previdenza	Sanità	Trasporti e comunicazioni	Sviluppo economico
GESTIONE CARATTERISTICA Emanazione di leggi Trasferimenti di mezzi monetari Produzione di beni pubblici – diretta – indiretta									
GESTIONE TRIBUTARIA									
GESTIONE PATRIMONIALE									
GESTIONE FINANZIARIA									
GESTIONE ASSICURATIVA									

mento di mezzi monetari (raccolti in linea di principio attraverso i tributi) alle famiglie con redditi più bassi in forme dirette ed indirette e ad istituti di vario tipo (ad esempio centri di ricerca medica nonprofit); *c*) la produzione diretta (e indiretta) di servizi di assistenza medica, di presidio sanitario, ecc. Naturalmente, il peso delle tre classi di operazioni è differente nelle varie aree di intervento: l'area di intervento «sviluppo economico», ad esempio, comporta prevalenti operazioni di legiferazione e di trasferimento di mezzi monetari; lo stesso vale per l'assistenza e la previdenza; per l'area «trasporti e comunicazioni» può essere prevalente la produzione di beni pubblici. Più in generale (tav. 3.10), l'efficace azione nelle varie aree di intervento richiede il sapiente impiego di leve proprie di ciascuna delle cinque gestioni.

3.3.4. La gestione tributaria

Lo Stato ha la caratteristica unica di svolgere due gestioni tributarie: *i*) la gestione tributaria «passiva» nella quale lo Stato (e le varie amministrazioni nelle quali si articola), come tutti gli altri istituti, paga varie categorie di tributi; *ii*) la gestione tributaria «attiva» mediante la quale lo Stato, unico in tale funzione, raccoglie tributi.

La *gestione tributaria attiva* è il complesso insieme di processi di determinazione, di accertamento e di riscossione dei tributi che dà luogo alla raccolta di mezzi monetari tipica delle aziende composte pubbliche. Nei sistemi politici ed economici moderni la gestione dei tributi assume dimensioni e livelli di complessità elevatissimi; numerosissime sono le forme dei tributi, vari e non sempre rispondenti a logica economica sono i principi sottostanti, complessa è la struttura degli istituti preposti. Ci si limita qui ad un solo criterio di analisi e di classificazione dei tributi: la loro collocazione rispetto agli estremi del «prezzo» e delle «imposte». Si ha la forma del «prezzo» quando il bene pubblico viene ceduto contro importi monetari unitari e complessivi che per modalità di determinazione e di liquidazione, e per livello, sono assimilabili ai prezzi che caratterizzano gli scambi di beni privati; nel caso dei beni pubblici il termine «prezzo» ha sempre significato particolare; si utilizza per indicare una forma di tributo. L'estremo opposto dell'imposta (in particolare delle imposte sul reddito) è emblematico della mancanza di diretta correlazione tra partecipazione al consumo di un bene pubblico ed erogazione di una quantità di mezzi monetari come contropartita; l'imposta è dovuta in misura correlata non all'intensità di uso dei beni pubblici bensì alla «capacità contributiva» (variamente parametrata) dei membri della collettività e degli istituti di cui essi fanno parte. Tra i due estremi si configura una gamma di tributi estremamente vari e di natura non raramente ambigua. Nel loro insieme i tributi rappresentano il contributo di tutte le aziende per «quei fini che solo o meglio riuniti nella comunità pubblica si possono attingere e per i fini che scaturiscono dalla esistenza della medesima comunità pubblica»[24].

La gestione tributaria attiva delle aziende composte pubbliche può essere considerata parte della gestione caratteristica delle stesse; l'imposizione dei tributi può cioè essere vista come la «contropartita» della produzione ed erogazione dei servizi pubblici; i due insiemi di operazioni sono evidentemente interdipendenti in una visione generale; appare però opportuna una distinzione sul piano analitico poiché, come visto, i singoli tributi solo in parte limitata sono correlati direttamente all'erogazione ed all'impiego dei singoli beni pubblici; in altri termini, le decisioni e le operazioni di produzione e di erogazione dei beni pubblici non sono legate singolarmente alle decisioni ed operazioni di gestione dei tributi; tra le due gestioni si pongono interdipendenze a livello globale. La non diretta correlazione tra produzione ed erogazione dei beni pubblici e gestione dei tributi è evidenziata anche dalle tipiche posizioni di deficit di gestione degli istituti pubblici e dalle particolari modalità di loro copertura. La gestione tributaria si compone di operazioni e di processi di definizione dei caratteri e dei livelli dei singoli tributi e del loro insieme, di accertamento, di gestione del contenzioso, di prevenzione e repressione dell'evasione fiscale, di riscossione. La definizione delle politiche e degli assetti generali dell'ordinamento tributario fa parte delle scelte di tipo istituzionale ove hanno rilievo massimo le considerazioni di carattere politico[25].

3.3.5. La gestione patrimoniale, la gestione finanziaria e la gestione assicurativa

Anche per lo Stato la *gestione patrimoniale* si compone di operazioni di investimento e disinvestimento in beni da reddito e da rivalutazione, ossia in beni non impiegati nella gestione caratteristica. La gestione patrimoniale presuppone risparmio o comunque una disponibilità di risorse «eccedenti»

24 MASINI [1979, 195].

25 La progettazione dei sistemi tributari è uno dei temi centrali delle teorie di economia politica e di scienza delle finanze. Si vedano, ad esempio: STIGLITZ [1988]; ARTONI [2004].

le esigenze correnti della gestione caratteristica. Tali condizioni si manifestano raramente nella realtà dello Stato e delle sue articolazioni che tendono piuttosto ad accumulare deficit patrimoniali; di regola, dunque, la gestione patrimoniale ha scarso rilievo nell'economia delle aziende composte pubbliche; non si possono riferire alla gestione patrimoniale gli impieghi in depositi bancari o di altro tipo delle disponibilità monetarie degli istituti pubblici in deficit; tali disponibilità e tali impieghi sono piuttosto il risultato di inefficienze di gestione caratteristica e di non attenta gestione finanziaria.

Contrariamente alla gestione patrimoniale, la *gestione finanziaria* ha grandissimo rilievo nelle combinazioni economiche delle aziende composte pubbliche per via della tendenza sistematica a posizioni di «deficit di gestione». Il fabbisogno finanziario delle aziende composte pubbliche è coperto con forme varie di debiti di finanziamento; nella realtà del nostro Paese è dominante il ricorso alla emissione di titoli del debito pubblico; caratteristica dello Stato è la possibilità di ricorrere all'emissione di moneta e a manovre sulle riserve «monetarie». Il deficit pubblico cumulato può raggiungere livelli tali per cui la sua copertura in termini di interessi passivi può assorbire una quota rilevante delle entrate tributarie con i conseguenti noti e pericolosi processi di autoalimentazione del debito pubblico.

La *gestione assicurativa* dello Stato si svolge secondo modalità analoghe a quelle delle imprese dovendosi coprire numerose classi di rischi particolari connessi alle varie coordinazioni e combinazioni parziali. Alcune rilevanti peculiarità derivano dalle grandi dimensioni dei potenziali danni da assicurare e dal fatto che in non pochi casi lo Stato diviene il reale assicuratore di ultima istanza intervenendo a favore di famiglie, imprese e istituti nonprofit a fronte di particolari eventi dannosi quali le calamità naturali.

3.3.6. Le attività di configurazione dell'assetto istituzionale, di organizzazione e di rilevazione

Lo Stato (con le sue articolazioni ed aggregazioni) svolge complessi ruoli politici, etici e sociali e, come visto, svolge combinazioni economiche molto estese ed articolate. Non sorprende dunque che lo Stato sia impegnato in complessi insiemi di operazioni che hanno per oggetto la *configurazione del suo assetto istituzionale.* Di regola gli assetti istituzionali degli Stati evolvono progressivamente per aggiustamenti successivi; raramente si devono affrontare cambiamenti radicali; tuttavia, le analisi e gli adattamenti sono continui; l'assetto istituzionale evolve ogni volta che si modificano le risposte ai quesiti del tipo:

- in quali aree intervenire (la sanità, l'assistenza, la cultura, ecc.), a favore di quali categorie di cittadini e con quali strumenti: la produzione di beni, l'emanazione di leggi, la distribuzione di sussidi e di incentivi; a complemento, quale spazio di azione lasciare alle famiglie, alle imprese, agli istituti nonprofit;

• con quali forme dirette e indirette realizzare la produzione e l'erogazione dei beni pubblici; se e quali parti del sistema «privatizzare» o «nazionalizzare»; con quali soggetti privati (imprese, istituti nonprofit) interagire e quali accordi e contratti stipulare in modo tale da assicurare servizi pubblici adeguati con costi accettabili;
• quanto interagire, e in quali forme, con le altre pubbliche amministrazioni di pari livello e di livello superiore e inferiore: coordinarsi per sfruttare le economie di scala o agire separatamente per servire meglio gli interessi particolari delle specifiche collettività politiche;
• come impostare il sistema fiscale in modo tale che sia equo, efficiente e corretto;
• quali tipi di rapporti instaurare con i conferenti di capitale di prestito scegliendo tra le forme tecniche del prestito bancario, dei titoli pubblici, ecc.;
• quali rapporti configurare con i prestatori di lavoro e con le loro rappresentanze sindacali;
• come strutturare le relazioni con i cittadini attraverso i meccanismi del voto e della rappresentanza negli organi istituzionali.

Per quanto riguarda le operazioni di *organizzazione* e di *gestione del personale*, per lo Stato valgono in larga misura le considerazioni che si svolgono per le imprese. Si tratta di impostare la struttura organizzativa e i sistemi operativi in modo tale da assicurare buoni livelli di efficienza, di motivazione e di flessibilità organizzativa. Due importanti differenze rispetto alle imprese sono: *a*) il rapporto molto speciale che si viene ad instaurare tra gli «organi politici», formati da persone elette dai cittadini in base ai principi e agli interessi rappresentati, e gli «organi amministrativi» formati da persone assunte per le loro competenze tecniche; *b*) il prevalere del principio della legalità (assicurare la corretta e uniforme applicazione della legge), tipico delle amministrazioni pubbliche, rispetto al principio dell'imprenditorialità (ricercare soluzioni sempre nuove) tipico delle imprese.

Le operazioni di *rilevazione* e di *informazione* dello Stato hanno (dovrebbero avere) logiche e configurazioni analoghe a quelle delle imprese con una peculiarità: i sistemi di rilevazione e di informazione devono rappresentare anche le dimensioni politiche e sociali degli obiettivi e dei risultati delle pubbliche amministrazioni, devono cioè supportare i processi decisionali misurando esplicitamente anche tali aspetti; in tal senso sono più complessi rispetto a quelli d'impresa.

3.4. L'articolazione delle combinazioni economiche delle famiglie

3.4.1. Il ruolo delle famiglie nei sistemi economici

Le famiglie sono tra i protagonisti essenziali dell'attività economica. La famiglia è l'istituto nel quale si compie la gran parte dell'attività economica di consumo; per molti aspetti, l'intero sistema economico si attua per consentire lo svolgimento di adeguati processi di consumo di beni all'interno delle famiglie. La famiglia è però anche l'istituto nell'ambito del quale si svolgono alcune parti essenziali della produzione economica e, più in generale, della predisposizione delle condizioni necessarie per il soddisfacimento dei bisogni delle persone[26]. Nei capitoli precedenti abbiamo già osservato che nei sistemi economici «evoluti», ossia caratterizzati da un'elevata specializzazione economica, le famiglie tendono ad esternalizzare molte attività di produzione che tradizionalmente erano svolte direttamente dai membri della famiglia. Le attività di produzione interna che tendono a rimanere internalizzate sono quelle che: *i*) dal punto di vista morale ed etico sono le più critiche per lo sviluppo armonico delle persone membri della famiglia: l'educazione dei figli, l'assistenza, ecc.; *ii*) dal punto di vista tecnico non comportano rilevanti diseconomie di specializzazione e di dimensione e dunque possono convenientemente svolgersi su scala familiare.

3.4.2. La gestione caratteristica e la gestione patrimoniale

La *gestione caratteristica* delle aziende familiari è composta essenzialmente da:
- attività di produzione di redditi mediante lavoro esterno;
- attività di lavoro interno alla famiglia;
- attività di consumo.

La *gestione patrimoniale*, ossia l'impiego del risparmio in investimenti destinati a produrre redditi addizionali a quelli derivanti dal lavoro esterno può essere considerata, nel caso della famiglia, come una *parte della gestione caratteristica* poiché è nella natura dell'azienda familiare la produzione del risparmio e il suo investimento per la produzione di redditi.

Nell'economia moderna, basata sullo scambio e caratterizzata da elevati gradi di specializzazione economica, i beni di consumo impiegati dalle famiglie sono acquisiti in larga misura dall'esterno; ciò comporta l'esigenza di *produrre redditi*. Di regola la fonte primaria di redditi delle aziende familiari è rappresentata dal *lavoro «esterno»*, ossia dal lavoro prestato dai membri della famiglia in aziende di produzione (anche nella forma di aziende di produzione familiare e nella specie particolare del lavoro «autonomo» di «libera professione»), in aziende pubbliche, in altre aziende familiari o in aziende nonprofit. Il *lavoro esterno* volto alla produzione di redditi monetari è solo una parte del lavoro espresso dai membri della famiglia; in misura varia e variabile nel tempo tutti i membri della famiglia (inclusi quelli impegnati nel lavoro esterno) prestano *lavoro «interno»* e spesso, nel complessivo svolgi-

26 Sul ruolo delle famiglie nella produzione economica a livello di Paese si vedano: DEVEREUX e LOCAY [1992]; LANDEFELD e MCCULLA [2000]; LOCAY [1990]; HAWRYLYSHYN [1976].

mento dell'attività economica familiare, il lavoro interno ha rilievo almeno pari al lavoro esterno.

La seconda tipica fonte di redditi è rappresentata dalla *gestione patrimoniale* ma il peso dei redditi di gestione patrimoniale rispetto a quelli di lavoro esterno è molto vario nei singoli casi concreti; spesso è nullo o comunque trascurabile per via della ridotta o nulla capacità di risparmio; in casi relativamente rari è dominante, come risultato della disponibilità di grandi patrimoni frutto di eredità, di donazioni e di risparmio. In situazioni particolari, i mezzi monetari necessari per l'acquisto dei beni di consumo (o direttamente i beni di consumo) possono derivare da forme varie di *assistenza* (da parte di parenti o di enti ed associazioni varie pubblici e privati) e di *beneficenza*.

La *gestione patrimoniale* si attua come combinazione di una vasta gamma di operazioni: *a*) operazioni di «investimento» (e di disinvestimento) di mezzi monetari secondo forme varie: conferimenti di capitale di rischio ad aziende di produzione; conferimenti di capitale di prestito ad aziende varie in via diretta o indiretta (depositi fruttiferi presso aziende di credito, sottoscrizioni di obbligazioni e di titoli del debito pubblico, ecc.); acquisti di beni di uso durevole (terreni, fabbricati, opere d'arte, ecc.) da reddito e da rivalutazione[27]; *b*) operazioni di impiego e di amministrazione degli investimenti: stipulazioni e registrazioni dei contratti di affitto; interventi di manutenzione ordinaria e straordinaria con connessi acquisti di merci e di servizi «accessori»; esercizio di opzioni varie connesse agli investimenti «mobiliari»; ecc.; *c*) operazioni di negoziazione di rischi particolari connessi agli investimenti: assicurazioni contro furti, incendi, ecc.; *d*) operazioni, di regola congiunte a quelle dei punti precedenti, di fruizione di servizi pubblici: registrazioni, attestati, autorizzazioni, certificazioni, definizioni di oneri di urbanizzazione, ecc.; *e*) operazioni di riscossione e di pagamento connesse a quelle sopra citate. Tali operazioni, come sopra accennato, comportano *lavoro interno* in misura che varia in relazione all'estensione ed al tipo di gestione patrimoniale attivata; in caso di gestioni patrimoniali particolarmente estese e complesse si può ricorrere a prestazioni di servizi di aziende specializzate (di credito, finanziarie, di gestioni mobiliari ed immobiliari, ecc.); in casi particolari all'assunzione di uno o più prestatori di lavoro dipendente; le connesse operazioni sono ulteriori elementi della gestione patrimoniale.

Forme particolari di congiunzione tra produzione di redditi da lavoro e produzione di redditi da gestione patrimoniale si hanno quando una o più persone membri di una famiglia sono i prestatori di lavoro ed i conferenti di capitale di un'*azienda di produzione* «familiare», ossia di un'impresa il cui capitale proprio ed il cui lavoro provengono totalmente o in larga parte dai

27 L'analisi economica (sia di economia politica sia di economia aziendale) ha sempre dedicato grande attenzione al ruolo della famiglia nella produzione del risparmio e alle forme di investimento dello stesso così come alle connesse scelte di acquisto di immobili per abitazioni. Si vedano in materia: IWAIASAKO [2003], FLAVIN e YAMASHITA [2002], GUISO, HALIASSON e JAPPELLI [2001], NOGUCHI e POTERBA [1994].

membri della stessa famiglia. In tali situazioni una parte del patrimonio familiare è investita nell'impresa familiare e dall'impresa familiare si traggono *redditi misti* di lavoro e di patrimonio; si tratta di redditi misti poiché non è agevole, neppure in astratto, distinguere la parte di reddito dovuta al patrimonio e la parte dovuta al lavoro. In tali contesti spesso si manifestano anche congiunzioni strette tra gestione patrimoniale e gestione dei consumi: una parte del patrimonio (spesso una parte dei fabbricati) può essere comune all'attività di produzione ed all'attività di consumo; una parte dei beni prodotti può essere destinata al consumo interno della famiglia.

Particolari operazioni che si combinano e si intersecano con quelle sopra elencate sono originate dalle *eredità*, dai *legati* e dalle *donazioni* che in generale possono intendersi come variazioni (aumenti e diminuzioni) del patrimonio sia nelle parti destinate alla gestione patrimoniale sia in quelle destinate al consumo; di rilievo, e parzialmente connesse alle prime, sono anche le operazioni di variazione di destinazione dei beni patrimoniali, dalla gestione patrimoniale al consumo e viceversa.

L'*attività di consumo* si attua con lo svolgimento di una grande varietà di operazioni e di processi; una non superficiale analisi dei bisogni dei membri delle famiglie, delle condizioni necessarie per il loro soddisfacimento e delle modalità di formazione e di impiego delle stesse mostra quanto i reali processi di consumo siano lontani dagli astratti schemi secondo cui il tutto si risolverebbe nell'acquistare beni e nel consumarli. L'insieme delle operazioni dette «di consumo» deve essere inteso, per molti aspetti, come un complesso insieme di operazioni «di produzione» cui si applicano notevoli volumi di *lavoro interno*. Le principali operazioni volte al consumo sono: *a*) negoziazioni di acquisto di beni (merci e servizi) di consumo; beni che possono essere immediatamente utilizzati per il consumo o che devono essere trasformati e combinati con altri; beni che esauriscono la loro utilità in una sola occasione di impiego e beni ad utilizzazione ripetuta più o meno protratta nel tempo; beni con vari caratteri di complementarità, di fungibilità, di deperibilità, ecc.; si noti che tra i beni di consumo si collocano anche beni quali gli immobili destinati all'abitazione per i membri della famiglia; sono beni che fanno parte del patrimonio (con tutti gli altri disponibili «in un dato momento») ma non sono impiegati nella gestione patrimoniale; *b*) operazioni di trasformazione tecnica di beni di consumo; si possono distinguere numerose sottoclassi del tipo: trasformazione tecnica di merci (preparazione di cibi, di indumenti e di arredi utilizzando merci acquistate); produzione interna di servizi (con eventuale impiego anche di beni acquistati) di educazione, di assistenza, di pulizia; produzione interna di servizi di manutenzione degli immobili, degli arredi, ecc.; *c*) «negoziazioni» di beni pubblici: istruzione, sanità, trasporti, ecc.; si intersecano qui i ruoli delle persone membri ad un tempo delle famiglie e degli istituti pubblici; *d*) operazioni di pagamento connesse alle precedenti.

Una particolare modalità di rappresentazione dell'attività economica delle famiglie deriva dalla rappresentazione della famiglia come «fabbrica» di «beni complessi» che sono contemporaneamente prodotti e consumati dalla famiglia stessa[28]. Per la produzione e il consumo di tali beni complessi, la famiglia utilizza il tempo dei propri membri e beni acquistati sul mercato (oltre che beni pubblici offerti dallo Stato). Così, ad esempio, il bene complesso «alimentazione» dei membri della famiglia si ottiene e si consuma combinando: *i*) il *tempo* dedicato agli approvvigionamenti, alla preparazione dei cibi, all'apprestamento della tavola, al consumo dei cibi, al lavaggio delle stoviglie, ecc.; *ii*) i *beni acquistati* quali il cibo, gli elettrodomestici e gli attrezzi da cucina, le stoviglie e gli arredi della tavola. Fatto cento il tempo complessivo disponibile di una persona (24 ore al giorno), tale tempo è ripartito tra produzione e consumo dei beni complessi, da un lato, e lavoro esterno alla famiglia, dall'altro lato; analogamente, fatto cento il reddito monetario totale speso dalla famiglia in un certo arco di tempo, tale reddito è ripartito tra l'acquisto di beni destinati alla produzione e al consumo di beni complessi, da un lato, e l'acquisto di beni necessari per svolgere l'attività lavorativa esterna alla famiglia (ad esempio, i costi di trasporto per recarsi al lavoro), dall'altro lato. Le rilevazioni empiriche in merito ai comportamenti familiari così interpretati sono molto scarse[29]; una ricerca che elabora i dati relativi ad un campione di famiglie americane composte da marito e moglie[30] fornisce il quadro sintetizzato nella tavola 3.11, dal quale emerge chiaramente, tra l'altro, l'incidenza molto differente del tempo e dei beni acquistati nella realizzazione dei vari beni complessi.

Questo tipo di analisi può essere declinato in modo tale da fare emergere se e quali comportamenti differenti si attuano in relazione al numero di componenti della famiglia, all'età e al livello di istruzione degli stessi, ai redditi e patrimoni disponibili, e così via; si possono anche indagare i differenti comportamenti in funzione delle politiche fiscali del Paese, del costo dell'istruzione, del reddito nazionale. Si noti anche che ciascun bene complesso concorre a soddisfare contemporaneamente una pluralità di bisogni dei vari membri della famiglia.

I fenomeni economici e non economici tipici di una famiglia sono intimamente interconnessi. La natura eminentemente etica e sociale della famiglia può portare a sottovalutarne la componente economica, componente

28 L'idea originale è di Gary BECKER [1965] riformulata in MICHAEL e BECKER [1973]. «Mentre nella teoria tradizionale la famiglia massimizza una funzione di utilità di beni e servizi acquistati sul mercato, nella teoria riformulata, essa massimizza la funzione di utilità di alcuni oggetti di scelta, o *commodity*, che essa stessa produce avvalendosi dei beni di mercato e del proprio tempo, competenze, formazione e altro capitale umano, oltre che di altri fattori» [BECKER 1996; trad. it. 2000, 43]. Per un'analisi critica di tale teoria, si veda: POLLAK [2002].

29 Le indagini empiriche sui comportamenti economici delle famiglie non mancano, ma tendono a focalizzarsi su aspetti «finanziari» quali le scelte di risparmio e la composizione del patrimonio delle famiglie, piuttosto che sui fenomeni «reali» delle produzioni e dei consumi.

30 Si veda: GRONAU e HAMERMESH [2003] dove si mettono a confronto dati sulle famiglie americane e sulle famiglie israeliane; per una rassegna delle ricerche in materia si vedano: GRONAU [1997]; GRONAU e HAMERMESH [2001].

TAVOLA 3.11. *La ripartizione del tempo e degli acquisti di una famiglia*

Bene complesso	Tempo: numero di ore al mese (due persone)	Tempo (in %)	Beni: spesa mensile (€)	Spesa per beni (in %)
Dormire	485	33,7	0	0,0
Alloggiare	76	5,3	680	31,8
Apparire	65	4,5	153	7,1
Alimentazione	145	10,1	403	18,8
Cura dei bambini	22	1,5	47	2,2
Svago	299	20,8	179	8,4
Salute	4	0,3	92	4,3
Viaggi	60	4,2	364	17,0
Vari	19	1,3	37	1,7
Subtotale	1.176	81,7	1.954	91,3
Lavoro esterno alla famiglia	264	18,3	187	8,7
Totale generale	1.440	100,0	2.141	100,0

Fonte: Adattata da GRONAU e HAMERMESH [2003].

economica che non è rilevante in sé, ma è rilevante proprio perché influenza notevolmente le scelte fondamentali anche di tipo non economico[31]. Un valido governo economico della famiglia è condizione di armonico sviluppo della stessa anche negli aspetti sociali, etici e religiosi.

3.4.3. La gestione finanziaria, la gestione tributaria e la gestione assicurativa

La *gestione finanziaria* delle famiglie è data dalle operazioni di negoziazione di credito di prestito con formazione di debiti di finanziamento e dai connessi pagamenti e riscossioni per rimborsi ed interessi. Il ricorso ai debiti di finanziamento può essere originato dal ripetersi di situazioni di «risparmio negativo» a fronte dei consumi «correnti», da particolari operazioni di consumo quali l'acquisto di un appartamento destinato all'abitazione per i membri della famiglia, da particolari operazioni di gestione patrimoniale; in ogni caso la gestione finanziaria deve intendersi come insieme di operazioni che indistintamente vanno a coprire i fabbisogni monetari non coperti per altra via.

La *gestione tributaria* delle famiglie si compone delle operazioni di accertamento, di liquidazione e di pagamento dei tributi nelle loro differenti forme; dal punto di vista logico essa si origina dal fatto che la famiglia partecipa al consumo dei beni pubblici; nel concreto essa si manifesta in connessione a tutte le operazioni di gestione esterna dell'azienda familiare (lavoro esterno,

[31] Gary BECKER [1991; 1996], il più noto studioso di economia della famiglia, ricorda in vari scritti che l'analisi economica è stata utile per spiegare chi sposa chi e quando, perché le persone divorziano, il numero dei figli e gli investimenti nelle competenze di ciascuno di essi, l'intensità e la distribuzione temporale del lavoro delle donne sposate, quando i genitori anziani contano sul supporto dei figli.

negoziazioni di beni, di credito, di rischi, ecc.) oltre che agli accertamenti ed ai pagamenti delle imposte sul «reddito» della famiglia.

Anche nelle famiglie si svolgono significative attività di *gestione assicurativa*; i rischi particolari più frequentemente coperti con polizze assicurative sono i furti, gli incendi, le responsabilità civili per danni a terzi, gli infortuni e le malattie. Di grande rilevanza possono essere le assicurazioni «sulla vita» volte a garantire una protezione economica in favore dei figli e del coniuge o anche a costruire rendite equivalenti a piani pensionistici.

3.4.4. La configurazione dell'assetto istituzionale, l'organizzazione e la rilevazione

In quanto istituto naturale e sociale primario, la famiglia non comporta fondamentali scelte di *configurazione dell'assetto istituzionale*; in linea generale, i fini naturali, sociali e morali sono dati così come data è la composizione dei membri che fanno parte della famiglia. Scelte critiche e rilevanti anche per l'assetto istituzionale possono tuttavia proporsi in merito al regime patrimoniale scelto in occasione del matrimonio, alle relazioni con le famiglie dei parenti e degli affini, ad eventuali affidamenti ed adozioni, alla suddivisione dei ruoli di lavoro interno, lavoro esterno e studio, ai rapporti con i prestatori di lavoro domestico o di assistenza alla gestione patrimoniale, alle intersezioni con eventuali imprese familiari. Nelle famiglie con numerosi figli adulti possono manifestarsi anche problemi di configurazione dei processi decisionali di governo economico e non economico.

La natura della famiglia e il numero relativamente piccolo di suoi componenti non fanno mai sorgere significativi problemi di *progettazione organizzativa*. Qualche elementare sistema di *rilevazione* è sempre utile per guidare le scelte economiche delle famiglie ma solo in rari casi (quando, ad esempio, i patrimoni amministrati sono particolarmente estesi e la loro proprietà fa capo a membri di più famiglie) occorre attivare strutture e processi specifici.

3.5. L'articolazione delle combinazioni economiche degli istituti nonprofit

3.5.1. Il ruolo e la rilevanza degli istituti nonprofit

Nei sistemi economici evoluti, una parte rilevante dell'attività economica si svolge in istituti *nonprofit*[32], ossia in istituti privati nei quali è vietata la distribuzione dei risultati reddituali (il «profitto») e del patrimonio a favore dei soggetti che li controllano: gli associati, i donatori, gli amministratori, i manager. Si noti e si ricordi che «nonprofit» non significa che è vietato o è

[32] Come già ricordato, si usa questa espressione pur imprecisa in assenza di una espressione più corretta e generalmente accettata.

TAVOLA 3.12. *Numero di istituti nonprofit classificati per attività prevalente e per forma giuridica*

	Associazione riconosciuta	Fondazione	Associazione non riconosciuta	Comitato	Cooperativa sociale	Altro	Totale
Cultura, sport, ricreazione	37.102	827	97.443	2.328	476	1.557	140.391
Istruzione e ricerca	2.620	707	5.666	202	135	2.206	11.652
Sanità	5.338	167	3.483	64	362	262	9.676
Assistenza sociale	6.557	768	8.057	321	2.397	1.136	19.344
Ambiente	1.274	15	1.738	155	66	29	3.277
Sviluppo economico e coesione sociale	963	82	2.281	204	692	116	4.338
Tutela dei diritti e attività politica	1.582	21	4.948	171	–	120	6.842
Filantropia e promozione volontariato	380	147	635	59	–	25	1.246
Cooperazione e solidarietà internazionale	420	37	845	90	10	30	1.433
Promozione e formazione religiosa	1.250	207	3.092	117	–	2.138	5.903
Rel. sindacali e rappresentanza di interessi	3.605	–	11.849	75	–	104	15.651
Altre attività	222	31	707	48	514	138	1.660
Totale	61.309	3.008	140.752	3.832	4.651	7.861	221.412

Fonte: BARBETTA, CIMA e ZAMARO [2003, 156].

impossibile realizzare risultati reddituali positivi (utili di esercizio, impropriamente denominati «profitti»); è perfettamente possibile e in linea di principio è assolutamente auspicabile che tali risultati positivi siano conseguiti; ciò che è vietato è la loro distribuzione. Alcuni dati possono utilmente inquadrare l'ampiezza del fenomeno. Secondo i dati ufficiali della prima rilevazione ISTAT in materia[33], nel 1999 in Italia risultavano attivi 221.000 istituti nonprofit con 4 milioni di prestatori di lavoro (532.000 dipendenti, 80.000 persone con contratto di collaborazione coordinata e continuativa, oltre 3 milioni di volontari) e con entrate totali per 37 milioni di euro. Una classificazione per tipo di attività prevalente e per forma giuridica fornisce il quadro riportato nella tavola 3.12. Alcuni dati che introducono alle dimensioni e alla configurazione delle combinazioni economiche degli istituti nonprofit sono riportati nella tavola 3.13.

Come mai esistono degli istituti nonprofit? Facendo tesoro di tutte le argomentazioni svolte nei capitoli precedenti, una risposta di tipo sintetico e residuale è la seguente: accade che taluni insiemi di persone giudichino utile e doveroso che certi insiemi di persone dispongano di beni che gli istituti esistenti – le famiglie, le imprese, gli Stati – non offrono nei modi ritenuti opportuni. In altri termini, si constatano contemporanei «fallimenti» delle famiglie, dei mercati (le imprese) e degli Stati nel garantire certi beni a certe categorie di persone a certe condizioni ed allora appaiono altri tipi di istituti, tra cui la variegata classe degli istituti nonprofit. In termini più analitici, la

33 ISTAT [2001]. Per una ricca esposizione di questi dati e dei risultati di altre ricerche si veda: BARBETTA, CIMA e ZAMARO [2003]. Altre analisi della situazione italiana si trovano in: PROPERSI [2001]; MATACENA [1999]; ZAMAGNI [2002].

TAVOLA 3.13. *Alcuni dati sugli istituti nonprofit italiani*

	Prestatori di lavoro retribuiti (numero)	Prestatori di lavoro non retribuiti (numero)	Entrate totali (milioni di €)	Entrate medie (migliaia di €)	Entrate pubbliche (%)	Entrate da donazioni (%)	Altre entrate (%)
Cultura, sport, ricreazione	67.892	168.489	6.470	46	25	2	73
Istruzione e ricerca	115.622	28.610	4.866	421	38	2	59
Sanità	122.564	39.951	7.102	734	71	2	27
Assistenza sociale	156.571	80.952	7.368	383	42	5	53
Ambiente	2.634	8.822	176	53	41	4	54
Sviluppo economico e coesione sociale	28.746	5.779	1.470	328	52	1	47
Tutela dei diritti e attività politica	11.568	21.763	1.009	147	27	5	68
Filantropia e promozione volontariato	746	4.637	777	623	2	2	96
Cooperazione e solidarietà internazionale	1.400	4.765	434	303	35	35	30
Promozione e formazione religiosa	11.581	51.546	1.241	182	12	24	63
Rel. sindacali e rappresentanze di interessi	50.725	13.377	4.187	268	9	0	91
Altre attività	10.062	2.037	2.545	1.533	4	0	96
Totale	580.109	430.729	37.645	170	36	3	61

Fonte: BARBETTA, CIMA e ZAMARO [2003, 156 ss.].

teoria economica svolge argomentazioni analoghe a quelle che spiegano l'intervento dello Stato a fianco delle imprese, e propone come origine degli istituti nonprofit le seguenti considerazioni[34]:

• gli istituti nonprofit agiscono come produttori privati di *beni pubblici* (i beni a consumo non competitivo e non escludibili) per soddisfare la domanda di beni pubblici non coperta dallo Stato (perché interessa gruppi di persone relativamente ristretti, o perché lo Stato limita il volume dell'offerta); un esempio è dato dalle associazioni che raccolgono donazioni per la ricerca medica;

• quando gli utenti sono in difficoltà nel valutare la quantità, la qualità e l'appropriatezza di un bene (ad esempio, una cura medica), ossia in situazioni di forte *asimmetria informativa*, un'impresa («orientata al profitto») potrebbe essere tentata di trarne vantaggio con un comportamento opportunistico; un istituto nonprofit, dato il divieto di distribuire utili a coloro che lo governano, non è incentivato a tale tipo di comportamento; l'istituto nonprofit nasce e permane se il vantaggio in termini di qualità delle sue prestazioni è superiore agli svantaggi in termini di efficienza che in generale caratterizzano gli istituti in questione per via dei bassi incentivi alla minimizzazione dei costi e dei limiti alla capacità di finanziamento;

• molti istituti nonprofit nascono per poter godere dei *vantaggi normativi* che di regola gli Stati accordano a tali tipi di istituti: vantaggi fiscali, tariffe agevolate, lavoro flessibile, ecc.; di solito questa condizione non è sufficiente per stimolare la nascita e per sostenere lo sviluppo degli istituti nonprofit, ma in talune circostanze aiuta chiaramente a spiegare il fenomeno;

34 L'esposizione sintetizza quanto in HANSMANN [1987] che si basa anche su: BAUMOL [1966]; BEN-NER [1986]; WEISBROD [1977]. Si vedano anche altri saggi raccolti in ROSE-AKERMAN [1986] e in POWELL [1987].

• in alcuni casi, come quello dei club esclusivi, gli utenti preferiscono una gestione diretta in forma di istituto nonprofit, anziché chiedere i servizi ad un'impresa privata, per evitare che il fornitore fruisca delle rendite monopolistiche che si formerebbero data l'esclusività dell'associazione; si tratta del meccanismo del *controllo diretto da parte del consumatore.*

3.5.2. La gestione caratteristica e la gestione tributaria

In un buon numero di istituti nonprofit la *gestione caratteristica* è largamente assimilabile a quella di un'impresa, ossia alla gestione caratteristica di un *istituto di produzione*: si acquisiscono input, li si sottopone a trasformazione tecnica e si cede quanto prodotto a clienti che pagano contributi assimilabili a prezzi; nel campo della sanità e dell'istruzione questi casi sono molto frequenti; il carattere di «nonprofit» dell'istituto deriva dalle regole di destinazione del risultato reddituale e può manifestarsi anche in forma di politiche di prezzo che tengono conto dei redditi, o di altre caratteristiche, dei clienti. Altri istituti nonprofit sono *istituti di produzione e di consumo*; per certi versi essi sono simili alle imprese (acquisiscono input, li trasformano, li cedono agli utenti) ma, accanto all'attività di produzione essi svolgono attività di consumo in quanto i destinatari della produzione sono i membri stessi dell'istituto; è il caso delle associazioni chiuse e la combinazione tra produzione e consumo è particolarmente evidente quando la produzione avviene prevalentemente impiegando il lavoro degli associati. In altri casi ancora, la gestione caratteristica degli istituti nonprofit si avvicina molto ad una gestione di *pura erogazione*; è il caso degli enti di beneficenza che aiutano i loro assistiti con sovvenzioni; qui non si manifestano rilevanti processi di trasformazione tecnica mentre prevalgono i trasferimenti.

A fronte della grande varietà sopra delineata, molti istituti nonprofit (in particolare gli istituti nonprofit che non sono in grado di coprire i loro costi con i contributi e con i prezzi pagati dagli utenti) sono accomunati da uno stesso nucleo di attività, elemento essenziale della gestione caratteristica e peculiare degli istituti stessi, che consiste nella *raccolta dei contributi, delle donazioni e delle agevolazioni* necessari per coprire il disequilibrio tra i costi sostenuti e i ricavi realizzati a fronte di singole prestazioni. Le principali forme di copertura di tale disequilibrio sono:

• i contributi degli associati conferiti indipendentemente dalla fruizione di singole prestazioni;

• il lavoro volontario (o il lavoro retribuito a condizioni non di mercato) fornito da associati e non associati;

• le donazioni di benefattori privati che assumono forme molto differenti: piccoli contributi estemporanei o contributi periodici strutturati, patrimoni ad uso vincolato, rendite, ecc.;

• condizioni favorevoli nel ricorso al capitale di prestito: tassi di interesse bassi e tempi di rimborso lunghi;

• i contributi statali (o regionali, ecc.) più o meno correlati a specifiche prestazioni o a specifici investimenti;

• agevolazioni fiscali e amministrative: esenzione da particolari tributi e obblighi amministrativi.

Questa parte della gestione degli istituti nonprofit è estremamente critica non solo perché è indispensabile per assicurarne la vita duratura, ma anche perché essa di fatto determina in larga misura l'assetto istituzionale; i soggetti che conferiscono i maggiori volumi di contributi sono gli stessi che si sentiranno in diritto e in dovere di indirizzare il governo dell'istituto. Chi svolge questa parte della gestione dell'istituto nonprofit è fortemente interessato, oltre che alla natura della fonte dei contributi (lo Stato, singole persone, imprese, fondazioni, ecc.) alla prevedibilità e alla stabilità nel tempo dei flussi di contributi e ai vincoli di destinazione che eventualmente li possono accompagnare; dal punto di vista del singolo istituto nonprofit l'ideale sarebbe quello di poter contare con certezza su flussi stabili nel lungo periodo e di essere perfettamente libero di destinare i contributi a differenti impieghi nell'ambito dei fini dell'istituto; dal punto di vista dei donatori, al contrario, si preferisce mantenere la libertà di decidere se rinnovare o meno le donazioni nel tempo e per assicurarsi che il contributo sia destinato ad un impiego specifico, ossia non lasciato all'arbitrio degli amministratori dell'istituto nonprofit. Talvolta i donatori chiedono anche che il loro nome (o il nome di loro familiari o delle loro imprese) sia associato all'istituto nonprofit o a qualche suo elemento visibile.

Con riguardo all'ampiezza della *gamma delle combinazioni economiche* attivabili dal singolo istituto nonprofit sono rilevanti due considerazioni: *i*) i gradi di discrezionalità in materia sono piuttosto limitati poiché chi sostiene la vita dell'istituto nonprofit (associati, Stato, benefattori) vuole essere certo che i suoi contributi siano destinati a certe finalità e a certi utenti piuttosto che ad altri; lo Stato, in quanto parte in causa, fissa in materia anche norme di legge; *ii*) per converso, un certo grado di «diversificazione» può essere utile in modo tale da poter realizzare il sussidio incrociato tra le varie attività e, di conseguenza, assicurare maggior autonomia all'istituto; un'attività *A* svolta con margini positivi (ad esempio, certe iniziative di istruzione e di divulgazione) può servire per finanziare un'attività *B* con margini negativi (ad esempio, la ricerca di base) consentendo all'istituto nonprofit che gestisce entrambe di non dipendere da donatori.

La *gestione tributaria* degli istituti nonprofit è strettamente connessa alla gestione caratteristica poiché, come già accennato, molti istituti nonprofit godono di vantaggi fiscali che, di fatto, sono contributi dello Stato (ossia della collettività) ad un'attività che si ritiene produca vantaggi significativi anche per la collettività in generale o per sue parti rilevanti[35]. Per molti aspetti, la diffusa presenza di istituti nonprofit riduce l'esigenza di intervento diretto

[35] Si veda in materia PROPERSI [2002].

dello Stato e quindi le agevolazioni fiscali, oltre che i contributi pubblici, vanno a compensazione di costi che altrimenti lo Stato dovrebbe sostenere per la propria presenza diretta.

Si ricorda, come menzionato anche altrove, che nell'analisi economica i contributi forniti dai benefattori privati (donazioni, lavoro volontario) sono interpretati anche come prezzi che tali soggetti privati sono disposti a pagare affinché istituti nonprofit producano ed offrano determinati beni a determinate categorie di destinatari; i donatori privati scelgono, tra le numerose alternative possibili, a quali istituti nonprofit offrire quali contributi; così i vari istituti nonprofit sono messi tra loro sostanzialmente in concorrenza. Chi gestisce la raccolta dei contributi sa che l'efficacia del suo operato dipende fortemente dalla capacità di realizzare appropriate azioni di marketing che mettano in evidenza la desiderabilità etica e politica dell'attività svolta.

3.5.3. La gestione patrimoniale, la gestione finanziaria e la gestione assicurativa

Per la gran parte degli istituti nonprofit la *gestione patrimoniale* è del tutto trascurabile poiché non si forma risparmio e, di conseguenza, non si hanno mezzi da investire per ottenere redditi addizionali rispetto a quelli prodotti dalla gestione caratteristica. Tuttavia, la gestione patrimoniale in alcuni casi diventa centrale (e, per certi versi, considerabile come parte della gestione caratteristica); ciò accade quando l'istituto nonprofit al momento della sua fondazione, o in successive occasioni, riceve in dotazione patrimoni (di solito in forma di mezzi monetari o di immobili) che possono essere destinati solo alla produzione di redditi periodici a sostegno della gestione caratteristica. Non sono rari i casi di istituti nonprofit che traggono la totalità, o quasi, dei loro redditi correnti da tali patrimoni. In questi casi l'istituto nonprofit gode nominalmente della massima stabilità (non deve ricercare giorno per giorno i contributi necessari a coprire il disequilibrio tra costi e ricavi) ed autonomia (nell'ambito delle finalità assegnategli); d'altro canto, è chiaro che la capacità di mantenere inalterati nel lungo periodo il valore del patrimonio e la sua capacità di reddito diventano centrali.

Anche la *gestione finanziaria* assume caratteri speciali negli istituti nonprofit. Due aspetti sono particolarmente significativi: *a*) in generale la capacità degli istituti nonprofit di ricorrere a capitale di prestito è piuttosto limitata perché è limitata la capacità di garantire puntuali rimborsi per importi significativi; *b*) qualora tale capacità si realizzi, gli istituti nonprofit possono godere di condizioni particolarmente vantaggiose da parte di finanziatori che di fatto, concedendo tali condizioni particolari, effettuano donazioni all'istituto nonprofit.

Negli istituti nonprofit è sempre significativa anche la *gestione assicurativa* che si svolge secondo modalità analoghe a quelle adottate dalle imprese. L'incidenza economica di questa gestione può essere particolarmente forte quando l'istituto è proprietario di grandi patrimoni immobiliari e artistici e quando svolge la propria attività nel campo medico e ospedaliero.

3.5.4. Le attività di configurazione dell'assetto istituzionale, di organizzazione e di rilevazione

Come per tutte le classi di istituti, anche nel caso degli istituti nonprofit si svolgono rilevanti attività che hanno per oggetto la configurazione dell'assetto istituzionale. La relativa problematica è particolarmente intensa quando i soggetti che forniscono contributi e non usufruiscono dei servizi erogati dall'istituto stesso diventano numerosi e disomogenei; in tali casi infatti, diventa particolarmente problematico assicurare a tali soggetti il necessario grado di controllo sulla destinazione e sul buon uso delle risorse conferite e diventano problematiche anche le scelte collettive di governo economico. La complessità di questa problematica e la sua criticità si riflettono anche nella complessa normativa che i vari Paesi hanno prodotto in materia[36].

Per chi progetta e mette a punto gli assetti istituzionali degli istituti nonprofit, due sono le finalità essenziali: *i*) costruire e proteggere l'*immagine di affidabilità* dell'istituto; *ii*) garantire elevati livelli di *autonomia* per l'azione dello stesso. A tal fine sono determinanti le scelte in merito alle persone che compongono gli organi di governo e i meccanismi di controllo messi in atto.

Le operazioni relative all'*organizzazione* e alla *gestione del personale* devono essere condotte, come in tutti gli istituti, in modo tale da realizzare buoni risultati di efficienza basati anche su elevati livelli di motivazione delle persone. Due esigenze particolarmente importanti nel caso degli istituti nonprofit sono: *i*) tenere alta la tensione rispetto all'efficienza, tensione che potrebbe allentarsi dato che mancano forti attese di produzione di risultati reddituali da distribuire; *ii*) garantire nella forma e nella sostanza la massima correttezza dei comportamenti in modo tale da salvaguardare l'immagine di affidabilità dell'istituto.

Le operazioni di *rilevazione* e di *informazione* devono concorrere a rafforzare l'affidabilità e l'*accountability* dell'istituto[37]; ciò può risultare difficile quando i risultati «sociali» conseguiti dall'istituto sono importanti e sufficientemente misurabili.

3.6. Le relazioni economiche tra le varie classi di istituti: lo scambio

3.6.1. Le relazioni tra le varie classi di istituti

Le aziende in quanto ordine economico di istituti sono tra loro legate da relazioni molteplici e di varia natura. Per osservare e per interpretare correttamente la struttura e la dinamica delle aziende è indispensabile tener conto

[36] Per il caso italiano, e per alcune comparazioni internazionali, si vedano: PROPERSI [2001; 2002]; BARBETTA, CIMA e ZAMARO [2003].

[37] Si veda: ZAMAGNI [2002].

anche di tali relazioni. Per questa ragione l'economia aziendale si occupa sia delle aziende sia dell'ambiente economico in cui esse operano. L'ambiente economico in cui un'azienda opera è in larga misura definito dall'insieme delle aziende con cui essa interagisce e delle relazioni che tra le stesse si instaurano.

Tra tutte le classi di aziende si dà una *generale relazione di complementarità* per il comune concorso all'attuazione dei complessivi processi economici di produzione e di consumo; l'attività complementare di più aziende è sempre necessaria per la realizzazione del bene comune di insiemi di persone. In tempi non brevi si manifestano *variazioni* significative *dei ruoli relativi* svolti dalle varie categorie di aziende; come visto trattando il tema della specializzazione economica, insiemi di processi di produzione e di consumo si trasferiscono da una categoria di aziende ad un'altra. Si manifesta una relazione di complementarità con caratteri dinamici.

Le strette relazioni tra insiemi di aziende sono determinate anche dalla *partecipazione contemporanea di ciascuna persona alle aziende di più istituti*; ciascuna persona, di norma, è inclusa solo parzialmente in un singolo istituto; è normale che una persona sia contemporaneamente membro di una famiglia, di un'impresa, di più istituti pubblici territoriali, di istituti culturali, di una comunità religiosa; le aziende sono dunque tra loro legate da reti complesse di interessi economici istituzionali e non; in ciascuna azienda convergono insiemi di interessi (non solo di tipo economico) provenienti da persone che sono membri di altre aziende; si considerano qui centrali gli interessi espressi dalle persone, in quanto membri delle famiglie, nei confronti delle imprese e degli istituti pubblici territoriali. Nel caso delle imprese si osservano dinamiche anche intense di ingresso e di uscita di persone: si manifesta il carattere di sistemi sociali aperti.

Le aziende si riuniscono in *aggregati variamente formalizzati.* In termini molto generali si può intendere che le famiglie, istituti primari, costituiscono la base di aggregati parziali intermedi, quali gli istituti pubblici locali, che a loro volta confluiscono per parti negli aggregati nazionali ed internazionali.

Facendo più specificamente riferimento alle operazioni economiche di azienda, le relazioni interaziendali si manifestano soprattutto in forma di:

a) prestazioni di lavoro di membri di famiglie presso aziende di produzione, aziende composte pubbliche, aziende nonprofit, altre aziende familiari;

b) corrispondenti flussi di rimunerazioni di lavoro dalle aziende di produzione, composte pubbliche e nonprofit (eventualmente ridotti o nulli per forme di volontariato) verso le aziende familiari;

c) apporti di capitale risparmio di aziende familiari verso le aziende di produzione e, specie in forma di credito, verso le aziende composte pubbliche; analoghi flussi tra aziende di produzione ed eventualmente tra queste ed aziende pubbliche; limitati flussi da e verso le aziende nonprofit;

d) corrispondenti flussi di rimunerazioni (quote di utili, interessi) e di rimborsi;

e) cessioni di beni privati dalle aziende di produzione e dalle aziende nonprofit verso le aziende familiari e le aziende composte pubbliche;

f) corrispondenti flussi monetari di pagamento e di riscossione determinati dai prezzi unitari e dai volumi di merci o servizi scambiati; versamento di contributi e di donazioni varie a favore delle aziende nonprofit;

g) flussi di capitale di prestito da aziende di produzione (specialmente aziende di credito e di intermediazione finanziaria) verso aziende familiari, aziende composte pubbliche e aziende nonprofit;

h) corrispondenti flussi di rimunerazione (interesse) e di rimborso;

i) trasferimenti di rischi parziali da tutti i tipi di aziende verso aziende del settore dell'assicurazione e rimborsi a fronte di «sinistri»;

l) corrispondenti flussi di «premi»;

m) pagamenti di tributi (imposte e tasse) delle aziende familiari, di produzione e nonprofit (spesso a condizioni speciali) a favore delle aziende composte pubbliche;

n) erogazioni di beni pubblici dalle aziende composte pubbliche verso le aziende familiari, di produzione e nonprofit.

3.6.2. Lo scambio

Lo scambio, origina vaste e fondamentali classi di relazioni interaziendali. Mediante lo scambio si attuano i trasferimenti di *beni privati a titolo oneroso* e si originano le relazioni di *credito di prestito* e di *assicurazione*. Altrettanto vaste e fondamentali classi di relazioni interaziendali e di trasferimenti di condizioni di produzione e di consumo, tuttavia, si attuano in forme differenti dallo scambio; si tratta delle negoziazioni istituzionali comprendenti i trasferimenti di *capitale di rischio*, di *lavoro* e di *beni pubblici*, dei trasferimenti di *beni privati a titolo non oneroso* e dei *trasferimenti impliciti*. Nell'analisi economica si applica il concetto di scambio anche ai trasferimenti di capitale di rischio, di lavoro e di alcune classi di beni pubblici; ciò è utile per analizzare alcuni aspetti di tali trasferimenti ma non deve portare ad una impropria assimilazione delle relazioni istituzionali a pure relazioni di scambio[38].

Lo scambio caratterizza le economie di mercato fondate sulla specializzazione economica e sulla proprietà privata e pubblica[39]. In tali contesti lo scambio si attua tipicamente in forma di *scambio monetario*. Si dà scambio monetario quando un corrispettivo dello scambio è moneta o credito monetario; in caso contrario, ossia quando il corrispettivo è rappresentato da merci o servizi, si configura lo scambio non monetario, denominato «baratto», cui si associa il credito in natura se il regolamento è differito.

[38] «Negli schemi dominanti della dottrina economica, per tutti i rapporti economici tra istituti lo "scambio monetario" si pone come prototipo per la costruzione teorica. Con lo scambio si collega ogni accadimento produttivo e di consumo della moderna economia d'azienda», MASINI [1979, 72].

[39] Per le proposizioni generali sullo scambio, sulla moneta e sul credito si segue quanto in MASINI [1979, 72-79].

Gli scambi si attuano tra aziende, non tra singole persone; ciò significa che le valutazioni di convenienza economica sono riferite non ad interessi ed obiettivi individuali, bensì ad interessi ed obiettivi d'azienda; significa anche che i processi decisionali sottostanti agli scambi non sono processi individuali. I singoli scambi attuati da un'azienda fanno parte delle complessive combinazioni economiche della stessa; le analisi e le decisioni in merito a ciascuna operazione di scambio sono cioè ordinate in più vasti insiemi di analisi e di decisioni. Gli scambi di regola sono elementi di mercati, ossia di vasti insiemi di negoziazioni omogenee; le condizioni definite per ciascuno scambio risentono direttamente delle condizioni di mercato. In sintesi, per valutare correttamente il significato di ciascuno scambio occorre fare riferimento ai contesti aziendali ed ai contesti di mercato in cui lo scambio si origina; si producono valutazioni scorrette se lo scambio è inteso come accadimento isolato nel tempo e nello spazio ed attuato da persone singole.

Nello scambio monetario l'azienda venditrice cede all'azienda compratrice merci, servizi e disponibilità monetarie («finanziamenti» a titolo di prestito) e, nel caso dell'assicurazione, assume rischi particolari; l'azienda compratrice cede *moneta* (se il regolamento è in contanti) o *credito monetario* (se il regolamento è differito). La quantità di moneta o di credito monetario ceduta all'azienda venditrice è definita dal *prezzo*, ossia dal valore monetario attribuito alle condizioni di produzione e di consumo acquisite. Si distingue il prezzo complessivo dal prezzo unitario; il prezzo unitario è riferito all'unità di misura delle condizioni di produzione e di consumo cedute ed acquistate; è il *valore unitario di scambio* attribuito a tali condizioni; si tratta di *prezzo-costo* per l'azienda compratrice e di *prezzo-ricavo* per l'azienda venditrice.

Il prezzo unitario è solo una delle condizioni di scambio; ogni scambio è qualificato, oltre che dal prezzo unitario, da condizioni quali: le quantità di merci, di servizi, di disponibilità monetarie e di rischi negoziate; le loro qualità; i tempi, i luoghi, le modalità di trasporto e di consegna; i tempi e le modalità di regolamento; il prezzo complessivo, ossia la quantità di moneta o di credito monetario. In tale contesto al termine «qualità» delle condizioni di produzione e di consumo negoziate occorre attribuire significato molto ampio: caratteristiche tecniche e funzionali ma anche forme di assistenza tecnica e di garanzia ed in generale tutte le condizioni che qualificano il «servizio» offerto dall'azienda venditrice. Tutte le condizioni di scambio sono fra loro correlate; i prezzi unitari e complessivi sono qualificati dall'insieme di tutte le altre condizioni dello scambio.

La teoria dello scambio è strettamente connessa alla teoria della *moneta*. La moneta è mezzo abituale di regolamento degli scambi, ossia mezzo di pagamento accettato comunemente negli scambi; contestualmente è termine unitario per l'espressione dei «valori», ossia «unità numeraria»; la moneta è anche capacità di acquisto dell'azienda che ne dispone. Nella costruzione del sistema dei valori d'azienda (ossia del sistema dei valori che compongono il reddito di esercizio ed il capitale, o patrimonio, di funzionamento) si distinguono i valori numerari dai valori non numerari: «tutti i valori d'azienda che esprimono strumenti di regolamento degli scambi, mezzi cioè che caratteristicamente sorgono per la funzione tipica della moneta, assumono l'attributo numerario, sono dunque denominati *valori numerari*; tutti gli altri valori, cioè tutti i valori che non ineriscono a strumenti di regolamento, sono denominati *valori non numerari*»[40]. Gli scambi originano valori numerari (crediti e debiti di regolamento, disponibilità di «cassa») e valori non numerari (costi e ricavi di varia natura, debiti e crediti di prestito).

Le operazioni di scambio (così come le varie classi di operazioni connesse al capitale proprio, al lavoro ed all'erogazione e consumo di beni pubblici) originano varie forme di *credito*. Quando nello scambio le prestazioni fondamentali dell'azienda compratrice e dell'azienda venditrice non sono eseguite contestualmente, si ha il credito; l'azienda che anticipa la propria prestazione è creditrice nei confronti dell'altra che si denomina debitrice. In caso di scambio monetario, di regola la prestazione differita è rappresentata dal pagamento della quantità di moneta corrispondente al prezzo complessivo e si ha così *credito monetario*; se la prestazione differita ha per oggetto un bene, si ha *credito in natura*, tipico dello scambio non monetario. Il credito monetario, quando è mezzo temporaneo di regolamento dello scambio, assume la qualificazione di *credito di regolamento* e, con riferimento alla costruzione del sistema di valori d'azienda, si denomina anche *credito numerario*. Si distingue dal credito di regolamento il *credito di prestito*; il credito di prestito sorge come corrispettivo della disponibilità di una data quantità di moneta per un determinato periodo di tempo. Oggetto dello scambio è la disponibilità di mezzi monetari; il corrispondente credito (debito per l'azienda che acquisisce la disponibilità) non rappresenta il prezzo di tale disponibilità; il credito di prestito non è dunque mezzo di regolamento; conseguentemente, si denomina *credito non numerario*. Nelle negoziazioni di credito di prestito il prezzo è rappresentato, di regola, dall'*interesse* variamente determinato e regolato; come prezzo unitario l'interesse è il prezzo riferito ad un'unità di durata e ad un volume unitario del prestito. Se l'interesse è regolato in forma posticipata si origina, limitatamente a tale aspetto, credito di regolamento monetario, valore numerario. Anche per le negoziazioni di credito di prestito il prezzo unitario è solo una delle condizioni di scambio; le varie forme di garanzia, le opzioni di recesso e di rinnovo, ad esempio, sono condizioni complementari di rilievo.

Sin qui sono stati esposti i concetti essenziali utili per definire lo scambio; nei successivi capitoli l'analisi si estende ai complessi di scambi denominati «mercati» ed in tale sede da un lato si completa la descrizione dei caratteri di tale fondamentale forma di relazioni interaziendali e, dall'altro lato, si evidenziano le circostanze di varia natura che influenzano la definizione delle condizioni di scambio.

40 MASINI [1979, 75].

Gli assetti istituzionali

Capitolo 4

4.1. Un modello generale

Molti elementi fondamentali di ogni istituto si possono evidenziare adottando uno schema di analisi secondo il quale l'istituto è visto come un insieme di *soggetti* che offrono *contributi* e che ricevono *ricompense* o traggono *benefici*; nel loro insieme tali soggetti compongono la categoria dei *portatori di interessi* (tav. 4.1). Lo schema suggerisce una serie di quesiti: chi contribuisce con quali input alla vita dell'istituto? Chi ne trae quali vantaggi? Quale rapporto esiste tra contributi e ricompense a livello complessivo di istituto e a livello di classi di soggetti o di singoli soggetti? Come si influenzano vicendevolmente e come evolvono nel tempo i soggetti, i contributi e le ricompense? Quali strutture e meccanismi occorre mettere in atto per assicurare un equilibrio duraturo?

Per la vita duratura di ogni istituto è essenziale un governo unitario. Il governo deve essere unitario in due aspetti: *a)* i contributi di tutti i soggetti devono essere combinati ed organizzati secondo un *disegno unitario* che assicuri la complementarità delle risorse e dei comportamenti e, quindi, l'efficace perseguimento del bene comune; in altri termini, occorre far sì che ciascun portatore di interessi conosca il disegno unitario e la parte che può e deve svolgere nello stesso; *b)* ad uno ed un solo organo deve essere attribuita la responsabilità delle decisioni ultime; si tratta di realizzare il principio della *unità del comando* che dà chiarezza alle linee di comando e che è particolarmente critico negli istituti più estesi e più dinamici. Ogni istituto deve essere guidato in modo tale che tutti i portatori di interessi, i loro contributi e le relative ricompense si compongano in *un sistema unitario che perduri nel tempo*. Molti interessi convergono sull'istituto; interessi che non si compongono in armonia spontaneamente. L'istituto si muove in contesti dinamici e le attese dei vari soggetti mutano nel tempo; occorre prendere decisioni unitarie.

Per realizzare un efficace governo di un istituto occorre operare tre insiemi di scelte contestuali: *a)* occorre decidere a quali insiemi di soggetti asse-

TAVOLA 4.1. *Alcuni elementi base dell'assetto istituzionale*

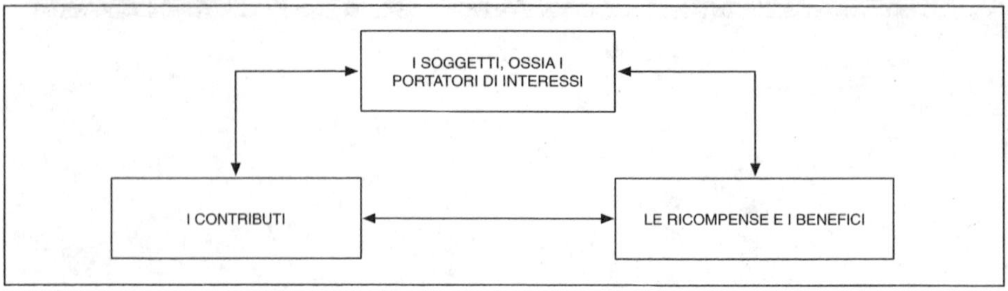

gnare il diritto e dovere di governare; ad esempio, in una famiglia può essere opportuno che tale compito sia assegnato collegialmente a tutti i membri adulti della famiglia stessa; nello Stato, a tutti i cittadini attraverso loro rappresentanti eletti; in un istituto nonprofit agli associati rappresentati da un collegio di personalità ed esperti *super partes*. Si denomini *soggetto d'istituto* l'insieme delle persone alle quali si assegna il diritto-dovere di governare, direttamente o mediante propri rappresentanti, un istituto; *b*) occorre esplicitare a quali finalità ed obiettivi debba ispirarsi l'azione del soggetto di istituto, ossia quali sono i *fini istituzionali*, o interessi istituzionali; *c*) occorre configurare gli organi e i meccanismi di governo che consentano un'efficace azione dei soggetti deputati a governare; si denomini *struttura di governo* l'insieme degli organi e dei meccanismi attraverso i quali si esercita il governo dell'istituto.

Combinando gli elementi descritti nei punti precedenti, si può configurare la nozione di *assetto istituzionale*. L'assetto istituzionale è definito come la configurazione dei *portatori di interessi* nei confronti dell'istituto, dei *contributi* che tali soggetti forniscono all'azienda, delle *ricompense* e dei *benefici* che ne ottengono, del *soggetto di istituto*, dei *fini istituzionali* e delle *strutture di governo* che regolano le correlazioni tra i portatori di interessi, i contributi e le ricompense combinandoli in un equilibrio dinamico di lungo periodo (tav. 4.2).

L'assetto istituzionale identifica i soggetti primari e le *regole del gioco* fondamentali dell'istituto e dell'azienda ad esso corrispondente; per tale ragione l'assetto istituzionale è elemento sovraordinato della struttura dell'azienda. Le scelte in materia di soggetto di istituto e di strutture di governo sono determinanti per attivare *rapporti costruttivi* con tutti i portatori di interessi, ossia, in altri termini, per assicurare la vita duratura dell'istituto.

I portatori di interesse, i loro contributi e le loro ricompense possono rimanere relativamente stabili per lunghi periodi; in questi casi tendono a rimanere stabili anche il soggetto di istituto e le strutture di governo. Quando invece lo sviluppo dell'istituto richiede che varino i portatori di interesse, i contributi e le ricompense, allora dovrà modificarsi anche la decisione in merito a chi debba governare l'istituto e attraverso quali strutture di governo.

TAVOLA 4.2. *Schema degli elementi che compongono l'assetto istituzionale*

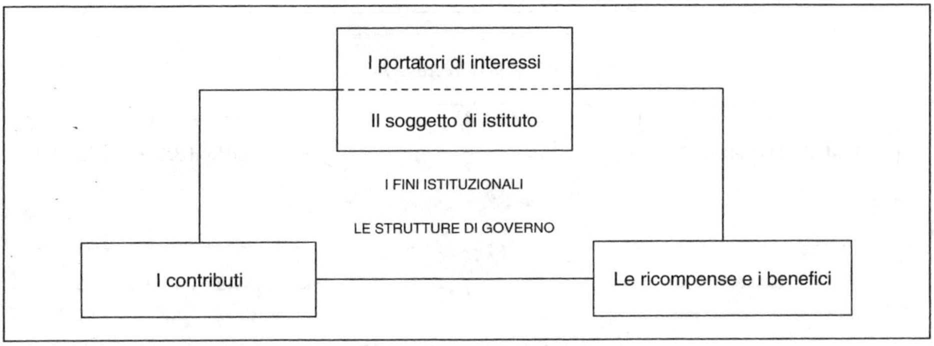

4.2. I sistemi di interessi convergenti negli istituti

4.2.1. Lo schema generale

Quanto sopra esposto rende evidente che il punto di partenza di ogni analisi degli assetti istituzionali consiste nell'individuazione dei portatori di interessi e nella rappresentazione dei rapporti che ciascuna categoria di portatori di interessi instaura con l'istituto. Spesso, come supporto, si utilizza un semplice schema grafico illustrato nella tavola 4.3.

Per applicare lo schema, occorre in primo luogo identificare con cura tutti gli insiemi rilevanti di soggetti e imparare a distinguere i sottoinsiemi che, pur appartenendo alla stessa macrocategoria, hanno relazioni sostanzialmente differenti con l'istituto; ad esempio, può essere utile distinguere tra «azionisti di maggioranza» e «azionisti di minoranza». In secondo luogo, occorre poi evidenziare i contributi e le ricompense ricordando che di regola ciascun soggetto fornisce una pluralità di contributi e si aspetta una pluralità di ricompense. Infine, può essere utile chiarire quali tipi di contratti (in senso ampio) regolano il rapporto tra l'istituto e ciascuna categoria di portatori di interessi.

Applicando lo schema alle fattispecie concrete, si arriva facilmente a constatare che:

- attorno a ciascun istituto si configura sempre una *vasta gamma di interessi* di varia natura: interessi economici, sociali, morali;
- i vari insiemi di interessi sono *parzialmente in competizione* tra di loro; il pieno soddisfacimento degli uni può richiedere il sacrificio di altri; tali relazioni di competizione possono manifestarsi anche all'interno delle attese nutrite dal singolo soggetto;
- i contributi provenienti dai vari soggetti sono *complementari*, ma si possono manifestare anche *parziali fungibilità*, con conseguente parziale fungibilità tra i soggetti;
- alcune relazioni sono assimilabili a *scambi* tra specifiche prestazioni

TAVOLA 4.3. *Schema degli interessi convergenti in un istituto*

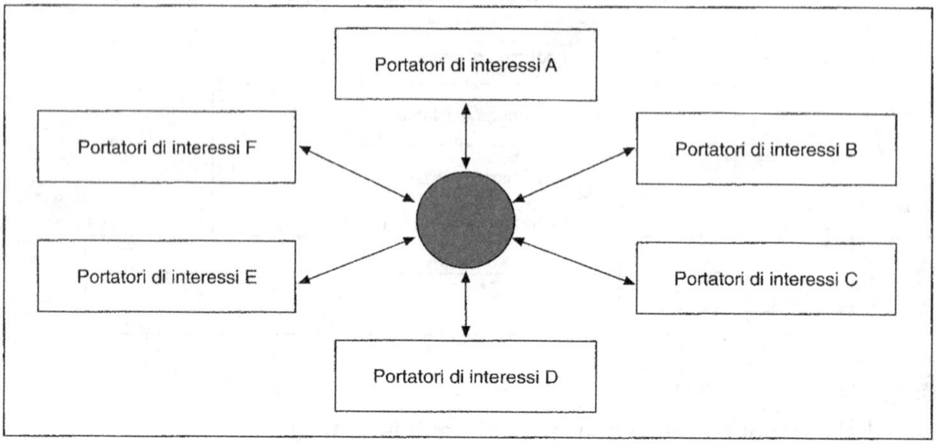

reciproche mentre in altri casi c'è strutturalmente *asimmetria* tra ciò che il soggetto dà e ciò che il soggetto riceve (si pensi, ad esempio, ai destinatari degli interventi di beneficenza);

- le varie relazioni sono caratterizzate da differenti *rapporti di forza*; in particolare, nelle relazioni di scambio economico è essenziale valutare i rapporti di *forza contrattuale* che essenzialmente dipendono da: il grado di concentrazione della domanda e dell'offerta, gli investimenti specifici eventualmente in atto, l'asimmetria informativa tra le parti[1];
- molte delle attese dei soggetti in gioco sono *attese implicite*, ossia non dichiarate ma sottintese in base ai valori e alle consuetudini in essere.

I paragrafi seguenti illustrano le configurazioni di base dei sistemi di interessi convergenti nelle imprese, nelle famiglie, nello Stato e negli istituti nonprofit. Per la loro corretta interpretazione vale un'avvertenza essenziale. Lo schema di analisi qui utilizzato è un modello molto utile per capire la struttura e la dinamica degli istituti; tuttavia si tratta di uno schema parziale che non dà particolare risalto all'essenza degli istituti, ossia al fatto che gli istituti sono anzitutto società umane all'interno delle quali si svolgono intense relazioni sociali di cooperazione, di apprendimento e di solidarietà. Lo schema del sistema dei portatori di interessi mette in evidenza le relazioni «di scambio», mentre lascia in ombra il patrimonio di fiducia, di valori condivisi e di competenze collettive. Questi aspetti sono il centro di attenzione di altri modelli presentati in altre parti del testo.

[1] La parte *A* (supponiamo fornitore) esercita un forte potere contrattuale sulla parte *B* se: *A* è l'unico fornitore possibile, ossia un monopolista; *A* non ha effettuato nessun investimento specifico per fornire *B*, ossia non ha effettuato investimenti che perderebbero valore qualora il rapporto tra *A* e *B* si risolvesse; *A* ha conoscenze molto più ampie ed accurate di *B*.

TAVOLA 4.4. *I portatori di interessi nei confronti dell'impresa*

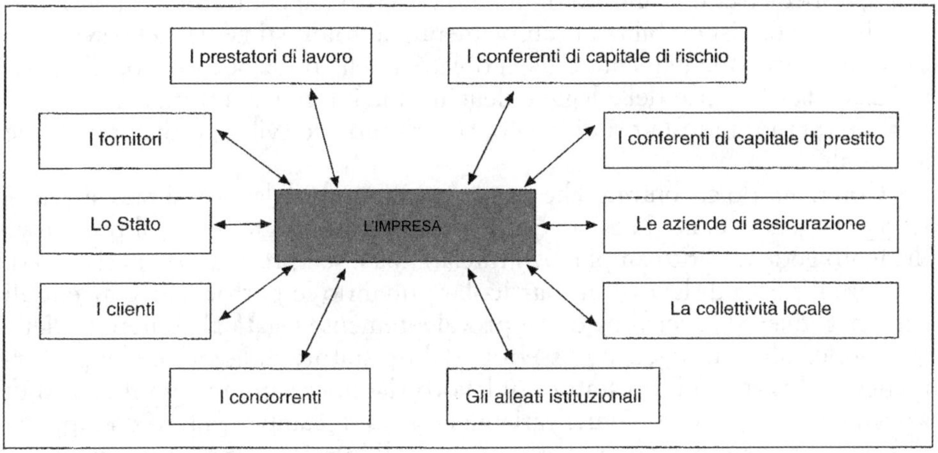

4.2.2. Il sistema degli interessi convergenti nell'impresa

Le principali classi di soggetti che offrono contributi alle imprese e che ne ottengono ricompense sono rappresentate nella tavola 4.4. Ciascun raggio dello schema identifica: *a*) una classe di soggetti; *b*) i flussi di contributi; *c*) i flussi di ricompense; *d*) le attese reciproche, in parte esplicite e in parte implicite; *e*) i vari tipi di contratti (in senso lato) che regolano i rapporti.

I prestatori di lavoro conferiscono il loro lavoro qualificabile in termini di: tempo dedicato all'impresa; competenze possedute e messe a disposizione dell'impresa; impegno ed energia profusi nell'attività lavorativa; imprenditorialità e creatività espressi nello svolgimento dei compiti loro assegnati; risultati conseguiti (numero e qualità di pezzi prodotti, quote di mercato conquistate, innovazioni tecnologiche realizzate, qualità delle relazioni interpersonali sviluppate all'interno e all'esterno dell'impresa, e così via). In cambio, i prestatori di lavoro si aspettano dall'impresa: una rimunerazione periodica e differita coerente con le rimunerazioni offerte da altre imprese per mansioni, competenze e risultati analoghi; condizioni fisiche e sociali di lavoro positive; relativa stabilità del rapporto di lavoro con chiare condizioni di dimissione e di licenziamento; la possibilità di svolgere mansioni «ricche» di contenuto e di occasioni di apprendimento; stimoli e iniziative di sviluppo delle competenze professionali quali, ad esempio, interventi di addestramento e di formazione; concrete prospettive di progressione di carriera in termini di responsabilità, di qualifica e di rimunerazione; la possibilità di influenzare, mediante le proprie associazioni sindacali o altri meccanismi, talune classi di scelte dell'impresa[2].

[2] In MASINI [1979, 57-58] le *attese dei prestatori di lavoro* sono sintetizzate nei punti seguenti:

L'impresa, per contro, nutre nei confronti dei prestatori di lavoro attese di: lealtà, obbedienza nell'ambito di quanto previsto dal contratto di lavoro, elevato impegno, disponibilità al cambiamento, autoinvestimento nello sviluppo di competenze, orientamento sia agli obiettivi della posizione sia a quelli generali aziendali, rispetto delle leggi e delle norme interne, apertura alla socializzazione tra tutti i prestatori di lavoro, contributo allo sviluppo di competenze aziendali.

Con riguardo ai contratti che regolano i rapporti di lavoro, si può affermare che, in generale, nei Paesi ad economia liberista progredita: *a*) il prestatore di lavoro gode di diritti ampi e ben tutelati, ma è sempre soggetto al rischio di perdere il posto di lavoro, in particolare quando le performance aziendali sono negative; *b*) la retribuzione è prevalentemente legata al contenuto della mansione, alle competenze possedute dal prestatore di lavoro e alla performance realizzata; *c*) il prestatore di lavoro riconosce all'impresa il diritto di assegnargli compiti ed obiettivi variabili entro certi campi[3]. Tuttavia, i rapporti di lavoro possono presentare varianti notevoli in relazione a fattori quali:

- il rapporto tra domanda e offerta di lavoro che per certe categorie professionali e in certi periodi di tempo può spostare la forza contrattuale a favore delle persone o delle imprese;
- gli investimenti specifici effettuati dal prestatore di lavoro, ossia le competenze che il prestatore di lavoro ha sviluppato per poter svolgere i compiti affidatigli dall'impresa e che potrebbero perdere il loro valore in caso di risoluzione del rapporto di lavoro per il fatto che quelle competenze non sono richieste da altre imprese[4];
- la osservabilità e la misurabilità delle competenze, dei comportamenti e dei risultati del prestatore di lavoro e, di conseguenza, la maggiore o minore difficoltà di indirizzarne e di controllarne i comportamenti e di applicare sistemi retributivi equi;

– un compenso monetario periodico sufficiente per attingere il tenore di vita individuale e familiare giudicato socialmente degno della persona umana nell'ambiente economico-sociale del Paese in cui si lavora;
– eventuali altri compensi monetari saltuari;
– un'occupazione duratura nella medesima impresa;
– un contributo alla previdenza per i casi di infermità personale e dei membri della famiglia, per gli eventuali tempi di disoccupazione e per il tempo di pensionamento;
– un contributo per altre forme di assistenza, secondo il criterio però dell'affermazione della libera personalità umana e della priorità del nucleo familiare rispetto ad altre comunità;
– un ambiente di impresa e condizioni di svolgimento del lavoro conformi alla persona umana;
– la facoltà di dimissioni dall'impresa a date condizioni, secondo il principio di libertà del lavoro;
– condizioni definite per il licenziamento;
– la partecipazione diretta o indiretta al fine della definizione dei compiti per lo svolgimento del lavoro; la partecipazione al governo economico dell'impresa e perciò anche al sindacato del medesimo quando i prestatori di lavoro sono membri del soggetto economico.

[3] SIMON [1951].

[4] DOERINGER e PIORE [1971]; PFEFFER e COHEN [1984].

• il grado di articolazione delle mansioni in una pluralità di compiti (*task*) tra loro concorrenti[5] sicché incentivi che stimolano lo svolgimento di un certo compito possono distrarre l'attenzione dalla cura dedicata ad altri compiti.

I rapporti di lavoro sono regolati da vari insiemi di norme di legge, regolamenti, contratti collettivi, contratti aziendali e contratti individuali. Tali contratti espliciti regolano numerosi aspetti del rapporto di lavoro (le modalità di assunzione, di rimunerazione, di assicurazione e di previdenza; le condizioni di sicurezza, le modalità di dimissione e di licenziamento, ecc.) definendo gli standard minimi di riferimento e le integrazioni particolari. Rientrano prevalentemente nell'area dei «patti impliciti» le attese reciproche in merito all'intensità dell'impegno nel lavoro, alla qualità del contesto sociale, ai tempi di carriera, ecc. Con riguardo alle retribuzioni, sono particolarmente problematici i rapporti di lavoro nei quali: *a*) le competenze, i comportamenti, i risultati sono scarsamente osservabili; *b*) la mansione si compone di una pluralità di compiti tra loro «in concorrenza»; *c*) il lavoro si svolge in contesti altamente dinamici o poco noti.

Sia nella dottrina sia nella pratica è attivo un vivace dibattito in merito al se e al come il «risultato reddituale residuale» delle imprese «capitalistiche» debba essere totalmente assegnato ai conferenti di capitale di rischio o in parte anche ai prestatori di lavoro[6]. La partecipazione dei prestatori di lavoro ai risultati reddituali dell'impresa si può realizzare in svariate forme sia esplicite («premi di produzione», partecipazioni agli utili oltre una certa soglia prefissata, azionariato dei dipendenti, ecc.) sia implicite (livelli retributivi di fatto più elevati nelle imprese a più alta redditività). Uscendo dal modello puro delle imprese capitalistiche, i prestatori di lavoro possono partecipare sia al risultato reddituale sia al governo dell'impresa adottando apposite forme giuridiche quali le cooperative di lavoro e le partnership professionali.

I conferenti di capitale di rischio conferiscono mezzi monetari a titolo di capitale proprio soggetto al rischio generale di impresa. In linea di principio si può supporre che il capitale di rischio sia conferito a tempo indeterminato; i conferenti hanno diritto agli «utili» via via prodotti dall'impresa e, sempre in linea di principio, possono cedere liberamente i loro diritti vendendo le proprie quote di capitale di rischio; in caso di cessazione dell'attività dell'azienda e di liquidazione della stessa, ciascun conferente di capitale di rischio ha diritto ad una quota del patrimonio che residua dopo aver soddisfatto tutti gli obblighi nei confronti delle altre parti. I conferenti di capitale di rischio si aspettano una rimunerazione composta da due parti: *a*) la liquidazione periodica degli utili (*in toto* o in parte) conseguiti dall'impresa; *b*) un «guadagno in conto capitale» rappresentato dalla differenza tra quanto conferito e quanto realizzato al momento della cessione delle proprie quote o al

5 MILGROM e ROBERTS [1992, capp. X-XIII].
6 Si vedano, ad esempio: AOKI [1984]; MASINI [1979]; MEADE [1989].

momento della liquidazione dell'impresa (incremento di valore che, in linea di principio, riflette l'accresciuta redditività prospettica dell'impresa)[7]. Naturalmente, caratteristica distintiva di questo rapporto è il fatto che la rimunerazione del capitale di rischio (in entrambe le componenti) è incerta e può configurarsi anche in forma di perdita; cattivi risultati reddituali dell'impresa possono produrre la perdita totale del capitale conferito (e, per alcune configurazioni giuridiche d'impresa, la perdita anche del patrimonio personale). Nella configurazione standard delle imprese «capitalistiche» del mondo occidentale i conferenti di capitale di rischio hanno anche il diritto-dovere di esercitare – direttamente, o attraverso propri delegati – il governo economico dell'impresa (ossia, di esercitare i «diritti decisionali residuali»). Schematicamente, le attese tipiche dei conferenti di capitale di rischio sono: *i)* una rimunerazione del capitale di rischio (in forma di utili distribuiti e in forma di guadagno in conto capitale) soddisfacente rispetto a quella ottenibile con investimenti alternativi tenuto conto del livello di liquidità e di rischio degli stessi; *ii)* un adeguato livello di liquidità dell'investimento, ossia la possibilità di cedere le proprie quote in tempi e a condizioni convenienti; *iii)* la possibilità di influenzare e di controllare efficacemente i comportamenti delle persone che esercitano il governo dell'impresa. Questi riferimenti valgono in generale per tutti i conferenti di capitale di rischio; tuttavia, occorre distinguere differenti fattispecie di conferenti di capitale di rischio perché i relativi insiemi di attese possono assumere configurazioni profondamente differenti. Si considerino le seguenti varianti:

- negoziabilità delle quote di capitale di rischio in mercati regolamentati: da una parte abbiamo «società quotate ad ampio flottante» le cui azioni sono facilmente acquistabili e vendibili in ogni momento a prezzi di mercato, dall'altro lato abbiamo «imprese a capitale chiuso» per le quali può essere estremamente difficile (o estremamente oneroso) sia acquistare sia vendere quote di capitale di rischio;
- numerosità dei conferenti di capitale di rischio, distribuzione delle

[7] In MASINI [1979, 58-59] le *attese dei conferenti di capitale di rischio* sono riassunte nelle seguenti condizioni complementari:

– una rimunerazione monetaria periodica soggetta a rischi di fluttuazione;

– eventuali altre rimunerazioni monetarie saltuarie;

– la conservazione del valore capitale dell'investimento con riguardo anche a nessi con le variazioni dei valori economici della moneta opportunamente definiti; però il valore capitale è soggetto al rischio di riduzione fino all'annullamento, ed a seconda delle condizioni giuridiche assunte con la scelta di una struttura di soggetto giuridico dell'impresa (nel diritto positivo italiano secondo la struttura proposta di società per azioni, società in nome collettivo, impresa individuale, ecc.) può essere richiesto all'economia della persona che ha conferito capitale risparmio un diverso intervento di copertura;

– la possibilità, seppure limitata, secondo modalità definite, di ricuperare in forma e in misura varia una disponibilità di valore per indirizzarla ad altri investimenti o al consumo;

– la partecipazione diretta o indiretta al governo economico dell'impresa, quindi anche al sindacato del medesimo, quando il conferimento di capitale è a condizioni tali da far divenire la persona membro del soggetto economico.

quote possedute ed interesse ad un ruolo attivo; possiamo avere un solo conferente di capitale di rischio, oppure una pluralità (2, 100, 100.000 conferenti di capitale di rischio); in caso di pluralità, le quote possono essere distribuite nelle forme più varie e i conferenti di capitale di rischio possono ritenere più o meno conveniente partecipare attivamente alla vita dell'impresa (nel caso delle imprese quotate, ad esempio, molti piccoli azionisti e molti investitori istituzionali non sono interessati a svolgere un ruolo attivo; se e quando giudicano che l'impresa sia mal governata, si limitano a «votare con i piedi», ossia a uscirne per investire in altre imprese[8]); così si formano le varie figure dei conferenti di capitale di rischio: unico, di controllo (azionista che detiene una quota sufficiente per nominare la maggioranza degli amministratori dell'impresa), di minoranza attiva, di minoranza passiva;

- natura giuridica (ed economica) dei conferenti di capitale di rischio: singole famiglie, imprese, lo Stato, fondi comuni di investimento, fondi pensione, ecc.;
- la partecipazione diretta o indiretta – mediante rappresentanti – dei conferenti di capitale di rischio agli organi di governo economico dell'impresa;
- il grado di concentrazione del rischio del soggetto che ha investito gran parte del proprio patrimonio, oppure solo una piccola frazione dello stesso, in capitale di rischio di una singola impresa;
- l'eventuale appartenenza dell'impresa ad un gruppo di imprese e la sua posizione di controllante o di controllata; in aggiunta, l'eventuale esistenza di rilevanti relazioni di scambio tra le aziende del gruppo.

Le varianti sopra accennate danno luogo a sistemi di attese notevolmente differenti; si considerino i seguenti casi: *a)* un imprenditore, unico conferente di capitale di rischio, unico amministratore dell'impresa, che sta progettando di quotare l'azienda in borsa cedendo il 49% del capitale; *b)* un azionista di controllo (con il 5% del capitale di rischio) di una grande impresa quotata, contemporaneamente amministratore delegato della stessa, contemporaneamente azionista di controllo (al 100%) di un'altra impresa che è fornitore (o cliente) della prima; *c)* una persona che ha investito tutti i suoi risparmi in azioni di una grande impresa quotata ad azionariato diffuso (una *public company*) detenendo un milionesimo del capitale di rischio complessivo. Dal punto di vista dell'impresa, l'attesa generale è quella di poter far conto su numerosi soggetti disposti ad investire capitale di rischio soprattutto nei momenti di crescita, di cambiamento ed eventualmente di crisi. L'impresa si aspetta anche che gli eventuali azionisti di controllo non la obblighino a comportamenti che ne compromettano l'autonomia o addirittura la sopravvivenza.

I fornitori apportano all'impresa condizioni di produzione di varia natura (impianti, materie prime, servizi) secondo una pluralità di condizioni di scambio: la qualità dei beni, i volumi, i prezzi unitari e complessivi, i tempi

[8] HIRSCHMAN [1970].

e i modi di consegna, le garanzie, i tempi e i modi di pagamento. Talvolta il rapporto si esaurisce in un singolo scambio o in pochi scambi ripetuti raramente nel tempo; più spesso, tuttavia, tra cliente e fornitore si svolgono scambi ripetuti e frequenti nel tempo e si instaurano relazioni stabili complesse che includono, ad esempio, forme di collaborazione nello sviluppo di know-how tecnologico e commerciale. Le relazioni stabili tendono a produrre alti livelli di conoscenza reciproca e di fiducia tra le parti; di mano in mano che ciò accade, si riducono i costi di transazione che sono una parte molto rilevante dei costi complessivi di fornitura. In generale, le attese dell'impresa cliente sono: qualità del bene corrispondente alle proprie esigenze (con eventuali «personalizzazioni») e stabile, prezzo contenuto e tempi di pagamento non troppo brevi, consegna pronta e tempestiva, garanzie ampie e durature, idee e proposte utili per lo sviluppo delle competenze tecniche e commerciali. Dall'altro lato, le attese generali dell'impresa fornitrice sono: conoscenza anticipata e bassa variabilità della qualità, dei tempi e dei volumi dei beni richiesti dal cliente; continuità del rapporto di fornitura; prezzi e altre condizioni economiche sufficientemente rimunerativi, idee e proposte utili per lo sviluppo delle competenze tecniche e commerciali. Le relazioni tra clienti e fornitori assumono caratteri particolari (e ciò accade con grande frequenza) quando i rapporti di forza sono notevolmente sbilanciati in favore dell'una o dell'altra parte; ciò accade soprattutto quando: *a*) uno dei due soggetti è l'unico o principale produttore o compratore del bene in oggetto, ossia quando siamo in presenza di situazioni di oligopolio, monopolio, monopsonio; *b*) quando una delle due parti ha effettuato investimenti specifici per attivare la relazione di fornitura; il rischio di perdere in tutto o in parte il valore dell'investimento effettuato, pone in una situazione di debolezza il soggetto che ha effettuato l'investimento; *c*) tra le due parti esiste una forte asimmetria informativa; chi dispone di minori conoscenze sull'oggetto dello scambio, sugli interessi della controparte e sui possibili futuri stati del mondo, si trova in una situazione di debolezza. In sintesi, l'analisi del rapporto tra l'istituto e i suoi fornitori consiste nella individuazione di tutti gli elementi che allontanano tale rapporto dal modello astratto della concorrenza perfetta (il modello secondo il quale: la sola condizione di scambio è il prezzo; ciascuno scambio è isolato, non fa parte di una relazione; non esistono oligopoli e monopoli; non esistono investimenti specifici; tutte le parti conoscono perfettamente il presente e il futuro).

I conferenti di capitale di prestito apportano mezzi monetari che sono messi a disposizione dell'impresa per un dato periodo di tempo a fronte dell'impegno di rimborso del capitale e di pagamento di interessi nella misura e nei tempi stabiliti. Nelle economie moderne si è sviluppata una gamma amplissima di forme tecniche di prestito e i conferenti di capitale di prestito possono essere banche, altri intermediari finanziari, famiglie, imprese. In essenza, le attese dell'impresa che ricorrono al capitale di prestito sono: condizioni generali (tassi di interesse, tempi di rimborso, garanzie, provvigioni) favorevoli e comunque allineate alle condizioni di mercato; varietà e flessibilità delle modalità di finanziamento in relazione alle proprie esigenze specifiche; supporto tecnico per la scelta delle forme di finanziamento più convenienti; disponibilità da parte dei finanziatori (in particolare degli intermediari finanziari) ad una relazione duratura e di sostegno sia nelle fasi di rapida crescita che nelle eventuali fasi di difficoltà. Le differenti categorie di conferenti di capitale di prestito hanno naturalmente attese differenti (si pensi ai casi della famiglia con limitata capacità di risparmio e alla banca operante su scala planetaria), ma, in generale, sono interessate alla trasparenza dell'impresa finanziata, alla sua solidità patrimoniale, alla sua redditività e alla capacità di produrre flussi di cassa sufficienti per rimborsare puntualmente il capitale e pagare gli interessi. Il rapporto tra l'impresa e il conferente di capitale di prestito assume caratteri speciali in due circostanze: *a*) quando il finanziatore ha investito una quota molto rilevante delle proprie disponibilità nell'impresa di riferimento e quest'ultima si trova in situazioni di tensione reddituale o monetaria; in questo caso la vita duratura economica dell'istituto finanziatore viene a dipendere direttamente dalle scelte di governo dell'impresa finanziata e, di conseguenza, il finanziatore chiederà di poter partecipare a tali scelte; *b*) quando la forma tecnica del finanziamento prevede la possibilità che il prestito si trasformi in capitale di rischio; è il caso dei prestiti obbligazionari convertibili ed è evidente che in questo caso diventano rilevanti anche le considerazioni sopra svolte in merito alle relazioni tra l'impresa e i conferenti di capitale di rischio.

Le imprese di assicurazione coprono rischi particolari (furti, incendi, danni a terzi, ecc.) delle imprese clienti a fronte di «premi». In generale valgono le considerazioni sopra svolte con riguardo ai fornitori. Il contenuto del rapporto tra assicurato e assicuratore varia notevolmente in relazione al grado di prevedibilità dei possibili sinistri; da un lato possiamo avere rischi «standard» per i quali si dispone di lunghe serie storiche di numerosi casi omogenei; dall'altro lato possiamo avere rischi «speciali» per i quali è particolarmente difficile sia prevedere *ex ante* la probabilità del verificarsi del sinistro sia valutare *ex post* l'entità economica dello stesso. In queste situazioni di alta incertezza, si manifestano con particolare evidenza due forme di comportamento opportunistico: *a*) il fenomeno della *selezione avversa* per cui, *ex ante*, tendono ad assicurarsi i soggetti che sanno di essere ad alto rischio e che, confidando di poter tener nascosta questa loro condizione, puntano a pagare premi standard; *b*) il fenomeno dell'*azzardo morale* per cui, *ex post*, in caso di sinistro l'assicurato, approfittando della difficoltà di accertamenti oggettivi, tende ad esagerare la valutazione del danno per ottenere un rimborso particolarmente elevato. Questi due fenomeni sono stati particolarmente studiati nel campo dei contratti assicurativi ma hanno rilievo in tutte le relazioni tra gli istituti e i vari portatori di interessi[9].

[9] MILGROM e ROBERTS [1992, capp. V e VI]; EISENHARDT [1989]; AKERLOF [1970].

I clienti acquistano i beni prodotti dall'impresa e gestiscono il loro rapporto secondo le molteplici condizioni dello scambio. In generale, con le opportune inversioni dei ruoli, valgono le considerazioni sopra svolte con riguardo ai fornitori: le relazioni che perdurano nel tempo, la cooperazione nello sviluppo del know-how tecnico e commerciale, le asimmetrie di potere contrattuale. Vale la pena di ricordare che la numerosità, l'intensità e la stabilità dei rapporti con i clienti, il «patrimonio commerciale», rappresenta una parte fondamentale del patrimonio di tutte le imprese; ciò aiuta a spiegare perché molte imprese compiono grandi investimenti in attività specificamente destinate a consolidare e a sviluppare l'insieme di tali rapporti: le ricerche di mercato, la pubblicità istituzionale, le campagne di «fidelizzazione», e così via.

Gli alleati istituzionali sono le imprese partner in aggregati quali i gruppi di imprese, i consorzi, le *joint ventures*, i cartelli, le reti di *franchising*[10]. I flussi di contributi e di ricompense sono molto vari in relazione al tipo di alleanza. Si pensi, ad esempio, al caso di un'impresa controllata da una capogruppo; in questo caso, l'impresa controllata riceve capitale di rischio, una gamma più o meno ampia di servizi centrali comuni, immagine e potere contrattuale; la controllata rende alla controllante dividendi e corrispettivi per i servizi centrali ricevuti; le relazioni diventano molto più intense e complesse se tra controllante e controllata si danno anche relazioni di fornitura e, ad esempio, la controllante è il principale cliente (o il principale fornitore) della controllata. Altro esempio è quello dell'impresa che, assieme ad altre decine di imprese concorrenti, costituisce un consorzio per la ricerca scientifica (o un consorzio per l'esportazione, per la tutela di un marchio di origine, per la depurazione degli scarichi industriali); qui la nostra impresa paga le quote associative per poter fruire dei risultati della ricerca, ma l'ibrida combinazione di competizione e di cooperazione tra concorrenti può rendere particolarmente complessa la relazione. In generale si ricordi che: *a*) moltissime imprese fanno parte di una molteplicità di alleanze e, di conseguenza, devono gestire una molteplicità di relazioni con alleati istituzionali; *b*) queste relazioni spesso hanno un peso determinante nelle scelte strategiche delle imprese.

I concorrenti attuali (e potenziali) sono le imprese che offrono (o potrebbero offrire) prodotti analoghi a quelli della nostra impresa in mercati nei quali essa opera (o potrebbe operare). In prima battuta, si potrebbe ipotizzare che tra concorrenti non si debbano instaurare relazioni altro che di aspra competizione. In realtà ciascuna impresa deve gestire attentamente le relazioni con le imprese concorrenti tenendo presente che: *a*) in linea di principio è interesse di tutti i concorrenti che la competizione sia leale; *b*) non sono rari i casi in cui ai concorrenti conviene allearsi per realizzare specifici obiettivi quali l'emanazione di una certa normativa o la realizzazione di

10 Il tema degli aggregati interaziendali è sviluppato nel cap. 16.

progetti comuni attraverso, ad esempio, la formazione di consorzi; *c*) in particolari settori è opportuno che la concorrenza sia temperata per salvaguardare i clienti e la collettività da possibili effetti indesiderati della pura concorrenza; spesso è lo Stato che interviene per regolamentare il settore.

Lo Stato (e in generale tutte le sue articolazioni) è sempre legato alle imprese da una molteplicità di rapporti che danno luogo a differenti insiemi di contributi, di ricompense e di attese. Un primo rapporto generale è quello che vede lo Stato come *produttore ed erogatore di beni pubblici* e, a complemento, come percettore di tributi; le imprese si attendono beni pubblici di alta qualità, apparati statali efficienti e quindi livello impositivo non troppo elevato, equità e correttezza del sistema fiscale; lo Stato si aspetta che le imprese non adottino pratiche di evasione e di elusione fiscale. Un secondo rapporto è quello che deriva dal ruolo dello Stato quale *regolatore del comportamento delle imprese* mediante l'emanazione di norme e la gestione delle autorizzazioni; le imprese ricercano ampi gradi di libertà in un contesto di norme chiare ed applicate uniformemente; lo Stato si attende il rispetto formale e sostanziale delle norme. Un terzo rapporto tra Stato e imprese si manifesta quando lo Stato funge da *dispensatore di incentivi finanziari e fiscali*; lo Stato offre tali incentivi per realizzare particolari manovre di politica economica e si attende che siano utilizzati in tale direzione; le imprese si aspettano che le diseconomie affrontate per realizzare i fini dello Stato siano coperte dallo stesso secondo equità. Infine, per moltissime imprese lo Stato è un cliente di grande rilevanza; un *cliente* molto speciale che opera secondo logiche differenti rispetto a quelle dei clienti-imprese; si tratta di rapporti molto delicati che dovrebbero essere gestiti con i massimi gradi di trasparenza e di correttezza.

Le collettività locali instaurano relazioni particolarmente significative con le imprese che hanno un ruolo economico molto rilevante, talvolta dominante, nelle stesse. Questo può essere il caso di un'impresa che, direttamente o indirettamente, dà lavoro ad una quota rilevante degli abitanti di una certa area geografica. La collettività, in generale, si attende benessere (posti di lavoro, opere di interesse collettivo, sostegno ad iniziative culturali, religiose e sociali). L'impresa si attende livelli particolarmente elevati di impegno e di fedeltà delle persone che vi lavorano (ossia, alta produttività e bassi costi di transazione), contesti sociali, politici e infrastrutturali favorevoli alla propria azione.

4.2.3. Il sistema degli interessi convergenti nelle famiglie

Le principali classi di soggetti che offrono contributi alle famiglie e che ne ottengono ricompense sono rappresentate nella tavola 4.5.

I primari portatori di interessi di una famiglia sono, naturalmente, i membri della famiglia stessa. Essi nutrono attese complesse e di varia natura.

TAVOLA 4.5. *I portatori di interessi nei confronti della famiglia*

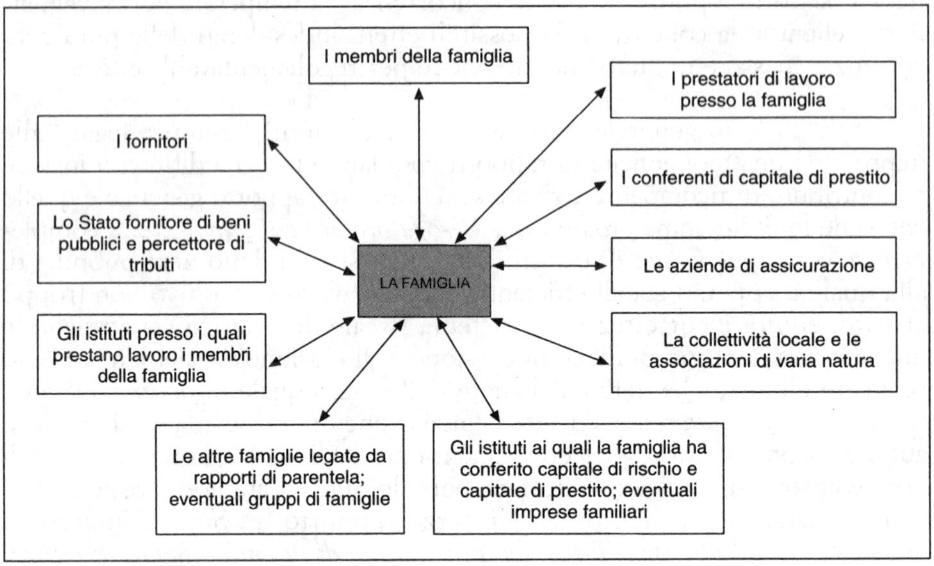

Concentrando l'attenzione sulle attese economiche, esse consistono nell'attuazione di *consumi* di beni privati e pubblici secondo intensità, tempi e modalità giudicati soddisfacenti dai membri della famiglia. I giudizi in merito sono necessariamente di tipo relativo; i bisogni e le attese di loro soddisfacimento sono manifestazioni condizionate dalle esperienze personali passate e dai confronti tra persone e tra istituti. In linea di principio, i consumi attuati in un certo tempo sono soddisfacenti se percepiti come progresso significativo rispetto all'esperienza del tempo passato e se allineati a quelli delle famiglie analoghe per origine e per configurazione. Il fine immediato dei consumi soddisfacenti è direttamente connesso a quello del conseguimento di *redditi di lavoro e di gestione patrimoniale* atti a coprire i consumi ed i tributi dell'esercizio e tali da consentire un *risparmio* da destinare alla conservazione e all'incremento del *patrimonio* da reddito e da rivalutazione.

La *formazione di risparmio* è indicatore significativo, ma sempre relativo, di adeguato soddisfacimento dei bisogni economici dei membri della famiglia. Se il risparmio e la gestione patrimoniale, con i conseguenti redditi, si configurino in dimensioni soddisfacenti è di nuovo questione relativa analogamente a quanto sopra detto per i livelli di consumo e, quale fattore addizionale, per le difformi dinamiche dei redditi e dei consumi delle famiglie; tra l'altro, le possibilità e le attese di risparmio variano significativamente a seconda che la famiglia sia stata costituita recentemente oppure da molti anni, e a seconda delle dimensioni del patrimonio disponibile al momento della sua formazione o acquisito successivamente per eredità o donazioni.

Anche nel caso delle aziende di consumo familiari l'assetto istituzionale può essere significativamente qualificato da forme di *relazioni interaziendali*. Spesso sono rilevanti le relazioni derivanti da rapporti di parentela; come sopra accennato, si possono configurare anche gruppi economici di aziende familiari di consumo. Speciali relazioni tra istituti si danno nel caso in cui i membri di una stessa famiglia siano i prestatori di lavoro ed i conferenti di capitale esclusivi, o quasi, di un'azienda di produzione (che si denomina «impresa familiare»); le strutture e le scelte delle due aziende (l'azienda familiare di consumo e l'azienda «familiare» di produzione) sono congiunte. Considerazioni in parte analoghe valgono nel caso di un piccolo numero di famiglie (legate o meno da rapporti di parentela) partecipanti con lavoro e capitale proprio ad una stessa azienda di produzione. Tra più famiglie possono costituirsi anche associazioni di varia natura.

Di grande rilevanza sono sempre le relazioni tra le famiglie e le imprese, o altri istituti, presso i quali i membri della famiglia prestano lavoro, così come quelle con lo Stato e con le imprese alle quali la famiglia si rivolge per ottenere beni privati e capitale di prestito nonché per coprire i rischi particolari.

Molte famiglie ricorrono anche alla collaborazione di prestatori di lavoro per lo svolgimento di «lavori domestici», ma anche per attività di assistenza e di educazione dei membri della famiglia, nonché per il supporto alla gestione patrimoniale. In qualche caso gli interessi di questi prestatori di lavoro possono essere qualificati come interessi istituzionali.

4.2.4. Il sistema degli interessi convergenti nello Stato

Le principali classi di soggetti che offrono contributi allo Stato e che ne ottengono ricompense sono rappresentate nella tavola 4.6.

Nel caso dello Stato, è evidente che i portatori primari di attese sono i cittadini i quali, in generale, si aspettano di poter disporre di beni pubblici (difesa, giustizia, istruzione, sanità, ecc.) atti, per volume e per qualità, a soddisfare i loro bisogni. Per contro, lo Stato si aspetta che tutti i cittadini contribuiscano alla copertura dei costi di produzione dei beni pubblici rispettando lealmente le norme che compongono il sistema tributario. Varie categorie di soggetti (famiglie, imprese, istituti nonprofit) si attendono dallo Stato anche sussidi e incentivi di varia specie, oltre che l'emanazione di leggi favorevoli al soddisfacimento dei loro bisogni.

La gestione da parte dello Stato di questi sistemi di attese è problematica poiché: *a*) differenti categorie di cittadini hanno differenti attese non sempre compatibili tra loro; *b*) i vari servizi pubblici sono in competizione tra loro poiché le risorse investite in uno di essi sono sottratte agli altri; *c*) la propensione dei cittadini all'elusione e all'evasione fiscale è ancora molto diffusa anche nei Paesi socialmente progrediti.

Tra lo Stato e i cittadini si instaurano importanti relazioni economiche anche per ciò che riguarda i conferimenti di capitale di prestito. Salvo eccezio-

TAVOLA 4.6. *I portatori di interessi nei confronti dello Stato*

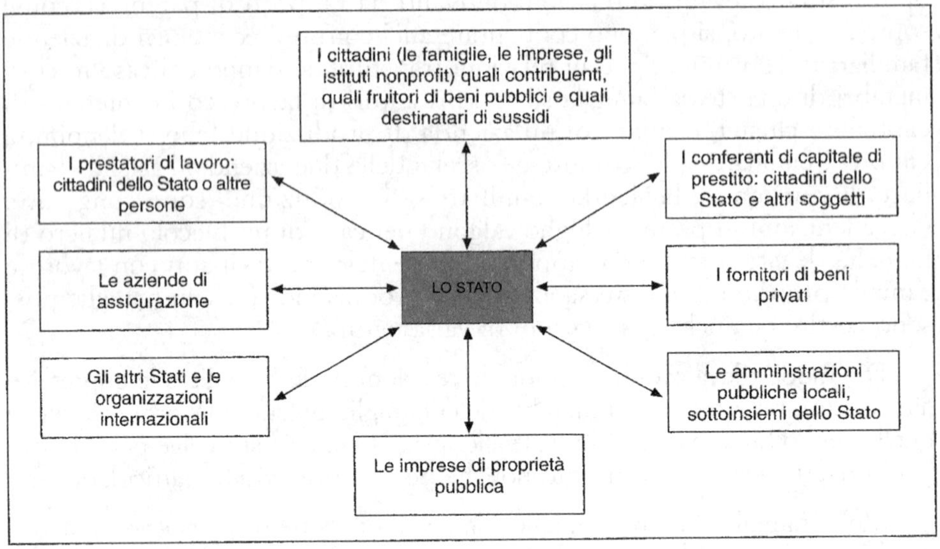

ni, tutte le amministrazioni statali fanno ampio ricorso al debito pubblico per coprire i propri deficit e rilevanti quote dei risparmi dei cittadini sono investite in forma di conferimenti allo Stato di capitale di prestito. Questo rapporto si distingue, rispetto a quello tra imprese e conferenti di capitale di prestito, per l'ipotesi, non sempre fondata, della solvibilità assoluta dello Stato.

Tutti gli Stati impiegano numerosi prestatori di lavoro; si attivano sistemi di attese analoghi a quelli visti per i prestatori di lavoro delle imprese, ma con varianti più o meno accentuate in termini di stabilità del posto di lavoro, di intensità dell'impegno richiesto, di livelli retributivi.

Un sistema di attese molto speciale e molto critico è quello che lega lo Stato alle numerosissime entità parziali e locali nelle quali esso si articola e alle numerose organizzazioni politiche sopranazionali (ONU, UE, ecc.). Tali relazioni sono particolarmente intense e critiche per almeno due ragioni: *a)* tra tutti questi enti si muovono ingenti flussi di mezzi monetari; *b)* praticamente tutti gli interventi pubblici si possono realizzare solo con il consenso e il contributo di numerosi soggetti pubblici[11]. Una cattiva integrazione di queste reti di rapporti può produrre gravi sprechi di risorse e altrettanto gravi blocchi decisionali.

Gli Stati possono decidere di produrre anche beni privati attraverso imprese delle quali detengono la totalità o la maggioranza del capitale di ri-

[11] Si pensi alla realizzazione di un nuovo tratto autostradale che attraversa due Regioni, quattro Province e ventidue Comuni. Oppure alle complementarità di ruoli dello Stato, delle Regioni, delle Province, dei Comuni, delle ASL e delle Università nel garantire l'esercizio di un ospedale di alta specializzazione.

schio: le imprese pubbliche. Lo Stato (la generalità dei cittadini) si attende che le imprese pubbliche operino secondo efficienza ed economicità rispettando le linee politiche che hanno ispirato l'intervento pubblico. Le imprese pubbliche si aspettano adeguati volumi di capitale di rischio ed ambiti di manovra coerenti con gli obiettivi di economicità.

4.2.5. Il sistema degli interessi convergenti negli istituti nonprofit

Come sappiamo, la dizione istituti nonprofit copre una grande varietà di assetti istituzionali. Per svolgere le nostre argomentazioni si fa qui riferimento alla fattispecie di un istituto nonprofit impegnato nella valorizzazione del patrimonio ambientale e artistico. Le principali classi di soggetti che offrono contributi ad un istituto nonprofit di questo tipo e che ne ottengono ricompense sono rappresentate nella tavola 4.7.

I soci fondatori e i principali finanziatori sentono con particolare intensità il bisogno di tutelare certe parti del patrimonio artistico e ambientale; per soddisfare tale bisogno sono disposti a conferire mezzi monetari ed energie personali. Si aspettano che l'istituto nonprofit da loro fondato e finanziato riesca a compiere interventi importanti per la tutela del patrimonio artistico e ambientale e si aspettano anche che tali interventi risultino visibili e siano apprezzati da insiemi di persone quanto possibile ampi.

La collettività in generale valuta positivamente gli interventi realizzati e programmati dal nostro istituto nonprofit; lo Stato si fa interprete di tale apprezzamento e fornisce contributi in forme varie: finanziamenti, autorizzazioni, esenzioni di vario tipo. La collettività in generale e lo Stato si aspettano che le risorse fornite siano utilizzate esclusivamente per le finalità dichiarate e con la massima efficienza e trasparenza. Insiemi più o meno ampi di cittadini si sentono particolarmente vicini alle finalità del nostro istituto nonprofit e decidono di fornire direttamente propri contributi sotto forma di mezzi monetari; altri offrono il proprio lavoro in forma di volontariato. Anche questi soggetti, come quelli sopra citati, si attendono che i contributi forniti siano utilizzati efficientemente e conformemente alle finalità dichiarate.

Lo Stato e i cittadini che si sono affiancati ai fondatori possono diventare progressivamente i principali fornitori di contributi alla vita dell'istituto nonprofit, o comunque assumere un rilievo analogo a quello dei fondatori e dei finanziatori originari. In questo caso, lo Stato e i cittadini in oggetto possono chiedere di partecipare al governo dell'istituto.

Tutti i soggetti condividono un'attesa di fondo derivante dalla natura stessa dell'istituto nonprofit: che nessuno possa appropriarsi dei risultati reddituali dell'istituto o disporre a proprio vantaggio del suo patrimonio.

L'istituto nonprofit fruisce dell'opera di prestatori di lavoro che in parte operano in regime di volontariato e, dunque, con attese molto differenti rispetto a quelle dei prestatori di lavoro «regolari».

Anche gli istituti nonprofit hanno i loro concorrenti; si tratta di tutti gli istituti (Stato e sue parti, imprese, altri istituti nonprofit) che svolgono attivi-

TAVOLA 4.7. *I portatori di interessi nei confronti di un istituto nonprofit per la tutela del patrimonio ambientale e artistico*

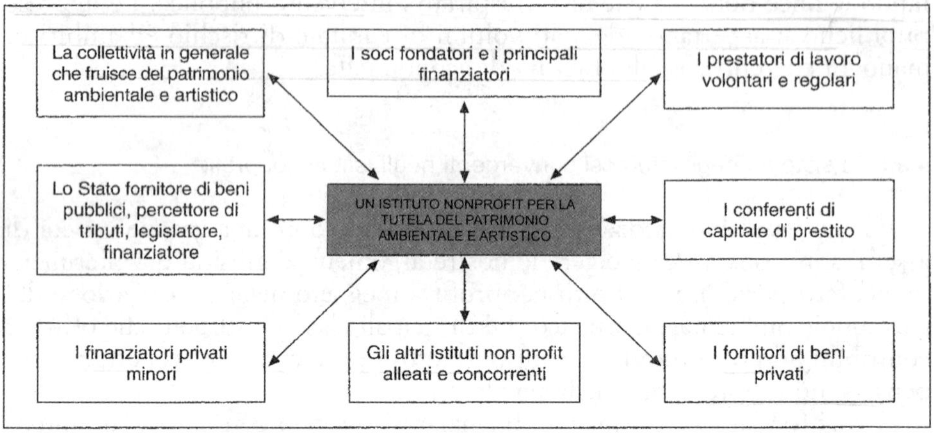

tà analoghe per finalità e che competono per le stesse risorse; si pensi, ad esempio, alla coesistenza dello Stato, di istituti nonprofit e di imprese nei settori dell'istruzione e della sanità. Per accrescere la propria capacità di azione e per gestire la concorrenza, gli istituti nonprofit possono formare alleanze e associazioni. La gestione delle relazioni con i concorrenti e con gli alleati è assolutamente critica per molti istituti nonprofit.

4.3. L'integrazione dei contributi: il soggetto economico

4.3.1. L'integrazione dinamica dei contributi

Affinché gli istituti possano avere una vita economica duratura occorre che tra tutti i soggetti si instaurino relazioni di cooperazione; solo per tale via i contributi dei vari soggetti si rendono disponibili in forme atte a produrre ricompense adeguate per tutti i portatori di interessi. L'integrazione dinamica dei contributi è una *condizione di economicità*. La mancanza di cooperazione produce alti costi di coordinamento che riducono il volume complessivo delle ricompense distribuibili dall'istituto tra i vari soggetti. La cooperazione, l'integrazione armonica dei soggetti, dei contributi e delle ricompense, sono condizioni essenziali di efficienza; condizioni che, tuttavia, non si attuano né spontaneamente né agevolmente.

Di seguito si traccia uno schema concettuale generale che illustra:

- i vantaggi ottenibili dall'integrazione armonica e dinamica di tutti i soggetti, dei loro contributi e delle loro ricompense;
- gli ostacoli all'integrazione;
- le leve per l'integrazione.

Per apprezzare *i vantaggi dell'integrazione*, possiamo pensare ad un'impresa ideale nella quale tra tutti i soggetti si sono instaurate relazioni trasparenti di *fiducia* e di *cooperazione*; tutti i soggetti condividono l'obiettivo della vita duratura economica dell'impresa e confidano nel fatto che i risultati ottenuti saranno equamente ripartiti in relazione ai contributi forniti; non si manifestano comportamenti opportunistici. Al di là delle valutazioni etiche, è evidente che un tale assetto di relazioni presenterebbe grandi vantaggi anche sul piano puramente economico; in generale, possiamo affermare che tale assetto produrrebbe riduzioni dei costi aziendali, incrementi dei valori degli output, solide basi per lo sviluppo futuro. Con qualche dettaglio maggiore, un assetto di alta integrazione produce:

- bassi costi di transazione con i soggetti esterni;
- bassi costi di coordinamento interno;
- bassi prezzi-costo degli input; i conferenti di contributi effettuano senza remore investimenti specifici e trasferiscono al nostro istituto parte dei risparmi nei loro costi di transazione;
- migliori qualità, personalizzazioni e flessibilità degli input; si condividono le idee, si scoprono opportunità di comune interesse;
- elevato impegno di tutti i soggetti nell'aggiungere continuamente valore attraverso le attività svolte giorno per giorno[12];
- maggior soddisfazione dei bisogni di socialità delle persone che lavorano all'interno dell'istituto e conseguente maggior motivazione[13];
- processi di apprendimento collettivo all'interno dell'azienda più estesi e più efficienti; processi che sono alla base dello sviluppo di competenze distintive, e quindi del vantaggio competitivo, dell'impresa[14].

Per realizzare un buon livello di integrazione occorre *superare vari ostacoli*. La problematicità della configurazione e dell'equilibrio dinamico degli assetti istituzionali deriva dai seguenti fenomeni:

- il generale fenomeno della *specializzazione economica* fa sì che gli istituti operino con il contributo di una *pluralità di soggetti*, ciascuno dei quali apporta proprie risorse e competenze e svolge un certo insieme di attività; queste *risorse, competenze ed attività* sono *complementari*, ma i vari soggetti hanno *obiettivi differenti* e quindi *differenti ipotesi in merito alla combinazione ottimale dei vari elementi*; occorre un *disegno complessivo* che ne assicuri la *coerenza*, ed occorre che i vari soggetti diano la loro *adesione al disegno complessivo*;
- le attese di rimunerazione dei soggetti che apportano contributi sottostanno, nel loro insieme, al vincolo delle *risorse limitate*; i vari soggetti, in questo aspetto, sono dunque in *competizione nell'ottenimento delle rimunerazioni*;

12 KOCHAN e RUBINSTEIN [2000].
13 MASLOW [1964]; ADLER e KWON [2002].
14 Il tema è sviluppato nei capp. 10, 11 e 14.

• sempre si opera in condizioni di *informazione incompleta* e di *incertezza circa il futuro*; l'adesione dei vari soggetti al disegno complessivo è quindi un'adesione «condizionata»; in particolare: *i*) il «disegno complessivo» *ex ante* è il frutto della miglior previsione possibile di chi governa l'istituto, ma nessuno può garantire che si tratti del miglior disegno complessivo possibile; *ii*) non sempre e non tutti i contributi, le ricompense e i risultati sono facilmente misurabili «oggettivamente»; di conseguenza i contratti sono incompleti e parzialmente impliciti; *iii*) in considerazione dell'incertezza, le persone possono prendersi delle cautele, possono applicare «astuzie» e prepararsi a *comportamenti opportunistici*; *iv*) la realtà *ex post* sarà sempre parzialmente differente rispetto a quanto previsto nel disegno complessivo; occorrerà dunque «riaggiustare» le relazioni tra i contributi, i risultati, le ricompense;

• gran parte dei risultati ottenuti da un istituto ha la natura di *risultati congiunti* derivanti dal lavoro di squadra; in altri termini, non è logicamente o praticamente possibile determinare univocamente il valore dei contributi dei singoli soggetti e, di conseguenza, le retribuzioni eque spettanti a ciascuno di loro[15];

• la natura di lavoro di gruppo e l'incertezza producono inevitabilmente *risultati residuali* (ossia risultati positivi o negativi che residuano dopo aver rimunerato «adeguatamente» tutti i contributi) ed è sempre problematico decidere quali soggetti in quali forme debbano godere o patire di tali risultati;

• i vari soggetti che partecipano alla vita dell'istituto hanno differenti propensioni al rischio e, in funzione del loro ruolo, sopportano differenti *tipi e livelli di rischio*: *i*) hanno in gioco una parte più o meno grande dei propri interessi; *ii*) sono più o meno legati all'istituto da investimenti specifici.

Per cercare di realizzare l'obiettivo dell'integrazione si agisce su *vari insiemi di leve* che, con le opportune varianti, sono comuni a tutti gli istituti:

1. *l'assegnazione del diritto-dovere di governo dell'istituto ad un insieme di soggetti* che eserciteranno tale ruolo in prima persona o mediante loro delegati; si formano così gli *organi massimi di governo* degli istituti che fissano le linee guida, prendono le decisioni di fondo, guidano il comportamento delle persone coinvolte, risolvono gli eventuali conflitti tra le parti;
2. *l'assegnazione ad un insieme di soggetti del diritto-dovere di percepire i risultati residuali dell'istituto* positivi o negativi che siano; spesso questa scelta coincide con quella descritta nel punto precedente in quanto, di regola, è opportuno che i soggetti che «si assumono il rischio» del risultato residuale siano gli stessi che compiono le scelte di fondo dell'istituto; chi decide deve assumere la responsabilità degli esiti delle decisioni o, per converso, chi si fa carico degli esiti delle decisioni vuole essere l'attore di tali decisioni;
3. la progettazione e l'attuazione *dell'assetto organizzativo per guidare il comportamento delle persone interne all'istituto*, in particolare dei prestatori di lavoro; utilizzando il linguaggio delle imprese, si tratta di:

[15] ALCHIAN e DEMSETZ [1972].

- definire e condividere i fini, le strategie e le politiche dell'istituto;
- progettare la struttura organizzativa ossia, in essenza, definire i compiti assegnati a ciascuna persona integrandoli attraverso una gerarchia di capi;
- mettere in atto un sistema retributivo (in senso lato) che correli i contributi forniti dai prestatori di lavoro alle rispettive rimunerazioni (in senso lato);
- favorire mediante opportuni interventi la «socializzazione» delle persone che lavorano nell'istituto, ossia il formarsi tra tali persone di relazioni di conoscenza e di stima personale e professionale;
- impostare le strutture e i meccanismi di rappresentanza dei prestatori di lavoro in modo tale che si attivino i necessari processi di influenza e di controllo sugli organi massimi di governo dell'istituto;

4. la scelta e la messa in atto dei *meccanismi di integrazione con i soggetti «esterni» all'istituto*; essenzialmente si tratta di:

- contratti (ad esempio, di acquisto o di vendita) definiti in forma quanto possibile chiara e compiuta e corredati delle opportune clausole volte a minimizzare il rischio di comportamenti opportunistici;
- sistemi di comunicazione esterna destinati a rendere noto, trasparente e credibile l'istituto agli occhi degli interlocutori esterni;
- sistemi di controllo da parte dell'istituto nei confronti dei soggetti «esterni» (ad esempio, il controllo della qualità delle merci in arrivo);
- stipulazione di alleanze, in generale formazione di aggregati di più istituti; aggregandosi i vari istituti vengono a condividere in parte gli stessi rischi e, di conseguenza, si riduce la tendenza a comportamenti opportunistici;
- la formazione di meccanismi e di strutture attraverso i quali i soggetti esterni possono influenzare e controllare il comportamento degli organi massimi di governo dell'istituto; il collegio sindacale, gli organi statali di ispettorato e di polizia, le associazioni dei consumatori.

Tutto quanto sopra presuppone: *a*) l'attenta analisi dei potenziali contributi e delle attese di tutti i soggetti messi a confronto con le alternative strategiche dell'istituto; *b*) la formulazione di «strategie integrate» che configurano le soluzioni più «sinergiche» di soggetti, contributi e ricompense[16].

4.3.2. Il soggetto di istituto, il soggetto economico e i fini istituzionali

Dopo aver passato in rassegna i complessi insiemi di interessi che convergono negli istituti, e dopo aver ricordato perché occorre un governo dell'istituto e perché è problematico configurarlo efficacemente, passiamo a concentrare la nostra attenzione sulle prime due scelte che definiscono l'assetto di governo, ossia:

- sull'identificazione del soggetto di istituto;
- sulla definizione dei fini istituzionali.

16 FREEMAN e MCVEA [2001].

In una visione «ingenua» degli istituti, potremmo immaginare che la soluzione universale potrebbe essere quella di far partecipare al governo dell'istituto tutti gli insiemi di portatori di interessi facendo nominare a ciascun insieme omogeneo di portatori di interessi uno o più rappresentanti che vadano a comporre un organo collegiale di governo. Di regola, tuttavia, tale soluzione risulta non praticabile o inefficace per due serie di ragioni: *a*) se e quando – ed è la norma – i portatori di interessi fossero molto numerosi, disomogenei e mutevoli nel tempo, si dovrebbero sostenere costi di governo[17] eccessivi (aggiornamento dell'inventario dei soggetti, processi di nomina dei rappresentanti, circolazione delle informazioni, formulazione e confronto delle possibili scelte, negoziazioni, ecc.) e la qualità e i tempi delle decisioni potrebbero essere inadeguati rispetto alle esigenze dell'istituto; *b*) alcuni soggetti particolarmente critici per la vita dell'istituto (perché, ad esempio, sono disposti ad assumersi i relativi rischi) potrebbero decidere di non parteciparvi per il timore di non poter difendere adeguatamente i propri interessi in un sistema di governo nel quale tutti i portatori di interesse sono posti sullo stesso piano.

Nel concreto, in tutti gli istituti complessi si procede secondo la seguente logica:

- una sola categoria di portatori di interessi nomina i membri dell'organo massimo di governo dell'istituto; in talune fattispecie il diritto di nomina è attribuito a due categorie di portatori di interessi;
- tutte le altre categorie di portatori di interessi utilizzano o attivano speciali strutture di influenza e di controllo della condotta dell'organo di governo[18].

In sostanza, dunque, tutti i portatori di interessi partecipano alla guida dell'istituto, ma alcuni lo fanno direttamente formando l'organo massimo di governo, altri lo fanno indirettamente attraverso strutture e meccanismi di influenza e di controllo.

Sinora si è fatto riferimento al soggetto di istituto come all'insieme dei portatori di interessi ai quali viene assegnato il diritto-dovere di governare l'istituto; ora dobbiamo precisare che al soggetto di istituto fanno capo due insiemi fondamentali di diritti-doveri:

- il diritto-dovere di governare, ossia di guidare l'istituto e di prendere le decisioni ultime;
- il diritto di godere dei risultati residuali positivi dell'istituto e il dovere di farsi carico degli eventuali risultati residuali negativi.

17 HANSMANN [1988].

18 Nel caso di un'impresa privata, ad esempio, lo Stato non nomina propri rappresentanti nel consiglio di amministrazione, ma dispone di numerosi strumenti per influenzare e controllare la condotta degli amministratori: le leggi, la polizia tributaria, le autorità di settore; i consumatori possono organizzarsi in associazioni; i prestatori di lavoro si aggregano in sindacati; e così via.

Dal punto di vista economico, i risultati residuali positivi o negativi sono gli utili e le perdite risultanti dopo aver rimunerato secondo equità tutte le categorie di portatori di interessi; il diritto di governo e il diritto ai risultati residuali sono denominati *diritti di proprietà*. In sintesi, dunque, il soggetto di istituto non è «soltanto» il soggetto che decide; è il soggetto che decide e che si assume il rischio generale connesso all'attività dell'istituto. Di regola, tutti i portatori di interesse sono disposti a partecipare al governo dell'istituto, ma pochi sono disposti a ricevere ricompense determinate in via residuale. Normalmente, i due insiemi di diritti-doveri fanno capo allo stesso insieme di soggetti; è evidente che se un soggetto *A* avesse il diritto di decidere e un soggetto *B* ottenesse gli «utili» o le «perdite» conseguenti, *A* non sarebbe particolarmente motivato a produrre grandi utili e non avrebbe neppure grandi remore ad adottare comportamenti che producano perdite.

Il soggetto di istituto deve essere scelto in modo tale da massimizzare la probabilità che l'istituto perduri nel tempo in condizioni di autonomia.

La scelta del soggetto di istituto è più o meno problematica a seconda della natura dell'istituto (famiglia, impresa, Stato, istituto nonprofit) e della complessità dello stesso (numero e disomogeneità dei portatori di interessi; dinamismo e pressione competitiva da affrontare). In generale, è opportuno procedere combinando gli esiti derivanti dalle seguenti indicazioni[19]: è opportuno assegnare i diritti di proprietà di un certo istituto:

- alle persone il cui benessere dipende massimamente dall'esistenza e dallo sviluppo dell'istituto in oggetto;
- alle persone che hanno effettuato rilevanti investimenti specifici nell'istituto e che dunque subirebbero gravi danni dal suo cattivo governo;
- alle persone disposte ad assumersi una quota consistente del rischio generale di istituto;
- alle persone che solo governando direttamente si sentirebbero sufficientemente protette nei loro interessi;
- ad un insieme di persone che per numero di persone (piccolo) e per omogeneità (alta) di interessi può governare l'impresa senza sostenere alti costi di governo;
- alle persone i cui contributi sono molto critici per l'istituto ma scarsamente definibili *ex ante* e scarsamente controllabili *ex post*.

In genere il processo di individuazione dei soggetti che compongono il soggetto di istituto dà luogo ai seguenti esiti:

1. *per la famiglia* il soggetto di istituto è sempre l'insieme di tutti i membri della famiglia stessa; talvolta occorre riferirsi a famiglie allargate; in qualche caso si devono prendere in considerazione anche i prestatori di lavoro presso la famiglia;

19 Nei punti seguenti si combinano i contributi di vari autori tra cui: MASINI [1979] e HANSMANN [1988; 1996]. Un quadro ampio è fornito in ZATTONI [2004a].

2. *per lo Stato* il soggetto di istituto è sempre l'insieme di tutti i cittadini dello stesso cui si aggiungono i prestatori di lavoro;

3. *per le imprese* si possono dare differenti soluzioni; di solito le due categorie che si avvicinano maggiormente al profilo del soggetto di istituto sono quelle dei conferenti di capitale di rischio e dei prestatori di lavoro; non mancano però casi nei quali diventano rilevanti i conferenti di capitale di prestito, i fornitori, i clienti, le collettività locali;

4. *per gli istituti nonprofit* si danno varie soluzioni speciali tutte caratterizzate dal fatto che il soggetto di istituto gode del diritto-dovere di governare l'istituto ma non del diritto di appropriarsi dei risultati residuali o di disporre del patrimonio dell'istituto; di regola il soggetto di istituto è composto dai soggetti che si sono associati per soddisfare bisogni comuni e dai soggetti che forniscono contributi all'istituto senza trarne ricompense o benefici diretti; possono essere rilevanti anche i prestatori di lavoro retribuito.

I *fini istituzionali* coincidono con le attese primarie delle persone che compongono il soggetto di istituto; si denominano anche *interessi istituzionali* mentre gli interessi degli altri soggetti sono denominati *interessi non istituzionali*. Ciò, naturalmente, non significa che il soggetto di istituto possa o debba perseguire i propri fini a discapito dei fini degli altri portatori di interessi. Tutto quanto sin qui esposto dovrebbe rendere chiaro che il soggetto di istituto ha interesse a soddisfare adeguatamente le attese di tutti i portatori di interessi poiché solo in tal modo l'istituto può perdurare ed egli ne può trarre i frutti di sua spettanza.

Dall'analisi generale sin qui condotta, si passi ad un'analisi di carattere economico. In tutti gli istituti convergono *interessi sia economici sia non economici*; nel caso delle imprese prevalgono interessi economici, mentre in altre classi di istituti sono di grande rilievo anche gli interessi non economici. I vari membri del soggetto di istituto possono avere interessi sia economici sia non economici, oppure interessi di una sola categoria. Definiamo *interessi istituzionali economici* gli interessi economici che fanno capo ai membri del soggetto di istituto; definiamo *soggetto economico, l'insieme delle persone alle quali fanno capo gli interessi economici istituzionali.*

In sintesi, in relazione alle categorie di persone si distinguono: interessi istituzionali (interessi delle persone considerate membri dell'istituto) ed interessi non istituzionali (di altre persone considerate «esterne» all'istituto); in relazione al contenuto si distinguono: interessi economici (attese di redditi, di rimunerazioni, di disponibilità di condizioni di produzione e di consumo) ed interessi non economici (attese di ogni altra specie: sociali, etiche, politiche). Si configurano così quattro classi di interessi convergenti negli istituti:
- interessi istituzionali economici;
- interessi istituzionali non economici;
- interessi non istituzionali economici;
- interessi non istituzionali non economici.

L'insieme delle persone che portano gli interessi istituzionali (economici e non economici) forma il *soggetto d'istituto*; l'insieme delle persone che portano gli interessi istituzionali economici forma il *soggetto economico*. I due insiemi coincidono quando tutti i membri dell'istituto portano sia interessi economici sia interessi non economici istituzionali; ciò vale di regola in tutti gli istituti del tipo impresa, famiglia e Stato; i due insiemi sono comunque concettualmente distinti; sono determinati secondo criteri differenti. In alcune classi di istituti (ad esempio, di regola, le associazioni culturali) l'attività svolta è prevalentemente di tipo non economico; i membri dell'istituto portano interessi esclusivamente, o quasi, di tipo non economico; si configura un soggetto d'istituto ma manca un soggetto economico in senso proprio. Si possono configurare anche casi in cui il soggetto economico è un sottoinsieme distinto del soggetto d'istituto; alcuni membri dell'istituto portano interessi di tipo non economico, altri anche rilevanti interessi di tipo economico (ad esempio, associazioni culturali e sportive complesse ed estese con rilevanti impegni di capitale proprio conferito da una parte limitata degli associati e con un rilevante numero di prestatori di lavoro; tutti sono membri del soggetto d'istituto ma solo i conferenti di capitale ed i prestatori di lavoro compongono il soggetto economico).

Il soggetto d'istituto è la società umana che lo identifica, ossia l'insieme delle persone che si associano per la realizzazione di un *bene comune*, ossia di un complesso di finalità non altrimenti o non convenientemente realizzabile. *Ciascun istituto nella sua essenza è identificato da un bene comune e da una società di persone costituita per il suo raggiungimento.* Gli interessi economici istituzionali caratterizzano immediatamente l'azienda, ordine economico dell'istituto; il *fine immediato dell'azienda* è infatti il soddisfacimento degli interessi economici istituzionali, ossia della comunità di interessi economici, pertinenti a persone diverse, che nel continuo svolgimento dell'azienda si manifestano come bene comune; *l'essere bene comune deriva dall'unitarietà del mezzo di soddisfazione dei differenti interessi*: lo svolgimento dell'azienda nell'istituto. Gli interessi istituzionali sono *fine* immediato dell'azienda; gli interessi non istituzionali sono *condizioni* di svolgimento dell'azienda; in senso ampio, vincoli o fini non immediati dell'attività economica dell'istituto[20].

Al soggetto economico spettano i diritti di governo economico; il governo economico è una parte del governo di istituto.

4.3.3. Le prerogative, i principi e le strutture di governo economico

Il soggetto economico (che di regola coincide con il soggetto di istituto) esercita le prerogative di governo economico che essenzialmente consistono nel diritto-dovere di:

- fissare gli obiettivi, le strategie e le politiche dell'istituto per quanto attiene la dimensione economica dello stesso;

[20] MASINI [1979].

TAVOLA 4.8. *Schema della struttura di governo economico in ipotesi di soggetto economico formato da una sola categoria di portatori di interessi*

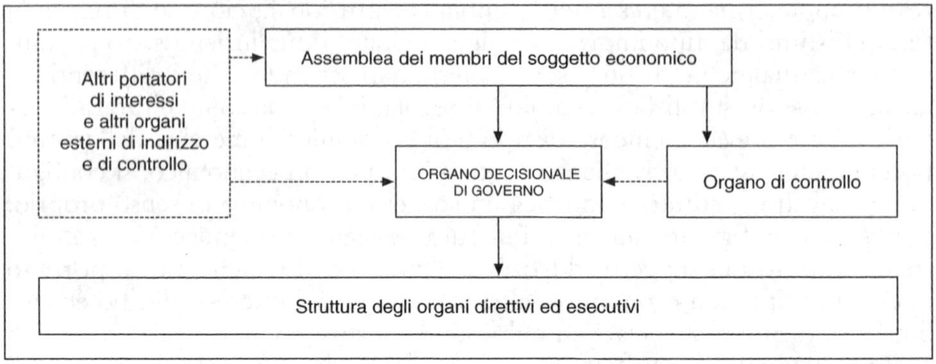

- scegliere, entro i gradi di libertà disponibili, i soggetti che contribuiranno alla vita economica dell'istituto (conferenti di capitale di rischio, prestatori di lavoro, conferenti di capitale di prestito, clienti, fornitori, alleati, ecc.) e stipulare con gli stessi gli opportuni patti e contratti;
- progettare e mettere in atto le strutture di governo e di controllo dell'istituto; spesso ciò significa anche scegliere la configurazione giuridica dell'istituto;
- sorvegliare il funzionamento dell'istituto, verificare i risultati e compiere i necessari interventi correttivi.

Spesso il soggetto di istituto e il soggetto economico sono formati da un grande o grandissimo numero di persone che hanno differenti competenze e interessi disomogenei; questa è la norma per lo Stato, per le imprese non piccolissime e per molti istituti nonprofit. In tutti questi casi non sarebbe efficiente chiedere a tutti i membri del soggetto economico di partecipare collegialmente a tutte le attività di governo economico; si rende allora necessario configurare strutture e meccanismi che da un lato *rappresentino adeguatamente gli interessi* di tutti i membri del soggetto economico e, dall'altro lato, *diano luogo a processi decisionali efficienti.* Nell'ipotesi che il soggetto economico sia composto da una sola categoria di portatori di interessi, la soluzione di base (tav. 4.8) è la seguente:

- si codifica l'esistenza di tre organi: *i*) un organo composto da tutti i membri del soggetto economico, l'organo supremo di indirizzo che, per le proprie decisioni, si riunisce periodicamente in «assemblea»; *ii*) un organo decisionale di governo economico composto da una sola persona o da poche persone con specifiche competenze tecniche e manageriali; *iii*) un organo di controllo che verifichi l'operato dell'organo decisionale;
- l'assemblea della generalità dei membri del soggetto economico detta le linee di indirizzo generale e nomina, con mandato a termine, sia i membri dell'organo decisionale di governo economico, sia i membri dell'organo di

TAVOLA 4.9. *Schema della struttura di governo economico in ipotesi di soggetto economico formato da due categorie di portatori di interessi*

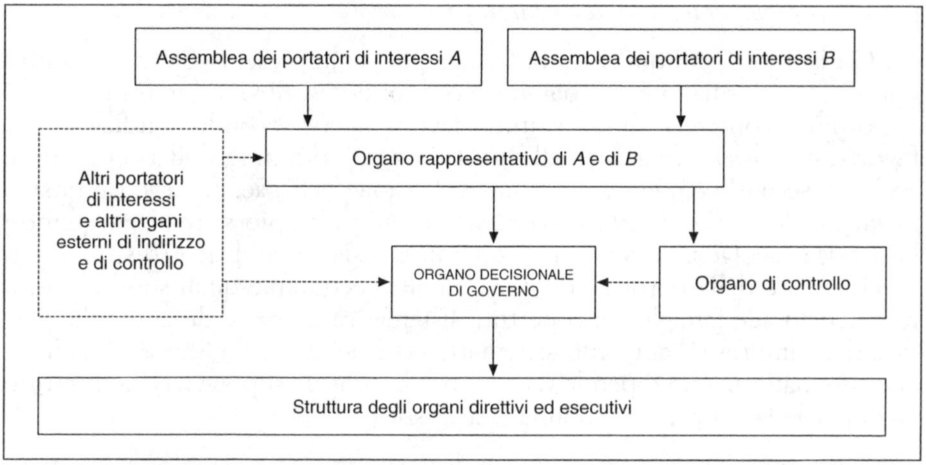

controllo; l'assemblea si riserva il diritto di modificare in ogni momento la composizione dei due organi;

• l'organo decisionale di governo economico configura e indirizza l'attività della struttura organizzativa composta dagli organi direttivi ed esecutivi (nel caso di un'impresa: il direttore generale, i direttori delle divisioni e delle funzioni, i capi ufficio e i capi reparto, ecc.);

• tutte le categorie di portatori di interessi che non fanno parte del soggetto di istituto e del soggetto economico utilizzano altre strutture e meccanismi esterni per esercitare, al di là di quanto pattuito nei singoli contratti, le loro legittime pressioni di indirizzo e di controllo sugli organi di governo dell'istituto; si pensi, ad esempio, ai sindacati dei prestatori di lavoro, alla polizia tributaria, alle associazioni dei consumatori, alle autorità statali di regolamentazione dell'economia.

Rispetto alla soluzione di base sopra schematizzata, si danno due importanti varianti:

• nel caso dello Stato e delle sue articolazioni, di regola i cittadini nominano, attraverso meccanismi elettivi, i loro rappresentanti che formano gli organi assembleari rappresentativi (il parlamento, il consiglio regionale, ecc.) e questi nominano gli organi decisionali (il governo, la giunta, ecc.) e di controllo;

• nel caso delle imprese e degli istituti nonprofit il cui soggetto economico è composto da due (o più) categorie di portatori di interessi (ad esempio, in una certa impresa potrebbero essere i conferenti di capitale di rischio e i prestatori di lavoro) occorre configurare due (o più) assemblee, una per ciascuna categoria di portatori di interessi, che nominano i membri di un organo intermedio rappresentativo delle due categorie che, a sua volta, nomina gli organi di direzione e di controllo (tav. 4.9).

Il governo economico deve ispirarsi ad alcuni principi generali; tra questi il principio dell'*economicità* (ossia della *vita duratura economica*) ed il principio del *contemperamento degli interessi*.

Gli istituti di cui qui si tratta (le famiglie, le imprese, lo Stato, gli istituti nonprofit) si formano e si svolgono secondo ipotesi di vita duratura; l'azienda, ordine economico di tali istituti, deve svolgersi secondo condizioni che favoriscano la *vita duratura* dell'istituto. La vita duratura dell'azienda deve svolgersi secondo *economicità*; in sintesi, l'azione dell'azienda deve ispirarsi al *principio della vita duratura economica*; tale principio si realizza quando l'azienda si svolge in autonomia economica, ossia senza il ricorso sistematico a «coperture delle perdite» da parte di altre economie quali sono i sussidi permanenti alle famiglie, la copertura sistematica da parte di terzi delle perdite delle imprese, l'aumento sistematico del debito dello Stato[21]. L'istituto che sistematicamente dipende da altri per la propria sopravvivenza, presto o tardi perde la propria autonomia e si dissolve.

Il *principio del contemperamento degli interessi* si attua adottando strutture e processi, e soprattutto atteggiamenti e comportamenti, ispirati alla logica della partecipazione e del confronto[22]. Le logiche del confronto e della partecipazione, proprie del principio del contemperamento degli interessi, devono essere apprezzate anche come fonte di efficienza e di economicità: evitano gli sprechi di risorse assorbite dalla gestione dei «conflitti» e della «resistenza al cambiamento»; consentono l'espressione, nei processi decisionali, di una vasta gamma di conoscenze e di competenze; agevolano lo sviluppo e la diffusione di atteggiamenti innovativi legittimando ruoli propositivi diffusi e garantendo la condivisione dei vantaggi derivanti

21 Tale copertura può realizzarsi anche in forme indirette: provvedimenti e posizioni di protezionismo e di privilegio godute dalle imprese; manovre inflazionistiche a copertura del debito pubblico; assistenza non fisiologica alle famiglie. I vari membri del soggetto economico devono perseguire i propri interessi, ma gli interessi particolari devono essere sottomessi al principio generale della vita economica duratura dell'azienda nel suo insieme; quando non si persegue l'economicità la vita economica dell'impresa si svolge con difficoltà, si compromette il raggiungimento dei fini istituzionali, si produce il dissesto dell'azienda e dell'istituto; ciò vale anche per gli istituti pubblici con la manifestazione di tensioni politiche di varia intensità.

22 Nella dottrina economica si propongono schemi ideali ed interpretazioni della realtà anche notevolmente discosti rispetto a quello qui esposto. In merito al quesito «chi definisce gli obiettivi delle aziende?» si danno risposte del tipo: *a*) la definizione degli obiettivi è responsabilità e funzione caratteristica dell'«imprenditore»; *b*) gli obiettivi d'azienda sono frutto delle trattative in cui sono coinvolte le «coalizioni dominanti»; nelle imprese spesso si negoziano gli obiettivi di espansione sostenuti dai «dirigenti», di redditività privilegiati dai conferenti di capitale e di crescenti livelli retributivi avanzati dai «lavoratori»; *c*) gli istituti non hanno fini; essi sono solo aggregati di interessi, ossia ambienti in cui si trovano riuniti e si impegnano in attività di scambio persone e gruppi di persone con differenti interessi e preferenze. Si tratta di visioni che trascurano la molteplicità degli interessi convergenti nell'azienda, oppure che impostano il problema secondo la logica di un gioco a somma zero o di conflitti da gestire mediante compromessi; sono visioni che ignorano, o che si illudono di risolvere con semplici algoritmi, l'inscindibilità del bene comune.

dall'innovazione; in generale, favoriscono la flessibilità aziendale negli ambienti mutevoli[23].

I prossimi quattro paragrafi sono dedicati alle grandi classi di istituti oggetto della nostra analisi: le famiglie, le imprese, lo Stato, gli istituti nonprofit. Per ciascuna classe di istituti si illustrano le configurazioni base dell'assetto di governo, ossia:

- i fini istituzionali economici e non economici;
- il soggetto di istituto e il soggetto economico;
- le prerogative, i principi e le strutture di governo economico.

4.4. Gli assetti di governo degli istituti

4.4.1. L'assetto di governo delle famiglie

Sono membri del *soggetto d'istituto* della famiglia tutte le persone che la compongono e lo stesso vale per il *soggetto economico*[24]. Rilevanti interessi economici possono essere portati anche da persone di altre famiglie legate da rapporti di parentela; in generale tali interessi devono giudicarsi non istituzionali. Si danno tuttavia non infrequenti casi di famiglie legate da stretti rapporti di parentela e che convivono utilizzando anche un patrimonio parzialmente comune; si configurano allora *gruppi economici di aziende familiari* con interessi economici istituzionali, e quindi soggetti economici, in parte comuni alle varie famiglie.

Il soggetto economico dell'azienda familiare è unico ed unitario; tali caratteri del soggetto economico sono particolarmente forti a causa della natura propria dell'istituto famiglia, del piccolo numero dei suoi membri e della notevole omogeneità, se non uniformità, degli interessi economici degli stessi. Tali caratteri di unicità e di unitarietà permangono anche quando il diritto positivo vigente assegni a singoli membri della famiglia la titolarità di redditi e di parti del patrimonio.

Il *governo economico* dell'azienda familiare comporta un *articolato insieme di decisioni* sempre complesse per il loro significato non solo economico. Si devono prendere decisioni in merito alla distribuzione degli impegni di studio e di lavoro tra tutti i membri della famiglia in grado di assumerli: chi

[23] Per lo sviluppo di alcuni dei punti qui citati si veda: CASELLI [1986].

[24] Possono far parte del soggetto economico della famiglia anche persone, membri di altre famiglie, che in essa prestino lavoro collaborando alle attività «domestiche» e a quelle di gestione patrimoniale; ciò vale quando tali persone dedichino alla famiglia la gran parte o la totalità delle energie di lavoro e non siano membri di imprese che forniscano alla famiglia servizi; in quest'ultimo caso esse sono parte del soggetto economico dell'impresa di servizi e non della famiglia. I prestatori di lavoro nelle aziende familiari hanno un ruolo analogo a quello dei prestatori di lavoro nelle aziende di produzione ma non del tutto coincidente con esso per il differente peso che, nei due casi, i loro interessi hanno sull'insieme complessivo dei fini istituzionali economici ed extra-economici.

debba svolgere lavoro all'esterno, di quale tipo, con quale intensità; chi debba dedicarsi a quali tipi di studi; chi debba svolgere lavoro interno «domestico», di eventuale «produzione interna», di gestione patrimoniale; se si debba ricorrere a prestatori di lavoro membri di altre famiglie; se e quali collaborazioni si debbano richiedere ad aziende di servizi; in sintesi, si tratta di complesse scelte in merito al «volume complessivo» di lavoro da svolgere in varie forme da parte dei membri della famiglia, all'organizzazione del lavoro interno, alla specializzazione economica (internalizzazione o esternalizzazione dei vari tipi di attività). Si devono compiere scelte in merito ai livelli di consumo ed ai livelli di risparmio; per certi aspetti, all'anticipazione e posticipazione dei consumi. I consumi devono essere definiti per volumi e per qualità dei beni e per ciascun membro della famiglia; si devono scegliere le modalità di «impiego del risparmio» tenendo conto, per ciascuna forma possibile di investimento, dei redditi periodici e delle rivalutazioni, della liquidabilità, dei rischi, della normativa fiscale; si deve scegliere anche in funzione della predisposizione di «patrimoni» da assegnare ai figli al momento della formazione di nuove famiglie. Nella ricerca degli equilibri tra redditi, risparmi ed investimenti si deve valutare la convenienza del ricorso al credito di finanziamento. In momenti particolari si debbono gestire le eredità e le donazioni tra membri della famiglia, provenienti da altre famiglie e destinate ad altre famiglie.

Nella famiglia la *prerogativa di governo economico* spetta a tutte le persone che la compongono e che per età, per esperienza e per competenza siano in grado di valutare correttamente i termini economici e non economici delle decisioni da prendere e di compiere consapevoli scelte. La natura e la dimensione dell'istituto famiglia sono tali per cui (salvo casi eccezionali) non occorre configurare assemblee e organi formali di decisione e di controllo. Le prerogative di governo economico spesso sono delegate in larga misura ad un solo membro della famiglia che svolge così la funzione di «capo famiglia» per gli aspetti economici; molte decisioni, tuttavia, sono prese in forma collegiale con il coinvolgimento delle persone più direttamente interessate; solo raramente i processi decisionali si svolgono secondo procedure formalizzate. Nella condotta dell'azienda familiare l'unità di indirizzo non si realizza tanto mediante l'attuazione di strutture e di procedure di coordinamento quanto mediante l'interazione diretta delle persone che si compongono a comunità. Non sempre il *contemperamento degli interessi* risulta agevole; valgono nella famiglia in massimo grado i principi del confronto e della partecipazione, soggetti solo al riconoscimento e all'assunzione, secondo etica, delle responsabilità proprie dei vari membri. Il contemperamento degli interessi economici dei membri della famiglia implica il riferimento ai redditi, ai risparmi, ai bisogni ed ai consumi *della famiglia* oltre che ai redditi, ai risparmi, ai bisogni ed ai consumi dei singoli membri; le scelte che producono tali fenomeni sono anche scelte *di famiglia*, non solo di singole persone.

4.4.2. L'assetto di governo delle imprese

Come più volte osservato nelle pagine precedenti, attorno a ciascuna impresa si forma un sistema complesso di portatori di interessi e tali interessi possono combinarsi in configurazioni molto varie in corrispondenza delle dimensioni dell'impresa, delle strategie perseguite, del dinamismo ambientale, e così via. Di conseguenza, *differenti imprese possono richiedere differenti assetti di governo*; in alcuni casi sarà opportuno un assetto di governo centrato su *una sola categoria di portatori di interessi*: sui conferenti di capitale di rischio, oppure sui prestatori di lavoro, oppure sui clienti, ecc.; in altri casi risulterà invece opportuno dare rilievo contemporaneamente a *più di una categoria di portatori di interessi* e allora il governo economico potrà essere assegnato a combinazioni del tipo: «prestatori di lavoro e clienti», oppure «conferenti di capitale di rischio e conferenti di capitale di prestito», oppure «conferenti di capitale di rischio e prestatori di lavoro», e così via.

In questo *volume, presentiamo come caso generale quello dell'impresa nella quale risultano prevalenti gli interessi di due categorie di soggetti – i conferenti di capitale di rischio e i prestatori di lavoro – e nella quale l'assegnazione dei diritti di proprietà alle stesse due categorie di portatori di interessi dà luogo ad un efficace governo economico.* In altri termini, trattiamo come caso generale di riferimento quello dell'impresa nella quale *il soggetto di istituto e il soggetto economico sono formati dall'insieme dei conferenti di capitale di rischio e dall'insieme dei prestatori di lavoro*[25]. In questo caso generale, la struttura di base degli organi di governo economico dovrà essere quella rappresentata nella tavola 4.10[26].

[25] Con alcune varianti che danno maggior rilievo alla varietà delle soluzioni possibili, questa è l'impostazione di base proposta da Carlo MASINI [1960, introduzione e cap. 2; 1979, parr. 3, 9 e 17]. Per altre teorie del soggetto economico e del governo dell'impresa si vedano: GIANNESSI [1960]; SARACENO [1976]; ONIDA [1965].

[26] Nell'impostazione originale di MASINI [1979, 293-304] si propone una successione «gerarchica» di organi articolata nei seguenti gradi:

grado A. Uno o più organi supremi diretti, ossia organi composti da tutte le persone membri del soggetto economico; ad esempio, un'assemblea dei conferenti di capitale ed un'assemblea dei prestatori di lavoro; eventualmente anche un'assemblea dei finanziatori a titolo di credito quando giudicabili membri del soggetto economico. Gli organi supremi diretti nominano i membri degli organi rappresentativi, deliberano in merito ad alcune scelte di fondo (ad esempio, le modifiche del documento che nella pratica della società è denominato «statuto»), incluse le modalità della costituzione, dell'avvio e dell'eventuale estinzione dell'azienda.

grado B. Un'assemblea rappresentativa degli organi supremi diretti; i suoi membri sono nominati, ad esempio mediante elezioni, da tali organi.

grado C. Un collegio degli amministratori (nella pratica spesso denominato «consiglio di amministrazione»).

grado D. Un collegio esecutivo di amministratori («comitato o consiglio esecutivo»).

grado E. Un amministratore delegato (con funzioni, eventualmente, di presidente o di direttore generale).

Lo schema sin qui delineato si completa con l'inserimento dei compiti e degli *organi di sindacato e di riscontro del governo economico*. Tali organi sono composti da persone che rap-

TAVOLA 4.10. *Struttura di base degli organi di governo economico nelle imprese in cui il soggetto economico è formato dai conferenti di capitale di rischio e dai prestatori di lavoro*

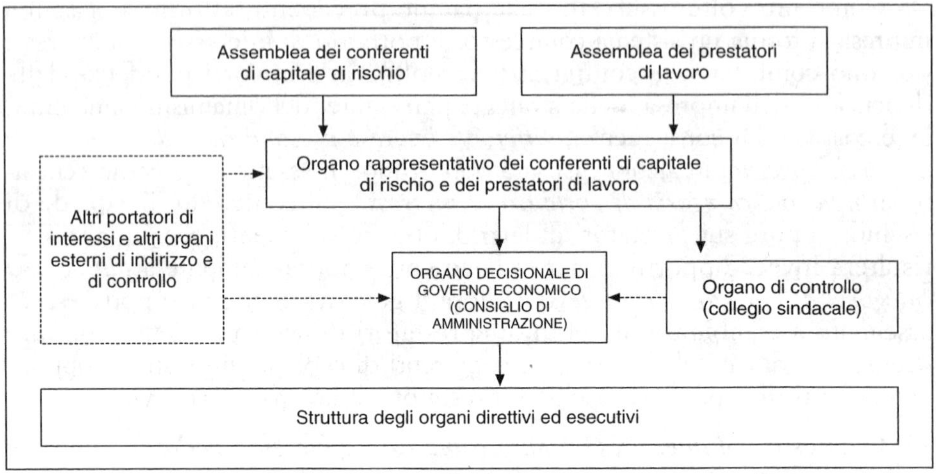

Ad una prima lettura, lo schema qui proposto come caso generale potrebbe apparire molto lontano da quello adatto a rappresentare le realtà d'impresa più diffuse oggi nel mondo occidentale; questa impressione è perfettamente comprensibile in quanto dal punto di vista formale, e con forte codificazione delle leggi, la grande maggioranza delle imprese è configurata secondo il modello capitalistico, ossia secondo il modello che assegna i diritti di proprietà ad una sola categoria di portatori di interessi e tale categoria è data dall'insieme dei conferenti di capitale di rischio. Tuttavia, è bene tenere presente che: *a*) la forma e la sostanza non sempre coincidono; così accade regolarmente che i prestatori di lavoro esercitino una rilevante influenza sul governo delle imprese pur non partecipando alla nomina dei membri dell'organo decisionale di governo[27]; ed altrettanto regolarmente accade, a rovescio,

presentano il soggetto economico ed altri interessi fondamentali dell'ambiente nel quale si svolge l'azienda. «Il sindacato economico, integrato dal controllo di legittimità degli atti, si traduce indirettamente in un giudizio intorno all'economicità della gestione e all'osservanza dei principi etici e sociali con riguardo alle persone rappresentate».

27 Da lungo tempo, in tutti i paesi del mondo occidentale i prestatori di lavoro esercitano la loro influenza sul governo delle imprese attraverso una molteplicità di canali, in primo luogo attraverso le associazioni sindacali; la forza dell'influenza può variare molto nel tempo e per tipo di impresa. Emblematico è il caso delle grandi imprese giapponesi per le quali sul piano formale vale la regola generale secondo cui i membri degli organi massimi di governo dell'impresa sono espressione dei conferenti di capitale; tuttavia, con riferimento a tale realtà, formalmente analoga a quella italiana, uno dei più autorevoli studiosi del sistema giapponese afferma che: «Le decisioni strategiche delle imprese giapponesi sono soggette al duplice controllo degli interessi dei conferenti di capitale e degli interessi dei prestatori di lavoro, piuttosto che al controllo unilaterale dei soli conferenti di capitale» [AOKI 1990]; secondo alcuni

che i diritti attribuiti dalle leggi a *tutti* i conferenti di capitale di rischio di una certa impresa siano di fatto esercitati da *una parte soltanto* degli stessi e magari a discapito degli altri; *b*) non mancano casi di diritto positivo di grandi Paesi ad economia di mercato che adottano questo modello[28]; il caso più evidente è quello della Germania[29]; *c*) il dibattito in materia è ufficialmente aperto in una sede politica e legislativa di assoluto rilievo qual è l'Unione Europea[30].

Quando si adotta uno schema a due classi di portatori di interessi, si manifestano due speciali problemi. Il primo è quello della formazione degli organi decisionali di governo; come sopra visto, la soluzione base consiste nel prevedere due assemblee – una per ciascuna categoria di portatori di interessi – che nominano i loro rappresentanti in un organo rappresentativo unitario (una «assemblea» di secondo livello) la quale, a sua volta, nomina i membri dell'organo decisionale di governo; questa soluzione serve, da un lato, per dare chiaro e distinto spazio ad entrambe le categorie di portatori di interessi e, dall'altro, per far sì che l'organo decisionale abbia un unico referente. Il secondo problema è quello della determinazione e della ripartizione del risultato reddituale residuale tra le due categorie di portatori di interessi che compongono il soggetto economico e che condividono i diritti di proprietà; in linea di principio, nello schema generale qui esposto, si tratta di: *a*) determinare il risultato reddituale complessivo; *b*) assegnare una parte dello stesso ai conferenti di capitale di rischio assicurando loro una rimunerazione adeguata in relazione alla grandezza dell'investimento e al livello di

studiosi le grandi imprese giapponesi sono governate nell'interesse primario dei prestatori di lavoro, essendo l'adeguata rimunerazione del capitale proprio un vincolo e non un fine.

28 Per l'Italia si ricordi il dettato dell'articolo 46 della Costituzione: «Ai fini dell'elevazione economica e sociale del lavoro e in armonia con le esigenze della produzione, la Repubblica riconosce il diritto dei lavoratori a collaborare, nei modi e nei limiti stabiliti dalla legge, alla gestione delle aziende». Nelle cooperative di lavoro e nelle cooperative di produzione e lavoro i prestatori di lavoro assumono rilevanza assoluta; anche su questo punto c'è un chiaro riferimento nella Costituzione italiana che, all'articolo 45, recita: «La Repubblica riconosce la funzione sociale della cooperazione a carattere di mutualità e senza fini di speculazione privata. La legge ne promuove e favorisce l'incremento con i mezzi più idonei e ne assicura, con gli opportuni controlli, il carattere e le finalità».

29 In Germania tutte le grandi imprese, per legge, sono guidate da un «consiglio di gestione» che è eletto e controllato da un «consiglio di sorveglianza» il quale è formato per metà da rappresentanti dei conferenti di capitale di rischio e per metà da rappresentanti dei prestatori di lavoro.

30 Dopo trenta anni di discussioni, nell'ottobre 2001 il Consiglio dei ministri dell'Unione Europea ha adottato la disciplina della «Società Europea» (SE), con regolamento 2157/2001/CE e direttiva 2001/86/CE. In particolare, la direttiva 2001/86/CE regolamenta le modalità di partecipazione dei prestatori di lavoro alla vigilanza e alla formazione delle strategie dell'impresa. Sono previsti più modelli: il modello che integra i prestatori di lavoro nell'organo di vigilanza (ossia nel consiglio di sorveglianza che nomina il consiglio di amministrazione) o direttamente nel consiglio di amministrazione, il modello dell'organo distinto di rappresentanza dei prestatori di lavoro, altri modelli che potranno essere concordati tra gli amministratori e i prestatori di lavoro [PRETO 2002].

rischio affrontato; *c*) ripartire l'eventuale residuo tra i conferenti di capitale di rischio e i prestatori di lavoro secondo equità. L'attuazione pratica di questo processo ideale si può realizzare in molteplici forme[31].

Vista la configurazione di base della struttura di governo delle imprese, e ribadita l'ampia gamma delle possibili varianti, passiamo ad alcuni temi che hanno svolgimento uniforme qualunque sia la struttura di governo:

- i fini dell'impresa;
- le prerogative di governo economico delle imprese;
- l'unità e l'unitarietà del soggetto economico;
- l'applicazione del principio del contemperamento degli interessi;
- il formarsi di soggetti economici impropri e le inefficienze che ne derivano.

L'impresa è istituto primariamente di tipo economico; il suo bene comune, il *fine immediato*, è rappresentato dalla *produzione di rimunerazioni*, e di altre connesse condizioni, per le persone che ne compongono il soggetto economico[32]. L'impresa è però anche istituto sociale e politico; essa è importante elemento della struttura, della dinamica e del progresso di collettività sociali variamente estese. Si noti che nella visione sopra esposta, il fine dell'impresa non è la produzione di beni. La produzione dei beni è l'attività caratteristica dell'impresa ma non per questo ne è il fine; per i membri del soggetto economico essa è il mezzo scelto per ottenere rimunerazioni a fronte dei contributi apportati; tali rimunerazioni sono il fine. Nelle economie libere, ossia nei sistemi socio-economici basati sulla libertà di iniziativa individuale e sul ruolo regolatore dello Stato, si attribuisce alle imprese anche una responsabilità sovraordinata rispetto alle attese dei membri del soggetto economico poiché l'agire efficiente ed efficace delle imprese è condizione vitale per il progresso economico e sociale della collettività intera. Quanto sin qui detto dovrebbe chiarire perché in questo scritto non si usano mai (se non per descrivere altre teorie) espressioni del tipo «il fine dell'impresa è la massimizzazione del profitto».

All'unitario soggetto economico fanno capo le *prerogative dell'esercizio del governo economico*, ossia dello svolgimento di compiti fondamentali che danno vita all'impresa, che ne determinano la struttura variabile nel tempo, che ne gestiscono eventualmente l'estinzione. L'esercizio del governo economico si manifesta con evidenza come insieme di scelte relative ai principali elementi della struttura aziendale. Scelte di *assetto istituzionale*: definizione degli organi rappresentativi del soggetto economico, dei relativi compiti e

[31] Si considerino, ad esempio: i «premi di produzione» legati alle performance complessive aziendali; l'azionariato dei dipendenti realizzato mediante la distribuzione di azioni a titolo gratuito o a condizioni di favore; i contratti di lavoro particolarmente ricchi in termini di retribuzioni dirette e indirette.

[32] MASINI [1979, 51].

delle modalità di funzionamento; definizione della struttura degli organi direttivi massimi e nomina delle persone destinate a coprire le relative posizioni; scelte in merito a fusioni, scorpori, concentrazioni, accordi vari; in generale, scelte in merito alla rete delle relazioni istituzionali interaziendali. Scelte di *configurazione delle combinazioni produttive*: in generale, scelta dell'oggetto sociale, ossia dei beni da produrre e delle classi di negoziazioni da svolgere; scelte di dimensione, di «diversificazione», di «integrazione verticale», di «internazionalizzazione»; connesse scelte di politiche generali in merito all'*assetto tecnico*, all'*assetto organizzativo* e alla composizione e dinamica dell'*organismo personale*. Scelte di configurazione del *patrimonio*; in particolare di dimensione e di struttura del capitale proprio.

Il *soggetto economico* è composto da una pluralità di persone con interessi non uniformi e che non convergono spontaneamente in un interesse di ordine superiore; il soggetto economico è però *unitario* ed *unico* in corrispondenza dell'unitarietà e dell'unicità dell'attività economica d'impresa che produce contestualmente la possibilità di soddisfare le differenti attese. Il riconoscimento dell'unicità e dell'unitarietà del governo economico è condizione di attuazione dei principi di unità di direttiva generale e di unità di comando generale del governo dell'impresa. I compiti di governo economico spettano al soggetto economico nella sua unitarietà.

Un principio generale di conduzione degli istituti è quello del *contemperamento degli interessi* e tale principio, naturalmente, si applica anche alle imprese. Chi governa l'impresa deve sempre tenere presenti le attese di tutte le categorie di portatori di interessi e deve ricercare le soluzioni atte a soddisfarle in modo equilibrato. Quando una o più categorie di interessi sono sistematicamente trascurate a vantaggio di altre, si creano le premesse per tensioni e squilibri che riducono l'intensità e la qualità dei contributi dei soggetti sacrificati e che comportano addizionali costi di transazione delle relazioni; nei casi più gravi si può compromettere la vita duratura economica dell'impresa[33]. Una strategia di fondo che agevola il soddisfacimento equilibrato di tutte le attese è quella della crescita dell'impresa sia in termini dimensionali sia in termini di qualità delle combinazioni economiche. Quando l'impresa

[33] Negli studi di matrice anglosassone si ragiona in termini di «gestione dei portatori di interessi» (*stakeholders management*). In un importante lavoro del 2002, si afferma che «la ricchezza dell'organizzazione può essere creata (o distrutta) attraverso le relazioni con i portatori di interessi di ogni tipo: conferenti di capitale, clienti e fornitori, attori politici e sociali. Di conseguenza, un'efficace gestione dei portatori di interessi – ossia la gestione delle relazioni con gli *stakeholders* per il vantaggio reciproco – è una condizione critica per il successo dell'impresa» [Post, Preston e Sachs, 2002, 1]. Le buone relazioni con tutti gli *stakeholders* producono vantaggi economici poiché riducono i costi di transazione e sono un vantaggio competitivo proprio dell'azienda e difficilmente replicabile dai concorrenti. In merito allo «*stakeholder approach*» si vedano anche: Clarkson [1998]; Freeman e McVea [2001]; Kochan e Rubinstein [2000]; Charreaux e Desbrières [2001].

vive periodi di stasi o di contrazione diventa particolarmente difficile distribuire ricompense soddisfacenti per tutti.

Sin qui abbiamo supposto che, individuato il soggetto economico, il governo economico sia esercitato (economico in via diretta o mediante rappresentanze) da *tutti e soltanto* i membri del soggetto. Si noti che la nostra impostazione definisce il soggetto economico come l'insieme unitario delle categorie di persone che hanno *il diritto e il dovere* di esercitare il governo economico, ossia come l'insieme delle categorie di persone che *dovrebbero* – direttamente o indirettamente – esercitare il governo economico. Altra cosa è l'insieme delle persone che (direttamente o indirettamente) *di fatto* esercitano il governo economico. Spesso, nella realtà, le imprese sono governate da *insiemi di persone che non rappresentano l'intero soggetto economico*, ma solo una parte di esso; ad esempio, che rappresentano solo gli «azionisti di controllo» trascurando gli «azionisti di minoranza». Non mancano neppure i casi nei quali il governo economico è esercitato, in tutto o in parte, da *persone che non fanno parte del soggetto economico*; ad esempio, membri di organizzazioni politiche che vogliono interferire nelle strategie di un'impresa privata. Nei due casi (quando il governo economico è esercitato da persone che rappresentano solo in parte il soggetto economico e da persone esterne al soggetto economico) si forma un *soggetto economico improprio* che può essere deleterio per lo sviluppo dell'impresa poiché non rispetta il principio del contemperamento degli interessi.

Si chiude facendo notare che correntemente si usa una definizione di soggetto economico differente rispetto a quella adottata in questo scritto: «Chiamiamo soggetto economico dell'azienda la persona o il *gruppo di persone che di fatto ha ed esercita il supremo potere* nell'azienda, subordinatamente solo ai vincoli d'ordine giuridico e morale ai quali deve o dovrebbe sottoporsi»[34]. In tale visione non è critica la distinzione tra chi «dovrebbe» governare l'impresa e chi «di fatto» la governa.

4.4.3. L'assetto di governo dello Stato

Le famiglie sono aggregate in comunità politiche nazionali il cui fine generale, il bene comune, è la realizzazione del progresso sociale e spirituale di tutti i loro membri[35]. Le comunità nazionali tendono a costituirsi in Stati indipendenti; lo Stato è l'ordinamento politico, sociale, giuridico ed economico che cura il perseguimento dei fini generali delle comunità nazionali. Lo Stato si articola in complesse strutture di istituti pubblici; tra questi di pri-

[34] ONIDA [1965, 21]. Questa definizione è stata ed è uno dei principali riferimenti del pensiero economico aziendale italiano.

[35] Per il tema qui svolto si fa riferimento a MASINI [1979, 65-66, 196-197, 263-266]; BORGONOVI [1978, 15-20, 117-119].

mario rilievo gli istituti pubblici territoriali: lo Stato stesso, le Regioni, le Province, i Comuni. Si tratta di istituti di tipo politico e sociale caratterizzati però anche da rilevanti fini e processi di tipo economico; qui si usa la dizione *aziende composte pubbliche* per indicare l'ordine economico degli istituti pubblici territoriali.

Tra tutti i soggetti che partecipano alla vita dello Stato, i portatori di interessi istituzionali sono evidentemente i cittadini membri dello stesso. Sono però interessi economici istituzionali anche gli interessi delle persone che prestano lavoro per lo Stato. In altri termini, i *fini economici istituzionali* delle aziende composte pubbliche sono: il *soddisfacimento dei bisogni pubblici* di tutti i membri della collettività; la *rimunerazione del lavoro* dei prestatori di lavoro. Corrispondentemente, sono membri del *soggetto economico* tutti i membri della collettività e coloro che prestano lavoro nelle aziende composte pubbliche; i prestatori di lavoro sono di regola, in larga parte, anche membri della collettività corrispondente all'azienda composta pubblica in cui prestano lavoro. Anche per lo Stato non è trascurabile la possibilità che si formino soggetti economici impropri. Si formano *soggetti economici impropri* e si trascurano i principi di economicità (di etica, e talvolta di diritto positivo) quando l'azienda composta pubblica diventa strumento delle organizzazioni politiche o di particolari categorie di utenti e di prestatori di lavoro anziché strumento di realizzazione del bene comune della collettività.

La numerosità dei membri delle collettività politiche, la varietà dei loro interessi, economici ed extra-economici, la pluralità degli istituti di cui le persone sono contemporaneamente parte e la congiunzione dei ruoli di consumatori e di contribuenti rendono particolarmente complessi i problemi relativi alle scelte delle strutture e dei processi di *esercizio del governo economico* negli istituti pubblici. Le prerogative di governo economico negli istituti pubblici si esercitano di regola in via indiretta per mezzo di organi collegiali i cui membri sono scelti mediante elezioni; negli ordinamenti politici moderni tali organi collegiali non sono organi esclusivamente, o comunque prevalentemente, di governo economico; si tratta di organi che svolgono prioritariamente compiti di tipo politico. La distinzione e l'integrazione dei *ruoli politici* e dei *ruoli economici* si attuano a due livelli: il livello della struttura complessiva dell'amministrazione pubblica dove si configurano istituti con vario peso relativo delle finalità economiche e delle finalità politiche (sono prevalenti le finalità economiche, ad esempio, nelle aziende autonome dello Stato o nelle aziende municipalizzate; ancor più nelle imprese pubbliche che si collocano ai confini tra la pubblica amministrazione e l'insieme delle imprese); il livello dell'assetto istituzionale e dell'assetto organizzativo dei singoli istituti della pubblica amministrazione. Al secondo livello, e con riferimento agli istituti pubblici territoriali, si attua una sorta di distinzione tra *organi politici* ed *organi della struttura amministrativa*[36]; gli organi politici sono com-

36 Il tema è sviluppato in BORGONOVI [1978, 15-20].

posti dalle persone elette dai membri della collettività che esprimono le proprie preferenze in funzione delle caratteristiche personali dei candidati e ad essi si richiede la capacità di interpretare le attese, di ogni tipo, della collettività e di ricondurle ad un bene comune; gli organi della «struttura amministrativa» sono i prestatori di lavoro dei vari livelli ai quali si richiedono soprattutto competenze professionali di tipo tecnico ed economico. Gli organi politici sono assimilabili, in termini strutturali, agli organi di governo economico, mentre gli organi superiori della «struttura amministrativa» corrispondono agli organi massimi direttivi delle imprese. I rapporti tra tali organi, tuttavia, sono, nel caso degli istituti pubblici, significativamente differenti rispetto a quelli che si attuano nelle aziende di produzione; in queste ultime i due tipi di organi hanno compiti distinti «per livello» ma omogenei per contenuto, per orientamenti e per competenze richieste; negli istituti pubblici i compiti sono distinti per livello ed anche, in misura significativa, per orientamenti e per competenze richieste; ciò discende dalla natura composita degli istituti pubblici (prevalentemente politici e con rilevanti componenti economiche) e richiede la ricerca e l'attuazione di equilibri organizzativi particolarmente complessi.

4.4.4. L'assetto di governo degli istituti nonprofit

Negli istituti nonprofit gli *interessi istituzionali* possono fare capo a tre categorie di soggetti:

- gli associati delle associazioni chiuse e aperte (associazioni culturali, sportive, ricreative, ecc.) che si aggregano per soddisfare certi bisogni comuni coprendone i costi mediante quote di associazione e tariffe;
- i donatori (privati e pubblici; che donano mezzi monetari, lavoro volontario, beni, agevolazioni fiscali, ecc.) degli enti di beneficenza, degli enti che producono beni pubblici, degli enti fornitori di servizi di assistenza ceduti a prezzi autolimitati;
- i prestatori di lavoro.

Tali categorie di soggetti, talvolta singolarmente, talvolta combinandosi con vario peso, formano dunque il soggetto di istituto. Così, ad esempio, in un'associazione culturale chiusa, economicamente autonoma e senza prestatori di lavoro retribuiti, il soggetto di istituto è formato da tutti e soltanto gli associati. In un ente culturale molto articolato, con varie categorie di donatori, con molti prestatori di lavoro sia retribuiti sia volontari, il soggetto di istituto comprende tutti i donatori (inclusi i volontari) e i prestatori di lavoro.

Sono *interessi istituzionali economici*: *a*) le attese di soddisfacimento dei bisogni comuni dei membri delle associazioni chiuse e aperte; *b*) le attese di rimunerazione dei prestatori di lavoro non volontario. Sono interessi istituzionali non economici quelli dei donatori. Il peso relativo degli interessi istituzionali economici e non economici può variare molto a seconda del tipo di istituto nonprofit; di conseguenza, negli istituti nonprofit l'insieme delle persone che compone il soggetto di istituto può essere notevolmente diverso (molto più ampio) rispetto all'insieme delle persone che compone il soggetto economico.

Come già osservato nei paragrafi precedenti, la progettazione delle strutture di governo (economico e non economico) degli istituti nonprofit comporta scelte delicate e ciò vale, in particolare, quando gli insiemi delle persone che forniscono i contributi non coincidono con gli insiemi di persone che ricevono le rimunerazioni e i benefici. Ulteriori complessità si manifestano quando le categorie di conferenti di contributi sono numerose e disomogenee; si pensi al caso di un ente di beneficenza cui partecipano un ente religioso, una pluralità di volontari, numerosi cittadini con piccole e grandi offerte e donazioni, lo Stato con contributi e agevolazioni. Spesso in situazioni di questo tipo risulta opportuno affiancare agli organi di amministrazione e di controllo un «consiglio di garanti» formato da persone note e indipendenti che mettono in gioco la propria reputazione come garanzia della correttezza e dell'equità della gestione dell'istituto.

L'economicità

Capitolo 5

5.1. L'economicità come principio e come obiettivo

5.1.1. L'equilibrio istituzionale e l'equilibrio economico

Abbiamo visto in che cosa consiste l'attività economica (produzione e consumo; gestione, organizzazione, rilevazione; coordinazioni e combinazioni parziali; negoziazioni; ecc.) e abbiamo visto che attorno a ciascuna azienda converge un sistema di attese che deve essere tenuto in equilibrio dinamico. Siamo pronti per parlare di economicità e per conoscere alcuni dei modelli fondamentali di analisi e di valutazione dell'economicità stessa. L'economicità, o equilibrio economico di un istituto, è una delle condizioni fondamentali dell'equilibrio istituzionale.

Si ha *equilibrio istituzionale* quando tutti i membri del soggetto di istituto: *a*) condividono i valori e gli obiettivi che ispirano la vita dell'istituto, le sue strutture e modalità di governo, le logiche organizzative; *b*) ricevono ricompense e benefici (di ogni genere) giudicati equi rispetto ai contributi (di ogni genere) forniti. In altri termini, si ha equilibrio istituzionale quando gli attuali e potenziali membri del soggetto d'istituto sono motivati ad entrare a far parte dell'istituto e a permanervi[1]. La mancanza di condizioni di equilibrio istituzionale si rende manifesta quando membri rilevanti dell'istituto escono e l'istituto non è in grado di attrarre altre persone che detengono risorse critiche per la sua esistenza.

Il concetto di equilibrio istituzionale ci ricorda che gli istituti sono società umane relativamente *aperte*[2], ossia società umane che possono acquisire nuovi membri e perderne altri perdurando nel tempo. Naturalmente il grado

[1] Con riferimento ai prestatori di lavoro, MARCH e SIMON [1958] usano l'espressione «motivazione a partecipare». Sui concetti di equilibrio istituzionale e di discontinuità dello stesso, si veda: RAVASI, ZATTONI e BRUNI [2002].

[2] Si veda: SCOTT [1981; trad. it. 1985, 347-349].

di apertura dipende dalla natura dell'istituto. Le famiglie sono società umane tendenzialmente chiuse; le imprese sono società umane aperte.

L'equilibrio istituzionale è un equilibrio di lungo periodo; gli istituti presentano il carattere della *continuità*, o di *durabilità*; carattere che deve essere osservato in tre aspetti: *i*) le persone che partecipano alla vita degli istituti di regola si attendono che l'istituto perduri nel tempo in modo tale che le loro attese possano essere soddisfatte anche nel lungo periodo; *ii*) i fondatori e i membri di un istituto spesso si attendono che l'istituto perduri a tempo indeterminato, anche al di là della durata della loro vita; questo, evidentemente, vale soprattutto per gli istituti che hanno rilevanti finalità di ordine morale; ma vale anche per la generalità delle imprese, almeno negli auspici dei loro fondatori; *iii*) gli istituti nel tempo accumulano patrimoni di relazioni e di competenze che sono relativamente indipendenti dalle persone e che hanno un valore nel tempo; ogni volta che un istituto cessa la propria esistenza, si perdono tali patrimoni.

Il concetto di equilibrio istituzionale, infine, si deve apprezzare ricordando il fenomeno dell'*inclusione parziale* per cui ciascuna persona persegue una pluralità di fini e partecipa contemporaneamente a più istituti; per certi versi *i vari istituti sono tra loro in concorrenza nell'attrarre le persone* o, da un altro punto di vista, le persone sono relativamente libere di scegliere l'insieme di istituti attraverso i quali realizzare il proprio equilibrio complessivo di contributi e ricompense.

L'equilibrio istituzionale è vita duratura, ma è anche *vita autonoma*. Vita autonoma non significa vita isolata, priva di relazioni con altri istituti; come ben sappiamo tutti gli istituti traggono vita da intense relazioni con numerosi altri istituti della stessa specie e di specie differenti. Qui autonomia significa sostanziale libertà di scegliere i propri fini e le proprie modalità di governo senza sottostare alla volontà di altri istituti fatte salve le norme di legge e le gerarchie interaziendali liberamente concordate quando si formano aggregati quali i gruppi di imprese.

Sin qui si è detto dell'equilibrio istituzionale. Si ha *equilibrio economico*, ossia *economicità*, quando l'istituto nel suo insieme è in grado di attrarre risorse sufficienti per rimunerare tutte le condizioni di produzione e di consumo utilizzate per svolgere le proprie combinazioni economiche. In altri termini, l'economicità è la capacità dell'istituto di *operare senza accumulare perdite*[3].

L'equilibrio istituzionale e l'equilibrio economico sono *interconnessi*, ma *non sincroni*. Si può manifestare equilibrio istituzionale *pro tempore* anche in condizioni di perdita; perdite di piccole dimensioni possono protrarsi anche per parecchi anni; alcuni dei soggetti di istituto rinunciano a una parte delle rimunerazioni e la gestione finanziaria può temporaneamente garantire la solvibilità dell'istituto. Quando però le perdite si accumulano per importi e per

[3] Questa definizione molto sintetica è sviluppata nel par. 5.3 ove si esplicita un più ampio elenco di condizioni di economicità.

tempi troppo estesi, l'equilibrio istituzionale viene compromesso e ciò si può manifestare in tre forme: *a)* l'istituto cessa di vivere; *b)* un altro istituto acquisisce e ingloba l'istituto in disequilibrio economico; in sostanza si tratta di un'altra forma di cessazione o comunque di una radicale trasformazione; *c)* uno o più soggetti (persone o istituti) si rendono disponibili a ripianare sistematicamente le perdite future; l'istituto in perdita rimane formalmente in vita ma perde la sua autonomia sostanziale poiché i diritti proprietari di fatto vengono trasferiti a chi si accolla le perdite; l'istituto originario cessa di esistere poiché cambia il soggetto di istituto. In sintesi, l'economicità è condizione necessaria per la vita duratura di un istituto; se e quando rilevanti perdite si accumulano per periodi non brevi l'istituto cessa o subisce trasformazioni radicali.

L'economicità è condizione di vita degli istituti di ogni ordine; sia degli istituti prevalentemente economici quali le imprese, sia degli istituti che hanno prevalenti fini non economici, quali le famiglie, lo Stato e molti istituti nonprofit. In quanto condizione di vita degli istituti, *l'economicità è contemporaneamente un principio ed un obiettivo fondamentale di buon governo degli istituti.*

5.1.2. Durabilità e autonomia

I caratteri di *durabilità* e di *autonomia* degli istituti si riflettono sul concetto di azienda – l'ordine economico di istituto – e sull'economicità. L'azienda[4] per essere ordine economico di istituto deve essere duratura, deve cioè svolgersi secondo condizioni di vita e di funzionamento tali da consentire di durare nel tempo in un ambiente mutevole. È sufficiente ricordare le relazioni che intercorrono tra azienda e istituto e l'astrazione che si compie considerando lo svolgimento dell'azienda nell'istituto, per rendersi conto della necessità che l'azienda possieda il carattere della durabilità. L'azienda, che dell'istituto è un'astrazione, eredita questo attributo della durabilità e lo esalta nel senso che essa, essendo rivolta a soddisfare finalità economiche che sono a loro volta strumentali per il perseguimento dei fini generali di istituto, non può considerare queste finalità economiche che in un'ottica duratura di lungo periodo. La durabilità di un istituto (in particolare delle imprese e degli istituti della pubblica amministrazione) va al di là del permanere delle persone che in un dato momento compongono l'istituto stesso. La continuità e lo sviluppo di un istituto hanno un valore non solo per i suoi membri attuali, ma anche per i suoi membri potenziali futuri e per la collettività in generale. Chi, singola persona o gruppo di persone legasse la vita di un istituto ai propri interessi o destini particolari, produrrebbe danni economici, con riflessi anche di ordine morale, sia per gli altri membri dell'istituto, sia per l'economia nel suo complesso.

Connesso al carattere della durabilità, è quello dell'*autonomia*. Non è sufficiente che l'azienda duri nel tempo, occorre anche che non si manifesti

[4] Si segue l'impostazione di MASINI [1979, 240].

un sistematico ricorso a interventi di sostegno o di *copertura delle perdite* da parte di altri istituti. L'autonomia è, quindi, un carattere che si accompagna necessariamente con la durabilità e che serve a qualificarla. Nella realtà si incontrano numerosi esempi in cui la durabilità non è sostenuta dall'autonomia e in tali casi si riscontrano spesso situazioni patologiche per lo stesso funzionamento dell'istituto. L'azienda familiare, ad esempio, può durare e svilupparsi nel tempo grazie a continui sussidi e aiuti da parte di altre economie (altre famiglie, istituti territoriali pubblici come Stato, Regioni e Comuni). Così come un'impresa che produce continue perdite di gestione può continuare a vivere, per un certo periodo di tempo, grazie all'immissione di nuovo capitale da parte dei soci, e un'azienda composta pubblica, pur consumando di più di quanto produce, può mantenere la sua capacità di spesa, anche per periodi lunghi, mediante l'indebitamento. Nell'accertare l'autonomia di un'azienda vanno naturalmente considerati anche le coperture di perdite e gli interventi di sostegno realizzati per via indiretta, come alcune forme di esenzione fiscale, le «protezioni» godute dalle imprese, le manovre di debito pubblico a sostegno del disavanzo degli enti pubblici. Sono tutte soluzioni che hanno un carattere comune: la precarietà, la provvisorietà. Basta che il sussidio, la copertura delle perdite, la possibilità di indebitarsi si incrinino, o si arrestino, per mettere in discussione la sopravvivenza dell'azienda e degli stessi istituti, creando tensioni e dissesti. Ma anche se ciò non avviene, tali istituti il più delle volte devono piegare le loro finalità agli intendimenti o alle pressioni degli istituti che consentono loro di sopravvivere. Si rifletta, a questo riguardo, su quanto è avvenuto nel nostro Paese quando gli interventi pubblici, motivati da «ragioni sociali», hanno consentito la sopravvivenza di imprese inesorabilmente «fuori mercato». Un tema che si ripropone periodicamente, specie nei tempi di crisi economica e politica, e che interessa le economie dei Paesi sia sviluppati sia in via di sviluppo. Sembra tuttavia che vi sia ora una maggiore consapevolezza dei pericoli di queste scelte: aiutare le imprese in dissesto, senza intervenire sulla loro capacità di produrre reddito e limitandosi a farle vivere con sussidi e aiuti, significa solo rinviare, procrastinare nel tempo la soluzione del problema con il risultato di rendere ancor più gravi le conseguenze sociali che si volevano evitare.

5.1.3. I fini e le condizioni di svolgimento delle aziende

Il principio di economicità, come regola di condotta o di funzionamento dell'azienda nell'istituto, si declina in due forme complementari:

1. come *perseguimento di fini economici istituzionali*;
2. come *rispetto simultaneo di un insieme di condizioni di svolgimento dell'attività economica*.

Se si ragiona in termini di fini economici istituzionali, l'economicità è espressa dal grado di raggiungimento dei fini già illustrati nel capitolo 2, ossia:

- per le imprese: la produzione di rimunerazioni monetarie e di altra specie in particolare per i prestatori di lavoro e per i conferenti di capitale di rischio;

- per le famiglie: l'appagamento dei bisogni delle persone che le compongono;
- per lo Stato: l'appagamento dei bisogni di beni pubblici dei cittadini e la rimunerazione dei prestatori di lavoro;
- per gli istituti nonprofit: appagamento dei bisogni di varie categorie di associati e fruitori e rimunerazione dei prestatori di lavoro.

Se si ragiona in termini di condizioni di svolgimento dell'azienda, si fa riferimento, con vario peso per le differenti classi di istituti, a:
- l'equilibrio reddituale;
- l'efficienza e la flessibilità;
- la congruenza delle rimunerazioni;
- la capacità di risparmio;
- l'equilibrio monetario.

Declinare il principio dell'economicità in un modo o nell'altro non cambia sostanzialmente il significato e l'applicazione del principio, anche perché esiste un vicendevole rapporto tra le due espressioni. I fini economici possono, infatti, esser intesi come una regola di funzionamento, così come le condizioni possono concretamente realizzarsi con la definizione dei fini da perseguire. Si possono tuttavia cogliere accentuazioni diverse nelle due espressioni. Nel primo caso (perseguimento dei fini) si concentra l'attenzione sui fini economici, che in certi istituti, come le imprese, rappresentano la parte preminente dei fini d'istituto; nel secondo caso (rispetto di condizioni), invece, l'accento è posto sull'azienda come astrazione e anche come strumento di istituto e sulle regole che devono presiedere al suo corretto funzionamento. Se l'azienda non si svolge secondo convenienza economica, essa non può esser mezzo per conseguire gli altri fini di istituto non economici ispirati dall'etica, dalla morale e dalla politica. Si pensi ad un'impresa editoriale volta a trasmettere alta cultura che trascuri l'equilibrio economico. È naturale che, per continuare a svolgere il suo ruolo culturale, essa dovrà ricorrere a continui sussidi e aiuti esterni, stravolgendo la funzione strumentale dell'azienda e rendendo precario lo stesso perseguimento dei fini di istituto.

L'economicità, pertanto, è una regola di condotta che trova proprio nel perseguimento dei fini economici o nel rispetto delle condizioni di funzionamento la sua concreta traduzione. L'economicità come regola di condotta aziendale, come perseguimento dei fini economici, come rispetto delle condizioni di svolgimento duraturo e autonomo, come verifica delle condizioni di equilibrio reddituale e di congiunto equilibrio finanziario e monetario, vale per qualsiasi classe di istituti (famiglie, imprese e istituti della pubblica amministrazione) che debba raggiungere anche fini di natura economica. Poiché le aziende vengono a comporre il sistema economico di un Paese, si può sostenere per traslato che vi è anche una economicità generale di Paese[5].

[5] Per la dimensione collettiva si rinvia a: MASINI [1979, par. 9]; ONIDA [1965, 104 ss.].

5.2. L'economicità delle imprese

5.2.1. L'equilibrio reddituale

Nell'azienda di produzione si svolge una serie di accadimenti, tra i quali vengono ad assumere particolare rilievo quelli di scambio con terze economie. Da questi scaturiscono infatti componenti positivi e negativi di reddito (in prima approssimazione, ricavi e costi) connessi rispettivamente all'acquisizione di fattori produttivi e al collocamento nel mercato di beni. Il fluire dei ricavi nel tempo alimenta la continuità dei processi produttivi che via via si susseguono con il sostenimento di costi. Poiché in genere nelle aziende di produzione i costi sono sostenuti «in via anticipata» rispetto ai ricavi, si manifesta un fabbisogno di capitale, la cui copertura con provvista di opportune fonti di finanziamento determina a sua volta un componente negativo di reddito, gli oneri finanziari, che i componenti positivi di reddito devono pure coprire. Solo se il fluire dei componenti positivi copre i componenti negativi risulta assicurata la continuità dell'azienda. Da questi brevi cenni si evince così una *prima fondamentale condizione* da rispettare, senza la quale l'azienda non può dirsi vitale, capace cioè di vivere nel tempo in modo autonomo senza interventi di terze economie[6]. Tale condizione primaria viene chiamata *equilibrio reddituale* (equilibrio tra componenti positivi e negativi di reddito) ed esprime l'attitudine della gestione di rimunerare, con i componenti positivi di reddito, alle condizioni di mercato, tutti i fattori produttivi compresi il capitale di prestito ed il capitale di rischio. Tale condizione, tuttavia, non è sufficiente; ha bisogno di alcune qualificazioni, oltre ad esser accompagnata da altre condizioni da rispettare simultaneamente[7].

Una prima qualificazione dell'equilibrio reddituale riguarda *il tempo a cui riferire l'equilibrio*. È fuori discussione, dato che cerchiamo le condizioni affinché l'azienda possa riuscire duratura, che tale equilibrio debba essere di *lungo periodo*, anche se diverse sono le modalità del suo conseguimento in relazione alla tipologia dei processi produttivi e alla mutevolezza dell'ambiente in cui l'azienda opera. Una cosa è infatti riferirsi ad un'azienda manifatturiera che si caratterizza per cicli brevi, come può esser un produttore di beni di largo consumo, cosa ben diversa è l'azienda che produce commesse che per esser realizzate hanno bisogno di molti anni. Nel primo caso l'equilibrio reddituale di lungo deve manifestarsi come successione continua di equilibri tra ricavi e costi per periodi brevi, anno per anno, nel secondo caso, invece, l'equilibrio reddituale verrà accertato prendendo in esame la successione di equilibri tra ricavi e costi che si realizzano per le varie com-

6 Si ricorda ancora che per le imprese autonomia non significa non ricorso al capitale di prestito; è perfettamente fisiologico che le imprese ricorrano al capitale di prestito (in adeguata combinazione con capitale proprio) per finanziare l'attività corrente e lo sviluppo. Autonomi significa non dover ricorrere sistematicamente a terzi *per coprire le perdite*.

7 Si fa riferimento per queste proposizioni a quanto contenuto in ONIDA [1965, 59 ss.].

messe poliennali in svolgimento. Può anche succedere che un'azienda presenti un equilibrio di breve, mentre non altrettanto avviene per il lungo periodo. Il caso potrebbe riguardare, ad esempio, un'azienda produttrice di grandi commesse che ha un portafoglio ordini ancora per venti mesi di lavoro ma che sulla base della congiuntura del settore prevede un blocco di ordini per i prossimi anni. È chiaro che ciò segnala una situazione di difficoltà che, se non si sblocca, creerà pregiudizio per la sopravvivenza dell'azienda, a meno che essa non destini le sue risorse e competenze verso un'altra attività che presenta elementi di interesse e prospettive di crescita. Nel caso, invece, che all'equilibrio di lungo non si accompagni quello di breve – situazione anche questa di frequente verificabile nella pratica – l'azienda corre il pericolo di cessare se non trova finanziatori disposti ad assumere rilevanti rischi fornendo i necessari volumi di capitale di prestito e di capitale di rischio.

Una seconda qualificazione dell'equilibrio reddituale riguarda *l'oggetto di riferimento*. L'equilibrio reddituale può infatti fare riferimento, oltre che alla singola azienda anche al gruppo aziendale. Nel primo caso si parla di *equilibrio aziendale*, nel secondo di *equilibrio superaziendale o di gruppo*. Nella pratica si manifestano situazioni concrete molto diverse che richiedono particolari modalità di accertamento dell'equilibrio reddituale, modalità che presuppongono comunque la chiara esplicitazione dei nessi che si instaurano con le altre aziende e l'eventuale presenza di un «soggetto economico improprio». L'equilibrio reddituale di gruppo può esser inteso in due significati. Il primo è quello per cui l'azienda si dice «economica in funzione del gruppo» poiché solo entro il gruppo essa riesce ad esser autosufficiente; se essa operasse indipendentemente avrebbe problemi di sopravvivenza. Situazioni di questo tipo si ritrovano quando l'azienda nell'ambito del gruppo svolge una specifica coordinazione particolare (la finanza, la ricerca e sviluppo, ecc.) o quando produce un componente che può esser fornito solo ad altre aziende del gruppo che provvedono poi ad assemblarlo con altri per ottenere un prodotto da collocare nel mercato o quando fabbrica esclusivamente un prodotto che non può che esser venduto nel mercato assieme ad altri prodotti di altre aziende del gruppo. Si manifesta, talvolta, anche il caso dell'azienda che, presa a sé stante, appare autosufficiente dal punto di vista reddituale, ma ad un più attento esame si scopre che ciò avviene grazie ad un'altra azienda del gruppo che cede la sua produzione a prezzi interni particolarmente favorevoli. Si tratta quindi di aziende che conseguono l'equilibrio reddituale solo perché operano nell'ambito del gruppo godendo di condizioni e di fattori particolari. Nel secondo significato, l'azienda si dice «economica in funzione del gruppo» quando, pur non conseguendo l'equilibrio reddituale, viene mantenuta in vita perché offre opportunità o vantaggi alle altre aziende del gruppo senza che questi si manifestino in componenti positivi di reddito per l'azienda che li fornisce. Situazioni di questo tipo si hanno, ad esempio, per le aziende di gruppo che svolgono attività di promozione culturale, di immagine o di formazione dell'organismo personale.

5.2.2. L'efficienza, le rendite monopolistiche e le economie esterne, la flessibilità

Una *seconda condizione* da rispettare simultaneamente all'equilibrio reddituale, per affermare che l'azienda si svolge secondo economicità, è il mantenimento di un livello accettabile di *efficienza*, espressa in termini di *rendimento fisico-tecnico* dei processi produttivi. L'azienda, autosufficiente dal punto di vista reddituale, può non rispettare pienamente il principio di economicità, se le sue operazioni e i suoi processi si svolgono con gravi inefficienze o con palesi errori gestionali e organizzativi. Potrebbero esser particolari condizioni dei mercati di vendita o di approvvigionamento che consentono che tali inefficienze siano trasferite all'esterno, senza danneggiare l'equilibrio reddituale dell'azienda. I casi rilevanti in materia sono: *a)* le posizioni di monopolio e di monopsonio nei quali l'impresa sfrutta le rendite derivanti dal proprio potere contrattuale particolarmente forte in posizione di venditore o di compratore; *b)* lo scarico sulla collettività di oneri quali quelli prodotti dall'inquinamento realizzando così economie esterne. Tale modalità di conseguimento dell'autosufficienza, oltre ad esser contingente, legata a fatti particolari, non duraturi, penalizza l'economicità di altre aziende, determinando una più ridotta economicità, in misura più o meno elevata in relazione alla sua dimensione, a livello di sistema economico di Paese.

Il termine efficienza ha, in genere, significato di relazione che intercorre tra risultati conseguiti e mezzi impiegati e viene riferito a sfere operative diverse, dalla combinazione aziendale presa nel suo insieme, ai processi di produzione o a quelli commerciali o amministrativi. I risultati e i mezzi possono esser considerati sotto il profilo qualitativo, quantitativo o del valore. Una particolare espressione dell'efficienza sono i rendimenti fisico-tecnici. Essi sono rapporti che esprimono risultati non monetari dello svolgimento di operazioni, processi e combinazioni. Si configurano, in particolare, come relazioni tra volumi e qualità ottenute e volumi e qualità delle condizioni produttive impiegate, date predefinite durate, distintamente per operazioni, processi e combinazioni[8]. Si hanno così, ad esempio, nelle imprese meccaniche, rendimenti del tipo: pezzi prodotti per ora operaio, pezzi prodotti per ora macchina, durata dei tempi di esecuzione di un lavoro, durata di attività e di inattività degli operai, e così via; in un'impresa bancaria: durata di svolgimento delle procedure, numero di operazioni per una data specie di attività svolta entro un dato periodo di tempo, ecc. Per le caratteristiche di complementarità delle condizioni di produzione non è possibile, sul piano logico, misurare il preciso concorso di singoli fattori produttivi al risultato di ogni processo o di ogni operazione svolta. Anche quando si vuole valutare il ren-

[8] Nello stesso significato di rendimenti fisico-tecnici, alcuni autori utilizzano il termine «produttività». Essa viene definita come rapporto tra una determinata quantità e qualità di prodotto e un corrispondente volume di fattori produttivi impiegati per ottenerla. Tra gli altri, confronta TESSITORE [1979, 45].

dimento di un aspetto parziale della complessa combinazione aziendale, il risultato (numeratore del rapporto di rendimento) risente di tutte le complementari condizioni di svolgimento delle altre operazioni e degli altri processi che si svolgono nell'azienda: impieghi di materiali in date specie e in dati volumi, impieghi di lavoro in date qualificazioni e in dati volumi, organizzazione del lavoro attuata, diverso grado di impiego di condizioni produttive, sistemi di informazione e di comunicazione adottati, e così via.

Si persegue anche l'efficienza applicando metodi di lavoro che consentono di svolgere le operazioni senza sprechi di risorse e di tempi, ma soprattutto ricercando l'*innovazione dei processi* perché è solo attraverso questa strada che le aziende possono rimanere nel mercato in una posizione di sufficiente stabilità. Si pensi, ad esempio, al ruolo che in questi tempi stanno avendo i nuovi mezzi tecnici, le automazioni e anche le nuove soluzioni organizzative come il *just in time* (per rendere fluido lo scorrere della produzione e accelerarne quindi i tempi di svolgimento), la *total quality* (ricerca della qualità totale, ma anche risparmio dei costi). In questi anni l'efficienza ha rappresentato un'arma fondamentale, non solo per esser più competitivi nel mercato (praticare, in altri termini, prezzi di vendita contenuti tali da spiazzare i concorrenti), ma anche soltanto per esser presenti nell'arena competitiva. L'azienda senza un adeguato livello di efficienza, tenendo conto dell'attuale tasso di evoluzione tecnologica e dei metodi di gestione, è destinata a vita incerta e limitata, anche se chiude l'esercizio con risultato reddituale positivo.

All'efficienza dovrebbe esser collegata anche la condizione della *flessibilità* in un mondo sempre più dinamico e mutevole; l'azienda durevole è quella che ricerca efficienza ma anche flessibilità, intendendo con questo la predisposizione di strutture e di combinazioni produttive efficienti in grado di adeguarsi prontamente all'ambiente.

5.2.3. La congruità delle rimunerazioni

Una *terza condizione da perseguire*, sempre simultaneamente alle altre due (equilibrio reddituale e efficienza), è la *congruità dei prezzi-costi sostenuti e dei prezzi-ricavi conseguiti* e, in particolare, la *congruità delle rimunerazioni del capitale-risparmio e del lavoro*. Non si può parlare di economicità se l'azienda ottiene l'equilibrio reddituale grazie solo a particolari condizioni di acquisto delle materie prime e dei servizi di terzi o grazie solo ad una politica di prezzi imposti particolarmente elevati (si pensi a quello che succede per le imprese concessionarie di servizi in monopolio, quando le tariffe sono fissate a livelli particolarmente elevati) o grazie anche a una rimunerazione insufficiente o comunque non adeguata dei due fondamentali fattori della produzione: capitale-risparmio e lavoro. In queste situazioni, in cui si manifesta un'incongruità dei prezzi e delle rimunerazioni, la contemporanea presenza di equilibrio reddituale e di livelli accettabili di efficienza non consente di esprimere un giudizio di piena economicità. Ciò significa che altre aziende sopportano le conseguenze di queste situazioni; in altri termini, si può dire che l'economicità aziendale viene perseguita grazie anche al concorso di altre aziende familiari o di altre aziende di produzione. È il caso che si manifesta nelle imprese che si avvalgono di lavoro a domicilio «sottopagato»; è il caso che si verifica nelle aziende che godono di posizioni di monopolio con prezzi di vendita prefissati secondo scelte politiche o amministrative; è il caso, infine, di molte piccole imprese familiari che vivono solo grazie al fatto che non rimunerano adeguatamente il lavoro dei membri delle famiglie corrispondenti o che non considerano tra i componenti negativi di reddito la rimunerazione dei mezzi propri investiti. Considerazioni analoghe valgono per i diffusi fenomeni di evasione fiscale.

Il giudizio di adeguatezza o di congruità dei prezzi-costo e dei prezzi-ricavo comporta un esame delle *condizioni di ambiente che caratterizzano i diversi mercati* in cui le imprese operano. Per quanto riguarda in particolare le retribuzioni e la rimunerazione del capitale proprio, oggetto di attenzione devono essere *le strutture della domanda e dell'offerta di lavoro e capitale*. Nel primo caso si tratta di valutare se le retribuzioni corrisposte al personale di tutti i livelli e delle varie funzioni risultano coerenti con le retribuzioni negoziate nell'ambiente. Non si devono, in altri termini, manifestare situazioni patologiche, legate a fatti contingenti, che vanno ad intaccare la durabilità dell'azienda. In una prospettiva di mercato che tende a diventare globale, il problema va visto in modo tale da tener conto delle forze competitive in atto. Certe condizioni particolari, che si manifestano in una determinata area geografica per quanto attiene al lavoro, vanno valutate attentamente per dare un giudizio di economicità sulle imprese che se ne avvantaggiano. Si può allora concludere, per esempio, che un'azienda di trasformazione con grande peso del lavoro presenta economicità solo perché opera in un'area geografica in cui la rimunerazione del lavoro è contenuta e risulta comunque più bassa di quella dei concorrenti che operano in altri Paesi. È questa una situazione che desta preoccupazioni e che determina, in ogni caso, il rischio che l'autosufficienza non permanga a lungo, a meno che non vengano attuate, da parte della direzione d'impresa, azioni di riconversione o di sostituzione del lavoro manuale con interventi, ad esempio, di automazione e di meccanizzazione.

Considerazioni analoghe valgono per l'accertamento della congruità della rimunerazione del capitale di rischio conferito, di quel capitale cioè che sopporta il rischio economico generale d'impresa; rischio che si manifesta in tre specie fondamentali:

- il rischio di non ottenere adeguate rimunerazioni del capitale;
- il rischio di non poter smobilizzare tempestivamente ed economicamente il capitale investito nell'azienda;
- il rischio di perdita parziale o totale del capitale conferito a seguito di risultati negativi della gestione.

Occorre quindi, tenendo conto delle condizioni particolari del mercato finanziario, valutare il costo-opportunità, cioè il costo figurativo che esprime il mancato rendimento che il conferente capitale di rischio sopporta per aver investito nell'azienda, invece che in altri investimenti patrimoniali alternativi aventi lo stesso grado di rischio aziendale. Tale costo-opportunità si configura aggiungendo al rendimento degli investimenti patrimoniali a grado di rischio nullo (rendimento dei titoli di Stato) un compenso per il rischio d'impresa[9]. Quindi per dire che un'azienda è economica occorre anche accertare che essa rimuneri in modo soddisfacente, secondo il livello giudicato tale dal costo-opportunità, anche il capitale proprio.

5.2.4. L'equilibrio monetario

In precedenza, è stata introdotta la dimensione temporale nell'analisi dell'equilibrio reddituale ed è stata anche operata una distinzione tra equilibrio reddituale di breve e di lungo. Nell'ambito di questa distinzione si è anche accennato al ruolo di supplenza svolto dalla gestione finanziaria quando manca l'equilibrio di breve periodo. A questo riguardo potremmo meglio dire che esiste un *vincolo di sistema*, o una *quarta condizione da soddisfare* contemporaneamente alle prime tre, affinché l'azienda possa svolgersi secondo economicità: è il vincolo o la condizione di *equilibrio monetario*. L'azienda deve operare secondo equilibrio tra componenti positivi e negativi di reddito, ma deve contemporaneamente esser sempre in grado, momento per momento, di far fronte agli impegni di pagamento.

Si prenda la situazione prima ricordata in cui si manifesta un equilibrio di lungo, ma non di breve. È chiaro che ciò determina difficoltà nello svolgimento della gestione dal momento che i pagamenti generati dal sostenimento dei costi risultano più elevati degli incassi derivanti dai ricavi. Ma difficoltà analoghe si incontrano nelle aziende che abbisognano di anticipare di molto i costi prima di conseguire i ricavi: si pensi alle imprese cantieristiche e impiantistiche i cui lavori si sviluppano per anni, a quelle manifatturiere con combinazioni ad alta intensità di capitale, ma anche a quelle imprese che, per ragioni di mercato, devono anticipare la produzione, creando elevate giacenze che saranno poi utilizzate nel periodo di punta delle vendite. Tali difficoltà sono essenzialmente di carattere monetario e finanziario, poiché un temporaneo, o comunque limitato, rapporto sfavorevole tra costi e ricavi e i relativi flussi monetari si traduce in un accresciuto fabbisogno finanziario. Sarà compito della gestione finanziaria per l'appunto ricercare la copertura di tale fabbisogno, provvedendo alla raccolta dei mezzi finanziari con vincolo di credito sufficienti per consentire lo svolgimento dell'azienda. Nei casi di più forte squilibrio si rendono necessari interventi istituzionali di adeguamento del capitale proprio. La gestione finanziaria gioca così da volano, da cuscinetto tra la dinamica reddituale e la dinamica monetaria, compensando i periodi in cui si determinano squilibri monetari con quelli in cui si manife-

[9] In questo calcolo si dovrà debitamente tener conto del fenomeno inflazionistico.

QUADRO 5.1.

L'asincronia dell'equilibrio monetario e dell'equilibrio reddituale: due esempi

1. L'impresa farmaceutica A è in equilibrio reddituale («guadagna») perché vende per 1 milione di euro prodotti che le costano 800.000 euro; tuttavia, l'impresa A non è in grado di pagare i propri fornitori (è in disequilibrio monetario) perché tutto il capitale proprio e di prestito disponibile è stato utilizzato per acquistare gli impianti e le attrezzature e, inoltre, mentre i fornitori vogliono essere pagati «a 30 giorni» i clienti (ospedali pubblici) pagano mediamente «a 180 giorni».

2. L'impresa commerciale al dettaglio B è in disequilibrio reddituale perché vende per 1 milione di euro con costi pari a 1,1 milioni; tuttavia, l'impresa B è in grado (almeno per qualche mese ancora) di pagare tutti i propri fornitori perché è stata costituita con abbondanti capitali, non ha acquistato impianti prendendoli in leasing, i clienti pagano in contanti e i fornitori sono pagati «a 90 giorni».

stano eccedenze di cassa. È quindi il fluire del tempo l'elemento cruciale che determina e giustifica la necessità di considerare attentamente il rispetto dell'equilibrio monetario. Tale vincolo, in particolari condizioni di gestione, può spingere l'azienda a ricorrere in misura eccessiva all'indebitamento pregiudicando (specie quando il capitale di rischio non è proporzionato al capitale di prestito) il suo equilibrio reddituale e la sua stessa sopravvivenza. La pratica offre numerosi esempi di imprese che sono andate in dissesto per questi motivi. Da ciò deriva che tale vincolo va rispettato considerando attentamente i suoi riflessi sull'equilibrio reddituale. Si tratta quindi di ricercare tali equilibri in modo simultaneo.

I giudizi di economicità sono complessi non solo per le numerose condizioni che simultaneamente devono esser rispettate ma anche e soprattutto perché essi sono incerti e rischiosi dal momento che investono il futuro svolgersi delle operazioni. In un ambiente dinamico e mutevole, la dimensione rischio, intesa come volatilità dei flussi reddituali, è di fondamentale importanza in queste valutazioni.

5.2.5. La «massimizzazione del profitto»

A corredo di quanto fin qui esposto sul principio di economicità è opportuno chiedersi se tale principio si identifica con il criterio della *massimizzazione del «profitto»* che la dottrina economica accoglie come fondamento delle posizioni di equilibrio nella teoria dell'impresa. L'assidua e attenta osservazione della realtà che è il metodo impiegato dall'economia aziendale conferma che l'adeguatezza di tale criterio appare non verificabile. Le imprese sono istituti economici in cui convergono interessi molteplici, da quelli istituzionali (capitale-risparmio e lavoro) a quelli condizionanti, ed esse non «potrebbero durevolmente prosperare come sistema angustamente concepito in funzione soltanto del profitto»[10]. Come si è cercato di chiarire nelle pagine precedenti, il principio di economicità non si identifica con un criterio massimizzante, limitato e rivolto esclusivamente ad una classe di soggetti, quelli conferenti capitale proprio. In realtà, esso si traduce nel rispetto simultaneo delle condizioni favorevoli al durevole mantenimento e allo sviluppo dell'azienda, intesa come mezzo per conseguire i complessi fini di istituto. Anche gli stessi conferenti di capitale proprio più che dagli alti profitti sono attratti da prospettive di rimunerazioni durevoli e di solidi e interessanti sviluppi. Un nostro chiaro autore[11] scriveva al riguardo:

> La non effimera prosperità dell'impresa, pur tenuta a operare nel mercato secondo criteri di economicità aziendale, esige, non già la massimizzazione di un solo elemento, quale il profitto, ma la realizzazione di massimi simultanei progressivi, per quanto riguarda salari, dividendi e autofinanziamenti, dinamicamente insieme combinati e opportunamente contenuti al fine del loro mutuo rafforzamento, pur praticando – per i prodotti forniti dall'impresa – prezzi idonei a sostenere e a dilatare la domanda.

La massimizzazione del «profitto» è quindi uno schema semplificato della condotta delle imprese che una disciplina come l'economia aziendale ancorata alla realtà e volta a produrre proposizioni aventi valore normativo anche se non assoluto, non può pienamente accogliere. Esso può essere solo una prima approssimazione, «un punto di partenza, dato che se le imprese non realizzano dei profitti, alla lunga dovranno interrompere la produzione»[12].

5.3. L'economicità delle famiglie

Le condizioni di svolgimento economico duraturo si traducono nell'azienda familiare nel soddisfacimento, in primo luogo, dei *fini economici istituzionali*. Si tratta, come sempre in questi casi, di rispettare condizioni interrelate o di raggiungere molteplici fini in modo simultaneo. Nell'azienda familiare l'economicità viene conseguita se la produzione di redditi da lavoro e da gestione patrimoniale (al netto dei tributi da corrispondere allo Stato) consente i *consumi in misura «adeguata»* alla posizione sociale e al progresso del tenore di vita della famiglia; non solo, questa produzione di redditi dovrebbe anche generare un *risparmio in grado di alimentare un «conveniente» patrimonio*. È un'espressione di equilibrio reddituale che – come si nota – riposa su molti collegamenti e su molte qualificazioni (in misura «adeguata» alla posizione sociale e al progresso del tenore di vita; alimentare un «conveniente» patrimonio). Ciò comporta, ad evidenza, il richiamo a successive considerazioni atti-

[10] Si veda: ONIDA [1965, 81].
[11] ONIDA [1965, 91].
[12] Si veda: FISCHER e DORNBUSCH [1983; trad. it. 1986, 158].

nenti al contesto sociale ed economico in cui vive l'azienda, ai principi etici che vengono accolti nella società e che permeano il funzionamento della famiglia stessa. In un contesto socio-economico, ad esempio, in cui lo Stato offre una vasta serie di servizi sociali e previdenziali l'esigenza di accumulare con il risparmio un patrimonio per consentire la futura vita economica dell'istituto familiare può diventare meno pressante. Lo stesso accade quando una società assegna ai consumi un ruolo rilevante tanto che le famiglie tendono a privilegiarli a danno dei risparmi. La valutazione dell'economicità non va quindi ristretta secondo un'ottica particolare dell'azienda in esame, ma deve estendersi anche alle altre aziende che entrano in contatto con essa e in particolare all'azienda composta pubblica statale. Se i servizi sociali e la previdenza vengono offerti, grazie ad un indebitamento patologico e crescente delle finanze statali, se lo sviluppo dei consumi va a detrimento dei risparmi di una società, pregiudicandone lo sviluppo, è chiaro che l'economicità dell'azienda familiare va valutata in modo relativo in quanto è stata ottenuta a spese dell'economicità di altre aziende e questo non può non creare preoccupazioni per la vita duratura della stessa azienda familiare. Improvvisi tagli dei servizi sociali, decisioni governative che riducono drasticamente le prestazioni della previdenza sociale, l'inflazione sono esempi di fenomeni che possono creare gravi difficoltà nel funzionamento dell'azienda familiare e stimolano la formulazione di giudizi di economicità che tengano particolarmente conto delle relazioni con l'ambiente esterno in cui l'istituto familiare è inserito.

Nello svolgimento dell'azienda familiare anche le congiunte condizioni di *equilibrio monetario* possono giocare un ruolo importante, anche se esse si risolvono molto spesso con la creazione di un «fondo di mezzi liquidi» sufficiente a fronteggiare le uscite monetarie concentrate in dati periodi dell'anno (festività, vacanze, scadenza di tributi, ecc.).

5.4. L'economicità dello Stato e degli istituti pubblici

Le combinazioni economiche delle aziende di istituti pubblici territoriali si svolgono secondo economicità se si realizzano i fini e si rispettano le condizioni seguenti:

- la produzione e il consumo di beni pubblici che vengano giudicati «soddisfacenti» per il funzionamento e lo sviluppo sociale ed economico di una collettività;
- la corresponsione di rimunerazioni «adeguate» ai collaboratori e ai finanziatori;
- l'elevata efficienza delle combinazioni economiche realizzata mediante l'adozione di tecniche progredite di gestione, di organizzazione e di rilevazione sia nella produzione dei beni pubblici sia nella gestione dei tributi;
- l'imposizione di tributi che siano ripartiti secondo criteri di equità condivisi dalla collettività e che non servano a coprire inefficienze o spese inutili;

• l'attuazione di una gestione patrimoniale (di regola limitata per estensione) che produca redditi convenienti;

• la realizzazione di un risultato sintetico di risparmio o un disavanzo contenuto in misura tale che non sia compromessa, nel lungo periodo, la stabilità del sistema economico nazionale o dello stesso sistema politico e sociale.

Tali condizioni di economicità non sono tutte esprimibili e misurabili univocamente; ciò tuttavia non può giustificare in nessun modo l'inefficienza della pubblica amministrazione e l'iniquità degli ordinamenti tributari; spiega invece che nel governo delle aziende composte pubbliche si devono confrontare posizioni non totalmente conciliabili secondo un'assoluta «razionalità economica»; si noti tuttavia che ciò vale negli stessi termini per le aziende di consumo familiari e, pur se in misura minore, nelle aziende di produzione.

Da quanto detto è facile risalire alla situazione riscontrabile in molte aziende della pubblica amministrazione in cui le condizioni di economicità non risultano rispettate, determinando così uno stato di disservizio e di spreco. Si spiega, allora, anche l'importanza che in tali aziende viene ad assumere la gestione finanziaria. In molti Paesi è stata messa in atto una politica di produzione di beni pubblici e di interventi nell'economia che è andata al di là di quelle che erano le possibilità di spesa derivanti essenzialmente dall'imposizione tributaria. Ciò ha causato uno squilibrio crescente nei conti dello Stato che è stato sistematicamente coperto mediante il ricorso all'indebitamento nel mercato finanziario. Questa cronica mancanza di economicità, il ruolo di supplenza svolto dalla gestione finanziaria per consentire la funzionalità dell'azienda statale (cioè la sua capacità di far fronte ai pagamenti), creano non poche tensioni sociali e soprattutto alimentano forti preoccupazioni per l'economicità delle altre aziende. In tempi relativamente recenti, il deficit e il debito pubblico sono stati oggetto di decisi interventi; il loro contenimento, ad esempio, è uno dei pilastri della politica economica dell'Unione Europea. In tale linea rientrano anche i grandi piani di privatizzazione delle imprese pubbliche.

5.5. L'economicità degli istituti nonprofit

In linea generale, per gli istituti nonprofit vale quanto detto per le imprese anche se, naturalmente, importanti varianti derivano dal fatto che gli istituti nonprofit non operano cedendo prodotti a condizioni di mercato e non devono (non possono) distribuire risultati reddituali residuali.

In molte classi di istituti nonprofit solo una parte limitata dei costi è coperta da ricavi provenienti da cessione di beni a terzi; l'equilibrio reddituale non si realizza dunque come equilibrio tra costi e ricavi; l'*equilibrio reddituale* si realizza facendo conto su elargizioni volontarie, donazioni, lasciti, quote associative, lavoro volontario, ecc., provenienti prevalentemente da soggetti privati ma anche da enti pubblici. Lo snodo critico in materia è rappresentato dalla stabilità nel tempo di tali flussi di contributi; in molti casi essi svaniscono dopo pochissimi anni di attività dell'istituto quando la carica originaria si esaurisce. Due modelli ideali che garantiscono una buona stabilità sono: *a*) il modello dell'associazione chiusa nella quale ciascuno degli associati riceve chiari benefici dall'appartenenza all'istituto e la fruizione di tali benefici è subordinata al versamento di quote associative e di contributi; *b*) il modello della fondazione costituita con l'apporto di un patrimonio da reddito sufficientemente grande da garantire con i suoi frutti la copertura di gran parte, se non della totalità, dei costi correnti dell'istituto.

Quando i flussi destinati all'attività dell'istituto nonprofit diventano insufficienti, si aprono tre alternative principali: *i*) la cessazione dell'attività dell'istituto; *ii*) la rifondazione dell'istituto con l'ingresso di un nuovo soggetto privato e l'eventuale ridimensionamento del raggio di azione; *iii*) il passaggio dell'istituto nella sfera dello Stato con la conseguente perdita dello *status* formale di istituto nonprofit.

Il difficile equilibrio reddituale rende spesso fragile anche l'*equilibrio monetario* e l'insieme di queste condizioni mette a repentaglio la vita dell'istituto o la sua autonomia. In particolare, con riguardo all'autonomia, ogni crisi reddituale o monetaria può diventare l'occasione per il formarsi di soggetti economici impropri o per l'alterarsi della natura privatistica dell'istituto nonprofit; particolarmente rilevante è il caso degli istituti nonprofit i cui deficit vengono di fatto sistematicamente ripianati dallo Stato.

In molti istituti nonprofit si presentano problematiche particolarmente complesse con riguardo alla valutazione dell'*efficienza* e alla valutazione del grado di *soddisfazione degli «utenti»*. Sono questi, ad esempio, i casi degli istituti che operano nei campi dell'assistenza, dell'arte, della cultura, della beneficenza, della protezione ambientale. La progettazione degli assetti proprietari e delle strutture di governo degli istituti nonprofit è particolarmente delicata proprio perché l'obiettivo essenziale è quello di far sì che si producano efficienza ed efficacia in contesti che non rispondono alle regole del mercato e nei quali si hanno forti asimmetrie tra coloro che forniscono i contributi e coloro che ottengono benefici.

La peculiarità delle origini e della configurazione degli istituti nonprofit impone una riflessione finale sugli obiettivi che vengono privilegiati nella sua gestione. Nell'analisi economica standard[13], che attribuisce genericamente all'impresa l'obiettivo della «massimizzazione del profitto», si adotta l'ipotesi che gli istituti nonprofit, visto il divieto di distribuire «il profitto» alle persone che le governano (o che le controllano) sostituiscono alla massimizzazione del profitto l'obiettivo della massimizzazione della qualità del bene prodotto,

[13] Qui si riprende la sintesi proposta in materia da HANSMANN [1987]; per il caso delle aziende culturali si veda: DUBINI [1999].

oppure l'obiettivo della massimizzazione del volume prodotto che può significare massimizzazione del numero dei beneficiari degli interventi dell'istituto nonprofit. L'obiettivo della massimizzazione della dimensione e dei volumi di risorse gestiti può essere ispirato anche dal desiderio di dare visibilità e potere all'istituto o alle persone che lo guidano, così come può essere funzionale al raggiungimento di un buon bilanciamento tra la qualità e la quantità dei beni prodotti. Il divieto di distribuire i risultati reddituali riduce la tensione alla minimizzazione dei costi; ciò è particolarmente vero quando l'istituto nonprofit è governato da persone che non sono contemporaneamente i finanziatori o gli utenti (che invece sono direttamente interessati a che le risorse siano impiegate efficientemente). Gli istituti nonprofit mostrano una notevole inerzia nel rispondere alla crescente domanda di beni da loro offerti; ciò si spiega, oltre che per la mancanza di incentivi connessi al «profitto», per le difficoltà strutturali nella raccolta di finanziamenti sotto forma di donazioni e di capitale di prestito. Molti istituti nonprofit offrono beni che producono sistematicamente perdite poiché gli utenti (per loro impossibilità o per scelta dell'istituto) non ne coprono i costi; le tipiche forme di copertura di tali perdite sono due: *i*) il sussidio incrociato: taluni beni dell'istituto nonprofit sono ceduti a condizioni che producono un margine positivo (un «utile») e tale margine serve a coprire le perdite relative ad altri beni; *ii*) le donazioni. Dal punto di vista economico, le donazioni non devono essere viste solo come sussidi, ma anche come «prezzo»: il prezzo che i donatori sono disposti a pagare per beni che saranno goduti da altri; tale modo di intendere le donazioni è essenziale per capire che la ricerca di nuove donazioni da parte di un istituto nonprofit equivale ad una campagna di promozione del proprio prodotto; tutti gli istituti nonprofit economicamente non autosufficienti sono tra loro in competizione per l'acquisizione di donazioni e la competizione è basata sulla capacità di fare apprezzare ai potenziali donatori il valore della propria offerta.

I modelli di rappresentazione dell'economicità delle imprese

Capitolo 6

6.1. Conoscere per decidere

6.1.1. L'esigenza di conoscere: i sistemi informativi

Per una consapevole partecipazione alla vita dell'impresa, tutti i soggetti coinvolti hanno il diritto e il dovere di conoscere le condizioni del suo svolgimento e, in particolare, quali sono stati i risultati e quali sono le prospettive in termini di economicità.

Questa esigenza di conoscere è condivisa da tutti i soggetti che forniscono contributi e che si attendono ricompense; ad esempio: *a*) i *prestatori di lavoro* desiderano essere informati sulle prospettive di redditività e di sviluppo dell'impresa, nonché sulla dinamica organizzativa, in modo tale da poter prevedere e programmare gli sviluppi retributivi e di carriera; *b*) i *conferenti di capitale di rischio*, vogliono conoscere la redditività prospettica dell'impresa, i livelli di rischio da fronteggiare, gli eventuali progetti di aumento di capitale sociale, gli andamenti delle quotazioni in borsa; *c*) i *fornitori* sono interessati a sapere se l'impresa cliente è in grado di fare fronte ai propri impegni, se ha prospettive di crescita o di contrazione e se, quindi, i volumi di fornitura presumibilmente aumenteranno o diminuiranno; *d*) i *clienti* desiderano sapere se l'impresa fornitrice offre prodotti affidabili e di alta qualità, se è in grado di assicurare flussi continui di fornitura, se ha strutture adeguate per gestire l'assistenza tecnica post-vendita e per far fronte alle garanzie dichiarate; *e*) lo *Stato* vuole disporre di informazioni relative all'impresa per poter applicare eque ed efficaci politiche fiscali e di incentivo allo sviluppo economico. L'interesse a conoscere, naturalmente, è particolarmente elevato per i soggetti le cui economie sono connesse più direttamente a quelle dell'impresa osservata, ossia per le persone che compongono il soggetto economico.

Addizionali esigenze di conoscenza fanno poi capo a coloro che esercitano il *governo economico* dell'impresa e, in generale, a tutte le persone che all'interno dell'impresa devono *prendere decisioni* giorno per giorno per assicurare lo svolgimento dell'azienda secondo economicità. Così, ad esempio: *a*) gli amministratori devono conoscere i potenziali di sviluppo dell'impresa e le condizioni prospettiche dei mercati finanziari per decidere se e come ricorrere a immissioni di capitale di rischio o di capitale di prestito, se e in quale misura distribuire dividendi, se attivare acquisizioni di altre imprese o progettare fusioni; *b*) il «direttore commerciale», per decidere a quali prezzi offrire i prodotti, deve conoscere quali sono i relativi costi di produzione e di distribuzione, quali sono i prezzi applicati dai concorrenti, quanto la domanda espressa dai clienti è sensibile al prezzo piuttosto che al marchio o alla pubblicità; *c*) il «direttore produzione» e il «direttore acquisti» necessitano di previsioni di vendita, di stime della capacità produttiva disponibile e di dati in merito alle scorte di magazzino per poter programmare i tempi e i volumi degli approvvigionamenti e degli ordini di lavorazione; *d*) il «direttore amministrativo» deve analizzare gli acquisti e le vendite dell'impresa e i mercati dei cambi per decidere se e quali operazioni di copertura dei rischi di cambio mettere in atto, se modificare i tempi di riscossione e di pagamento, se proporre il ricorso a nuove fonti di approvvigionamento.

Per fare fronte alle esigenze di conoscenza, le imprese costruiscono e gestiscono i *sistemi informativi* ossia le strutture e le procedure che raccolgono, conservano, elaborano e distribuiscono i dati e le informazioni aziendali. I sistemi informativi delle imprese sono realtà articolate e complesse perché devono rappresentare con precisione e con tempestività molteplici aspetti della vita aziendale soddisfacendo contemporaneamente gli interessi conoscitivi di una molteplicità di attori. In questo capitolo si concentra l'attenzione su alcune parti fondamentali dei sistemi informativi di impresa e, in particolare, sul bilancio di esercizio; il quadro complessivo è ripreso nel paragrafo 6.2.

6.1.2. La pluralità dei modelli di rappresentazione dell'economicità: la centralità del bilancio di esercizio

Come osservato nei capitoli precedenti, l'economicità può essere apprezzata secondo più prospettive; in altri termini, può essere rappresentata ricorrendo a più modelli; si considerino le seguenti rappresentazioni sintetiche dell'economicità:

- *il modello dell'equilibrio reddituale*, o *della redditività*: la capacità di coprire i costi con i ricavi, ossia di rimunerare in modo continuativo e a livelli soddisfacenti tutte le condizioni di produzione;
- *il modello dell'equilibrio monetario e della connessa gestione finanziaria*: la capacità di rispettare tutti gli impegni di pagamento, ossia la capacità di armonizzare i tempi e i volumi dei flussi delle entrate e delle uscite;
- *il modello dell'equilibrio istituzionale*: il livello di soddisfazione e di consenso nei confronti dell'azienda da parte di tutti i soggetti interessati: il clima organizzativo, la motivazione al lavoro e l'identificazione dei prestatori

di lavoro, l'immagine dei prodotti presso i clienti, il *rating* nei mercati finanziari, la legittimazione sociale[1];

- *il modello della competitività*: la capacità dell'impresa di soddisfare le attese dei clienti proponendo «sistemi di prodotto» che presentano vantaggi rispetto a quelli offerti dalle imprese concorrenti; si misura essenzialmente in termini di crescita dimensionale e di dinamica delle quote di mercato; si sottintende che la competitività e la crescita sono le condizioni preliminari per la redditività;
- *il modello delle competenze e delle risorse*: la ricchezza del «patrimonio» dell'impresa in termini di gamma e di qualità delle condizioni produttive – materiali, immateriali e monetarie – disponibili come fonti dell'attuale e del futuro vantaggio competitivo e del potenziale di crescita;
- *il modello del valore del patrimonio* (detto anche valore del «capitale economico» o «valore dell'impresa») che, sul piano logico, è il «valore attuale dei flussi di reddito prospettici» e, sul piano pratico, è indicatore del prezzo al quale possono essere scambiate le quote di capitale di rischio (e dunque dei conseguenti guadagni o perdite in conto capitale); si ipotizza che «il valore dell'impresa» esprima in sintesi la sua redditività e la sua competitività.

Ciascuno dei modelli di rappresentazione dell'economicità d'impresa è utile per vari tipi di analisi. Gli amministratori delle imprese li usano tutti in quanto *complementari* per l'adeguato svolgimento del ruolo di governo economico; altri soggetti utilizzano ora l'uno ora l'altro in relazione alle loro particolari esigenze.

Un modello di assoluto rilievo per la rappresentazione dell'economicità è *il modello del bilancio di esercizio.* Si tratta di un modello sviluppato attorno al XV secolo[2] che da allora è diventato uno strumento di uso universale, dando prova di una grande capacità di rappresentazione efficace dei fenomeni aziendali. Di un modello si tratta, e quindi di una rappresentazione comunque parziale della realtà; esso però coglie molti degli elementi essenziali dell'economia di un'impresa; la sua utilità è massima se lo si integra con altri modelli che evidenziano altri aspetti cruciali della vita dell'impresa.

[1] Una particolare versione di questa impostazione è *il modello delle rendite*: la capacità di produrre «rendite» per tutti i soggetti portatori di interessi, ossia: *i*) per i fornitori di input, un differenziale positivo tra le rimunerazioni minime accettabili e le rimunerazioni realmente ottenute; *ii*) per i clienti, un differenziale positivo tra i prezzi massimi accettabili e i prezzi realmente pagati. Si veda: CHARREAUX E DESBRIÈRES [2001].

[2] I sistemi di registrazione degli accadimenti aziendali si sono sviluppati progressivamente nel corso dei secoli in relazione alla natura dell'attività economica svolta e in relazione ai contesti sociali, giuridici e tecnologici. A partire dal XV secolo sono apparse opere che hanno sistematizzato e diffuso la conoscenza delle prassi prevalenti tra le quali le registrazioni in «partita doppia» e la stesura periodica dei bilanci. In merito alla «storia della ragioneria» si vedano: ONIDA [1951]; MASI [1975]; ZERBI [1952]; AMADUZZI [2004].

TAVOLA 6.1. *I contenuti essenziali del bilancio di esercizio*

IL BILANCIO DI ESERCIZIO			
IL REDDITO DI ESERCIZIO (IL «CONTO ECONOMICO»)		IL CAPITALE DI FUNZIONAMENTO (LO «STATO PATRIMONIALE»)	
I valori degli input I costi e gli altri componenti negativi di reddito – ... – ... – ... – ...	I valori degli output I ricavi e gli altri componenti positivi di reddito – ... – ... – ... – ...	I valori delle attività (i beni e i diritti; ciò che l'azienda «possiede») – ... – ... – ... – ... – ...	I valori delle passività (le obbligazioni; ciò che l'azienda «deve») – ... – ... – ... – ...
Il risultato reddituale positivo (utile) – ...	Il risultato reddituale negativo (perdita) – ...	– ... – ... – ... – ... – ...	I valori del capitale netto (quanto pertiene ai conferenti di capitale di rischio) – ...

6.2. Il modello del bilancio di esercizio

6.2.1. I contenuti essenziali: il reddito e il capitale

Il modello generale del bilancio fornisce risposte a due esigenze conoscitive fondamentali e congiunte:

1. «L'attività economica svolta dall'impresa sta producendo gli utili attesi, o sta producendo perdite? Si possono rimunerare adeguatamente tutti i fattori produttivi?». Sono le domande che riguardano il *reddito* dell'impresa.
2. «In questo momento, di quali beni dispone l'impresa, quali diritti vanta? Quali sono i crediti da riscuotere? Quali sono invece le obbligazioni, i debiti, gli impegni nei confronti di terzi?». Sono le domande che riguardano il *capitale* (o il *patrimonio*) dell'impresa.

In corrispondenza dei due insiemi di domande, il bilancio di esercizio si compone di due sezioni complementari: la sezione del *reddito di esercizio* e la sezione del *capitale di funzionamento*. Ciascuna delle due sezioni è un *sistema di valori*; i due sistemi di valori sono comunemente rappresentati mediante due tavole denominate rispettivamente «tavola del reddito di esercizio» (o «conto economico») e «tavola del capitale di funzionamento» (o «stato patrimoniale»). In essenza, la tavola del reddito di esercizio ci presenta da un lato i valori degli input inseriti nella produzione (i costi e gli altri componenti negativi di reddito) e, dall'altro lato, i valori degli output della produzione (i ricavi e gli altri componenti positivi di reddito); per differenza si ottiene il risultato reddituale, ossia l'utile o la perdita di esercizio che è la rimunerazione (positiva o negativa) dell'input capitale di rischio. La tavola del capitale di funzionamento, invece, da un lato rappresenta i valori delle attività dell'impresa, ossia dei suoi beni e diritti (ciò che l'azienda «possiede») e, dall'altro lato, i valori delle passività, ossia delle sue obbligazioni (ciò che l'azienda «deve»); la differenza, denominata «capitale netto» esprime quanto è di pertinenza dei conferenti di capitale di rischio. La tavola 6.1 fornisce lo schema essenziale dei contenuti del bilancio di esercizio.

6.2.2. Alcuni concetti di base

Prima di esaminare più in dettaglio i contenuti delle due tavole occorre fare qualche riflessione sui tempi che caratterizzano la vita delle imprese e sui tempi nei quali si manifestano i processi di informazione e di decisione. Si tratta di riflessioni essenziali per capire correttamente come l'economia delle imprese viene riflessa nel modello del bilancio.

La nostra ipotesi generale è che le imprese abbiano *vita duratura senza limiti temporali predeterminati* e comunque una vita pluriennale. In linea di principio, una persona potrebbe immaginare che l'impresa possa svolgersi per tutta la sua vita e che solo al momento della sua chiusura i suoi amministratori decidano di misurarne la redditività e il patrimonio. È palese che tale modo di procedere non sarebbe saggio, né praticamente attuabile; nel concreto, il governo corretto delle imprese richiede continui supporti di informazioni e la *misurazione periodica delle performance* ad intervalli temporali non troppo lunghi. Con riguardo al bilancio, per varie ragioni di ordine pratico e di obblighi giuridici, tutte le imprese stilano un bilancio almeno una volta all'anno[3]. In questo modo *la vita continuativa dell'impresa viene «spezzata», a fini conoscitivi*, in sezioni annuali e ciò, come illustrato nei prossimi punti, richiede particolari accorgimenti per l'efficace rappresentazione del reddito e del capitale. In termini tecnici, si dice che «*l'esercizio generale*» dell'impresa, ossia l'insieme di tutte le operazioni messe in atto dall'impresa lungo tutta la sua vita, viene scomposto in «*esercizi parziali*» riferiti a certi periodi di tempo; l'esercizio generale è dunque scomposto in più «*esercizi annuali*».

Da queste indicazioni introduttive passiamo ad esplicitare in modo organico i concetti cardine sui quali si fonda la costruzione del bilancio di esercizio:

- l'esercizio generale, gli esercizi particolari, l'esercizio annuale;
- il principio di competenza;
- i costi, i ricavi e i componenti positivi e negativi di reddito;
- il reddito di esercizio; il risultato reddituale: utile o perdita di esercizio;
- il capitale di funzionamento;
- l'unitarietà del sistema dei valori di bilancio.

[3] Moltissime imprese redigono anche bilanci infrannuali (più o meno completi) su base mensile o addirittura giornaliera.

L'esercizio generale, gli esercizi particolari, l'esercizio annuale, i cicli di operazioni

L'esercizio è l'insieme delle operazioni messe in atto dall'impresa in un certo periodo di tempo. L'insieme di tutte le operazioni messe in atto durante l'intera vita dell'impresa si denomina *esercizio generale*. Per varie ragioni di ordine pratico, è opportuno misurare e analizzare il reddito di un'impresa secondo una certa cadenza, supponiamo ogni anno; così, l'esercizio generale viene scomposto in *esercizi parziali annuali*. Di regola, dunque, il reddito rappresentato in un bilancio è il «reddito di esercizio» di un certo anno. L'arco temporale scelto per delimitare l'esercizio parziale si chiama «periodo amministrativo»; il *periodo amministrativo* standard delle imprese è pari ad un anno che può coincidere o meno con l'anno solare. L'esigenza pratica di rilevare il reddito di un esercizio annuale si scontra con la sostanziale *continuità dei processi economici aziendali*; rilevare il reddito di esercizio significa dunque spezzare artificiosamente (ma necessariamente) il *fluire continuo della vita aziendale*. Da ciò la grande cura che si deve prestare nella costruzione della tavola del reddito di esercizio. La continuità dei processi economici d'impresa fa sorgere numerosi valori che sono comuni a due o più esercizi annuali e che devono essere «spezzati» quando si redigono le tavole del bilancio di esercizio. Le operazioni d'impresa si svolgono secondo *cicli temporali* di breve, medio e lungo periodo; l'esigenza di spezzare i valori nasce per il fatto che molti cicli si pongono a cavallo dei limiti temporali degli esercizi annuali (tav. 6.2). Due manifestazioni particolarmente evidenti di questi fenomeni sono le condizioni produttive pluriennali e le rimanenze di esercizio. Sono *condizioni produttive pluriennali*, ad esempio, gli impianti che un'impresa acquista in un certo periodo amministrativo e che produrranno la loro utilità per un certo numero di esercizi annuali successivi; la vita economica di tali impianti attraversa un certo numero di periodi amministrativi; il ciclo di acquisto-utilizzazione-smobilizzo degli impianti si svolge lungo più esercizi; per costruire correttamente le tavole del reddito dei vari esercizi interessati occorre ripartire il costo complessivo sostenuto per l'impianto (prezzo di acquisto – ricavo realizzato con lo smobilizzo) tra tutti gli esercizi; le quote di costo così calcolate si denominano «quote di ammortamento». Al termine di ogni periodo amministrativo tutte le imprese si trovano con produzioni in corso (per semplicità, si pensi ai semilavorati «a fine anno» di un'impresa manifatturiera) che rappresentano una parte del valore della produzione realizzata nell'anno dall'impresa, ma che, non essendo ancora finite e vendute non appaiono tra i ricavi di vendita; queste produzioni in corso alla fine di un periodo si denominano «rimanenze finali». Le rimanenze finali sono, contemporaneamente, le produzioni in corso con le quali si apre l'esercizio del periodo amministrativo successivo; in altri termini, nell'esercizio del periodo amministrativo successivo le rimanenze finali dell'esercizio precedente entrano come input e in tale veste sono denominate «rimanenze iniziali»; in sintesi, i processi di trasformazione tecnica si svolgono secondo cicli che attraversano i periodi amministrativi e per tenere conto di ciò occorre inserire nelle tavole del reddito di esercizio i valori delle rimanenze finali e delle rimanenze iniziali.

TAVOLA 6.2. *I cicli di svolgimento dell'attività economica e i periodi amministrativi che delimitano gli esercizi annuali*

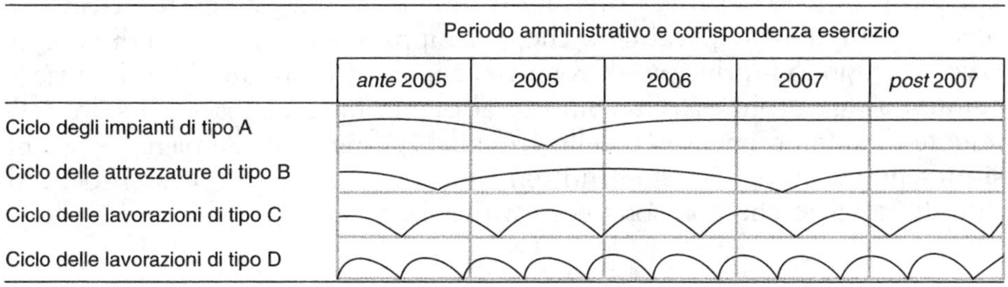

Il principio di competenza

Le attenzioni e gli accorgimenti richiesti nella costruzione della tavola del reddito di esercizio concernono essenzialmente il *frazionamento di valori comuni a più esercizi* e l'*attribuzione dei valori risultanti all'uno o all'altro esercizio.* Tali problemi si risolvono applicando con cura il «*principio di competenza*» che è un semplice principio di coerenza logica tra tutti i valori che compongono la tavola del reddito. In essenza, il principio di competenza richiede che nella tavola del reddito di un certo esercizio siano rappresentati: *a*) i valori di tutti e soltanto gli output prodotti dall'esercizio (i componenti positivi di reddito dell'esercizio); *b*) tutti e soltanto i valori degli input utilizzati e assorbiti per produrre tali risultati (i componenti negativi di reddito); tali valori, positivi e negativi, sono i valori di competenza dell'esercizio. L'applicazione del principio di competenza alla costruzione del reddito di esercizio produce importanti riflessi anche sui valori che compongono la tavola del capitale di funzionamento; ad esempio, le rimanenze iniziali e le rimanenze finali sono valori che entrano sia nel reddito sia nel capitale di funzionamento.

I costi, i ricavi e i componenti positivi e negativi di reddito

La tavola del reddito *non è* la tavola dei costi e dei ricavi dell'esercizio; la tavola del reddito è invece la tavola dei *componenti positivi* e dei *componenti negativi* di reddito. Taluni componenti positivi di reddito sono ricavi, ma non tutti; taluni componenti negativi di reddito sono costi, ma non tutti. Il *costo* di un fattore produttivo è il prezzo pattuito per ottenere la disponibilità dello stesso. Il costo di acquisto delle materie prime è un costo ed è un componente negativo di reddito. Il costo di acquisto di un bene pluriennale è un costo, ma non è un componente negativo del reddito di un singolo esercizio annuale; si attua il processo di ammortamento e nella tavola del reddito di esercizio entra la quota di ammortamento di competenza dell'esercizio; la quota di ammortamento è un componente negativo di reddito, ma non è un costo; è una quota di un costo pluriennale. Analogamente, il valore delle «rimanenze finali» è un componente positivo di reddito, ma non è un ricavo; è un valore inserito nel rispetto del principio di competenza. I componenti positivi e negativi di reddito che non sono anche costi e ricavi nascono essenzialmente per il fatto che, per rappresentare il reddito di un esercizio rispettando il principio di competenza, occorre ripartire i costi e i ricavi comuni a due o più esercizi. Sin qui abbiamo fatto conoscenza solo delle «quote di ammortamento» e delle «rimanenze finali». Nelle pagine seguenti si presentano tutti gli accadimenti fondamentali che originano valori del reddito di esercizio che non sono costi o ricavi.

Il reddito di esercizio, il risultato reddituale, l'utile e la perdita di esercizio

Il reddito di esercizio è l'insieme dei valori dei componenti positivi e negativi di reddito dell'esercizio, ossia l'insieme dei componenti positivi e negativi di reddito suscitati dagli accadimenti che si sono svolti in un certo periodo di tempo e che sono tra loro coerenti secondo il principio di competenza. Nel linguaggio corrente, spesso si confondono i concetti di «reddito di esercizio» e di «risultato reddituale (di un esercizio)». *Il reddito di esercizio è l'insieme di tutti i valori della tavola del reddito.* Il risultato reddituale è uno di tali valori, è quel valore che, a seconda del suo segno, si denomina utile o perdita di esercizio. Per ragioni formali e convenzionali, anche codificate in norme di legge, il risultato reddituale (l'utile o la perdita) è calcolato come «valore residuale» pari alla differenza tra i componenti positivi e i componenti negativi di reddito. *Il risultato reddituale è la rimunerazione di una condizione di produzione* (il capitale di rischio[4]) e, in quanto tale, appartiene alla stessa classe di tutti i componenti negativi di reddito (che sono, appunto, i valori delle rimunerazioni di tutte le condizioni produttive); non ha però la natura di costo perché non è misurato da un prezzo, e ha la peculiarità di poter assumere sia un valore positivo (utile) sia un valore negativo (perdita). In sintesi, il risultato reddituale non è propriamente un componente di reddito e, di conseguenza, si dovrebbe dire che il reddito d'esercizio è l'insieme dei componenti positivi e negativi di reddito e del risultato reddituale. La distinzione viene superata se l'espressione «componenti negativi di reddito» è utilizzata come equivalente di «rimunerazioni delle condizioni di produzione» di competenza dell'esercizio.

[4] Ciò vale nell'impostazione standard secondo la quale il soggetto economico è composto da tutti e soltanto i conferenti di capitale di rischio ai quali dunque spetta il risultato residuale; se si adotta la visione per cui il soggetto economico ha una composizione differente (ad esempio, i conferenti di capitale di rischio e i prestatori di lavoro), il risultato reddituale è da intendersi come rimunerazione da ripartirsi, secondo opportune regole, tra tutti gli insiemi di persone che compongono il soggetto economico a rimunerazione delle condizioni di produzione fornite all'impresa.

Il capitale di funzionamento

Il capitale di funzionamento è l'insieme dei valori delle attività, delle passività e del capitale netto determinato al termine di ciascun periodo corrispondente all'esercizio e costruito *in ipotesi di continuità del funzionamento dell'impresa*. Il concetto di capitale di funzionamento va distinto chiaramente dai concetti di *capitale di liquidazione*[5] e di «*capitale economico*»[6].

L'unitarietà del sistema dei valori di bilancio

Il bilancio di esercizio è un sistema unitario di valori. Il reddito di esercizio e il capitale di funzionamento sono due sottosistemi di valori tra loro complementari e strettamente correlati anche sul piano numerico; numerosi valori sono comuni ai due sottosistemi. Per ora si rifletta sulla seguente doppia equazione: (capitale netto di fine anno – capitale netto di inizio anno) = risultato reddituale dell'esercizio = (componenti positivi di reddito dell'esercizio – componenti negativi di reddito dell'esercizio).

6.3. Il reddito di esercizio

6.3.1. Gli input e gli output dell'esercizio

La tavola del reddito di esercizio (il «conto economico») è uno schema costruito per mettere a confronto, da un lato, il «valore degli input» assorbiti dall'attività economica e, dall'altro lato, il «valore degli output» ottenuti dalla stessa attività economica; l'analisi di tali valori consente di misurare il risultato reddituale dell'impresa, ossia l'utile o la perdita. Dovrebbe risultare evidente la ragione dell'importanza di questo modello; ricordiamo la definizione

[5] La liquidazione è il processo che si attua a conclusione della vita di un'impresa; in tale occasione tutte le attività e le passività cessano di essere elementi di una combinazione economica in atto e diventano singoli elementi da liquidare: si riscuotono i crediti esigibili, si vendono gli impianti e le macchine, si pagano i debiti, e così via; quanto eventualmente residua spetta ai conferenti di capitale di rischio. I valori delle attività e passività in caso di liquidazione si modificano rispetto alla situazione di vita corrente; un caso evidente è quello delle immobilizzazioni tecniche che appaiono nel capitale di funzionamento come «prezzo di acquisto – ammortamenti cumulati» e tale valore può essere molto diverso dal possibile valore di realizzo al momento della liquidazione.

[6] La vita delle imprese è caratterizzata anche da «passaggi di proprietà», ossia da trasferimenti di quote di capitale di rischio (azioni o quote di altro tipo). In tali occasioni occorre determinare il valore delle quote, il che presuppone di determinare «il valore dell'impresa»; valore che è spesso denominato «capitale economico» e che dipende essenzialmente dalle prospettive di redditività futura dell'impresa. Il valore dell'impresa in ipotesi di cessione è certamente influenzato anche dallo stato delle cose rappresentato nella tavola del capitale di funzionamento, ma ha natura assolutamente differente rispetto al valore del capitale netto. Per alcuni sviluppi del tema si veda il cap. 7.

di economicità come «capacità dell'impresa di rimunerare adeguatamente e con continuità tutti i contributi forniti dai vari soggetti»; la tavola del reddito ci aiuta proprio a capire quanto abbiamo ottenuto dall'attività economica e quanto abbiamo rimunerato – o siamo in grado di rimunerare – i vari soggetti.

Dal punto di vista concettuale, la struttura della tavola del reddito è piuttosto semplice. Si tratta di disporre in buon ordine:

- l'elenco delle condizioni di produzione ricevute dai vari soggetti e il valore delle stesse attribuibile all'esercizio secondo il principio di competenza: i componenti negativi di reddito;
- l'elenco degli output ottenuti dall'attività economica e il valore delle stesse attribuibile all'esercizio in base al principio di competenza; i componenti positivi di reddito.

Il primo passo necessario per capire la struttura del reddito consiste dunque nel capire quali sono gli input che comunemente entrano nei processi produttivi e quali sono i tipici output. La realtà ci mostra molti tipi di imprese (commerciali, manifatturiere, bancarie, assicurative, ecc.) e i possibili input ed output sono piuttosto numerosi e vari; qui, per introdurre l'argomento, facciamo riferimento ad un'impresa manifatturiera (o commerciale) che svolge combinazioni economiche molto semplici.

I *tipici input* di un'impresa manifatturiera e i connessi componenti negativi di reddito sono:

- *le materie prime e i servizi* acquistati dai fornitori e che originano i *«costi di acquisto» delle materie prime e dei servizi*;
- *gli immobili, gli impianti, le macchine, le attrezzature di proprietà dell'impresa* cui corrispondono le *«quote di ammortamento» delle immobilizzazioni tecniche*;
- *le immobilizzazioni di proprietà di terzi* che originano i *«canoni di locazione»* o *«fitti passivi»*;
- *il lavoro fornito dai prestatori di lavoro*: i relativi componenti negativi di reddito sono gli «*stipendi*», i «*contributi*» e le «*quote di trattamento di fine rapporto*»;
- *i beni pubblici messi a disposizione da parte dello Stato* che nel reddito di esercizio si manifestano sotto forma di «*tributi vari*» e «*imposte sul reddito*»;
- *i mezzi monetari apportati a titolo di capitale di prestito* da terzi che originano i componenti negativi di reddito denominati «*interessi passivi*»;
- *la copertura di rischi particolari* garantita da imprese di assicurazione a fronte di «*premi assicurativi*»;
- *le «rimanenze iniziali»*, ossia i risultati intermedi della gestione caratteristica dell'esercizio $n-1$ e che diventano input del nuovo esercizio n;
- il *capitale di rischio* che è rimunerato con l'*utile* o con la *perdita di esercizio*.

I *tipici output* di una impresa manifatturiera che svolga anche una significativa gestione patrimoniale sono:

- *i prodotti finiti e venduti* che danno origine ai *«ricavi di vendita»*;
- *le «produzioni in corso»* a fine esercizio, ossia *le «rimanenze finali» di esercizio*;
- *gli interessi attivi della gestione patrimoniale* attuata sotto forma di conferimento di capitale di prestito a terzi;
- *i dividendi e le plusvalenze (o minusvalenze) della gestione patrimoniale* attuata sotto forma di sottoscrizione di quote di capitale di rischio di altre imprese;
- *i fitti attivi della gestione patrimoniale* attuata acquistando e locando immobili;
- *i dividendi e le plusvalenze delle partecipazioni* che qui consideriamo come parte della gestione caratteristica.

6.3.2. Uno schema generale

Le tavole 6.3.a e 6.3.b rappresentano uno *schema base del reddito di esercizio riferito alle imprese manifatturiere e commerciali*: si tratta di uno schema base nel senso che esso include la gran parte degli input, degli output, dei corrispondenti componenti positivi e negativi di reddito, che caratterizzano tali tipi di imprese. Alcune voci non sono direttamente desumibili da quanto sinora esposto ma sono spiegate nei punti immediatamente successivi che sviluppano tutte le singole voci.

Le rimanenze iniziali. Sono i risultati della gestione caratteristica dell'esercizio $n - 1$ reimmessi nell'esercizio n. Si pensi ad un'impresa manifatturiera che opera già da più anni. Quali input entrano nelle combinazioni economiche dell'esercizio annuale n? Entrano i fattori produttivi «nuovi» che saranno acquisiti nel corso dell'anno n, ma entrano anche fattori produttivi «ereditati» dall'esercizio precedente. Un caso importante è quello degli output della gestione caratteristica che al termine del periodo $n - 1$ non hanno ancora completato il loro ciclo tecnico-economico e che diventano input per la gestione caratteristica del periodo n; nel linguaggio aziendalistico sono denominati «rimanenze di esercizio». Nel caso di un'impresa manifatturiera si tratta di: *a*) le *materie prime* che al termine del periodo $n - 1$ non sono ancora entrate nel processo di trasformazione fisica[7] ma che, presumibilmente, vi entreranno nel periodo n; tali materie prime sono un output dell'esercizio $n - 1$ (denominato «rimanenze finali di materie prime»)

[7] Dichiarazione che vale solo in prima approssimazione. In realtà: *a*) sin dal momento in cui l'impresa ha emesso l'ordine di acquisto di materie prime queste entrano nel «ciclo economico»; *b*) la trasformazione tecnica inizia da quando le materie prime sono prese in carico dall'azienda e subiscono processi di trasporto, di controllo e selezione, di immagazzinamento, di conservazione, e così via.

TAVOLA 6.3.a. *Schema di base del reddito di esercizio di un'impresa manifatturiera: sezione degli input e dei componenti negativi di reddito*

Classi di input	Sottoclassi di input e corrispondenti componenti negativi di reddito	
Risultati dell'esercizio *n* – 1 reimmessi nell'esercizio *n*	Rimanenze iniziali	90
Beni privati «non pluriennali» acquistati	Costo delle materie prime acquistate nel periodo	400
	Costo di altre merci e di servizi vari acquistati nel periodo	100
Beni privati (pluriennali) di terzi	Fitti passivi di competenza dell'esercizio	10
Beni privati «pluriennali» di proprietà	Quote di ammortamento delle «immobilizzazioni» materiali	95
	Quote di ammortamento delle «immobilizzazioni» immateriali	5
Lavoro	Stipendi e contributi assistenziali e previdenziali	310
	Quota del trattamento di fine rapporto maturata nel periodo	30
	Compensi degli amministratori e dei sindaci	4
Copertura di rischi particolari	Premi assicurativi	5
Beni pubblici	Tributi vari	3
	Imposte sul risultato reddituale dell'esercizio	11
Capitale di prestito	Interessi passivi su mutui e prestiti	18
	Interessi passivi su conti correnti bancari	4
Componenti negativi di reddito non di competenza dell'esercizio	Minusvalenze di «immobilizzazioni» dismesse	7
	Perdite su crediti di esercizi precedenti	6
	Valore totale dei componenti negativi di reddito (CNR)	*1.098*
Capitale di rischio	Risultato reddituale (utile o perdita) a rimunerazione del capitale di rischio	12
	Valore totale dei CNR e della rimunerazione del capitale di rischio	*1.110*

TAVOLA 6.3.b. *Schema di base del reddito di esercizio di un'impresa manifatturiera: sezione dei risultati e dei componenti positivi di reddito*

Classi di output o di risultati	Sottoclassi di risultati e corrispondenti componenti positivi di reddito	
Risultati della gestione caratteristica venduti e non venduti	Ricavi di vendita (al netto delle perdite su crediti dell'esercizio)	1.000
	Rimanenze finali	100
	Utili (– perdite) da partecipazioni	0
Risultati della gestione patrimoniale	Interessi attivi su conti correnti	1
	Interessi su obbligazioni dello Stato e di imprese	4
	Dividendi e guadagni (– perdite) in conto capitale su azioni (non partecipazioni)	3
CPR non di competenza dell'esercizio	Plusvalenze da «immobilizzazioni» dismesse	2
	Valore totale dei componenti positivi di reddito	*1.110*

e un input dell'esercizio *n* (denominato «rimanenze iniziali di materie prime»); *b*) i *semilavorati*, ossia prodotti in corso di trasformazione alla fine del periodo *n* – 1 e che, presumibilmente, diventeranno prodotti finiti e saranno venduti nel periodo *n*; sono output del periodo *n* – 1 (rimanenze finali di semilavorati) e input dell'esercizio *n* (rimanenze iniziali di semilavorati); *c*) i *prodotti finiti*, ossia i prodotti che hanno concluso il ciclo tecnico ma che, al termine del periodo *n* – 1, risultano non ancora venduti (non hanno concluso il ciclo economico); sono output (rimanenze finali di prodotti finiti) dell'esercizio *n* e input (rimanenze iniziali di prodotti finiti) dell'esercizio *n*. In sintesi, stiamo parlando delle «rimanenze iniziali dell'esercizio *n*» che sono un input per l'esercizio *n* (servono per realizzare i risultati dell'esercizio *n*) cui corrisponde un componente negativo di reddito (il valore di un input) e che sono «ereditate» dall'esercizio *n* – 1; per quest'ultimo esse rappresentano un risultato (sono frutto delle combinazioni economiche svolte nel periodo *n* – 1) cui corrisponde un componente positivo di reddito (il valore del risultato). L'inserimento delle rimanenze iniziali (e delle rimanenze finali) nella tavola del reddito di esercizio è una delle manifestazioni più evidenti dell'applicazione del *principio di competenza*[8].

Il costo di acquisto dei beni privati «ad uso immediato» (non pluriennali). Si tratta di beni che entrano nelle combinazioni economiche e che esauriscono la loro utilità al loro primo utilizzo (le materie prime, i componenti, l'energia elettrica) o che, comunque, in linea di principio, esauriscono la loro utilità nell'arco di un esercizio annuale (la consulenza del commercialista per la stesura del bilancio, i servizi di pulizia, la campagna promozionale, ecc.). Si contrappongono ai beni che partecipano alle combinazioni economiche cedendo progressivamente la loro utilità in più esercizi, i cosiddetti beni pluriennali (v. *infra*). Per i beni privati «non pluriennali» si inserisce nella tavola del reddito il costo complessivo (quantità × prezzo unitario) sostenuto nel periodo, ossia l'ammontare degli acquisti. Come sappiamo non tutti i beni di questa classe esauriscono il loro ciclo economico entro il termine del periodo in cui sono stati acquistati; di conseguenza, si pone un problema di rispetto del principio di competenza al quale si ottempera inserendo nella tavola del reddito adeguati valori di rimanenze finali e di rimanenze iniziali[9].

Le quote di ammortamento del costo dei beni privati pluriennali di proprietà. Si tratta di condizioni di produzione caratterizzate dalla lunga durata (pluriennale) e dal fatto di fornire la loro utilità a più esercizi annuali; cedo-

[8] Non si entra qui nel merito della determinazione del valore delle rimanenze. Ci si limita a ricordare che: *a*) in linea di principio, le rimanenze dovrebbero essere valutate sommando i valori degli input che hanno concorso alla loro formazione e una quota del risultato reddituale (positivo o negativo) in corso di formazione; *b*) nella pratica, per varie ragioni, si seguono logiche e metodi che possono discostarsi molto dal principio ideale derivante dalle teorie di economia aziendale.

[9] Un esempio elementare: nel suo primo anno di vita, la nostra impresa acquista materie prime per 1.000 euro; 800 sono assorbiti nella produzione dei beni che poi sono totalmente venduti nel primo anno; a fine esercizio ci sono rimanenze di materie prime per 200 e non ci sono rimanenze di semilavorati e di prodotti finiti. Nella tavola del reddito di esercizio inseriamo tra i componenti negativi di reddito 1.000 euro; potrebbe sembrare una violazione del principio di competenza poiché nel primo esercizio abbiamo «consumato» solo 800. In realtà, nella stessa tavola del reddito, tra i componenti positivi di reddito troviamo sia i ricavi di vendita sia le rimanenze finali; il fenomeno deve allora essere letto nel modo seguente: i 1.000 euro di materie prime acquistate nell'esercizio sono servite per produrre sia ricavi sia rimanenze finali; ciò che sta tra i componenti negativi di reddito (1.000 euro di materie prime) è dunque logicamente coerente con ciò che sta tra i componenti positivi di reddito (i ricavi di vendita e le rimanenze finali).

no progressivamente la loro utilità partecipando alla produzione di grandi volumi di prodotti. Ai fini della redazione del bilancio di esercizio, si deve ricorrere al «processo di ammortamento» che consiste essenzialmente nel ripartire il costo di tali beni (decurtato dall'importo del previsto ricavo al momento della dismissione) sui vari esercizi allo svolgimento dei quali hanno partecipato; ciascun esercizio riceverà una quota di costo (la «quota di ammortamento») proporzionale all'utilità ricevuta; spesso si procede semplicemente ripartendo il costo (meno il previsto realizzo) in misura uniforme (ossia a quote costanti) su tutti gli esercizi interessati[10]. Nel linguaggio dei sistemi contabili, i fattori produttivi pluriennali sono denominati *«immobilizzazioni tecniche» materiali* (i fabbricati, gli impianti, le macchine, le attrezzature, ecc.) e *immateriali* (le «spese di costituzione», i brevetti e i marchi acquistati, i costi di ricerca che hanno utilità pluriennale, ecc.)[11].

I canoni di locazione dei beni privati pluriennali di proprietà di terzi. Il caso ricorrente è quello di immobili (stabilimenti, magazzini, uffici, aree commerciali) di proprietà di terzi la cui disponibilità comporta componenti negativi di reddito denominati canoni di locazione o fitti passivi. I canoni di locazione danno luogo a particolari fenomeni da tenere in attenta considerazione per rispettare il principio di competenza; il caso tipico è quello del formarsi di «*risconti attivi*». Si consideri il seguente esempio. La nostra impresa prende in affitto un magazzino il 1° settembre 2004 e paga 120.000 euro anticipati per l'intero anno che termina il 30 agosto 2005; in base al principio di competenza, nella tavola del reddito di esercizio 2004 dovrà apparire solo l'importo relativo ai mesi di settembre-dicembre del 2004, ossia 40.000 euro; nella tavola del capitale di funzionamento di fine 2004 apparirà, tra le attività, un «risconto attivo» di 80.000 euro che sta a rappresentare il diritto (simile a un credito) che la nostra impresa vanta nei confronti del proprietario dell'immobile per gli otto mesi di affitto già pagati in anticipo per il 2005[12]. In sintesi, quan-

10 Un esempio elementare. Il 1° gennaio 2004 acquistiamo un impianto per 70.000 euro; prevediamo che ci servirà per 5 anni e che al termine dei cinque anni lo potremo vendere per 4.000 euro; il costo complessivo per i cinque esercizi annuali è dunque pari a 66.000 euro; supponendo che l'impianto sia impiegato in modo uniforme nei cinque esercizi, possiamo attribuire a ciascun esercizio una quota di costo pari a 13.200 euro, ossia (70.000 – 4.000)/5.

11 Si noti che all'ammortamento non corrisponde, come spesso erroneamente si crede, il deperimento fisico del fattore pluriennale. Un fattore pluriennale può permanere perfettamente funzionante per tutto il tempo del suo impiego; ad un certo punto viene comunque dismesso perché ha esaurito la sua utilità economica (cessa la produzione dei beni nella quale è impegnato; conviene sostituirlo con un fattore differente per dimensione, tecnologia, localizzazione; ecc.). Ancora più evidente è il caso dei fattori produttivi pluriennali immateriali per i quali il tema del deperimento fisico non si pone proprio; i due casi più ricorrenti sono quelli delle «spese di costituzione» e dei brevetti (o delle licenze) acquistati da terzi.

12 Si rifletta sul fatto che un fenomeno opposto si manifesta per il soggetto che cede in locazione immobili; in questo caso si formano «*risconti passivi*»; alla fine dell'esercizio dovrà inserire tra le passività l'obbligo (simile a un debito) nei confronti dell'affittuario per la quota di canone relativa al 2005 e riscossa in anticipo. In sintesi, se un componente positivo o negativo di reddito è direttamente commisurato al tempo (i casi per noi rilevanti sono: i canoni di

do un componente negativo di reddito è direttamente commisurato al tempo (i casi per noi rilevanti sono: i canoni di locazione, i premi assicurativi, gli interessi passivi sul capitale di prestito), quando i pagamenti sono effettuati anticipatamente e quando il periodo di riferimento non coincide con il periodo dell'esercizio, si formano i *risconti attivi*.

Le rimunerazioni del lavoro. Il costo del lavoro è formato dagli *stipendi* liquidati periodicamente (di solito mensilmente), dagli *oneri previdenziali e assistenziali* (pure liquidati periodicamente) e dal «*trattamento di fine rapporto*» che matura progressivamente, ma che viene liquidato ai prestatori di lavoro al momento della loro uscita dall'impresa; a ciascun esercizio, secondo il principio di competenza, si deve attribuire la quota di indennità di fine rapporto maturata durante il corrispondente periodo amministrativo. Nel caso degli amministratori e dei sindaci (ossia, dei membri del consiglio di amministrazione e del collegio sindacale) il costo del lavoro è rappresentato da emolumenti liquidati, in genere, su base annua.

I premi assicurativi per la copertura di rischi particolari. Le imprese acquistano anche coperture di rischi particolari pagando *premi assicurativi*. Anche i premi assicurativi hanno una diretta correlazione con il tempo e sono di regola pagati in via anticipata; analogamente a quanto detto per i fitti passivi, possono dunque sorgere *risconti attivi* per le parti di premi (pagati anticipatamente) non di competenza del periodo corrispondente all'esercizio.

I tributi a fronte dei beni pubblici. Nelle combinazioni economiche entrano anche beni pubblici; questo fenomeno non è evidente come quello delle materie prime ma non è meno importante (si pensi a come potrebbe operare un'impresa in un mondo senza strade pubbliche, senza sicurezza, senza un sistema giudiziario). A fronte dei beni pubblici si pagano varie forme di tributi che sono più o meno direttamente correlati all'intensità di fruizione degli stessi da parte della singola impresa. Di regola le imprese pagano «tributi vari» durante l'anno e un'imposta sul reddito di esercizio (e quindi di competenza dell'esercizio stesso) che viene liquidata nel corso dell'esercizio successivo; sorge un debito nei confronti dell'erario.

Gli interessi passivi per la disponibilità di capitale di prestito. La disponibilità di capitale di prestito comporta un costo sotto forma di interessi passivi. Anche gli interessi passivi (come i fitti passivi e i premi assicurativi) sono direttamente correlati al tempo. Gli interessi passivi, tuttavia, sono di regola pagati in via posticipata e così può accadere che un certo importo di interessi passivi sia pagato durante il periodo dell'esercizio $n + 1$ pur essendo

locazione, i premi assicurativi, gli interessi sul capitale di prestito), quando i pagamenti sono effettuati all'inizio del periodo di riferimento e quando il periodo di riferimento non coincide con il periodo dell'esercizio, si formano risconti.

di competenza dell'esercizio *n*. Ad esempio, si stipula un mutuo passivo di 1 milione di euro il 1° settembre 2004 e si concorda che il 31 agosto 2005 avverrà il rimborso dell'intero importo nonché il pagamento posticipato degli interessi nella misura annua del 12%, ossia 12.000 euro. Gli interessi che maturano dal 1° settembre al 31 dicembre 2004 (4.000 euro) sono evidentemente di competenza dell'esercizio 2004 e come tali, anche se non ancora pagati devono essere inseriti nella tavola del reddito dell'esercizio 2004. Dal punto di vista del capitale, il 31 dicembre 2004 l'impresa ha un impegno (simile a un debito) di 4.000 euro nei confronti della banca che ha concesso il mutuo; tale importo deve essere inserito tra le passività e nel gergo contabile si usa l'espressione «*rateo passivo*».

I componenti negativi di reddito non di competenza dell'esercizio. Questa speciale sezione della tavola del reddito trae origine da vincoli di ordine pratico; per definizione, un bilancio costruito secondo il principio di competenza non dovrebbe contenere valori non di competenza, ma ragioni appunto pratiche impongono questa «anomalia». In breve, il problema nasce dal fatto che molti valori dei bilanci di esercizio sono valori stimati o congetturati; così si verifica regolarmente che durante il periodo *n* (nel quale si svolge l'esercizio *n*) si scopre che alcuni valori inseriti nei bilanci degli esercizi precedenti erano «sbagliati»; le stime e le congetture erano state formulate al meglio (e quindi i valori inseriti erano quelli corretti), ma la realtà ha mostrato andamenti differenti rispetto a quelli previsti. Sul piano logico non c'è nessun problema; se e quando si scopre che un bilancio è «sbagliato» (nel senso qui precisato) si tratta semplicemente di «correggerlo». Sul piano pratico, tuttavia, la correzione a posteriori dei bilanci produrrebbe gravi inconvenienti se non altro in termini di trasparenza delle informazioni nei confronti delle varie categorie di portatori di interessi. In tutto il mondo si è convenuto di procedere in modo differente; gli scostamenti «scoperti» durante il periodo *n* devono essere inseriti nel bilancio dell'esercizio *n* pur essendo di competenza di esercizi precedenti; la loro peculiarità (l'essere di competenza, *in toto* o in parte, di esercizi passati) deve essere segnalata ponendo tali valori (i componenti positivi e negativi di reddito non di competenza dell'esercizio) in speciali sezioni del bilancio. Qui ci limitiamo a considerare due casi emblematici e ricorrenti in tutte le imprese: le minusvalenze di immobilizzazioni dismesse e le perdite su crediti degli esercizi precedenti. *Le minusvalenze di immobilizzazioni dismesse* sono illustrate dal seguente esempio: il 1° gennaio 2000 è stato acquistato un impianto per 200.000 euro con durata economica stimata in sei anni e valore di realizzo, al termine dei sei anni, stimato in 20.000 euro. Si tratta di ripartire 180.000 euro sui sei esercizi corrispondenti ai sei anni di durata; si opta per una congettura che porta ad attribuire 30.000 euro a ciascun esercizio. Così si procede per quattro anni; il 31 dicembre 2003 l'impianto risulta ammortizzato per 120.000 euro e il valore «contabile residuo» è pari a 80.000 euro. Contrariamente a quanto pianificato, il 1° gennaio 2004 l'impianto viene dismesso e viene venduto per 73.000 euro. In questo momento si scopre che sarebbe stato corretto ripartire sui primi quattro anni un importo complessivo pari a 127.000 euro (200.000 – 73.000) anziché a 120.000. I quattro esercizi precedenti hanno beneficiato di 7.000 euro; non possiamo andare a correggere i quattro bilanci degli esercizi 2000-2003, ma questa quota di costo (i 7.000 euro) deve essere evidenziata in un bilancio; lo facciamo nel bilancio dell'esercizio 2004 sotto forma di un componente negativo non di competenza dell'esercizio *n* denominato «*minusvalenza da dismissione di immobilizzazioni*». *Le perdite su crediti di esercizi precedenti* sono illustrate dal seguente esempio: nel corso del 2003 abbiamo venduto e fatturato prodotti finiti per un importo pari a 900.000 euro; il 1° aprile 2004 scopriamo che una fattura del 2003, per un importo di 7.000 euro, non ci sarà mai pagata perché il cliente è fallito ed è del tutto insolvibile; dovremmo correggere il bilancio del 2003 indicando come ricavi di vendita 893.000 anziché 900.000 euro; non si può fare e allora i 7.000 euro diventano un componente negativo di reddito del bilancio 2004 se pur non di competenza dell'esercizio 2004; si usa la voce «*perdite sui crediti di esercizi precedenti*».

La rimunerazione del capitale di rischio. La rimunerazione del capitale di rischio è rappresentata dall'utile o dalla perdita di esercizio; il suo importo non è determinato da una specifica operazione di negoziazione (come un contratto di acquisto o un contratto di lavoro), bensì in via residuale come differenza tra il totale dei componenti positivi di reddito e il totale dei componenti negativi di reddito.

Passiamo alla seconda sezione della tavola del reddito che presenta i risultati (gli output) dell'esercizio e i corrispondenti componenti positivi di reddito. Lo schema proposto nella tavola 6.3.b ci mostra che i componenti positivi di reddito possono essere originati da due gestioni: la gestione caratteristica e la gestione patrimoniale. Anche in questo schema appare una speciale sezione dedicata ai componenti di reddito, qui positivi, non di competenza.

I risultati della gestione caratteristica: ricavi di vendita, rimanenze finali, utili e perdite da partecipazioni. Sempre con riferimento alle imprese manifatturiere i risultati della gestione caratteristica sono essenzialmente due: *i*) i prodotti venduti, cui corrispondono i ricavi di vendita; *ii*) le rimanenze finali di esercizio nelle varie forme di materie prime, semilavorati e prodotti finiti. I ricavi di vendita devono essere intesi al netto delle «perdite su crediti», presunte e definitive, relative a crediti sorti nell'esercizio[13].

Qualora la nostra impresa abbia partecipazioni stabili in altre imprese, l'attività svolta da tali imprese entra a far parte dell'attività caratteristica della

13 Anche in questo caso si trascurano i principi e le norme contabili che nella pratica portano ad altre soluzioni. Qui si vuole mettere in evidenza che le «perdite su crediti» possono essere in parte di competenza dell'esercizio e in parte di competenza di altri esercizi ma da rilevare, per vincoli pratici, nel bilancio dell'esercizio in cui si manifestano.

nostra; di conseguenza, occorre fare apparire i risultati che se ne traggono; qui supponiamo di poterlo fare inserendo la voce «*utili (o perdite) da partecipazioni*»[14].

I risultati della gestione patrimoniale: interessi attivi e fitti attivi. Come sappiamo, le imprese, per periodi più o meno lunghi, possono trovarsi a disporre di risorse in eccesso rispetto a quelle richieste per lo svolgimento della gestione caratteristica. In tal caso, esse investono le risorse in eccesso in varie forme in modo tale da ottenere componenti positivi di reddito addizionali a quelli provenienti dalla gestione caratteristica. Questa attività è denominata gestione patrimoniale. In molte imprese la gestione patrimoniale è nulla o comunque trascurabile; in altre gioca un ruolo importante, per certi periodi di tempo, nella determinazione del risultato reddituale complessivo. Qui consideriamo solo tre forme elementari di gestione patrimoniale[15]: *i*) i «depositi» bancari in forma di conto corrente; nei periodi in cui i conti correnti presentano un saldo a favore dell'impresa, maturano interessi attivi che sono il componente di reddito positivo corrispondente al fatto che l'impresa titolare del c/c ha messo a disposizione della banca un certo ammontare di moneta per un certo periodo di tempo; *ii*) le concessioni di capitale di prestito mediante la sottoscrizione di titoli obbligazionari emessi dallo Stato o da altri soggetti; si producono interessi attivi[16]; *iii*) il conferimento di capitale di rischio ad altre imprese mediante la sottoscrizione e l'acquisto di azioni; si originano, quali componenti positivi di reddito, i dividendi e i guadagni in conto capitale; possono però registrarsi anche perdite in conto capitale. Con riguardo agli interessi attivi, si ripropone il tema dei ratei (questa volta attivi). Supponiamo di sottoscrivere obbligazioni dell'impresa Z per 60.000 euro, il giorno 1° marzo 2004; l'impresa Z paga annualmente interessi posticipati nella misura dell'8%; il 1° marzo 2005 riscuotiamo gli interessi del primo anno per un importo di 4.800 euro, ma è chiaro che i 10/12 di tali interessi, ossia 4.000 euro, sono di competenza dell'esercizio 2004; di conseguenza, nella tavola del reddito dell'esercizio 2004 inseriremo «interessi attivi» per 4.000 euro come componente positivo di reddito e nella tavola del capitale di funzionamento al 31 dicembre apparirà, tra le attività, il diritto sino a quel momento maturato (simile a un credito) sotto forma di «*rateo attivo*» per 4.000 euro. In casi piuttosto rari la gestione patrimoniale può realizzarsi anche cedendo in locazione a terzi immobili acquistati a tale fine o comunque eccedenti le esigenze della gestione caratteristica. In tal caso, tra i componenti positivi di reddito della gestione patrimoniale appaiono fitti

14 Nella pratica le modalità di «consolidamento» dei risultati di più imprese sono varie. Si ricorda anche che la distinzione tra investimenti come «partecipazioni» e investimenti come «gestione patrimoniale» non sempre risulta agevole.

15 Per semplicità si trascurano i costi della gestione patrimoniale.

16 Si trascurano i risultati positivi e negativi che possono derivare dall'oscillazione del valore capitale delle obbligazioni.

TAVOLA 6.4. *Schema grafico della composizione del reddito di esercizio*

CNR della gestione caratteristica:	1.044	CPR della gestione caratteristica:	1.100
CNR della gestione finanziaria	22		
CNR della gestione assicurativa	5		
CNR della gestione tributaria	14		
CNR non di competenza	13	CPR della gestione patrimoniale	8
Risultato reddituale	12	CPR non di competenza	2
Totale	1.110	Totale	1.110

attivi. I fitti attivi sono direttamente correlati al tempo e sono di regola riscossi anticipatamente; così, possono sorgere «*risconti passivi*» corrispondenti alle quote di fitti attivi riscossi nel periodo n, ma di competenza dell'esercizio $n + 1$.

I componenti positivi di reddito non di competenza. Hanno la stessa natura dei componenti negativi non di competenza; qui prendiamo in considerazione solo il caso, molto ricorrente, della cessione di un'immobilizzazione ad un prezzo superiore al «valore residuo da ammortizzare»; in questo caso si scopre *ex post* che agli esercizi precedenti sono state attribuite quote di ammortamento eccessive; gli eccessi di componenti negativi di reddito caricati sui precedenti esercizi diventano un componente positivo di reddito che per ragioni pratiche viene «regalato» all'esercizio in corso ma che, sul piano logico, dovrebbe essere riconosciuto agli esercizi passati andando a correggerne i bilanci.

Nelle due tavole 6.3.a e 6.3.b sono stati inseriti valori puramente esemplificativi che ci permettono di fare qualche breve riflessione e di esemplificare in estrema sintesi alcune «letture» del bilancio di esercizio.

Possiamo domandarci: «quanto ci sono costate le varie classi di condizioni produttive?». I dati disponibili ci dicono: i beni privati 610; il lavoro 344; la copertura di rischi 5; i beni pubblici 14; il capitale di prestito 22; il capitale di rischio 12. Ma sono entrate nell'esercizio anche rimanenze iniziali per 90 e abbiamo registrato componenti negativi non di competenza per 13.

Possiamo domandarci: «quanto hanno contribuito le varie gestioni alla determinazione del risultato reddituale finale?». Schematizzando (tav. 6.4) si può rispondere: *a*) la gestione caratteristica ha prodotto un risultato positivo pari a 56 (1.100 – 1.044)[17]; *b*) a tale risultato positivo si aggiunge quello, pure

[17] Ricavi + rimanenze finali – rimanenze iniziali – componenti negativi di reddito dei beni privati – costo del lavoro.

positivo, della gestione patrimoniale pari a 8; *c*) la gestione finanziaria ha comportato oneri per 22; *d*) gli oneri della gestione tributaria ammontano a 14; *e*) gli oneri di competenza per la gestione assicurativa ammontano a 5; *f*) i componenti non di competenza danno un saldo negativo pari a 11 (13 negativi e 2 positivi); *g*) ne deriva un risultato reddituale finale pari a 12 (56 + 8 – 22 – 14 – 5 – 11).

6.4. Il capitale di funzionamento

6.4.1. Le attività, le passività, il capitale netto

Passiamo ora al capitale di funzionamento, complementare al reddito di esercizio per la costruzione del bilancio. Con la tavola del reddito cerchiamo di rispondere alla domanda: «qual è stato il risultato reddituale conseguito in un certo periodo di tempo?». Con la tavola del capitale di funzionamento cerchiamo di rispondere ad una seconda domanda, altrettanto rilevante: «al termine di quel periodo di tempo, quali sono i beni e i diritti posseduti dall'azienda, e quali sono le obbligazioni e gli impegni nei confronti dei vari soggetti?»; in termini ancora più sintetici: «che cosa ha l'azienda, e che cosa deve?». La tavola del capitale di funzionamento è uno schema costruito per ordinare: *a*) da un lato l'insieme delle condizioni di produzione «di proprietà» di un'impresa in un certo momento (*le «attività»*) e i relativi valori; *b*) dall'altro lato, l'insieme delle obbligazioni e degli impegni nei confronti dei vari soggetti che hanno fornito contributi e i relativi valori (*le «passività»*). Molte di queste obbligazioni sono veri e propri debiti, altri sono di natura differente; tra gli «obblighi» dell'impresa appaiono anche quelli nei confronti dei conferenti di capitale di rischio. Nel linguaggio corrente, gli «obblighi» nei confronti dei conferenti di capitale di rischio sono denominati «*netto*» o «*capitale netto*» o «*capitale proprio*»; gli altri obblighi sono chiamati «*passività*» o, nel loro insieme, «*capitale di terzi*». *Il valore totale delle attività è sempre necessariamente pari al valore totale delle passività e del netto.*

Come abbiamo fatto per i tipici input e output, vediamo ora quali sono le attività, le passività e i componenti del «netto» che con maggior frequenza appaiono nelle tavole del capitale delle imprese manifatturiere.

Le *tipiche attività* sono:

- *disponibilità monetarie «in cassa» o sotto forma di c/c attivo*;
- *crediti di regolamento verso clienti*;
- *rimanenze finali*;
- *immobilizzazioni materiali*;
- *immobilizzazioni immateriali*;
- *crediti di prestito*;
- *quote di capitale di rischio di altre imprese* acquistate per la gestione patrimoniale;

• *partecipazioni*, ossia quote di capitale di rischio detenute a fini di «controllo» e quindi rientranti nella gestione caratteristica;

Le *tipiche passività* sono:
• *debiti di regolamento verso fornitori*;
• *debiti di finanziamento*;
• *obblighi nei confronti dei prestatori di lavoro per retribuzioni differite*, il cosiddetto «fondo di trattamento di fine rapporto»;
• *debiti nei confronti dello Stato* per tributi da liquidare;

I *tipici componenti del «netto»*, ossia di quanto pertiene ai conferenti di capitale di rischio sono:
• il *«capitale sociale»* rappresentato dai conferimenti dei «soci» al momento della costituzione e in successive occasioni di «aumenti di capitale»;
• gli *utili* maturati e non distribuiti (le «riserve»).

6.4.2. Uno schema generale

Nelle tavole 6.5.a e 6.5.b è riportato uno «schema tipo» di tavola del capitale di funzionamento che consente di rappresentare gran parte degli accadimenti e dei valori di capitale tipici delle imprese industriali e commerciali.

Consideriamo gli elementi attivi del capitale di funzionamento seguendo lo schema proposto nella tavola 6.5.a, che si riferisce sempre ad un'impresa manifatturiera. Le condizioni produttive attive di pertinenza dell'impresa (sinteticamente dette «le attività») sono distinte in due grandi classi:

1. *le attività dedicate alla gestione caratteristica*;
2. *le attività dedicate alla gestione patrimoniale*, o disponibili per la gestione patrimoniale.

Le attività dedicate alla gestione caratteristica sono di natura molto varia; si intuisce immediatamente che ne fanno parte le immobilizzazioni materiali e immateriali, così come le rimanenze; ma appartengono a questa classe anche i crediti verso clienti e le partecipazioni.

I crediti verso clienti. Nascono dallo scambio monetario con regolamento differito; sono diritti vantati dall'impresa nei confronti dei clienti; diritto a riscuotere una certa quantità di moneta, ad una data scadenza e secondo certe modalità tecniche di pagamento. Nel capitale di funzionamento si inserisce il valore nominale dei crediti, ossia l'importo risultante dai documenti di vendita e che alla data della redazione del bilancio risulta ancora da riscuotere. Si noti che vanno a riduzione dell'importo dei crediti anche gli importi dei crediti che risultano inesigibili.

Le immobilizzazioni materiali. Sono attività quali i terreni, i fabbricati, gli impianti, le macchine e le attrezzature la cui vita economica utile dura per tempi relativamente lunghi così che essi partecipano a più esercizi annuali.

TAVOLA 6.5.a. *Schema generale del capitale di funzionamento di un'impresa manifatturiera: sezione delle attività*

Classi di attività per gestioni	Sottoclassi di attività	
Condizioni produttive attive dedicate alla gestione caratteristica	Crediti verso clienti	600
	Immobilizzazioni di proprietà materiali (nette)	500
	Immobilizzazioni di proprietà immateriali (nette)	20
	Rimanenze finali	100
	Partecipazioni	0
	Risconti attivi della gestione caratteristica	2
Condizioni produttive attive dedicate alla gestione patrimoniale	Cassa e conti correnti attivi	7
	Titoli obbligazionari e azionari (non partecipazioni)	30
	Ratei attivi della gestione patrimoniale	1
	Valore totale delle attività	*1.260*

TAVOLA 6.5.b. *Schema generale del capitale di funzionamento di un'impresa manifatturiera: sezione delle passività e del capitale netto*

Classi di impegni nei confronti di varie categorie di soggetti	Corrispondenti elementi delle passività e del capitale netto	
Impegni verso i fornitori di beni privati	Debiti verso fornitori	350
Impegni verso i conferenti di capitale di prestito	Conti correnti passivi	55
	Mutui bancari	200
	Ratei passivi della gestione finanziaria	4
Impegni verso lo Stato	Debiti verso l'erario	11
Impegni verso i prestatori di lavoro	«Fondo» trattamento di fine rapporto	140
	Valore totale delle passività	*760*
Impegni verso i conferenti di capitale di rischio	Capitale sociale	400
	Riserve da utili non distribuiti di esercizi precedenti	88
	Utile (+) o perdita (–) dell'esercizio	12
	Valore totale del capitale netto	*500*
	Valore totale delle passività e del capitale netto	*1.260*

Le *immobilizzazioni immateriali* sono rappresentate normalmente da «brevetti» e da «marchi» che un'impresa acquista programmando di fruirne per un certo numero di anni. Per tutte le immobilizzazioni, materiali e immateriali, di proprietà dell'impresa vale la regola del processo di ammortamento, ossia della ripartizione dei relativi oneri complessivi (prezzo di acquisto – ricavo di realizzo alla dismissione)[18] tra tutti gli esercizi al cui svolgimento contribuiscono. Nella tavola del capitale di funzionamento appaiono i valori «netti» delle immobilizzazioni, ossia il valore di acquisto diminuito degli importi delle quote di ammortamento cumulate sino a quel momento. Si noti che questi valori netti non sono valori di mercato dei beni, sono solo i valori residui da ammortizzare più il previsto ricavo di realizzo al momento della dismissione.

[18] Si usa dire che i terreni non devono essere ammortizzati perché «non deperiscono» o «non perdono valore»; si tratta di una generalizzazione che deve essere verificata caso per caso.

Le rimanenze finali di esercizio. Sono, in termini fisici e nelle imprese manifatturiere, le materie prime, i semilavorati e i prodotti finiti esistenti al termine dell'esercizio; sono produzioni in corso che non hanno terminato il loro ciclo economico con la generazione di un ricavo di vendita. Il valore delle rimanenze finali, in una prima approssimazione, potrebbe essere visto come la sommatoria dei costi sostenuti per realizzarle; in realtà, il valore delle rimanenze, in quanto valore di una produzione in corso, deve essere determinato come somma dei costi sostenuti più (o meno) la quota di risultato reddituale positivo (o negativo) che con tali produzioni si sta formando[19]. In contrasto con tale impostazione, vige (almeno apparentemente) la prassi universale della valutazione delle rimanenze «al costo»; si tratta di una prassi derivante solo da ragioni di ordine pratico.

Le partecipazioni. Sono le quote di capitale di rischio detenute in altre imprese con l'obiettivo di esercitare qualche forma di controllo sul governo delle stesse e di realizzare per tale via vantaggi per la nostra impresa; si tratta di iniziative tipicamente di lungo periodo. I vantaggi immediati delle partecipazioni sono dati dalle quote di utili prodotti dalle società partecipate; tuttavia, le ragioni sottostanti alle partecipazioni sono di carattere più generale. Esempi di ragioni sottostanti all'investimento di capitali in partecipazioni sono: *a*) aiutare la nascita e lo sviluppo di imprese che commercializzano i nostri prodotti o che offrono assistenza tecnica ai nostri clienti; *b*) partecipare al finanziamento di progetti di ricerca innovativa che potrebbero dare frutti utili per la nostra impresa; *c*) costituire una *joint venture* per l'apertura di un nuovo stabilimento in un Paese che richiede che le imprese siano possedute in parte da soggetti locali. Al momento iniziale della formazione della partecipazione, si inserisce in bilancio l'importo corrispondente all'esborso effettuato per sottoscrivere la quota di capitale di rischio; successivamente, dal punto di vista logico, il valore dovrebbe essere costantemente aggiornato in funzione delle prospettive di sviluppo e di redditività dell'impresa partecipata; nell'effettuare tali valutazioni si possono aprire grandi spazi di discrezionalità e, di conseguenza, nella pratica si impongono procedure di valutazione che cercano di mediare tra l'esigenza dell'inserimento in bilancio di un valore «realistico» e l'esigenza di una comunicazione trasparente e affidabile.

I risconti attivi della gestione caratteristica. Alcune condizioni produttive danno luogo a costi e a ricavi determinati su base temporale; i casi più rile-

[19] Il punto è particolarmente chiaro con riferimento alle rimanenze di prodotti finiti. Un esempio: alla fine dell'esercizio abbiamo rimanenze finali di prodotti finiti per i quali abbiamo sostenuto costi pari a 90; nelle prime settimane dell'anno prossimo le venderemo per 100 e sosterremo ancora costi di imballaggio e di trasporto per 2; il costo totale sarà dunque pari a 92 e il risultato reddituale pari a 8; se valutiamo le rimanenze finali «al costo», ossia 90, attribuiamo all'esercizio prossimo l'intero risultato reddituale di 8 pur avendolo prodotto in larga misura nell'esercizio appena concluso. Valutandole invece, ad esempio, 97 attribuiamo il risultato reddituale per 7 all'esercizio appena concluso (97 – 90) e per 1 al prossimo esercizio (100 – 97 – 2).

TAVOLA 6.6. *Schema riassuntivo dei ratei e dei risconti attivi e passivi ricorrenti nelle imprese manifatturiere*

	Pagati/riscossi anticipatamente	Pagati/riscossi posticipatamente
Quote di costi	Risconti attivi – fitti passivi della gestione caratteristica – premi assicurativi della gestione caratteristica	Ratei passivi – interessi passivi della gestione finanziaria
Quote di ricavi	Risconti passivi – fitti attivi della gestione patrimoniale	Ratei attivi – interessi attivi della gestione patrimoniale

vanti sono quelli delle immobilizzazioni in locazione, del capitale di prestito e della copertura dei rischi particolari che danno luogo, rispettivamente, a fitti attivi e passivi, interessi attivi e passivi, premi assicurativi. Accade spesso che i relativi contratti (supponiamo annuali) si pongano a cavallo di due esercizi; di conseguenza, per rispettare il principio di competenza, occorre scindere il costo o il ricavo complessivo nelle quote di pertinenza di ciascuno dei due esercizi; si formano i ratei e i risconti attivi e passivi (tav. 6.6). La gestione caratteristica dà luogo normalmente a due tipi di risconti attivi originati rispettivamente dai fitti passivi e dai premi assicurativi pagati, come di regola accade, in via anticipata; le quote di costo pagate nell'esercizio corrente ma di competenza dell'esercizio prossimo sono risconti attivi inseriti tra le attività in quanto diritto vantato nei confronti del proprietario dell'immobilizzazione e dell'assicuratore.

Le attività dedicate alla gestione patrimoniale (o disponibili per la gestione patrimoniale) sono le risorse non assorbite dalla gestione caratteristica che l'impresa decide di utilizzare per realizzare risultati reddituali addizionali a quelli provenienti dalla gestione caratteristica.

La «cassa» e i conti correnti attivi. Sono le liquidità immediate di cui l'azienda dispone; i contanti sotto forma di «cassa» non producono rimunerazioni; le liquidità sotto forma di conti correnti attivi producono interessi attivi[20]. Gli importi inseriti nella tavola del capitale di funzionamento «al 31 dicembre» sono quelli «al 1° gennaio» aumentati di tutti gli incassi e diminuiti di tutti i pagamenti. Se a fine esercizio il saldo finale del conto corrente è negativo, allora il relativo importo è un debito nei confronti della banca e, di conseguenza, appare tra le passività sotto la voce «conti correnti passivi».

20 Di regola i relativi importi sono molto limitati e contenuti nel minimo necessario per mantenere l'equilibrio monetario di breve periodo. Questi volumi minimi, soprattutto se non producono frutti, possono essere considerati attività assorbite dalla gestione caratteristica (e dalla dinamica monetaria della gestione patrimoniale). Quando i volumi diventano rilevanti è opportuno evidenziarli come risorse disponibili per la gestione patrimoniale.

Le obbligazioni e le azioni (non della specie partecipazioni). Sono qui presentate come le due forme più semplici di gestione patrimoniale. Per semplicità si suppone che siano inserite in bilancio al prezzo di acquisto e che gli eventuali utili e perdite in conto capitale siano messi in evidenza solo al momento della loro vendita[21]. Il valore «al 31 dicembre» sarà dunque dato dal valore risultante al 1° gennaio aumentato di tutti gli acquisti e diminuito di tutte le vendite (al corrispondente valore di carico).

I ratei attivi della gestione patrimoniale. Quando la gestione patrimoniale si attua mediante investimenti in obbligazioni e in titoli di Stato facilmente si producono ratei attivi; tale tipo di investimento, infatti, di regola produce interessi attivi da riscuotere in via posticipata[22] e così, quando alla fine dell'esercizio si redige il bilancio, possiamo trovarci in presenza di interessi già maturati ma non ancora riscossi; nella tavola del capitale si inserisce l'attività «ratei attivi» (simile a un credito), mentre nella tavola del reddito lo stesso importo appare come componente positivo di reddito sotto la voce «interessi attivi».

Passiamo alla seconda sezione del capitale di funzionamento seguendo lo schema della tavola 6.5.b. Tutti gli elementi che compongono questa seconda sezione sono impegni, ossia obbligazioni, nei confronti di varie categorie di soggetti; alcune di queste obbligazioni hanno propriamente natura di debiti (ad esempio i debiti verso fornitori o i mutui bancari); gli altri sono impegni assimilabili a debiti solo in primissima approssimazione. Nel linguaggio corrente si usa l'espressione «passività e netto» (abbreviazione per «passività e capitale netto») che vuole evidenziare la distinzione tra le obbligazioni verso i conferenti di capitale di rischio (il «netto», il «capitale netto») e le obbligazioni nei confronti di tutti gli altri soggetti (le «passività»).

Gli impegni verso i fornitori di beni privati. Si configurano come *debiti verso fornitori*, o debiti commerciali, che appartengono alla categoria dei debiti di regolamento. Hanno la stessa origine e natura dei crediti verso clienti e si inseriscono in bilancio secondo le stesse modalità. L'importo da inserire in bilancio a fine esercizio è dato dall'ammontare di debiti esistente all'inizio del periodo aumentato di tutti i debiti sorti e diminuito di tutti i pagamenti effettuati ai fornitori nel periodo stesso.

21 In questa ipotesi semplificatrice, si supponga di acquistare 1.000 azioni dell'azienda Alfa per 1.000 euro nel giugno 2003 e di venderle per 1.030 euro nei primi giorni del 2004; si registra un utile in conto capitale di 30 nel 2004. Non è difficile capire che operando in questo modo il principio di competenza non è compiutamente soddisfatto. Si rifletta anche sulla situazione che si presenterebbe nel caso in cui le nostre 1.000 azioni, il 31 dicembre 2003, al momento della redazione del bilancio, fossero quotate in borsa 600 (oppure 1.500) a fronte dei 1.000 euro pagati.

22 Nella realtà non mancano forme di investimento con interessi in via anticipata; qui si trascurano per ragioni di semplicità espositiva.

La gestione finanziaria nelle forme elementari considerate in questa sede, dà luogo a debiti sotto forma di *conti correnti passivi* e di *mutui bancari passivi*; si tratta di debiti di prestito. I conti correnti appaiono nella tavola del capitale di funzionamento come «conti correnti attivi» o come «conti correnti passivi» a seconda che il saldo di fine periodo sia positivo o negativo. L'importo dei mutui passivi che appare in bilancio a fine periodo è pari all'importo dei mutui in essere all'inizio del periodo aumentato degli eventuali nuovi mutui accesi nel periodo e diminuito del totale dei rimborsi effettuati nel periodo.

I ratei passivi della gestione finanziaria. Nascono in corrispondenza degli interessi passivi maturati e non ancora liquidati.

Gli impegni verso lo Stato. Le imprese accumulano debiti anche nei confronti dell'amministrazione finanziaria dello Stato e di altri soggetti pubblici; nel linguaggio corrente si usa l'espressione «*debiti verso l'erario*». Di particolare rilevanza è il debito per le «imposte sul reddito» che si forma a fine esercizio; in tale occasione si calcola il risultato reddituale prima delle imposte e sullo stesso si calcola quanto dovuto all'erario come imposta sul reddito[23]; l'importo così calcolato è, da un lato, un componente negativo di reddito e, dall'altro lato, un debito nei confronti dello Stato che sarà pagato nel corso dell'anno successivo.

Gli impegni verso i prestatori di lavoro. Nei confronti dei prestatori di lavoro, in base alla normativa di alcuni Paesi, inclusa l'Italia, si configura l'obbligo di liquidare una parte della retribuzione in forma differita al momento della cessazione del rapporto di lavoro. L'obbligo nei confronti di ciascun prestatore di lavoro matura progressivamente nel tempo; in ogni momento l'impresa ha un obbligo complessivo nei confronti dei prestatori di lavoro pari all'importo totale che dovrebbe liquidare in quel momento se tutti i prestatori di lavoro interrompessero contemporaneamente il loro rapporto con l'impresa. Nel bilancio di esercizio «al 31 dicembre» deve apparire l'importo riferito a quel momento; schematicamente, si tratta dell'importo «al 31 dicembre» dell'anno precedente aumentato di quanto maturato nell'anno dai prestatori di lavoro rimasti nell'azienda (e dai nuovi entranti) e diminuito di quanto liquidato ai prestatori di lavoro che sono usciti.

Gli impegni nei confronti dei conferenti di capitale di rischio. Alla fine di un certo esercizio sono composti da: *a*) il «capitale sociale», ossia l'importo conferito dai «soci» a titolo di capitale di rischio al momento della costituzione dell'impresa e in occasione di eventuali aumenti di capitale; *b*) le «riserve da utili di esercizi precedenti non distribuiti», ossia le parti di utili

[23] Nei nostri esempi elementari supponiamo che l'imposta sul reddito sia pari al 50% dell'utile prima delle imposte.

TAVOLA 6.7. *Schema grafico della struttura del capitale di funzionamento*

Impieghi nella gestione caratteristica	1.222	Fornitori	350
		Conferenti capitale di prestito	259
		Stato	11
		Prestatori di lavoro	140
		Capitale proprio	500
Impieghi nella gestione patrimoniale	38		
Totale	1.260	Totale	1.260

maturati sino all'esercizio $n - 1$ e non ancora distribuite sotto forma di dividendo; *c*) l'«utile dell'esercizio *n*» nella sua interezza poiché le decisioni in merito alla sua destinazione (quanta parte distribuire sotto forma di dividendi e quanta parte trattenere in azienda) saranno prese in tempi successivi a quello della redazione del bilancio.

Qualche breve considerazione utilizzando anche i dati inseriti a titolo esemplificativo e schematizzati nella tavola 6.7. Possiamo calcolare qual è il valore totale delle attività a disposizione dell'azienda al momento della redazione del bilancio (1.260) e osservare come viene utilizzato: quanto nella gestione caratteristica (1.222) e quanto nella gestione patrimoniale (38). Possiamo domandarci: «chi sta finanziando l'azienda?», ossia: «da dove provengono i mezzi che permettono di disporre di 1.260 di attività?». La stanno «finanziando» tutti i soggetti nei confronti dei quali l'impresa ha obblighi: i fornitori per 350, i conferenti di capitale di prestito per 259, l'erario (lo Stato) per 11, i prestatori di lavoro per 140 e i conferenti di capitale di rischio per 500. Gli impegni nei confronti dei vari soggetti possono essere letti come le «fonti» dei mezzi disponibili per realizzare gli «impieghi» rappresentati dalle attività. Nel nostro esempio, il totale delle fonti, pari a 1.260, è rappresentato per il 40% circa da capitale proprio (500) e per il rimanente 60% circa (760) da «capitale di terzi».

6.5. Dagli accadimenti al bilancio di esercizio

6.5.1. Gli accadimenti, i valori, il processo

Il processo di redazione del bilancio di esercizio

Nelle pagine precedenti si è concentrata l'attenzione sui *contenuti* del bilancio di esercizio. Quasi nulla è stato detto invece con riguardo ai *processi di redazione* del bilancio di esercizio, processi che, naturalmente, devono svolgersi secondo logiche e tecniche che permettano di redigere il bilancio in

TAVOLA 6.8. *Lo schema generale dei processi di rilevazione e di redazione del bilancio di esercizio*

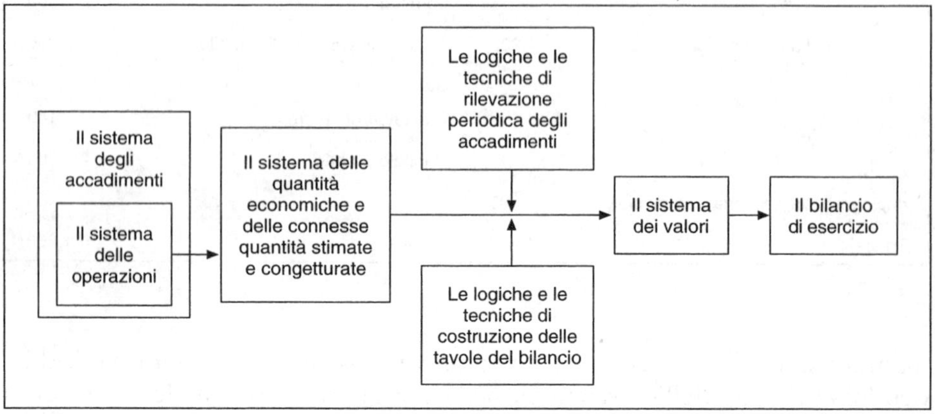

modo efficiente e corretto. La redazione del bilancio di esercizio è un processo che comporta la registrazione di grandissime quantità di valori e che si svolge progressivamente lungo l'intero arco del periodo amministrativo.

Nella realtà, tutte le imprese, anche quelle di dimensioni minori, tengono nota «giorno per giorno» degli accadimenti rilevanti dal punto di vista economico; molte registrazioni quotidiane sono indotte da ragioni pratiche quali, ad esempio, l'esigenza di ricordare: quali ordini dei clienti si devono evadere; quali crediti sono sorti, quali sono già stati riscossi e quali si devono ancora pagare; quali debiti sono sorti, sono stati pagati e sono ancora da pagare; quanti soldi sono stati versati in banca e quanti sono stati prelevati; quanti pezzi sono stati prodotti, quanti sono stati venduti e quanti sono disponibili in magazzino; quante materie prime sono state ordinate, quante ne sono arrivate, quante sono disponibili per produrre quanto ordinato dai clienti; e così via. Buona parte dei dati così rilevati (ma non tutti) saranno utili anche per la redazione del bilancio di esercizio e, d'altro canto, per la redazione del bilancio di esercizio, occorre determinare valori che non sono derivabili dalle operazioni giornaliere e che devono essere configurati secondo logiche e tecniche particolari. Così, per poter giungere a redigere efficientemente il bilancio di esercizio occorre selezionare gli accadimenti rilevanti e registrare periodicamente e a fine periodo i relativi valori applicando opportune logiche e tecniche; lo schema generale è sintetizzato nella tavola 6.8.

Come visto in parti precedenti, il *sistema di accadimenti* è l'insieme di azioni e di fenomeni che si manifestano nell'azienda e nel suo ambiente; azioni e fenomeni avvinti a sistema da relazioni molteplici e considerati rilevanti per l'analisi economica. Si pensi alla dinamica dei prezzi-costo e dei prezzi-ricavo, alle negoziazioni, ma anche ai comportamenti dei fornitori, dei clienti, dei concorrenti, così come degli interventi dello Stato a favore dell'impresa. Una particolare categoria di accadimenti è costituita dal *sistema delle operazioni*, che abbiamo denominato combinazioni economiche, formato dalle attività di produzione economica svolte dalle persone che compongono l'organismo personale dell'azienda.

Le quantità economiche, le stime e le congetture

Il sistema delle operazioni (o combinazioni economiche) nella sua espressione quantitativa dà luogo al sistema delle *quantità economiche* che sono *grandezze certe*. In altri termini, le quantità economiche sono il risultato della determinazione quantitativa di combinazioni economiche e si identificano in dati incontrovertibili espressione di fenomeni. Esempi di quantità economiche, con riferimento sempre all'azienda di produzione, sono i prezzi-costo e i prezzi-ricavo, i saggi di interesse, le retribuzioni, i crediti e i debiti di regolamento e di finanziamento, i dati di rendimento fisico-tecnico, la consistenza fisica delle giacenze, il numero dei dipendenti in organico, la quantità di moneta disponibile in cassa, e così via. Le quantità economiche non vanno confuse, come si vedrà meglio in seguito, con i dati congetturati di azienda, per la cui costruzione si ricorre ad ipotesi-finzione che sono espressione di una necessità di calcolo. È la circostanza che si manifesta ogni qual volta si intende misurare fenomeni complessi come, ad esempio, il reddito e il capitale nelle aziende di produzione o i patrimoni nelle aziende familiari.

L'utilizzazione delle quantità economiche e i calcoli che spesso essa comporta danno origine sia a *stime di quantità economiche* sia a *congetture fondate su quantità economiche*[24].

Le *stime* sono approssimazioni ad un vero, ad un fenomeno che non si conosce ancora in modo definito; le quantità stimate sono pertanto determinazioni approssimate di quantità economiche. Per la stima ci si avvale di ipotesi che attengono al grado di probabilità della differenza tra il dato stimato e il dato effettivo. La stima, sebbene richiami la previsione, con questa non si identifica in quanto essa non sempre riguarda dati futuri. Molte volte in azienda si procede a stime di quantità presenti o passate per evitare determinazioni che comporterebbero tempo e denaro: è il caso della stima delle quantità fisiche di giacenze esistenti in magazzino, come della stima di molti consumi passati effettuata con parametri indiretti (consumo di energia elettrica sulla base, ad esempio, dei punti luce installati).

Il *dato economico congetturato* non si identifica con un fatto reale, con una quantità economica, è un «immaginato» frutto di un calcolo che si fonda su una ipotesi-finzione coerente con le esigenze di investigazione o di operare economico. Non si tratta di stimare o di svolgere delle approssimazioni perché non c'è alcun dato definito da stimare. Se le ipotesi-finzione sono molteplici si avranno più dati congetturati, ciascuno con un suo signi-

24 Per queste proposizioni si fa riferimento a MASINI [1979, 109 ss.].

ficato e ciascuno con una sua specifica utilità. Nel calcolo della congettura, oltre che di quantità economiche, ci si avvale spesso di dati stimati tanto che il dato economico congetturato è il più delle volte anche stimato. Nel calcolo quindi ritroviamo sia ipotesi di approssimazione al vero sia ipotesi-finzione che non hanno possibilità di particolare verifica. Sono esempi emblematici di dati congetturati, le quote di ammortamento di un costo pluriennale (ad esempio di un impianto acquistato per 100 e che fornirà la propria utilità per 5 anni) attribuite per competenza ai vari esercizi annuali; l'importo complessivo (100) è una quantità economica certa, le previsioni circa la durata e l'impiego dell'impianto sono stime, ma gli importi delle quote attribuite ai singoli esercizi (ad esempio: 20, 30, 30, 15, 5) sono necessariamente dati economici congetturati; essi possono essere determinati con maggiore o minore rigore logico, ma non esistono i dati veri in assoluto ai quali ci si deve approssimare.

Le quantità economiche d'azienda e le connesse quantità stimate e congetturate sono il fondamento di tutte le misurazioni, i calcoli, le predizioni e le previsioni che si compiono in azienda.

Il sistema dei valori di azienda

Nell'ambito del sistema delle quantità economiche d'azienda e delle connesse quantità stimate e congetturate si possono individuare vari sotto sistemi dei quali uno in particolare offre le basi per impostare modelli di valutazione e di rappresentazione dell'economicità. Si tratta del *sistema dei valori di azienda*, che accoglie la *moneta* come espressione del valore e che trova essenzialmente la sua origine nelle interrelate operazioni di *scambio* che l'impresa intrattiene con i terzi.

Soffermiamoci un momento su questi aspetti. L'impresa opera in un'economia di scambio monetario con la moneta che assolve, almeno in prima approssimazione, la funzione di facilitare e di semplificare i rapporti di scambio[25]. L'azienda di produzione, proprio attraverso l'intrecciarsi di questi scambi con terze economie nello spazio e nel tempo, persegue la produzione economica; dallo scambio – in un'economia di mercato – l'azienda trova definizione e misura del suo successo. Le stesse operazioni di gestione interna, la stessa trasformazione fisico-tecnica, trovano infatti manifestazione economica nello scambio. Sulle operazioni di scambio monetario, che si articolano in cicli temporali, si riflettono, infatti, presto o tardi, tutte le operazioni interne, dal momento che l'impresa ha ragione di vita solo se entra in contatto con il mercato, conseguendo valori di reddito che siano tra loro in equilibrio e fornendo, in tal modo, la misura del suo successo. Si comprende,

[25] Infatti, il valore non è una grandezza reale espressa in termini monetari (volume fisico di produzione espresso in moneta); il valore è invece il prodotto del volume fisico per i prezzi e dipende dalle variazioni dell'uno e dell'altro fattore [TESSITORE 1979, 173 ss.].

allora, come attraverso i valori che dallo scambio derivano si possa studiare e investigare il divenire economico complessivo dell'impresa.

Le quantità-flusso e le quantità-fondo

Il divenire economico complessivo dell'impresa si manifesta sia con valori riferiti ad un istante (quantità-fondo) sia con valori riferiti ad un lasso di tempo (quantità-flusso). Dalle combinazioni economiche, vista la loro natura dinamica, scaturiscono quantità-flusso, mentre quando si intende accertare le condizioni produttive a disposizione dell'impresa ad un certo momento si determinano quantità-fondo. *La tavola del reddito di esercizio si compone di quantità-flusso; la tavola del capitale di funzionamento si compone di quantità-fondo.* Quanto detto si collega a quanto sostenuto in precedenza quando si è introdotto il concetto di condizioni di produzione e quello di patrimonio.

Va pure sottolineato che le due quantità, flusso e fondo, sono due aspetti dello stesso fenomeno, il divenire economico dell'impresa. Esse sono tra loro strettamente collegate; le operazioni che via via si svolgono risentono delle condizioni preesistenti e a loro volta condizionano quelle successive.

Le variazioni numerarie e non numerarie

Tutti i valori che esprimono strumenti di regolamento degli scambi si denominano «*valori numerari*»; si tratta principalmente dei mezzi monetari liquidi disponibili (la «cassa») e dei debiti e crediti di regolamento; sono *non numerari* tutti gli altri valori. Tutte e soltanto le variazioni di valori numerari si denominano «*variazioni numerarie*». Se il regolamento avviene in contanti, la variazione numeraria è un'uscita di cassa; se il regolamento avviene per compensazione di crediti di regolamento preesistenti, la variazione numeraria è la corrispondente diminuzione di crediti.

Si consideri un'operazione di acquisto di materie prime, in un'impresa industriale, regolata con il pagamento del prezzo a trenta giorni data fattura. La negoziazione di compravendita si sviluppa in un ciclo temporale articolato in fasi che sono: la trattativa tra le parti, la stipulazione del contratto in cui si ha «la manifestazione economica dei valori secondo condizioni presenti e prospettiche dell'impresa e dell'ambiente in quel momento», l'esecuzione del contratto con il trasferimento dei beni e con la definizione del prezzo alla quale segue il regolamento del prezzo stesso. Il momento dell'esecuzione trova espressione numeraria concreta in un documento che viene denominato «fattura».

Se si osserva la natura sinallagmatica (contratto a prestazioni corrispettive) dell'operazione e, se si adotta una visione patrimoniale, si nota come dall'operazione stessa nascano due valori di segno contrapposto:

a) una variazione di moneta o di credito (o di debito) di regolamento, ossia una *variazione numeraria*, che nel caso di specie è un incremento di debito di regolamento nei confronti del fornitore, debito che sarà successivamente onorato mediante il pagamento di una somma equivalente; in qualunque forma si manifesti, la variazione numeraria è sempre una variazione di una condizione produttiva patrimoniale; in questo esempio si tratta di una variazione negativa in quanto incremento di una condizione patrimoniale negativa (i debiti di regolamento) o, in altro aspetto, come variazione che produrrà un'uscita di cassa, ossia la riduzione di una condizione patrimoniale attiva;

b) una *variazione non numeraria*, che nel caso di specie consiste in un aumento di materie prime; si tratta dunque di un'altra variazione di una condizione produttiva patrimoniale, ma in questo caso positiva in quanto incremento di una condizione attiva di produzione (le materie prime)[26].

La variazione non numeraria in oggetto, ha però un doppio significato: il primo, sopra illustrato, è quello di una variazione positiva di condizioni di produzione disponibili per l'azienda; il secondo significato, che si evidenzia *passando dagli aspetti patrimoniali a quelli reddituali*, è quello di un costo (il costo di acquisto delle materie prime), ossia di un componente negativo di reddito che si contrappone ai componenti positivi quali sono, tra gli altri, i ricavi di vendita. In sintesi, l'operazione di acquisto produce due variazioni: una variazione numeraria negativa (aumento dei debiti di regolamento) ed una variazione non numeraria; la variazione non numeraria ha contestualmente due significati: un significato di variazione positiva delle condizioni di produzione disponibili (aumento di materie prime) ed un significato di componente negativo di reddito (il costo delle materie prime).

Non tutte le operazioni di gestione aziendale comportano gli stessi tipi di variazioni sopra illustrati. Si considerino altri due casi fondamentali. Nel caso, ad esempio, di pagamento del debito di regolamento sorto con l'acquisto delle materie prime, si producono *due variazioni numerarie*: una diminuzione di cassa (variazione numeraria negativa) ed una diminuzione di debiti di regolamento (variazione numeraria positiva); non si ha nessuna variazione riguardante il reddito di esercizio. Un secondo tipo di operazioni è dunque quello nel quale si hanno solo due variazioni numerarie di segno opposto. Si faccia ora riferimento ad un'operazione di accensione di un mutuo. In questo caso si produce *una variazione numeraria* positiva (aumento di mezzi monetari liquidi disponibili) contrapposta ad *una variazione non numeraria* negativa (aumento dei debiti di prestito, che sono valori non numerari); l'operazione in quanto tale non ha un impatto immediato sul reddito di esercizio e dunque è un esempio di un terzo tipo di operazioni: le operazioni che producono una variazione numeraria ed una non numeraria ove quest'ultima ha solo significato di variazione di una

[26] I valori non numerari rappresentano condizioni produttive quali: le materie prime, il lavoro, i servizi privati, le immobilizzazioni tecniche, i debiti e i crediti di prestito, il capitale proprio.

condizione di produzione e non ha anche significato di componente di reddito. L'aspetto reddituale dell'accensione del mutuo si evidenzierà con la maturazione degli interessi che sono il costo (aspetto reddituale) da sostenere per poter disporre di un dato ammontare di moneta per un certo periodo di tempo.

I tre tipi di operazioni non esauriscono l'ampia varietà delle operazioni aziendali che hanno influsso sul reddito e sul patrimonio; essi bastano però per compiere i passi che portano a comprendere come si forma il sistema dei valori economici dell'azienda. In estrema sintesi, quanto sopra esposto ci avverte che le operazioni di gestione esterna aziendale producono vari insiemi di variazioni del tipo:

- variazioni numerarie positive e negative;
- variazioni non numerarie, positive e negative, che hanno significato sia di variazioni di condizioni di produzione sia di componenti negativi e positivi di reddito;
- variazioni non numerarie che hanno significato solo di variazioni di condizioni di produzione.

Il tempo di rilevazione dei valori e i conti

Quanto al tempo in cui determinare i valori, si adotta il momento in cui si manifesta la variazione numeraria, che viene a identificarsi in pratica nel momento in cui si emette o si riceve la fattura. I motivi che spingono alla scelta del momento numerario come momento di determinazione dei valori sono:

a) l'esigenza di ottenere valori con un certo grado di certezza; se si adottassero momenti antecedenti, come quello della stipula del contratto, si dovrebbero determinare valori spesso molto incerti e suscettibili di successive correzioni nel corso dello sviluppo delle fasi del ciclo di negoziazione;

b) la possibilità di effettuare un riscontro in tempi brevi, impostato sul contrasto di interessi economici tra le parti interessate alla negoziazione (confronto tra documenti di fatturazione e documenti di spedizione; possibilità di verificare una somma di denaro ricevuta a saldo di un documento di fatturazione attiva e così via).

La scelta di questo momento consente anche di inserire simultaneamente i due valori con segno contrario, scaturenti dalla stessa operazione, in tavole di raccolta di dati tra loro collegate che si chiamano conti. Essi accolgono i valori con segno «più» a sinistra e i valori con segno «meno» a destra. I conti rappresentano pertanto il modo con cui i valori vengono raccolti, creando un sistema di rilevazioni multiple in contrapposizione che dà luogo al metodo della partita doppia. Si veda la tavola 6.9, che visualizza l'inserimento dei valori nei conti per un'operazione di acquisto di materie prime con pagamento differito e per un'operazione di vendita con riscossione differita. La prima è relativa ad una fattura passiva per 100 euro e la seconda ad una fattura attiva di 300 euro.

TAVOLA 6.9. *Valori derivanti da operazioni elementari e loro inserimento nei conti*

a) Operazione di acquisto di materie prime per 100 euro con pagamento differito

– VARIAZIONE NUMERARIA (–100): aumento di condizione di produzione patrimoniale negativa (debiti verso fornitori)

– VARIAZIONE NON NUMERARIA (+100): aumento di condizione di produzione patrimoniale positiva (materie prime) e, se osservata come partecipazione al reddito di esercizio, componente negativo di reddito (costo di acquisto di materie prime)

L'iscrizione nei conti risulta la seguente:

+ FORNITORI	–
	100 debiti verso fornitori

+ ACQUISTI DI MATERIE PRIME	–
100 incremento di condizioni di produzione o componente negativo di reddito	

b) Operazione di vendita di beni di consumo per 300 euro con riscossione differita

– VARIAZIONE NUMERARIA (+300): aumento di condizione di produzione patrimoniale positiva (crediti verso clienti)

– VARIAZIONE NON NUMERARIA (–300): diminuzione di condizione di produzione patrimoniale positiva (prodotti finiti) e, se osservata come partecipazione al reddito di esercizio, componente positivo di reddito (ricavo di vendita)

L'iscrizione nei conti risulta la seguente:

+ CLIENTI	–
300 credito verso il cliente	

+ RICAVI DI VENDITA	–
	300 diminuzione di condizione di produzione o componente positivo di reddito

6.5.2. Le rilevazioni periodiche e la redazione del bilancio di esercizio: l'esempio dell'impresa Delta

Lo stato patrimoniale iniziale e i valori derivanti dalle operazioni di gestione esterna

Dopo aver posto le basi del modello del bilancio di esercizio, procediamo ora ad illustrare la sua concreta applicazione mediante un'esemplificazione che considera un'azienda di produzione nel suo primo anno di vita. In particolare intendiamo seguire questo percorso:

a) considerare dapprima l'operazione istituzionale con la quale i soci di una società le conferiscono capitale-risparmio in forma liquida;

b) comporre poi lo stato patrimoniale iniziale con la misura del patrimonio iniziale;

c) individuare le operazioni di gestione esterna che si manifestano durante il periodo, distinguendo le variazioni che da esse scaturiscono e rilevandole in opportune classi di conti;

d) costruire l'esercizio generale inserendo stime e congetture per le operazioni ancora in corso alla fine dell'anno;

e) comporre le sintesi di bilancio: il conto economico e lo stato patrimoniale finale.

Per rendere più chiaro lo sviluppo di questo percorso facciamo riferimento alla «equazione di bilancio» che si può evincere dalla stessa rappresentazione che a suo tempo abbiamo dato del patrimonio. In ogni istante della vita dell'azienda possiamo constatare che i beni e i diritti (condizioni patrimoniali positive) uguagliano le obbligazioni in essere nei confronti dei terzi creditori e dei conferenti capitale risparmio, come appare dalla seguente equazione:

ATTIVO		PASSIVO + CAPITALE NETTO
Beni e diritti (condizioni patrimoniali positive)	=	Obbligazioni (condizioni patrimoniali negative)

Durante la vita dell'azienda si svolgono operazioni di scambio che determinano acquisizioni e cessioni di condizioni produttive; come sopra visto, una classe di tali operazioni ha anche immediato impatto sul reddito di esercizio nel senso che produce variazioni non numerarie con il doppio significato di variazioni di condizioni di produzione e di componenti di reddito; si convenga di denominare «costi» e «ricavi» di esercizio tali variazioni non numerarie con doppio significato. L'equazione di bilancio, in una prima approssimazione dinamica (più avanti si forniscono le necessarie approssimazioni successive), diventa:

$$A + (c - r) = P + CNin$$

Attività	+ Costi	– Ricavi	= Passività	+ Capitale netto iniziale

Sotto la voce «attivo» si collocano tutti i valori numerari attivi e tutti i valori non numerari attivi che non hanno immediato significato di componenti di reddito (ad esempio, immobilizzazioni tecniche e crediti di prestito); analogamente, sotto la voce «passivo» si collocano tutti i valori numerari passivi ed i valori non numerari passivi che non hanno immediato significato di componenti di reddito (ad esempio, debiti di prestito); sotto la voce «costi» stanno valori che hanno contemporaneamente il significato di incremento di condizioni di produzione (aspetto patrimoniale) e di componenti negativi di reddito (aspetto reddituale); i «ricavi» rappresentano contemporaneamente diminuzioni di condizioni di produzione e componenti positivi di reddito. L'eguaglianza espressa nella formula permane nello svolgimento della dinamica aziendale se si registrano opportunamente tutte le variazioni prodotte da ciascuna operazione di gestione esterna su ciascuno degli elementi dell'equazione. L'equazione sopra proposta non è di lettura intuitiva immediata, ma dovrebbe progressivamente ed agevolmente chiarirsi di mano in mano che si segue l'esemplificazione svolta nelle pagine seguenti.

A questo punto possiamo svolgere l'esercitazione ricordando che i valori che nascono dalle operazioni vanno accolti in conti convenzionalmente strutturati nel modo seguente:

+	–
dare	avere

È bene precisare che queste espressioni, «+» e «–», «dare» e «avere», con le connesse espressioni «addebitare» ed «accreditare», hanno oggi solo un valore convenzionale, non corrispondente a quello del linguaggio corrente. «Dare» significa sezione sinistra del conto e «addebitare» significa iscrivere un valore in tale sezione; viceversa per «avere» e per «accreditare». Il lettore può comunque seguire lo sviluppo dell'esemplificazione seguente anche trascurando del tutto queste notazioni in forma di conto.

1. All'inizio dell'anno 20X1 viene costituita l'azienda Delta e i soci conferiscono 110 (mila euro, d'ora in poi tutti i valori sono espressi in migliaia di euro) in contanti e un impianto valutato 290.

Analisi: è un'operazione istituzionale. L'azienda riceve condizioni di produzione patrimoniali positive per complessivi 400 (di cui 110 come variazioni numerarie positive e 290 come variazioni non numerarie positive non aventi immediato significato di componente negativo di reddito). Per lo stesso importo sorgono aspettative dei conferenti capitale-risparmio che in quanto tali sono per l'azienda espressione di condizioni patrimoniali negative (variazione non numeraria negativa).

Registrazione:

Attività	+ Costi	– Ricavi	= Passività	+ Capitale netto iniziale
Cassa e banche				Cap. netto iniziale
110 (1) |				| 400 (1)
Impianti e attrezz.				
290 (1) |				

A questo punto è possibile costruire la situazione patrimoniale iniziale dell'impresa Delta.

SITUAZIONE PATRIMONIALE INIZIALE			
Cassa e banche Impianti e attrezzature	110 290	Capitale netto iniziale	400
Totale	400	Totale	400

Durante il periodo che va dall'1.1.20X1 al 31.12.20X1 si effettuano le seguenti operazioni di gestione esterna:

2. L'azienda contrae un prestito bancario (mutuo) per 150 con un istituto di credito.

Analisi: l'azienda ottiene risorse finanziarie con l'impegno di restituirle successivamente. Essa acquisisce quindi condizioni patrimoniali numerarie positive, accredito in un conto bancario (variazione numeraria positiva), a fronte di un'obbligazione di restituzione a scadenza della stessa somma (variazione non numeraria negativa).

Registrazione:

Attività		+ Costi		– Ricavi		= Passività		+ Capitale netto iniziale	
Cassa e banche						Mutui passivi			
110 (1) 150 (2)							150 (2)		

3. L'azienda acquista materie prime per complessivi 240 con pagamento differito.

Analisi: sorge un debito verso i fornitori per l'acquisto di materie prime. L'azienda a fronte di una obbligazione di corrispondere una somma di denaro (variazione numeraria negativa) acquisisce condizioni di produzione positive, materie prime (variazione non numeraria positiva avente anche immediato significato di costo).

Registrazione:

Attività		+ Costi		– Ricavi		= Passività		+ Capitale netto iniziale	
		Acquisti materie prime				Debiti commerciali			
		240 (3)					240 (3)		

4. L'azienda acquista servizi e prestazioni di terzi per complessivi 125 con pagamento differito.

Analisi: sorge un debito verso i fornitori per l'acquisto di servizi e prestazioni. L'azienda a fronte di una obbligazione di corrispondere una somma di denaro (variazione numeraria negativa) acquisisce condizioni di produzione positive, servizi e prestazioni di terzi (variazione non numeraria positiva avente anche immediato significato di costo).

Registrazione:

Attività		+ Costi		– Ricavi		= Passività		+ Capitale netto iniziale	
		Acquisti di servizi				Debiti commerciali			
		125 (4)					240 (3) 125 (4)		

5. L'azienda vende prodotti finiti per complessivi 845 con riscossione differita.

Analisi: sorge un credito verso i clienti per la vendita di prodotti finiti. L'azienda acquisisce condizioni di produzione patrimoniali positive, rappresentate dal credito di regolamento (variazione numeraria positiva) a fronte di una cessione di condizioni di produzione, prodotti finiti (variazione non numeraria negativa avente anche immediato significato di ricavo, ossia di componente positivo di reddito).

Registrazione:

Attività		+ Costi		– Ricavi		= Passività		+ Capitale netto iniziale	
Crediti commerciali				Ricavi di vendita					
845 (5)					845 (5)				

6. L'azienda paga retribuzioni ai propri dipendenti per complessivi 242.

Analisi: si pagano retribuzioni ai prestatori di lavoro. Si cedono condizioni di produzione patrimoniali, uscita di denaro (variazione numeraria negativa) a fronte del lavoro prestato, condizioni di produzione di persona (variazione non numeraria positiva avente anche immediato significato di componente negativo di reddito).

Registrazione:

Attività		+ Costi		− Ricavi	= Passività	+ Capitale netto iniziale
Cassa e banche		Retribuzioni				
110 (1) 150 (2)	242 (6)	242 (6)				

7. L'azienda, relativamente alle retribuzioni corrisposte, versa agli istituti previdenziali altri 110.

Analisi: si versano contributi agli istituti previdenziali. Si cedono condizioni di produzione patrimoniali, uscita di denaro (variazione numeraria negativa) a fronte del lavoro prestato, condizioni di persona (variazione non numeraria positiva avente anche immediato significato di componente negativo di reddito).

Registrazione:

Attività		+ Costi		− Ricavi	= Passività	+ Capitale netto iniziale
Cassa e banche		Contributi previdenziali				
110 (1) 150 (2)	242 (6) 110 (7)	110 (7)				

8. L'azienda sostiene oneri finanziari sul mutuo per 10.

Analisi: la banca addebita l'azienda degli oneri finanziari relativi al mutuo. Sorge una variazione di condizione patrimoniale negativa, addebito del conto in banca (variazione numeraria negativa) a fronte di una condizione produttiva positiva, la disponibilità di una certa quantità di moneta per un certo periodo di tempo (variazione non numeraria positiva avente anche immediato significato di costo).

Registrazione:

Attività		+ Costi		− Ricavi	= Passività	+ Capitale netto iniziale
Cassa e banche		Oneri finanziari				
110 (1) 150 (2)	242 (6) 110 (7) 10 (8)	10 (8)				

9. L'azienda acquista, per cassa, macchinari per 70.

Analisi: l'azienda acquista un bene strumentale con pagamento per pronta cassa. Sorge una cessione di condizioni di produzione patrimoniale, uscita di cassa (variazione numeraria negativa) a fronte dell'acquisizione di una condizione di produzione patrimoniale positiva, il macchinario (variazione non numeraria positiva senza immediato significato di componente negativo di reddito).

Registrazione:

Attività		+ Costi	− Ricavi	= Passività	+ Capitale netto iniziale
Cassa e banche					
110 (1) 150 (2)	242 (6) 110 (7) 10 (8) 70 (9)				
Macchinari					
70 (9)					

10. L'azienda riscuote crediti da regolamento per complessivi 517.

Analisi: l'azienda compie un'operazione di trasformazione dei crediti in entrate di denaro in cassa. Sorge un'acquisizione di condizioni di produzione patrimoniali, entrata di denaro in cassa (variazione numeraria positiva) compensata dalla cessione di condizioni di produzione patrimoniali, diminuzione di crediti di regolamento (variazione numeraria negativa).

Registrazione:

Attività		+ Costi	− Ricavi	= Passività	+ Capitale netto iniziale
Cassa e banche					
110 (1) 150 (2) 517 (10)	242 (6) 110 (7) 10 (8) 70 (9)				
Crediti commerciali					
845 (5)	517 (10)				

11. L'azienda stralcia crediti per 14 poiché prevede che essi non saranno esigibili a scadenza.

Analisi: l'azienda effettua un'operazione di rettifica dei crediti di regolamento. Sorge una riduzione dei crediti di regolamento (variazione numeraria negativa) che determina una correzione indiretta dei ricavi di vendita, minori cessioni di condizioni di produzione (variazione non numeraria positiva avente anche immediato valore di componente negativo di reddito, in quanto rettifica in diminuzione di un ricavo, ossia di un componente positivo di reddito).

Registrazione:

Attività		+ Costi		− Ricavi	= Passività	+ Capitale netto iniziale
Crediti commerciali		Perdite su crediti				
845 (5)	517 (10) 14 (11)	14 (11)				

12. L'azienda paga debiti di regolamento per complessivi 246.

Analisi: l'azienda compie un'operazione di trasformazione dei debiti di regolamento in uscite di denaro dalla cassa. Sorge un'uscita di denaro dalla cassa (variazione numeraria negativa) compensata dalla diminuzione di una condizione di produzione patrimoniale negativa, debiti di regolamento (variazione numeraria positiva).

Registrazione:

Attività		+ Costi	– Ricavi	= Passività		+ Capitale netto iniziale
Cassa e banche				Debiti commerciali		
110 (1)	242 (6)			246 (12)	240 (3)	
150 (2)	110 (7)				125 (4)	
517 (10)	10 (8)					
	70 (9)					
	246 (12)					

La configurazione dell'esercizio e le sintesi di bilancio: il conto economico e lo stato patrimoniale

Supponiamo che quelle sopra elencate siano tutte e soltanto le operazioni di gestione esterna compiute da Delta nel suo primo anno di vita e che abbiano avuto una manifestazione numeraria; in altri termini, si tratta di tutte e soltanto le operazioni che l'azienda deve e può registrare durante lo svolgimento dell'esercizio: deve, perché influenzano il reddito ed il patrimonio; può, perché hanno avuto manifestazione di moneta o di credito (variazione numeraria) che ne consente la non mal certa rilevazione.

Al termine del primo anno di vita, Delta vuole rilevare il reddito dell'esercizio svoltosi in tale periodo, nonché il capitale di funzionamento esistente al termine del periodo stesso. Per fare questo occorrono altre rilevazioni poiché nell'azienda si sono svolti e sono in corso processi che la metodologia di rilevazione sin qui seguita (rilevazione delle sole operazioni di gestione esterna e scelta del momento moneta o credito) non evidenzia e che, per converso, hanno grande rilievo nella determinazione sia del reddito sia del capitale.

Con le rilevazioni di fine esercizio appaiono classi di valori parzialmente differenti rispetto a quelli sin qui rilevati ed occorre quindi andare al di là della primitiva classificazione composta dalle voci «attivo, costi, ricavi, passivo e netto iniziale» che appaiono nell'equazione del bilancio.

Dal punto di vista reddituale, appaiono componenti positivi e negativi di reddito che non si possono più denominare «costi» e «ricavi» di esercizio poiché, contrariamente a quelli sin qui considerati, non nascono in concomitanza di una variazione numeraria certa (o assimilata); i nuovi componenti positivi e negativi di reddito sono misurati da variazioni numerarie presunte o da variazioni non numerarie stimate o congetturate. I costi ed i ricavi di esercizio sono un sottoinsieme particolare delle generali classi dei componenti negativi e positivi di reddito. Tra i principali componenti negativi e positivi di reddito che si devono mettere in luce a fine esercizio per rappresentare correttamente il reddito di esercizio ed il capitale di funzionamento, troviamo:

a) quote di competenza dell'esercizio in chiusura di costi o di ricavi non ancora manifestatisi mediante variazione numeraria; ad esempio, la quota dell'esercizio in chiusura di una rata semestrale di interessi (attivi o passivi) *posticipati* collocata a cavallo della data di chiusura dell'esercizio (ratei attivi e ratei passivi);

b) quote di competenza dell'esercizio successivo di costi o di ricavi già manifestatisi in variazioni numerarie; ad esempio la quota dell'esercizio successivo di una rata semestrale di interessi (attivi o passivi) *anticipati* collocata a cavallo della data di chiusura dell'esercizio (risconti passivi e attivi);

c) componenti negativi di reddito totalmente di competenza dell'esercizio in chiusura ma non ancora manifestatisi in variazioni di moneta o di credito (ad esempio, gli importi di indennità di fine rapporto maturati nell'esercizio e le imposte sul reddito dell'esercizio in chiusura non ancora liquidate);

d) le presunte perdite per inesigibilità di una parte dei crediti esistenti al momento della chiusura dell'esercizio;

e) le quote dei costi pluriennali da attribuire, secondo il principio di competenza economica e mediante il processo di ammortamento, all'esercizio in chiusura;

f) le rimanenze finali, che sono un componente positivo di reddito in quanto valore di un risultato, al pari dei ricavi, delle combinazioni economiche aziendali; il valore delle combinazioni economiche che si chiudono con la vendita dei prodotti si registra, come componente positivo di reddito, sotto forma di ricavi; il valore delle combinazioni economiche in corso, invece, si registra, sempre come componente positivo di reddito, sotto forma di valore delle rimanenze finali.

I valori di cui sopra sono di natura disomogenea, ma comunque raggruppabili nell'ampia categoria dei componenti positivi e negativi di reddito rilevati a fine esercizio; nell'equazione di bilancio li indicheremo come classe di valori reddituali «*T*» inseriti nella parentesi del primo membro in compagnia dei costi e dei ricavi; la parentesi viene così ad includere tutti i valori del reddito di esercizio (ad eccezione delle rimanenze iniziali, e valori analoghi, di cui si dice più avanti).

Anche *dal punto di vista patrimoniale* a fine esercizio si manifestano nuovi insiemi di valori stimati e congetturati; si tratta di valori che nascono congiuntamente a quelli di cui si è detto sopra per l'aspetto reddituale. Tra i principali valori del capitale di funzionamento che si rilevano a fine esercizio si ricordano:

a) i debiti e i crediti presunti corrispondenti ai ratei passivi ed attivi;

b) le speciali forme di rimanenze attive e passive corrispondenti ai risconti attivi e passivi;

c) i debiti e i crediti presunti corrispondenti ai costi e ai ricavi totalmente maturati ma non liquidati (fondo trattamento di fine rapporto);

d) le «rettifiche» dei valori dei crediti corrispondenti alle presunte inesigibilità (fondo svalutazione crediti);

e) le «rettifiche» dei valori delle immobilizzazioni tecniche originate dal processo di ammortamento (fondo ammortamento);

f) le rimanenze finali osservate nel loro aspetto di elemento del patrimonio, ossia di condizioni di produzione disponibili per l'impiego nel successivo esercizio.

Anche questi valori sono tra loro piuttosto disomogenei, ma sono tutti valori del capitale di funzionamento e, come tali, da inserire nelle grandi categorie dell'attivo o del passivo a seconda del loro segno.

Si prosegue l'esempio dell'impresa Delta iniziato nel paragrafo precedente inserendo le rilevazioni di fine esercizio tipiche delle aziende manifatturiere. D'ora in poi si fa riferimento all'equazione di bilancio così estesa:

$$A + (c - r \pm T) = P + CNin$$

e si intende che nell'attivo e nel passivo si vanno ad inserire anche i valori patrimoniali che sorgono congiuntamente ai valori «*T*» del reddito.

13. L'azienda ha stipulato un contratto di locazione di sei mesi con decorrenza dal 1° agosto 20X1 per l'ammontare di 36; il pagamento avviene per canoni semestrali posticipati.

Analisi: l'azienda nel corso dell'anno non ha rilevato alcun fatto dal momento che non si è manifestato alcun movimento numerario. In realtà l'esercizio ha goduto dei benefici derivanti da questo contratto di affitto. Occorre quindi integrare i valori di reddito per la quota di costo di competenza, 6 al mese per cinque mesi (variazione non numeraria positiva corrispondente ad un componente negativo di reddito) e far sorgere contemporaneamente un debito presunto verso terzi (variazione numeraria presunta negativa). La prima viene accolta nel conto «Fitti passivi da liquidare», la seconda nel conto «Ratei passivi».

Registrazione:

<table>
<tr><th>Attività</th><th>+ Costi</th><th>– Ricavi</th><th colspan="2">± T</th><th colspan="2">= Passività</th><th>+ Capitale netto iniziale</th></tr>
<tr><td rowspan="2"></td><td rowspan="2"></td><td rowspan="2"></td><td colspan="2">Fitti passivi da liquidare</td><td colspan="2">Ratei passivi</td><td rowspan="2"></td></tr>
<tr><td>30 (13)</td><td></td><td></td><td>30 (13)</td></tr>
</table>

14. L'azienda ha congetturato una quota di indennità di fine rapporto di 21.

Analisi: l'azienda deve tener conto che i prestatori di lavoro hanno diritto di ricevere, al momento in cui lasciano l'azienda, un'indennità di fine rapporto. Tale indennità matura però durante il periodo in cui è in essere il rapporto di lavoro. In sede di chiusura occorre pertanto valutare la quota di indennità di competenza del periodo, inserendola tra i valori di reddito (variazione non numeraria positiva e corrispondente ad un componente negativo di reddito) e facendo sorgere un debito presunto verso i dipendenti (variazione numeraria presunta negativa). La prima viene accolta nel conto «Quota indennità fine rapporto» e la seconda nel conto «Fondo indennità fine rapporto».

Registrazione:

Attività	+ Costi	– Ricavi	± *T*	= Passività	+ Capitale netto iniziale
			Quota indennità di fine rapporto	Fondo indennità di fine rapporto	
			21 (14) |	| 21 (14)	

15. L'azienda ha stimato imposte di competenza del periodo da pagare nel prossimo anno per l'importo di 30.

Analisi: come per le due operazioni precedenti occorre inserire tale importo sia tra i valori di reddito sia tra i debiti presunti verso terzi.

Registrazione:

Attività	+ Costi	– Ricavi	± *T*	= Passività	+ Capitale netto iniziale
			Imposte di compet. da liquidare	Debiti vs Erario per imp. da liquidare	
			30 (15) |	| 30 (15)	

16. L'azienda congettura perdite presunte su crediti per 5.

Analisi: si inserisce tra i valori di reddito una perdita presunta sui crediti come correzione indistinta dei ricavi di vendita (variazione non numeraria positiva e nello stesso tempo componente negativo di reddito) e contemporaneamente si fa sorgere un valore di correzione dei crediti di regolamento, fondo svalutazione crediti che è una variazione numeraria presunta negativa (in alternativa, con procedimento meno rigoroso, possiamo ridurre direttamente il valore dei crediti commerciali come fatto con l'operazione 11).

Registrazione:

Attività	+ Costi	– Ricavi	± *T*	= Passività	+ Capitale netto iniziale
			Perdite presunte su crediti	Fondo svalutazione crediti	
			5 (16) |	| 5 (16)	

17. L'azienda congettura quote di ammortamento di 32 per gli impianti e attrezzature e di 10 per i macchinari.

Analisi: si inserisce tra i valori di reddito la quota di ammortamento (variazione non numeraria positiva) per il totale di 42; si diminuiscono di 32 e di 10 milioni i valori delle immobilizzazioni.

Registrazione:

<table>
<tr><th colspan="2">Attività</th><th>+ Costi</th><th>– Ricavi</th><th colspan="2">± *T*</th><th>= Passività</th><th>+ Capitale netto iniziale</th></tr>
<tr><td colspan="2">Impianti e attrezzature</td><td></td><td></td><td colspan="2">Quote di ammort. immobilizz. tecniche</td><td></td><td></td></tr>
<tr><td>290 (1)</td><td>32 (17)</td><td></td><td></td><td>42 (17)</td><td></td><td></td><td></td></tr>
<tr><td colspan="2">Macchinari</td><td></td><td></td><td colspan="2"></td><td></td><td></td></tr>
<tr><td>70 (9)</td><td>10 (17)</td><td></td><td></td><td></td><td></td><td></td><td></td></tr>
</table>

18. L'azienda congettura rimanenze di fine periodo per 54.

Analisi: le rimanenze sono i valori delle produzioni in corso (materie prime, prodotti in corso di lavorazione e prodotti finiti), ossia, delle produzioni svolte ma il cui valore non si è ancora manifestato sotto forma di ricavi; occorre pertanto registrare il valore delle rimanenze finali come componente positivo di reddito (variazione non numeraria negativa). Nel contempo va rilevata una condizione di produzione patrimoniale positiva (variazione non numeraria positiva) che produrrà i suoi benefici nell'esercizio successivo. Per l'inserimento nell'equazione di bilancio si indica con «Rimanenze finali (*P*)» la condizione patrimoniale e con «Rimanenze finali (*R*)» il componente di reddito.

Registrazione:

<table>
<tr><th colspan="2">Attività</th><th>+ Costi</th><th>– Ricavi</th><th colspan="2">± *T*</th><th>= Passività</th><th>+ Capitale netto iniziale</th></tr>
<tr><td colspan="2">Rimanenze finali (P) condizione patrimoniale</td><td></td><td></td><td colspan="2">Rimanenze finali (R) componente di reddito</td><td></td><td></td></tr>
<tr><td>54 (18)</td><td></td><td></td><td></td><td></td><td>54 (18)</td><td></td><td></td></tr>
</table>

19. Determiniamo il saldo dei conti aperti ai componenti positivi e negativi di reddito calcolando la differenza dei valori nelle due sezioni; chiudiamo i conti: *a)* iscrivendo in ciascun conto il saldo nella sezione in cui l'importo è minore; *b)* trascrivendo gli stessi importi nella tavola del reddito nelle sue due sezioni dedicate ai componenti positivi e ai componenti negativi di reddito.

20. Analogamente procediamo per i conti aperti alle attività, alle passività e al netto iniziale; determiniamo i saldi, li iscriviamo nella sezione di ciascun conto in cui l'importo è minore, trascriviamo gli importi nella tavola del capitale di funzionamento.

Possiamo ora rappresentare il *mastro*, cioè l'insieme dei conti che abbiamo fatto funzionare nella registrazione delle operazioni considerate (tav. 6.10).

21. Dalla tavola del reddito risulta che il totale dei componenti negativi è pari a 869, mentre il totale dei componenti positivi di reddito è pari a 899; il risultato reddituale è dunque positivo, un utile, di 30. L'utile di 30 viene iscritto nel conto economico come rimunerazione dei conferenti di capitale di rischio e, contemporaneamente, viene iscritto nello stato patrimoniale come incremento del capitale netto. Successivamente gli amministratori decideranno se e quanta parte dell'utile distribuire ai conferenti di capitale di rischio (e ad altri membri del soggetto economico).

Le tavole del reddito di esercizio (conto economico) 20X1 e la tavola del capitale di funzionamento (stato patrimoniale) al 31.12.20X1 sono riportate nelle tavole 6.11 e 6.12.

Torniamo ora all'equazione di bilancio e soffermiamoci sull'espressione tra parentesi nel primo membro: essa consente di determinare il reddito di periodo poiché accoglie i valori di reddito positivi e negativi attribuiti all'esercizio generale. Se trasferiamo tale espressione al secondo membro come integrazione del capitale netto iniziale si ha:

$$\text{ATTIVO} = \text{PASSIVO} + \text{CAPITALE NETTO INIZIALE} + (r - c \pm T)$$

Si ha quindi la possibilità di completare la sintesi di reddito denominata «conto economico» nella quale riepilogare i saldi dei conti accesi ai valori di reddito.

Mentre in sede di rilevazione, i segni dei valori di reddito esprimevano il concorso alla produzione economica d'impresa delle condizioni di produzione acquisite o cedute, nella sintesi di reddito (come nell'equazione di bilancio più sopra ritrascritta) i segni dei valori di reddito esprimono, invece, la partecipazione alla produzione di reddito. Si prenda un costo: questo, in fase di rilevazione, rappresenta una condizione di produzione positiva per la gestione futura; d'altro canto, osservando la sintesi di bilancio, lo stesso costo costituisce, invece, un componente negativo di reddito. La stessa osservazione, opportunamente adattata, va fatta anche per i ricavi e per tutti gli altri componenti positivi e negativi di reddito. Determinato il reddito o risultato reddituale (RR) si ottiene anche la misura del capitale netto finale (capitale netto iniziale + reddito).

$$\text{ATTIVO} = \text{PASSIVO} + \text{CAPITALE NETTO INIZIALE} + \text{RR}$$
$$\text{ATTIVO} = \text{PASSIVO} + \text{CAPITALE NETTO FINALE}$$

Il capitale netto finale viene accolto nella sintesi di capitale finale denominata stato patrimoniale. Nello stato patrimoniale finale vengono riepilogati i saldi dei conti accesi alle condizioni patrimoniali positive e negative. Il capitale netto finale (capitale netto iniziale più utile di esercizio) costituisce anche il capitale netto iniziale per il prossimo esercizio, così le rimanenze finali si identificano con le rimanenze iniziali del prossimo esercizio che concorreranno direttamente alla formazione del reddito di quel periodo.

TAVOLA 6.10. *Il mastro, l'insieme dei conti dei valori del bilancio di esercizio*

CONTI DEI COMPONENTI NEGATIVI DI REDDITO		
Acquisti di materie prime	240 (3)	240 (19)
Acquisti di servizi	125 (4)	125 (19)
Retribuzioni	242 (6)	242 (19)
Contributi previdenziali	110 (7)	110 (19)
Oneri finanziari	10 (8)	10 (19)
Perdite su crediti	14 (11)	14 (19)
Fitti passivi da liquidare	30 (13)	30 (19)
Ammort. delle imm. tecniche	42 (17)	42 (19)
Perdite presunte su crediti	5 (16)	5 (19)
Quota di tratt. di fine rapporto	21 (14)	21 (19)
Imposte di comp. da liquidare	30 (15)	30 (19)

CONTI DEI COMPONENTI POSITIVI DI REDDITO		
Ricavi di vendita	845 (19)	845 (5)
Rimanenze finali (R)	54 (19)	54 (18)

CONTI DELLE ATTIVITÀ		
Cassa e banche	110 (1) 150 (2) 517 (10)	242 (6) 110 (7) 10 (8) 70 (9) 246 (12) 99 (20)
Crediti commerciali	845 (5)	517 (10) 14 (11) 314 (20)
Impianti e attrezzature	290 (1)	32 (17) 258 (20)
Macchinari	70 (9)	10 (17) 60 (20)
Rimanenze finali (P)	54 (18)	54 (20)

CONTI DELLE PASSIVITÀ E DEL NETTO		
Mutui passivi	150 (20)	150 (2)
Ratei passivi	30 (20)	30 (13)
Debiti commerciali	246 (12) 119 (20)	240 (3) 125 (4)
Fondo svalutazione crediti	5 (20)	5 (16)
Fondo tratt. di fine rapporto	21 (20)	21 (14)
Debiti verso Erario	30 (20)	30 (15)
Capitale netto iniziale	400 (20)	400 (1)

COMPONENTI NEGATIVI DI REDDITO		COMPONENTI POSITIVI DI REDDITO	
Acquisti mat. prime	240 (19)	Ricavi di vendita	845 (19)
Acquisti di servizi	125 (19)	Rimanenze finali (R)	54 (19)
Retribuzioni	242 (19)		
Contributi previd.	110 (19)		
Oneri finanziari	10 (19)		
Perdite su crediti	14 (19)		
Fitti passivi	30 (19)		
Amm. immob. tec.	42 (19)		
Perdite pres. crediti	5 (19)		
Quota di TFR	21 (19)		
Imposte di compet.	30 (19)		
Tot. comp. neg. redd.	869		
Utile dell'esercizio	30 (21)		
Totale	899	Totale	899

TAVOLA 6.11. *Conto economico dell'esercizio 20X1*

ATTIVITÀ		PASSIVITÀ E CAPITALE NETTO	
Cassa e banche	99 (20)	Debiti commerciali	119 (20)
Crediti commerciali	314 (20)	Ratei passivi	30 (20)
Rimanenze finali (P)	54 (20)	Debiti vs Erario per imp. da liquid.	30 (20)
Impianti ed att. (al netto ammort.)	258 (20)	Fondo svalutazione crediti	5 (20)
Macchinari (al netto ammort.)	60 (20)	Fondo trattamento fine rapporto	21 (20)
		Mutui passivi	150 (20)
		Totale passività	355
		Capitale netto iniziale	400 (20)
		Utile dell'esercizio	30 (21)
		Totale capitale netto finale	430
Totale	785	Totale	785

TAVOLA 6.12. *Stato patrimoniale finale al 31.12.20X1*

Nell'esemplificazione sopra proposta non appaiono le *rimanenze iniziali* poiché si è fatto riferimento al primo anno di vita dell'impresa Delta; al momento della sua costituzione, per definizione, non c'erano rimanenze iniziali. Per completare l'equazione di bilancio, e per preparare la lettura dei capitoli successivi, occorre trattare anche il fenomeno delle rimanenze iniziali e di altri valori di reddito comuni a due esercizi. Le rimanenze iniziali sono condizioni di produzione che entrano nelle combinazioni produttive dell'esercizio che sta per iniziare; così come tutti gli altri input della produzione (le materie prime che saranno acquistate, il lavoro che sarà fornito dai prestatori di lavoro, la quota di costi pluriennali di competenza, ecc.) esse sono dunque, nell'aspetto reddituale, componenti negativi di reddito da inserire, immediatamente all'inizio dell'esercizio, nel conto economico. Il problema non si pone solo per le rimanenze iniziali; all'inizio dell'esercizio si deve tener conto di altri componenti negativi e positivi di reddito comuni a due esercizi: in particolare si tratta delle quote di costi e di ricavi rilevate, in chiusura dell'esercizio precedente, sotto forma di *ratei* e di *risconti attivi* e *passivi*. Indicando con la lettera «*S*» i *componenti di reddito positivi e negativi iniziali comuni a due esercizi*, l'equazione del reddito di esercizio, parte dell'equazione di bilancio, diventa:

$$\text{RR} = (\pm S + r - c \pm T)$$

Per chiudere, si ricordano ancora i collegamenti tra i valori del conto economico e i valori dello stato patrimoniale; in particolare:

a) il risultato reddituale (utile o perdita di esercizio) è nello stesso tempo saldo del conto economico e posta del capitale netto;

b) le rimanenze finali sono nel contempo componenti positivi di reddito (conto economico) e condizioni patrimoniali positive (situazione patrimoniale);

c) le quote di indennità fine rapporto e imposte, iscritte nel conto economico, sono ricomprese, assieme a quelle precedenti, al netto di eventuali «utilizzi» avvenuti nel passato, nel passivo dello stato patrimoniale finale.

6.6. Applicazioni esemplificative

6.6.1. Note sul metodo

Nei prossimi paragrafi si presentano ulteriori esempi di costruzione del bilancio di esercizio: un esempio elementare rappresentato dal caso «Fioraio Antonio» e un esempio più esteso che copre i primi due esercizi della «Belgeri s.p.a.».

I bilanci sono costruiti «direttamente», ossia senza mettere in evidenza, come fatto per l'esempio dell'impresa Delta, le singole registrazioni e il mastro dei conti. Le variazioni positive e negative di tutti i conti sono indicate direttamente nelle tavole del bilancio in corrispondenza delle singole voci che lo compongono.

A fini didattici, il caso elementare del Fioraio Antonio è presentato con un linguaggio «colloquiale», mentre il caso Belgeri s.p.a. segue rigorosamente i concetti e gli schemi presentati nel testo. (Tutti gli esempi riportati in questo volume non tengono conto della normativa civilistica e fiscale che impone strutture e procedure mutevoli del tempo in relazione ad esigenze contingenti di vario ordine.)

6.6.2. Il caso del «Fioraio Antonio»

Antonio fonda un'impresa per la vendita al dettaglio di fiori nei mercati rionali; per iniziare occorre un capitale di 100 euro (tutti i valori successivi sono espressi in euro); 60 sono conferiti da Antonio e 40 da suo fratello Giacomo che svolge un'altra attività e che partecipa alla nuova iniziativa solo come socio; Antonio è il solo prestatore di lavoro della nuova impresa. Nel primo mese di vita dell'impresa, Antonio acquista fiori per 1.000 e li vende tutti per 1.400. Alla fine dello stesso mese, Giacomo si informa presso il fratello Antonio per sapere come sono andate le cose, e se per caso gli spettino «ricchi dividendi». Antonio prova a fare un po' di conti valutando che, a suo avviso, il lavoro da lui svolto merita una rimunerazione pari a 300, prevedendo che dovrà pagare tasse per 50 (Antonio sa che le tasse, ahimè, si devono pagare per via dei servizi pubblici messi a disposizione dallo Stato; in particolare, deve pagare per l'autorizzazione e lo spazio occupato nei mercati rionali) e immaginando che anche i 100 euro investiti dovrebbero essere rimunerati (lasciandoli in banca per un mese avrebbero reso 1 euro). Antonio costruisce un prospetto (tav. 6.13) con gli input da un lato e gli output dall'altro e con i relativi valori: 1.000 per i fiori acquistati, 300 per il suo lavoro, 50 per le tasse; in totale fa 1.350; 1.400 dai fiori venduti; c'è stato un utile di 50 (1.400 – 1.350) che va a ricompensa del capitale; in proporzione al capitale conferito, 30 euro spettano a lui e 20 a suo fratello (ma ad Antonio sorge il dubbio: forse sarebbe più giusto portare la propria retribuzione da 300 a 340; in questo modo l'utile sarebbe 10 euro: 6 per sé e 4 per il fratello).

Come è composto il capitale dell'impresa di Antonio al termine del primo mese di attività? Supponiamo che gli acquisti e le vendite siano avvenuti tutti in contanti; che i mezzi monetari siano tutti movimentati per «cassa» (ossia senza utilizzare un c/c bancario); che il lavoro di Antonio e le tasse siano ancora da pagare. Ricordiamo che i due fratelli hanno apportato 100 e che alla fine del primo mese risulta un utile di 50 che spetta ai due fratelli soci. Con un piccolo aiuto dell'amico Gianni «il ragioniere», Antonio stende il prospetto illustrato nella tavola 6.14.

Antonio è soddisfatto dei risultati del primo mese di attività e anche Giacomo lo incoraggia a proseguire. Così, nel corso del primo anno (incluso il primo mese già descritto), si svolgono i seguenti accadimenti:

- costituzione dell'impresa con l'apporto di 100; successivo apporto per 1.900 (sempre in proporzione di 60 e 40% tra Antonio e Giacomo);

TAVOLA 6.13. *Il reddito del primo mese di attività del Fioraio Antonio*

I valori degli input (i componenti negativi di reddito)		I valori degli output (i componenti positivi di reddito)	
Il costo dei fiori acquistati	1.000	I ricavi dalla vendita dei fiori venduti	1.400
La rimunerazione del lavoro di Antonio	300		
I tributi per i servizi pubblici	50		
La rimunerazione del capitale di Antonio e di Giacomo (l'utile)	50		
Totale	*1.400*	*Totale*	*1.400*

TAVOLA 6.14. *Tavola del capitale del Fioraio Antonio al termine del primo mese di attività*

Attività		Passività e netto	
Cassa[a]	500	Debito verso Antonio per il suo lavoro	300
		Debito verso lo Stato per le tasse	50
		Totale delle passività	*350*
		Impegno verso Antonio e Giacomo per il capitale versato	100
		Impegno verso Antonio e Giacomo per gli utili del primo mese	50
		Totale del «netto»	*150*
Totale delle attività	*500*	*Totale delle passività e del netto*	*500*

[a] Versamento iniziale del capitale +100, acquisti dei fiori –1.000, vendita dei fiori +1.400; saldo alla fine del primo mese 500.

• apertura di un conto corrente in banca nel quale Antonio depositerà tutti gli incassi e attraverso il quale effettuerà tutti i pagamenti;

• acquisto giornaliero di fiori per un totale annuo di 50.000; il pagamento dei grossisti avviene al termine di ogni mese; in totale, nell'anno si sono effettuati pagamenti per 45.000; residua un debito per 5.000;

• vendita di fiori per 80.000; riscossioni quasi tutte in contanti salvo il caso di un paio di clienti abituali ai quali Antonio concede una dilazione di pagamento; in totale, nell'anno riscossi 78.000, rimane un credito di 2.000;

• acquisto di un motofurgone usato per 3.000; dovrebbe durare almeno un paio di anni; pagato con un assegno;

• stipulazione di un contratto di affitto di un box per ricoverare il motofurgone e per conservare i fiori; pagato tutto quanto dovuto nell'anno con un assegno di 1.000;

• ottenimento di un mutuo da parte della banca per 2.000 (con relativo accredito sul c/c), da rimborsare in un'unica rata tra due anni; interessi passivi nel primo anno per 200 addebitati dalla banca sul c/c;

• pagamento dello stipendio di Antonio per 18.000;

• sostenimento di spese varie (carburante, riparazioni, ecc.) per 500 con pagamento immediato;

• pagamento della polizza di assicurazione (che copre tutto il primo anno) per 500;

• pagamento di imposte e tasse durante l'anno per 400 e stima di 2.000 da pagare l'anno prossimo sull'utile di quest'anno;

• notifica di fine anno da parte della banca: il conto corrente ha prodotto interessi passivi per 10 e attivi per 7; in certi periodi il c/c è stato in attivo e ha fruttato interessi attivi (che vengono accreditati sul c/c); in altri periodi è stato in passivo e la banca ha addebitato interessi passivi sul c/c.

Al termine del primo anno Antonio prepara il nuovo prospetto del reddito e si accorge che l'elenco degli input si allunga (il furgone, il capitale prestato dalla banca sotto forma di mutuo e di scoperto di conto corrente, il carburante, la copertura assicurativa, ecc.); si accorge che anche tra i «ricavi» (i componenti positivi di reddito) appare un nuovo elemento: gli interessi attivi (quando il conto corrente è in attivo, è come se l'azienda di Antonio e di Giacomo prestasse dei soldi alla banca); e poi c'è il problema dei fiori comprati negli ultimi giorni che non sono ancora stati venduti tutti, ma lo saranno nei primi giorni dell'anno prossimo. Con l'aiuto dell'amico Gianni, Antonio ha preso i seguenti appunti:

• per i fiori acquistati, inserire 50.000;

• per il lavoro, inserire 18.000;

• per i servizi pubblici, le autorizzazioni, ecc., inserire i 400 pagati durante l'anno; però occorre aggiungere altresì le imposte sull'utile di quest'anno, anche se saranno pagate l'anno prossimo; dai conti fatti con Gianni, risultano imposte sul reddito per 2.000; quindi, un totale di 2.400;

• per il motofurgone non è logico inserire tutto il costo (ossia il prezzo pagato di 3.000); il motofurgone servirà per un paio di anni e, presumibilmente, rivendendolo si ricaveranno 200; l'onere complessivo nei due anni sarà perciò di 2.800 ed è logico ripartire tale importo sui due anni; in pratica, Gianni «il ragioniere» dice di inserire 1.400 per quest'anno come «quota di ammortamento» del motofurgone;

• per il box, inserire 1.000 di affitto;

• per il carburante e le spese varie, 500;

• per la polizza di assicurazione, Gianni ha chiesto di controllare che copra solo quest'anno; in effetti è così, inserire 500;

• per il mutuo e per gli scoperti di conto corrente il costo è rappresentato dagli interessi passivi, quindi 200 e 10;

• per i fiori venduti, inserire il ricavo totale di 80.000;

• i fiori non venduti sono un output dell'attività economica svolta nell'anno; sono stati pagati 400, nei prossimi giorni saranno venduti per circa 640; Gianni dice che si possono inserire per un valore intermedio: 500;

• per il capitale messo a disposizione della banca quando il c/c è stato attivo, inserire 7 di proventi (sono gli interessi attivi, ossia il prezzo pagato dalla banca per poter disporre dei miei mezzi monetari per un certo periodo di tempo);

• dalla differenza tra tutti i «componenti positivi di reddito» (80.507) e tutti i «componenti negativi di reddito» (74.010) di cui sopra, risulta un utile di 6.497 che va a rimunerare i 2.000 euro di capitale investiti da Antonio e Giacomo.

Risulta l'insieme di valori illustrato nella tavola 6.15.

TAVOLA 6.15. *Il reddito del primo esercizio annuale del Fioraio Antonio*

I valori degli input (componenti negativi di reddito)		I valori degli output (componenti positivi di reddito)	
Il costo dei fiori acquistati	50.000	I ricavi dei fiori venduti	80.000
La rimunerazione del lavoro di Antonio	18.000	Il valore dei fiori rimasti da vendere (le rimanenze finali)	500
I tributi per i servizi pubblici dello Stato	2.400	Gli interessi attivi sui capitali messi a disposizione della banca in forma di c/c attivo	7
La quota di ammortamento del motofurgone	1.400		
Il canone di affitto del box-magazzino	1.000		
Il costo del carburante, delle riparazioni, ecc.	500		
Il premio pagato per la copertura assicurativa	500		
Gli interessi passivi sul capitale della banca in forma di mutuo	200		
Gli interessi passivi sul capitale della banca in forma di scoperto di c/c	10		
Totale dei componenti negativi di reddito	*74.010*		
La rimunerazione del capitale di Antonio e di Giacomo (l'utile)	6.497		
Totale	*80.507*	*Totale*	*80.507*

Antonio è fiero di sé, ma prima di mostrare il prospetto al fratello Giacomo, si ripromette di fare qualche riflessione sul dubbio che già gli era sorto alla fine del primo mese; 6.497 euro di utile sono una bella soddisfazione, ma il 40% (praticamente 2.600 euro) va a Giacomo, e Giacomo, in fondo in fondo, ha contribuito solo versando 800 euro ed esprimendo tante parole di incoraggiamento.

Anche la costruzione della tavola del capitale di funzionamento al termine del primo anno risulta un po' più complicata di quella a fine del primo mese perché appaiono nuove voci. Procedendo con ordine, e sempre con l'assistenza di Gianni, Antonio si annota quanto segue:

- *conto corrente bancario* (che funge anche da cassa): versamenti del capitale sociale + 100 e + 1.900; pagamento dei fornitori di fiori – 45.000; incassi dalle vendite di fiori + 78.000; pagamento del motofurgone, dell'affitto e del carburante: – 3.000, – 1.000, – 500; accredito sul conto corrente dell'importo del mutuo + 2.000; pagamento dello stipendio di Antonio – 18.000, dell'assicurazione – 500 e delle tasse – 400; addebiti sul c/c degli interessi passivi – 200 per il mutuo e – 10 per lo scoperto di c/c; accredito sul c/c degli interessi attivi + 7; risulta un saldo finale di + 13.397 e, in effetti, questo è l'importo che appare sull'estratto conto al 31 dicembre! Antonio intuisce che facendo i conti solo a fine anno si rischia di fare confusione; Gianni gli dice che, in effetti, nelle imprese «vere» per tenere ben in ordine i conti si registrano tutte le operazioni giorno per giorno sul «libro giornale» e che si usano schemi chiamati «mastrini»;
- *crediti verso i clienti*: venduto 80.000, incassato 78.000; rimangono crediti per 2.000;
- *motofurgone*: il problema è complicato: chiaramente si tratta di un'attività, ma con quale valore deve essere inserito nella tavola? Io ero in dubbio

TAVOLA 6.16. *Tavola del capitale del Fioraio Antonio al termine del primo anno di attività*

Attività		Passività e netto	
Cassa e banca c/c	13.397	Debiti verso fornitori	5.000
Crediti verso clienti	2.000	Mutuo bancario	2.000
Motofurgone	1.600	Debito verso lo Stato	2.000
Rimanenze finali	500		
		Totale passività	*9.000*
		Capitale sociale	2.000
		Utile del 1º esercizio	6.497
		Totale capitale netto	*8.497*
Totale attività	*17.497*	*Totale passività e capitale netto*	*17.497*

se mettere 3.000, il prezzo pagato all'acquisto, oppure 1.800, il valore risultante da «Treruote»; invece, Gianni mi ha spiegato che nel bilancio si deve inserire un valore pari a (prezzo di acquisto – importo totale degli ammortamenti effettuati sino a quel momento), ossia 1.600 (3.000 – 1.400);

- *rimanenze finali*: Gianni mi ha aiutato a capire che le rimanenze finali sono anche un'attività; naturalmente, il valore, 500, è lo stesso inserito come componente positivo di reddito;
- *debiti verso fornitori*: acquisti per 50.000, pagati 45.000, rimangono debiti per 5.000;
- *mutuo bancario*: 2.000 come partenza; non abbiamo ancora rimborsato nulla; rimane 2.000;
- *debiti verso lo Stato*: l'anno prossimo dovremo pagare 2.000 come imposta sul reddito di quest'anno;
- *capitale sociale*: Giacomo ed io abbiamo apportato 100 e 1.900; totale 2.000;
- *utile del primo anno*: dalla tavola del reddito è risultato un utile di 6.497; fa parte del «capitale netto».

Guardando i dati della tavola del capitale (tav. 6.16), Antonio si pone alcune domande: come mai la «cassa» è 13.397 se Giacomo ed io abbiamo apportato 2.000 e l'utile è stato 6.497? La «cassa» non dovrebbe essere 2.000 + 6.497? Che senso ha un mutuo di 2.000 (sul quale si pagano interessi salati) se abbiamo «in cassa» 13.397? Perché il totale delle attività è pari al totale delle passività e del netto?

6.6.3. Il primo esercizio della Belgeri s.p.a.

Riprendiamo l'esempio della Belgeri s.p.a. presentato nel quadro 3.1. Cominciamo con il primo esercizio, ossia con gli accadimenti che si sono svolti dal 1° gennaio al 31 dicembre 2005. Di seguito si elencano e si commentano gli accadimenti rilevanti per la determinazione dei valori del bilancio di esercizio; sono tutti accadimenti e valori che rientrano negli schemi generali del bilancio presentati nei paragrafi precedenti.

1. Il 3 gennaio 2005 i fratelli Belgeri si recano dal notaio Valsecchi e costituiscono la Belgeri s.r.l.: 1.*a*) apportano un capitale sociale di 200.000 (il 60% Pietro e il 40% Paolo) che versano in banca; 1.*b*) pagano le spettanze del notaio con un assegno di 3.000; questo costo è sostenuto a fronte dell'ottenimento dell'atto costitutivo, delle autorizzazioni delle registrazioni pubbliche necessarie per avviare l'attività d'impresa; l'atto costituivo, le autorizzazioni e le registrazioni entrano a far parte del patrimonio dell'azienda (immobilizzazioni immateriali); la loro utilità si manifesterà, in linea di principio, per tutti i successivi esercizi; per ragioni pratiche, si conviene di seguire la prassi di ammortizzare il relativo costo sui primi cinque esercizi annuali della Belgeri s.r.l.

2. Lo stesso 1° gennaio si acquista un piccolo capannone per 100.000, di cui 40.000 pagati con un assegno e 60.000 da pagare in due rate da 30.000 nel 2006 e nel 2007. Si reputa che il capannone potrà servire per i prossimi 5 esercizi e di poterlo poi vendere, con il trasferimento dell'azienda, per 40.000; si reputa congruo un ammortamento uniforme di 12.000 per ciascuno dei prossimi cinque esercizi.

3. Il 1° gennaio si stipula anche un contratto di assicurazione per coprire i rischi di furto e incendio; l'importo annuale, pagato immediatamente con un assegno, è pari a 4.000.

4. Si assumono due operai: 4.*a*) per l'intero anno 2005, comportano un costo complessivo (retribuzioni e contributi) di 48.000 pagati interamente nell'anno; 4.*b*) nell'anno maturano diritti di trattamento di fine rapporto per 4.000.

5. Si acquistano macchine e attrezzature per 200.000 pagando l'intero importo nel corso del 2005. Si stima una durata utile di 10 anni; si prevede di non ricavare nulla dalla loro dimissione al termine dei dieci anni; si conviene una quota di ammortamento uniforme di 20.000 per i dieci anni.

6. Nel corso del 2005 si effettuano acquisti di materie prime, parti e componenti per 130.000 che vengono pagati per 100.000 nel corso del 2005 residuando un debito di 30.000.

7. Il 1° marzo 2005 si prende in affitto una palazzina per uffici; il canone annuo di affitto è pari a 18.000; 7.*a*) si paga in contanti il primo canone per il periodo 01.03.05-28.02.06; 7.*b*) si osserva che solo 15.000 sono di competenza dell'esercizio 2005, mentre i 3.000 anticipati per i primi due mesi del 2006 rappresentano un risconto attivo della gestione caratteristica.

8. Nel corso del 2005 si acquistano altri beni privati (energia elettrica, consulenze, servizi di pulizia, ecc.) per 37.000, tutti pagati nel 2005.

9. Il 1° giugno la Belgeri s.r.l. si trasforma in Belgeri s.p.a. in occasione dell'ingresso di Francesca Belgeri e dei nuovi soci non familiari che apportano, a titolo di capitale sociale, rispettivamente 40.000 e 60.000. (Si trascurano i costi di trasformazione.)

10. A seguito della trasformazione in s.p.a., si forma un consiglio di amministrazione e un collegio sindacale; per il 2005 i consiglieri e i sindaci riceveranno emolumenti complessivi per 14.000, pagati nel corso dell'anno. Per questi emolumenti non maturano trattamenti di fine rapporto.

11. Nel corso del mese di giugno si pagano tasse e tributi per 400, tutti di competenza del 2005.

12. Il 1° agosto si accende un mutuo bancario: 12.*a*) l'importo di 100.000 (che viene accreditato sul conto corrente) è da rimborsare in cinque rate annuali di 20.000 a partire dal 1° agosto 2006; 12.*b*) gli interessi passivi, da liquidare annualmente in coincidenza dei rimborsi, sono fissati in misura del 12%; di conseguenza, il 1° agosto 2006 si pagheranno 12.000 di interessi; di questi, 5.000 sono di competenza dell'esercizio 2005 (un rateo passivo della gestione finanziaria) e 7.000 sono di competenza dell'esercizio 2006.

13. Il 1° settembre, la Belgeri s.p.a. partecipa alla costituzione della Panzeri s.p.a. conferendo 100.000 euro equivalenti al 25% del capitale sociale; si tratta di una partecipazione stabile a supporto di una nuova impresa che fornisce componenti critici alla Belgeri s.p.a.

14. Il 1° dicembre: 14.*a*) si acquistano titoli di Stato annuali (01.12.05-30.11.06) per 30.000 con interessi posticipati del 4% annuo; 14.*b*) il 30.11.06 si riscuoteranno interessi per 1.200 che però per 100 sono di competenza dell'esercizio 2005 (rateo attivo della gestione patrimoniale).

15. Il 1° dicembre, utilizzando una momentanea disponibilità di cassa, si acquistano azioni della Tecna, quotata in borsa, per 45.000; si tratta di gestione patrimoniale.

16. Per il loro lavoro in azienda i tre fratelli Belgeri (Pietro funge da direttore generale e copre le aree ricerca e produzione; Paolo è il responsabile commerciale; Francesca segue l'amministrazione): 16.*a*) percepiscono una rimunerazione che, per il 2005, comporta stipendi e contributi per 80.000 (pagati nel corso del 2005); 16.*b*) maturano diritti di trattamento di fine rapporto per 7.000.

17. Il 28 dicembre le azioni della Tecna risultano quotate per un valore di 52.000; si decide di venderle realizzando una plusvalenza di 7.000.

18. Nel corso del 2005 si producono 900 proiettori; 800 sono venduti per un importo totale di 400.000 di cui 300.000 riscossi nel corso del 2005; 100.000 rimangono sotto forma di crediti verso i clienti.

19. Alla fine del 2005, tenendo conto anche dell'andamento della gestione, si decidono le quote di ammortamento delle immobilizzazioni; vengono confermati tutti i valori che erano stati prospettati in sede di acquisizione delle stesse, ossia: 19.*a*) ammortamento delle spese di costituzione: 600; 19.*b*) ammortamento del capannone: 12.000; 19.*c*) ammortamento delle macchine e delle attrezzature: 20.000.

20. Alla fine del 2005 le rimanenze finali (i 100 proiettori finiti, i semilavorati, le materie prime) hanno un valore complessivo di 43.000.

21. Il bilancio della partecipata Panzeri s.p.a. chiude in pareggio; di conseguenza, gli utili da partecipazioni sono pari a zero.

22. Dagli estratti conto della banca risulta che il conto corrente ha avuto per certi periodi un saldo positivo, mentre in altri periodi è stato negativo; risultano 22.*a*) interessi attivi per 50 e 22.*b*) interessi passivi per 700 che vengono accreditati e addebitati sul conto corrente.

23. Calcolato l'utile prima delle imposte (72.450), si stima che si dovranno pagare imposte sul reddito per un importo di 36.000.
24. Il risultato reddituale finale è un utile di 36.450.

Proviamo ora a costruire il bilancio di esercizio corrispondente al primo anno di vita della Belgeri s.p.a. Cominciamo con il reddito di esercizio. Prendiamo lo «schema tipo» (tavv. 6.3.a e 6.3.b) e, voce per voce, vediamo se si sono verificati accadimenti che hanno suscitato i relativi valori e quali sono le grandezze di tali valori.

- *Rimanenze iniziali*: siamo al primo anno di vita; l'esercizio si avvia senza rimanenze iniziali.
- *Costo delle materie prime acquistate nel periodo*: abbiamo acquistato materie prime per 130.000 (operazione 6).
- *Costo di altre merci e di servizi vari acquistati nel periodo*: risulta un importo di 37.000 (operazione 8).
- *Fitti passivi di competenza dell'esercizio*: abbiamo pagato 18.000, ma solo 15.000 sono di competenza del primo esercizio (operazione 7).
- *Quote di ammortamento delle immobilizzazioni materiali*: abbiamo ammortizzato il capannone per 12.000 e le macchine e attrezzature per 20.000; in totale 32.000 (operazione 19).
- *Quote di ammortamento delle immobilizzazioni immateriali*: abbiamo attribuito al primo esercizio il 20% delle spese di costituzione, ossia 600 (operazione 19).
- *Stipendi e contributi assistenziali e previdenziali*: 48.000 per gli operai e 80.000 per il lavoro dei fratelli Belgeri: totale 128.000 (operazioni 4 e 16).
- *Quota di trattamento di fine rapporto maturata nel periodo*: nel primo anno di vita sono maturati 4.000 per gli operai (operazione 4) e 7.000 per i fratelli Belgeri (operazione 16); nessuno è uscito; risulta un impegno finale di 11.000.
- *Compensi degli amministratori e dei sindaci*: pagati per 14.000 (operazione 10).
- *Premi assicurativi*: pagati 4.000 per un contratto annuale che va dal 1° gennaio al 31 dicembre (operazione 3); non ci sono ratei o risconti, 4.000 sono tutti di competenza del primo esercizio.
- *Tributi vari*: pagati 400 (operazione 10) tutti di competenza dell'esercizio.
- *Imposte sul risultato reddituale dell'esercizio*: l'utile prima delle imposte è pari a 72.450; abbiamo calcolato un'imposta sul reddito pari al 50% circa, ossia 36.000 (operazione 23); è di competenza del primo esercizio e la pagheremo nel corso del secondo.
- *Interessi passivi su mutui e prestiti*: non abbiamo pagato ancora nulla; pagheremo 12.000 l'anno prossimo, ma 5.000 sono di competenza di quest'anno (operazione 12); nella tavola del capitale metteremo un rateo passivo di pari importo.
- *Interessi passivi su conti correnti bancari*: la banca ha fatto i suoi calcoli andando a vedere per quanto tempo e per quali importi il conto corrente è stato passivo; risultano 700 di interessi passivi (operazione 12).

• *Minusvalenze di immobilizzazioni dismesse*: non c'è stata nessuna dismissione.
• *Perdite su crediti di esercizi precedenti*: non ci sono esercizi precedenti.
• *Risultato reddituale (utile o perdita) a rimunerazione del capitale di rischio*: la differenza tra tutti i componenti positivi di reddito (450.150) e tutti i componenti negativi (413.700) è pari a 36.450;

• *Ricavi di vendita (al netto delle perdite su crediti dell'esercizio)*: abbiamo fatturato in totale 400.000 (operazione 18) e non ci sono state segnalate situazioni di crediti inesigibili.
• *Rimanenze finali*: sono state valutate 43.000 (operazione 20).
• *Utili (perdite) da partecipazioni*: la partecipata, Panzeri s.p.a., ha chiuso in pareggio (operazione 21) e quindi non ci spettano quote di utili; riteniamo anche di non variare l'importo iscritto in bilancio (100.000) e quindi non ci sono utili o perdite in conto capitale.
• *Interessi attivi su conti correnti*: in alcuni periodi il nostro conto corrente è stato positivo e la banca ci ha comunicato che sono maturati interessi attivi per 50 (operazione 22).
• *Interessi su obbligazioni dello Stato e di imprese*: abbiamo comprato titoli di Stato che fruttano interessi posticipati; alla fine del primo anno non abbiamo ancora riscosso nulla, ma sono maturati 100 di interessi che sono di competenza del primo esercizio (operazione 14).
• *Dividendi e guadagni (perdite) in conto capitale su azioni (non partecipazioni)*: abbiamo comprato azioni Tecna per 45.000 e le abbiamo vendute per 52.000 (operazione 17); si realizza un guadagno in conto capitale per 7.000.
• *Plusvalenze di immobilizzazioni dismesse*: non ci sono state dismissioni di immobilizzazioni.

Passiamo alla costruzione del capitale di funzionamento. Qui prendiamo lo schema tipo delle tavole 6.5.a e 6.5.b e vediamo se e quali accadimenti hanno determinato quali valori e per quali importi.

• *Crediti verso clienti*: abbiamo venduto per 400.000 e riscosso nell'anno 300.000 (operazione 18); residua un credito di 100.000.
• *Immobilizzazioni di proprietà materiali (nette)*: abbiamo acquistato immobilizzazioni per 300.000 (operazioni 2 e 5) e le abbiamo ammortizzate per 32.000 (19*b* e 19*c*); residuano da ammortizzare (e da realizzare con le dismissioni) 268.000.
• *Immobilizzazioni di proprietà immateriali (nette)*: abbiamo acquisito immobilizzazioni immateriali (il nostro atto costitutivo, l'iscrizione nel registro delle imprese, l'autorizzazione ad operare, ecc.) per le quali abbiamo pagato «spese di costituzione» per 3.000 (operazione 1); le abbiamo ammortizzate per 600 (operazione 19); residuano da ammortizzare 2.400.
• *Rimanenze finali*: sono state valutate 43.000 (operazione 20).
• *Partecipazioni*: sono rimaste tra le nostre attività con lo stesso valore al quale le abbiamo acquisite (operazione 13), ossia 100.000.

TAVOLA 6.17.a. *Reddito di esercizio 2005 della Belgeri s.p.a.: sezione dei componenti negativi di reddito*

Classi di input	Sottoclassi di input e corrispondenti componenti di reddito	
Risultati dell'esercizio n – 1 reimmessi nell'esercizio n	Rimanenze iniziali	0
Beni privati «ad uso immediato» acquistati	Costo delle materie prime acquistate nel periodo 6) 130.000	130.000
	Costo di altre merci e di servizi vari acquistati nel periodo 8) 37.000	37.000
Beni privati (pluriennali) di terzi	Fitti passivi di competenza dell'esercizio 7*a*) 18.000, 7*b*) – 3.000	15.000
Beni privati «pluriennali» di proprietà	Quote di ammortamento delle «immobilizzazioni» materiali 19*b*) 12.000, 19*c*) 20.000	32.000
	Quote di ammortamento delle «immobilizzazioni» immateriali 19*a*) 600	600
Lavoro	Stipendi e contributi assistenziali e previdenziali 4*a*) 48.000, 16*a*) 80.000	128.000
	Quota del trattamento di fine rapporto maturata nel periodo 4*b*) 4.000, 16*b*) 7.000	11.000
	Compensi degli amministratori e dei sindaci 10) 14.000	14.000
Copertura di rischi particolari	Premi assicurativi 3) 4.000	4.000
Beni pubblici	Tributi vari 11) 400	400
	Imposte sul risultato reddituale dell'esercizio 23) 36.000	36.000
Capitale di prestito	Interessi passivi su mutui e prestiti 12*b*) 5.000	5.000
	Interessi passivi su conti correnti bancari 22*b*) 700	700
Componenti negativi di reddito non di competenza dell'esercizio	Minusvalenze di «immobilizzazioni» dismesse nn	0
	Perdite su crediti di esercizi precedenti nn	0
	Valore totale dei componenti negativi di reddito (CNR)	*413.700*
Capitale di rischio	Risultato reddituale (utile o perdita) a rimunerazione del capitale di rischio 24) 36.450	36.450
	Valore totale dei CNR e del risultato reddituale	*450.150*

• *Risconti attivi della gestione caratteristica*: abbiamo pagato 18.000 per l'affitto di una palazzina (operazione 7); 3.000 sono pagati in anticipo per il secondo esercizio; alla fine del primo esercizio vantiamo un diritto (simile a un credito) nei confronti del proprietario della palazzina; è un risconto attivo.

• *Cassa e conti correnti attivi*: siamo partiti con i 200.000 versati al momento della costituzione dell'impresa; poi abbiamo effettuato numerosi pagamenti con assegni tratti sul c/c (le spese di costituzione, parte del capannone, ecc.) e numerose riscossioni con versamenti in c/c (l'importo del mutuo, parte dei ricavi di vendita, il ricavo delle azioni Tecna, ecc.); alla fine del primo anno troviamo 31.950 sul c/c attivo.

• *Titoli obbligazionari e azionari (non partecipazioni)*: abbiamo comprato titoli di Stato per 30.000 (operazione 14) e a fine anno li abbiamo ancora per

TAVOLA 6.17.b. *Tavola del reddito di esercizio 2005 della Belgeri s.p.a.: sezione dei componenti positivi di reddito*

Classi di risultati	Sottoclassi di risultati e corrispondenti componenti positivi di reddito	
Risultati della gestione caratteristica	Ricavi di vendita (al netto delle perdite su crediti dell'esercizio) 18) 400.000	400.000
	Rimanenze finali 20) 43.000	43.000
	Utili (perdite) da partecipazioni 21) 0	0
Risultati della gestione patrimoniale	Interessi attivi su conti correnti 22*a*) 50	50
	Interessi su obbligazioni dello Stato e di imprese 14*b*) 100	100
	Dividendi e guadagni (– perdite) in conto capitale su azioni (non partec.) 17) +7.000	7.000
CPR non di competenza dell'esercizio	Plusvalenze da «immobilizzazioni» dismesse nn	0
	Valore totale dei componenti positivi di reddito	*450.150*

lo stesso importo; abbiamo comprato le azioni Tecna, ma le abbiamo rivendute e quindi non appaiono nel bilancio al 31 dicembre. Notare che le abbiamo vendute per 52.000 (con un guadagno di 7.000), ma al momento della vendita le azioni in portafoglio sono diminuite di 45.000 perché a tale valore erano in bilancio.

• *Ratei attivi della gestione patrimoniale*: dal 1° al 31 dicembre sono maturati 100 di interessi sui titoli di Stato (operazione 14); c'è un rateo attivo (simile a un credito) di 100.

• *Debiti verso fornitori*: abbiamo acquistato un capannone da 100.000 pagandone 40.000 (operazione 2); abbiamo acquistato macchine e attrezzature per 200.000 e vari beni privati per 37.000 pagandoli completamente (operazioni 5 e 8); abbiamo acquistato materie prime per 130.000 pagandole per 100.000; a fine anno residuano debiti verso i fornitori per 90.000.

• *Conti correnti passivi*: alla fine del primo anno il c/c presenta un saldo attivo.

• *Mutui bancari*: abbiamo acceso un mutuo per 100.000 (operazione 12) e alla fine del primo anno non abbiamo ancora rimborsato nulla; il debito è ancora di 100.000.

• *Ratei passivi della gestione finanziaria*: sono maturati 5.000 di interessi sul mutuo (operazione 12); li pagheremo l'anno prossimo, ma nel bilancio della fine del primo anno dobbiamo fare apparire il nostro impegno (simile a un debito) nei confronti della banca: un rateo passivo di 5.000.

• *Debiti verso l'erario*: abbiamo calcolato le imposte sul reddito del primo anno (operazione 23); dobbiamo all'erario 36.000.

• *Fondo trattamento di fine rapporto*: se il 31 dicembre del primo anno tutti i prestatori di lavoro che hanno diritto al TFR (i due operai e i tre fratelli Belgeri) lasciassero l'impresa, dovremmo liquidare loro 11.000 (operazioni 4 e 16).

TAVOLA 6.18.a. *Tavola del capitale di funzionamento della Belgeri s.p.a. al 31.12.2006: sezione delle attività*

Classi di attività per gestioni	Sottoclassi di attività	
Condizioni produttive attive dedicate alla gestione caratteristica	Crediti verso clienti 18) +100.000	100.000
	Immobilizzazioni di proprietà materiali (nette) 2) +100.000, 5) +200.000, 19*b*) –12.000, 19*c*) –20.000	268.000
	Immobilizzazioni di proprietà immateriali (nette) 1*b*) +3.000, 19*a*) –600	2.400
	Rimanenze finali 20) +43.000	43.000
	Partecipazioni 13) +100.000	100.000
	Risconti attivi della gestione caratteristica 7*b*) +3.000	3.000
Condizioni produttive attive dedicate alla gestione patrimoniale	Cassa e conti correnti attivi 1*a*) +200.000, 1*b*) –3.000, 2) –40.000, 3) –4.000, 4*a*) –48.000, 5) –200.000, 6) –100.000, 7*a*) –18.000, 8) –37.000, 9) +100.000, 10) –14.000, 11) –400, 12) +100.000, 13) –100.000, 14*a*) –30.000, 15) –45.000, 16*a*) –80.000, 17) +52.000, 18) +300.000, 22*a*) +50, 22*b*) –700	31.950
	Titoli obbligazionari e azionari (non partecipazioni) 14*a*) +30.000, 15) +45.000, 17) –45.000	30.000
	Ratei e risconti attivi della gestione patrimoniale 14*b*) +100	100
	Valore totale delle attività	*578.450*

TAVOLA 6.18.b. *Tavola del capitale di funzionamento della Belgeri s.p.a. al 31.12.2006: sezione delle passività e del capitale netto*

Classi impegni	Corrispondenti elementi delle passività e del capitale netto	
Impegni verso i fornitori di beni privati	Debiti verso fornitori 2) + 60.000, 6) + 30.000	90.000
Impegni verso i conferenti di capitale di prestito	Conti correnti passivi nn	0
	Mutui bancari 12) + 100.000	100.000
	Ratei passivi della gestione finanziaria 12*b*) + 5.000	5.000
Impegni verso lo Stato	Debiti verso l'erario 23) + 36.000	36.000
Impegni verso i prestatori di lavoro	«Fondo» trattamento di fine rapporto 4*b*) + 4.000, 16*b*) + 7.000	11.000
	Valore totale delle passività	*242.000*
Impegni verso i conferenti di capitale di rischio	Capitale sociale 1*a*) + 200.000, 9) + 100.000	300.000
	Riserve da utili non distribuiti di esercizi precedenti nn	0
	Utile (+) o perdita (–) dell'esercizio 24) 36.450	36.450
	Valore totale del capitale netto	*336.450*
	Valore totale delle passività e del capitale netto	*578.450*

• *Capitale sociale*: c'è stato un primo apporto di 200.000 al momento della costituzione (operazione 1) e poi un aumento di capitale con versamento di 100.000 da parte di Francesca Belgeri e dei soci non familiari (operazione 9); in totale, a fine anno il capitale sociale è pari a 300.000.

• *Riserve da utili di esercizi precedenti non distribuiti*: non ci sono esercizi precedenti, siamo al primo anno.

• *Utile o perdita dell'esercizio*: oltre ai 300.000 di capitale sociale, ai quattro soci spettano gli utili del primo anno di vita dell'impresa pari a 36.450 (operazione 24); l'anno prossimo si deciderà se e quanta parte degli utili distribuire (i dividendi) e quanta parte destinare alle riserve (gli utili non distribuiti).

6.6.4. Il secondo esercizio della Belgeri s.p.a.

Per completare i nostri schemi tipo proseguiamo nell'esempio della Belgeri s.p.a. prendendo in considerazione anche il secondo anno di vita; alcuni fenomeni e valori importanti dei bilanci si capiscono solo quando si prendono in considerazione più esercizi. Nel corso del 2006 si verificano i seguenti accadimenti.

1. Il secondo esercizio si apre, il 1° gennaio 2006, «ereditando» la situazione del 31 dicembre 2005. In particolare, troviamo le seguenti attività: crediti verso clienti per 100.000, immobilizzazioni materiali nette per 268.000, immobilizzazioni immateriali nette per 2.400, partecipazioni per 100.000, ratei e risconti attivi della gestione caratteristica 3.000, cassa e conti correnti per 31.950, titoli obbligazionari e azionari per 30.000, ratei e risconti attivi della gestione patrimoniale per 100. Le passività sono: debiti verso fornitori 90.000, mutui bancari 100.000, ratei e risconti passivi della gestione finanziaria per 5.000, debiti verso l'erario per 36.000, fondo trattamento di fine rapporto 11.000. Il capitale netto è composto da: capitale sociale per 300.000, l'utile dell'esercizio 2005 per 36.450.

2. Tra le attività del 31 dicembre 2005 avevamo anche le rimanenze finali (43.000); il 1° gennaio 2006 esse diventano le rimanenze iniziali dell'esercizio 2006 e, in quanto tali, entrano a far parte dei componenti negativi di reddito dell'esercizio 2006 stesso.

3. Il 1° gennaio si vende una saldatrice che era stata acquistata l'anno precedente per 10.000 ed era stata ammortizzata per 1.000, dando così luogo ad una diminuzione di immobilizzazioni materiali nette di 9.000; il ricavo, riscosso in contanti, è di 7.800, e così si produce una «minusvalenza» da dismissione di immobilizzazioni pari a 1.200 (valore residuo da ammortizzare, 9.000 – ricavo di vendita, 7.800).

4. Lo stesso giorno si vende anche l'alimentatore della saldatrice; era stato acquistato per 5.000 e ammortizzato per 500 (e quindi le immobilizzazioni materiali nette diminuiscono di 4.500); a fronte del valore contabile di 4.500, si spunta un prezzo di 4.800 realizzando così una «plusvalenza» di 300 da dismissione di immobilizzazioni.

5. Si pagano 30.000 di debiti del capannone acquistato nel 2005.

6. Si rinnova il contratto di assicurazione per coprire i rischi di furto e incendio; per l'anno 2006 (1° gennaio-31 dicembre) si paga 5.000.

7. Si assume un terzo operaio: 3.*a*) il costo complessivo dei tre operai (stipendi e contributi) ammonta a 60.000; 3.*b*) nel corso dell'anno non si hanno uscite e maturano diritti di trattamento di fine rapporto per 6.000.

8. Si acquistano nuove macchine e attrezzature per 80.000, tutte pagate nel corso del 2006; si prospetta un piano di ammortamento in 8 quote costanti di 10.000.

9. Si pagano tutti i debiti residui del 2005 ai fornitori di materie prime: 30.000.

10. Nel corso dell'intero anno si effettuano acquisti di materie prime per 250.000, pagandone 170.000 e residuando a fine anno 80.000 di debiti.

11. Si acquistano altri beni privati per 65.000, interamente pagati nell'anno.

12. Il 1° marzo 2006: 12.*a*) si paga il secondo canone annuo, di 18.000, per la palazzina degli uffici; i 18.000 pagati il 1° marzo 2006 sono di competenza dell'esercizio 2006 per 15.000, mentre per 3.000 sono di competenza del 2007; 12.*b*) in tale occasione si «esaurisce» il diritto rappresentato dal risconto attivo, di 3.000 iscritto nel bilancio 2005, ma 12.*c*) si forma un nuovo risconto attivo di pari importo.

13. Il 30 aprile 2006, in occasione dell'approvazione del bilancio 2005, i soci della Belgeri s.p.a. decidono di utilizzare gli utili del 2005 nel modo seguente: 13.*a*) 20.000 trattenuti in azienda a titolo di riserva; 13.*b*) 16.450 distribuiti ai soci come dividendi. I dividendi vengono pagati in contanti.

14. Nel corso del mese di giugno si pagano: 14.*a*) tasse e tributi per 600, tutti di competenza del 2006; 14.*b*) le imposte sul reddito del 2005 sono pari a 36.000.

15. Il 1° agosto 2006 viene a scadenza la prima rata del mutuo bancario: 15.*a*) si rimborsano 20.000 addebitando l'importo sul conto corrente; 15.*b*) si pagano, sempre mediante addebito in conto corrente, 12.000 di interessi che sono relativi al periodo 01.08.05-31.07.06; così si esaurisce l'impegno rappresentato dal rateo passivo di 5.000 iscritto nel bilancio 2005 mentre gli altri 7.000 sono componente negativo di reddito di competenza del 2006; 15.*c*) a fine 2006 si calcolerà il nuovo impegno formatosi dal 01.08.06 al 31.12.06 essendo maturati interessi del 12% sul debito residuo di 80.000; si tratta di 4.000 di interessi passivi di competenza del 2006 cui corrisponde anche il nuovo rateo passivo della gestione finanziaria di pari importo.

16. Il 30 novembre scadono i titoli di Stato acquistati un anno prima: 16.*a*) si incassano i 30.000 in conto capitale; 16.*b*) si incassano gli interessi per 1.200 di cui 1.100 sono di competenza del 2006 e si «esaurisce» il rateo attivo di 100 della gestione patrimoniale iscritto nel bilancio 2005.

17. Per il loro lavoro in azienda i tre fratelli Belgeri: 17.*a*) si pagano stipendi e contributi per un importo complessivo di 170.000; 17.*b*) maturano diritti di fine rapporto per 15.000.

18. Nel corso del 2006 si apprende che un credito di 1.000 sorto nel

2005 è diventato inesigibile; sorge un componente negativo di reddito non di competenza del 2006, ma da registrare nel bilancio dell'esercizio 2006.

19. Tutti gli altri crediti del 2003 (100.000 – 1.000) vengono riscossi nel 2006.

20. Nel corso del 2006 si producono circa 2.000 proiettori; si vendono tutti i proiettori in rimanenza alla fine del 2005 e 1.700 di quelli terminati nel 2006. Il fatturato complessivo è pari a 700.000, di cui 500.000 riscossi nel 2006 e 200.000 rimasti sotto forma di crediti.

21. Alla fine del 2006 si aggiornano i piani di ammortamento delle immobilizzazioni immateriali e materiali (tenendo conto anche delle dismissioni) e si decidono i seguenti importi: 21.*a*) spese di costituzione 600; 21.*b*) capannone 12.000; 21.*c*) macchine e attrezzature 28.500 (18.500 per quelle acquistate nel 2005 e 10.000 per quelle nuove del 2006).

22. Alla fine del 2006, le rimanenze finali hanno un valore complessivo di 87.000.

23. Il bilancio 2006 della Panzeri s.p.a. si chiude con un utile di 40.000 che per il 25% (ossia 10.000) spetta alla Belgeri s.p.a.; i soci della Panzeri s.p.a. decidono di distribuire tutto l'utile realizzato e la Belgeri s.p.a. riceve in contanti quanto di sua spettanza (i tempi sono forzati per ragioni di semplicità).

24. Dagli estratti conto della banca risulta che il conto corrente ha prodotto: 24.*a*) interessi attivi per 430 e 24.*b*) interessi passivi per 1.670; i relativi importi sono stati accreditati e addebitati in conto corrente.

25. Si pagano gli emolumenti degli amministratori e dei sindaci per un importo totale di 20.000.

26. Risulta un «utile prima delle tasse» di 90.260 e si stima che si dovranno pagare imposte sul reddito per 45.000.

27. Il risultato reddituale finale è un utile di 45.260.

Il reddito di esercizio del 2006 è riportato nelle tavole 6.19.a e 6.19.b; il capitale di funzionamento a fine 2006 è riportato nelle tavole 6.20.a e 6.20.b. Di seguito si ricostruiscono sinteticamente le origini dei valori inseriti nelle due tavole.

- *Rimanenze iniziali*: il secondo esercizio «eredita» dal primo rimanenze per 43.000; sono materie prime, semilavorati e prodotti finiti che entrano nelle combinazioni economiche dell'esercizio 2006.
- *Costo delle materie prime acquistate nel periodo*: abbiamo acquistato materie prime per 250.000 (operazione 10).
- *Costo di altre merci e di servizi vari acquistati nel periodo*: abbiamo acquistato merci e servizi vari per 65.000 (operazione 11).
- *Fitti passivi di competenza dell'esercizio*: sono 3.000 dei 18.000 pagati l'anno scorso e 15.000 di quelli pagati quest'anno (operazione 12); in totale 18.000.
- *Quote di ammortamento delle immobilizzazioni materiali*: 12.000 per il capannone, 18.500 per le immobilizzazioni comprate nel 2005 (quota di ammortamento inferiore a quella del 2005 perché abbiamo effettuato una dismissione); 10.000 per quelle acquistate nel 2006; totale 40.500 (operazione 21).

TAVOLA 6.19.a. *Reddito di esercizio 2006 della Belgeri s.p.a.: sezione dei componenti negativi di reddito*

Classi di input	Sottoclassi di input e corrispondenti componenti di reddito	
Risultati dell'esercizio n – 1 reimmessi nell'esercizio n	Rimanenze iniziali 2) 43.000	43.000
Beni privati «ad utilizzo immediato» acquistati	Costo delle materie prime acquistate nel periodo 10) 250.000	250.000
	Costo di altre merci e di servizi vari acquistati nel periodo 11) 65.000	65.000
Beni privati (pluriennali) di terzi	Fitti passivi di competenza dell'esercizio 12*a*) 15.000, 12*b*) 3.000	18.000
Beni privati «pluriennali» di proprietà	Quote di ammortamento delle «immobilizzazioni» materiali 21*b*) 40.500	40.500
	Quote di ammortamento delle «immobilizzazioni» immateriali 21*a*) 600	600
Lavoro	Stipendi e contributi assistenziali e previdenziali per i dipendenti 7*a*) 60.000, 17*a*) 170.000	230.000
	Quota del trattamento di fine rapporto maturata nel periodo 7*b*) 6.000, 17*b*) 15.000	21.000
	Compensi degli amministratori e dei sindaci 25) 20.000	20.000
Copertura di rischi particolari	Premi assicurativi 6) 5.000	5.000
Beni pubblici	Tributi vari 14*a*) 600	600
	Imposte sul risultato reddituale dell'esercizio 26) 45.000	45.000
Capitale di prestito	Interessi passivi su mutui e prestiti 15*b*) 7.000, 15*c*) 4.000	11.000
	Interessi passivi su conti correnti bancari 24*b*) 1.670	1.670
Componenti negativi di reddito non di competenza dell'esercizio	Minusvalenze di «immobilizzazioni» dismesse 3) 1.200	1.200
	Perdite su crediti di esercizi precedenti 18) 1.000	1.000
	Valore totale dei componenti negativi di reddito (CNR)	*753.570*
Capitale di rischio	Risultato reddituale (utile o perdita) a rimunerazione del capitale di rischio 27) 45.260	45.260
	Valore totale dei CNR e del risultato reddituale	*798.830*

• *Quote di ammortamento delle immobilizzazioni immateriali*: proseguiamo con un ammortamento delle «spese di costituzione» per l'importo annuo di 600 (operazione 21).

• *Stipendi e contributi assistenziali e previdenziali*: 60.000 per gli operai (in corso d'anno abbiamo assunto un terzo operaio) e 170.000 per i fratelli Belgeri che ora lavorano tutti a tempo pieno per la Belgeri s.p.a. (operazioni 7 e 17); totale 230.000.

• *Quota di trattamento di fine rapporto maturata nel periodo*: 6.000 e 15.000 (operazione 7) per un totale di 21.000.

• *Compensi degli amministratori e dei sindaci*: pagato 20.000 (operazione 25).

• *Premi assicurativi*: sono passati da 4.000 a 5.000 (operazione 6); il contratto coincide ancora con l'anno solare.

TAVOLA 6.19.b. *Reddito di esercizio 2006 della Belgeri s.p.a.: sezione dei componenti positivi di reddito*

Classi di risultati	Sottoclassi di risultati e corrispondenti componenti positivi di reddito	
Risultati della gestione caratteristica	Ricavi di vendita (al netto delle perdite su crediti dell'esercizio) 20) 700.000	700.000
	Rimanenze finali 22) 87.000	87.000
	Utili (– perdite) da partecipazioni 23) 10.000	10.000
Risultati della gestione patrimoniale	Interessi attivi su conti correnti 24*a*) 430	430
	Interessi su obbligazioni dello Stato e di imprese 16*b*) + 1.100	1.100
	Dividendi e guadagni (– perdite) in conto capitale su azioni (non partecipazioni) nn	0
CPR non di competenza dell'esercizio	Plusvalenze da «immobilizzazioni» dismesse 4) 300	300
	Valore totale dei componenti positivi di reddito	*798.830*

TAVOLA 6.20.a. *Capitale di funzionamento della Belgeri s.p.a. al 31.12.06: sezione delle attività*

Classi di attività per gestioni	Sottoclassi di attività	
Condizioni produttive attive dedicate alla gestione caratteristica	Crediti verso clienti 1) +100.000, 18) –1.000, 19) –99.000, 20) +200.000	200.000
	Immobilizzazioni di proprietà materiali (nette) 1) +268.000, 3) –9.000, 4) –4.500, 8) +80.000, 21*b*) –40.500	294.000
	Immobilizzazioni di proprietà immateriali (nette) 1) +2.400, 21*a*) –600	1.800
	Rimanenze finali 22) 87.000	87.000
	Partecipazioni 1) 100.000	100.000
	Risconti attivi della gestione caratteristica 1) +3.000, 12*b*) –3.000, 12*c*) +3.000	3.000
Condizioni produttive attive dedicate alla gestione patrimoniale	Cassa e conti correnti attivi 1) +31.950, 3) +7.800, 4) +4.800, 5) –30.000, 6) –5.000, 7*a*) –60.000, 8) –80.000, 9) –30.000, 10) –170.000, 11) –65.000, 12) –18.000, 13*b*) –16.450, 14*a*) –600, 14*b*) –36.000, 15*a*) –20.000, 15*b*) –12.000, 16*a*) +30.000, 16*b*) +1.200, 17*a*) –170.000, 19) +99.000, 20) +500.000, 23) +10.000, 24*a*) +430, 24*b*) –1.670, 25) –20.000 [saldo: –49.540 → c/c passivi]	0
	Titoli obbligazionari e azionari (non partecipazioni) 1) +30.000, 16*a*) –30.000	0
	Ratei attivi della gestione patrimoniale 1) +100, 16*b*) –100	0
	Valore totale delle attività	*685.800*

- *Tributi vari*: pagati 600 (operazione 14).
- *Imposte sul risultato reddituale dell'esercizio*: inseriti tutti i dati necessari e fatta la differenza tra componenti positivi e negativi di reddito si ottiene un «utile prima delle imposte» di 90.260; si calcola un conseguente debito verso l'erario per 45.000 (operazione 26).

TAVOLA 6.20.b. *Capitale di funzionamento della Belgeri s.p.a. al 31.12.06: sezione delle passività e del capitale netto*

Classi impegni nei confronti di varie categorie di soggetti	Corrispondenti elementi delle passività e del capitale netto	
Impegni verso i fornitori di beni privati	Debiti verso fornitori 1) +90.000, 5) –30.000, 9) –30.000, 10) +80.000	110.000
Impegni verso i conferenti di capitale di prestito	Conti correnti passivi [vedi cassa e c/c attivi]	49.540
	Mutui bancari 1) 100.000, 15*a*) –20.000	80.000
	Ratei passivi della gestione finanziaria 1) +5.000, 15*b*) –5.000, 15*c*) +4.000	4.000
Impegni verso lo Stato	Debiti verso l'erario 1) +36.000, 14*b*) –36.000, 26) +45.000	45.000
Impegni verso i prestatori di lavoro	«Fondo» trattamento di fine rapporto 1) +11.000, 7*b*) +6.000, 17*b*) +15.000	32.000
	Valore totale delle passività	*320.540*
Impegni verso i conferenti di capitale di rischio	Capitale sociale 1) +300.000	300.000
	Riserve da utili non distribuiti di esercizi precedenti 13*a*) +20.000	20.000
	Utile (+) o perdita (–) dell'esercizio 1) +36.450, 13*a*) –20.000, 13*b*) –16.450, 27) +45.260	45.260
	Valore totale del capitale netto	*365.260*
	Valore totale delle passività e del capitale netto	*685.800*

• *Interessi passivi su mutui e prestiti*: 7.000 dei 12.000 pagati ad agosto più 4.000 maturati a fine 2006 (operazione 15); totale 11.000.

• *Interessi passivi su conti correnti bancari*: la banca calcola 1.670 (operazione 24) per i tempi e gli importi di c/c «in rosso».

• *Minusvalenze di immobilizzazioni dismesse*: abbiamo venduto per 7.800 una saldatrice che aveva un valore residuo di 9.000 (operazione 3); si determina una minusvalenza (gli ammortamenti del 2005 sono stati troppo bassi) di 1.200.

• *Perdite su crediti di esercizi precedenti*: nel 2006 veniamo a conoscenza di una inesigibilità di crediti sorti nel 2005 per 1.000 (operazione 18).

• *Risultato reddituale (utile o perdita) a rimunerazione del capitale di rischio*: dalla differenza tra componenti positivi di reddito e componenti negativi di reddito (798.830 – 753.570) risulta un utile di 45.260.

• *Ricavi di vendita (al netto delle perdite su crediti dell'esercizio)*: abbiamo venduto per 700.000 (operazione 20) e non ci sono notizie di inesigibilità sui crediti sorti nel 2006.

• *Rimanenze finali*: valutate 87.000 (operazione 22).

• *Utili (perdite) da partecipazioni*: incassati 10.000 di dividendi dalla partecipata Panzeri s.p.a. (operazione 23) dove si ipotizza che questo sia l'importo di competenza del 2006.

• *Interessi attivi su conti correnti*: la banca calcola 430 (operazione 24).

• *Interessi su obbligazioni dello Stato e di imprese*: il 30 novembre 2006 si incassano 1.200 di interessi attivi (operazione 16) ma solo 1.100 sono di competenza del 2006 (gli altri 100 sono di competenza del 2005).

• *Dividendi e guadagni (perdite) in conto capitale su azioni (non partecipazioni)*: nessun accadimento.

• *Plusvalenze di immobilizzazioni dismesse*: la vendita dell'alimentatore della saldatrice (operazione 4) produce una plusvalenza (abbiamo ecceduto con gli ammortamenti del 2005) per 300; abbiamo ricavato 4.800 a fronte di un valore residuo di 4.500.

• *Crediti verso clienti*: erano 100.000 all'inizio dell'anno, ne abbiamo cancellati 1.000 di inesigibili (operazione 18), abbiamo riscosso gli altri 99.000 (operazione 19), abbiamo effettuato vendite per 700.000 riscuotendo 500.000 (operazione 20); il dato di fine periodo è dunque 200.000.

• *Immobilizzazioni di proprietà materiali (nette)*: siamo partiti all'inizio dell'anno con 268.000, abbiamo dimesso la saldatrice e il suo alimentatore che erano contabilizzati per 9.000 e per 4.500 (operazioni 3 e 4), abbiamo comprato altre immobilizzazioni per 80.000 (operazione 8), abbiamo calcolato quote di ammortamento del 2006 per 40.500 (operazione 21); il valore finale è di 294.000.

• *Immobilizzazioni di proprietà immateriali (nette)*: dopo due anni di ammortamento (3.000 – 600 – 600; operazione 21) le nostre «spese di costituzione» residue da ammortizzare sono pari a 1.800.

• *Rimanenze finali*: sono valutate 87.000 (operazione 22).

• *Partecipazioni*: sono sempre rappresentate dal nostro 25% nella Panzeri s.p.a. e riteniamo opportuno continuare a farle apparire in bilancio al loro valore originario.

• *Risconti attivi della gestione caratteristica*: il risconto di 3.000 ereditato dal 2005 (operazione 1) si è esaurito (operazione 12.*b*) ma appare il nuovo risconto di fine 2006, sempre per 3.000 (operazione 12.*c*); dato finale, 3.000.

• *Cassa e conti correnti attivi*: abbiamo iniziato l'anno con un saldo attivo di 31.950, ma la sequenza dei pagamenti e degli incassi del 2006 ha portato ad un saldo finale negativo (–49.540) che appare sotto la voce c/c passivi.

• *Titoli obbligazionari e azionari (non partecipazioni)*: i titoli di stato comprati nel 2005 sono venuti a scadenza e ci sono stati rimborsati (operazione 16); non abbiamo comprato altri titoli; il saldo finale è zero.

• *Ratei attivi della gestione patrimoniale*: il rateo attivo ereditato dal 2005 (operazione 1) si è esaurito con la riscossione degli interessi (operazione 16); alla fine del 2006 non ci sono interessi maturati da riscuotere; il saldo è zero.

• *Debiti verso fornitori*: all'inizio dell'anno avevamo debiti per 90.000, ne abbiamo pagati 30.000 e 30.000 (operazioni 5 e 9), abbiamo effettuato acquisti per 250.000 pagandone 170.000 (operazione 10); il saldo finale è 110.000.

• *Conti correnti passivi*: il c/c bancario chiude il 31 dicembre 2006 con un saldo passivo di 49.540.

• *Mutui bancari*: partendo dagli originari 100.000, abbiamo rimborsato la prima rata di 20.000 (operazione 15); il debito residuo a fine anno è di 80.000.

• *Ratei passivi della gestione finanziaria*: il rateo passivo per interessi maturati a fine 2005 è stato ereditato dall'esercizio 2006 (operazione 1), ma si è esaurito con il pagamento degli interessi dovuti (operazione 15.*b*); dal 1° agosto al 31 dicembre 2006 si sono formati altri interessi passivi (per 4.000) di competenza del 2006 e da pagare nel 2007, ossia un altro rateo passivo di 4.000; il saldo finale è 4.000.

• *Debiti verso l'erario*: all'inizio dell'anno avevamo il debito per le imposte del 2005 (operazione 1); nel corso del 2006 le abbiamo pagate (operazione 14); alla fine del 2006 sono state calcolate le imposte sul reddito 2006 da pagare nel 2007 per 45.000 (operazione 26); il saldo finale è di 45.000.

• *Fondo trattamento di fine rapporto*: all'inizio dell'anno 2006 avevamo un impegno di 11.000 (operazione 1); nel corso del 2006 sono maturati altri diritti per 6.000 e 15.000 (operazioni 7 e 17); non ci sono state uscite di persone e liquidazioni di TFR; il saldo finale (ossia, quanto dovremmo pagare il 31 dicembre 2006 se tutti gli operai e i fratelli Belgeri lasciassero l'impresa) è di 32.000.

• *Capitale sociale*: è rimasto invariato al livello di 300.000.

• *Riserve da utili di esercizi precedenti non distribuiti*: si è deciso di destinare una parte degli utili del 2005 a riserva per 20.000 (operazione 13); si partiva da zero (essendo al primo anno) e si chiude a 20.000.

• *Utile o perdita dell'esercizio*: abbiamo aperto l'anno con l'utile dell'esercizio 2003, pari a 36.450, che era in attesa di destinazione (operazione 1); durante l'anno è avvenuta la destinazione (20.000 a riserve e 16.450 distribuiti ai soci come dividendi); così (operazione 13) gli utili del 2005 vanno a zero; a fine 2006 calcoliamo l'utile dell'esercizio 2006 che risulta pari a 45.260 (operazione 27); il saldo finale, di conseguenza è 45.260.

L'analisi dell'economicità e il capitale economico

Capitolo 7

7.1. Le analisi di redditività, solidità, liquidità

7.1.1. Le sintesi di bilancio e gli equilibri delle aziende di produzione

Le sintesi di bilancio come mezzi per la verifica degli equilibri di azienda

Dopo aver proceduto alla costruzione delle sintesi di bilancio occorre analizzare il loro potenziale conoscitivo e operativo, capire cioè quali sono le informazioni che esse possono fornire all'operatore aziendale o al terzo interessato a conoscere lo stato di salute dell'azienda in funzionamento. In altri termini, si intendono utilizzare le sintesi di bilancio per apprezzare i diversi equilibri che stanno a fondamento dell'economicità. Concentreremo sempre il nostro interesse sull'azienda di produzione. In questo paragrafo si intende presentare la tecnica di riclassificazione dei valori di bilancio che consente di mettere meglio in evidenza quantità e relazioni che possono aiutare a formulare in modo più immediato giudizi sui diversi equilibri aziendali. Illustriamo così l'equilibrio reddituale avvalendoci di un conto economico «a ricavi e costo del venduto» e l'equilibrio patrimoniale utilizzando lo «stato patrimoniale-finanziario», cioè uno stato patrimoniale riclassificato secondo criteri finanziari. Per rendere l'esame più chiaro intendiamo ricorrere agli esempi concreti già introdotti nelle parti precedenti.

Le due sintesi di bilancio (sintesi del reddito e sintesi del capitale di funzionamento) formano il cosiddetto sistema di bilancio o bilancio di esercizio che, oltre ad essere uno strumento conoscitivo a disposizione degli organi direttivi e di governo economico, viene contemplato dalla legge ordinaria quale supporto informativo periodico obbligatorio per tutelare gli interessi di quanti entrano in contatto o in rapporto con l'azienda. Naturalmente la forma, la struttura e gli stessi criteri di valutazione devono rispettare precise regole, alcune delle quali sono codificate anche in leggi. In ogni caso si tratta di ricavare da tali sintesi un giudizio concernente la capacità dell'azienda di rispettare il principio di economicità. È un giudizio che si fonda su quanto l'azienda ha finora realizzato dal momento che le sintesi di bilancio fanno riferimento ad un periodo trascorso. Tuttavia, i valori di bilancio, se opportunamente analizzati, contengono indicazioni preziose anche per valutare le condizioni di economicità futura. In particolare, dalla sintesi di capitale si possono trarre elementi di giudizio sulla situazione patrimoniale dell'azienda al momento della chiusura dell'esercizio che non possono non avere riflessi sulla gestione futura. Si tratta infatti di un equilibrio strutturale che esprime un momento di stasi di una dinamica in corso e che esercita i suoi effetti sulla gestione reddituale e monetaria degli esercizi futuri.

È da chiedersi a questo punto se le strutture delle sintesi di bilancio che abbiamo finora utilizzato non possano esser impostate in modo diverso al fine di migliorare la capacità segnaletica delle stesse e se i fenomeni che si intendono analizzare non possano essere espressi in modo sintetico con opportuni parametri[1]. Rispondono a queste esigenze due tecniche di analisi:

a) la riclassificazione delle sintesi di bilancio;

b) la costruzione di indici, o quozienti, che hanno la capacità di sintetizzare fenomeni complessi.

La riclassificazione delle sintesi di bilancio consiste nel riesporre i valori in esse contenuti in modo diverso da quelli che abbiamo utilizzato in precedenza con l'obiettivo di ottenere ulteriori informazioni rispetto a quelle offerte dagli schemi originari. In questo paragrafo intendiamo analizzare questa tecnica mentre nel successivo illustreremo la tecnica dei quozienti.

Il conto economico a ricavi e costo del venduto e l'equilibrio reddituale

Il conto economico è la sintesi dalla quale non solo si ottiene la misura del reddito prodotto nel periodo, ma si ricavano anche le informazioni per l'accertamento della capacità di reddito tendenziale, per valutare cioè se il risultato reddituale del periodo, per le sue caratteristiche intrinseche, è tale da consentire un giudizio positivo sull'economicità dell'azienda in funzionamento.

La struttura del conto economico «a costi, ricavi e rimanenze», ossia la struttura fin qui presentata, è utile per valutare la configurazione degli input e degli output, ma attraverso tale struttura non è agevole capire i fenomeni determinanti il *quantum* del reddito, distinguere tra essi quelli che possono permanere nel futuro da quelli temporanei che si sono verificati nel passato

[1] Il codice civile (art. 2423) impone agli amministratori della società la redazione del bilancio di esercizio – costituito dallo stato patrimoniale, dal conto economico e dalla nota integrativa che illustra il contenuto degli schemi di bilancio e i criteri di valutazione utilizzati – secondo schemi prestabiliti. Il conto economico è a forma scalare e presenta una struttura in cui si raffrontano il «valore della produzione» ottenuta nel periodo con i costi sostenuti per realizzarla. Lo stato patrimoniale finale adotta una «forma a sezioni divise contrapposte» e applica come criterio di classificazione per le poste attive quello della destinazione aziendale.

TAVOLA 7.1. *Conto economico a ricavi e costo del venduto*

Ricavi netti di vendita
– Costo del venduto
  – Acquisti di materie prime, componenti, servizi
  – Canoni passivi
  – Costo del lavoro: stipendi, contributi, quote di TFR, emolumenti
  – Ammortamenti di immobilizzazioni materiali e immateriali
  – Premi assicurativi
  – Perdite su crediti
  + Incremento impianti (immobilizzazioni prodotte internamente)
  ± Variazione rimanenze (Rimanenze finali – Rimanenze iniziali)
= *Reddito operativo della gestione caratteristica*
± Proventi netti della gestione patrimoniale
  + Interessi attivi
  ± Dividendi, guadagni e perdite su azioni (non partecipazioni)
  + Fitti attivi
= *Reddito operativo*
– Oneri della gestione finanziaria: interessi passivi
= *Risultato lordo di competenza*
± Componenti di reddito non di competenza («straordinari»)
= *Risultato prima delle imposte*
– Oneri della gestione tributaria: tributi
= *Risultato reddituale netto (utile o perdita)*

ma che difficilmente rimarranno ancora in futuro. Occorre quindi disporre di una struttura di conto economico che metta in evidenza tali elementi. Solo in questo modo si può esprimere un giudizio meno storico e più tendenziale sull'equilibrio tra componenti positivi e negativi di reddito. La classificazione delle operazioni di gestione presentata nel capitolo 3 è utile a questo scopo[2]. Le diverse «gestioni» costituiscono infatti le fonti primarie dalle quali scaturiscono i flussi reddituali dalla cui analisi è possibile formulare un giudizio sulla potenzialità di reddito dell'impresa.

Una struttura di conto economico che consente di conseguire queste finalità conoscitive è la struttura «a ricavi e costo del venduto», che mette in luce i risultati parziali relativi alle singole gestioni o ai raggruppamenti di gestioni[3] (tav. 7.1). Da questa struttura si possono così cogliere i seguenti risultati:

1. il risultato operativo della gestione caratteristica, prodotto quindi dall'insieme delle operazioni di gestione che identificano la funzione economico-tecnica in senso stretto dell'azienda;

2. il risultato operativo che assomma il risultato operativo della gestione caratteristica ai proventi netti derivanti dalla gestione patrimoniale, la quale si configura come una combinazione economica parziale finalizzata alla produzione di redditi addizionali rispetto a quelli della gestione caratteristica (proventi finanziari, redditi da immobili civili, interessi per crediti di finanziamento concessi, ecc.);

2 Per ragioni di semplicità, e seguendo la prassi corrente, negli svolgimenti successivi la gestione assicurativa non è trattata distintamente ma come parte della gestione caratteristica.

3 Va precisato che la struttura a «valore della produzione» accolta dal codice civile si discosta dalla struttura «a ricavi e costo del venduto» principalmente perché la variazione delle rimanenze di prodotti finiti e semilavorati va portata a incremento (o decremento) dei ricavi di vendita invece che a decremento (o incremento) del costo del venduto.

3. il risultato lordo di competenza che tiene conto del risultato operativo e degli oneri finanziari (interessi passivi) derivanti dall'omonima gestione finanziaria rivolta a coprire il complessivo fabbisogno finanziario d'azienda derivante da tutte le classi di operazioni che compongono la gestione e dalle operazioni istituzionali;

4. il reddito prima delle imposte che considera, oltre al risultato lordo di competenza, le sopravvenienze e le insussistenze attive e passive, intese come componenti di reddito che non competono (almeno in via esclusiva) all'esercizio di cui trattasi, ma che sono correlate ai costi e ai ricavi di più esercizi trascorsi (ad esempio, plusvalenze o minusvalenze rilevate in occasione del realizzo di cespiti soggetti ad ammortamento e quindi espressione di ammortamenti eccessivi o insufficienti effettuati nei passati esercizi);

5. il reddito netto (risultato reddituale) risultante dalle operazioni di tutte le gestioni e quindi anche della gestione dei tributi.

Se il reddito netto proviene fondamentalmente dal reddito operativo della gestione caratteristica si ha ragione di ritenere che l'equilibrio conseguito poggi su basi solide tanto da considerare il reddito netto prodotto un valore che almeno nel breve periodo possa permanere. Il giudizio sarebbe certamente diverso se lo stesso *quantum* di reddito fosse ottenuto mediante un modesto reddito operativo della gestione caratteristica e un'elevata plusvalenza manifestata nel periodo a seguito del realizzo diretto di un cespite. Un giudizio altrettanto non favorevole sarebbe anche derivato dal caso di un reddito netto ottenuto con una palese evasione fiscale e così via. Sono elementi questi che non consentono, pur in presenza di un reddito di esercizio soddisfacente, di esprimere un giudizio favorevole sulla potenzialità di reddito anche per l'immediato futuro. È chiaro che questo giudizio non potrà mai estendersi per periodi futuri molto estesi proprio perché l'azienda è soggetta a mutevoli condizioni interne ed esterne che rendono la sua gestione soggetta a continua trasformazione e verifica.

Il conto economico scalare o progressivo «a ricavi e costo del venduto» dell'impresa Delta è contenuto nella tavola 7.2. In esso vengono riesposti i valori contenuti nella precedente tavola 6.11. Nell'azienda in esame si nota come il risultato reddituale provenga nel primo esercizio essenzialmente dalla gestione caratteristica perché sia la gestione patrimoniale sia la gestione straordinaria non producono alcun componente di reddito. Tenuto conto che siamo in fase d'avvio, il reddito conseguito in questo modo, sebbene ad un livello modesto, fa propendere per un giudizio che non può ancora essere di piena economicità, ma che fa ben sperare per l'immediato futuro. Si tenga inoltre presente che gli oneri finanziari sono assai contenuti rispetto ai ricavi di vendita (incidono infatti solo per l'1,2%) e questo dimostra che la gestione finanziaria non procura pesi eccessivi alla gestione.

TAVOLA 7.2. *Conto economico a ricavi e costo del venduto: impresa Delta (dati in migliaia di euro)*

Ricavi netti di vendita		845
Acquisti di materie prime	240	
Acquisti di servizi	125	
Fitti passivi	30	
Retribuzioni	242	
Contributi previdenziali	110	
Quota di trattamento di fine rapporto	21	
Ammortamenti di immobilizzazioni materiali e immateriali	42	
Perdite su crediti	14	
Perdite presunte su crediti	5	
Variazione rimanenze (incremento)	–54	
Costo del venduto		775
Reddito operativo della gestione caratteristica		70
Proventi netti della gestione patrimoniale		0
Reddito operativo		70
Oneri della gestione finanziaria: interessi passivi		10
Risultato lordo di competenza		60
Componenti di reddito non di competenza («straordinari»)		0
Risultato prima delle imposte		60
Oneri della gestione tributaria: tributi		30
Risultato reddituale netto (utile o perdita)		30

Il capitale di funzionamento e l'equilibrio patrimoniale

Lo stato patrimoniale finale, ossia la tavola del capitale di funzionamento, è la fonte primaria di informazioni per l'analisi finanziaria, per accertare la solvibilità a breve e a lungo termine dell'impresa. Non sempre i valori in esso accolti sono classificati in modo tale da favorire tale analisi.

Il criterio di riclassificazione che viene allora adottato è quello «finanziario»[4], secondo il quale si cerca di capire come gli «investimenti» rappresentati dalle voci dell'attivo sono stati finanziati dalle varie forme di «finanziamento» rappresentate dalle voci del passivo e del netto. In particolare, gli elementi dell'attivo – al netto dei valori rettificativi del capitale proprio (perdite di esercizio, ad esempio) e al netto dei valori rettificativi dell'attivo (fondo rischi su crediti, fondo ammortamento, e così via) – esprimono investimenti dai quali in futuro si attendono flussi di entrate monetarie. D'altro canto, gli elementi del passivo e del netto possono esser interpretati come le forme o le fonti di finanziamento utilizzate per coprire gli investimenti.

Per classificare gli elementi dell'attivo si adotta il criterio della liquidità, cioè della loro attitudine a trasformarsi, in tempi più o meno brevi, in mezzi monetari senza danneggiare la gestione operativa (caratteristica e patrimoniale). Per gli elementi del passivo e del netto si adotta l'equivalente criterio della scadenza, cioè del termine entro il quale occorre far fronte agli impegni. Convenzionalmente, si adotta il periodo di un anno per classificare gli elementi dell'attivo netto in attivo corrente (con scadenza inferiore all'anno) e in attivo fisso, o attivo immobilizzato (con scadenza superiore all'anno), e

[4] Espressione tratta dalla pratica, non del tutto coerente con il linguaggio utilizzato in questo testo.

gli elementi del passivo in passivo corrente e in passivo consolidato o a medio e lungo termine.

L'attivo corrente si classifica in:

a) liquidità immediate, rappresentate dai fondi liquidi disponibili in azienda o presso banche, nonché da titoli di Stato o comunque facilmente negoziabili;

b) liquidità differite, vale a dire crediti di regolamento che si realizzano entro il periodo di un anno;

c) disponibilità, rappresentate dalle varie classi di rimanenze (materie prime, semilavorati e prodotti finiti nelle aziende industriali).

L'attivo fisso si suddivide, invece, in:

a) immobilizzazioni finanziarie, che comprendono crediti esigibili oltre l'anno, nonché partecipazioni e crediti di finanziamento;

b) immobilizzazioni materiali nette, espresse a valore contabile residuo (cioè al netto dei fondi di ammortamento), che comprendono impianti, mobili, attrezzature e beni con durata economica poliennale;

c) immobilizzazioni immateriali nette, che comprendono, sempre al netto degli ammortamenti, i costi per brevetti e marchi, le spese già sostenute, ma che daranno la loro utilità negli esercizi futuri e che in quanto tali si realizzano gradualmente nel tempo (spese di impianto, di ricerca, ecc.).

Il passivo e netto comprende:

a) il passivo corrente, rappresentato dai debiti di regolamento (e di finanziamento), con scadenza inferiore all'anno;

b) il passivo consolidato, o passivo a medio e lungo termine: debiti con scadenza oltre l'anno e fondo di trattamento di fine rapporto (al netto di quanto si prevede di liquidare nel breve periodo);

c) il capitale netto o capitale proprio: capitale sociale, riserve, utile dell'esercizio.

La differenza tra attivo corrente e passivo corrente evidenzia il capitale circolante netto che è un indicatore di equilibrio monetario in quanto mette in correlazione investimenti e fonti che esercitano un influsso sulla dinamica monetaria dell'anno successivo, i primi generando entrate a breve, i secondi determinando uscite sempre a breve termine di mezzi monetari.

Da uno stato patrimoniale riclassificato possono trarsi *tre fondamentali tipi di giudizio* sull'equilibrio patrimoniale.

1. Il primo riguarda la composizione e la struttura degli impieghi. Si può accertare così il peso delle varie poste in termini della loro trasformabilità in mezzi monetari e quindi valutare l'elasticità strutturale dell'azienda (incidenza delle immobilizzazioni sull'attivo corrente), nonché l'efficienza nell'impiego delle risorse investite (rapportando le vendite all'attivo). In tal modo è possibile valutare i rischi che la struttura dell'attivo comporta. L'impresa che presenta un attivo particolarmente ricco di immobilizzazioni tecniche è più vulnerabile in un ambiente competitivo molto mutevole rispetto ad un'azienda che ricorre alla fornitura esterna della maggior parte dei suoi componenti.

TAVOLA 7.3. *Stato patrimoniale finale: impresa Delta*

ATTIVITÀ			PASSIVITÀ E NETTO		
Liquidità immediate		99	Passività correnti		179
Cassa, Banca c/c attivi	99		Banca c/c passivi		
Titoli			Debiti verso fornitori	119	
Liquidità differite		309	Debito verso erario	30	
Crediti verso clienti	314		Altri debiti a breve		
Fondo svalutazione crediti	–5		Ratei e risconti passivi	30	
Altri crediti			PASSIVO CORRENTE		179
Ratei e risconti attivi					
Disponibilità		54	Mutui bancari		150
Rimanenze finali	54		Altri debiti a medio e lungo termine		
ATTIVO CORRENTE		462	Fondo trattamento fine rapporto		21
			PASSIVO CONSOLIDATO		171
Immob. materiali nette	318				
Immob. immateriali nette			Capitale sociale		400
Immob. finanziarie (partecipazioni)			Riserve		
ATTIVO FISSO NETTO		318	Utile o perdita dell'esercizio		30
			CAPITALE NETTO		430
TOTALE ATTIVITÀ		780	TOTALE PASSIVITÀ E NETTO		780

Basta un'improvvisa caduta della domanda per liberare capacità produttiva che comporta dei costi costanti che non trovano adeguata copertura.

2. Il secondo tipo di giudizio attiene alla composizione e alla struttura delle fonti di finanziamento e consente di apprezzare il rischio finanziario che è determinato non soltanto dal peso dei debiti rispetto ai mezzi propri, ma anche dalla tipologia dei debiti utilizzati. Ricorrere in maggior misura al debito a breve vuol dire esporre l'azienda alla dinamica del mercato finanziario sia in termini di richiesta di «rientro» da parte del finanziatore sia in termini di rischio che i tassi di interesse si modifichino sfavorevolmente per l'azienda.

3. Il terzo giudizio, infine, riguarda l'equilibrio strutturale, l'equilibrio tra natura e variabilità delle fonti e natura e variabilità degli investimenti. Il capitale circolante netto, come si è già detto, offre la possibilità di misurare questo equilibrio che esercita un influsso sulla gestione monetaria futura. Un capitale circolante netto rilevante esprime un margine di garanzia sulla solvibilità a breve dell'azienda poiché gli impegni immediati sono ampiamente coperti dalle prospettive di entrata di cassa a breve termine.

È chiaro che questi giudizi vanno formulati tenendo conto sia delle prospettive future dell'azienda sia delle relazioni che vicendevolmente si collegano. Sono, infatti, aspetti diversi ma collegati dello stesso fenomeno, l'equilibrio patrimoniale.

Lo stato patrimoniale finanziario dell'impresa Delta è riportato nella tavola 7.3. in cui si riespongono i valori della precedente tavola 6.12. La struttura dell'attivo si presenta già al primo anno di vita molto equilibrata ed elastica. Le immobilizzazioni sono inferiori all'attivo corrente e nell'attivo corrente le rimanenze hanno un peso limitato, solo l'11,7%. Ci troviamo di fronte ad un'azienda manifatturiera a ciclo breve che presenta una struttura dell'attivo più che soddisfacente. Quanto al passivo e netto, si nota che il capitale proprio risulta superiore ai debiti di qualsiasi forma e scadenza. Non esistono debiti finanziari a breve, mentre vi è un mutuo che non comporta per il prossimo anno rate in scadenza. Queste cominceranno a manifestarsi nel terzo anno di vita dell'azienda. Il rischio finanziario, inteso come grado di solvibilità a medio e lungo termine, si presenta pertanto assai limitato. L'equilibrio strutturale tra impieghi e fonti si presenta buono poiché l'attivo corrente supera abbondantemente il passivo corrente. Se si tiene conto che nell'attivo corrente vi sono poche rimanenze e che quindi gli impegni a breve sono largamente coperti dalle liquidità immediate e differite, il giudizio di equilibrio strutturale risulta ancor più confortante.

I flussi di cassa e l'equilibrio monetario

Oltre all'equilibrio reddituale e all'equilibrio patrimoniale è interessante valutare anche l'equilibrio monetario conseguito nel passato. Il bilancio in quanto tale non esplicita i movimenti monetari manifestatisi nell'esercizio. Si può tuttavia, utilizzando i valori del sistema di bilancio, pervenire ugualmente alla costruzione di un documento che metta in evidenza la dinamica monetaria d'impresa (*rendiconto delle variazioni dei mezzi monetari*). È, come vedremo, un procedimento indiretto che, sulla base delle consistenze iniziali e finali dei valori numerari e non numerari e sulla base dei flussi reddituali del periodo, risale a quelli che sono stati i flussi monetari.

Il reddito è il risultato di una serie di misurazioni, ma è anche il prodotto di alcune «convenzioni» adottate nel momento della rilevazione dei valori derivanti dalle operazioni di scambio. Se si riflette, si nota che la determinazione del reddito riposa su una serie di assunzioni che distinguono il momento delle «entrate e delle uscite monetarie» dai momenti di manifestazione e di registrazione dei componenti positivi e negativi di reddito. In particolare:

- si inseriscono nella determinazione del reddito componenti negativi di reddito che nel periodo non hanno determinato uscite monetarie (ammortamenti, ad esempio);
- si adotta il criterio della variazione numeraria, iscrivendo i ricavi quando si emette la fattura, vale a dire quando sorge il credito verso il cliente non quando si verifica l'entrata monetaria; lo stesso vale per i costi che sorgono in relazione al ricevimento della fattura e non al momento del pagamento;
- infine, per configurare l'esercizio generale si definiscono e si valutano le rimanenze di esercizio;
- tutto ciò nasconde la dinamica monetaria che si sviluppa mediante pagamenti e riscossioni.

Per risalire dal reddito netto alla sintesi delle variazioni monetarie si segue un procedimento a «ritroso» che consiste dapprima nel sommare al reddito, con segno opposto, quei valori che non hanno determinato movimenti di moneta e credito (come l'ammortamento). Tale valore (reddito netto più ammortamenti e accantonamenti), denominato utile spendibile, esprime la generazione di un flusso che non può dirsi ancora monetario; si può dire soltanto che esso è un potenziale monetario che diventa effettivo solo se nel periodo non si sono manifestate variazioni nette – tra l'inizio e la fine dell'anno – della consistenza dei crediti e dei debiti di regolamento e del valore delle rimanenze, vale a dire del livello del capitale circolante netto operativo. Se nel periodo il capitale circolante netto è cresciuto (i crediti di regolamento e le rimanenze sono aumentati e i debiti di regolamento si sono contratti) vuol dire che una parte di tale flusso è stata assorbita da questo circolante e che quindi il flusso monetario risulta minore; se, invece, il capitale circolante diminuisce (si riducono i crediti di regolamento e le rimanenze e aumentano i debiti di regolamento) il flusso si trasforma in un flusso monetario ancor più elevato.

Con un'immagine si può considerare la gestione reddituale, in un'azienda di produzione sana e in sviluppo, come un fiume che apporta in maggior o minor misura mezzi monetari. In termini più propri, questo è un flusso di capitale circolante netto in quanto esso è costituito da valori reddituali nati simultaneamente con i valori che vanno ora a costituire il capitale circolante netto. I ricavi sono sorti contemporaneamente al credito di regolamento come i costi sono sorti assieme al debito di regolamento. La congettura delle rimanenze ha determinato valori che concorrono simultaneamente al reddito e al patrimonio. Questo fiume, questo flusso di capitale circolante netto, prima di sfociare nel «mare aziendale» incontra una «spugna» che è il *capitale circolante netto operativo*. In relazione alla gestione delle sue componenti, la «spugna» assorbe o libera risorse monetarie e quindi può ridurre o aumentare quelle provenienti dalla gestione corrente. Se al flusso monetario di primo livello si aggiungono i flussi monetari negativi o positivi della gestione delle immobilizzazioni, delle passività consolidate e del capitale proprio si ottiene la variazione che i mezzi monetari liquidi hanno subito durante il periodo. Uno schema di costruzione di un rendiconto delle variazioni dei mezzi monetari è accolto nella tavola 7.4. Il rendiconto delle variazioni dei mezzi monetari dell'impresa Delta è illustrato nella tavola 7.5.

Dal rendiconto relativo a Delta si nota che, nel suo primo anno di vita, la gestione corrente ha dovuto lamentare un assorbimento netto di risorse finanziarie. L'utile spendibile prodotto è stato insufficiente ad alimentare la forte crescita del capitale circolante netto operativo, carattere tipico di una fase iniziale che richiede investimenti. Quanto al debito verso i fornitori, l'azienda ne fa ricorso in misura limitata perché presenta un valore aggiunto relativamente elevato. Per queste ragioni la gestione corrente assorbe nell'anno 91 mila euro. Si paga la fornitura di un macchinario, ma si accende un mutuo che consente all'azienda di ridurre lo sbilancio a soli 11 mila euro, che portano la disponibilità iniziale in cassa e banche dai 110 mila ai 99 mila euro di fine anno. Nel complesso quindi possiamo dire che l'azienda, tenuto conto degli investimenti per avviare l'attività e grazie anche al mutuo acceso con la banca, ha mantenuto un soddisfacente equilibrio monetario con una sufficiente disponibilità di mezzi monetari alla fine del periodo.

TAVOLA 7.4. *Schema di costruzione di un rendiconto delle variazioni di mezzi monetari*

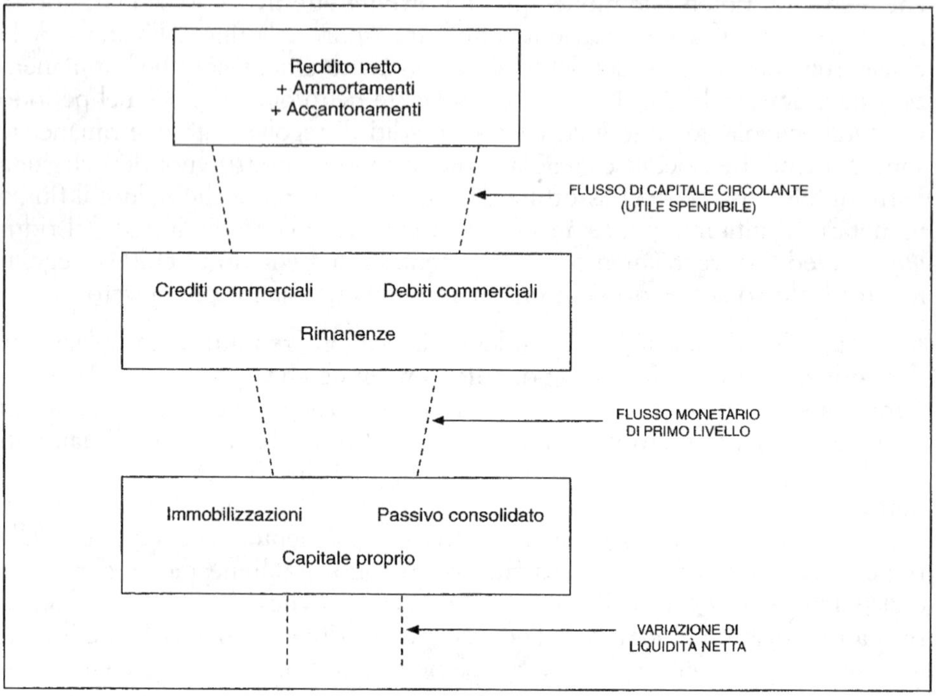

TAVOLA 7.5. *Rendiconto delle variazioni dei mezzi monetari: impresa Delta*

Reddito netto	30
Ammortamenti	42
Accantonamento fine rapporto	21
FLUSSO DI CAPITALE CIRCOLANTE O UTILE SPENDIBILE	93
Variazioni di crediti commerciali	–309
Variazioni di rimanenze	–54
Variazioni di debiti correnti	179
FLUSSO DI CASSA DI PRIMO LIVELLO	–91
Accensione di un mutuo passivo	150
Acquisti per cassa di macchinari	–70
VARIAZIONE DELLA LIQUIDITÀ NETTA	–11

La sincronia degli equilibri di azienda

Gli equilibri aziendali vanno interpretati in modo dinamico: un'azienda di produzione presenta condizioni di vita duratura se gli equilibri vengono simultaneamente rispettati. Le circostanze di azienda e di ambiente possono determinare diacronie nel conseguimento dei diversi equilibri.

Si pensi al caso dell'avvio di un'azienda che nei primi esercizi non consegue un equilibrio reddituale, ma presenta una struttura patrimoniale solida con adeguato capitale proprio e disponibilità di cassa che consentono un equilibrio monetario facendo fronte, nel contempo, alle spese per gli investimenti necessari a ottenere, dopo questo «periodo critico», un flusso di reddito significativo. È una situazione di attenzione, non certamente di crisi aziendale, poiché vi sono ragionevoli prospettive che tutti gli equilibri possano venir ricomposti a breve termine.

Situazioni di crisi potrebbero manifestarsi quando l'equilibrio reddituale è compromesso perché l'azienda non ha più una presenza significativa nel suo mercato o perché essa presenta strutture di costi operativi pesanti. Una struttura patrimoniale solida potrebbe attenuare la gravità di queste situazioni in quanto consentirebbe di disporre di più tempo per trovare i correttivi volti a ristabilire l'equilibrio reddituale. In altri casi la crisi ha una natura finanziaria. L'equilibrio reddituale si presenta buono a livello di reddito operativo: sono gli oneri finanziari che hanno però raggiunto un livello tale da assorbire quasi tutto il reddito operativo e determinare quindi uno squilibrio monetario. Questa situazione è il frutto di una struttura finanziaria disastrata, carica di debiti, eredità di scelte errate compiute nel passato dalle direzioni di impresa. Il problema in questi casi è di salvare l'azienda cercando strade di ristrutturazione del debito (nuovi soci, consolidamento dei debiti, e così via).

Da questi rapidi cenni si può ricavare l'esigenza, perché l'azienda possa durare nel tempo, che gli equilibri aziendali siano conseguiti simultaneamente. Si possono solo ammettere brevi, programmate e consapevoli diacronie tra gli equilibri in conseguenza di particolari problemi gestionali che possono succedere nella vita delle aziende.

7.1.2. Redditività, solidità e liquidità nella mutevole dinamica aziendale

I quozienti di bilancio

Se le riclassificazioni delle sintesi di bilancio costituiscono certamente una strumentazione preziosa per formulare complessi giudizi sull'economicità della gestione dell'azienda in funzionamento, i quozienti ne rappresentano il necessario completamento in quanto hanno la capacità di sintetizzare e quantificare fenomeni d'azienda complessi.

Due sono i fondamentali problemi da risolvere in via preliminare affinché l'impiego dei quozienti possa consentire un'introspezione dei fenomeni d'azienda al fine di pervenire ad un giudizio sulla economicità. Il primo riguarda la scelta di quell'insieme, comunque limitato nel numero, di quozienti che riesca a coprire le possibili aree di indagine, mettendo in luce le principali correlazioni dei fenomeni di azienda. In particolare, intendiamo studiare tre fenomeni:

- la *redditività*, intesa come rapporto tra una configurazione di reddito e un'altra grandezza a questa correlata;

• la *solidità patrimoniale*, come espressione della solvibilità a lungo dell'impresa, cioè della capacità di far fronte agli impegni nel medio e lungo periodo;
• la *liquidità*, come indicatore della solvibilità a breve, cioè della capacità di far fronte, momento per momento, ai pagamenti.

Il secondo problema attiene, invece, alla scelta dei termini di riferimento, *interni* o *esterni*, per favorire il procedimento di analisi reddituale e finanziaria, per far scaturire da questo confronto ipotesi, osservazioni, valutazioni e giudizi. Per chiarire il potenziale conoscitivo dei quozienti nel loro insieme cercheremo via via di mettere in evidenza i collegamenti tra i diversi fenomeni al fine di spiegare come si può arrivare alla formulazione di un giudizio sull'economicità dell'azienda in funzionamento.

La redditività del capitale proprio

La redditività è un concetto relativo in quanto si ottiene rapportando una configurazione di reddito ad un'altra grandezza a questa correlata. In questo modo si possono effettuare *confronti tra imprese diverse* per dimensione e natura dell'attività svolta e anche *confronti storici* nell'ambito della stessa azienda di produzione.

L'indice che esprime in massima sintesi i risultati dell'impresa è la *redditività del capitale proprio* (detta anche ROE, acronimo di *return on equity*) per la quale il reddito netto (*RN*) prodotto viene rapportato al capitale netto (*CN*) o capitale proprio, ossia alla condizione di produzione di diretta pertinenza. Questo rapporto si giustifica, tra l'altro, con il fatto che il reddito netto non è che la variazione che il capitale proprio subisce per effetto della gestione. Questo quoziente viene anche chiamato saggio di reddito e si sostanzia nel rapporto[5]:

$$\text{ROE} = \text{reddito netto/capitale netto} = RN/CN$$

Esso misura il rendimento del capitale netto, ossia l'incremento potenziale di capitale netto nel periodo, cioè prima dell'eventuale decisione di distribuire parte del reddito sotto forma di dividendi agli aventi diritto. Questo indice va confrontato con il costo figurativo del capitale proprio, espressione del sacrificio sopportato dai portatori di capitale-risparmio per aver investito mezzi finanziari nell'azienda di riferimento piuttosto che in investimenti patrimoniali alternativi; costo figurativo che deve essere calcolato tenendo conto dei differenti gradi di rischio e di liquidità degli investimenti alternativi.

[5] Quando si tratta, come in questo caso, di rapportare una grandezza riferita ad un periodo a un'altra grandezza puntuale, occorre stabilire per quest'ultima se si tratta di un valore a fine periodo oppure di un valore medio che rispecchia ciò che è avvenuto mediamente nel periodo per il quale è stata calcolata la grandezza che sta al numeratore. Il valore medio viene di norma calcolato come semi-somma del valore iniziale e del valore finale.

Solo se il ROE risulta ad esso superiore possiamo affermare che si è conseguito nel periodo l'equilibrio reddituale.

Interessante è anche chiedersi quali sono i fattori determinanti del ROE, cioè accertare come i risultati delle diverse gestioni, sia in termini reddituali, sia in termini patrimoniali, hanno influito sul livello di questo indicatore. Un primo fattore va facilmente individuato nella redditività della gestione operativa, cioè nel rendimento degli investimenti nelle attività produttrici di reddito indipendentemente dal fatto che esse appartengano alla gestione caratteristica o alla gestione patrimoniale. È un'altra misura di redditività che considera una configurazione «lorda» di reddito rapportata all'attivo netto, cioè all'insieme delle condizioni di produzione patrimoniali che hanno concorso a produrla e che prescinde dal modo in cui l'azienda si è finanziata per acquistarle. La redditività dei mezzi propri risente in primo luogo della redditività operativa. Una redditività che si fonda su una buona redditività operativa dà motivi di conforto che la gestione di quell'azienda poggia su basi consistenti. È la stessa considerazione già fatta in sede di analisi del reddito netto per accertarne la potenzialità a valere nel futuro. Tale redditività, detta anche ROA, acronimo di *return on asset*, si traduce nel rapporto:

$$\text{ROA} = \text{reddito operativo/attivo netto} = RO/AN$$

Dato che il ROA è certamente un fattore determinante del ROE, poiché riguarda una parte soltanto della complessiva combinazione economica aziendale, quella operativa per l'appunto, si può sviluppare la seguente uguaglianza volta a calcolare il ROE partendo dal ROA o viceversa:

$$\text{ROE} = RO/AN \times AN/CN \times RN/RO$$

Si tratta ora di stabilire il significato di AN/CN e di RN/RO. Il rapporto AN/CN esprime la relazione che intercorre tra il capitale investito e i mezzi propri e quindi indirettamente esprime il peso del capitale di terzi (CT), cioè dei debiti. Infatti $AN = CT + CN$ e quindi:

$$AN/CN = CT/CN + CN/CN = CT/CN + 1$$

Si può così constatare che il rapporto AN/CN è uno dei modi per indicare il *rapporto di indebitamento* (RI),

$$RI = AN/CN = CT/CN + 1$$

rapporto che serve per apprezzare la solidità patrimoniale dell'impresa, vale a dire la sua capacità di far fronte agli impegni verso terzi. Tale quoziente svolge sulla formula un effetto nullo se è uguale a uno (cioè se l'impresa «lavora» solo con mezzi propri) o un effetto moltiplicativo se è maggiore di uno (cioè se l'impresa utilizza anche capitale di terzi). Quando l'impresa si avvale di capitale di terzi – indipendentemente, per il momento, dal costo che essa sostiene per procurarselo – amplifica la redditività operativa. Ciò vale sia per una redditività positiva sia per una redditività negativa. In quest'ultimo caso si avrà una amplificazione della perdita. Questo effetto amplificativo viene denominato *leverage* o *effetto leva*.

Passiamo, ora, all'altro rapporto derivante dalla scomposizione del ROE e cioè al *tasso di incidenza* (*TI*) del reddito netto sul reddito operativo:

$$TI = RN/RO$$

Esso esprime il peso dei componenti di reddito estranei alla gestione operativa, e cioè gli oneri finanziari e le imposte, nonché dei componenti di reddito non di competenza dell'esercizio, ossia delle sopravvenienze e delle insussistenze attive e passive. Tale indicatore ha, in genere, un valore inferiore ad uno perché i componenti di reddito negativi estranei alla gestione operativa risultano normalmente superiori a quelli positivi. In tal caso, questo tasso esercita un effetto riduttivo sulla leva prima segnalata tanto più rilevante quanto maggiori sono gli oneri finanziari. Se l'indebitamento, in ogni caso, amplifica la redditività operativa, il tasso di incidenza del reddito netto sul reddito operativo, essenzialmente a causa degli oneri finanziari, può quindi annullare o addirittura sovvertire questo effetto. Si può anche sostenere che, solo se il ROA risulta superiore al costo del finanziamento, si ha un «complessivo» effetto moltiplicativo della redditività operativa, altrimenti si ha un effetto di tipo riduttivo[6].

Si ottiene così una prima risultanza: la redditività del capitale proprio dipende da tre fattori:
- la redditività operativa;
- l'indebitamento finanziario, espressivo della solidità patrimoniale;
- l'incidenza del reddito netto sul reddito operativo.

Questo modello consente anche di accertare le relazioni che intercorrono tra redditività e solidità nella mutevole vita dell'azienda. La redditività è influenzata dalla solidità. Un'azienda che ricorre all'indebitamento aumenta la sua dipendenza dai terzi e i relativi rischi, ma può cogliere interessanti opportunità per migliorare la sua redditività. È anche in questo caso un problema di equilibrio tra rischi e opportunità che la direzione d'impresa deve sempre attentamente valutare. D'altra parte, la redditività, nella misura in cui il flusso di reddito prodotto viene trattenuto all'interno dell'azienda, consente il miglioramento del grado di indebitamento e quindi della solidità dell'azienda. Un'applicazione di questo modello all'impresa Delta è contenuta nella tavola 7.6.

La redditività dei mezzi propri (ROE), dopo il primo anno nel quale si

[6] Naturalmente queste considerazioni vanno svolte al netto dell'effetto fiscale.

TAVOLA 7.6. *La redditività del capitale proprio: impresa Delta*

	Primo anno	Secondo anno	Terzo anno
ROE (Reddito netto/Capitale netto)	30/430 = 7,0%	57/487 = 11,7%	85/555 = 15,3%
ROA (Reddito operativo/Attivo netto)	70/780 = 9,0%	161/883 = 18,2%	219/1.039 = 21,1%
RI (Attivo netto/Capitale netto)	780/430 = 1,8	883/487 = 1,8	1.039/555 = 1,9
TI (Reddito netto/Reddito operativo)	30/70 = 0,43	57/161 = 0,35	85/219 = 0,39

era attestata al 7%, ha cominciato a migliorare sensibilmente superando al terzo anno il costo del capitale: 15,3% di ROE contro un costo stimato del capitale del 12%. Questo andamento della redditività globale va ascritto essenzialmente alla redditività operativa (ROA), che è passata in un triennio dal 9 al 21,1%. La gestione caratteristica e la gestione patrimoniale hanno presentato quindi una performance molto buona. L'influsso dell'indebitamento (*RI*) è stato molto contenuto e stabile nel corso del triennio. Anche il tasso di incidenza del reddito netto sul reddito operativo (*TI*) non ha presentato variazioni sensibili. L'effetto riduttivo che esso esercita sul ROE dipende prevalentemente dalle imposte e non dagli oneri finanziari. La redditività dei mezzi propri è stata quindi conseguita con ricorso non tanto alla leva finanziaria quanto alla redditività operativa. Ciò dimostra che il ROE si fonda su basi solide e che la dipendenza da terzi finanziatori risulta assai contenuta.

La redditività della gestione operativa

La redditività operativa può essere a sua volta scomposta in due quozienti collegati da una relazione moltiplicativa: la *redditività delle vendite* (ROS) e il *tasso di rotazione dell'attivo netto* (*TR*).

$$\text{ROA} = RO/AN = RO/V \times V/AN = \text{ROS} \times TR$$

La redditività delle vendite (*RO/V*), per contro, misura il grado di convenienza economica delle vendite effettuate nell'esercizio. Esso è un indicatore sintetico sul quale si riflette una serie di variabili che stanno a fondamento della relazione prezzi-costi e prezzi-ricavo[7].

Il tasso di rotazione dell'attivo netto (*V/AN*) esprime la relazione tra una dimensione operativa dell'azienda – espressa dal fatturato posto al numeratore – e una dimensione strutturale – espressa dall'attivo netto. In particola-

7 Per approfondire il significato di queste variabili sarebbe opportuno disporre di una struttura di reddito della gestione caratteristica che permetta di separare i costi variabili – rispetto al volume di produzione venduta – da quelli fissi, permettendo l'evidenziazione del «margine di contribuzione» inteso come differenza tra i ricavi e il costo variabile del venduto. Il punto è sviluppato nel cap. 18.

TAVOLA 7.7. *La redditività operativa: impresa Delta*

	Primo anno	Secondo anno	Terzo anno
Roa (Reddito operativo/Attivo netto)	70/780 = 9,0%	161/883 = 18,2%	219/1.039 = 21,1%
Ros (Reddito operativo/Ricavi di vendita)	70/845 = 8,3%	161/1.574 = 10,2%	219/1.949 = 11,2%
TR (Ricavi di vendita/Attivo netto)	845/780 = 1,08	1.574/883 = 1,78	1.949/1.039 = 1,876

re, indica il numero di volte che l'attivo netto gira in un anno per effetto dei ricavi di vendita. Posto a confronto con analoghi rapporti degli anni precedenti o di altre aziende, questo indice segnala la presenza di eventuali squilibri tra volume dell'attività svoltasi nell'esercizio e le condizioni di produzione patrimoniali impegnate. È quindi un *indicatore di efficienza della gestione dell'attivo.*

La relazione sopra indicata permette di capire come un'azienda produce la redditività operativa. Vi sono aziende ad alta intensità di capitale che hanno basse rotazioni dell'attivo netto e che possono ottenere una redditività soddisfacente solo praticando prezzi molto distanti dai costi. È il caso delle aziende di pubblici servizi che hanno impianti rilevanti perché dimensionati al livello di punta del servizio e che possono ottenere una redditività soddisfacente solo se praticano tariffe molto superiori ai loro costi vivi. Vi sono anche imprese che hanno relativamente poco attivo investito rispetto al fatturato, come le imprese commerciali o a basso valore aggiunto. In tal caso basta una redditività delle vendite modesta per ottenere una redditività operativa accettabile. Un'applicazione all'impresa Delta è contenuta nella tavola 7.7.

L'aumento della redditività operativa (ROA) nel periodo viene ottenuto con una redditività delle vendite (ROS) leggermente crescente (dall'8,3 all'11,2%), ma soprattutto con un aumento della rotazione dell'attivo che passa da 1,08 a 1,875. Ciò significa che l'azienda ha migliorato l'efficienza con la quale gestisce il suo attivo, essenzialmente scorte e crediti.

La solidità e la liquidità

La solidità patrimoniale[8] evoca il concetto di grado di dipendenza verso i terzi finanziatori; un indicatore di questo concetto è il rapporto di indebitamento. Ma questo rapporto astrae da quella che è la composizione dell'attivo. Si potrebbe presentare il caso di due aziende con lo stesso rapporto di indebitamento, ma con una diversa composizione dell'attivo. Una con molte immobilizzazioni tecniche che non sono coperte da mezzi propri, l'altra con poche immobilizzazioni tecniche abbondantemente coperte dal capitale pro-

[8] Si fa riferimento al capitolo di Vittorio Coda sulla valutazione della solvibilità a breve termine contenuto in: BRUNETTI, CODA e FAVOTTO [1984, 127 ss.].

prio. È chiaro che il giudizio sulla solidità patrimoniale cambia: la prima azienda è meno solida della seconda. Pertanto, assieme al rapporto di indebitamento occorre tener conto del grado di copertura delle immobilizzazioni (*CI*), ossia del rapporto tra capitale netto (*CN*), o capitale proprio, e immobilizzazioni tecniche nette (*IM*):

$$CI = CN/IM$$

Se esso è maggiore di uno significa che il capitale a pieno rischio è in grado di far fronte agli investimenti che permangono a lungo nell'impresa. Questi rapporti devono tuttavia esser analizzati tenendo conto della composizione delle immobilizzazioni e dei mezzi di terzi. L'indebitamento è tanto più pericoloso quanto maggiori sono gli oneri finanziari che esso genera, così un basso grado di copertura delle immobilizzazioni determina una situazione tanto più grave quanto più le immobilizzazioni tecniche risultano inutilizzate e difficilmente realizzabili.

Interessante è anche capire come nel tempo l'impresa è pervenuta a quel profilo di solidità. Diverse possono esser le cause di un forte indebitamento. L'azienda ha guadagnato poco nel passato o addirittura ha dovuto lamentare perdite oppure ha guadagnato molto, ma i proprietari hanno preferito prelevare gli utili. Ancora, l'azienda ha perseguito uno sviluppo considerevole facendo affidamento quasi esclusivo sui debiti e così via.

Indicatori utilizzati per valutare la solvibilità di breve o *liquidità* sono il *quoziente di disponibilità* (*QD*) che si ottiene rapportando l'attivo corrente (*AC*) al passivo corrente (*PC*) e il *quoziente di liquidità* (*QL*), espresso come rapporto tra le liquidità, immediate e differite (*L*) e il passivo corrente. Sono entrambi indicatori dell'attitudine della struttura patrimoniale a fronteggiare gli impegni a breve termine con le disponibilità liquide e con quelle che potranno diventare tali a breve scadenza:

$$QD = AC/PC \qquad QL = L/PC$$

Al di là di quelli che possono essere i termini di raffronto che la pratica utilizza è indubbio che tali indicatori proprio per la loro natura strutturale, e per il fatto di essere costruiti usando valori a consuntivo, hanno scarso valore previsionale. Sono manifestazione e non causa di fenomeni e dicono poco o nulla sulla natura transitoria o duratura della situazione di liquidità che sta attraversando l'azienda. È necessario quindi considerare le relazioni dinamiche che legano la liquidità alla solidità, alla redditività e allo sviluppo. Occorre domandarsi se gli indicatori denotano o meno tensione finanziaria, se la tensione finanziaria è strutturale (dovuta a investimenti effettuati in misura maggiore di quanto è il reddito prodotto e trattenuto in azienda e coperti in gran parte con fonti a breve termine) oppure transitoria (dovuta a temporanee cadute di reddito o a fabbisogni destinati nel breve periodo a ridimensionarsi), e così via.

TAVOLA 7.8. *Indicatori finanziari: impresa Delta*

	Primo anno	Secondo anno	Terzo anno
RI (Attivo netto/Capitale netto)	780/430 = 1,8	883/487 = 1,8	1.039/555 = 1,9
CI (Capitale netto/Immobilizz. tecniche nette)	430/318 = 1,35	487/262 = 1,86	555/343 = 1,6
QD (Attivo corrente/Passivo corrente)	462/179 = 2,58	621/212 = 2,93	696/279 = 2,49
QL (Liquidità/Passivo corrente)	408/179 = 2,28	549/212 = 2,59	580/279 = 2,08

Si riporta, a conclusione, nella tavola 7.8, il calcolo dei quozienti per l'impresa Delta. La solidità dell'impresa Delta appare evidente dalla limitata entità e dalla stabilità del rapporto di indebitamento: una parte di mezzi propri contro 0,8 parti di debiti di qualsiasi forma e scadenza essi siano. Lo stesso grado di copertura delle immobilizzazioni conferma che esiste anche un equilibrio tra natura e variabilità dei fabbisogni e natura e variabilità delle fonti. Il capitale proprio, fonte durevole, copre infatti abbondantemente le immobilizzazioni tecniche, ossia quelle attività che determinano un impegno durevole di risorse finanziarie. La liquidità si presenta buona dal momento che gli impegni a breve sono ampiamente inferiori alle liquidità immediate e differite disponibili, come si può constatare dal relativo quoziente. Va inoltre segnalato che i due quozienti, liquidità e disponibilità, sono per entità e per andamento molto vicini tra loro perché le rimanenze hanno un peso ridotto. È chiaro che queste sono soltanto prime proposizioni e che un giudizio consapevole si può ottenere solo ricercando i fatti aziendali e collegando tra loro le diverse dimensioni di analisi.

La leva finanziaria

Nel passaggio dal ROA al ROE ha un ruolo fondamentale il cosiddetto *effetto leva finanziaria* che è stato marginalmente toccato in vari punti precedenti e che ora può essere trattato compiutamente. L'effetto leva finanziaria si produce per via della differenza tra il costo medio del capitale di terzi (*i*) e il ROA; se i mezzi di terzi (*MT*) – o capitale di terzi (*CT*) – costano, in termini percentuali, meno di quanto rende l'intero *AN* (ossia il ROA), l'impresa ne trae un vantaggio, poiché «incamera» tale differenza accrescendo il *RN*. L'effetto leva finanziaria è tanto più potente:

- quanto maggiore è la differenza tra ROA e *i*;
- quanto maggiore è la quota di *AN* finanziata da *MT* anziché da *CN*, ossia, quanto maggiore è il tasso di indebitamento.

Si considerino gli esempi riportati nella tavola 7.9. I primi tre casi sono uguali con riguardo all'importo totale dell'attivo netto (1.000), alle modalità di copertura dello stesso (800 di *MT* e 200 di *CN*, dunque un rapporto di indebitamento *MT*/*CN* pari a 4) e al ROA (sempre 100/1.000, ossia 10%).

Nel primo caso il *CT* costa meno del rendimento dell'attivo netto (*i* è 5%, mentre ROA è 10%); si produce un vantaggio per l'azienda; infatti,

TAVOLA 7.9. *Quattro casi esemplificativi dell'effetto leva finanziaria*

	I	II	III	IV
Mezzi di terzi (*MT*)	800	800	800	667
Mezzi propri (*MP* = *CN*)	200	200	200	333
Attivo netto (*AN*)	1.000	1.000	1.000	1.000
Reddito operativo (*RO*)	100	100	100	100
ROA = *RO*/*AN*	10	10	10	10
Costo medio dei *MT* = *i*	5	10	15	5
Costo totale *MT* = *MT* × *i* = *I*	40	80	120	34
IPOTESI SENZA IMPOSTE E COMPONENTI NON DI COMPETENZA				
RN = *RO* – *I*	60	20	–20	66
ROE = *RN*/*CN*	30	10	–10	20
IPOTESI IMPOSTE 50% (E SENZA COMP. NON DI COMPETENZA)				
RN = (*RO* – *I*)/2	30	10	–10	33
ROE = *RN*/*CN*	15	5	–5	10

trascurando per ora l'effetto delle imposte e ipotizzando che non ci siano componenti di reddito non di competenza, dal 10% del ROA si passa al 30% del ROE. A tale risultato si perviene aggiungendo quattro volte (cioè l'indice di indebitamento *MT/CN*) la differenza tra ROA e *i* (10 – 5 = 5); 10 + (4 × 5) = 30.

Nel secondo caso *i* e ROA sono entrambi al 10% e dunque non si produce effetto leva finanziaria; infatti (sempre trascurando le imposte ed eventuali componenti non di competenza), anche il ROE è pari al 10%.

Il terzo caso presenta la situazione rovesciata rispetto alla prima; questa volta *i* (15%) è maggiore di ROA (10%); si produce ancora effetto leva finanziaria, ma questa volta è un effetto negativo perché tutto il capitale disponibile (1.000) investito in *AN* ha reso il 10%, ma una buona parte del capitale raccolto per finanziare *AN*, ossia il *CT* (800 su 1.000) è costato il 15%; la differenza (il 5% su 800 di *CT*) va a discapito del reddito netto. Infatti, *RN* che nella situazione di indifferenza del secondo caso era pari a +20, diventa –20. Ragionando in termini percentuali vale ancora quanto visto per il primo caso: dal 10% del ROA si passa al –10% del ROE aggiungendo al ROA quattro volte (cioè l'indice di indebitamento *MT/CN*) la differenza tra ROA e *i* (10 – 15 = –5); 10 + (4 × –5) = –10.

Il quarto caso è analogo al primo, ma mostra l'effetto di un differente rapporto di indebitamento (*MT/CN*) che da 4 passa a 2 (667/333); l'effetto leva è dunque meno potente e infatti il ROE risulta pari al 20% anziché al 30% del primo caso. Dal 10% del ROA si passa al 200% del ROE aggiungendo al ROA due volte (cioè l'indice di indebitamento *MT/CN*) la differenza tra ROA e *i* (10 – 5 = 5); 10 + (2 × 5) = 20.

La formula generale di passaggio dal ROA al ROE (trascurando le imposte ed eventuali componenti non di competenza) risulta essere:

$$\text{ROE} = \text{ROA} + MT/CN \times (\text{ROA} - i)$$

Se introduciamo le imposte sul reddito in misura di *t*% sul reddito anteimposte, la formula diventa:

$$\text{ROE} = [\text{ROA} + MT/CN \times (\text{ROA} - i)] \times (1 - t)$$

Come si nota dai dati di tavola 7.9 (dove si ipotizza *t* pari al 50%), il ROE può risultare più alto del ROA anche dopo le imposte; ciò accade quando l'effetto leva finanziaria è stato sufficientemente potente da produrre un reddito anteimposte particolarmente elevato; nel primo caso della tavola 7.9 ciò è accaduto; nel quarto caso l'effetto leva meno potente ha consentito di ottenere un ROE uguale al ROA; nel secondo caso, mancando un effetto leva, il ROE è pari alla metà del ROA. Il *RN* del terzo caso è stato calcolato supponendo che le perdite possano essere dedotte dagli utili degli anni successivi in sede di calcolo delle imposte e quindi tenendo conto, per competenza, del futuro risparmio di imposte.

Le analisi comparate: gli indici di riferimento

Come visto nei punti precedenti nei quali si è considerata l'impresa Delta, calcolati gli indici di bilancio di una certa impresa, ci si domanda immediatamente se i valori risultanti siano segnali di un buono «stato di salute» dell'impresa, oppure di situazioni di squilibrio passate e prospettiche. Per poter esprimere queste valutazioni, occorrono grandezze utilizzabili come standard di riferimento. Data la grande varietà delle imprese, non esistono tabelle di indici standard applicabili indifferentemente a tutte le imprese. Si possono invece convenientemente predisporre indicatori di riferimento per classi e situazioni di imprese omogenee da utilizzare però sempre ricordando che: *a*) ogni singolo caso ha le proprie specificità da tenere in debito conto; *b*) gli indici di bilancio sono potenti segnalatori delle condizioni di economicità delle imprese, ma essi coprono solo alcuni aspetti della vita dell'impresa mentre nulla ci dicono in merito ad altri aspetti fondamentali quali, ad esempio, lo stato dell'ambiente e del sistema competitivo. In sintesi, si possono usare indici di riferimento, ma questi devono essere scelti ed utilizzati in modo opportuno tenendo conto dei caratteri peculiari di ciascuna impresa ed evitando diagnosi conclusive basate solo sull'analisi dei dati del bilancio di esercizio.

Precisate le necessarie cautele, di seguito si svolgono esemplificazioni con riferimento a generiche imprese manifatturiere; concentriamo anzitutto l'attenzione sui profili reddituali e supponiamo che per le nostre imprese valgano i seguenti indicatori:

- trattandosi di una semplice impresa manifatturiera, il reddito operativo (*RO*) deve derivare in prevalenza dalla gestione caratteristica (*ROGC*), con eventuali contributi dalla gestione patrimoniale;
- la redditività netta attesa dai conferenti di capitale di rischio (ROE) è pari al 10% del capitale netto; corrisponde al rendimento che essi otterrebbero da investimenti con livelli di rischio e di liquidità confrontabili con quelli della nostra impresa;
- la redditività attesa del capitale investito (ROA) è pari all'8%; si preve-

TAVOLA 7.10. *La struttura del reddito: quattro casi a confronto*

	Tutto equilibrato (A)	*ROGC* basso compensato da gestione patrimoniale (B)	*ROGC* basso compensato da proventi non di competenza (C)	Come A, ma *i* passa da 4 a 10% (D)
Ricavi di vendita: *V*	2.000	2.000	2.000	2.000
Costo del venduto	1.925	1.995	1.995	1.925
Reddito operativo gestione caratteristica: *ROGC*	75	5	5	75
Proventi netti gestione patrimoniale	+5	+75	+5	+5
Reddito operativo: *RO*	80	80	10	80
Oneri gestione finanziaria (int. passivi): *IP*	–30	–30	–30	–75
Reddito lordo di competenza	50	50	–20	5
Componenti non di competenza	0	0	+70	0
Reddito anteimposte: RAI	50	50	50	5
Imposte (50% di RAI)	25	25	25	2,5
Reddito netto: *RN*	25	25	25	2,5
Capitale di terzi: *CT*	750	750	750	750
Capitale proprio: *CN*	250	250	250	250
Totale = Attivo netto *AN*	1.000	1.000	1.000	1.000
i = costo medio % del *CT* = *IP*/*CT*	4	4	4	10
ROE = *RN*/*CN* (%)	10	10	10	1
ROA = *RO*/*AN* (%)	8	8	1	8
ROS = *ROGC*/*V* (%)	3,75	0,25	0,25	3,75

de un costo medio del capitale di terzi (oneroso e non oneroso) relativamente basso (attorno al 4%) e di conseguenza un effetto leva finanziaria positivo che, dato un rapporto di indebitamento *CT/CN* pari a 3, permette di passare dall'8% di ROA al 10% di ROE pur in presenza di imposte sul reddito pari al 50% del reddito prima delle imposte;

• la redditività media sulle vendite (ROS, qui calcolato come *ROGC/V*) nel settore è del 3%.

Nella tavola 7.10 si prospettano quattro situazioni che hanno alcuni elementi di base comuni (i ricavi di vendita sono sempre 2.000, l'attivo netto 1.000, il capitale di terzi 750 e il capitale netto 250), ma altri differenti, il che consente i seguenti commenti:

• la situazione della colonna A è positiva in tutti gli elementi; rispetta tutti i parametri di riferimento;

• la situazione della colonna D è del tutto simile a quella della colonna A ma il costo medio del capitale di terzi è risultato molto più alto del previsto (10% anziché 4%) e più alto del ROA; si è prodotto un effetto leva finanziaria negativo che ha fatto precipitare il ROE dal 10 all'1%;

• la situazione della colonna B presenta un utile netto di pari importo di quello della colonna A, ma la situazione è squilibrata perché il *ROGC* è molto basso (e infatti il ROS è pari allo 0,25%) e il *RO* arriva ad 80 per via del risultato della gestione patrimoniale;

• anche nella colonna C il reddito netto è pari a 25, ma la situazione è

TAVOLA 7.11. *La struttura del patrimonio, quattro casi a confronto*

	Tutto equilibrato (A)	Squilibrio di liquidità (B)	Squilibrio di indebitamento e di copertura (C)	Squilibrio generale (D)
Liquidità Immediate: *LI*	50	20	50	50
Liquidità differite: *LD*	300	180	300	300
Disponibilità: *D*	350	500	350	350
TOTALE ATTIVO CORRENTE: *AC*	700	700	700	700
Immobilizzazioni materiali tecniche nette: *ITN*	200	200	300	200
Immobilizzazioni immateriali nette: *IIN*	50	50	0	50
Immobilizzazioni finanziarie: *IF*	50	50	0	50
TOTALE ATTIVO FISSO NETTO: *AFN*	300	300	300	300
TOTALE ATTIVO NETTO: *AN*	1.000	1.000	1.000	1.000
Passività correnti: *PC*	350	350	350	800
Passività a medio-lungo termine: *PML*	400	400	550	100
TOT. PASSIVITÀ (*PC* + *PML*) = CAP. DI TERZI: *CT*	750	750	900	900
CAPITALE NETTO = CAPITALE PROPRIO: *CN*	250	250	100	100
TOTALE PASSIVITÀ E NETTO (*CT* + *CN*)	1.000	1.000	1.000	1.000
Liquidità = *LI* + *LD*/*PC*	1,0	0,6	1,0	0,44
Disponibilità = *AC*/*PC*	2,0	2,0	2,0	0,88
Indebitamento = *AN*/*CN*	4,0	4,0	10,0	10,0
Copertura formula (a) = *CN*/*ITN*	1,25	1,25	0,33	0,5
Copertura formula (b) = *CN* + *PML*/*AFN*	2,2	2,2	2,2	0,67

ancora più preoccupante poiché il risultato è in larga misura dovuto ad un componente «non di competenza»; anche qui il ROS è molto basso.

Sempre con riferimento a generiche imprese manifatturiere, si passi a considerare i profili patrimoniali; supponiamo che per le nostre imprese valgano i seguenti riferimenti:

- il rapporto di indebitamento (*RI* = *AN*/*CN*) può collocarsi attorno a 4 per poter sfruttare la leva finanziaria, ma, nello stesso tempo, non correre troppi rischi in caso di strette creditizie o di impennate dei tassi di interesse;
- si giudicano equilibrati un quoziente di liquidità (*QL* = liquidità immediate e differite/passività correnti) e un quoziente di disponibilità (*QD* = attività correnti/passività correnti) pari, rispettivamente, a circa 1 e circa 2;
- si giudica opportuno che il capitale netto copra interamente le immobilizzazioni tecniche nette, ossia che l'indice di copertura delle immobilizzazioni nella versione *CN*/immobilizzazioni tecniche nette sia maggiore di 1;
- si giudica altresì opportuno che l'insieme complessivo delle immobilizzazioni (tecniche, immateriali, finanziarie) sia abbondantemente coperto dall'insieme del capitale netto e delle passività di medio e lungo termine; l'indice di copertura delle immobilizzazioni nella versione (*CN* + passività di medio-lungo termine)/attivo fisso netto deve essere maggiore di 2.

Nella tavola 7.11 si propongono quattro situazioni a confronto (che non corrispondono una a una alle quattro della tavola precedente). Tutte le quattro situazioni hanno in comune gli importi dell'attivo corrente (300) dell'attivo fisso netto (700) e del totale attivo netto (1.000), ma altri elementi cambiano, dando luogo ai seguenti commenti:

- il caso nella colonna A appare totalmente equilibrato; sono rispettati tutti i parametri previsti;
- nella colonna B è molto basso l'indice di liquidità; a fronte di 350 di debiti a breve (le passività correnti) le liquidità immediate e differite sono solo 200; occorre indagare per capire da dove la nostra impresa trarrà i mezzi monetari per far pronte ai propri impegni a breve;
- nella colonna C si prospetta una situazione di eccessivo indebitamento (il capitale proprio rappresenta solo un decimo dei mezzi totali disponibili; in caso di stretta creditizia l'impresa andrebbe in crisi di liquidità e in caso di rilevante incremento dei tassi di interessi passivi gli oneri finanziari potrebbero diventare tanto alti da produrre una perdita) e di insufficiente copertura delle immobilizzazioni tecniche (il capitale proprio copre solo un terzo delle immobilizzazioni materiali tecniche nette); in modo sintetico, si può usare l'espressione «l'azienda è sottocapitalizzata»;
- il caso della colonna D presenta gravi squilibri su tutti i fronti; l'impresa è finanziata in larga misura da debiti a breve termine (800 su 1.000); il capitale proprio e le passività a medio-lungo termine totalizzano solo 200 a fronte di un attivo fisso netto di 300; la solvibilità a breve risulta precaria sia in termini di liquidità sia in termini di disponibilità (i relativi quozienti sono 0,44 e 0,88 a fronte di 1,0 e 2,0 assunti come riferimento).

7.2. Il «capitale economico»: il valore economico del patrimonio

7.2.1. La nozione di capitale economico

Il capitale di funzionamento è la nozione di capitale-valore che si determina in sede di misurazione del reddito di esercizio. Come abbiamo avuto modo di accennare, il patrimonio dell'azienda di produzione può esser anche oggetto di liquidazione per stralcio o di cessione come complesso di beni in funzionamento. Nel primo caso si ha una radicale trasformazione degli elementi del patrimonio: da condizioni di produzione a beni oggetto di scambio. Nel secondo, invece, il complesso funzionante permane, non si trasformano le condizioni di produzione, cambia soltanto la prospettiva in quanto si tratta di determinare un valore che sia alla base della definizione di un prezzo di cessione. Nascono così due altre nozioni di capitale-valore: il *capitale di liquidazione* determinato in ipotesi di liquidazione per stralcio e il *capitale economico* determinato in ipotesi di cessione in blocco. In questo paragrafo intendiamo soffermare l'attenzione sul capitale economico dell'azienda di produzione, illustrando la sua natura, gli utilizzi che ne vengono fatti, i problemi che la sua determinazione comporta. Si prospettano anche per brevi cenni le fondamentali metodologie che vengono impiegate per la sua determinazione.

Il capitale economico è la nozione di capitale-valore che prende in considerazione l'ipotesi che il complesso aziendale sia ceduto in blocco[9]. Qualsiasi investimento ha un valore se esso produce reddito nel futuro e questo valore sarà tanto più elevato quanto maggiori saranno i flussi di reddito attesi futuri. Il patrimonio d'impresa, specie quando è oggetto di trasferimento in blocco, non fa certamente eccezione a questa impostazione. Esso quindi trae il suo valore dalle prospettive di reddito futuro. Determinare un capitale economico vuol dire quindi esprimere un apprezzamento, che non può che essere complesso, sull'attitudine del patrimonio d'impresa a produrre redditi in futuro. Un giudizio quindi che coinvolge non soltanto la produzione economica futura dell'azienda, considerando il relativo profilo di rischio, ma anche le circostanze che influenzano l'economia delle gestioni patrimoniali redditizie alternative all'investimento aziendale.

La nozione di capitale economico non va confusa con il prezzo o con il valore effettivo di scambio. Essa è soltanto un *indice*, un *valore teorico di riferimento*. Talvolta la si definisce come un valore di scambio «generico» per far astrazione da quelle che sono le situazioni personali dei contraenti e i loro interessi particolari. Connessa strettamente a questi elementi risulta poi la forza contrattuale che le parti contraenti sono in grado di esprimere. È necessario quindi tenere ben distinti questi due concetti: capitale economico e prezzo di cessione, sapendo che il primo è strumentale al secondo. Vi possono esser casi in cui questi coincidono allorquando, ad esempio, la definizione del prezzo di cessione viene affidata ad un collegio arbitrale indipendente e la cessione non comporta radicali novità nell'impiego del patrimonio aziendale. D'altro canto, il capitale economico, inteso come valore «generico» o «generale», va distinto dal valore economico assegnato nella prospettiva di una sola parte contraente. Per il cedente si tratta di stabilire il valore minimo al quale è disposto a cedere mentre per l'acquirente l'obiettivo è posto sul valore massimo al quale è disposto a concludere la negoziazione. In questi casi non si ha più un valore generale, ma uno particolare che va, in ogni caso, distinto dalla nozione di capitale economico qui accolta.

Numerose sono le circostanze aziendali che richiedono la determinazione del capitale economico come valore indicativo, come termine di riferimento per operazioni di gestione straordinaria. Tra queste ricordiamo la cessione di «azienda»[10] o dei titoli che rappresentano il capitale di una società, la fusione di più società mediante incorporazione di una di esse o mediante la costituzione di una nuova società; l'apporto dell'intera «azienda» o di una sua parte; l'ingresso di un nuovo socio in una preesistente società e così via.

[9] Sul capitale economico si vedano tra gli altri: BINI e GUATRI [2005]; MASSARI [1998]; COPELAND, KOLLER e MURRIN [2000].

[10] In questo caso, e anche più avanti nello stesso capoverso, il termine «azienda» ha il significato giuridico di «complesso di beni organizzati dall'imprenditore per l'esercizio dell'impresa» (art. 2555 del codice civile).

7.2.2. I procedimenti di determinazione del capitale economico

Il procedimento fondamentale è il *procedimento sintetico* che si collega strettamente alla nozione stessa di capitale economico. Se il capitale in ipotesi di cessione in blocco trae valore dalle prospettive di reddito dell'impresa, la sua determinazione non può che realizzarsi mediante l'attualizzazione (capitalizzazione) dei flussi di reddito attesi futuri ad un adeguato tasso per un periodo di tempo illimitato. È un processo valutativo che presenta elementi di elevata complessità e che si fonda su una serie di ipotesi sullo svolgimento della gestione futura, quali:

a) la congettura dei flussi di reddito futuro: si parla in questo caso di un *reddito medio normalizzato* per intendere la durevole attitudine dell'impresa a produrre reddito («medio» per attenuare le oscillazioni che si possono verificare; «normale» per escludere eventi di carattere straordinario o estranei alla gestione);

b) la definizione di un *tasso di attualizzazione* che tenga conto del valore del tempo e del rischio connesso allo svolgimento della gestione futura: è il costo-opportunità per l'investitore nel capitale d'impresa a cui già si era fatto riferimento in precedenza.

Il valore economico del patrimonio è frutto, quindi, di un ragionamento complesso che si fonda su molteplici ipotesi di assimilazione e di finzione e su incerte stime. La tavola 7.12 riporta la metodologia semplificata che accoglie le ipotesi prima indicate.

Se si raffronta questo capitale economico CE con il capitale netto, espresso a valori aggiornati (rivalutati) CN, si può ottenere in modo indiretto l'*avviamento* A:

$$A = CE - CN$$

L'avviamento è quindi un modo di essere, una qualità dell'impresa: in altri termini, determinare un avviamento vuol significare che l'impresa presenta prospettive di reddito tali da rimunerare in misura più che soddisfacente i mezzi investiti dai conferenti capitale risparmio. Alla base di questo risultato vi sono una serie di condizioni «trasferibili» o meno che vanno da un superiore livello tecnologico, ad una quota di mercato significativa, ad una compagine aziendale di prim'ordine e così via. Può anche verificarsi il caso opposto in cui il capitale netto, sempre espresso a valori aggiornati, risulti superiore al capitale economico. Invece di un plusvalore di avviamento si avrà così un minusvalore di avviamento che esprime l'incapacità dei redditi attesi futuri di rimunerare adeguatamente i mezzi dei conferenti capitale-risparmio.

Per la determinazione del capitale economico esiste anche un secondo procedimento, il *procedimento analitico*. La base di partenza è la considerazione che il flusso di reddito atteso futuro deriva essenzialmente dalle condizioni produttive (patrimoniali e non patrimoniali) esistenti in azienda nel momento in cui si procede a questa valutazione. Si potrebbe, allora, consi-

TAVOLA 7.12. *La determinazione del capitale economico: metodo sintetico*

Premesso che il valore attuale (*VA*) di un euro riscuotibile dopo *n* anni, dato un tasso pari a *i*, è uguale a:

$$VA = 1/(1 + i)^n$$

e che il valore attuale (*VA*) di una rendita perpetua di un euro, sempre dato un tasso *i*, è uguale a:

$$VA = 1/i$$

Si può determinare il capitale economico (*CE*) dati:

$E(R)$ = flusso di reddito medio normalizzato (inteso come reddito prelevabile assicurando gli investimenti necessari per lo sviluppo dell'azienda)

K_e = tasso di attualizzazione (rappresentato dal rendimento atteso del capitale proprio e calcolato tenendo conto dei rischi aziendali)

come rapporto tra reddito medio normalizzato e tasso di attualizzazione:

$$CE = E(R)/K_e$$

TAVOLA 7.13. *La determinazione del capitale economico: metodo analitico*

Dati: CN = 38 milioni, $E(R)$ = 5,6 milioni, K_e = 0,12

Il reddito ritenuto soddisfacente per un investitore in capitale risparmio dell'azienda in esame è:

$K_eCN = 0{,}12 \times 38$ milioni = 4,560 milioni

Confrontato con il reddito medio normalizzato si ottiene una differenza annua positiva:

$E(R) - (K_e \times CN) = 5{,}600 - 4{,}560 = 1{,}040$ milioni

che attualizzata per 5 anni al tasso del 12% determina un «plusvalore di avviamento» pari a:

$A = a_{5\rceil 12}$ 1,040 milioni = $3{,}604 \times 1{,}040$ milioni = 3,748 milioni

che, aggiunto al capitale di funzionamento, determina il capitale economico:

$CE = CN + A = 38{,}000 + 3{,}748$ milioni

derare il capitale netto, opportunamente rivalutato, e aggiungere a questo l'avviamento, *determinato in modo autonomo*, come appare dalla seguente formula:

$$CE = CN + A$$

La determinazione in modo autonomo dell'avviamento si ottiene attualizzando il soprareddito che deriva dal confronto tra il reddito atteso dall'azienda e il reddito ritenuto soddisfacente dai conferenti il capitale risparmio. Si avrebbe quindi:

$$A = [E(R) - K_e\, CN]a_{n\rceil i}$$

dove:

$a_{\overline{n}|i}$ = valore attuale di una rendita di un euro annuo riscuotibile per n anni di divario;
$E(R)$ = reddito medio normalizzato atteso dall'azienda;
K_e = costo-opportunità per il conferente capitale risparmio;
CN = capitale netto a valori aggiornati (rivalutati);
K_eCN = reddito ritenuto soddisfacente per il conferente capitale risparmio.

In questo procedimento si può cogliere quindi una specie di correttivo al capitale netto per tener conto del divario tra reddito atteso dall'azienda e reddito soddisfacente. Si veda nella tavola 7.13 un esempio numerico di applicazione del procedimento analitico.

Partendo da questo procedimento, la pratica ha sviluppato diversi procedimenti di valutazione del capitale economico, da quello patrimoniale (che considera gli elementi patrimoniali) a quello reddituale (fondato sulle prospettive di reddito) e a quello finanziario (basato sulle proiezioni dei flussi monetari attesi futuri) per non parlare poi dei metodi misti che combinano tra loro i metodi prima segnalati.

I sistemi di rilevazione e di informazione

Capitolo 8

8.1. I processi di rilevazione: i sistemi informativi

8.1.1. Le rilevazioni e i loro processi

Per svolgersi in modo consapevole, la gestione e l'organizzazione hanno bisogno di utilizzare dati e informazioni sia rinvenienti dall'interno dell'azienda sia provenienti dall'ambiente in cui essa opera. La conoscenza è infatti un fattore fondamentale che tutti gli attori che operano in azienda devono possedere per gestire questa realtà in un ambiente mutevole. Non solo, i dati e le informazioni costituiscono anche la base sulla quale si imposta e si realizza l'investigazione scientifica avente per oggetto l'azienda. Dopo aver stabilito il significato di *rilevazione* e aver precisato che questa nozione si identifica con quella più moderna e diffusa di *sistema informativo*, in questo paragrafo ci si sofferma ad affrontare i seguenti temi: i *processi* che stanno a fondamento delle rilevazioni, gli *oggetti* della rilevazione e, infine, i diversi *utilizzi* dell'informazione all'interno dell'azienda di produzione.

Il termine rilevazione trova in economia aziendale significati molto diversi. Vi è chi assegna al termine rilevazione un significato ampio intendendo con questo la determinazione qualitativa e quantitativa, la classificazione, l'elaborazione, la rappresentazione e l'interpretazione dei fenomeni aziendali. Altri riservano al termine rilevazione un'accezione più ristretta, intendendo solo la raccolta o la rappresentazione ordinata di dati che quantificano determinati caratteri dei fatti o fenomeni oggetto di osservazione. Nel concetto di rilevazione si dà particolare risalto al processo mediante il quale si individuano, si raccolgono e si diffondono i dati e le informazioni. Se l'attività d'impresa determina la nascita delle quantità economiche, è la rilevazione che ha il compito di mettere a punto le logiche e i metodi per raccogliere e rappresentare tali quantità. La *ragioneria* è la disciplina che – strettamente coordinata con la gestione e l'organizzazione – si occupa delle rilevazioni e determinazioni quantitative, studiando i metodi che risultano più adeguati per conseguire gli scopi conoscitivi richiesti dall'investigazione scientifica e dalla pratica aziendale.

Un'ormai classica suddivisione delle rilevazioni è quella che considera lo strumento utilizzato per la raccolta delle quantità economiche, man mano che esse si manifestano nella continua attività d'azienda. Si parla, allora, di *rilevazioni elementari* quando si ha riguardo ai documenti originari di raccolta (la fattura, la nota di accredito, la bolla di spedizione, la contabile bancaria, ecc.), di *rilevazioni contabili* quando si utilizza il conto (tavola a due sezioni che accoglie valori con segno) e di *rilevazioni statistiche* quando si utilizzano altri strumenti di raccolta diversi dal conto: tabelle, grafici, diagrammi, schede, ecc. Le rilevazioni elementari e quelle statistiche vengono denominate nel loro insieme *rilevazioni extra-contabili*. Nel linguaggio odierno, l'insieme di questi processi di rilevazione costituisce il complessivo sistema informativo aziendale. Si vuole in particolare mettere in evidenza l'attività di rilevazione con le connesse tecnologie e modalità organizzative di raccolta. In tal modo si separa l'attività di rilevazione sia dalla realtà che si intende rappresentare (le combinazioni economiche) sia dal risultato che l'attività di rilevazione determina, cioè dal sistema delle informazioni. Con quest'ultima espressione si intende far riferimento all'insieme dei dati e delle informazioni[1], interni ed esterni[2] all'azienda, passati e previsti che scaturiscono come output dal sistema informativo[3]. Va anche precisato che nel linguaggio corrente si verifica spesso una sovrapposizione tra questi due concetti, tanto che si parla di sistema informativo per intendere sia i metodi di raccolta sia il risultato della loro applicazione, cioè le informazioni raccolte.

Possiamo quindi soffermarci sui processi di rilevazione. In precedenza, quando abbiamo introdotto la nozione di reddito e di capitale di funzionamento, abbiamo segnalato la necessità di mettere a punto una metodologia coerente con il fenomeno complesso che si intendeva rilevare: il metodo della partita doppia. La sua applicazione comporta una serie di processi di raccolta dei valori derivanti dallo scambio: emissione delle fatture, registrazione dei loro estremi in appositi registri, rilevazioni dei valori in un libro giornale, dove i fatti vengono raccolti cronologicamente, e in un libro mastro, dove gli stessi vengono raccolti in modo sistematico nei singoli conti. In sede di chiusura dell'esercizio, vanno svolti processi di rielaborazione per inserire i valori stimati e congetturati derivanti dalle valutazioni delle operazioni ancora in corso. Infine, occorre avviare processi di rappresentazione

1 Si distingue tra il dato e l'informazione, considerando il primo come espressione immediata di un fenomeno economico prescindendo dalla sua idoneità a supportare processi decisionali; il secondo invece viene inteso come insieme di dati elaborati in modo da aumentare la razionalità della decisione.

2 Vi sono anche quantità di ambiente definite non economiche (popolazione, gruppi sociali, dimensioni del territorio, ecc.) che sono però ugualmente utili nel processo decisionale d'impresa.

3 Si rinvia a CAMUSSONE [2000].

dei valori nelle sintesi di bilancio. Assieme a questi, si possono anche prevedere processi volti a diffondere l'informazione di bilancio all'interno e all'esterno dell'organizzazione e a favorirne l'interpretazione per la presa di coscienza di dati fenomeni o per stimolare nuove decisioni.

La stessa rete di processi di rilevazione si può riscontrare in tutte le aree funzionali dell'azienda che per la loro operatività hanno bisogno di raccogliere dati e informazioni per scopi di conoscenza e di decisione. Si pensi al processo di rilevazione delle informazioni aziendali e di mercato necessarie per impostare un programma annuale delle vendite nell'ambito dell'area commerciale, al processo di raccolta dei dati di produzione per programmare i lanci in produzione, a quello di raccolta dei dati e delle informazioni per progettare un nuovo prodotto (un'automobile, una motocicletta, ecc.) o una nuova collezione di abiti o di maglioni, e così via.

8.1.2. Gli oggetti di rilevazione

Se si ha riguardo al risultato del processo di rilevazione si ha, come si è già detto, il *sistema delle informazioni*. Una prima classificazione è quella che distingue le informazioni in relazione ai livelli decisionali ai quali esse danno un supporto conoscitivo. Nella tavola 8.1 si individuano così tre insiemi di informazioni che sono di supporto rispettivamente all'*attività di pianificazione strategica*, all'*attività direzionale* e all'*attività operativa ed esecutiva*.

Nel primo caso si tratta di informazioni prevalentemente esterne, di dati previsivi e approssimati che servono ad orientare l'azienda nelle decisioni sul posizionamento strategico. Si pensi ai dati sulla concorrenza e sui suoi prevedibili comportamenti e ai dati sui consumatori attuali e potenziali. Nel secondo caso, invece, si rilevano dati e informazioni in prevalenza interni che servono per impostare il processo di programmazione e controllo. Sono dati storici e previsivi sui quali costruire gli obiettivi di prestazione da assegnare ai responsabili, accompagnati da dati consuntivi che permettono di seguire via via l'evolversi dell'attività. Il *programma* o *budget* accoglie i primi e il *reporting* accoglie il confronto tra i primi e i secondi. Nel terzo caso, infine, si tratta di informazioni analitiche necessarie per lo svolgimento dell'attività corrente: dall'anagrafe dei clienti ai caratteri degli ordini di vendita, dalle informazioni attinenti alle merci spedite alla misura dei tempi necessari per evadere gli ordini e così via.

Una seconda distinzione del sistema delle informazioni fa riferimento alle aree funzionali in cui queste sorgono e vengono prevalentemente utilizzate. Si hanno così il sottosistema delle informazioni logistiche (riguardanti il flusso fisico dei materiali e dei prodotti), il sottosistema delle informazioni commerciali (risultati di vendita variamente classificati, le visite programmate ai clienti dalla rete di vendita, i programmi di vendita distinti per prodotto e per zona, il carico ordini con i tempi previsti di consegna, la distribuzione delle vendite per clienti per accertare in quale misura le vendite si concentra-

TAVOLA 8.1. *Informazioni e livelli decisionali*

no sui clienti più importanti, ecc.), il sottosistema delle informazioni di produzione (dati sulla capacità produttiva, dati sugli impianti, le ore macchina lavorate, l'anagrafe prodotti, la distinta base che identifica i componenti di ogni prodotto, ecc.), il sottosistema delle informazioni per la ricerca e lo sviluppo e così via.

8.1.3. Le finalità della rilevazione

Dopo aver indicato che la rilevazione è un processo dal quale si ottengono dati e informazioni, risulta naturale chiedersi a quali finalità questo processo è indirizzato. Si è anche detto che gestire consapevolmente vuol dire conoscere, capire i fatti, e che la rilevazione è alla base di questo processo di conoscenza e di continuo apprendimento. In termini più precisi, possiamo dire che nell'azienda di produzione le finalità perseguite con la rilevazione sono essenzialmente le seguenti:

a) informative o indicative;
b) prescrittive o decisorie;
c) valutative o di controllo.

Quanto alla prima, si tratta di attirare l'attenzione degli operatori aziendali sui fenomeni e sui fatti aziendali. Se in modo sistematico l'addetto all'area commerciale segue il dato dell'andamento giornaliero delle vendite, egli ha la possibilità di accertare come nel corso del tempo si stia manifestando un fenomeno fondamentale per la sua area di competenza e per l'azienda nel suo insieme. Un andamento anomalo, una riduzione sensibile delle vendite rispetto al dato del periodo precedente, così come un loro forte aumento, attira l'attenzione dell'operatore e stimola riflessioni che produrranno in ogni caso un comportamento di risposta più o meno coerente. È proprio questa la valenza «indicativa» della rilevazione.

La seconda finalità evoca, invece, l'utilizzo dell'informazione per intraprendere una scelta, per indicare una via da percorrere che, sulla base delle informazioni disponibili, viene giudicata più conveniente o più opportuna. Da qui si può cogliere un ruolo prescrittivo assegnato in questa circostanza all'informazione, a quell'informazione rilevata in un certo modo e resa disponibile in un dato momento. Si pensi ad una scelta strategica e all'impatto che su di essa possono esercitare informazioni sul mercato potenziale, sui comportamenti dei concorrenti, sulle risorse finanziarie e manageriali che l'azienda possiede e così via. Se la prima finalità richiama l'attenzione sui problemi che via via si manifestano nella conduzione d'azienda, questa seconda è volta a risolverli, favorendo l'individuazione delle vie di soluzione.

La terza finalità richiama un'ultima fase caratterizzante l'attività di gestione: intendiamo far riferimento alla rilevazione dei risultati. In questo caso, l'informazione assolve ad una funzione di apprezzamento dell'attività svolta. Si parla, talvolta, di una funzione di controllo per intendere la «riconsiderazione di quanto è avvenuto» sulla scorta non solo del risultato conseguito ma del confronto tra questo risultato e quanto avremmo dovuto fare se ci fossimo comportati secondo una certa ipotesi, cioè rispettando un dato obiettivo. È sempre un apprezzamento, solo che è più completo di quello di prima fondato solo sul risultato conseguito. Non basta quindi accertare il risultato per giudicare un'azione, un comportamento. Il giudizio deve scaturire da un confronto con un obiettivo programmato. Da qui l'importanza dell'informazione presuntiva costruita sulla base di ipotesi di svolgimento della gestione futura. La rilevazione preventiva e consuntiva permette il confronto e quindi la valutazione dell'azione dalla quale far scaturire la conferma di quanto avviene, la modifica dell'azione o infine la modifica dell'obiettivo indicato.

8.2. Dalla contabilità generale alla contabilità direzionale

8.2.1. La contabilità generale

In questo paragrafo si illustrano i caratteri fondamentali dei principali sistemi di rilevazione applicati nelle aziende di produzione. Dopo aver presentato il sistema di contabilità generale, il sistema ordinato di scritture che sta all'origine del bilancio e che il nostro ordinamento impone alle imprese, si prende in considerazione il sistema di contabilità analitica, sia nella sua configurazione a costi consuntivi, sia in quella a costi standard. Successivamente, si esamina il sistema direzionale – inteso come il sistema informativo necessario per programmare e gestire l'azienda – mettendo in evidenza i caratteri distintivi dell'integrazione e della finalizzazione. Si svolgono infine alcune osservazioni sugli sviluppi che stanno interessando i sistemi direzionali per renderli più rispondenti alle attuali esigenze gestionali.

La *contabilità generale* è un sistema informativo che si fonda sul conto, quale strumento elementare di raccolta dei valori e che ha per obiettivo principale la misurazione di quantità complesse come il reddito di esercizio e il capitale di funzionamento.

Il conto è una tavola a due sezioni che accoglie valori di segno opposto. Sorto come strumento di informazione per rapporti di debito e di credito, è poi diventato un mezzo per verificare l'esattezza della raccolta e della classificazione dei valori. Dato che dalle operazioni di scambio sorgono valori con segno, vi è sempre la possibilità di verificare, per ognuna di esse, il riscontro numerico tra valori iscritti in una sezione di un conto e valori iscritti nella sezione opposta di un altro. Non solo, poiché i valori con segno vengono registrati in conti opportunamente classificati dalla sintesi all'analisi, si rendono possibili classificazioni multiple, variamente combinate, in contrapposizione tra loro. Nasce così il metodo contabile della partita doppia, un metodo che non mette in luce un parallelismo meramente artificiale, ma che è il risultato della realtà di funzionamento dell'azienda in un'economia monetaria dalla quale scaturisce il sistema di valori. È un metodo antico che trova le sue origini nella notte dei tempi se si pensa che esso veniva utilizzato ancora dagli assiro-babilonesi. Fu Fra' Luca Paciolo, un monaco di San Sepolcro, che per primo pubblicò a stampa a Venezia nel lontano 1494 un trattato che illustrava questo metodo, tanto che a quella data si fa impropriamente risalire la nascita della partita doppia.

I supporti della contabilità, che si avvale del *metodo della partita doppia*, sono il *piano dei conti* e le regole di *registrazione* dei fenomeni. Il piano dei conti è lo strumento di attuazione della contabilità e consiste in un elenco di conti, ordinati e collegati tra loro, in vista degli obiettivi conoscitivi che si intendono perseguire e tenendo conto, altresì, delle norme vigenti (civili e fiscali) e delle esigenze interne dell'azienda. Le regole di registrazione riguardano i modi e i tempi di iscrizione nei conti dei valori.

In termini pratici, la contabilità generale si avvale di una *prima nota* – in cui vengono registrati, in ordine cronologico, partendo dai «documenti originari» (fatture, bolle di consegna, note di accredito, ecc.) gli accadimenti e i relativi valori – dalla quale si prende avvio per le registrazioni sul giornale e sul mastro, secondo il metodo della partita doppia. Il *giornale* (libro obbligatorio previsto dall'articolo 2214 del codice civile per gli imprenditori che esercitano un'attività commerciale) accoglie gli accadimenti e i relativi valori in ordine cronologico, mentre il *mastro* (insieme di conti funzionanti) li accoglie in ordine sistematico per classi di fenomeni (ad esempio, per l'acquisto di merci, le classi interessate che si identificano con classi di conti sono: «Acquisti di merci» e «Debiti verso fornitori»). Il crescente sviluppo tecnologico con la diffusione su vasta scala degli elaboratori elettronici ha determinato in tutte le aziende il passaggio dalla contabilità manuale alla contabilità automatizzata. Pertanto il contabile non effettua più manualmente la rilevazione dei fatti amministrativi, ma predispone i dati di input affinché l'elaboratore realizzi la contabilità in partita doppia, riportandola automaticamente sui libri obbligatori. I controlli da parte del contabile non riguardano più la «quadratura dei conti», ma investono i dati inseriti, ovvero la corretta imputazione del fatto amministrativo al conto competente[4].

Nella contabilità generale sono ricompresi altri sottosistemi contabili come la *contabilità finanziaria* (che rileva i movimenti monetari e i rapporti di debito e di credito con le banche), la *contabilità clienti* (rapporti di credito con i clienti), la *contabilità fornitori* (rapporti di debito con fornitori), e così via.

La contabilità generale assolve ad un primario scopo: quello di esser l'«ordinato sistema di scritture dal quale deriva la formazione del bilancio di esercizio». Dai valori di contabilità generale – opportunamente integrati con quelli derivanti dalle valutazioni di operazioni ancora in corso al momento in cui si chiude l'esercizio (rimanenze, immobilizzazioni, ecc.) – si perviene, infatti, alla costruzione delle sintesi del reddito e del capitale che formano il bilancio di esercizio. Questo documento amministrativo – oltre a soddisfare scopi conoscitivi interni aziendali – costituisce il principale flusso informativo che l'azienda indirizza ai soggetti partecipanti all'impresa: dagli azionisti ai prestatori di lavoro, dai finanziatori ai clienti e ai fornitori, dall'amministrazione finanziaria dello Stato a quanti altri sono interessati a conoscere la situazione patrimoniale e finanziaria dell'azienda di produzione, nonché i suoi risultati reddituali conseguiti nel periodo. L'importanza pubblicistica di questo documento è tale che precise norme ne disciplinano il contenuto e la forma. Gli articoli 2423 e seguenti del codice civile dettano norme, non solo per stabilire i principi di redazione del bilancio, ma anche per definire la struttura e il contenuto dello stato patrimoniale e del conto economico e per indicare i criteri di valutazione. Il testo unico delle imposte dirette detta, altresì, norme per la determinazione del reddito imponibile sul quale applicare l'aliquota di imposta.

Oltre a questo scopo primario, la contabilità assolve un importante ruolo di documentazione degli accadimenti, tanto da costituire una preziosa traccia informativa dello svolgimento dell'attività d'impresa che può esser utile per risolvere problemi di contenzioso sorti con terzi o per ricostruire – con adeguati supporti informativi – vicende gestionali ormai passate.

8.2.2. Il costo di produzione

Nel conto economico del bilancio di esercizio i componenti negativi di reddito sono classificati essenzialmente per condizioni di produzione inserite nei processi economici aziendali; così, per le materie prime ed i servizi troviamo i costi di acquisto di materie prime e di servizi; per il lavoro troviamo le rimunerazioni correnti e la quota di trattamento di fine rapporto; per gli impianti troviamo le quote di ammortamento; per il capitale di terzi troviamo gli interessi passivi; per i beni pubblici troviamo i tributi. In ogni caso, si

[4] Si veda: FERRERO, DEZZANI, PISONI e PUDDU [2000, 907 ss.].

tratta di valori classificati per origine che mettono in evidenza i caratteri qualitativi della condizione di produzione acquisita[5].

Per scopi di analisi e di decisione può risultare opportuno raggruppare questi componenti negativi di reddito (d'ora in poi costi elementari) in relazione a diversi oggetti di riferimento. Sapere qual è il costo di una fase di lavorazione per valutare se conviene ancora svolgerla all'interno dell'azienda, conoscere il costo di un prodotto per accertare se il suo prezzo di vendita è conveniente, valutare qual è il prodotto più redditizio tra quelli che compongono la gamma offerta alla clientela: ecco alcuni motivi che rendono utile la nozione *costo di produzione*. Esso può esser inteso, in prima approssimazione, come la somma dei valori attribuiti ai fattori produttivi impiegati o utilizzati in una data attività produttiva. Si parla di valori perché si accoglie la nozione monetaria di costo e non quella fisica che considera il costo come espressione di quantità fisiche consumate. Si ricorre al termine *attribuzione* per segnalare che molto raramente il costo di produzione è il risultato di un univoco processo di misurazione del volume delle merci e dei servizi impiegati. Impossibilità tecniche o questioni di convenienza di calcolo spingono molte volte ad adottare criteri meramente convenzionali. Il concetto di attività produttiva è volutamente generico, per tener conto delle più svariate coordinazioni produttive che possono costituire oggetto di riferimento dei costi elementari. Si hanno così *costi di fabbricazione*, *costi di sezione* o di *centro*, *costi di commessa* e così via. Non solo, ma tale concetto può esser allargato fino a comprendere i risultati fisico-tecnici delle coordinazioni produttive determinando così il *costo di prodotto*. La tavola 8.2 riporta uno schema in cui si rappresenta un'esemplificazione per determinare il costo dei processi produttivi e il costo dei prodotti.

In termini più operativi, il costo di produzione può considerarsi come il risultato di una ripartita attribuzione di *costi elementari* (o *costi di acquisizione dei fattori produttivi*) ad un dato oggetto. Questi costi elementari, quando si riferiscono ai processi o ai risultati produttivi tra i quali vengono ripartiti, si distinguono in *costi speciali o diretti* e in *costi comuni o indiretti*.

I costi speciali sono relativi a fattori produttivi che partecipano in modo esclusivo alla coordinazione produttiva oggetto di determinazione del costo di produzione. I costi comuni sono, invece, quelli relativi a fattori che concorrono allo svolgimento di più coordinazioni produttive. Per i costi speciali si segue un'attribuzione diretta all'oggetto di calcolo o imputandoli in modo completo ed esclusivo (come, ad esempio, una prestazione di terzi svolta esclusivamente per la coordinazione produttiva oggetto di calcolo) o mediante la misurazione dei volumi fisici di impiego, valorizzati con opportuni prezzi unitari (come, ad esempio, una materia prima disponibile a magazzino imputata, in parte, ad un processo produttivo oggetto di calcolo). Per i costi comuni non può che esser seguita un'attribuzione indiretta mediante criteri di ripartizione che cercano di cogliere la relazione funzionale che lega il fat-

[5] Per questo paragrafo si fa riferimento all'impostazione di CODA [1968].

TAVOLA 8.2. *Schema esemplificativo di calcolo dei costi di produzione*

«COSTI» RIPARTITI PER FATTORE PRODUTTIVO	«COSTI» RIPARTITI PER COORDINAZIONI PARZIALI					TOTALE
	Ricerca e sviluppo	Lavorazione *A*	Lavorazione *B*	Vendita e distribuz.	Componenti comuni	
Materie prime	10	1.000	2.000	90	100	3.200
Servizi privati	190	200	50	210	150	800
Stipendi	300	1.500	1.000	500	200	3.500
Quota TFR	30	150	100	50	20	350
Quote ammortamento	120	750	500	150	130	1.650
Interessi passivi					300	300
Tributi					200	200
TOTALE	650	3.600	3.650	1.000	1.100	10.000
	↓↓	↓↓	↓↓	↓↓	↓↓	↓↓
«COSTI» RIPARTITI PER PRODOTTO						
Prodotto 1	100	2.000	650	200	400	3.350
Prodotto 2	200	1.000	500	200	250	2.150
Prodotto 3	350	600	2.500	600	450	4.500
TOTALE	650	3.600	3.650	1.000	1.100	10.000

tore produttivo all'oggetto di calcolo, ma che il più delle volte si riducono ad esser meramente convenzionali. Siamo quindi in presenza di processi di ripartizione di valori comuni a più «oggetti simultanei» che comporta la determinazione di quote di costi aventi natura necessariamente congetturale.

La classificazione dei costi elementari in speciali e comuni è una suddivisione relativa che dipende soltanto dall'oggetto di riferimento. Cambiando l'oggetto cambia anche la classe del costo elementare. Inoltre, quanto più ampio risulta l'oggetto, tanto più elevati appaiono i costi speciali e più ridotti quelli comuni. Nella pratica si usa una nozione ristretta di costi speciali e comuni con riferimento ai processi di fabbricazione e di vendita.

Il costo di produzione presenta una molteplicità di configurazioni in relazione all'oggetto di riferimento e ai criteri di calcolo adottati. Quanto all'oggetto, si individuano due grandi classi di costo di produzione:

1. i costi di processi produttivi che riguardano sia operazioni e processi elementari (*costo diretto di fase produttiva*), sia operazioni e processi svolti da un centro operativo (*costo di centro operativo*), sia infine coordinazioni di operazioni e processi rivolte alla produzione e talvolta anche alla vendita di merci e servizi (*costo di commessa, costo di lotto di produzione*, ecc.);
2. i costi di prodotti che riguardano risultati parziali di attività produttiva (*costo unitario medio di prodotto, costo di prodotti tecnicamente congiunti*).

Gli oggetti di calcolo dei costi di produzione sono definiti anche con riguardo ad un certo periodo di tempo. Si hanno così costi consuntivi quando il periodo di tempo è già decorso e costi preventivi quando tale periodo è

TAVOLA 8.3. *Quadro dei caratteri essenziali per individuare le figure di costo di produzione*

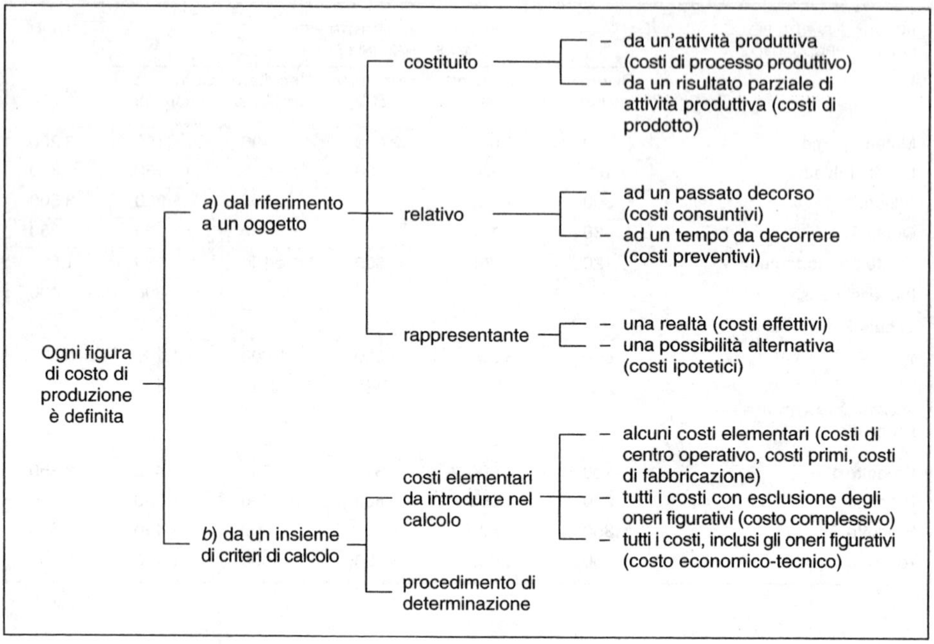

TAVOLA 8.4. *I componenti del costo di prodotto in un'azienda metalmeccanica*

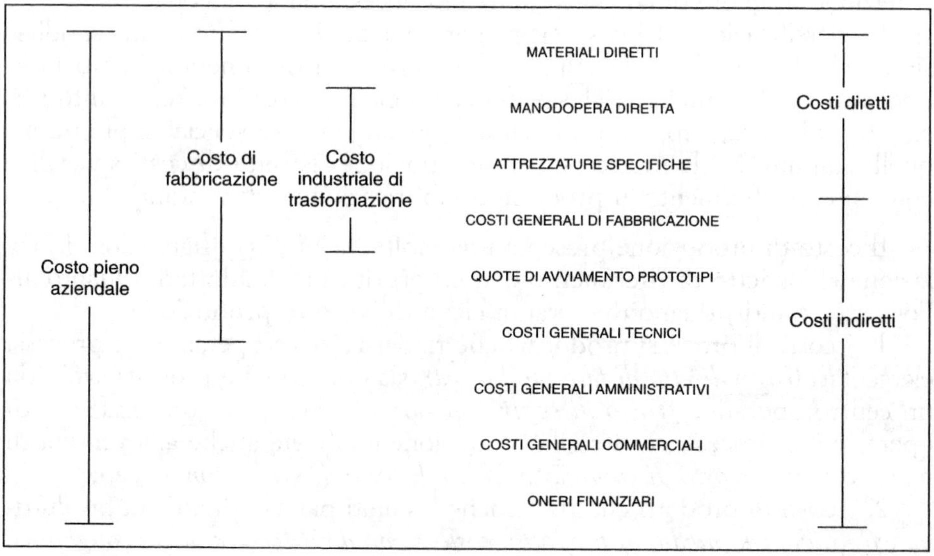

ancora da decorrere. Ancora, gli oggetti di calcolo possono essere espressione di una realtà effettuale (passata, in atto o prevista) oppure rappresentare possibilità alternative che avrebbero potuto o potrebbero realizzarsi nei programmi di gestione futura. Nel primo caso, i costi si dicono effettivi, nel secondo si parla di costi ipotetici e tra questi vanno compresi i *costi standard*, che ipotizzano un certo livello di efficienza nello svolgimento dell'attività produttiva.

Se si considerano i criteri di calcolo, si hanno ulteriori classificazioni in relazione ai costi elementari da introdurre nel calcolo e ai procedimenti per la loro determinazione. Di particolare interesse è soprattutto il primo criterio, che consente di parlare di «dimensione» del costo di produzione. Si hanno infatti costi di produzione *parziali* e costi di produzione *completi*. Tra i primi si comprendono i costi dei vari centri operativi, il costo primo o diretto di prodotto, il costo di fabbricazione comprensivo dei costi diretti e di quote di costi comuni di fabbricazione. Il costo completo si identifica con il costo complessivo o pieno. Tra i costi completi viene anche incluso il costo economico-tecnico che si ottiene aggiungendo al costo complessivo elementi figurativi di costo (rimunerazioni sui capitali di proprietà, compenso per l'attività direzionale, e così via). Nella tavola 8.3 si riporta un quadro dei caratteri essenziali per individuare le figure di costo di produzione. Nella tavola 8.4 si presenta invece uno schema della struttura del costo di produzione in un'azienda metalmeccanica.

8.2.3. La contabilità analitica

La *contabilità analitica* nasce come naturale sviluppo delle rilevazioni extra-contabili dei costi di produzione[6]. Si parla di *contabilità dei costi* per indicare queste rilevazioni dei costi di produzione, sebbene esse non siano rilevazioni propriamente contabili. Se all'elaborazione dei costi si affianca la tenuta della contabilità di magazzino e l'elaborazione dei ricavi, nasce un sistema (sottosistema) informativo che ha una grande importanza dal punto di vista gestionale: la contabilità analitica. Essa infatti elabora i costi e i ricavi provenienti dalla contabilità generale, al fine di svolgere analisi spaziali e temporali del risultato reddituale che servono per risolvere problemi di gestione.

La contabilità analitica può esser inserita nella contabilità generale («*sistema unico*» che si ispira alla teoria patrimoniale) oppure esser svolta in stretto collegamento con la contabilità generale («*sistema duplice contabile*» o «*misto*», a seconda che la contabilità analitica applichi o meno il metodo contabile della partita doppia)[7]. L'impostazione di una contabilità secondo il

[6] A differenza della teorica reddituale accolta in questo testo, quella patrimoniale, dato che l'oggetto di misurazione è il patrimonio e le sue variazioni, rileva nello stesso sistema operazioni di interna e di esterna gestione, determinando così in un unico sistema contabile anche i costi di produzione.

[7] Recentemente si sta diffondendo anche nel nostro paese una nuova variante di svolgi-

TAVOLA 8.5. *Principali elementi di differenziazione tra contabilità generale e contabilità analitica*

	CONTABILITÀ GENERALE	CONTABILITÀ ANALITICA
SCOPI	Prevalentemente di informazione verso terzi	Gestionali
OGGETTO DI RILEVAZIONE	Fatti di esterna gestione	Fatti di gestione interna ed esterna
CRITERI DI CLASSIFICAZIONE DEI COSTI E DEI RICAVI	Per natura e origine	Per destinazione (unità organizzativa, unità di produzione, «gestioni»)
MOMENTO DI RILEVAZIONE	Contabilizzazione sulla base del documento probatorio	«Competenza» (consumo per i costi e cessione per i ricavi)
FREQUENZA DELLE INFORMAZIONI DI SINTESI	Annuale	Infrannuale (mese, bimestre, ...)

sistema duplice contabile (che è quello impiegato nel caso in cui si accolga, come in questo testo, la teoria del reddito)[8] comporta la precisazione dei seguenti aspetti:

1. la scelta del periodo di tempo infrannuale (mese, bimestre, trimestre) al quale riferire le elaborazioni;
2. la trasformazione dei «valori contabilizzati» (rilevati in contabilità generale sulla base di documenti, fatture passive e attive) in «valori di competenza», espressivi dei consumi dei fattori produttivi e delle cessioni di merci e servizi, avvenuti nel periodo in esame, mettendo così in luce le relative differenze;
3. la definizione della «dimensione» di costo di produzione da impiegare (costo parziale o costo completo);
4. la definizione dei *centri di costo*, espressione della struttura organizzativa dell'azienda, per i quali si intendono determinare i costi di centro operativo (localizzazione dei costi);
5. la definizione delle combinazioni produttive (dette nel linguaggio corrente «gestioni»), espressione delle relazioni prodotto-mercato che l'azienda governa, per le quali si vogliono determinare i risultati reddituali parziali infrannuali.

Lo scopo primario di questa contabilità è fornire una serie di informazioni gestionali periodiche, dai costi di produzione ai risultati parziali per combinazione produttiva, indispensabili per condurre la gestione d'impresa soddisfacendo esigenze conoscitive e operative. Tra le prime possiamo annoverare la conoscenza del costo di prodotto per valutare le rimanenze di eserci-

mento della contabilità analitica. Tale sistema è denominato *contabilità integrata* e adeguata per mettere in evidenza che i due sistemi di rilevazione sono integrati ma, a differenza di quello unico, i dati di input e output sono trattati in modo tale da ottenere le stesse informazioni ritraibili dalle due contabilità separate (adeguato). Questo sistema – reso possibile dalle potenzialità offerte dai sistemi informatici – consente di conseguire vantaggi in termini di attendibilità degli output, di tempestività delle chiusure contabili e di completezza delle informazioni.

[8] Si veda: ZAPPA [1950].

zio da inserire nel bilancio di esercizio, tra le seconde la possibilità di disporre di una base dati per effettuare calcoli di convenienza economica e per impostare sistemi di programmazione e controllo. Nella tavola 8.5 sono rappresentati i principali elementi di differenziazione tra la contabilità generale e la contabilità analitica.

8.2.4. La contabilità analitica a valori standard

Nel caso in cui nella contabilità analitica vengano inseriti i costi standard si ottiene una *contabilità analitica a costi standard.* Il costo standard è, come si è già detto, un costo ipotetico, che ammette una certa ipotesi di funzionamento della gestione. La sua costruzione comporta un'analisi attenta delle condizioni di svolgimento dell'attività d'impresa per prestabilire le ipotesi – in genere quelle normali – da accogliere nel costo standard. Esse riguardano sia l'acquisizione dei fattori produttivi che il loro impiego nell'attività produttiva.

Il costo standard quindi è un *costo-obiettivo*, utile per valutare alternative di azione, ma nel contempo è anche un termine di confronto dei costi consuntivi. In questa veste, esso consente di trasformare il costo consuntivo (che è in questo caso anche un costo effettivo, dal momento che esprime ciò che effettivamente è avvenuto) nel costo standard più o meno con le variazioni che si sono determinate a seguito di quel livello di prestazione effettiva. Nella tavola 8.6 si riporta un semplice esempio in cui il costo effettivo della materia prima, attribuito al prodotto, viene scomposto nel costo standard e nelle variazioni di prezzo e di quantità.

La scomposizione si effettua anche a livello di costo di centro operativo e a livello di risultato parziale delle combinazioni produttive. Per queste ultime si determinano, in particolare, *margini lordi di contribuzione a costi standard* (differenza tra ricavi effettivi e costi variabili standard) ai quali occorre poi aggiungere o togliere le varianti di prezzo di acquisto dei fattori produttivi e le varianti di quantità impiegata o di efficienza.

Se la fissazione delle condizioni di funzionamento riguarda anche l'area commerciale si determinano altresì i *ricavi standard* che, una volta inseriti anch'essi nella contabilità, la qualificano quale *contabilità analitica a valori standard.* La scomposizione, allora, investe tutte le determinanti del risultato reddituale della gestione caratteristica. La scomposizione, in ogni caso, aumenta il potenziale conoscitivo dell'informazione. In luogo di un valore, che è espressione della realtà effettivamente svolta, si ottiene sia quanto avrebbe dovuto essere il valore se le condizioni di funzionamento si fossero svolte secondo le ipotesi programmate, sia la variazione da questo livello dovuta alla prestazione effettiva, articolata per singoli determinanti.

Le variazioni (dette anche scostamenti o varianti), risultato del processo di scomposizione che si fonda su una logica differenziale, alimentano una successiva analisi volta a ricercare le ragioni profonde cui devono collegarsi tali variazioni sia per individuare l'insorgere di fatti nuovi, non previsti nella

TAVOLA 8.6. *La trasformazione del costo effettivo in costo standard più o meno le variazioni (costo della materia prima)*

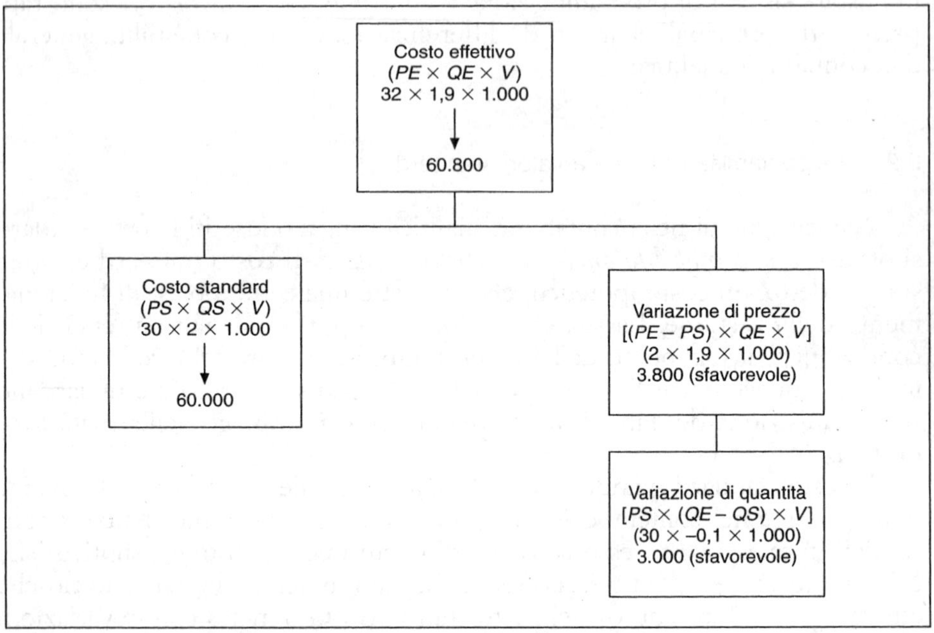

determinazione delle condizioni operative programmate, sia per mettere in luce eventuali responsabilità di organi di governo. Per queste caratteristiche, la contabilità a valori standard costituisce un supporto informativo utile per sviluppare processi di controllo, processi direzionali tesi ad assicurare che gli obiettivi, in questo caso i valori standard, vengano realizzati. Si crea, così, un'interrelazione tra processi di rilevazione e processi decisionali come spesso succede nel governo d'impresa.

8.2.5. La contabilità direzionale integrata

La gestione di un'impresa per realizzarsi in modo consapevole ha bisogno di utilizzare in modo integrato i diversi sistemi fin qui illustrati. Sulla scorta di tale esigenza, e utilizzando le potenzialità offerte dai moderni sistemi informatici, si perviene così a quel sistema di informazioni periodiche e non periodiche che va sotto il nome di *contabilità direzionale integrata*. Tale contabilità è formata da:

1. la contabilità generale;
2. la contabilità analitica;
3. il sottosistema di budget e standard (programma di esercizio, costi e ricavi standard);

4. il sottosistema delle variazioni (o scostamenti o varianti), cioè delle variazioni tra costi e ricavi effettivi e costi e ricavi standard;

5. il sottosistema di rilevazioni elementari ed extra-contabili volte a misurare dati e informazioni sia di ambiente competitivo (potenzialità del mercato, comportamenti della concorrenza e dei clienti, ecc.) sia espressivi di fattori critici (la qualità del prodotto, il livello di servizio offerto, ecc.) sia di altra natura, comunque funzionali alla gestione dell'impresa.

Va notato a questo proposito che in questi ultimi tempi assieme ai valori stanno acquistando particolare peso nella gestione d'impresa le quantità non monetarie. Rispetto ai primi, queste hanno la capacità, da un lato, di anticipare l'accertamento degli accadimenti aziendali e, dall'altro, di seguire in modo diretto e continuo il comportamento dell'azienda nel suo sistema competitivo.

Cominciamo da quest'ultimo aspetto. La situazione di incertezza e di competitività che caratterizza oggi i mercati porta infatti a enfatizzare il collegamento tra contesto esterno, vantaggio competitivo che l'azienda presenta rispetto ai concorrenti e competenze distintive interne che la stessa possiede e che le consentono di produrre quel vantaggio competitivo. Diventano allora importanti quelle misure che permettono di monitorare la prestazione dell'azienda nell'arena competitiva in cui essa opera. Il livello di servizio accordato alla clientela, la qualità e l'affidabilità del prodotto offerto, oltre al costo, costituiscono sempre più i fenomeni da parametrare e da seguire nel tempo. Su questa linea sono sorte metodologie come il *Value Management* e l'*Activity Based Management* che, mediante un sistema di indicatori prevalentemente non monetari, consentono di collegare l'ambiente esterno con l'operatività aziendale.

Un'altra esigenza da tener presente nell'attuale contesto competitivo è la capacità di anticipare la visione degli accadimenti. Le quantità non monetarie assolvono bene a questo compito in quanto possono esser considerate i fattori determinanti dei «valori» e delle quantità economiche complesse come il reddito e il capitale di funzionamento. Si assiste così ad un rovesciamento di prospettiva rispetto allo schema contabile. L'attenzione è rivolta ai dati elementari, ma critici, invece che ai valori complessi che, oltre ad esser disponibili in ritardo, confondono assieme elementi più o meno importanti per gestire altre dimensioni aziendali (strategica, direzionale, operativa, ecc.) dal momento che il loro obiettivo è di misurare la prestazione complessiva aziendale per periodi di tempo dati.

Una volta definita la contabilità direzionale, passiamo a considerare il flusso informativo prodotto e l'ambito di impiego. Dalla contabilità direzionale si ottiene un flusso di output – denominato *reporting* – che consente di soddisfare tre fondamentali fabbisogni direzionali:

1. stabilire le tendenze evolutive del rapporto impresa-ambiente, per cogliere in via anticipata le minacce e le opportunità;

2. verificare se si stanno realizzando gli obiettivi reddituali, competitivi e sociali prestabiliti;

3. disporre di una base dati che, mediante le moderne tecnologie di informazione e di interazione tra utente e calcolatore, consenta di creare e richiamare archivi di dati che interessano, di «formattare» l'output nei modi ritenuti più idonei per visualizzare e rappresentare i fenomeni e di sviluppare processi di scelta in modo funzionale alle varie esigenze operative.

Naturalmente sarà necessario, sulla base delle responsabilità gestionali, articolare il reporting tra le varie posizioni organizzative, dalla direzione generale ai vari livelli funzionali e divisionali sottostanti. Nell'ambito di questa massa di dati che possono essere trattati secondo i mutevoli fabbisogni informativi si impone anche il rispetto di alcune regole di comportamento per non esser sommersi da informazioni con il pericolo di ridurre invece che di sviluppare le conoscenze. Tali regole sono: il principio di *selettività*, collegato con quello di *pertinenza*, e il bilanciamento tra *tempestività* e *attendibilità*. Secondo i primi due, il responsabile aziendale deve disporre di limitate ma significative informazioni da seguire costantemente per focalizzare l'attenzione sui fenomeni rilevanti dai quali deriva il successo o meno dell'azienda. Quanto al rapporto tra tempestività (ampiezza dell'intervallo temporale tra la manifestazione del fenomeno e la disponibilità dell'informazione) e attendibilità (grado di precisione con cui vengono rilevati i dati), si tratta di bilanciare le due caratteristiche, dal momento che per scopi gestionali interessa un dato tempestivo, anche se non sicuramente preciso. Questo modello di sistema informativo integrato permette quindi – se correttamente applicato – una proficua relazione tra rilevazioni e gestione (o controllo) dell'impresa.

8.3. I sistemi di pianificazione e di programmazione e controllo

8.3.1. Il sistema di pianificazione strategica

Nei precedenti paragrafi ci siamo soffermati ad illustrare i sistemi di rilevazione (informativi) che danno le basi di conoscenza per decidere; in questo, invece, intendiamo rivolgere la nostra attenzione ai sistemi di autoregolazione con i quali si assegnano gli obiettivi e le risorse e si valutano a posteriori i risultati conseguiti. Sono questi i *sistemi di pianificazione, programmazione e controllo*. È chiaro che essi sono strettamente collegati con i sistemi informativi dai quali traggono gli elementi conoscitivi indispensabili per la loro concreta applicazione.

L'importanza dei sistemi di autoregolazione per la consapevole conduzione delle aziende risiede nel fatto che essi costituiscono un modello di comportamento gestionale. L'anticipazione degli accadimenti interni ed esterni aziendali, la definizione di obiettivi di breve e di lungo termine collegati con il reperimento e l'assegnazione di adeguate risorse, il continuo confronto tra obiettivi e risultati, sono i principi su cui impostare l'azione manageriale in qualsiasi azienda e che coinvolgono i diversi livelli organizzativi. La pianificazione strategica e la programmazione e il controllo sono per l'appunto i sistemi operativi che consentono la concreta applicazione di questi principi.

TAVOLA 8.7. *Il processo di pianificazione strategica*

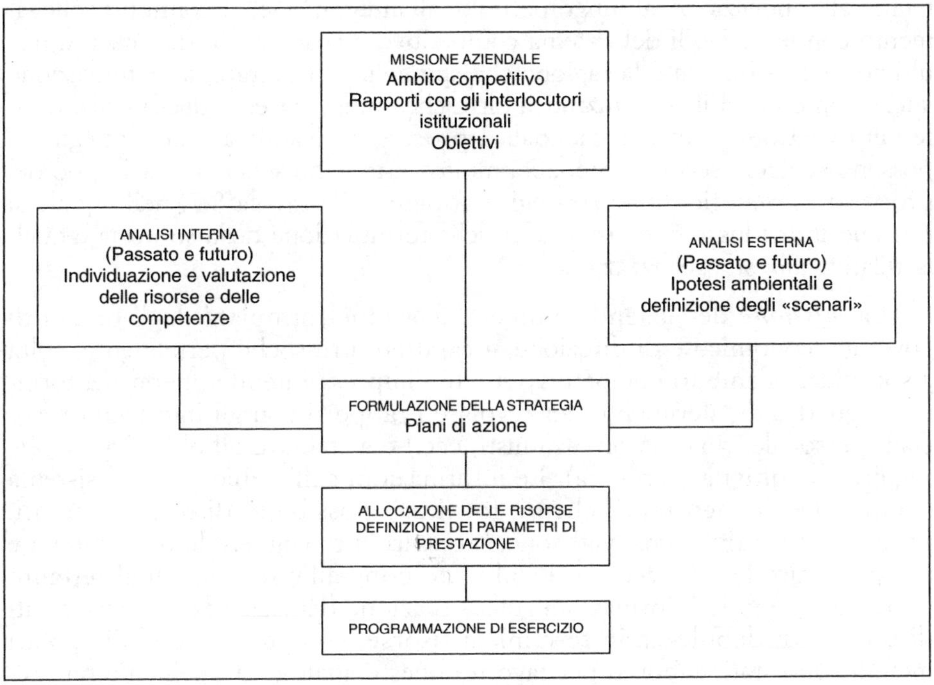

I sistemi di pianificazione strategica e di programmazione e controllo, così come il sistema informativo, sono variabili del sistema aziendale che influenzano direttamente i comportamenti delle persone; per tale ragione i tre sistemi sono qualificati anche come variabili organizzative, più precisamente come sistemi operativi, complementari alla struttura nel comporre l'assetto organizzativo.

La *pianificazione strategica* è il processo mediante il quale vengono definiti gli obiettivi, le politiche e gli assetti delle combinazioni economiche dell'azienda. Si tratta di stabilire dove l'impresa intende operare (settore, comparto, area geografica, ecc.), quali obiettivi si intendono perseguire, come si vuole operare in quel contesto, e così via. La dizione sistema di pianificazione strategica vuole richiamare l'attenzione sul fatto che tale processo è caratterizzato da numerose variabili (finalità, articolazione, tempi di riferimento, attori) tra loro legate da relazioni sistemiche. Spesso la pianificazione strategica si svolge in modo implicito. Qui si fa riferimento ad un processo esplicito e relativamente formalizzato. La pianificazione strategica può ispirarsi a tre finalità: *a)* la finalità più evidente è quella di elaborare obiettivi e piani di medio e di lungo periodo, ossia di esplicitare le strategie aziendali; *b)* connessa alla prima è la finalità di decidere l'assegnazione delle risorse strategiche alle varie coordinazioni e combinazioni parziali attivando anche processi di contrattazione tra le corrispondenti unità organizzative; *c)* va anche messa in evidenza la finalità di produrre «condizioni organizzative» quali l'orientamento all'innovazione, al lungo periodo, all'integrazione, al continuo collegamento con le variabili del sistema competitivo e così via. La rilevanza di tale ultimo tipo di finalità è la ragione che spinge a considerare la pianificazione anche come variabile organizzativa oltre che come processo decisionale avente per oggetto le strategie aziendali. I processi di pianificazione strategica si possono svolgere secondo modalità molto varie. Uno schema di sviluppo del processo di pianificazione strategica appare nella tavola 8.7, nella quale si possono individuare due fasi, quella della formulazione della strategia e quella relativa alla sua realizzazione.

La *missione* dell'azienda è un'enunciazione formulata dagli organi di governo economico e di direzione, a carattere pressoché permanente, volta a specificare l'ambito competitivo in cui l'impresa intende operare, a fornire un quadro di riferimento per regolare i rapporti con gli interlocutori sociali (personale, finanziatori, azionisti, ecc.) e a stabilire gli obiettivi da perseguire (redditività e crescita). Le informazioni sull'ambiente e sul sistema competitivo (concorrenti, clienti, fornitori, possibilità di nuovi entranti, prodotti sostitutivi e così via) sono necessarie per cogliere le opportunità e per prevenire le minacce che l'ambiente pone all'impresa, ma altrettanto importanti sono le informazioni sulla situazione dell'azienda, sui suoi punti di forza e di debolezza in termini di risorse, competenze e abilità. Vari metodi sono stati elaborati per favorire queste analisi; da quelli che rappresentano i possibili «scenari» futuri, a quelli che mediante «matrici» consentono di leggere il posizionamento strategico dell'azienda nei confronti dei principali concorrenti, a quelli come la «catena del valore» che permettono di individuare in quali attività svolte si trovano le competenze distintive che stanno alla base del vantaggio competitivo che un'impresa possiede nel suo mercato.

In chiave organizzativa il processo di pianificazione può coinvolgere direttamente un insieme più o meno vasto (per funzioni e per livello gerarchico di appartenenza) di persone operanti in azienda e può svolgersi con contenuti di contrattazione (degli obiettivi e delle risorse) più o meno intensi. Ad un estremo possiamo avere processi condotti esclusivamente al vertice aziendale e secondo una logica analitico-razionale; all'altro estremo, processi che coinvolgono persone operanti a molti livelli e che comportano esplicite e intense contrattazioni. La seconda configurazione favorisce la diffusione di orientamenti all'imprenditorialità e contribuisce al coordinamento in fase di attuazione delle scelte compiute.

Il processo di pianificazione può svolgersi secondo modalità più o meno standardizzate. Le fasi e i tempi di svolgimento, le posizioni coinvolte, i metodi di analisi e la «modulistica» possono essere codificati e ripetuti anno per anno, oppure possono essere considerati elementi variabili. In particolare, possono essere poche o numerose e standardizzate o variabili le dimensioni di analisi e di formalizzazione dei piani (le funzioni, le categorie di prodotti, di clienti e di tecnologie). I processi meno standardizzati e svolti secondo un più alto numero di dimensioni si adattano particolarmente alle aziende che presentano forti bisogni di dinamicità e di multidimensionalità.

8.3.2. Il sistema di programmazione e controllo

Il sistema di programmazione e controllo si manifesta sotto forma di processi che portano a correlare esplicitamente tre variabili: le *unità organizzative*, gli *obiettivi* e le *risorse*. I processi di programmazione e controllo assegnano alle unità organizzative, definite dalla struttura, gli obiettivi da realizzare in un certo arco temporale e le relative risorse. I sistemi di programmazione e controllo coprono il breve periodo: tipicamente un anno. Per loro natura tali sistemi orientano l'attenzione all'*efficienza* (al rapporto tra obiettivi da raggiungere e risorse disponibili) e al *breve periodo* e sono potenti strumenti di coordinamento. Nei tempi recenti – date le particolari esigenze competitive delle imprese – sono stati anche riorientati all'*efficacia* (rapporto tra obiettivi e risultati). I sistemi di programmazione e controllo costituiscono anche importanti riferimenti per la valutazione dei risultati e, dunque, per i sistemi di ricompensa. Ciò evidenzia la natura di variabile organizzativa dei sistemi di programmazione e controllo.

In particolare, la programmazione è il processo che, sulla base degli indirizzi strategici prestabiliti nel piano, individua le alternative di azione concrete da attuare in un periodo, di regola annuale, stabilendo le risorse da impiegare e definendo i compiti dei vari responsabili. Il risultato di questo è la definizione di un programma di esercizio o *budget* che contiene, con le azioni da compiere nel periodo, l'indicazione dei risultati economici attesi dalle diverse posizioni organizzative coinvolte: i costi standard di produzione per l'area di produzione, i ricavi di vendita per l'area commerciale, risultati reddituali programmati per la direzione generale e così via. Nella tavola 8.8 sono illustrate le fasi di formazione di un budget.

La programmazione – così come la pianificazione strategica – va nettamente distinta dalla previsione. Previsione è termine che indica una posizione per così dire passiva da parte del soggetto che la compie. Chi prevede, infatti, effettua ipotesi sul comportamento futuro di dati fatti, di determinati avvenimenti che sono sottratti del tutto o in gran parte alla sua volontà. Si può prevedere che si verifichi un rialzo di prezzi di materie prime o un aumento della domanda di dati prodotti. La programmazione implica, invece, un atteggiamento attivo. Programmare significa pensare al futuro in modo attivo tentando di anticipare i problemi da risolvere e le attività da svolgere, definendo i responsabili dei vari compiti e le risorse da utilizzare, e in relazione a questo, esprimendo gli obiettivi e le azioni assegnate in termini economici. Lo stesso si può dire della pianificazione solo che l'oggetto e l'orizzonte temporale sono diversi.

Strettamente connesso con la programmazione è il *controllo*. Esso si identifica nel processo che, sulla base di un continuo riscontro tra obiettivi e

TAVOLA 8.8. *La formazione del programma di esercizio (budget)*

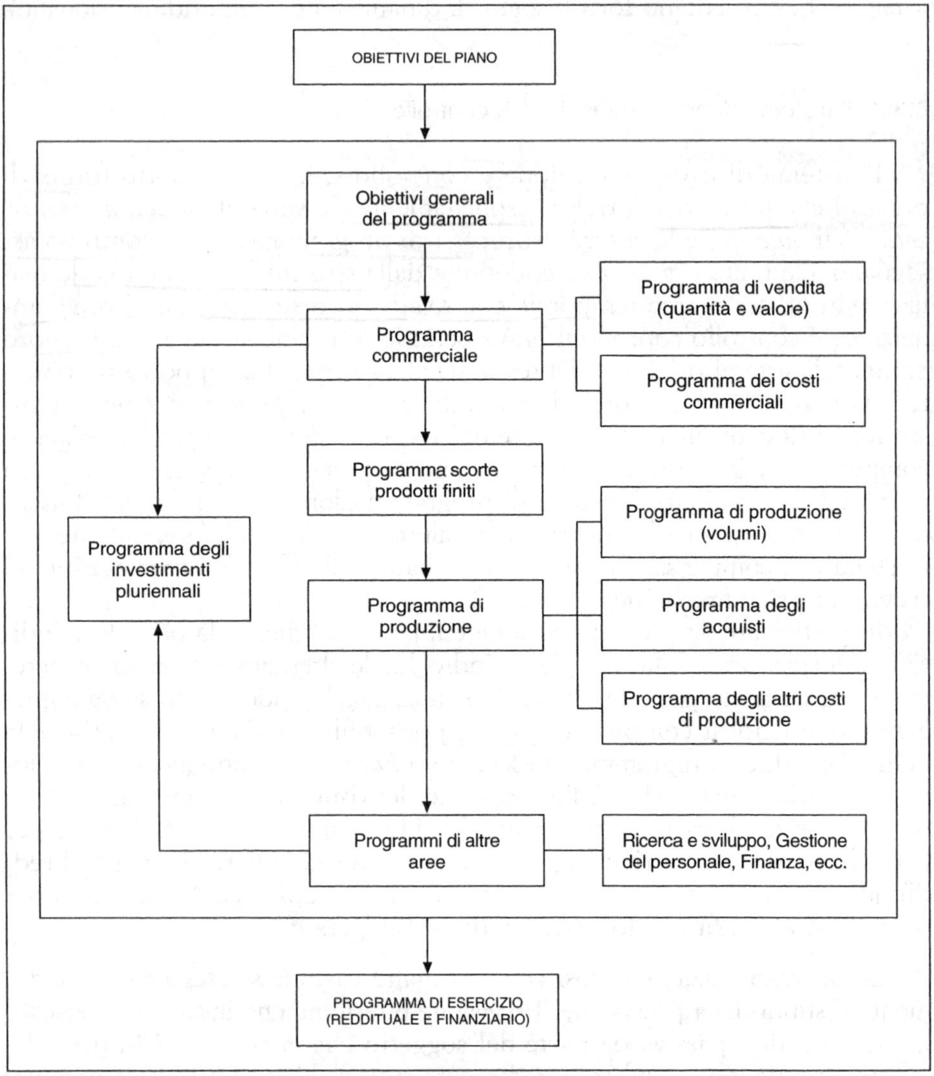

risultati, è volto ad assicurare la realizzazione degli obiettivi aziendali. In tal modo si verifica periodicamente la convenienza delle alternative prescelte e in corso di attuazione e si promuovono interventi volti alla formulazione di nuovi e più adeguati programmi. In altri termini, con il controllo si segnala la presenza di problemi decisionali spingendo al riesame della congruenza degli indirizzi seguiti. In chiave organizzativa, il controllo stimola il comportamento degli operatori aziendali indirizzandolo verso il conseguimento degli obiettivi dell'impresa. Il controllo si attua a mezzo del reporting che viene alimentato dalle risultanze della contabilità direzionale integrata.

I sistemi di programmazione e controllo possono assumere configurazioni molto varie: si danno molte analogie con quanto sopra accennato in merito ai sistemi di pianificazione strategica. Qui si concentra l'attenzione su due aspetti: la «centralità» attribuita al sistema di programmazione e controllo e il ruolo svolto nell'assegnazione delle risorse destinate al cambiamento.

Il sistema di programmazione e controllo è di regola inteso come un tipico strumento di controllo organizzativo. Tale caratteristica è particolarmente evidente quando: per ciascuna unità organizzativa vengono specificati numerosi obiettivi quantitativi di tipo economico e tecnico; il grado di raggiungimento degli obiettivi è la base fondamentale di valutazione per le decisioni relative alle retribuzioni e alla carriera. In tali situazioni il sistema di programmazione e controllo ha «alta centralità»; esso cioè ha un peso fondamentale nel determinare i comportamenti delle persone; ciò che conta è «quanto scritto in budget»; in casi non rari il budget viene utilizzato come strumento unico di guida delle aziende; si trascurano altri interventi (sull'assetto tecnico, sulla struttura, sulle dimensioni dell'organico, sulla formazione, ecc.); i risultati sono considerati funzione dell'impegno e dello sforzo delle persone. Al contrario, il sistema di programmazione e controllo può essere considerato come uno dei numerosi strumenti di indirizzo e di guida del comportamento dei prestatori di lavoro; in particolare, la valutazione delle prestazioni (e quindi le decisioni di retribuzione e di carriera) non è basata solo sul grado di raggiungimento degli obiettivi di budget; si tiene conto anche dei comportamenti, della qualità delle relazioni interpersonali, delle basi poste per i risultati di lungo periodo, e così via. In sintesi, il sistema di programmazione e controllo ha «bassa centralità» e può essere visto come strumento di attivazione e di sostegno del controllo individuale. La prima impostazione può adattarsi a situazioni aziendali caratterizzate da compiti semplici, ripetitivi e stabili; la seconda impostazione è necessaria nelle situazioni opposte, o, più in generale, quando sono forti i fabbisogni di dinamicità e di multidimensionalità ed i bisogni di stima e di realizzazione.

Il sistema di programmazione e controllo orienta tipicamente all'efficienza di breve periodo; ciò può produrre effetti negativi se è alto il fabbisogno di dinamicità e se questo non è presidiato da altre condizioni organizzative (ad esempio, da un sistema di pianificazione strategica). Tale pericolo può esser governato esplicitando nel budget quali risorse devono intendersi destinate all'attività corrente (e dunque da «minimizzare» rispetto al risultato) e quali, invece, devono intendersi come «investimenti» destinati a produrre risultati in tempi non brevi (e, dunque, risorse da utilizzare «obbligatoriamente»). Su questa linea si stanno sviluppando, come si è detto, anche i sistemi informativi che sono alla base del controllo: il vasto impiego di *indicatori non monetari* nella contabilità direzionale integrata risponde infatti all'esigenza di integrare efficienza ed efficacia, operatività e ambiente esterno, continuità e cambiamento. Si ricorda che l'esplicitazione delle risorse destinate al cambiamento è una delle condizioni essenziali per contenere i fenomeni di «resistenza al cambiamento»; più in generale, si tratta di una delle condizioni utili per soddisfare i fabbisogni di dinamicità, di identità e di sviluppo. Un modello oggi diffuso nelle imprese è quello della *balanced scorecard* che misura la performance aziendale secondo quattro viste o dimensioni (clienti, processi gestionali interni, apprendimento e innovazione, parametri reddituali e finanziari) e che porta ad esplicitare le relazioni casuali tra tali indicatori e la missione e la strategia dell'azienda[9].

[9] Si veda: KAPLAN e NORTON [2004].

Capitolo 9

La struttura dell'azienda, l'ambiente economico, il sistema competitivo

9.1. Il sistema di scelte e la struttura delle aziende

9.1.1. L'azienda come sistema decisionale

La vita delle aziende è suscitata ed è alimentata da decisioni che si compongono in processi anche complessi. Osservando l'azienda come «*sistema decisionale*» – ossia, indagando quali decisioni vengono prese, da chi, in quali tempi e sequenze, secondo quali logiche e procedure – si pongono in luce alcuni tratti fondamentali della struttura e dei processi delle aziende[1]. Il governo strategico delle aziende è utilmente osservabile come sistema di scelte; la qualità del governo strategico coincide con la qualità delle decisioni prese. Nella sua essenza, l'economia aziendale è la disciplina delle scelte di convenienza economica delle aziende e degli aggregati di aziende.

I prossimi capitoli svolgono alcuni temi base dell'economia aziendale trattandoli come sistemi di scelte. Qui si premettono alcune considerazioni generali in materia di scelte aziendali; per ragioni di semplicità espositiva si fa riferimento solo alle imprese, ma molti punti sono comuni a tutte le classi di istituti.

L'*esigenza di decidere* nasce dal continuo dinamismo interno ed esterno all'impresa; condizioni sempre nuove mettono in crisi o in discussione le routine e gli equilibri in atto la cui perpetuazione condannerebbe l'impresa al declino e alla cessazione. Quando le mosse dei concorrenti e le attese dei clienti mutano velocemente, *veloce* deve essere anche la risposta dell'impresa; l'impresa che *anticipa* le mosse dei concorrenti o le attese dei clienti può accumulare vantaggio competitivo. Rispondendo alle mosse di altri soggetti, o

Il par. 9.3 è di Daniela Montemerlo.

[1] La visione dell'impresa come sistema decisionale e come sistema di trattamento delle informazioni è la base di importanti studi di economia politica e di economia aziendale. Si vedano: SIMON [1997]; GALBRAITH [1977]; CARTER [1995]; BOLTON e DEWATRIPONT [1994].

anticipandole, l'impresa può adottare una posizione *imitativa* o una *posizione di originalità*, di ricerca del nuovo e del differente. I tempi di decisione e il contenuto più o meno originale qualificano fortemente i processi decisionali di ogni impresa.

Le decisioni in campo economico sono sempre, per definizione, soggette al *vincolo della scarsità di risorse*. Il budget disponibile per la pubblicità di un certo bene *A*, ad esempio, è sempre un budget limitato; non solo, tale budget è in concorrenza con quello destinato alla ricerca e sviluppo per migliorare la qualità dello stesso prodotto *A*, o per concedere sconti ai clienti, e con quello richiesto per sviluppare il nuovo prodotto *B* che deve sostituire *A*. Si impongono attente e *rigorose analisi di convenienza economica comparata*. Gli studi di economia aziendale e di management hanno portato allo sviluppo di numerosi *modelli di analisi economica per le decisioni*; alcuni sono presentati nei prossimi capitoli.

Il vincolo delle risorse scarse può essere vissuto come gioco «a somma zero» (il risultato complessivo è dato, si possono solo scambiare risultati parziali) oppure come stimolo per la ricerca di soluzioni innovative. *L'innovazione «rimuove» il vincolo delle risorse scarse*. La nuova idea applicata efficacemente produce migliori risultati a parità di risorse disponibili o pari risultati con minori risorse. Il budget pubblicitario per il prodotto *A* e i budget di sviluppo di *A* e di *B* sono soggetti a limiti, individualmente e complessivamente, ma il loro uso, separato o congiunto, può svolgersi in forme più o meno tradizionali o innovative. L'innovazione tecnologica ed economica è la linfa del progresso economico e civile[2]. Le imprese più ambiziose cercano di mettere in atto condizioni, interne ed esterne, che stimolino processi decisionali anche di tipo innovativo.

Tutte le scelte si svolgono in condizioni di incertezza e dunque comportano *rischi*. Il rischio è massimo quando le scelte sono fortemente innovative. L'innovazione può produrre grandi vantaggi, ma anche gravi danni. Moltissime imprese non dispongono delle competenze o della solidità sufficiente per sviluppare innovazioni o per affrontarne i rischi. La politica è allora quella dell'imitazione o del miglioramento incrementale rispetto alle mosse dell'innovatore.

Tutte le scelte si svolgono in condizioni di *razionalità limitata*[3]; i processi decisionali individuali e collettivi sono intenzionalmente razionali ma soggetti a limiti di razionalità. Le attività decisionali tendono a stabilizzarsi sia nel processo sia nelle soluzioni proposte anche se il contesto propone sfide sempre nuove. A fronte di tutto ciò le imprese possono intervenire sia per rimuovere in parte i limiti di razionalità sia per evitare la *ritualizzazione dei processi decisionali*. In altri termini, i processi decisionali devono essere governati, sono essi stessi oggetto di intervento e di decisione[4].

[2] BAUMOL [2002].
[3] Si veda il cap. 1.
[4] Si veda: GRANDORI [1999, capp. II e VIII].

Le scelte aziendali producono *conseguenze più o meno ampie e stabili* sulle condizioni di futuro svolgimento dell'impresa. Molte scelte possono condizionare fortemente i comportamenti d'impresa per molti anni; si pensi alle scelte relative agli investimenti per lo sviluppo e il lancio di un nuovo prodotto, alla costruzione di un nuovo stabilimento, all'assunzione di nuovi manager, alla risposta ad un incidente che rischia di compromettere l'immagine dell'azienda. Mentre prende queste decisioni l'impresa si ispira a due principi: *a*) compiere scelte decise ma che consentano adeguati gradi di *flessibilità*, ossia capacità di adattamento ai futuri incerti scenari; *b*) continuamente *rinnovare le basi per il futuro sviluppo*.

In estrema sintesi, ciascuna impresa, con riguardo ai processi decisionali, si caratterizza per i seguenti elementi:

- *tempi e velocità* di risposta agli stimoli interni ed esterni;
- *conformismo e novità* dei contenuti delle decisioni;
- *rigore* delle analisi di convenienza economica comparata;
- propensione all'*innovazione* e investimento in condizioni facilitanti la stessa;
- propensione al *rischio*;
- cura delle modalità di svolgimento dei processi decisionali e investimenti per *ridurre i limiti di razionalità e i rischi di ritualizzazione*;
- attenzione alle scelte strategiche in termini di *flessibilità* e di *basi per lo sviluppo*.

9.1.2. La struttura dell'azienda come frutto delle scelte aziendali

Nei prossimi capitoli, che fanno riferimento essenzialmente al caso delle imprese, si concentra l'attenzione sulle seguenti grandi classi di scelte:

- le scelte di *configurazione del sistema di prodotto* con il quale presentarsi nei mercati per sollecitare la domanda dei clienti e per fronteggiare le mosse dei concorrenti;
- le scelte di *dimensionamento della capacità produttiva* e le connesse scelte di standardizzazione dei prodotti e dei processi;
- le scelte di *estensione interfunzionale* e le scelte di *estensione verticale*, dette anche scelte di «integrazione a monte e a valle»; l'azienda decide quali attività svolgere al proprio interno e quali invece fare svolgere ad altri soggetti;
- le scelte di *estensione orizzontale*, dette anche scelte di diversificazione o strategie di portafoglio; si tratta di decidere se attivare una sola combinazione economica parziale, oppure più combinazioni economiche parziali (più aree strategiche di affari, più combinazioni prodotto-mercato, più business) tra loro più o meno omogenee;
- le scelte di *gestione patrimoniale*, di *gestione finanziaria* e di *gestione tributaria*; per certi versi possono essere considerate gestioni e decisioni «accessorie» rispetto a quelle «centrali» della gestione caratteristica, ma il loro contributo alla struttura e alla performance dell'azienda può essere decisivo;

- le scelte di formazione e di *sviluppo del patrimonio*; riguardano il patrimonio materiale e immateriale dell'azienda nonché la sua configurazione fisica e spaziale e, in particolare, gli investimenti in competenze distintive di lungo periodo;
- le scelte relative all'*assetto organizzativo* e all'*organismo personale*; come suddividere i compiti e come coordinarli, come dimensionare l'organismo personale, sviluppare le competenze delle persone e retribuire le loro prestazioni;
- le scelte di *assetto istituzionale*: quali «patti» stringere con le grandi classi di portatori di interessi; come distribuire i diritti di proprietà, come configurare gli organi di governo e di controllo con riguardo alle singole aziende e agli aggregati di aziende.

Le classi di scelte sopra menzionate sono l'essenza del *governo strategico delle imprese*: da un lato esse determinano direttamente i componenti del reddito di esercizio ossia la *performance corrente dell'azienda*; dall'altro lato, esse determinano la *struttura dell'azienda*, ossia la configurazione delle variabili fondamentali che compongono l'azienda e che sono le basi per la *performance futura* della stessa.

La struttura di ogni azienda (qui, in particolare si fa riferimento all'azienda di produzione, ossia all'impresa) si compone di cinque macrovariabili tra loro interconnesse a sistema e immerse nell'ambiente (tav. 9.1). Le cinque macrovariabili sono:
- l'assetto istituzionale;
- la configurazione delle combinazioni economiche;
- il patrimonio;
- l'organismo personale;
- l'assetto organizzativo.

L'assetto istituzionale è la configurazione dei portatori di interessi nei confronti dell'istituto, dei contributi che tali soggetti forniscono all'azienda, dei benefici (ricompense) che ne ottengono, degli interessi istituzionali, del soggetto di istituto (l'insieme delle persone alle quali si assegna il diritto-dovere di governare l'istituto) e delle strutture di governo che regolano le correlazioni tra i portatori di interessi, i contributi e i benefici combinandoli in un equilibrio dinamico di lungo periodo[5]. Progettare l'assetto istituzionale significa dunque, anzitutto, «scegliere» i vari insiemi di soggetti chiamati a comporre l'istituto e ad interagire sistematicamente con esso. Nel caso dell'impresa, si tratta di «scegliere» i vari insiemi di prestatori di lavoro, di conferenti di capitale di rischio e di prestito, di fornitori, di clienti e, per certi aspetti, di concorrenti; alcuni insiemi di portatori di interessi, naturalmente non sono scelti dall'azienda ma sono dati dal contesto (che comunque l'azienda in qualche misura può scegliere e modificare): lo Stato, le comunità locali, i concorrenti in generale. Contestualmente, si tratta di stabilire le

[5] Si veda quanto esposto nel cap. 4.

TAVOLA 9.1. *La struttura dell'azienda e l'ambiente*

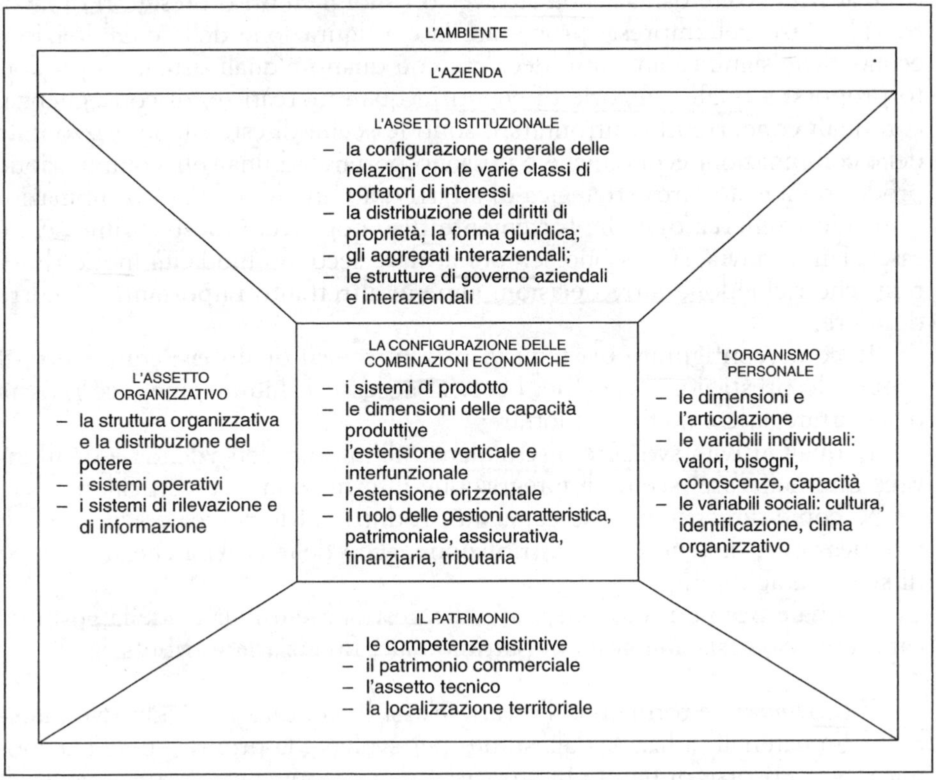

modalità di interazione con ciascuna categoria di soggetti e anche con i singoli soggetti. Ciò avviene in generale attraverso una vasta gamma di contratti espliciti e impliciti, ma il cuore delle scelte di assetto istituzionale consiste nel decidere[6]:

1. l'assetto proprietario di base, ossia a quali categorie di persone attribuire i diritti di proprietà (diritto-dovere di governo e diritto-dovere di disporre e di farsi carico dei risultati residuali) e quindi la qualifica di soggetto di istituto e di soggetto economico;
2. la forma giuridica (società per azioni, società a responsabilità limitata, società cooperativa, associazione professionale, ecc.);
3. l'insieme degli organi di governo e di controllo da attivare (assemblea degli azionisti, consiglio di amministrazione, collegio sindacale, ecc.), la loro composizione e le loro modalità di funzionamento;
4. le modalità di interazione tra l'impresa e i suoi interlocutori più critici;
5. la partecipazione ad aggregati interaziendali (gruppi di imprese, consorzi, *joint ventures*, ecc.) e al relativo governo.

[6] I temi qui brevemente elencati sono svolti nel cap. 17.

La configurazione delle combinazioni economiche è l'assetto complessivo delle attività svolte dall'azienda attraverso i suoi membri o prestatori di lavoro[7]. Nel caso dell'impresa, progettare la configurazione delle combinazioni economiche significa anzitutto decidere con quanti e quali sistemi di prodotto proporsi a quali categorie di clienti in quali mercati (e, di conseguenza, con quali concorrenti confrontarsi); sono le scelte di estensione orizzontale delle combinazioni economiche e possono portare ad una sola combinazione prodotto-mercato (area strategica di affari) o ad una pluralità di combinazioni prodotto-mercato anche fortemente disomogenee. Queste prime scelte essenziali, tuttavia, si possono sempre attuare secondo modalità molto differenti che richiedono altre decisioni almeno altrettanto importanti. Occorre decidere:

1. come configurare i sistemi di prodotto e su quali basi competere (il prezzo, le prestazioni tecniche, i servizi accessori, l'immagine, ecc.), ossia quale strategia competitiva adottare;
2. quali attività svolgere direttamente all'interno dell'azienda e quali invece esternalizzare (scelte di integrazione interfunzionale e verticale);
3. come dimensionare le capacità produttive (di ricerca e sviluppo, di fabbricazione, di vendita, di distribuzione, ecc.) delle attività che si è deciso di svolgere all'interno;
4. quale peso e ruolo assegnare alle gestioni «ausiliarie» della gestione caratteristica, ossia alle gestioni patrimoniale, finanziaria e tributaria.

Il patrimonio è formato dalle varie classi di condizioni produttive materiali e immateriali utilizzate dall'istituto per svolgere la propria attività economica. Sono risorse di natura molto varia; risorse monetarie, risorse materiali e risorse immateriali. Nel caso delle imprese, si tratta, ad esempio, di: terreni, fabbricati, impianti, brevetti, licenze, marchi, cultura aziendale, identità, immagine commerciale, sistemi informatici e telematici, autorizzazioni. Molti di questi elementi sono fortemente caratterizzati dalla loro collocazione geografica. Tutte queste condizioni produttive si formano ed evolvono progressivamente come conseguenza delle scelte che hanno per oggetto l'assetto istituzionale, le combinazioni economiche, l'assetto organizzativo e l'organismo personale. Si pensi, ad esempio, a: *a*) le risorse monetarie acquisite sotto forma di capitale proprio e di capitale di prestito che derivano dalle scelte di assetto istituzionale e di gestione finanziaria; *b*) le risorse materiali quali gli stabilimenti che dipendono dalle scelte di integrazione verticale, di estensione orizzontale e di dimensionamento delle capacità produttive; *c*) le competenze tecniche che dipendono in larga misura dalle scelte di gestione del personale. Qui si vuole richiamare l'attenzione sul fatto che le condizioni produttive materiali e immateriali devono essere oggetto anche di specifiche decisioni, o di indirizzi strategici, perché altrimenti diventa grande il rischio che il patrimonio di risorse si inaridisca e non alimenti più gli sviluppi futuri. In

[7] Le relative scelte sono illustrate nei capp. 10-13.

essenza, si tratta di decidere se e quali competenze distintive l'azienda debba possedere e come tali competenze debbano essere sviluppate, protette, diffuse, valorizzate[8].

L'organismo personale è l'insieme delle persone che prestano il loro lavoro nell'istituto. Queste persone, con le loro competenze e con il loro lavoro, sono il complemento necessario alle risorse materiali e immateriali di cui sopra. È evidente che ogni istituto è fortemente caratterizzato dalle persone che vi lavorano e che, di conseguenza, le scelte che portano a configurare l'organismo personale sono molto critiche. Nel caso delle imprese occorre decidere, tra l'altro:

1. quali profili personali e professionali privilegiare in occasione dell'assunzione di nuove persone;
2. come dimensionare l'organismo personale in relazione ai carichi di lavoro generali e particolari;
3. come aggiornare e sviluppare i profili professionali delle persone presenti in azienda;
4. quali condizioni attivare per sviluppare e mantenere un positivo clima di rispetto e di cooperazione tra tutti i prestatori di lavoro.

Queste scelte si attuano in larga misura attraverso la progettazione dell'assetto organizzativo e, in particolare, agendo sui sistemi operativi di gestione del personale[9].

L'assetto organizzativo è la macrovariabile che definisce la struttura interna e le modalità di svolgimento dei processi aziendali; esso risulta dalla configurazione di tre variabili congiunte – la struttura organizzativa, la distribuzione del potere, i sistemi operativi – ciascuna delle quali è frutto di complesse decisioni aziendali. Progettare la struttura organizzativa significa ripartire l'insieme complessivo delle attività aziendali in compiti da assegnare alle singole persone e mettere in atto le condizioni necessarie affinché le attività così suddivise si svolgano in modo integrato; occorre decidere secondo quali criteri suddividere il lavoro, come raggruppare le varie attività in sottoinsiemi omogenei corrispondenti ai vari organi aziendali, come ordinare i vari organi in una gerarchia formalizzata in un organigramma. Congiuntamente alla struttura organizzativa, si progetta la distribuzione del potere ossia la distribuzione tra i vari organi aziendali dei diritti e dei doveri di decisione; risultano strutture di potere più o meno accentrate. Sono denominati sistemi operativi: i sistemi di pianificazione e di programmazione e controllo mediante i quali si assegnano alle varie unità aziendali gli obiettivi e le risorse e si tengono sotto controllo i risultati; i sistemi di gestione del personale (ricerca, retribuzione, carriera, formazione, ecc.) attraverso i quali si governa la dinamica dell'organismo personale e si valutano e rimunerano i contributi

[8] Per lo sviluppo di questo tema si veda il cap. 14.
[9] Per gli sviluppi si veda il cap. 15.

dei prestatori di lavoro. Anche la progettazione dei sistemi operativi comporta numerose scelte critiche poiché ciascuno di essi può assumere differenti forme producendo differenti effetti sui comportamenti delle persone e sulle performance aziendali; si pensi, ad esempio, alle alternative modalità di retribuzione delle persone piuttosto che ai differenti tipi di sentieri di carriera.

Le cinque macrovariabili che compongono la struttura dell'azienda sono tra loro collegate da forti relazioni di complementarità e di interdipendenza. L'interdipendenza tra le cinque macrovariabili si manifesta come interdipendenza tra le decisioni che ne determinano la configurazione; ciò deve essere apprezzato in tre aspetti: *a*) ogni configurazione complessiva delle cinque macrovariabili ha (dovrebbe avere) una propria *coerenza interna*; *b*) ogni variazione di una macrovariabile produce variazioni della configurazione o dei comportamenti delle altre macrovariabili; *c*) ogni intervento di riprogettazione di una macrovariabile rompe la coerenza preesistente e, dunque, dovrebbe contenere tutti gli «adattamenti» delle altre variabili necessari per produrre la nuova coerenza interna.

Le cinque macrovariabili sono fortemente influenzate dall'ambiente nel quale l'impresa opera. L'impresa è un sistema aperto che scambia con l'ambiente condizioni di ogni tipo e che è «giudicato» dall'ambiente. Il tema dell'ambiente è svolto nei paragrafi 9.2 e 9.3 ove, in particolare, si sviluppano i concetti di mercato, di settore e di sistema competitivo.

La vita economica dell'impresa dipende essenzialmente dall'attivazione di due tipi di coerenza:

- la *coerenza interna* tra le cinque macrovariabili che compongono la struttura dell'azienda;
- la *coerenza esterna* tra la struttura dell'azienda e l'ambiente.

Sia la coerenza interna sia la coerenza esterna devono intendersi come coerenze dinamiche.

9.1.3. L'unitarietà degli istituti e del loro governo: l'orientamento strategico di fondo

Ogni istituto è una realtà unitaria e, di conseguenza, unitario deve essere il suo governo economico; tutte le decisioni aziendali devono comporsi in un disegno unitario e coerente. Tuttavia, a fronte di queste dichiarazioni di principio, sappiamo che gli istituti sono realtà dinamiche e complesse, difficili da conoscere compiutamente e nei quali si confrontano idee ed interessi non sempre convergenti. In breve, è sempre concreta la possibilità che si prendano decisioni tra loro contraddittorie, che parti differenti dell'istituto perseguano fini particolari non coerenti con il bene comune, che il percorso di sviluppo dell'istituto si compia in modo erratico.

Negli studi di economia e di direzione aziendale (*management*) il principio dell'unitarietà del governo economico ha acquistato evidenza con lo sviluppo del concetto di «strategia aziendale» a partire dal 1960 circa. Fino a quel periodo gli studi di management erano stati dominati dall'attenzione alle singole funzioni aziendali (finanza, produzione, marketing, ecc.). Questo nuovo filone di studi sostenne la necessità di pensare all'impresa in modo globale e unitario, e vide nella strategia d'impresa l'elemento in grado da un lato di unificare le politiche delle singole aree funzionali e, dall'altro, di collegare le competenze distintive dell'impresa con le caratteristiche del suo ambiente di riferimento[10]. In tempi più recenti, l'esigenza di un indirizzo strategico unitario è stata ulteriormente sottolineata attraverso il concetto di *orientamento strategico di fondo*. Secondo tale impostazione, la strategia aziendale non è «semplicemente» l'insieme delle mosse necessarie per realizzare determinati fini definiti a monte della strategia stessa; al contrario, la strategia aziendale include anche la definizione dei fini e del campo di azione dell'impresa[11]. Al livello più alto del sistema di decisioni aziendali si colloca l'elaborazione di una «visione di fondo» dell'impresa che include non solo i fini e gli obiettivi ma anche il campo di attività nel quale l'impresa intende operare e la filosofia gestionale ed organizzativa che permea tutte le sue scelte. L'impresa è intesa come un organismo vivente che cerca di realizzare una certa visione del suo futuro, visione nella quale gli obiettivi perseguiti e le attività svolte per perseguirli sono strettamente interconnessi e si evolvono continuamente.

La strategia d'impresa, dunque, si compone di due elementi fondamentali: *a*) l'*orientamento strategico di fondo dell'impresa* (OSF); *b*) gli *indirizzi strategici* in cui l'OSF si concretizza.

L'*orientamento strategico di fondo*[12] di un'impresa può essere definito come la sua identità profonda, la parte nascosta e invisibile del suo disegno strategico presupposto delle scelte che costituiscono il profilo strategico visibile. L'OSF è un insieme di idee-guida, di valori e di atteggiamenti che definiscono l'identità, effettiva o ricercata, dell'impresa, e che riguardano:

• *che cosa* essa fa o vuole fare (in termini di campo di attività, di orizzonte temporale e di sviluppo quali-quantitativo perseguito);
• *perché* lo fa o lo vuole fare (cioè i suoi fini e obiettivi di fondo);
• *come* lo fa o lo vuole fare (cioè la sua filosofia gestionale e organizzativa).

In altri termini, l'OSF è la visione di fondo dell'impresa e del suo futuro radicata negli attori chiave dell'impresa e, quando la cultura aziendale è forte e coesiva, nell'intero organismo personale. Sebbene tale visione di fondo raramente venga esplicitata, essa permea di sé l'intera vita dell'impresa.

Gli *indirizzi strategici* attraverso i quali l'OSF si concretizza sono rappresentati dalle scelte strategiche che definiscono, di fatto, in quali arene competitive l'impresa intende operare e in che modo intende affrontare la concorrenza, come intende gestire gli attori istituzionali, quali decisioni strategiche prenderà a livello finanziario, tecnologico, di marketing e così via.

[10] Fra i principali autori che hanno contribuito ad affermare il concetto di strategia ricordiamo: ANDREWS [1971]; ANSOFF [1965; 1984]; CHANDLER [1962]; DRUCKER [1954].

[11] Per la prima posizione si veda: ANSOFF [1965], per la seconda, ANDREWS [1971].

[12] Si utilizza il concetto di orientamento strategico di fondo proposto in CODA [1988b, 24 ss.].

9.1.4. L'unitarietà delle combinazioni economiche

Come visto sopra, l'unitarietà degli istituti (e delle aziende che ne sono l'ordine economico) evoca i concetti generali di unitarietà del governo economico, di strategia aziendale e di orientamento strategico di fondo. A complemento e a supporto di tali concetti generali, si dispongono altri concetti che derivano dall'analisi più dettagliata della struttura delle combinazioni economiche; si tratta dei «caratteri di unitarietà delle combinazioni economiche» denominati:

- complementarità;
- fungibilità;
- comunanza;
- congiunzione;
- uniformità;
- interdipendenza.

La *complementarità* è il più evidente e diffuso fattore di unitarietà delle combinazioni economiche aziendali. Essa si manifesta sia come complementarità *dei fattori produttivi* (il lavoro, gli impianti, le materie prime, ecc.) sia come complementarità *dei vari insiemi di operazioni* (ad esempio, facendo riferimento alle coordinazioni parziali, gli acquisti, le trasformazioni tecniche, le vendite, ecc., sono tra loro complementari). Tali relazioni di complementarità devono evidentemente essere gestite per garantire che i vari elementi complementari (fattori produttivi ed operazioni) si presentino nei tempi, nei volumi e nelle qualità adeguati per attuare in modo compiuto, tempestivo ed efficiente le combinazioni economiche dell'azienda. A titolo di esempio, si pensi ai grandi sforzi di programmazione e di coordinamento necessari per realizzare e per mettere in esercizio un nuovo impianto industriale (uno stabilimento venduto «chiavi in mano») e ai gravi danni che possono derivare dalla mancanza o dal ritardo di realizzazione, o dalla non compatibilità con gli altri elementi, di una parte magari piccola ma comunque indispensabile.

Tra i fattori di produzione e tra le varie classi di operazioni possono darsi anche relazioni di *fungibilità* (o sostituibilità) che in un certo senso sono speculari alle relazioni di complementarità; anche la fungibilità è un fattore di unitarietà da gestire. Particolarmente evidente è la fungibilità, parziale o totale, *tra differenti fattori di produzione* (combustibili tra loro alternativi, diverse combinazioni di lavoro-macchine, un calcolatore con terminali o una rete di personal computer, ecc.) ma altrettanto importanti sono le possibili fungibilità *tra classi di operazioni* o tra combinazioni varie di fattori di produzione, classi di operazioni e caratteristiche dei prodotti. Si pensi ai seguenti esempi non particolarmente complessi: investire molto nella qualità ed affidabilità del prodotto per ridurre l'attività ed i costi dell'assistenza post-vendita in garanzia; investire in collegamenti informatici con i fornitori e con i clienti per ridurre le scorte di materie prime e di prodotti finiti; ridurre la pubblicità per un certo prodotto e nel contempo migliorarne l'imballaggio o ridurne il prezzo. Questa grande varietà di elementi parzialmente fungibili è gestita da vari organi e da varie persone all'interno dell'azienda; per trarne tutti i possibili vantaggi e per evitare azioni incoerenti (ad esempio, la direzione acquisti compra materie prime di qualità inferiore, la direzione commerciale aumenta i prezzi e la direzione assistenza tecnica riduce il numero di addetti all'assistenza post-vendita) occorre riconoscere e gestire con opportuni strumenti questo fattore di unitarietà.

Uno stesso fattore di produzione, o uno stesso insieme di operazioni, può concorrere all'ottenimento di più risultati; tale fattore di produzione, o tale insieme di operazioni, si definisce *comune* ai risultati ottenuti. Così, ad esempio, un impianto di verniciatura può essere comune a più linee di prodotti, un ufficio acquisti può essere comune a più classi di negoziazioni di materie prime, un'aula scolastica può essere comune a più corsi, e così via. In tutte le aziende si svolgono processi di governo economico complessivo che per loro natura sono comuni a tutte le altre classi di operazioni. Alle *risorse* e ai *processi comuni* corrispondono *costi comuni* da attribuire per quote ai risultati cui essi contribuiscono. Le relazioni di comunanza sono un evidente fattore di unitarietà delle combinazioni economiche e di esse si deve tener conto nelle decisioni aziendali; nella valutazione dei risultati reddituali parziali delle varie combinazioni economiche parziali, ad esempio, si possono commettere gravi errori di valutazione, e si possono prendere decisioni profondamente sbagliate, se non si valutano con la massima cura i costi comuni.

Uno speciale e potente fattore di unitarietà si manifesta quando da uno stesso processo produttivo escono *contemporaneamente e necessariamente* più risultati; tali risultati si denominano *congiunti*. L'esempio più noto in materia è quello dei prodotti congiunti derivanti dalla distillazione del petrolio (olefine, diolefine, benzine, paraffine, ecc.). Le attività educative a tutti i livelli (dalla scuola elementare alla formazione post-universitaria) producono sempre effetti congiunti sulle conoscenze, sulle capacità e sugli atteggiamenti delle persone. Molto spesso le attività di pubblicità sono tese a produrre risultati congiunti da un lato sull'immagine del singolo prodotto pubblicizzato e, dall'altro lato, sull'immagine dell'azienda nel suo complesso. Importanti congiunzioni caratterizzano molte produzioni agricole e zootecniche. È chiaro che quanto più sono diffuse le relazioni di congiunzione tanto più si dovrà curare la gestione unitaria dell'azienda.

Una grande parte degli enormi incrementi di produttività fatti registrare nell'ultimo secolo dai sistemi economici evoluti si è realizzata facendo leva sui caratteri di *uniformità* dei *fattori di produzione*, dei *processi produttivi* e dei *prodotti*; le uniformità sono fonti importantissime di unitarietà delle combinazioni economiche. Le uniformità si manifestano in tre forme principali:

la *standardizzazione*, l'*uniformazione* e la *modularità*[13]. La standardizzazione delle materie prime, dei componenti, dei cicli di lavorazione e dei prodotti finiti è l'elemento più evidente delle grandi produzioni di massa e lo snodo principale del passaggio dalle produzioni «artigianali» alle produzioni «industriali». La standardizzazione può essere gestita dalla singola azienda ma in moltissimi campi dell'attività umana si è manifestata l'esigenza di adottare standard comuni a tutte le aziende; si parla allora di uniformazione e per la sua gestione possono sorgere anche organismi internazionali appositi. Si pensi alle norme relative ai pesi e alle misure, ai formati normalizzati delle viti, delle prese elettriche, della carta da cancelleria, ai protocolli per le connessioni informatiche, e così via. La modularità consiste nella progettazione di componenti (i moduli) che possono concorrere alla produzione di differenti prodotti complessi; esempi notissimi sono quelli dei pianali e dei motori di automobili utilizzati per comporre una vasta gamma di modelli o quelli dei mobili detti «componibili» o, ancora, quelli dei moduli prefabbricati per l'edilizia. Come accennato, l'uniformità è una fonte primaria di efficienza; per sfruttarla adeguatamente occorre saper gestire l'unitarietà che ne deriva.

Tradotti *in termini organizzativi*, tutti i fattori di unitarietà sopra descritti manifestano il fenomeno dell'*interdipendenza* tra le varie unità (organi o persone) che compongono l'azienda. Quanto più forti sono i caratteri di unitarietà delle combinazioni economiche di un'azienda, tanto più forte è l'interdipendenza ossia l'*esigenza che ciascuna unità adatti i propri comportamenti a quelli delle altre unità*. Si pensi ai capi reparto che hanno un impianto in comune, ai responsabili di due prodotti composti in parte dagli stessi moduli, ai responsabili della pubblicità di differenti linee di prodotto che devono costruire una certa immagine dell'azienda, e così via. L'analisi dell'unitarietà delle combinazioni economiche e delle interdipendenze che ne derivano è uno dei passaggi fondamentali per la progettazione di un assetto organizzativo coerente con le combinazioni economiche.

9.2. L'ambiente economico

9.2.1. L'ambiente economico e non economico; i confini dell'ambiente

Ambiente di un istituto è l'insieme di *condizioni* e di *fenomeni* esterni allo stesso e che ne influenzano significativamente la struttura e la dinamica. Non tutte le condizioni e non tutti i fenomeni esterni ad un istituto sono elementi del suo ambiente; l'ambiente è circoscritto alle condizioni e ai fenomeni che vincolano, che stimolano e che indirizzano, con intensità apprezzabile, le scelte dell'istituto. La teoria degli istituti include la teoria del loro ambiente date le relazioni di influenza reciproca tra istituti e ambiente.

[13] Il tema è ripreso e sviluppato nel cap. 11; qui si anticipano i primi elementi.

L'economia aziendale ha per oggetto l'ordine economico degli istituti e corrispondentemente indaga prioritariamente l'ordine economico dell'ambiente: l'ambiente economico. La struttura e la dinamica delle aziende, tuttavia, risentono direttamente anche di fenomeni e di condizioni ambientali non di tipo economico; di ciò tengono conto esplicitamente anche le proposizioni di economia aziendale. L'*ambiente economico* d'azienda si compone di fenomeni e di condizioni quali: i *mercati*, insiemi omogenei di negoziazioni di beni privati, di rischi particolari e di credito di prestito; le *strutture di domanda e di offerta* di lavoro, di capitale proprio, di beni pubblici; i *settori*, insiemi di aziende con combinazioni economiche simili ed operanti negli stessi mercati e nelle stesse strutture di domanda e di offerta; le *politiche economiche, monetarie e finanziarie* attuate dagli enti politici e dalla pubblica amministrazione. I fenomeni economici di ambiente sono manifestazioni dell'operare di singoli istituti e di insiemi di istituti; anche del sistema di istituti di un dato Paese e di più Paesi[14]. L'*ambiente non economico* rilevante per la struttura e per la dinamica delle aziende comprende fenomeni e condizioni quali: il sistema dei valori (la cultura) caratterizzanti la collettività sociale in cui l'azienda opera; la normativa giuridica nazionale ed internazionale; lo stato e la dinamica delle scienze, delle tecnologie e delle tecniche; le infrastrutture e la configurazione fisica e climatica del territorio.

La natura multiforme, composita e dinamica delle aziende e del loro ambiente, e la varietà delle circostanze in cui tali oggetti sono indagati, portano a: *a*) definire variamente i *confini* dell'azienda rispetto all'ambiente ed i confini dell'ambiente rispetto all'universo; *b*) assumere in molti casi come primo termine dell'analisi non un'azienda bensì *una parte* della stessa (una combinazione economica parziale) oppure *un insieme* di aziende (ad esempio, un gruppo economico, oppure un settore)[15].

La distinzione tra azienda ed ambiente presuppone la possibilità di *tracciare un confine* tra i due termini; tale confine non è definibile univocamente; per la sua identificazione si ricorre a *due criteri complementari*. Il primo criterio consiste nell'assumere come confini dell'azienda i limiti ai quali si estende la *struttura «giuridica» formale*, ossia gli elementi della struttura aziendale che la normativa vigente indica come campo d'azione degli organi di governo economico della singola azienda. Il secondo criterio assume come confini dell'azienda i limiti ai quali di fatto si estende l'*influenza* degli organi di governo economico dell'azienda; così, se, ad esempio, la struttura delle combinazioni economiche ed i comportamenti dei prestatori di lavoro dell'impresa *B* sono direttamente e prevalentemente determinati dagli organi di governo economico dell'impresa *A*, l'azienda ordine economico di *B* si colloca entro i confini dell'azienda *A*[16]. In economia aziendale l'uso congiunto dei due

14 Cfr. MASINI [1979, 71-72 e 257-258].

15 Sui problemi di definizione dei confini delle «organizzazioni» si veda: SCOTT [1981; trad. it. 1985, 28-29 e 194-197].

16 «L'organizzazione è il complesso delle attività interstrutturate in cui essa è impegnata

criteri è particolarmente rilevante per trattare correttamente il tema delle relazioni tra azienda ed ambiente nel caso di gruppi economici e di aggregati interaziendali di altra specie.

In generale il concetto di ambiente in economia aziendale si intende riferito ad una singola azienda; si è già notato sopra, tuttavia, che in molti casi è necessario fare riferimento anche all'*ambiente di insiemi di aziende* quali i gruppi economici e gli aggregati interaziendali. In molti casi si manifesta anche l'esigenza opposta, ossia l'esigenza di definire ed analizzare *ambienti riferiti ad una parte di un'azienda*, e ciò equivale a dire che può manifestarsi l'esigenza di scomporre l'ambiente aziendale in più *sottoambienti*. Ciò vale soprattutto per le aziende di produzione e per le aziende composte pubbliche che presentano combinazioni produttive fortemente articolate in combinazioni parziali disomogenee.

Speciali ma importanti analisi dell'ambiente a livello sovra-aziendale si danno anche per insiemi di aziende differenti rispetto ai citati gruppi di aziende e aggregati interaziendali. Si accenna qui brevemente a due rilevanti tipi di analisi di tale specie. Il primo tipo di analisi ha per nucleo i settori intesi nella particolare accezione di insiemi di imprese che con prodotti simili competono direttamente negli stessi mercati. Si definisce e si studia l'*ambiente del settore*. Il secondo tipo di analisi si fonda sul concetto di *«popolazioni» di aziende*, ossia di insiemi di aziende simili per caratteri generali quali le dimensioni, il grado di estensione orizzontale (diversificazione) o verticale (integrazione) delle combinazioni produttive, il tipo di struttura organizzativa, e così via. Si suppone che ogni «popolazione» si confronti con l'ambiente (che contiene anche le altre «popolazioni» di aziende) con varie capacità (o, semplicemente, probabilità) di attivare le condizioni necessarie per la vita economica duratura[17].

Una considerazione finale in merito ai confini dell'ambiente riguarda la loro modificabilità. I confini di un'azienda rispetto all'ambiente (comunque definiti) non sono un dato; i *confini dell'azienda sono modificabili*; devono essere «governati» e *la loro estensione è oggetto delle scelte degli organi di governo economico*; scelte di dimensione aziendale, di estensione orizzontale e verticale, di internalizzazione ed esternalizzazione, e così via.

9.2.2. I mercati

Un mercato è *un complesso dinamico di negoziazioni* che hanno per oggetto una certa classe di «beni» e che si manifestano con continuità, con

in un dato momento e sulle quali ha discrezionalità di iniziare, mantenere ed interrompere comportamenti [...]. L'organizzazione termina quando termina la sua discrezionalità, e comincia quella di un'altra» [PFEFFER e SALANCICK 1978, 32].

17 Si fa riferimento alla teoria della *population ecology of organizations*. Per i fondamenti si vedano: FREEMAN e HANNAN [1977] e CARROL e HANNAN [1992]; per la sua collocazione rispetto ad altre teorie organizzative si veda: GRANDORI [1984].

caratteri omogenei e con elevata interazione reciproca[18]. Si compongono in mercati le negoziazioni della specie dello scambio (ossia negoziazioni di beni privati, di credito di prestito, di assicurazione); le negoziazioni relative al capitale proprio e al lavoro si compongono in «strutture di domanda e offerta» solo in parte assimilabili ai mercati.

Si ha un mercato quando *molte* negoziazioni con *oggetto simile* sono attuate *continuativamente* e con *elevata frequenza* da un certo insieme di aziende; ciascuna negoziazione si svolge così secondo condizioni (prezzi unitari e altre condizioni) molto simili a quelle che caratterizzano le altre negoziazioni dello stesso mercato; le uniformità tipiche di un mercato sono talvolta evidenziate anche da particolari usi e consuetudini. Non tutti gli insiemi di negoziazioni sono qualificabili come mercati; più negoziazioni, pur simili per oggetto (ad esempio, negoziazioni di grandi aree edificabili) possono manifestarsi in numeri molto piccoli, a grande distanza di tempo l'una dall'altra, in circostanze molto difformi (nell'esempio: con differenti vincoli di urbanizzazione; più o meno prossime a grandi centri abitati; offerte da aziende pubbliche o private; ecc.) in modo tale che di fatto ciascuna di tali negoziazioni risulta essere un caso unico, una «*negoziazione fuori mercato*» alla quale non si possono applicare condizioni omogenee e correnti di mercato. Non esiste un mercato quando non si possono osservare condizioni di scambio omogenee. Se, per uno stesso bene, si formano sottoinsiemi di negoziazioni con differenti condizioni omogenee, allora siamo in presenza di più mercati distinti di uno stesso bene.

Uno stesso bene, in un dato periodo di tempo, è di regola negoziato in più mercati distinti; in molti casi la distinzione più evidente è per aree economico-geografiche; si hanno così vari mercati nazionali o regionali delle automobili, di vari generi alimentari e di abbigliamento, di appartamenti di abitazione, e così via; per uno stesso «bene» si distinguono differenti mercati anche in funzione di distinti insiemi di aziende clienti (aziende pubbliche o private, ad esempio) o per differenti bisogni soddisfatti dallo stesso bene (è il caso di molte materie prime differenti e, per altri aspetti, delle disponibilità monetarie offerte e domandate in forma di credito di prestito) o per volumi tipicamente negoziati nelle singole operazioni (mercati all'ingrosso e al dettaglio), e così via.

Il progresso dei sistemi di comunicazione e di trasporto, tra l'altro, tende ad attivare interdipendenze tra mercati di uno stesso bene che nel passato erano distinti; si configurano così mercati di vastissima estensione in qualche

18 Si segue lo schema suggerito dalla definizione secondo cui un mercato è «un complesso di negoziazioni [...] caratteristicamente simili per condizioni, concentrate in sufficiente numero riferito a periodi brevi, questi ultimi per una loro successione di durata non effimera. Inoltre, tale insieme di negoziazioni, svolte da più aziende, è costituito in sistema dinamico per motivi di molteplici relazioni che, in connessione evidente anche con le diverse condizioni che caratterizzano le negoziazioni, lo fanno diverso e distinto da altri» [MASINI 1979, 416].

caso denominabili «mercati globali». Forti interdipendenze si danno tra i mercati ove si negoziano beni correlati da relazioni di complementarità e di fungibilità; si tratta di mercati diversi e distinti perché composti da negoziazioni disomogenee, ma anche di mercati interdipendenti.

I mercati sono complessi dinamici; variano nel tempo i loro caratteri distintivi (le qualità dei beni negoziati; i prezzi; le condizioni di pagamento, ecc.); variano i loro confini (per l'intensificarsi o per l'affievolirsi delle relazioni di interdipendenza di cui sopra). Variano anche le condizioni stesse di esistenza dei mercati; insiemi di negoziazioni sporadiche e disomogenee possono intensificarsi ed uniformarsi sino a dar vita ad un vero e proprio mercato; al contrario, mercati con tradizioni anche lunghe possono progressivamente dissolversi. Il passaggio da insiemi di negoziazioni scarsamente correlate a veri e propri mercati può essere favorito, oltre che dalle citate innovazioni nei sistemi di comunicazione e di trasporto, dalla costituzione di apposite «strutture» di natura molto varia (le borse valori, le fiere, nuovi tipi di aziende commerciali e di intermediazione finanziaria, ecc.).

Le negoziazioni che formano i mercati sono tipicamente negoziazioni tra aziende; la struttura e la dinamica di tali negoziazioni sono dunque principalmente spiegate dalla struttura e dalla dinamica delle combinazioni economiche delle aziende; in vari contesti la struttura e la dinamica dei mercati sono però notevolmente influenzate dagli interventi di politica e di regolamentazione economica, dalle condizioni fisiche ambientali, dalla dinamica delle relazioni internazionali, e così via.

Le tradizionali e fondamentali categorie di analisi dei mercati sono la «domanda» e l'«offerta». Attraverso l'analisi della domanda e dell'offerta si tende a spiegare l'origine, la dinamica ed il vario grado di differenziazione delle condizioni tipiche delle negoziazioni che compongono il mercato: i prezzi unitari, i volumi parziali e complessivi negoziati, le varie condizioni di regolamento, le eventuali fluttuazioni periodiche, nonché l'origine e la configurazione delle «strutture» e della normativa che regolano un mercato.

Analizzando le *negoziazioni* che compongono i mercati come *operazioni d'azienda* che sono *parte di dinamiche combinazioni economiche*, risultano con evidenza i limiti delle analisi che pretendono di spiegare i caratteri dei mercati solo in funzione dei prezzi o del grado di concentrazione della domanda e dell'offerta[19]. La domanda espressa da una data azienda, in un certo periodo e per un dato bene, è funzione di un articolato insieme di variabili: il «prezzo di mercato» di quel bene valutato anche tenendo conto delle altre condizioni di negoziazione; il prezzo e le altre condizioni di negoziazione dei beni succedanei e complementari; i livelli di disponibilità monetarie presenti e previste. Le decisioni in oggetto, inoltre, sono influenzate da fattori quali la pubblicità che accompagna i vari beni, l'esperienza direttamente acquisita in precedenti

[19] Si vedano: MASINI [1979, 365-366 e 375-377]; VOLPATO [1986, 122-123].

analoghe decisioni di acquisto, le relazioni sociali ed istituzionali con i potenziali fornitori, l'ampiezza delle informazioni disponibili, la disponibilità ad affrontare eventuali «rischi» connessi all'operazione, le preferenze individuali di vario ordine; fattori il cui peso varia in relazione al tipo di bene oggetto di acquisto, alla criticità dello stesso, e così via. Analogamente molto numerose sono le variabili che influenzano l'offerta di un dato bene in un certo periodo di tempo da parte di un'azienda. In un'azienda industriale la determinazione dei prezzi e dei volumi di vendita terrà conto: dei «prezzi di mercato» e delle altre condizioni di scambio dei prodotti fungibili e complementari e del proprio bene nel passato; delle relazioni tra capacità produttiva installata e volumi di produzione previsti; della struttura dei costi fissi e variabili, diretti ed indiretti; dei livelli di equilibrio economico correnti e prospettici; dei livelli di efficienza relativa e di progresso tecnologico rispetto alle aziende concorrenti; delle prevedibili variazioni di efficienza e di tecnologia; delle possibilità di attivazione di nuovi concorrenti e di sviluppo di nuovi beni fungibili. La valutazione di tali variabili risentirà della configurazione degli assetti organizzativi e del sistema informativo, delle preferenze varie e della propensione al rischio delle persone che compongono gli organi direttivi e di governo economico, delle relazioni sociali ed istituzionali con i clienti, e così via.

9.2.3. I settori

Nell'analisi economica si fa ampio ricorso al concetto di settore; finalità ed oggetti di indagine differenti portano ad assegnare vari significati allo stesso. In generale, un settore è inteso come un *insieme omogeneo di aziende* (con riferimento alle aziende di produzione, aziende che producono beni analoghi) *legate da relazioni di interdipendenza* (relazioni di concorrenza o di altro tipo). Si passano qui brevemente in rassegna tre fondamentali tipi di analisi economica che si fondano sul concetto di settore; si mettono in evidenza le differenti finalità d'indagine e le corrispondenti differenti definizioni di settore.

Le ricerche che originariamente hanno assunto come oggetto di studio i settori sono quelle finalizzate ad *interventi di politica economica* in determinati settori; in merito si usano le dizioni «economia industriale» e «politica industriale»[20]. In tale sede il settore è l'insieme di aziende di produzione che,

[20] Si vedano in merito ai campi di applicazione dell'analisi di settore BAIN [1956, cap. 1]; SCOGNAMIGLIO [1979]. Nella letteratura economica, specie nordamericana, spesso i livelli di analisi propri della «politica aziendale» e della «politica economica» si sovrappongono. Emblematici sono il titolo e l'impostazione del lavoro di Oliver WILLIAMSON, *Markets and Hierarchies: Analysis and Antitrust Implications* [1975, in particolare capp. 1, 11, 13]. Si presti attenzione alla terminologia. Nella letteratura anglosassone il settore è denominato *industry*; da ciò derivano le dizioni *industrial economics* ed *industrial policy* tradotte abitualmente in italiano come «economia industriale» e «politica industriale» anziché «economia dei settori» e «politica economica dei settori» corrispondentemente alla traduzione di *industry* in «industria» anziché «settore».

in un dato Paese, producono e vendono una certa categoria di beni. L'analisi riguarda essenzialmente la *struttura del settore*, in particolare, il grado di *concentrazione* del settore; si intende valutare se e in quale misura la struttura del settore produca distorsioni dal punto di vista della collettività; se, in particolare, si presentino strutture e comportamenti di monopolio collusivo che frenano la spinta all'efficienza e all'innovazione e consentono l'applicazione di prezzi-ricavo a livelli più elevati di quelli giudicabili «equi» da parte della collettività. In alcuni casi l'analisi può portare, al contrario, ad evidenziare un eccessivo frazionamento del settore; in altri casi ancora, si possono individuare condizioni che portano a forme di concorrenza «eccessiva». Per i settori giudicati critici per il sistema economico e politico del Paese, si fa riferimento anche al contesto internazionale per evidenziare eventuali minacce alla sopravvivenza delle aziende del settore, od ostacoli ad un loro adeguato sviluppo. Queste analisi di «economia industriale» portano a formulare interventi di politica economica («politica industriale») tendenti a ridurre le concentrazioni monopolistiche, a favorire talune forme di concentrazione, a «proteggere» o a rafforzare un certo settore nel contesto internazionale.

Una seconda area di utilizzo del concetto di settore è quella dell'analisi delle *interdipendenze settoriali* in termini di flussi di condizioni di produzione e di consumo e di mezzi monetari. Si tratta anche in questo caso di analisi tipiche dell'economia politica e della politica economica. Il sistema economico di un Paese (o di altro aggregato) è rappresentato in forma di «matrici» di settori che evidenziano i flussi in entrata ed in uscita (input-output) di ciascun settore rispetto agli altri. Qui i settori sono insiemi di aziende uniformi dal punto di vista degli input e degli output che le caratterizzano; l'analisi di regola non riguarda solo le aziende di produzione, bensì si estende alla generalità delle aziende, incluse le aziende di consumo familiari e le aziende composte pubbliche. Nelle matrici input-output si trascurano le strutture e le relazioni interne dei settori; l'attenzione è volta alle relazioni tra settori.

La terza importante e distinta area di utilizzo del concetto di settore è quella dello studio del contesto competitivo delle aziende di produzione; anche qui si usa la dizione «economia industriale»; ciò è spiegato dal fatto che gli studi di questa area trovano la loro matrice in quelli della prima poco sopra illustrata; le finalità dell'analisi delle due aree sono tuttavia oggi ben distinte. Qui il settore è definito come insieme di aziende di produzione concorrenti in uno stesso mercato e l'attenzione si concentra sul comportamento competitivo delle aziende del settore. Ci si domanda quali stimoli e quali vincoli, derivanti dalla struttura del settore, condizionino il comportamento delle aziende e, di conseguenza, quali risultati (redditività, sviluppo) si possano conseguire nel settore indagato. Ci si pone sul piano delle *politiche* e delle *strategie aziendali*. L'ipotesi di base, più o meno rigida in differenti impostazioni, è che la struttura del settore sia la variabile ambientale dominante; variabile indipendente dalla quale discendono con relazione di causalità diretta i comportamenti delle aziende; la struttura del settore determina i comportamenti delle aziende e questi determinano i risultati; in definitiva, la redditività delle aziende di un dato settore dipende essenzialmente dalla struttura del settore stesso.

Nel campo degli studi del settore come contesto competitivo d'impresa, occupa una posizione importante il *classico modello «struttura-comportamenti-risultati»*. Di seguito lo si presenta in grande sintesi. I *settori di aziende concorrenti* sono insiemi di aziende di produzione che producono beni equivalenti con riguardo alla loro funzione d'uso e che indirizzano la loro offerta a comuni insiemi di aziende clienti e potenziali clienti. Nelle analisi di prima approssimazione si ipotizza che le aziende concorrenti abbiano combinazioni economiche simili per «tecnologia» e concentrate su una sola linea di prodotto. Si analizza la struttura del settore secondo tre variabili parzialmente correlate: *a)* il *grado di concentrazione* del settore: elevato se un piccolo numero di aziende copre una quota molto elevata dell'offerta complessiva; basso se il settore è composto da numerose aziende ciascuna esprimente una piccola quota dell'offerta; *b)* la *struttura dei costi* delle aziende in due aspetti: la curva dei costi unitari di produzione in funzione dei volumi di produzione, l'andamento nel tempo dei costi unitari di produzione in funzione dei processi di apprendimento; si intende cioè valutare se e come al crescere dei volumi di produzione, e al protrarsi delle produzioni nel tempo, i costi unitari diminuiscono[21]; *c)* il *livello delle «barriere all'entrata»*, ossia il livello degli ostacoli di vario ordine che dovrebbero essere superati da un'azienda esterna al settore per entrare nello stesso; il livello delle barriere all'entrata è indicatore del grado di «protezione» del settore, e, dunque, dei livelli di discrezionalità decisionale di cui gode l'insieme delle aziende facenti parte del settore in un dato momento. Il grado di concentrazione di un settore è spiegato in parte dalla struttura dei costi; tale variabile è particolarmente rilevante quando sono notevoli le economie di scala; in larga misura la concentrazione può essere favorita od ostacolata dalla normativa in vigore e da specifici interventi di politica economica; sempre possono essere rilevanti variabili non specifiche del settore: la differente efficienza espressa dalle persone e dagli assetti organizzativi; le operazioni di acquisizione, di fusione e di scorporo derivanti da ragioni non solo di ordine economico.

La struttura del settore (eventualmente definita in modo più articolato di quello sopra accennato) può essere assunta come la principale variabile indipendente che condiziona i comportamenti delle aziende che fanno parte del settore e da tale ipotesi possono derivare anche teorie con contenuto normativo. In tal caso, si ipotizza che: i settori si possano configurare secondo alcune forme strutturali tipiche; ciascuna forma strutturale suggerisca o «imponga» determinati comportamenti d'azienda; tali comportamenti rendano possibili dati livelli di redditività; questi ultimi, dunque, siano spiegati essenzialmente dalla struttura del settore. In ottica dinamica, si ipotizza che in qual-

21 I temi delle economie di scala e delle economie di saturazione della capacità produttiva sono svolti nel cap. 11.

TAVOLA 9.2. *Schema di rappresentazione del modello «struttura-comportamenti-risultati»*

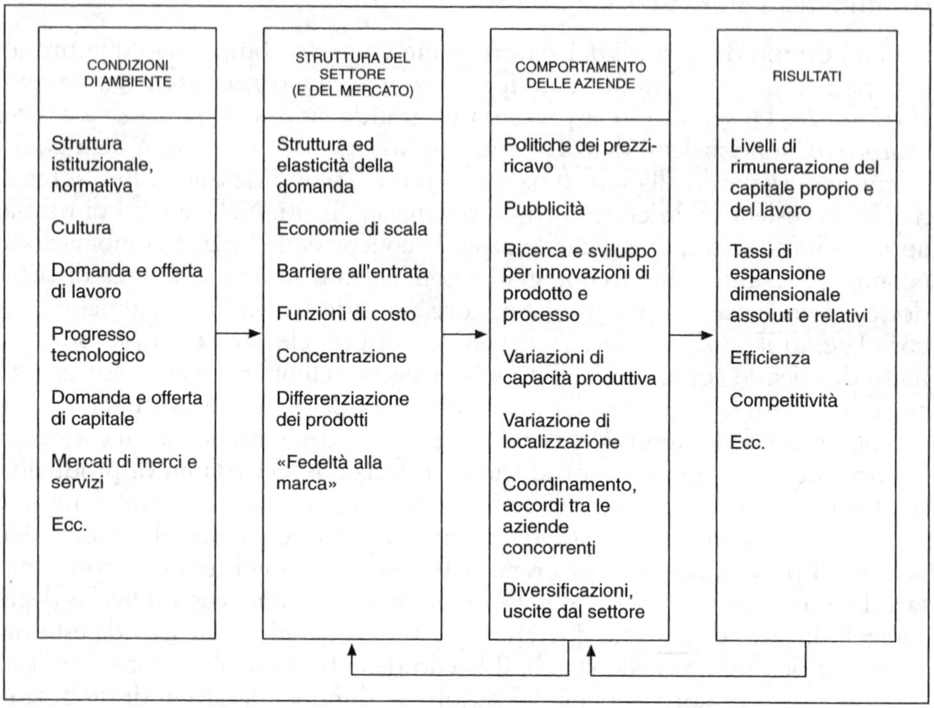

che misura le aziende possano arricchire i loro comportamenti di elementi di innovazione che possono modificare la struttura del settore; struttura che è altresì soggetta all'influsso di dinamiche di ambiente esterne al settore. Il modello «struttura-comportamento-risultati» è tipico delle analisi tradizionali di economia industriale[22]. Il modello è schematizzato nella tavola 9.2; si noti che in tale rappresentazione, ricorrente nella letteratura, si indicano come componenti della struttura del settore la struttura e l'elasticità della domanda (che è tipico carattere del mercato, non del settore); si introducono anche gli elementi di differenziazione dei beni offerti e di «fedeltà alla marca».

Esempi tipici[23] di correlazioni struttura-comportamento-risultati sono:

a) struttura di *concorrenza perfetta*: si presentano bassi livelli di economie di scala, di concentrazione e di differenziazione dei prodotti; le imprese concentrano la propria attenzione sull'efficienza tecnica; i prezzi-ricavo sono dati «dal mercato»;

22 Nel linguaggio corrente, di diretta derivazione anglosassone, si usa l'espressione «struttura-condotta-performance». I fondamenti del modello sono stati posti in: MASON [1939]; BAIN [1956]. Per gli sviluppi e per le applicazioni nell'ambito dell'economia aziendale, si vedano: SCOGNAMIGLIO [1979]; PODESTÀ [1988]; MOMIGLIANO [1975].

23 Si veda: HAY e MORRIS [1979; trad. it. 1984, 268-271].

b) struttura di *oligopolio non differenziato*: sono possibili forti economie di scala; le aziende concorrenti sono in piccolo numero ed offrono prodotti molto simili (ossia, poco differenziati); le aziende tendono a concordare politiche di prezzi uniformi; prezzi quanto possibile alti ma limitati ad un livello che scoraggi l'ingresso di nuovi concorrenti nel settore;

c) struttura di *oligopolio differenziato*: si presentano elevati livelli di economie di scala, di concentrazione e di differenziazione dei prodotti; sono elevate anche le barriere all'entrata e ciò mantiene relativamente bassa la pressione competitiva nel settore; la concorrenza fa leva sulla pubblicità (per favorire la «fedeltà» dei clienti) e sulla ricerca e sviluppo come strumenti per rinnovare la differenziazione dei prodotti.

In generale si intende che la redditività è tanto più elevata quanto maggiori sono le barriere all'entrata, la concentrazione del settore e la differenziazione dei prodotti.

La versione base del modello struttura-comportamento-risultati presenta alcuni importanti limiti. In particolare, esso offre scarso spazio alla differenziazione delle aziende nell'ambito del settore e alle trasformazioni aziendali e settoriali indotte dall'innovazione[24]. Nel seguente paragrafo 9.3 si tratta il tema del sistema competitivo partendo da una teoria che ha notevolmente ampliato e rinnovato il modello struttura-comportamento-risultati[25].

In *economia aziendale* l'oggetto caratteristico di analisi è l'azienda; il settore è categoria di osservazione dell'ambiente di aziende ed assume così significato parzialmente distinto rispetto a quelli sopra visti. L'analisi dei settori non si compie solo con riferimento alle aziende di produzione; in economia aziendale essa si estende a tutti gli ordini di aziende: di produzione, di consumo familiare, composte pubbliche. I settori non sono configurati solo dalle relazioni di concorrenza; si adotta una visione più ampia definendo settori gli *insiemi di aziende i cui comportamenti sono connessi da relazioni dinamiche intense per via di combinazioni economiche simili e per l'operare sugli stessi mercati, non solo nella posizione di venditori tra loro in concorrenza*. Ciascuna azienda opera in più mercati di varia natura, e dunque ciascuna azienda è parte di più settori; un sistema economico non è un insieme di settori definiti secondo un solo criterio di classificazione delle aziende. Il settore è un insieme di aziende che: *a*) hanno combinazioni simili di processi economici caratteristici; *b*) operano negli stessi mercati o in mercati strettamente collegati[26]. Il settore è una realtà di relazioni dinamiche; le aziende che hanno combinazioni economiche simili ma che non interagiscono negli stessi mercati non sono parte di uno stesso settore; tutte le aziende che, con

24 Per la differenziazione si vedano: CHAMBERLIN [1933]; BARNEY [1985]. Sui temi dell'innovazione e dell'imprenditorialità si vedano: SCHUMPETER [1912; 1950]; DECASTRI [1984]; INVERNIZZI, MOLTENI e SINATRA [1988]; NELSON e WINTER [1982].

25 Si fa riferimento all'insieme di variabili trattate nel modello proposto in PORTER [1980].

26 Le definizioni qui riportate sono tratte da quanto in MASINI [1979, 413-415].

combinazioni economiche simili, operano in uno stesso mercato manifestano dinamiche correlate in relazione alla dinamica del mercato loro comune; per il fatto di operare in uno stesso mercato rilevanti classi delle operazioni delle varie aziende sono strettamente connesse reciprocamente; le scelte di struttura di tali aziende risentono del fatto di dover operare nello stesso mercato.

I mercati rispetto ai quali si definiscono i settori sono *mercati di approvvigionamento e mercati di vendita*, mercati di merci e di servizi di ogni specie, mercati del credito e mercati dell'assicurazione. I settori si configurano anche attorno alle strutture economiche d'ambiente (di specie differente rispetto ai mercati) della domanda e dell'offerta di lavoro, di capitale di rischio e di beni pubblici. *Ciascuna azienda partecipa a tanti settori quanti sono i mercati in cui essa opera* in compagnia di un significativo numero di aziende con combinazioni economiche simili. Un'azienda di produzione opera nei mercati di approvvigionamento $a_1, ..., a_n$, nei mercati di vendita $v_1, ..., v_n$, nei «mercati del lavoro» $l_1, ..., l_n$, nei «mercati dei capitali» $c_1, ..., c_n$; in linea di principio tale azienda è parte di altrettanti settori; nel concreto non raramente più settori di cui una stessa azienda è parte coincidono. La definizione di settore qui proposta comporta la visione per cui a ciascun mercato corrispondono uno o più settori di aziende in posizione di offerta ed uno o più settori di aziende in posizione di domanda[27]. I settori in offerta e in domanda possono essere più d'uno poiché uno stesso «bene» può essere domandato ed offerto in uno stesso mercato da insiemi di aziende con combinazioni economiche non omogenee; ciò è ricorrente, in particolare, per la domanda e l'offerta del lavoro, dei capitali e dei beni pubblici; si pensi, ad esempio, ai vari settori di aziende familiari e di aziende di altro tipo che offrono capitali e, per converso, ai vari settori di aziende che domandano capitali; pluralità di settori in domanda e in offerta in uno stesso mercato si danno frequentemente anche per le negoziazioni di beni privati.

9.2.4. Tre interpretazioni dell'ambiente

Quanto esposto nei paragrafi precedenti, rende evidente, tra l'altro, la grande varietà e variabilità dei contesti ambientali in cui operano le aziende. A tale varietà e variabilità di singole situazioni concrete si sovrappone la *varietà delle «visioni»*, ossia delle modalità di interpretazione delle interazioni dinamiche tra le aziende e l'ambiente; varietà di visioni che si riscontra non solo nella dottrina economica, ma anche nella pratica, ossia in forma di atteggiamenti e di valori delle persone che operano nelle aziende[28]; varietà di

27 Tutte le teorizzazioni che riducono l'ambiente di aziende ad un settore concorrenziale sono sovrasemplificanti sul piano concettuale ed inducono a gravi errori nel governo economico delle imprese. Corrispondentemente, risultano inconcludenti tutti i tentativi di spiegare il comportamento delle imprese unicamente in funzione della «struttura del settore» o viceversa. Si veda in merito, ad esempio: HAY e MORRIS [1979; trad. it. 1984, 655-700].

28 Si fa riferimento al concetto di *enacted environment*, ossia di ambiente «attivato» pro-

visioni, anche, che riflette in qualche misura l'evolversi, nel lungo periodo, degli assetti economici, politici e sociali generali. Le differenti visioni delle relazioni dinamiche tra aziende ed ambiente non sono dunque soltanto schemi teorici differenti; sono anche: *a*) modelli cognitivi che spiegano differenti comportamenti concreti delle aziende; *b*) rappresentazioni schematiche dei valori, degli atteggiamenti e dei comportamenti che caratterizzano contesti economici, politici e sociali differenti nel tempo e nello spazio. Si mettono qui a confronto tre «visioni» senza pretese di universalità; si tratta di tre interpretazioni agevolmente riscontrabili nella pratica ed alimentate da vari contributi della dottrina economica; esse sono centrate, rispettivamente, sui concetti dell'«efficienza economica relativa», della «pressione economica reciproca» e dell'«interazione multicentrica».

Nella *visione centrata sull'efficienza economica relativa* l'ambiente è inteso essenzialmente come ambiente economico composto da aziende. Queste sono osservate nei loro ruoli di clienti, di fornitori, di prestatori di lavoro, di conferenti e di destinatari di capitale di rischio e di prestito, di concorrenti, e così via. L'azienda di riferimento interagisce con le aziende del suo ambiente attraverso relazioni di scambio, di partecipazione (per il capitale di rischio e per il lavoro) e di competizione attuate secondo logica di razionalità e di convenienza economica. Si suppone che la logica della *razionalità economica* sia adottata da tutte le aziende operanti nell'ambiente; razionalità soggetta a limiti di conoscenza e di capacità di analisi, ma pur sempre principio ispiratore dell'azione economica sia individuale sia collettiva. Per la singola azienda l'ambiente è una variabile complessa e dinamica rispetto alla quale «*adattare*» la propria configurazione ed il proprio comportamento. L'azienda è un'entità *monolitica* nei confronti dell'ambiente, anche se articolata al proprio interno; i confini con l'ambiente sono segnati in modo univoco dai *confini giuridici e formali*. Si tratta di confini variabili nel tempo in conseguenza del variare della dimensione e dell'estensione delle combinazioni economiche e del connesso variare della struttura organizzativa; le variazioni di confine non sono mosse strategiche o istituzionali in sé. La competitività dell'azienda nell'ambiente dipende essenzialmente dall'efficienza economica relativa che l'azienda stessa sa esprimere; l'assetto tecnico, l'assetto organizzativo, il patrimonio e l'organismo personale si configurano con dimensioni e con caratteri tali da *ottimizzare l'efficienza di svolgimento dei processi di produzione e di consumo*, ossia tali da

posto in WEICK [1979]. Il concetto è ben chiarito in GRANDORI [1984, 27-28]: «l'ambiente cui una organizzazione d'impresa può rispondere è innanzitutto un ambiente *percepito*. In altre parole, ammesso che l'impresa scelga di adattarsi ad un ambiente, questo implica almeno due mediazioni soggettive: primo, la scelta dell'ambiente e delle strategie aziendali [...]; secondo, la selezione consapevole o inconsapevole di quali problemi e stimoli considerare in ogni dato momento [...]. L'ambiente di impresa è [...] *di* un soggetto, cioè in buona misura scelto, "deliberato", e quindi mediato dalla percezione. [...] l'impresa come soggetto conoscente costruisce teorie di azione sociale, e in questo processo incontra tutti i problemi di indeterminazione dell'oggetto di conoscenza con cui si scontrano le scienze sociali, aggravati dal fatto che l'impresa è parte in causa dell'azione sociale».

consentire equilibrate e competitive relazioni tra prezzi e qualità dei «beni» offerti; beni da intendersi in senso molto lato poiché quanto detto vale per ogni specie di aziende: aziende di produzione, aziende di consumo familiari ed aziende composte pubbliche. L'unitarietà dell'azienda, la netta delimitazione dei suoi confini e l'orientamento all'efficienza economica sono riflessi anche nel rilevante ruolo attribuito alla *gerarchia organizzativa* e ai *processi di pianificazione e di programmazione* quali strumenti di integrazione e di razionalità. La visione dell'ambiente secondo l'ottica dell'efficienza economica relativa privilegia dunque i valori della razionalità, dell'efficienza, dell'economicità e dell'indipendenza; la struttura aziendale si evolve progressivamente con scelte che si ispirano alla ricerca di un assetto di «massima razionalità».

Adottando una *visione* delle relazioni tra azienda ed ambiente *centrata sulla pressione economica reciproca*, l'ambiente si configura come un *campo di forze economiche* che premono sulla struttura e sul comportamento dell'azienda. Tutte le relazioni tra le aziende sono anche *relazioni di tipo competitivo*; ciò è evidente per le relazioni concorrenziali tra le aziende che si presentano negli stessi mercati offrendo beni simili; è meno evidente, ma altrettanto rilevante, nelle relazioni tra le aziende che acquistano beni simili negli stessi mercati così come nelle relazioni tra aziende in rapporto di fornitura[29]. Tra le aziende operano dunque anche *relazioni «politiche»*, ossia relazioni di pressione reciproca. Ciascuna azienda tende a *ridurre la pressione subita*; le possibilità di vita economica duratura si riducono al crescere della pressione ambientale poiché per farvi fronte si dovrebbero raggiungere livelli di efficienza sempre più elevati nello svolgimento delle combinazioni economiche; quando la pressione ambientale è debole, l'azienda ottiene livelli di economicità soddisfacenti anche con gradi di efficienza relativamente bassi. Gli elevati livelli di pressione ambientale possono essere fronteggiati agendo sulle condizioni di efficienza (comportamento caratteristico della visione che assegna centralità all'efficienza economica relativa) oppure adottando *«strategie» istituzionali ed organizzative specificamente volte a ridurre la pressione ambientale*[30]. L'ambiente appare così una variabile *direttamente modificabile* nella sua dimensione della pressione esercitata sull'azienda; per variare il livello di pressione dell'ambiente si opera

[29] Una versione importante della visione qui illustrata è rappresentata dalla teoria della «dipendenza dalle risorse» proposta da Pfeffer e Salancik cui si ispirano le argomentazioni successive. Le aziende sono tra loro in competizione per il controllo delle risorse: «La concentrazione del controllo sulla discrezionalità delle risorse, insieme all'importanza delle risorse per l'azienda, determinano la dipendenza di un'azienda dalle altre aziende. La dipendenza può essere definita come prodotto tra l'importanza di un dato input o output dell'azienda e il grado in cui esso è controllato da un numero relativamente piccolo di aziende» [PFEFFER e SALANCICK 1978, 51]. Con riguardo alla competizione in sede di acquisizione dei fattori produttivi, in ZAPPA [1957, I, 231], si legge: «I diversi fattori produttivi possono essere impiegati in imprese diverse e in diverse aziende di erogazione per essere destinati a diversi usi. Si istituisce così tra i diversi settori e tra le diverse aziende una concorrenza [che] ritrova ostacoli non lievi per i fattori produttivi non dotati di forte divisibilità e di alta mobilità nell'ambito di non ristretti mercati».

[30] Cfr. GRANDORI [1984, 76-77].

sui confini dell'azienda; confini giuridico-formali, ma anche, e soprattutto, confini come limiti ai quali si estende l'influenza dell'azienda. Per ridurre la pressione ambientale si attuano così scelte di internalizzazione totale o parziale degli elementi ambientali critici: integrazioni verticali ed orizzontali, eventualmente mediante fusioni ed acquisizioni; *joint ventures*; accordi con clienti, fornitori, concorrenti anche codificati in contratti variamente analitici e vincolanti; cooptazioni incrociate di membri degli organi di governo economico; e così via. Le gerarchie organizzative (in senso lato) e gli strumenti di pianificazione e di programmazione si estendono oltre i confini formali delle singole aziende e non sono intesi tanto come modalità di integrazione e di razionalizzazione quanto come modalità di riduzione degli ambiti di discrezionalità delle parti coinvolte. In sintesi, nella visione che assegna centralità al fenomeno della pressione economica reciproca, le relazioni di tipo economico fanno spazio a quelle di tipo «politico», la tensione verso l'efficienza è mitigata dalla predilezione per ambienti «controllati», il valore dell'indipendenza è in parte sacrificato ai vantaggi di rapporti «collusivi».

La *visione* che propone come centrale il fenomeno *dell'interazione multicentrica* allarga l'orizzonte di analisi ad un ambiente non solo (o prevalentemente) economico. L'ambiente è composto da *elementi di varia natura* (le aziende di produzione, le aziende familiari, le aziende composte pubbliche, gli ordinamenti politici e giuridici, le conoscenze scientifiche, ecc.), ciascuno *con logiche proprie di evoluzione*, con propri valori e criteri di azione; tali elementi interagiscono e continuamente assumono configurazioni proprie e relazioni reciproche nuove; non si danno orientamenti uniformi; l'ambiente è ambito di espressione e di esercizio di *soggettività* e di *discrezionalità* dei differenti attori[31]. Nell'azienda convergono interessi di varia natura, economici e non economici, con intensità relativa variabile nel tempo e componibili secondo configurazioni differenti. L'azienda opera nei confronti dell'ambiente non secondo una logica di adattamento, bensì ricercando *innovazioni* atte a realizzare le proprie finalità; analogamente, ogni elemento dell'ambiente non ricerca l'adattamento ma si evolve secondo le logiche sue proprie. Le dinamiche dei differenti elementi si influenzano reciprocamente; in tempi differenti variano le relazioni di influenza relativa. Ogni elemento è un centro di interazione. Le aziende, in particolare le aziende di produzione e le aziende composte pubbliche maggiormente estese, possono configurarsi secondo *strutture policentriche*, o reti, parzialmente sovrapposte; gli aggregati e i gruppi di aziende prevalgono sulle aziende monolitiche ed isolate; l'attenzione si sposta dai confini dell'azienda ai confini dell'aggregato di aziende; confini interse-

[31] Questo punto è sviluppato soprattutto con riferimento a quanto in VACCÀ [1989]. Ivi si sottolinea l'interazione di tre sistemi (il sistema delle imprese, il sistema scientifico-tecnologico, il sistema politico-istituzionale) autonomi ed autopropulsivi; il concetto di interazione è contrapposto a quello di interdipendenza; l'ambiente è «luogo delle soggettività eccedenti e non strutturabili»; la soggettività è la base delle modificazioni morfogenetiche nei tre sistemi e nelle relazioni tra essi.

cantisi con quelli di altri aggregati. Nell'ambiente multicentrico operano aziende multicentriche. Le gerarchie organizzative e gli strumenti di pianificazione e di programmazione si configurano secondo la logica dei progetti (aggregati di compiti riferiti ad un obiettivo) piuttosto che secondo la logica delle «funzioni», ossia degli aggregati di compiti omogenei per tecnica. Nella visione che privilegia le interazioni multicentriche come fenomeno caratterizzante le relazioni tra azienda ed ambiente, l'*innovazione* e la *flessibilità* prevalgono sull'efficienza, l'ambiente è caratterizzato da forti connotati di multidimensionalità, le aziende non sono orientate alla ricerca di configurazioni «ideali» (convergenti) ma operano piuttosto secondo una *logica morfogenetica.*

9.3. Il sistema competitivo

9.3.1. La struttura del sistema competitivo: il modello della concorrenza allargata

Una parte fondamentale dell'ambiente economico delle imprese è rappresentata dal sistema competitivo, ossia dallo spazio economico popolato dai clienti, dai fornitori e dai concorrenti e nei quali l'impresa si presenta con i sistemi di prodotto risultato della sua attività caratteristica. In quanto parte dell'ambiente economico, il sistema competitivo è rappresentabile in termini di *aziende* e di *relazioni interaziendali*: di aziende familiari, di produzione e composte pubbliche; di relazioni di scambio, di cooperazione e di competizione. Il tema della struttura e della dinamica dei sistemi competitivi è rilevante ai fini sia delle analisi, sia delle decisioni di governo e di direzione delle aziende di produzione. Proprio la scelta del sistema competitivo in cui operare costituisce una decisione, o meglio un insieme articolato di decisioni fondamentali; si decidono infatti il raggio d'azione geografico, le fasce di clienti, i concorrenti diretti, ecc.

In questo paragrafo si presenta uno dei più noti modelli di rappresentazione della struttura dei sistemi competitivi, e cioè il modello della «concorrenza allargata». Nel paragrafo successivo si illustrano alcune dinamiche tipiche dei sistemi competitivi.

Il *modello della concorrenza allargata* è uno dei riferimenti più noti per la rappresentazione della struttura dei sistemi competitivi[32]. Esso si differenzia dai modelli «tradizionali» di economia industriale (in cui il sistema competitivo si identifica con il settore ed è quindi costituito essenzialmente dai concorrenti, attuali e potenziali, su uno stesso mercato di sbocco e dalle relative relazioni di competizione) in quanto amplia la gamma di attori considerati. La teoria di base è la seguente: in ogni settore, la concorrenza non coinvolge solo le imprese appartenenti al settore stesso (i concorrenti in senso stretto), ma è «allargata» ad altre quattro classi di soggetti (tav. 9.3), e precisamente:

[32] Il modello è presentato in forma compiuta in PORTER [1980; 1985]. Per un'analisi critica del modello, si vedano: GRANT [2005]; GHEMAWAT [2001].

TAVOLA 9.3. *La struttura del sistema competitivo: il modello della concorrenza allargata*

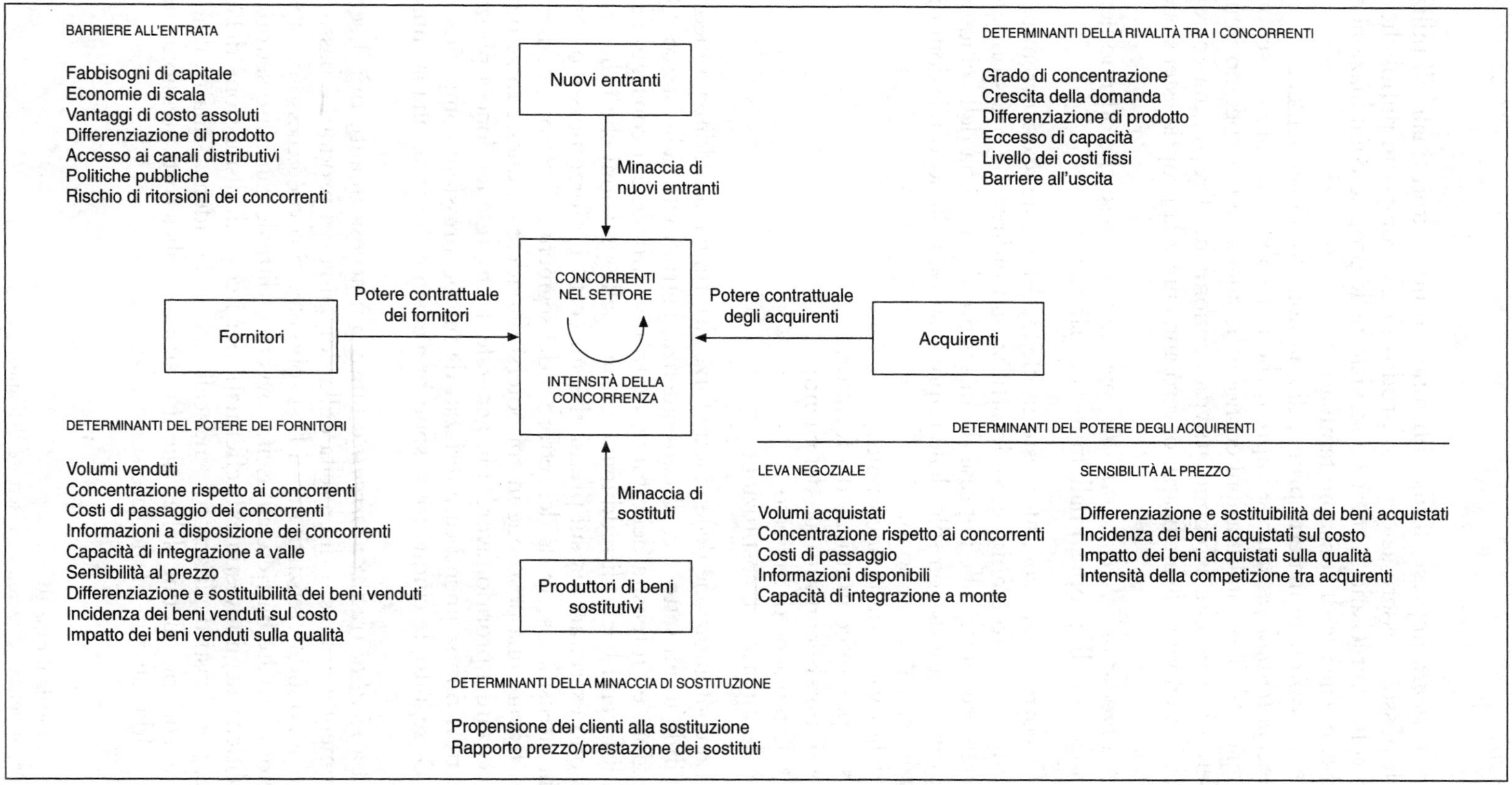

- i *clienti*: imprese di distribuzione e/o utilizzatori finali; gli utilizzatori finali possono essere aziende di produzione o composte pubbliche che, a loro volta, impiegano la merce o servizio nelle proprie combinazioni economiche, o aziende di consumo familiari;
- i *fornitori* di materie prime, di componenti, di servizi, ecc.;
- i *potenziali entranti*: le imprese che potrebbero entrare nel settore perché già svolgono combinazioni economiche analoghe ma operano in mercati differenti, o perché svolgono attività economiche diverse, ma correlate, o perché intendono diversificarsi, ovvero aumentare la propria estensione orizzontale;
- i *produttori di beni sostitutivi*, ovvero le imprese che offrono beni succedanei a quelli proposti dall'impresa di riferimento.

Occorre notare che, in questo modello, il termine «concorrenza» ha un significato molto ampio; esso, infatti, sta ad indicare le pressioni, ossia le «forze» esercitate sulle imprese di un settore da ciascuna delle cinque classi di attori, e quindi non solo dalle imprese stesse nelle loro relazioni di competizione. Tali forze sono:

- la rivalità tra i concorrenti;
- il potere contrattuale dei fornitori;
- il potere contrattuale dei clienti;
- le minacce di ingresso;
- le minacce di sostituzione.

La configurazione delle cinque forze determina la redditività media conseguibile in un settore e, di conseguenza, l'attrattività dello stesso. Quanto maggiore è l'intensità delle forze, tanto più difficile è il conseguimento di soddisfacenti livelli di redditività a causa delle pressioni che i diversi attori possono esercitare sia sui prezzi che sui costi. Le forze possono agire con varia intensità a seconda del settore o del segmento di settore; ogni impresa deve trovare una posizione in cui potersi difendere da queste forze o poterle influenzare a proprio favore[33]; in generale, le imprese tendono a posizionarsi in settori o in segmenti caratterizzati da minori pressioni competitive.

Di seguito, le cinque forze sono brevemente illustrate una ad una.

La *rivalità tra i concorrenti* è tanto più accesa quanto più il settore è frammentato; il tasso di crescita della domanda dei prodotti è basso; i prodotti sono indifferenziati; i costi fissi sono elevati o vi è eccesso di capacità[34]; esistono elevate barriere all'uscita, ovvero è difficile cambiare settore per la specificità degli investimenti effettuati, per i costi di dismissione delle strutture, per i costi degli accordi sindacali, ecc. Ad evidenza, una rivalità accesa anche solo per alcune delle ragioni indicate implica forti pressioni sui risultati reddituali e in particolare sui prezzi.

[33] Si veda il cap. 10.

[34] Si pensi, ad esempio, al settore dell'auto.

Il potere dei *clienti* è funzione di due elementi che sono la forza negoziale e la sensibilità al prezzo. La forza negoziale è tanto maggiore, in particolare, se si tratta di clienti «importanti», se il loro settore è più concentrato di quello dei concorrenti; se sono bassi i costi di passaggio da un fornitore ad un altro; se dispongono di informazioni approfondite sui beni acquistati e se sono potenziali entranti in quanto minacciano di integrarsi a monte[35]. La sensibilità al prezzo dipende dalla differenziazione, e quindi dalla sostituibilità, dei beni da essi acquistati, dall'incidenza dei beni stessi sul costo o sulla qualità dei loro prodotti e dall'intensità della competizione all'interno del loro settore specifico.

Specularmente, i *fornitori* hanno, tendenzialmente, un forte potere se il loro settore è più concentrato di quello della concorrenza; se minacciano di integrarsi a valle e rappresentano, quindi, dei potenziali entranti; se i beni da essi offerti sono specifici, ovvero difficilmente o non convenientemente sostituibili, poco rilevanti in termini di incidenza sui costi dei concorrenti; ecc.

Le *minacce di ingresso di nuovi concorrenti* costituiscono un freno alla redditività del settore fungendo da deterrenti, in particolare, ai prezzi praticati dai concorrenti del settore stesso. Esse dipendono dalla solidità degli ostacoli all'ingresso, ossia delle barriere all'entrata. Le barriere all'entrata hanno varie determinanti, quali:

a) *il fabbisogno di capitale*: si tratta del complesso degli investimenti, in attività correnti ed in immobilizzazioni, necessari allo svolgimento della gestione; fabbisogno che può variare notevolmente da un settore all'altro[36] e che, se particolarmente elevato, può costituire una notevole barriera all'entrata;

b) *le economie di scala*[37]. Vi sono settori, in particolare quelli ad elevata intensità di capitale, in cui le tecnologie produttive permettono di conseguire economie di scala particolarmente elevate. In questi casi, chi intenda entrare nel settore deve farlo con strutture di grandi dimensioni, sopportando diseconomie di volume almeno nei primi tempi, pena il rischio di trovarsi sin dall'inizio ad operare con costi non competitivi;

c) *i vantaggi di costo assoluti* indipendenti dalle economie di scala e derivanti, ad esempio, dalla favorevole localizzazione degli impianti rispetto a fornitori o clienti, da un accesso privilegiato alle materie prime, da economie di esperienza[38], ecc.;

d) *la differenziazione di prodotto*: nei settori in cui i prodotti sono caratte-

[35] Ad esempio, nel comparto alimentare, il diffondersi delle catene di distribuzione tende a ridurre il potere contrattuale delle imprese produttrici sia per ragioni di concentrazione sia per la parziale integrazione a monte; la concentrazione dei produttori in gruppi multinazionali, d'altro canto, agisce in senso contrario.

[36] Si pensi da un lato al settore crocieristico o alla costruzione di aerei e, dall'altro, al settore della consulenza.

[37] Si veda il cap. 11.

[38] Si veda il cap. 11.

rizzati da marchi noti e affermati presso i clienti, e soprattutto presso gli utilizzatori finali, il potenziale entrante deve costruire la propria immagine e conquistare la fedeltà del cliente e quindi sostenere maggiori costi e investimenti in pubblicità, promozione, assistenza tecnica, servizi pre- e post-vendita, ecc.;

e) *l'accesso ai canali distributivi*: quanto più i concorrenti godono di una posizione consolidata presso i clienti distributori, tanto più, ad esempio, è necessario investire in promozione sul punto vendita, o concedere sconti, se si deve costruire *ex novo* una relazione con i distributori stessi. La barriera è ancora più elevata se i concorrenti hanno strutture distributive proprie;

f) *le politiche pubbliche* di regolamentazione e di controllo nei casi in cui, ad esempio, si richiedano licenze o speciali autorizzazioni per svolgere determinate attività economiche, oppure esista la possibilità di coperture brevettuali, ecc.;

g) *i rischi di ritorsioni da parte dei concorrenti del settore*, in forme varie quali riduzioni di prezzo, investimenti pubblicitari e promozionali, e via dicendo.

Si noti che spesso le barriere sono reciprocamente interrelate: ad esempio, un marchio affermato presso il cliente finale può consentire un accesso privilegiato ai canali distributivi.

Le minacce di sostituzione. Come i potenziali entranti, anche i produttori di beni sostitutivi pongono limiti alla redditività del settore, poiché la presenza di tali beni implica una maggior sensibilità della domanda al prezzo. Nel contempo essi producono stimoli al miglioramento o alla differenziazione dei beni «minacciati». Questi ultimi sono tanto più in pericolo quanto maggiore è la propensione dei clienti a sostituire i prodotti acquistati con altri; propensione che dipende, a sua volta, dal rapporto prezzo/prestazione dei sostituti[39].

Alle cinque forze di cui sopra vanno aggiunte le altre relazioni che possono influenzare in modo determinante i comportamenti e i risultati delle imprese concorrenti, quali le relazioni di *cooperazione tra i concorrenti* e le relazioni di *cooperazione con i fornitori* e *con i clienti*. Tali relazioni danno vita, tipicamente, ad aggregati aziendali, di cui si tratta specificamente in altra parte del testo[40].

Nel modello in esame si definisce «settore» (in senso stretto) l'insieme delle imprese in diretta competizione su uno stesso mercato di vendita, mentre si definisce «sistema competitivo» il settore allargato. Il modello propone una generalizzazione relativamente semplice di realtà molto complesse e varie; per talune imprese può essere particolarmente importante rappresentare il sistema competitivo esplicitando differenti sottoinsiemi delle cinque classi generali di attori. È questo il caso dei settori che si configurano fortemente

[39] Si pensi a come tale rapporto è cresciuto nel tempo nel caso dei trasporti ferroviari tramite treni ad alta velocità come sostituti dei trasporti aerei su alcune tratte.

[40] Si veda il cap. 16.

TAVOLA 9.4. *Il sistema competitivo dei produttori di bibite analcoliche negli Stati Uniti d'America: un esempio di «filiera»*

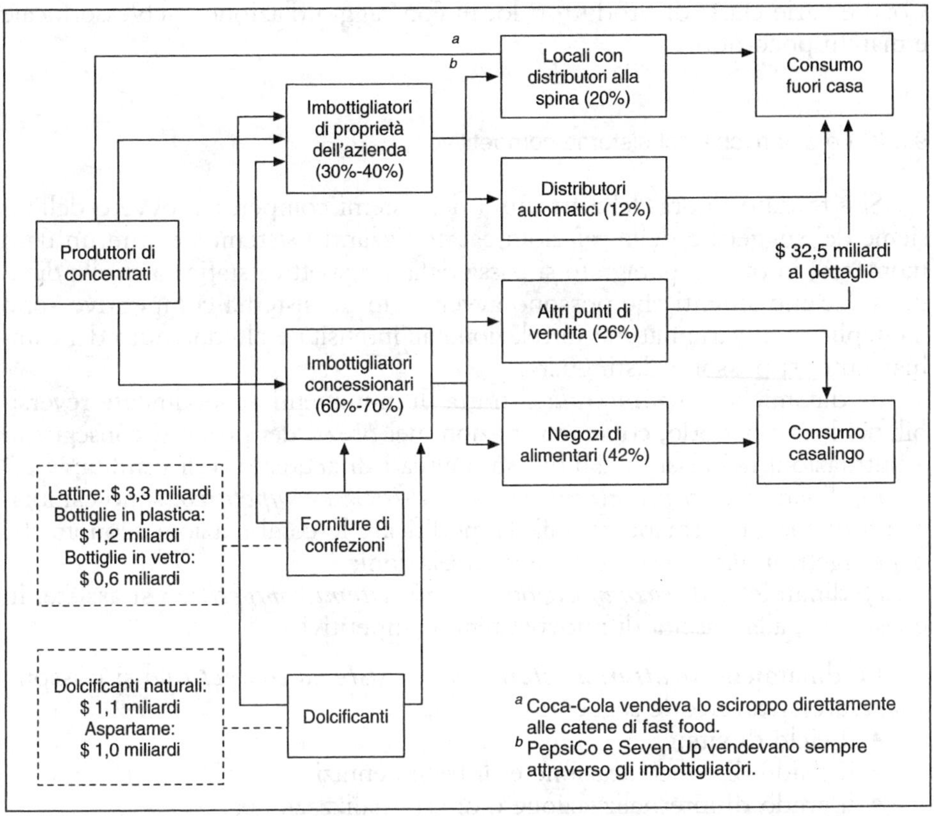

Fonte: A.E. IRWIN e C.L. PEARSON, *Note on Soft Drink Industry*, Harvard Business School, 1986.

come «filiera» di imprese variamente specializzate nelle fasi componenti il processo di produzione di un bene dalla materia prima al prodotto finito. Nella tavola 9.4 si rappresenta un esempio di «filiera» con riferimento alla struttura del sistema competitivo dei produttori di bibite analcoliche negli Stati Uniti a metà degli anni '80. Ancora, a seconda del «punto di osservazione», ovvero della classe di imprese di riferimento, il sistema competitivo può assumere diversa configurazione e una stessa classe di imprese può giocare ruoli differenti. Ad esempio, nel caso delle bevande analcoliche, per i produttori di concentrati il sistema include i soggetti citati nel loro complesso; dal punto di vista dei negozi di generi alimentari, il sistema competitivo include una molteplicità di altri attori (in particolare, numerose altre categorie di fornitori).

Infine, ogni settore può essere segmentato per *raggruppamenti strategici*, ovvero per insiemi di imprese concorrenti caratterizzate da strategie simili cui corrispondono ambienti competitivi ancora più specifici del settore allargato di riferimento. Nel settore della produzione e della vendita di *soft drinks*, per continuare con l'esempio, si possono distinguere grandi produttori operanti sul mercato mondiale con marchi affermati (Coca-Cola e Pepsi Cola) e varie classi di produttori locali con raggio d'azione anch'esso locale e marchi poco noti.

9.3.2. Le dinamiche del sistema competitivo

Si è trattato finora della struttura dei sistemi competitivi, ovvero dell'insieme dei soggetti e delle relazioni caratterizzanti i sistemi stessi in un dato momento; in questo paragrafo si passa dalla prospettiva statica a quella dinamica. I cambiamenti che possono avvenire in un sistema competitivo sono molteplici e di varia natura; in relazione all'intensità e al contenuto del cambiamento, si possono distinguere:

a) dinamiche *congiunturali*: si tratta di mutamenti generalmente reversibili nel breve periodo, come le variazioni nei prezzi dei prodotti conseguenti a fluttuazioni nei tassi di cambio sui mercati di acquisto o di vendita;

b) dinamiche *strutturali interne ad un sistema competitivo*: sono cambiamenti di natura permanente, tali da modificare le combinazioni economiche dei soggetti in gioco e le relative interrelazioni;

c) dinamiche di *ricomposizione di più sistemi competitivi*: si assiste, in questi casi, alla nascita di nuovi sistemi competitivi.

Le dinamiche *strutturali interne ad un sistema competitivo* si possono analizzare attraverso le seguenti variabili:

- il ciclo di vita;
- il grado di concentrazione e di frammentazione;
- il grado di internalizzazione e di esternalizzazione;
- il grado di internazionalizzazione;
- il ciclo di sostituzione.

Il modello del *ciclo di vita* rappresenta l'evoluzione delle vendite di un prodotto o di un settore nel tempo. In tale evoluzione sono riconoscibili alcune fasi tipiche, caratterizzate ciascuna da differenti comportamenti delle imprese concorrenti tra loro ed in relazione agli altri soggetti del sistema allargato: introduzione, sviluppo, maturità e declino. Fasi che, peraltro, non si presentano sempre necessariamente in questa sequenza; i periodi di introduzione o maturità possono essere estremamente lunghi, al declino può seguire un «rilancio», ecc. (tav. 9.5). Qualunque sia la forma della curva, in generale, l'avanzare delle imprese concorrenti di un settore lungo il ciclo di vita ha ripercussioni sulla struttura del sistema competitivo di cui il settore fa parte; in particolare, le relazioni tra i concorrenti e gli altri soggetti tendono a stabilizzarsi[41].

41 Per un'analisi approfondita del modello del ciclo di vita, si veda: SINATRA [1990]. Si noti come, attualmente, molti settori siano giunti alla fase di maturità: per fare solo alcuni esempi, si pensi agli oggetti per la casa e all'auto.

TAVOLA 9.5. *Il modello del ciclo di vita del settore*

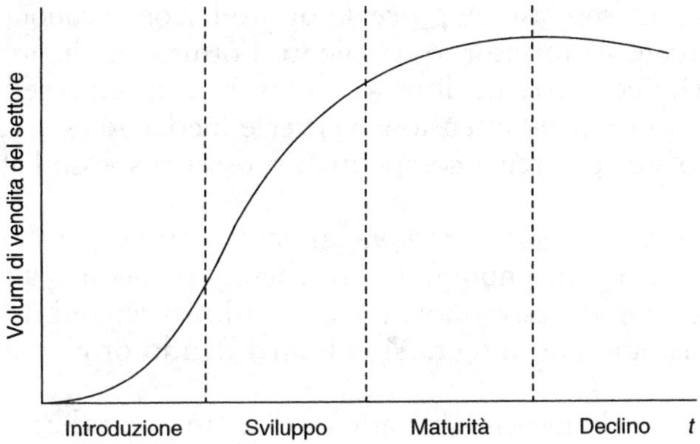

(*a*) Andamento tipico del ciclo di vita di un settore

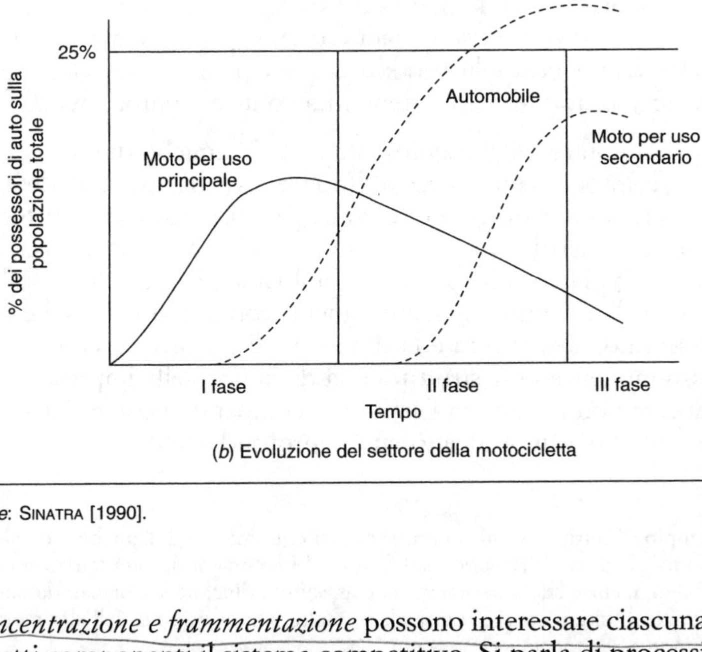

(*b*) Evoluzione del settore della motocicletta

Fonte: SINATRA [1990].

Concentrazione e frammentazione possono interessare ciascuna delle classi di soggetti componenti il sistema competitivo. Si parla di processi di concentrazione quando più imprese concorrenti su uno stesso mercato si uniscono e, di conseguenza, diminuisce il numero ed aumentano le dimensioni dei concorrenti stessi; i processi di frammentazione rappresentano il fenomeno opposto[42].

42 Si pensi ai processi di concentrazione che hanno condotto alla creazione di «poli del lusso», ossia alla costituzione di grandi gruppi diversificati e multi-marca. Un esempio di frammentazione è dato invece dal settore dei personal computer. «Nato» alla fine degli anni '70, in una prima fase è composto da pochissime imprese di vari Paesi: Apple, IBM, successivamente Compaq; più tardi vi hanno fatto ingresso numerosi altri produttori di vari Paesi.

All'interno di un sistema competitivo, le imprese, attraverso scelte di *internalizzazione*, possono integrarsi verticalmente a monte o a valle, ossia svolgere al proprio interno fasi del processo di produzione economica precedentemente effettuate da fornitori o da clienti. Fornitori e clienti possono così diventare anche concorrenti di un dato insieme di imprese. Viceversa, le imprese possono ridurre l'estensione verticale mediante esternalizzazione di attività; in uno stesso sistema competitivo si osserva spesso l'alternarsi delle due dinamiche[43].

Il grado di *internazionalizzazione* aumenta con l'espansione del raggio d'azione geografico delle imprese. In un sistema competitivo a raggio «nazionale» possono fare ingresso nuovi concorrenti provenienti da altri contesti nazionali; il sistema può integrarsi con altri dando origine ad un sistema «globale»[44].

La *sostituzione* di un bene da parte di un altro può ridurre notevolmente lo spazio operativo dei concorrenti di un sistema competitivo fino a causare il declino del sistema stesso con necessità di riconversione che possono coinvolgere sia i concorrenti, sia i clienti ed i fornitori[45].

Le dinamiche di *ricomposizione* hanno origine, tipicamente, da innovazioni tecnologiche, da nuove applicazioni di tecnologie esistenti o dall'integrazione di competenze di imprese appartenenti a contesti competitivi differenti[46].

Come si può notare dagli esempi citati, le dinamiche di cui sopra sono, molto spesso, reciprocamente correlate. Inoltre, esse hanno varie determinanti quali: il progresso tecnologico e le conseguenti innovazioni in termini di sistemi produttivi, distributivi, di comunicazione e trasporto, ecc.; i mutamenti di contesto politico-istituzionale; i cambiamenti culturali; i cambiamenti nelle decisioni di governo e nei conseguenti comportamenti delle imprese. Come già osservato, la struttura e la dinamica di un sistema competitivo nel suo complesso influenzano la struttura e la dinamica delle imprese; viceversa, spesso le imprese non assumono l'ambiente competitivo come dato e pongono in atto scelte che lo modificano anche profondamente[47].

43 Un esempio di settore in cui sono osservabili entrambe le dinamiche è quello del tessile-abbigliamento. Negli anni '70 sono stati frequenti i fenomeni di esternalizzazione per esigenze di flessibilità, mentre successivamente si è assistito a dinamiche opposte da parte di numerose aziende. Negli ultimi anni, in particolare, molte grandi *maisons* dell'alta moda si sono integrate sia a monte sia a valle.

44 In vari settori, come la moda e la grande distribuzione alimentare, i processi di concentrazione si sono accompagnati a processi di internazionalizzazione produttiva e commerciale, spesso attraverso acquisizioni.

45 Negli anni '60 e '70 il computer dominante era il *mainframe*; a partire dalla fine degli anni '70 sono comparsi i personal computer, che lo hanno sostituito in numerose applicazioni. Tale dinamica ha seriamente minato quella che fino ad allora è stata la leadership incontrastata di IBM.

46 Un settore emergente mediante ricomposizione è oggi quello dell'informazione e comunicazione multimediale, a cui partecipano, con accordi di collaborazione di varia natura, imprese produttrici di software, di servizi di telecomunicazione, di elettronica di consumo.

47 Un esempio è quello di Benetton. Con la sua strategia, l'impresa veneta ha provocato

In chiusura dei paragrafi che hanno illustrato i concetti essenziali per l'analisi statica e dinamica dei settori, si impone un richiamo per mettere in guardia da sovrasemplificazioni nell'uso degli stessi. Lo studio dei settori da parte delle imprese è essenziale per capire quali sono le forze in gioco e quali gli spazi di manovra; tuttavia, non è dalla sola analisi dei settori che le imprese possono dedurre le proprie strategie. In altri termini, il successo strategico delle imprese non è garantito dal solo fatto di operare in un sistema competitivo che esercita pressioni relativamente deboli; il successo strategico dipende in almeno ugual misura dalle competenze distintive possedute dall'impresa e dalla capacità dell'impresa di utilizzarle e rinnovarle per sollecitare la domanda dei clienti e per distinguersi dai concorrenti. Sin dall'inizio degli anni '80, gli studiosi di strategia aziendale contrappongono le scelte basate sull'analisi delle forze competitive alle scelte basate sulle competenze distintive come se tali scelte e tali analisi fossero alternative e incompatibili. Al di là delle dispute accademiche, si tratta di due approcci complementari all'impostazione delle strategie aziendali. È del tutto naturale, ed è perfettamente razionale, che le imprese ricerchino vantaggi sia nelle «rendite monopolistiche» derivanti dal «potere di mercato» sia dallo sfruttamento delle proprie «competenze distintive» e «capacità dinamiche»[48].

una serie di cambiamenti nel sistema competitivo: *a*) in termini di combinazioni produttive, con l'industrializzazione di processi che all'epoca dell'ingresso di Benetton nel settore della maglieria erano per la maggior parte artigianali; *b*) in termini di relazioni con fornitori e clienti: con i fornitori, attraverso la creazione di relazioni privilegiate con una rete di piccole e piccolissime imprese dell'area veneta; con i clienti «diretti» attraverso la creazione di una rete di negozi esclusivisti; con i clienti finali grazie al lancio su larga scala di un nuovo tipo di abbigliamento, il casual, in negozi dalle caratteristiche e dallo stile di vendita diversi rispetto ai negozi tradizionali.

48 Il punto è ripreso e sviluppato nel cap. 14.

Capitolo 10

Le scelte di configurazione del sistema di prodotto e della formula competitiva

10.1. Il sistema di prodotto e la formula competitiva

Ciascuna impresa si presenta ai propri potenziali clienti offrendo uno o più *sistemi di prodotto*[1]. Un sistema di prodotto è un insieme unitario di beni e di condizioni di scambio avvinti a sistema da relazioni di interdipendenza, in particolare di complementarità.

In ciascuna relazione di scambio con i clienti l'impresa offre sempre una molteplicità di elementi quali le caratteristiche fisiche dei prodotti (merci e servizi), l'ampiezza della gamma di prodotti fungibili e complementari proposti, l'assistenza tecnica, la notorietà del marchio, il prezzo, le condizioni di pagamento e di consegna e così via; ciascuno di tali elementi è rilevante nel determinare la conclusione positiva dello scambio ed è legato da complementarità a tutti gli altri elementi; l'insieme unitario di questi elementi si denomina sistema di prodotto.

Si considerino i seguenti esempi: *a*) il sistema di prodotto di un ristorante non comprende solo i cibi e le bevande, ma anche la qualità dei locali, degli arredi, del servizio a tavola, così come la disponibilità di parcheggio, il prezzo, naturalmente, ma anche le modalità di pagamento, le eventuali convenzioni, le modalità di prenotazione, e così via; non raramente il cliente sceglie in base all'«atmosfera» di un ristorante piuttosto che in base alla qualità del cibo; per altri clienti può contare soprattutto la velocità, per altri è essenziale un prezzo basso; *b*) chi acquista un oggetto per la casa di alto design, supponiamo un vassoio in acciaio inossidabile, non compra solo un oggetto utile per servire i cibi in tavola ma anche un simbolo di prestigio

I parr. 10.1, 10.2 e 10.3 sono di Daniela Montemerlo; i parr. 10.4 e 10.5 di Paola Varacca; il par. 10.6 di Susanna Di Martino.

1 Per l'impostazione del paragrafo si vedano: NORMANN [1977] e CODA [1984]. In questo capitolo si fa riferimento al caso base dell'impresa «monobusiness», ossia non diversificata in più combinazioni economiche parziali.

espresso dal marchio del famoso produttore e dalla firma del celebrato architetto e un arredo della casa che comunica agli ospiti il gusto estetico dei padroni di casa; certo, il prezzo è più alto rispetto a quello del prodotto «anonimo» che svolge la stessa funzione d'uso, ma ciò che si è acquistato non è solo un vassoio; *c*) chi progetta e realizza server per le reti informatiche aziendali non offre solo il server in sé, poiché i clienti chiedono anche il sistema operativo, l'assistenza tecnica pre-vendita, l'installazione, l'assistenza tecnica post-vendita, l'aggiornamento dell'hardware e del software in occasione delle successive *release*, la compatibilità e la connettività con altre parti del sistema informatico, certi tempi di consegna; naturalmente le prestazioni tecniche e il prezzo contano, ma sono soltanto due degli elementi che qualificano l'offerta dell'azienda e che influenzano le scelte dei clienti[2].

Da un lato, il sistema di prodotto è il complesso oggetto con il quale l'impresa ricerca il consenso dei clienti; dall'altro lato è l'arma utilizzata per sfidare la concorrenza. Ciascun elemento del sistema di prodotto può diventare cruciale nel confronto competitivo perché può dare luogo ad una combinazione particolarmente efficiente o particolarmente originale, ovvero ad una combinazione con una propria peculiare coerenza interna che la rende vincente. Chi gestisce un ristorante deve decidere quanto puntare sull'atmosfera, sull'originalità delle ricette, sulla ricchezza della cantina, sull'ampiezza del parcheggio, sul contenimento dei costi e dei prezzi, e così via. Chi produce casalinghi deve decidere l'ampiezza della gamma dei prodotti da offrire, la differenziazione degli stili e delle fasce di prezzo, il livello del design, il numero e la qualità dei negozi da rifornire, la costruzione e lo sviluppo di uno o più marchi eventualmente abbinati ai nomi dei designer, e così via. Chi vende server deve decidere quanto puntare sulle prestazioni tecniche, sull'affidabilità, sulla modularità, sulla gamma dei server e dei prodotti complementari monomarca o multimarca da proporre, sulla distribuzione territoriale dei servizi di assistenza tecnica, sulle condizioni di ritiro dell'usato, e così via.

La progettazione del sistema di prodotto è un passaggio cruciale per l'economicità dell'impresa perché da essa dipendono in larga misura i componenti positivi e negativi di reddito. È evidente che, a seconda di come è configurato il sistema di prodotto, i clienti percepiscono una certa utilità dello stesso, ossia gli attribuiscono un valore[3] e, anche mediante comparazione delle condizioni proposte da altre imprese, sono disposti ad acquistarlo in certi volumi a certi prezzi. Da questo punto di vista, per massimizzare i volumi di vendita e per cercare di spuntare prezzi di vendita elevati, l'impresa è spinta ad «arricchire» il prodotto; ma è chiaro che un prodotto più ricco comporta di norma costi più elevati e che prezzi alti possono ridurre la quantità domandata. Schematicamente, si tratta di trovare una buona combinazione delle variabili riassunte nella tavola 10.1.

[2] Con i dovuti adattamenti, il concetto di sistema di prodotto si applica utilmente anche ai casi dello Stato e degli istituti nonprofit.

[3] Si vedano: MAZZOLA [2002] e PAROLINI [1996].

TAVOLA 10.1. *La progettazione del sistema di prodotto e i suoi effetti sulla redditività*

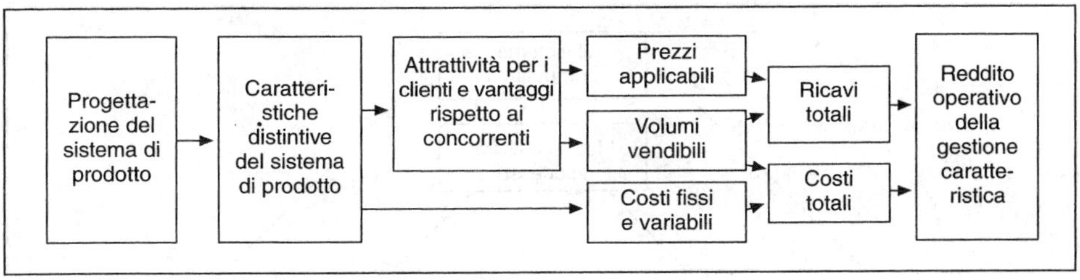

Come deve essere impostato, sul piano logico, il processo decisionale che porta alle scelte di configurazione del sistema di prodotto? È sufficiente puntare sullo sviluppo di un prodotto tecnicamente valido da vendere ad un prezzo conveniente? Di regola occorre procedere con una visione più ampia e un modello teorico particolarmente utile per indirizzare le nostre scelte: il modello della «formula competitiva»[4].

Il modello della *formula competitiva* pone in correlazione tre macrovariabili, una delle quali è proprio *il sistema di prodotto*; le altre due macrovariabili sono *il sistema competitivo* e *la struttura e le risorse aziendali* (tav. 10.2)[5]. *Il sistema competitivo* è qui inteso essenzialmente come lo spazio abitato dai clienti e dai concorrenti con i quali la nostra impresa si confronta giorno per giorno. Il nostro sistema di prodotto deve essere attraente per i clienti e deve confrontarsi positivamente con l'offerta della concorrenza. La *struttura* e le *risorse aziendali* sono l'insieme di condizioni fisiche, patrimoniali, personali, relazionali e organizzative di cui l'impresa dispone per rispondere alle attese dei clienti e per fronteggiare le mosse dei concorrenti. Si tratta delle condizioni che ci mettono in grado di elaborare e di offrire un sistema di prodotto più o meno originale e competitivo.

In essenza, questo modello afferma che il successo di una strategia competitiva dipende dalla consonanza tra le tre macrovariabili; l'impresa che riesce a produrre una formula originale e coerente ottiene un vantaggio rispetto ai concorrenti e conquista il consenso dei clienti. In pratica, dunque, il sistema di prodotto deve essere progettato in modo tale che esso sia coerente con il sistema competitivo e con la struttura e le risorse aziendali. Più specificamente, l'impresa deve comprendere quali sono le attese dei clienti e in particolare quali sono le attese decisive per le scelte di acquisto (i *fattori critici di successo*) e, a fronte delle stesse, qual è l'attuale offerta dei concorrenti. L'impresa deve configurare un sistema di

[4] Si vedano: NORMANN [1977] e CODA [1984; 1988b].

[5] Lo sviluppo del modello della formula competitiva presentato di seguito utilizza concetti e classificazioni particolarmente utili nel caso di merci; per il variegato mondo dei «servizi» occorrono opportuni adattamenti. I termini utilizzati sono soggetti a differenti interpretazioni da parte dei vari autori; in particolare, qui si usa una speciale definizione del concetto di «fattori critici di successo».

TAVOLA 10.2. *Lo schema della formula competitiva*

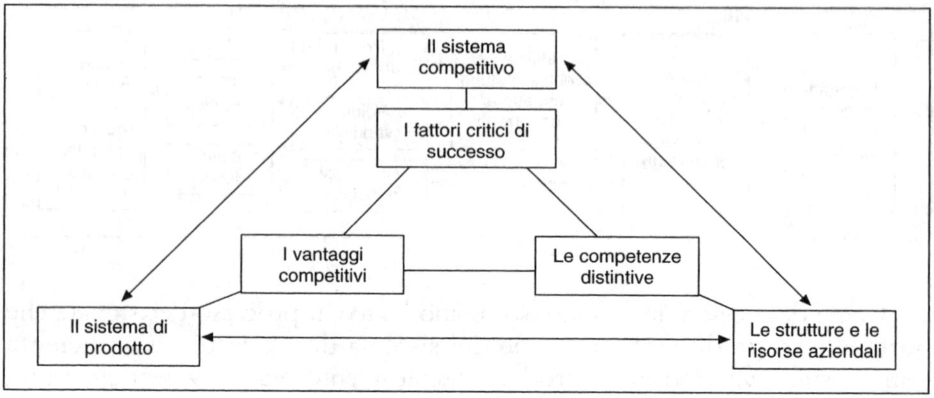

Fonte: Adattato da NORMANN [1977]; CODA [1984; 1988b].

prodotto che risponda alle attese dei clienti e che possegga *vantaggi competitivi* rispetto a quello dei concorrenti. L'impresa, infine, deve sviluppare strutture e risorse che contengano *competenze distintive* in modo tale che i concorrenti possano difficilmente imitarle e che sia possibile offrire un sistema di prodotto coerente con i fattori critici di successo e con adeguati vantaggi competitivi.

10.2. Il sistema competitivo e i fattori critici di successo

Le tre macrovariabili che compongono il modello della formula competitiva sono legate da una relazione di interdipendenza circolare; nessuna delle tre variabili è la variabile indipendente rispetto alla quale le altre devono adattarsi. Tuttavia, ai fini espositivi, è utile partire dalla variabile sistema competitivo e dal connesso concetto di fattori critici di successo.

Per impostare efficacemente la propria strategia competitiva ciascuna impresa deve analizzare con molta cura quali sono le attese dei clienti attuali e potenziali, quali nuove attese potrebbero essere suscitate da nuovi sistemi di prodotto, in quale misura gli attuali prodotti propri e della concorrenza soddisfano tali attese, quali spazi di mercato sono destinati a restringersi e quali ad aprirsi.

L'analisi e la descrizione esplicita delle attese dei clienti non è mai un esercizio semplice; spesso ci si ferma ad espressioni del tipo «un buon prodotto, un buon servizio e un buon prezzo» che, per quanto sostanzialmente corrette, non aiutano molto nell'indirizzare le scelte che ogni singola azienda deve compiere. Per procedere in tale direzione occorre: *a*) costruire un inventario il più possibile completo e chiaro delle attese dei clienti attuali e potenziali; *b*) individuare, nell'ambito di tale inventario, quali sono le attese più critiche; le attese più critiche sono denominate «fattori critici di successo» (FCS); il nostro sistema di prodotto deve garantire una buona soddisfazione di tutte le attese dei clienti, ma, in particolare, non deve presentare alcuna debolezza rispetto ai fattori critici di successo ed anzi, proprio rispetto ai fattori critici di successo deve presentare qualche chiaro vantaggio competitivo. In altri termini, il rischio è che un'impresa punti molto (sostenendo i relativi costi) su aspetti del sistema di prodotto che non sono critici o apprezzati dal cliente, trascurando invece i fattori critici[6].

Si noti che i potenziali fattori critici di successo (le attese critiche dei clienti) sono differenti per varie classi di prodotti e per differenti insiemi di clienti; ciò significa che si devono compiere analisi specifiche per i vari segmenti di mercato; non danno risultati utili analisi dei fattori critici di successo nel «mercato delle automobili» o dell'abbigliamento o dei generi alimentari; tali tipi di analisi producono generalizzazioni improprie e pericolose per le scelte aziendali. Sono esempi di fattori critici di successo:

- la funzionalità tecnica continua e duratura: il prodotto deve svolgere la funzione d'uso al livello tecnico contrattato, senza interruzioni, e per tempi lunghi; può essere un FCS per impianti petrolchimici, centrali elettriche, motori di aerei, sistemi di sicurezza, protesi mediche, ecc.;
- l'economicità d'acquisto e d'uso: il prodotto deve avere un costo basso sia direttamente (costo dei complementi, dei consumi, della manutenzione, ecc.) sia indirettamente (costi di installazione, tempi e costi di apprendimento all'uso e di «settaggio», costi di sorveglianza e di alimentazione, costi di dismissione). Questo è un FCS per i prodotti con prestazioni standard non problematiche e offerti da una pluralità di concorrenti: fotocopiatrici, PC, veicoli commerciali, ecc., oppure per i prodotti rivolti a clienti finali con limitato potere d'acquisto;
- la flessibilità d'uso, ossia la possibilità di utilizzare il prodotto per svolgere più funzioni, di modificarlo, di estenderlo, di aggiornarlo in tempi e con costi contenuti; può essere un FCS per molti tipi di macchinari utilizzati da imprese di dimensioni non grandi e che devono svolgere lavorazioni molto varie e mutevoli nel tempo;
- l'integrabilità, compatibilità, personalizzazione, cioè la possibilità di integrare rapidamente e a basso costo il prodotto con altri già posseduti o di futuro acquisto; in molti casi può significare anche l'esigenza di progettare e realizzare beni «personalizzati» per il singolo cliente. Per i beni strumentali quali macchine utensili, computer, software, si tratta di compatibilità tecnica e dimensionale; per altri beni, quali, ad esempio, i beni di arredamento e di abbigliamento (i prodotti «coordinati» stilisticamente, i prodotti su misura, i capi sartoriali, ecc.) si tratta di compatibilità e di integrabilità anche estetica;
- il soddisfacimento di bisogni di prestigio, di *status*, di ostentazione, di identificazione. Si tratta di un FCS tipico dell'acquisto di beni che hanno un elevato contenuto di moda, di immagine, di esclusività, e quindi dell'abbi-

6 VISCONTI [1988a].

gliamento e di tutti i beni «di lusso», per i quali il fatto di possedere e di esibire un prodotto «all'ultima moda», «di tendenza», «accessibile a pochi» ha in molti casi una rilevanza in sé, al di là della funzionalità del bene stesso;

• l'appagamento di bisogni estetici, FCS caratteristico per i beni in cui la componente stilistica ed artistica è particolarmente importante, o addirittura determinante (ad esempio, edifici, arredi, libri oltre che, naturalmente, gli oggetti d'arte in senso proprio);

• l'appagamento di bisogni di solidarietà e di salvaguardia dell'ambiente e della qualità della vita, sempre più rilevanti nel contesto socio-economico attuale;

• l'unicità, affidabilità e responsabilità (*accountability*) della controparte: il compratore vuole essere sicuro di chi è il fornitore e di chi unitariamente si assume le responsabilità economiche e morali del contratto; è un FCS in transazioni che hanno per oggetto beni particolarmente complessi (un grande impianto, una grande applicazione informatica), difficili da esplicitare (una consulenza economica o legale) o delicati sul piano personale (un difficile intervento chirurgico);

• l'accessibilità, comparabilità e sperimentabilità del prodotto in fase di acquisto: un buon prodotto può avere scarso successo perché è difficilmente accessibile, non lo si può osservare direttamente e confrontare con gli altri prodotti simili; possono diventare allora fondamentali i mezzi di informazione e le infrastrutture (cataloghi, siti internet, magazzini, negozi, sale prove, visite presso altri clienti, ecc.) che consentono al cliente di osservare, analizzare, provare i prodotti così come può diventare molto importante l'offerta da parte del venditore di un'ampia gamma di prodotti fungibili. In linea di principio, ogni compratore ama acquistare un bene che si adatti perfettamente alle proprie esigenze e non sempre queste sono del tutto chiare a priori; il cliente attiva così un processo di ricerca e di apprendimento che è tanto più efficiente ed efficace quanto più ampia è la gamma di prodotti fungibili proposta dal venditore e quanto più estesi sono i mezzi di informazione e le infrastrutture di presentazione dei prodotti.

La classificazione proposta mostra come i fattori critici di successo possano essere variamente collegati agli elementi del sistema di prodotto: alle sue caratteristiche materiali e immateriali, ai servizi accessori, alle condizioni contrattuali. Le aziende, dunque, hanno a disposizione leve molteplici, in parte complementari e *in parte fungibili* (sono esempi di fungibilità l'addestramento pre-vendita, il livello qualitativo tecnico-funzionale del prodotto fornito, gli interventi di riparazione o sostituzione post-vendita).

I fattori critici di successo possono differire anche profondamente, e combinarsi pure in modo differente, a seconda del mercato e del settore di attività economica. Anche segmenti di clientela diversi possono esprimere bisogni molto disomogenei, il che comporta una complessità di gestione spesso assai elevata nel caso in cui le aziende scelgano di rispondere a queste differenti esigenze con sistemi di prodotto multipli ossia, come illustrato di seguito, articolati in vari sottosistemi; talvolta, servire segmenti di clientela molto diversi può addirittura condurre a nuove combinazioni parziali. Nel settore della moda, per fare solo un esempio, molte *griffes* offrono linee contraddistinte da marchi, stili, qualità fisico-tecnica, assortimenti e fasce di prezzo diversi; in alcuni casi, il moltiplicarsi delle linee ha segnato l'ingresso in nuovi business (ad esempio, gli oggetti per la casa); in questa varietà occorre salvaguardare l'unitarietà delle linee stesse e, per questa via, l'immagine del sistema di prodotto complessivo e di tutta l'azienda.

È da notare che i fattori critici di successo si evolvono nel tempo, al mutare dei bisogni, del contesto sociale e delle strategie competitive poste in essere dalle aziende; a questo proposito, innovazioni introdotte da aziende «pioniere» si possono trasformare in requisiti che, ad un certo punto, nessun cliente mette in discussione. Si pensi al colore nell'abbigliamento casual: negli anni '60 questo elemento del sistema di prodotto andò incontro a nuovi gusti e nuove abitudini dei giovani e rappresentò un elemento di differenziazione dirompente per aziende come Benetton, per poi trasformarsi in una condizione di esistenza nel settore il cui soddisfacimento è oggi dato per scontato.

Si ricordi che qualunque sistema di prodotto si può ritenere effettivamente superiore alla concorrenza nel momento in cui il suo vantaggio competitivo è riconosciuto e accettato come tale dal mercato, ossia è coerente con i fattori critici di successo del mercato stesso. Si noti bene che questa relazione di coerenza può apparire scontata, ma non lo è. Ad esempio, alcune aziende del settore dell'abbigliamento griffato, in alcuni periodi della loro storia, hanno perso quote di mercato perché hanno ampliato le serie e la diffusione degli articoli offerti a tal punto da deludere una clientela per cui era cruciale, invece, poter sfoggiare articoli esclusivi e da indebolire, in ultima analisi, il proprio vantaggio di differenziazione. Aziende del settore delle macchine utensili, invece, hanno conosciuto in passato periodi di grave crisi per aver offerto macchinari dalle prestazioni tecnico-funzionali di livello superiore rispetto alla concorrenza, ma anche «sovra-dimensionate» rispetto ad un mercato per cui era invece prioritaria l'efficienza gestionale, e che quindi non era disposto a riconoscere alcun premio di prezzo ad un sistema di prodotto che non riteneva rispondesse ai propri bisogni nella giusta misura. Un altro rischio è quello di concentrare l'attenzione solo sui fattori critici di successo trascurando gli altri fattori per i quali i clienti si attendono comunque un livello «minimo» di prestazione. Ad esempio, quando si punta sul fattore critico di successo «prezzo basso» (*strategia di costo*), è necessario ricercare tutte le fonti di efficienza possibili, ma non si deve perdere di vista la soglia oltre la quale la qualità percepita si riduce a tal punto da far perdere attrattività anche al prezzo più conveniente e da scoraggiare anche i clienti più attenti a ridurre i propri costi. Al contrario, quando si punta sulla peculiarità distintiva del nostro prodotto (*strategia di differenziazione*), il rapporto qualità/prezzo è sempre una leva competitiva di estrema rilevanza. In questi casi è il prezzo a dover essere mantenuto a soglie accettabili dai clienti, affinché questi non arrivino a ritenere di spendere troppo per un sistema di prodotto pure in grado di rispondere alle loro esigenze meglio dei sistemi concorrenti.

Parlare di sistema di prodotto, fattori critici di successo e vantaggio competitivo comporta, ad evidenza, un continuo riferimento al cliente finale e agli eventuali clienti intermedi coinvolti nel processo di distribuzione. È necessario, dunque, conoscere approfonditamente il «mercato di sbocco» prescelto, i suoi confini e i suoi attori principali, ossia i clienti con le loro esigenze. Ai fini di una miglior conoscenza del mercato di sbocco esistono vari criteri di segmentazione, ossia diverse modalità di individuazione di insiemi (segmenti) omogenei di clientela, tra cui ad esempio l'ambito geografico, l'ambito di canale e le caratteristiche del consumatore finale. Questi criteri possono combinarsi in modi diversi e dare origine a mercati di varia dimensione.

10.3. Il sistema di prodotto e il vantaggio competitivo

10.3.1. Le variabili componenti il sistema di prodotto

Analizzato il sistema competitivo e individuati i potenziali fattori critici di successo, occorre configurare il nostro sistema di prodotto. A tal fine possiamo operare su quattro elementi[7]:

- le caratteristiche materiali e la gamma dei beni offerti;
- i servizi collegati ai beni offerti;
- le caratteristiche immateriali;
- le condizioni dello scambio.

Le caratteristiche materiali, pur nell'enorme varietà dei beni esistenti, che richiederebbero numerosi approfondimenti specifici, si possono suddividere in generale in *attributi fisici, tecnico-funzionali ed estetici*. Gli attributi fisici sono gli elementi immediatamente percepibili, da un punto di vista sensoriale e statico, di un sistema di prodotto. Si pensi a caratteristiche merceologiche quali: il peso, le dimensioni, le materie prime componenti, le quantità offerte, i colori base, l'odore, il sapore, la consistenza, la forma. Solitamente, si tratta di caratteri oggettivamente misurabili. Gli attributi tecnico-funzionali sono le proprietà, tecnologiche e di lavorazione, che consentono al sistema di prodotto di svolgere, questa volta da un punto di vista dinamico, determinate funzioni d'uso. Ad evidenza, gli attributi fisici condizionano notevolmente quelli tecnico-funzionali e viceversa. Gli attributi estetici possono qualificare variamente gli attributi fisici in termini, ad esempio, di gamma di colori, di stile o design, di confezione. A differenza sia degli attributi fisici che di quelli funzionali, la loro misurazione è soggettiva in quanto dipende in modo determinante dai gusti del cliente. Il peso delle tre valenze sopra illustrate può variare in modo significativo a seconda dei beni offerti.

Le caratteristiche materiali di un determinato sistema di prodotto non riguardano quasi mai necessariamente un unico bene, merce o servizio che

[7] Sulla medesima classificazione si vedano anche: CODA [1984]; MAZZOLA [2002].

sia. Da un lato, i singoli sistemi di prodotto sono composti da più beni; dall'altro lato, spesso le aziende approntano una *gamma*, ossia un determinato assortimento tra cui il cliente sceglie a seconda delle sue esigenze specifiche. In taluni casi, le alternative a disposizione nell'ambito di una gamma più o meno ampia sono predeterminate; ad esempio, un cliente può scegliere tra vassoi di diversi materiali, forme, capienze, stili. In altri casi, la gamma offerta dà invece la possibilità di richiedere variazioni personalizzate effettuando svariate combinazioni degli elementi di base: nell'acquisto di un'auto, tipicamente, il compratore deve scegliere tra varie caratteristiche «di serie», come il modello, il colore, la cilindrata e il numero di porte, e anche tra numerose caratteristiche optional come l'aria condizionata, gli alzacristalli elettrici, l'impianto stereo, i rivestimenti con tessuti speciali. Indipendentemente dalla disponibilità di optional e, in generale, dalle possibilità di personalizzazione, una gamma variegata di beni può essere considerata come un unico sistema di prodotto e il singolo cliente può ovviamente non acquistare la gamma completa. La gamma costituisce anche un elemento fondamentale di articolazione del sistema di prodotto in più «sotto-sistemi» destinati a segmenti di clientela specifici; in questo caso, si può parlare di sistema di prodotto «multiplo». Si pensi ad alcuni produttori di casalinghi, i cui sistemi di prodotto comprendono vari sottoinsiemi quali: gli oggetti di acciaio dal design classico per clienti più tradizionalisti, l'oggettistica in plastica dallo stile più giocoso e più vicino ad un pubblico giovane, ecc. Gli ampliamenti di gamma possono anche dare vita a nuove combinazioni parziali più o meno correlate con quelle originarie, e quindi a nuovi sistemi di prodotto; continuando l'esempio di cui sopra, si pensi ai casi di estensione della gamma offerta agli oggetti per l'ufficio o agli accessori per la persona. Infine, si ricordi che il sistema di prodotto può articolarsi in varie classi di beni tra loro collegati da complementarità tecniche o estetiche dal punto di vista del cliente che, ad esempio, può chiedere che uno stesso fornitore offra abiti ed accessori in uno stesso stile, stampanti e toner, tavoli e sedie della stessa linea.

I servizi collegati ai beni offerti come fulcro del sistema di prodotto si distinguono, in generale, in *servizi pre- e post-vendita*. Per quanto riguarda i servizi pre-vendita, si pensi alle informazioni di supporto alla scelta, alla consulenza diretta in fase di selezione, alla possibilità di richieste personalizzate, alla reperibilità. Questi elementi possono assumere notevole rilevanza sia quando il bene-fulcro è una merce, sia quando si tratta di un servizio. I servizi post-vendita comprendono invece la consegna, l'installazione, l'addestramento all'uso, l'assistenza in caso di guasti, la manutenzione, le riparazioni, la fornitura di pezzi di ricambio, l'aggiornamento sistematico sui nuovi prodotti, ecc. Questi servizi possono rivestire un'importanza particolare soprattutto per alcune categorie merceologiche: si pensi in particolare a tutti quei prodotti che possono guastarsi, quali elettrodomestici, mezzi di trasporto, macchine utensili. Si noti inoltre come, a parità di bene offerto come elemento centrale del sistema di prodotto, gli elementi di servizio possano variare notevolmente per il cliente «diretto» o intermedio e per l'utilizzatore finale. Per esempio, nel caso degli oggetti per la casa venduti attraverso una distribuzione specializzata e plurimarca i sistemi di prodotto possono includere sia servizi destinati ai clienti finali, come la disponibilità di informazioni sul punto vendita o la possibilità di riparazioni in tempi brevi, sia servizi specifici per il negoziante, come l'assistenza in fase di definizione dell'assortimento, attività formative sui prodotti dell'azienda per il personale del punto vendita, assistenza e materiali di supporto per l'allestimento delle vetrine, consegne che consentano al punto vendita di mantenere basso il livello delle scorte, e via dicendo. Infine, occorre osservare come nel tempo la componente di servizio del sistema di prodotto abbia acquisito crescente rilevanza in tutti i settori di attività economiche, inclusi i settori manifatturieri.

Le *caratteristiche immateriali* dei beni offerti comprendono l'*immagine* e la *reputazione* di un sistema di prodotto (e, spesso, di tutta l'azienda), che possono essere notevolmente condizionate sia dalle caratteristiche materiali, estetiche e tecnico-funzionali, sia dal livello qualitativo dei servizi di corredo. Immagine e reputazione, infatti, possono comunicare messaggi fortemente legati allo stile (prestigio, bellezza, cultura, dinamismo), come è il caso di molti prodotti per la persona. Ma essi possono evocare anche messaggi di affidabilità e livello tecnologico delle prestazioni come è invece il caso, per fare solo un esempio, dei beni industriali. Immagine e reputazione possono a loro volta dare origine ad un altro fondamentale elemento immateriale del sistema di prodotto e dell'impresa tutta, e cioè la *marca*.

Da ultimo, ma non perché si tratti di un elemento secondario, il sistema di prodotto include *il prezzo e le altre condizioni contrattuali*, in termini di sconti, modalità e tempi di pagamento, modalità e tempi di consegna, assicurazioni, garanzie, penali, ecc. Anche con riguardo a questo elemento le aziende devono talvolta definire condizioni diverse per i clienti diretti e i clienti finali; nell'esempio degli oggetti per la casa di cui al punto precedente, l'azienda deve fissare un prezzo al pubblico e uno sconto per il negoziante, che definisce il margine di quest'ultimo. Per un approfondimento sul prezzo, si rinvia al paragrafo 10.6.

10.3.2. Il vantaggio competitivo: la differenziazione e il costo

Comunque sia articolato nelle varie componenti esaminate al punto precedente, il sistema di prodotto deve presentare un vantaggio competitivo che lo renda preferibile ad analoghe offerte dei concorrenti. Si definisce *vantaggio competitivo*, quindi, l'insieme dei tratti (elementi) che distinguono il sistema di prodotto di una determinata azienda da quello dei concorrenti[8]. Esi-

[8] VISCONTI [1988b].

stono due tipi fondamentali di vantaggio competitivo: il vantaggio di differenziazione e il vantaggio di costo[9].

Il *vantaggio di differenziazione* consiste nell'offerta di un sistema di prodotto diverso da quello della concorrenza (o migliore) in uno o più aspetti. Si pensi a macchine utensili che, grazie a superiori prestazioni tecnico-funzionali, consentano una maggiore efficienza o una maggiore versatilità. Si ha, ad evidenza, un vantaggio di differenziazione anche quando il sistema di prodotto possiede caratteristiche che i sistemi concorrenti non hanno o, all'estremo, quando è completamente unico e non esistono competitori. Si pensi ad esempio ad una specialità farmaceutica che sia unico ritrovato specifico per una determinata patologia, ecc. In ogni caso, il vantaggio si può ritenere realizzato quando si traduce in un «premio di prezzo», che deve mantenersi superiore ai maggiori costi che l'azienda deve probabilmente sostenere per poter offrire un sistema di prodotto differenziato. Di regola, puntando sulla differenziazione si sostengono maggiori costi perché si devono aggiungere nuovi elementi ai prodotti o anche perché «personalizzando» i prodotti si deve rinunciare alle economie di scala che si ottengono invece con i grandi volumi di prodotti standardizzati. Naturalmente, ottenere prezzi più elevati che coprano i costi maggiori non è mai semplice e il bilanciamento tra le variabili in gioco è, per definizione, un esercizio delicato. Non sempre, tuttavia, la strategia di differenziazione comporta costi unitari e prezzi di vendita più elevati; le combinazioni virtuose di prodotti differenziati e di costi inferiori si realizzano essenzialmente per due vie: mediante innovazioni (tecniche, commerciali, organizzative) che modificano le regole del gioco, oppure realizzando prodotti di tale successo commerciale (ossia con grandissimi volumi di vendita) da consentire lo sfruttamento di rilevanti economie di scala.

Molto spesso, la differenziazione viene conseguita attraverso sforzi di innovazione. E altrettanto spesso, nel momento in cui gli elementi di innovatività di un determinato sistema di prodotto, materiali o immateriali che siano, incontrano l'interesse di una clientela più numerosa ed articolata, altre aziende sono indotte a muoversi lungo il medesimo sentiero, talvolta producendo imitazioni ad un costo inferiore, talvolta sviluppando innovazioni ulteriori e talvolta facendo tutte e due le cose. In entrambi i casi, ciò può rendere problematico per le aziende «pioniere» mantenere il vantaggio competitivo. Si pensi alla crescente importanza del contenuto di design dei prodotti per la casa e al miglioramento generale – pur con una differenza persistente tra design originale e di imitazione – dell'estetica dei prodotti stessi, o anche alla sempre maggiore attenzione per l'impatto della qualità dei cibi sulla salute e alla conseguente maggior diffusione dei prodotti biologici.

9 PORTER [1985]; MAZZOLA [1988].

Ad evidenza, il vantaggio di differenziazione può dipendere dalle diverse componenti del sistema di prodotto sopra esaminate e quindi può manifestarsi, ad esempio, in:

- eccellenza intrinseca delle componenti materiali;
- alta efficienza dei consumi in termini di volumi e prezzi unitari degli input, e conseguente rispondenza ai bisogni di economicità d'uso;
- alta meccanizzazione e automazione e conseguenti bassi costi di supervisione e di alimentazione;
- robustezza, capacità di autodiagnosi, disponibilità di ricambi e, di conseguenza, rare interruzioni di prestazione, pochi ed efficienti interventi di manutenzione;
- modularità, versatilità, adattabilità e quindi rispondenza alle esigenze di flessibilità e personalizzazione dell'utente;
- ampia gamma di beni fungibili tra i quali il cliente può fare comparazioni, apprendere e scegliere in funzione delle proprie esigenze;
- ampia gamma di beni complementari «coordinati» offerti dalla stessa impresa o da un aggregato di imprese;
- ricchezza della documentazione e dell'informazione relativa ai prodotti e alle loro prestazioni;
- facilità e velocità di conoscenza diretta e di prova dei prodotti;
- servizi qualificati di assistenza tecnica pre-vendita per il supporto alle scelte del cliente e all'eventuale personalizzazione dei prodotti;
- servizi qualificati di assistenza tecnica post-vendita per i montaggi, le prove e l'istruzione degli utenti, per gli interventi di manutenzione e riparazione, per le estensioni e gli aggiornamenti, per le dismissioni e le sostituzioni;
- marche, marchi, insegne, firme, *griffes*;
- contratti «chiavi in mano» ossia con assunzione della responsabilità della fornitura, del montaggio, dell'avviamento e dell'addestramento degli utenti utilizzando e coordinando il contributo di una molteplicità di fornitori;
- elevato «contenuto-moda»;
- alto livello stilistico ed artistico;
- contenuto etico, ecologico e salutistico;
- esclusività attuata mediante combinazioni di piccoli volumi messi in vendita, a prezzi elevati e attraverso canali di vendita specializzati e selezionati.

Siamo in presenza di un *vantaggio di costo* quando, grazie ad un livello inferiore di costi di produzione e di distribuzione, il sistema di prodotto di un'azienda è ottenuto con costi unitari particolarmente bassi e che consentono di offrirlo ai clienti ad un prezzo significativamente più basso di quello dei concorrenti; un caso noto a questo proposito, ad esempio, è dato dai servizi di trasporto aereo delle compagnie *low cost*. In un certo senso, anche il minor costo (e quindi il minor prezzo) potrebbe essere considerato un elemento di differenziazione; in realtà è corretto considerarlo separatamente poiché sono diversi i presupposti su cui si basa. Infatti, la differenziazione «aggiunge» qualcosa al sistema di prodotto, per cui l'azienda può richiedere un premio di prezzo rispetto ai prodotti dei concorrenti, in quanto deve anche sostenere costi più alti. Il vantaggio di costo, invece, presuppone strutture produttive molto efficienti (talvolta a seguito di innovazioni di processo) e grande attenzione alla riduzione dei costi, «sottraendo» valenze al sistema di prodotto e facendo in modo che il «price discount» si mantenga inferiore ai minori costi. Questa è la condizione di effettiva realizzazione del vantaggio di costo.

Come osservato sopra, le aziende possono indirizzare il proprio sistema di prodotto a mercati di varia dimensione. Alcune scelgono strategie cosiddette di *focalizzazione su segmenti di mercato ristretti*, identificati da gruppi di clienti specifici, serviti attraverso canali specializzati e/o in uno o pochi Paesi (o talvolta anche in numerosi Paesi, e si parla allora di «nicchie internazionali»); tra i numerosi esempi possibili si possono citare i prodotti di lusso. Altre aziende scelgono di rivolgersi a *mercati o segmenti di mercato ampi*, caratterizzati da numerosi gruppi di clienti finali con esigenze almeno in parte comuni, da canali non specialistici (o da una molteplicità di canali variamente specializzati) e/o da numerosi Paesi. Il posizionamento nei mercati di grandi dimensioni può avvenire con un solo sistema di prodotto non adattato ai diversi gruppi di clienti, canali o Paesi; è il caso, ad esempio, dell'automobile, del fast food «prima maniera», dei prodotti farmaceutici da banco e dei detersivi. Ma, come si è detto, il posizionamento può far leva anche su un sistema di prodotto «multiplo», ossia composto da più sottosistemi di prodotto distinti per elementi quali l'assortimento, la marca e il prezzo, per andare incontro a eventuali, specifiche esigenze delle diverse classi di clienti che possono caratterizzare i mercati di sbocco; si pensi, ancora, alla molteplicità di linee offerte dalle aziende della moda, oppure dalle aziende operanti nella cosmetica o nell'alimentare.

Incrociando le scelte relative all'ampiezza del mercato di sbocco prescelto come target con quelle riguardanti il vantaggio competitivo perseguito si ottengono i tipi base di strategie competitive, schematizzate ed esemplificate nella tavola 10.3[10]:

- le *strategie di leadership di costo*, dove il leader domina un mercato ampio con i costi, e quindi i prezzi, più bassi di tutta la concorrenza, ed offre in genere un sistema di prodotto «singolo», ossia non articolato in sottosistemi;
- le *strategie di differenziazione*, che possono essere perseguite anche da più aziende operanti in uno stesso mercato di grandi dimensioni, ciascuna con un sistema di prodotto (singolo o «multiplo», ossia composto da più sottosistemi) caratterizzato da elementi di originalità suoi propri;
- le *strategie di focalizzazione orientate ai bassi costi o alla differenziazione*; le aziende che perseguono tali strategie dominano mercati di dimensioni

10 PORTER [1985].

TAVOLA 10.3. *I tipi di base di strategie competitive*

		VANTAGGIO COMPETITIVO	
		costo	differenziazione
MERCATO O SEGMENTI DI MERCATO	una o più nicchie	Focalizzazione basata sul costo (ad es. acque minerali locali)	Focalizzazione basata sulla differenziazione (ad es. produttori di oggetti di design e di beni di lusso)
	mercato ampio	Leadership di costo (ad es. IKEA, H&M)	Differenziazione con sistema di prodotto singolo (ad es. BMW) o multiplo (ad es. L'Oréal, Algida)

Fonte: Adattato da PORTER [1985].

ridotte, di cui spesso i competitori con un raggio d'azione ampio non riescono a soddisfare pienamente i bisogni (o non ritengono economicamente conveniente farlo). Restano ovviamente valide tutte le considerazioni svolte sui due vantaggi competitivi possibili.

10.4. Le strutture e le risorse aziendali: le competenze distintive

Per poter offrire un sistema di prodotto con un vantaggio competitivo coerente con i fattori critici di successo nel mercato di sbocco occorre poter disporre di strutture e di risorse adeguate. Si tratta di condizioni di varia natura che comprendono, ad esempio: le caratteristiche tecniche e dimensionali degli impianti, l'estensione geografica della rete distributiva, le competenze tecniche e manageriali dei prestatori di lavoro, le alleanze con altre imprese, la qualità delle relazioni con i clienti, i fornitori, i concorrenti e la collettività locale[11].

Molte di queste condizioni possono essere simili, o di livello inferiore, rispetto a quelle dei concorrenti e, di conseguenza, non possono dare luogo a vantaggi competitivi; altre invece possono essere peculiari della nostra azienda, non facilmente imitabili dai concorrenti e utili per configurare sistemi di prodotto particolarmente apprezzati dai clienti; queste condizioni sono denominate «competenze distintive»[12]. Anche qui, senza pretesa di completezza, esse possono ricondursi ad una molteplicità di aree, risorse e capacità sia funzionali che interfunzionali e di direzione generale, e può trattarsi di:

- qualificate capacità di progettazione dei prodotti: competenze di analisi delle attese dei clienti e competenze tecnologiche; competenze interne all'impresa e alleanze per l'accesso a competenze esterne (centri di ricerca,

[11] Questo punto è svolto diffusamente nel cap. 14.
[12] Si vedano: CODA [1984]; FACCIPIERI [1988].

università, fornitori); patrimonio di brevetti e di licenze; in generale, capacità di progettare prodotti nuovi e migliori per aderenza ai bisogni dei clienti, per prestazioni, e per economicità. Le capacità in questione sono spesso strettamente connesse ad altrettanto elevate capacità di assistenza tecnica pre- e post-vendita;

- strutture produttive che consentano elevate economie di scala e di apprendimento; elevate capacità di gestione dei sistemi produttivi; efficaci sistemi di controllo e di certificazione della qualità;
- capacità di accumulo, sistematizzazione e diffusione tra il personale della conoscenza specifica del proprio business;
- patrimonio di relazioni di cooperazione e comunicazione interna e di gestione del personale;
- patrimonio di rapporti di fiducia e di cooperazione con i clienti: referenze utilizzabili per i futuri clienti; dimostrazioni presso i clienti; «co-progettazione» dei nuovi prodotti;
- patrimonio di rapporti di fiducia e di cooperazione con reti distributive selezionate; contratti di esclusiva;
- patrimonio di rapporti di fiducia e cooperazione con stilisti, designer, architetti, esperti di varie discipline e connesse capacità di sviluppare i contenuti di moda, tendenza, estetica e arte;
- patrimonio di immagine e di reputazione costruito – di regola in tempi lunghi – attraverso investimenti nella qualità dei prodotti, nella gestione dei rapporti con i clienti e i fornitori, nella pubblicità e promozione, ecc.; connesse capacità di marketing e comunicazione, di relazioni esterne, di gestione dell'immagine e dei marchi;
- estese strutture e archivi di documentazione: cataloghi, documenti tecnici tradizionali e multimediali, manuali per l'uso, articoli e inserti in riviste tecniche di settore, pubblicità informativa, ecc.; connessa capacità di informazione e di aggiornamento dei clienti;
- diffuse strutture logistiche (proprie e di terzi) per la distribuzione e la presentazione dei prodotti, per le loro prove e dimostrazioni (magazzini, negozi, show-room, stand fieristici, sale prove del produttore, accesso a installazioni dei clienti, ecc.);
- qualificate competenze «didattiche» per l'impostazione e l'erogazione di programmi di addestramento all'uso dei prodotti; istruttori, centri di formazione, manuali di istruzione programmata, ecc.;
- estese strutture (proprie e di terzi) per l'assistenza tecnica ai clienti pre- e post-vendita; personale tecnico, uffici tecnici distribuiti geograficamente, software di progettazione, servizi on-line, call center, magazzini ricambi, reti informatiche di telediagnosi, ecc.;
- patrimonio di fiducia e di cooperazione con i «*subcontractors*» che contribuiscono alla realizzazione e alla consegna «chiavi in mano» di prodotti complessi; connesse capacità di *project management*.

Come i fattori critici di successo, anche le competenze distintive possono trovare varia corrispondenza con gli elementi del sistema di prodotto dando vita a vantaggi di costo o di differenziazione. Alcune competenze distintive sono direttamente collegabili agli attributi materiali del sistema di prodotto, mentre altre alimentano le componenti di servizio; tutte possono concorrere alla definizione degli attributi immateriali e delle condizioni contrattuali.

10.5. Il sistema di prodotto e la formula competitiva: sintesi ed esempi

In sintesi, nelle aziende o nelle combinazioni economiche parziali di successo, la formula competitiva presenta una serie di caratteristiche (schematizzate nella configurazione generale della tav. 10.4):

- un sistema di prodotto dotato di un vantaggio concorrenziale di costo o di differenziazione;
- un mercato di cui sono stati compresi a fondo i fattori critici di successo;
- una struttura dotata di competenze distintive;
- una relazione di *coerenza sistemica* tra vantaggio concorrenziale, fattori critici di successo e competenze distintive, per cui: i punti di forza del sistema di prodotto soddisfano i bisogni fondamentali dei segmenti di clientela prescelti; gli stessi punti di forza si fondano su adeguate competenze sviluppate in modo originale dalla struttura; tali competenze sono state sviluppate in modo da rispondere ai bisogni fondamentali di tutto il mercato di riferimento, grazie anche ad un corretto dimensionamento della struttura[13].

Se queste sono le condizioni alla base del successo, le manifestazioni del successo in questione sono i risultati reddituali (per cui si rinvia ai capp. 5 e 6) e i risultati competitivi, ossia la dominanza di mercato misurabile in termini di quota di mercato, copertura della distribuzione, livello della clientela servita, ecc. In ogni caso, il successo e le sue cause devono essere tenute continuamente sotto controllo. Non è sufficiente valutare la coerenza di cui è detto sopra in termini statici; è necessario verificare anche la coerenza dinamica tra gli elementi della formula competitiva alla luce delle dinamiche interne all'azienda (sviluppo di nuovi prodotti e processi, nuove alleanze, cambiamenti nell'organismo personale e nell'assetto proprietario e patrimoniale, ecc.) e dell'evoluzione dell'ambiente (cambiamenti nei gusti e nel comportamento dei clienti, nuove strategie dei concorrenti, nuovi potenziali entranti, nuovi prodotti sostitutivi, ecc.).

Tutto ciò evidenzia come il modello della formula competitiva possa essere impiegato a fini sia di analisi-diagnosi, sia di elaborazione di strategie di rinnovamento della formula esistente, ma anche di formulazione di una strategia per una nuova impresa o una nuova combinazione parziale. Per esemplificare gli argomenti sviluppati in questo paragrafo e nel resto del capitolo, si presentano ora alcuni esempi di consonanza tra vantaggi competitivi, fat-

[13] CODA [1984; 1988b].

TAVOLA 10.4. *La formula competitiva nei casi di successo*

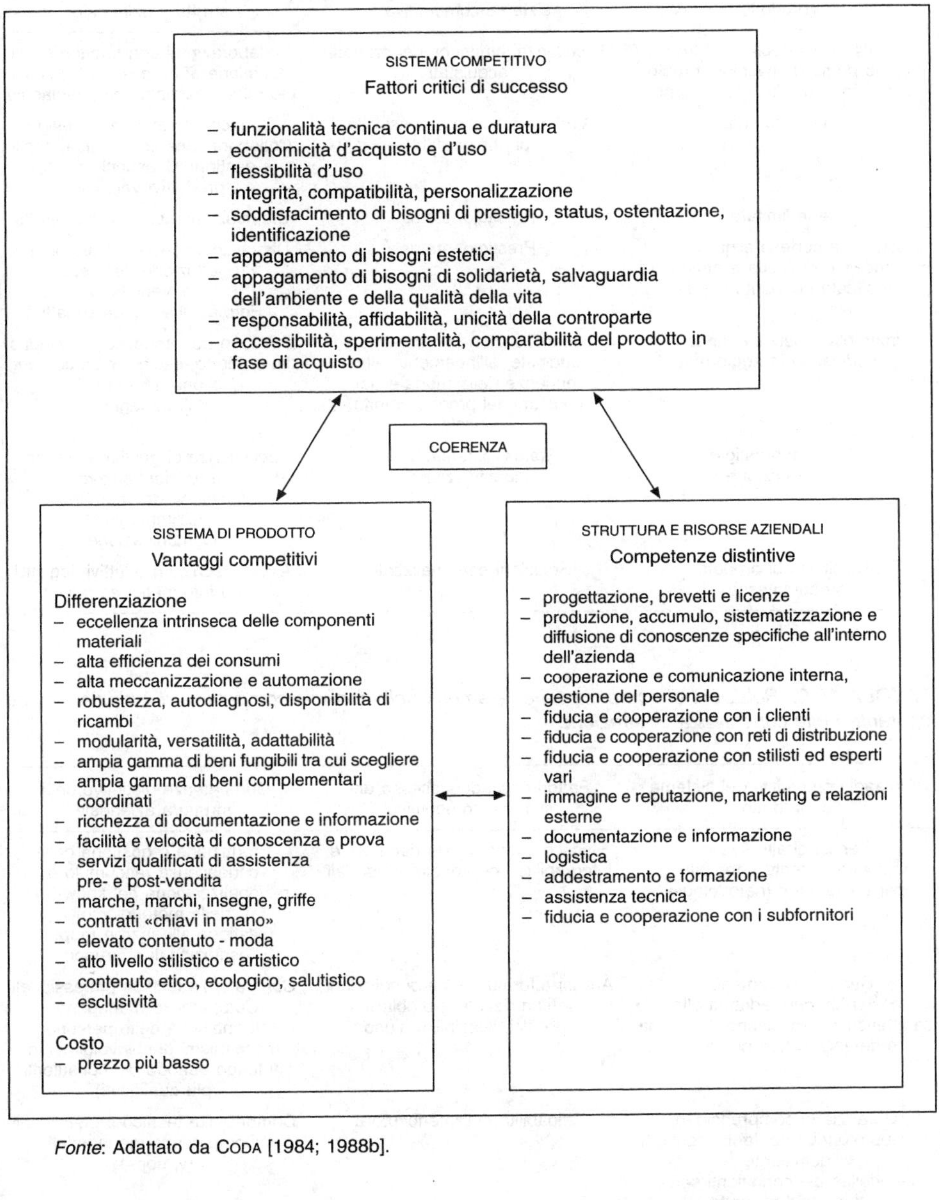

Fonte: Adattato da CODA [1984; 1988b].

tori critici di successo e competenze distintive con riferimento a formule imprenditoriali competitive di aziende-tipo operanti in settori differenti, e in particolare nei beni di lusso e nei servizi (tavv. 10.5 e 10.6).

TAVOLA 10.5. *Relazioni di coerenza tra gli elementi della formula competitiva di un'azienda tipo produttrice di beni di lusso (tessuti, accessori, abbigliamento, ecc.)*

Vantaggi competitivi del sistema di prodotto	Fattori critici di successo del sistema competitivo	Competenze distintive della struttura aziendale
Qualità fisico-tecnica al top: materie prime di massimo pregio, lavorazione e/o finiture a mano	Eccellenza intrinseca dei prodotti acquistati	Collaborazione con fornitori scelti Gestione di un assetto tecnico-produttivo parzialmente artigianale
Gamma ampia	Varietà di scelta e possibilità di abbinamenti	Capacità creative e di design Collaborazione con fornitori scelti e gestione di assetti tecnico-produttivi versatili
Serie limitate	Prestigio, status	Distribuzione selettiva e/o diretta
Assistenza cortese e qualificata nel processo di scelta e atmosfera sofisticata del punto vendita	Prestigio, status	Distribuzione selettiva e/o diretta Progettazione degli spazi di vendita Formazione del personale
Impronta stilistica definita e periodicamente aggiornata	Identificazione in uno stile originale, allineamento alle tendenze della moda e dei consumi nel proprio ambito sociale	Gestione del processo di sviluppo del prodotto, design management, gestione dei marchi e dell'immagine
Marca di prestigio e di tradizione	Status, ostentazione, identificazione	Eccellenza di gestione di tutte le funzioni chiave Gestione dei marchi e dell'immagine Comunicazione
Possibilità di prodotti su commessa	Soluzioni personalizzate	Assetti tecnico-produttivi, logistici ed informatici *ad hoc*

TAVOLA 10.6. *Relazioni di coerenza tra gli elementi della formula competitiva di un'azienda tipo operante nella consulenza di direzione*

Vantaggi competitivi del sistema di prodotto	Fattori critici di successo del sistema competitivo	Competenze distintive della struttura aziendale
Servizi di alto livello continuamente rinnovati per contenuti e metodologie	Efficace supporto alle decisioni e integrabilità nei processi aziendali	Produzione e gestione della conoscenza (accumulo e razionalizzazione del know-how, delle metodologie) Gestione alleanze e rapporti istituzionali di gruppo
Servizi dai contenuti costantemente adattati alle caratteristiche specifiche dei clienti e dei loro settori di attività	Analisi e formulazione di soluzioni personalizzate a problemi specifici, flessibilità d'uso	Competenze tecnico-professionali Competenze manageriali (formazione delle persone, meccanismi di coinvolgimento di lungo periodo dei consulenti più qualificati)
Garanzia di comprensione approfondita dei fabbisogni del cliente Reperibilità dei consulenti senior durante il progetto	Affidabilità dell'interlocutore	Competenze tecnico-professionali Competenze manageriali (v. sopra)
Disponibilità ad accompagnare il cliente nella realizzazione delle soluzioni progettate	Efficace supporto all'implementazione e integrabilità nei processi aziendali	Competenze tecnico-professionali Competenze manageriali (v. sopra)
Gamma ampia di aree di attività (per tipi di problematiche, metodologie, settori)	Possibilità di scelta Flessibilità d'uso Unicità dell'interlocutore	Competenze tecnico-professionali e manageriali (v. sopra) Gestione alleanze e rapporti istituzionali di gruppo
Marchio e immagine consolidata presso clienti di alto livello	Affidabilità dell'interlocutore, prestigio	Comunicazione Gestione del marchio

10.6. Sistema di prodotto e mercato: la teoria della domanda e la formazione del prezzo

10.6.1. La relazione fra prezzo e quantità totali

Il prezzo è evidentemente un elemento cruciale del sistema di prodotto, e, in particolare, delle condizioni dello scambio. Le scelte in merito ai prezzi da praticare ai clienti sono dunque particolarmente critiche; da esse possono dipendere in larga misura le risposte sia dei clienti sia dei concorrenti attuali e potenziali. Sono anche scelte complesse poiché chi decide deve tener conto contemporaneamente di numerosi fattori: quali prezzi sono attualmente applicati dalla concorrenza per prodotti simili; come variano i costi medi unitari in funzione dei differenti volumi prodotti e venduti; quanto è sensibile la clientela agli incrementi e alle diminuzioni dei prezzi; quale valore attribuiscono i clienti alle caratteristiche peculiari del prodotto; e così via. Le scelte di fondo in merito alle politiche di prezzo sono in buona misura contestuali alla progettazione complessiva del sistema di prodotto e al tipo di vantaggio competitivo ricercato (differenziazione o prezzo); tuttavia, le dinamiche competitive continuamente riaprono le opzioni aziendali in materia e ciascuna impresa dev- cercare di sfruttare al meglio gli spazi di manovra che via via si creano

Di seguito si presentano le teorie di base riguardanti il prezzo e, in particolare: la relazione tra il prezzo e le quantità domandate, l'elasticità dell domanda al prezzo, la relazione tra le quantità domandate e i ricavi totali, l scelta del prezzo ottimale

La relazione tra prezzo e quantità domandate è fondamentalmente un relazione di tipo inverso; di regola, prezzi elevati comportano una domand bassa, mentre prezzi bassi stimolano volumi elevati di domanda. Si suppong ad esempio che, in base ad un'analisi di mercato, i produttori di macchin fotografiche digitali abbiano ipotizzato in Italia un andamento delle quantit domandate in relazione ai prezzi come raffigurato nella tavola 10.7

La tavola mostra come ad un prezzo di 1.000 euro solo ottocentomil persone, in un anno, acquisterebbero una macchina digitale in Italia: il numero arriverebbe ad un milione e mezzo se il prezzo si dimezzasse. La tavol mostra una relazione inversa fra le variazioni delle quantità vendibili e l variazioni del prezzo, relazione che è caratteristica di tutti i beni: all'aumentare del prezzo del prodotto o servizio venduto diminuiscono le persone disposte ad acquistarlo. La relazione mostrata nella tavola 10.7 fra prezzi quantità domandate può essere rappresentata in forma grafica attraverso l «curva di domanda» (o funzione di domanda), che presenta in ascissa l quantità ed in ordinata i prezzi relativi (tav. 10.8)

La curva di domanda sopra disegnata rappresenta le quantità totali d macchine fotografiche digitali vendibili a ciascun prezzo in Italia in un cert anno; essa si denomina curva di domanda totale, o aggregata, o di mercato Essa è molto utile per le imprese perché fornisce indicazioni relative all dimensioni del mercato totale di un determinato bene in corrispondenza d un certo prezzo

TAVOLA 10.7. *Un esempio di relazione tra prezzo e domanda: livelli di domanda e prezzo delle macchine fotografiche digitali*

Prezzo (€)	Quantità domandate (per anno)
1.000	800.000
875	975.000
750	1.150.000
625	1.325.000
500	1.500.000

TAVOLA 10.8. *La curva di domanda*

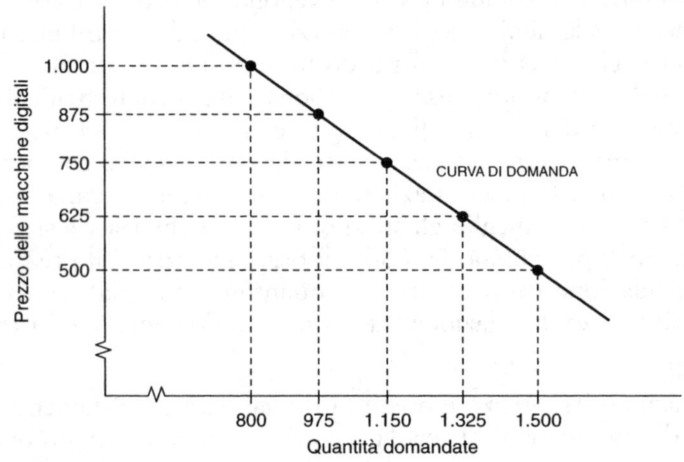

Le quantità vendute, tuttavia, non dipendono solo dal prezzo, ma sono influenzate anche da altri fattori tra cui, particolarmente importanti:

- il prezzo dei prodotti simili (fungibili) o complementari;
- il livello di reddito dei consumatori;
- gli investimenti effettuati in pubblicità.

Prezzo dei beni simili o fungibili. La quantità domandata di un determinato bene risente delle variazioni dei prezzi di beni considerati simili o fungibili in misura inversa. Questo significa che, ad esempio, la variazione nel prezzo degli scooter avrà un effetto sulla quantità domandata di ciclomotori o motociclette di piccola cilindrata (da 50 a 125 cc) inverso rispetto alla variazione della quantità di scooter: un aumento del prezzo degli scooter, infatti, comporterà una diminuzione della quantità di scooter domandata, ma un aumento della quantità di ciclomotori e motociclette in quanto parte della domanda si sposterà dagli scooter verso questi beni sostitutivi.

Prezzo dei beni complementari. Se due beni sono fra loro complementari, o addirittura inseriti in un medesimo sistema di prodotto, la loro curva

TAVOLA 10.9. *L'effetto della pubblicità sulla curva di domanda*

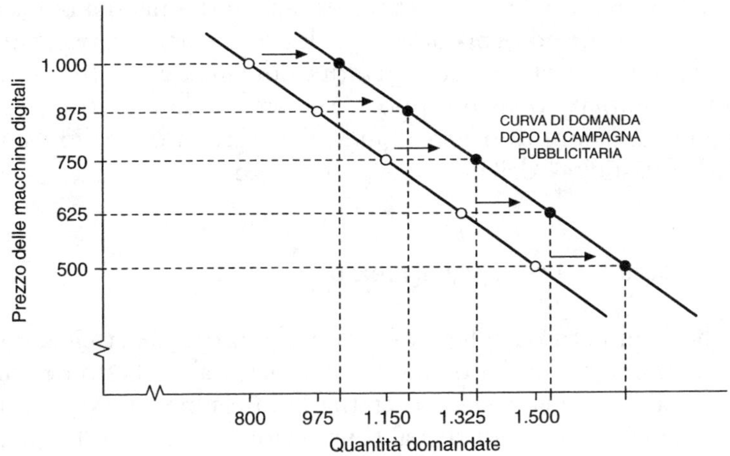

di domanda sarà influenzata (nella stessa direzione) dai prezzi degli altri beni collegati: la domanda di software è senza dubbio influenzata dal prezzo dei personal computer, la domanda di autovetture dal prezzo della benzina, la domanda di videoregistratori dal prezzo dei televisori e delle videocassette.

Livello di reddito dei consumatori. Per alcuni prodotti, il livello di reddito medio *pro capite* influenza notevolmente la domanda aggregata degli stessi: si pensi agli acquisti di pellicce, di automobili, di elettrodomestici, di gioielli, di dog-sitting o di cibo per animali domestici e così via. Laddove il reddito *pro capite* è basso, la domanda di questi beni è molto ridotta se non addirittura nulla, mentre aumenta man mano che il reddito medio sale.

Pubblicità. Le campagne pubblicitarie producono effetti di aumento della domanda di un determinato bene a parità delle altre condizioni (qualità, prezzo, reddito medio, prezzi correlati, ecc.). Molte volte, infatti, se non sono accompagnate da riduzioni di prezzo o modifiche nella qualità del bene offerto, il loro scopo è proprio quello di far aumentare la domanda senza che tuttavia le altre condizioni presentino delle variazioni sostanziali. Altre volte, ancora, lo scopo delle campagne pubblicitarie è quello di sostenere aumenti di prezzo a parità di altre condizioni. In definitiva, l'effetto che questi investimenti hanno sulla curva di domanda, nel medio e lungo termine, è di farla «spostare», o piuttosto renderla più o meno sensibile alle variazioni di prezzo. Se per esempio le società produttrici di macchine digitali facessero un ampio ricorso alla leva pubblicitaria per illustrare i vantaggi del prodotto, probabilmente a seguito della campagna pubblicitaria, in corrispondenza dei vari prezzi, vi sarebbe un numero maggiore di persone disposte all'acquisto (tav. 10.9).

I fattori sopra elencati, oltre a far spostare (in avanti o indietro) la curva di domanda, possono anche modificarne la «sensibilità», ossia il rapporto fra le variazioni di prezzo e le corrispettive variazioni di quantità domandata. In altre parole, dato che ad ogni variazione di prezzo, nella curva di domanda, corrisponde una variazione della quantità domandata, i fattori considerati possono far cambiare questo rapporto, e rendere le quantità più o meno sensibili alle variazioni di prezzo. Questa sensibilità è meglio espressa dal concetto di «elasticità» della domanda al prezzo.

10.6.2. L'elasticità della domanda al prezzo

Esistono beni per i quali lievi variazioni dei prezzi determinano significative variazioni della quantità domandata: si pensi al biglietto del cinema, ai soft drink o, ancora, alla maglieria esterna di fascia media. Per altri prodotti, invece, anche in presenza di rilevanti variazioni dei prezzi, la quantità domandata varia molto poco: le sigarette, la benzina ed il consumo di elettricità rappresentano esempi di beni le cui quantità sono poco sensibili alle variazioni di prezzo.

La sensibilità della quantità domandata alle variazioni di prezzo, calcolata relativamente a un prezzo di partenza assegnato P_0, è denominata «elasticità della domanda al prezzo»; si indica con la lettera greca ε («epsilon» minuscola dell'alfabeto greco) e si misura rapportando la variazione percentuale della quantità in corrispondenza di una variazione percentuale di prezzo. Nella tavola 10.10 si ha una rappresentazione grafica.

$$\varepsilon = \left|\frac{\Delta Q\%}{\Delta P\%}\right| = \left|\frac{\frac{\Delta Q}{Q_0}}{\frac{\Delta P}{P_0}}\right|$$

dove:

$\Delta Q = Q_1 - Q_0$;

$\Delta P = P_1 - P_0$;

$\frac{\Delta Q}{Q_0}$ è la variazione percentuale di quantità domandata in corrispondenza di

$\frac{\Delta P}{P_0}$ variazione percentuale di prezzo.

Dato che ad una variazione di prezzo positiva (in aumento) di regola corrisponde una variazione di quantità negativa (in diminuzione) e viceversa, l'elasticità si misura in valore assoluto (ossia non tenendo conto del segno meno al numeratore o al denominatore). Questa convenzione, accolta in tut-

TAVOLA 10.10. *L'elasticità della domanda al prezzo*

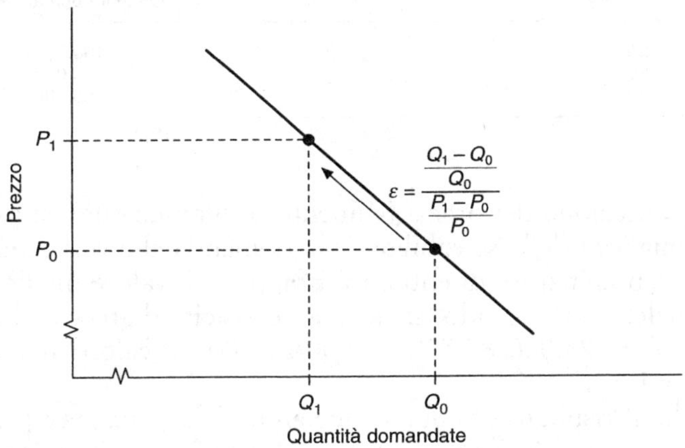

ta la letteratura sull'elasticità, consente di associare ad un valore di ε maggiore una più elevata sensibilità al prezzo. Il valore di ε risultante dalla formula indica la percentuale di variazione della domanda corrispondente ad una variazione dell'1% del prezzo[14]. Si supponga che la domanda di DVD sia quella indicata nella tavola 10.11.

L'elasticità nel punto $P_0 = 25$, considerando l'aumento di prezzo da 25 a 30 euro, sarà pari a:

$$\varepsilon = \left| \frac{\dfrac{75.000 - 100.000}{100.000}}{\dfrac{30 - 25}{25}} \right| = \frac{0,25}{0,2} = 1,25$$

Un'elasticità pari a 1,25 indica che per una variazione di prezzo dell'1% la quantità domandata varierà, in senso inverso, dell'1,25%.

Quando l'intervallo di variazione dei prezzi relativamente ai quali si vuole calcolare l'elasticità è piuttosto ampio, e si vuole inoltre prescindere dalla

14 Si noti che l'utilizzo di questa formula richiede sempre, per un'appropriata applicazione, l'esplicitazione del punto di partenza e della direzione della variazione (si usa parlare di *endpoint elasticity*). Matematicamente, per avere un'espressione più precisa dell'elasticità sarebbe necessario l'uso delle derivate, in quanto è necessario calcolare il limite della funzione sopra descritta quando l'intervallo di variazione del prezzo $\Delta P = P_1 - P_0$ tende a 0 (*pointwise elasticity*). Quando però non si conosce l'espressione esplicita della funzione di domanda, e come valori del prezzo e della domanda si hanno a disposizione solo alcuni dati empirici (per i quali l'intervallo di variazione del prezzo può essere anche piuttosto ampio), la migliore approssimazione di tale limite è data non dalla *endpoint elasticity* vista sopra bensì dall'elasticità d'arco (detta anche *midpoint elasticity*) descritta più avanti.

TAVOLA 10.11. *Un esempio: livelli di domanda e prezzo di DVD*

Prezzo (€)	Quantità domandate
25	100.000
30	75.000
35	50.000

direzione di variazione dei prezzi (aumento o diminuzione), si può ottenere una misura migliore della sensibilità della domanda alle variazioni di prezzo mettendo al denominatore di entrambi i rapporti il valore medio invece che il valore iniziale. Così facendo, si calcola l'elasticità d'arco. Nel caso precedente si avrebbe: (25.000/87.500)/(5.000/27.500) in valore assoluto, quindi 0,286/0,182 = 1,571.

Si noti che il risultato ottenuto calcolando l'elasticità fra i primi due valori di prezzo e quantità cambia se si considerano invece il secondo e il terzo valore.

$$\varepsilon = \left| \frac{\dfrac{50.000 - 75.000}{75.000}}{\dfrac{35 - 30}{35}} \right| = \frac{0,33333}{0,143} = 2,3$$

La differenza fra i due valori ottenuti mostra come l'elasticità vari lungo la curva di domanda. Questo è anche facilmente intuibile, perché man mano che ci si sposta verso prezzi maggiori la domanda tenderà ad essere sempre più sensibile ad ulteriori aumenti e sempre meno disposta ad affrontarli. Lo stesso accade man mano che i prezzi diminuiscono; la sensibilità alle variazioni di prezzo diventa sempre meno elevata man mano che il prezzo si riduce, anche perché per determinati beni più di tanto non si può consumare, anche in presenza di livelli di prezzo molto bassi.

Quando i valori di ε sono inferiori a 1 si dice che la domanda è anelastica, e cioè a fronte di aumenti di prezzo dell'1% le riduzioni della domanda che ne derivano sono inferiori all'1%. Quando ε è invece maggiore di 1 si dice che la domanda è elastica, ossia ad ogni aumento di prezzo dell'1% corrisponderà una diminuzione della domanda superiore all'1%. Quando ε è uguale a 1, infine, si usa dire che la domanda è unitaria, ossia ad ogni aumento di prezzo dell'1% corrisponderà una diminuzione della domanda uguale all'1%.

L'elasticità dipende da molti fattori tra i quali: *a)* la sostituibilità del bene: quanto più numerosi sono i beni considerati sostituti, tanto maggiore è la sensibilità al prezzo. Se infatti gli acquirenti considerano il bene proposto facilmente sostituibile, non saranno disposti ad accettare aumenti di prezzo e, di fronte a questi, sposteranno i propri acquisti verso i prodotti sostituti. Esattamente il contrario accade, invece, se il bene è considerato necessario e

TAVOLA 10.12. *Una curva di domanda a forma di iperbole*

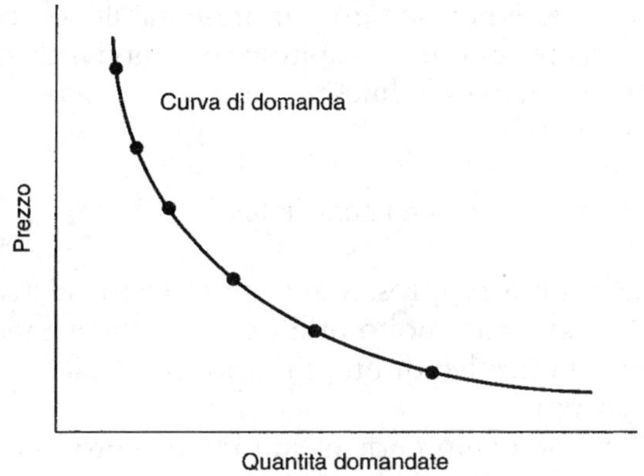

non sostituibile. Si pensi ad alcuni medicinali, alla benzina o alle sigarette per i quali, anche in presenza di ripetuti e ravvicinati aumenti di prezzo, la domanda si riduce molto poco; *b*) l'incidenza del bene sulla spesa complessiva: l'elasticità dipende da quanto il bene è importante per il consumatore, in termini di peso sulla sua spesa complessiva. Se infatti il bene considerato assorbe un'elevata percentuale della spesa del cliente, egli sarà meno disposto ad accettare aumenti di prezzo; *c*) l'utilizzo del bene: l'elasticità varia a seconda dell'utilizzo che il cliente fa del bene acquistato. Se infatti acquista un bene che utilizza come input in un processo produttivo per la produzione di un altro bene (che ha un'elevata elasticità), la domanda del primo bene sarà, tendenzialmente, molto sensibile alle variazioni di prezzo.

In tutto questo va sottolineato che anche il tempo assume una rilevanza particolare: in generale, infatti, la curva della domanda e la misurazione dell'elasticità sono riferibili ad intervalli di tempo brevi e piuttosto vicini. Le informazioni ottenibili, dunque, sono particolarmente importanti nel breve periodo. Con l'ampliarsi dell'arco di tempo considerato, tuttavia, curva di domanda ed elasticità tenderanno a variare, in primo luogo perché le risposte del mercato alle variazioni di prezzo non sempre sono immediate, ed in secondo luogo perché potranno variare molti dei fattori che incidono su entrambe.

Finora si è fatto riferimento ad una curva della domanda «lineare», ossia rappresentata da una retta, lungo la quale cambia l'elasticità. La rappresentazione lineare, tuttavia, pur essendo molto facile da disegnare e da comprendere, è una rappresentazione semplificata della curva di domanda, che invece nella realtà tende ad assumere forme molto diverse e lontane da curve perfette. Ugualmente ideale è la rappresentazione in forma di iperbole perfetta, per la quale l'elasticità lungo la curva di domanda si mantiene costante, pari ad 1 (tav. 10.12).

Di solito, invece, la curva di domanda è costituita dalla congiunzione di molteplici punti (dati dall'incontro fra quantità domandate e prezzo) ed assume forme molto varie e non sempre rappresentabili con curve dalla forma perfetta. Ciò nonostante, in questo capitolo, per motivi di semplicità, si farà riferimento a curve di domanda lineari.

10.6.3. La domanda dell'impresa e i ricavi totali

Le curve di domanda rappresentate finora sono relative alla domanda totale del mercato e, seppure molto utili per la formulazione di alcune decisioni aziendali, sono indicative di una situazione «ideale», che si fonda sulle seguenti semplificazioni:

- la domanda totale comprende al suo interno prodotti considerati perfettamente sostituibili fra loro, il che molto spesso non corrisponde alla realtà date le numerose possibilità di differenziazione che esistono nella maggior parte dei settori (v. *supra*);
- si parte dall'assunto che, nel periodo considerato, tutte le imprese vendano il prodotto allo stesso prezzo, il che, ancora una volta, non corrisponde alla situazione reale.

È invece molto importante che le imprese, seguendo le stesse regole valide per la costruzione della curva di domanda totale, costruiscano la propria curva di domanda, o meglio la curva di domanda relativa ai propri specifici prodotti. Si noti che, anche nel caso di beni indifferenziati (come la benzina o il cemento), la curva di domanda delle singole imprese presenta un'elasticità molto superiore a quella della domanda aggregata. Un esempio potrà aiutare a chiarire questo punto. La domanda aggregata di benzina si presenta anelastica: anche a fronte di aumenti nel prezzo, l'acquisto di benzina da parte degli automobilisti non diminuisce. Tuttavia, se la singola compagnia (per esempio la IP) aumenta il prezzo della propria benzina, gli automobilisti rivolgeranno immediatamente la propria domanda verso le altre marche concorrenti (Q8, Shell, ecc.) proprio perché i beni sono sostanzialmente indifferenziati.

Assumendo l'ottica della singola impresa che in un certo momento deve determinare il prezzo di un proprio prodotto, i possibili scenari di fondo sono quattro[15]:

1. *concorrenza perfetta*: molte imprese offrono ad uno stesso prezzo prodotti perfettamente simili tra di loro e tutte hanno dimensioni e strutture di costo simili; i prezzi e i costi si sono allineati in modo tale che tutte le imprese sono al minimo livello di redditività accettabile; anche la nostra impresa ha una struttura di costi analoga a quella dei concorrenti (non ha vantaggi di

[15] Nella realtà la casistica è molto ampia. Si illustrano qui gli scenari standard previsti dalla microeconomia; si veda anche il cap. 9.

economie di scala o di scopo); in questo caso, l'impresa non ha scelta in merito alla fissazione del prezzo; deve «prendere il prezzo dal mercato»; con un prezzo più alto non venderebbe nulla, con un prezzo più basso avrebbe redditività insufficiente;

2. *concorrenza basata sulla differenziazione*: nello stesso mercato operano numerosi concorrenti che offrono prodotti differenziati a prezzi diversi; in questo caso, l'impresa gode di qualche spazio di manovra ed agisce contemporaneamente sulla differenziazione «tecnica» del prodotto e sul livello dei prezzi;

3. *monopolio stabile*: la nostra impresa è la sola presente sul mercato e non è prevedibile che altre imprese possano o vogliano entrarvi; in questo caso, l'impresa ha la massima discrezionalità nel fissare il prezzo e lo farà in modo tale da massimizzare la redditività;

4. *monopolio instabile*: l'impresa, a seguito di un'innovazione del sistema di prodotto, si trova temporaneamente in una posizione di monopolio; esistono altre imprese in grado di imitare (ed eventualmente anche di migliorare o comunque differenziare) il nuovo sistema di prodotto; in questo caso, con riguardo alla determinazione del prezzo, l'impresa si trova in una posizione ambigua; può fissare un prezzo «alto» da monopolista producendo e vendendo piccoli volumi, oppure può fissare un prezzo «basso» puntando sui grandi volumi; nel primo caso si ottiene una redditività elevata nel breve, ma si incentiva l'ingresso dei potenziali entranti; nel secondo caso si corrono grandi rischi (si devono effettuare subito grandi investimenti per un sistema di prodotto nuovo e per il quale, dunque, è difficile prevedere accuratamente la domanda) ma si rende difficile l'ingresso di nuovi concorrenti.

10.6.4. Un esempio: il prezzo di lancio di una nuova rivista

Si consideri una impresa editoriale che deve decidere a quale prezzo vendere il suo nuovo settimanale: la curva di domanda dell'impresa descrive quale sarà la domanda in varie ipotesi di prezzo (tav. 10.13).

Conoscendo la quantità vendibile in corrispondenza dei diversi prezzi, è possibile calcolare i ricavi totali (settimanali) in funzione del prezzo, moltiplicando le quantità vendibili per il prezzo relativo. Conoscendo i ricavi totali, è poi possibile disegnare la curva dei ricavi totali, ponendo in ascissa i diversi prezzi, ed in ordinata i ricavi totali (tav. 10.14).

Come è evidente dalla curva dei ricavi totali, all'aumento dei prezzi le quantità diminuiscono, tuttavia i ricavi totali, nella prima parte della curva, aumentano. Ciò accade fino ad un prezzo (in questo caso 5 euro) in cui è massimo il ricavo ottenibile. Oltre tale prezzo, anche i ricavi totali cominciano a diminuire. Questo perché la riduzione dei ricavi dovuta al diminuire della quantità non viene più compensata dall'aumento del prezzo. Questo comportamento della curva dei ricavi totali dipende proprio dall'elasticità della domanda e dal fatto che man mano che il prezzo aumenta, su una cur-

TAVOLA 10.13. *La curva di domanda della nuova rivista*

Prezzo	Quantità domandate (000)
1	9.000
2	8.000
3	7.000
4	6.000
5	5.000
6	4.000
7	3.000
8	2.000
9	1.000

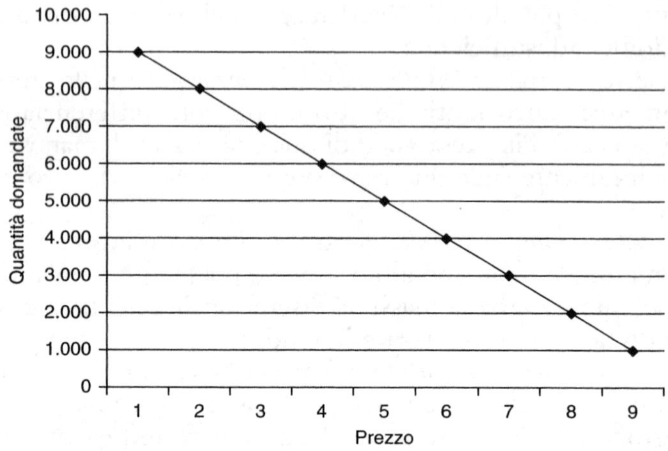

TAVOLA 10.14. *I ricavi totali della nuova rivista*

Prezzo	Quantità domandate (000)	Ricavi totali
1	9.000	9.000
2	8.000	16.000
3	7.000	21.000
4	6.000	24.000
5	5.000	25.000
6	4.000	24.000
7	2.000	21.000
8	2.000	16.000
9	1.000	9.000

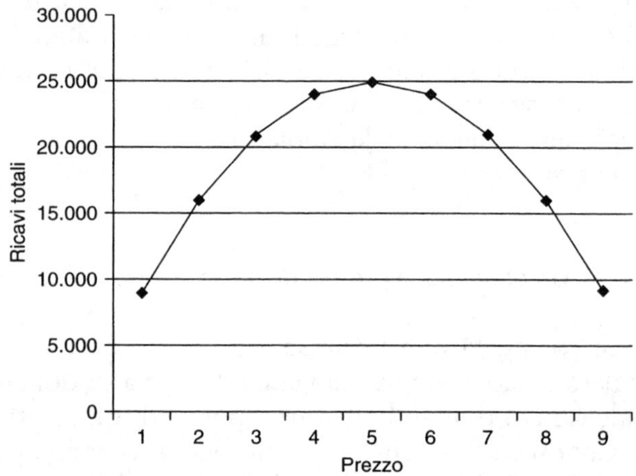

va di domanda lineare, l'elasticità aumenta. Calcolando, infatti, le elasticità d'arco corrispondenti ai relativi intervalli di prezzo e quantità si ottengono i dati presentati nella tavola 10.15.

Si può notare come, proprio in corrispondenza dell'aumento di prezzo da 5 a 6 euro, l'elasticità passi da valori inferiori ad 1 a valori superiori all'unità. L'elasticità pari a 1 rappresenta il punto di massimo della curva dei ricavi totali in funzione del prezzo.

Sulla base delle analisi eseguite finora sembrerebbe che, nell'esempio del lancio di un nuovo settimanale, 5 euro sia il prezzo migliore, in quanto esso

TAVOLA 10.15. *L'elasticità al prezzo della nuova rivista*

Prezzo	Quantità domandate (000)	Elasticità
1	9.000	
		0,11
2	8.000	
		0,26
3	7.000	
		0,46
4	6.000	
		0,72
5	5.000	
		1,11
6	4.000	
		1,71
7	3.000	
		2,80
8	2.000	
		5,33
9	1.000	

TAVOLA 10.16. *Dati di costo per il lancio della nuova rivista*

Costi	Impianto da 2.000 copie	Impianto da 4.000 copie	Impianto da 9.000 copie
Costi variabili	0,8	0,5	0,5
Costi fissi	2.000	3.000	4.000

consente di massimizzare i ricavi totali. Tuttavia, se scegliesse di lanciare il prodotto al prezzo di 5 euro, in assenza di altre analisi, il responsabile del lancio del nuovo settimanale potrebbe commettere un grave errore. Nessuna considerazione, infatti, è stata mossa relativamente ai costi che i diversi volumi di vendita comportano. Come si è visto nei capitoli precedenti, infatti, i volumi rappresentano una delle determinanti principali dei costi totali d'impresa e non è possibile prescindere da essi in un'analisi economica. Non è infatti rilevante il prezzo che consente di massimizzare i ricavi, quanto piuttosto il prezzo che consente di massimizzare il risultato reddituale dell'impresa, ossia i ricavi meno i costi sostenuti.

Ritorniamo all'esempio della produzione del settimanale: supponiamo che la realizzazione richieda costi variabili per copia prodotta e costi fissi di struttura (giornalisti e attrezzature) che variano a seconda della capacità produttiva dell'impianto; tali costi sono rappresentati nella tavola 10.16.

La tavola 10.17 riassume le quantità e i costi relativi.

Nella tavola 10.18 si rappresentano i costi fissi, i costi totali e i ricavi totali in funzione dei volumi venduti. Per determinare il prezzo che consente di massimizzare il reddito operativo dell'impresa è infatti necessario sovrapporre la curva dei ricavi totali alla curva dei costi totali e verificare in quale punto la distanza è massima in senso positivo.

Pur avendo già a disposizione una curva dei ricavi totali, è necessario disegnarne un'altra che sia sovrapponibile a quella dei costi totali e sia, pertanto, anch'essa in funzione delle quantità prodotte. Affinché le due curve siano sovrapponibili è necessario che siano in funzione della stessa variabile indipendente.

TAVOLA 10.17. *Curva dei costi totali*

Quantità	Costi fissi	Costi variabili	Costi totali
1.000	2.000	800	2.800
2.000 –	2.000	1.600	3.600
2.000 +	3.000	1.000	4.000
3.000	3.000	1.500	4.500
4.000 –	3.000	2.000	5.000
4.000 +	4.000	2.000	6.000
5.000	4.000	2.500	6.500
6.000	4.000	3.000	7.000
7.000	4.000	3.500	7.500
8.000	4.000	4.000	8.000
9.000	4.000	4.500	8.500

TAVOLA 10.18. *Le curve relative a costi fissi, costi totali e ricavi totali*

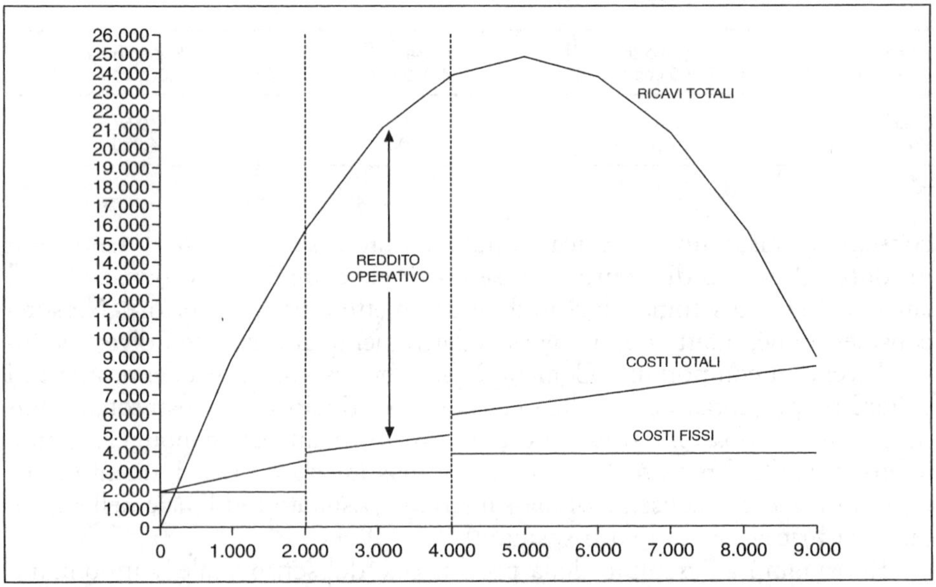

Essendo ora costi e ricavi espressi in funzione della stessa variabile è possibile, dunque, calcolare la quantità che consente di massimizzare il reddito operativo (tav. 10.19).

Graficamente si nota come in corrispondenza della quantità pari a 4.000 la distanza fra i ricavi totali e i costi totali è massima. L'area nella quale i ricavi totali superano i costi totali è un'area di reddito operativo. L'area in cui i costi totali eventualmente superassero i ricavi totali, invece, sarebbe un'area di perdita operativa. Allo stesso risultato era possibile giungere calcolando direttamente la differenza fra ricavi e costi totali; la tabella mostra come il massimo reddito operativo è ottenibile in corrispondenza della quantità 4.000. Andando a recuperare i dati relativi alla curva di domanda, si può notare come la quantità 4.000 corrisponde al prezzo di 6 euro. È dunque

TAVOLA 10.19. *Calcolo del reddito operativo*

Quantità	Costi totali	Ricavi	Reddito operativo
1.000	2.800	9.000	6.200
2.000 –	3.600	16.000	12.400
2.000 +	4.000	16.000	12.000
3.000	4.500	21.000	16.500
4.000 –	5.000	24.000	19.000
4.000 +	6.000	24.000	18.000
5.000	6.500	25.000	18.500
6.000	7.000	24.000	17.000
7.000	7.500	21.000	13.500
8.000	8.000	16.000	8.000
9.000	8.500	9.000	500

questo il prezzo che consente di massimizzare il reddito operativo settimanale. Al prezzo di 5 euro, cui corrispondeva una quantità di 5.000, il reddito operativo è invece inferiore e pari a euro 18.500. Ai fini della massimizzazione del reddito operativo, lanciare il nuovo settimanale al prezzo di 5 euro si sarebbe rivelato un errore. Quanto detto, tuttavia, non deve far pensare che le decisioni di prezzo si basino esclusivamente sulle risultanti delle analisi fatte con lo strumento della curva di domanda. Molte altre sono le considerazioni che chi assume decisioni di prezzo deve effettuare. Innanzitutto, la decisione strategicamente valida non è quella che massimizza il risultato reddituale nel breve termine (orizzonte al quale si è detto fa riferimento la curva di domanda) ma piuttosto nel lungo termine. È possibile dunque che molto spesso vengano prese delle decisioni che divergono dai risultati delle analisi della curva di domanda. Se per esempio un'azienda lancia un prodotto innovativo, per il quale non esistono sostituti diretti, potrebbe applicare inizialmente un prezzo di gran lunga inferiore a quello che massimizzerebbe il suo reddito, per poter conquistare elevate quote di mercato e per farsi conoscere dai consumatori. Successivamente, quando ormai l'immagine è nota ed il prodotto ha già degli acquirenti meno sensibili al prezzo, sarà possibile aumentarlo per massimizzare i risultati reddituali.

Le scelte di standardizzazione e di dimensione

Capitolo 11

11.1. Standardizzazione, uniformazione e modularità

11.1.1. Standardizzazione e riduzione dei costi

Con la prima rivoluzione industriale, avviatasi attorno alla metà del XVIII secolo, nasce l'impresa moderna. L'impresa moderna è fisicamente evocata dalla grande fabbrica, un luogo ove molte persone tutti i giorni si recano per svolgere un'attività economica che ha caratteristiche molto differenti rispetto a quella tradizionalmente svolta a domicilio o nelle botteghe artigianali. Emergono, tra gli altri, quattro caratteri nuovi: *a*) la meccanizzazione dei processi di trasformazione tecnica; *b*) la parcellizzazione del lavoro assegnato alle varie persone; *c*) la standardizzazione dei processi, dei componenti e dei prodotti; *d*) le produzioni in grandissimi volumi. In questo capitolo concentriamo l'attenzione sulle ragioni economiche che ancora oggi spingono con forza le imprese a standardizzare le loro produzioni e ad assumere grandi o grandissime dimensioni, ossia a *produrre grandi volumi di prodotti fortemente standardizzati*.

Le scelte di *standardizzazione dei processi, dei componenti e dei prodotti* sono per molti versi la premessa logica e pratica per la messa in atto dei sistemi industriali moderni; la standardizzazione rende possibili e convenienti le produzioni di massa ed è quindi la base per la realizzazione delle economie di scala, delle economie di saturazione della capacità produttiva e delle economie di apprendimento, che sono l'oggetto dei prossimi paragrafi.

Il fenomeno della *standardizzazione* si manifesta in varie forme che sono in parte congiunte e in parte disgiunte. Alcune manifestazioni sono note anche come *uniformazione* e *modularità*.

La manifestazione più evidente delle scelte di standardizzazione è rappresentata dalla produzione di *prodotti standardizzati*, ossia dalla produzione di

I parr. 11.1, 11.4 e 11.5 sono di Cinzia Parolini; i parr. 11.2 e 11.3 di Susanna Di Martino.

grandi volumi di beni aventi caratteristiche identiche (o molto simili) e per periodi di tempo relativamente lunghi; tuttavia, il fenomeno economico fondamentale sottostante è rappresentato dalla *standardizzazione dei processi produttivi*; infatti, è dalla standardizzazione dei processi produttivi che si ottengono grandi riduzioni dei costi unitari di produzione; in altri termini, conviene standardizzare i prodotti perché ciò consente di standardizzare le produzioni il che, a sua volta, consente di produrre i beni standardizzati con costi particolarmente contenuti. Standardizzando i prodotti e i processi si hanno risparmi di costo di varia natura; tra i più intuitivi vi sono quelli derivanti dal fatto che il prodotto e il processo devono essere progettati una sola volta per una pluralità di pezzi prodotti (anziché progettare il prodotto e il processo *ad hoc* per ciascun pezzo) e dal fatto che producendo ripetutamente più pezzi uguali si beneficia dell'apprendimento.

Molti prodotti sono formati da una pluralità di componenti; la standardizzazione dei prodotti e dei processi implica anche la *standardizzazione dei componenti*. La standardizzazione dei componenti ha due manifestazioni. La prima manifestazione sta nella *riduzione delle tolleranze di fabbricazione* dei vari componenti per far sì che gli stessi componenti si adattino perfettamente gli uni agli altri senza dover intervenire volta per volta con aggiustamenti *ad hoc*; tutti i componenti «alfa» (ad esempio, i pistoni del motore a scoppio modello «zeta») devono essere tra loro identici e tutti i componenti «beta» (i cilindri del motore a scoppio modello «zeta») devono esser tra loro identici; ogni esemplare di «alfa» deve adattarsi perfettamente ad ogni esemplare di «beta»; nelle imprese che non riescono a realizzare tale regola i costi di adattamento dei componenti spesso superano i costi di produzione degli stessi. La seconda manifestazione della standardizzazione dei componenti consiste nel fenomeno detto di *uniformazione dei componenti* che si manifesta quando uno stesso componente può essere utilizzato per realizzare prodotti differenti o comunque per differenti applicazioni; si pensi, ad esempio, a componenti quali le viti, i tubi, i fogli di carta, le prese di corrente, i fili elettrici, e così via. Ciascuna impresa potrebbe decidere di produrre una serie di viti *ad hoc* per ciascun modello di motore a scoppio, oppure di produrre una stessa serie di viti per tutti i suoi modelli di motore a scoppio, con qualche compromesso, ma anche con evidenti risparmi; se usciamo dai confini della singola impresa, si intuisce facilmente che non conviene che ciascuna impresa progetti e fabbrichi le sue serie di viti, ma che tutte le imprese si accordino su quali modelli standard (dimensione, passo, materiale, testa, ecc.) possono essere di interesse comune e così poter «delegare» imprese specializzate nella produzione di viti alla fabbricazione di milioni di pezzi uguali per ciascun modello anziché prodursi in casa, o far produrre all'esterno, poche decine di pezzi speciali. Per molte categorie di componenti (come quelli sopra citati) l'uniformazione ha tale rilevanza «collettiva» che appositi organismi e norme si sono sviluppati per renderla obbligatoria[1].

[1] In tutto il mondo gli organismi di uniformazione svolgono la funzione di proporre, at-

I fenomeni della standardizzazione e dell'uniformazione sono di grande rilievo anche come *fenomeni sociali e politici*. La diffusione degli standard e delle norme internazionali è una forma di regolamentazione tipica del mondo moderno e può essere vista come un'alternativa (o un complemento) ai meccanismi del «mercato» e della «gerarchia» come forme di organizzazione sociale[2]. Gli standard e le norme facilitano la cooperazione e il coordinamento su scala globale creando similarità e omogeneità anche tra popoli che sono tra loro molto differenti.

Non solo i componenti sono complementari per l'ottenimento di un certo bene, ma anche i vari beni sono complementari per soddisfare un certo bisogno; un problema analogo al precedente sorge dunque anche per l'*uniformazione dei beni complementari*; si pensi ad esempio, all'uniformazione dei carburanti per i motori a scoppio dei veicoli; in linea di principio ciascun produttore di automobili potrebbe prevedere un tipo di carburante specifico per ciascun modello offerto; ciò potrebbe ottimizzare il rendimento di ciascun motore, ma sono evidenti i gravi inconvenienti che ne discenderebbero in termini di costo di produzione e di distribuzione di varie centinaia di tipi di carburante. Così, accanto ai «componenti» uniformati da organi pubblici, appaiono anche «prodotti» soggetti allo stesso tipo di uniformazione. In questo contesto, tuttavia, è di grande rilievo anche il fenomeno degli *standard di fatto*, ossia dei prodotti che diventano dominanti per effetto delle forze di mercato e che costringono tutti i produttori di beni complementari ad adattarsi agli stessi: molto noti sono, ad esempio, i casi delle cassette per videoregistrazione VHS e il sistema operativo Windows; talvolta questi «standard di fatto» vengono anche parzialmente codificati da associazioni o consorzi di imprese produttrici di beni complementari o concorrenti. È evidente che il fatto di «possedere» o di «subire» uno standard di fatto influenza notevolmente i gradi di libertà strategica e la redditività di un'impresa.

Quando i componenti di un bene assumono un livello di complessità significativo, si tende a denominarli «moduli». *Modularizzare*[3] significa artico-

traverso la collaborazione ed il coinvolgimento attivo degli operatori economici, le norme di uniformazione che le imprese appartenenti a diversi settori devono rispettare a diverso livello (nazionale, continentale, mondiale). In Italia i due principali organismi di uniformazione sono rappresentati dal Comitato elettrotecnico italiano (www.ceiuni.it) che è l'ente preposto alla normazione tecnica dei settori elettrotecnico, elettronico e delle telecomunicazioni e dall'Ente italiano di unificazione (www.uni.com) che svolge la propria attività in tutti gli altri settori (gas, meccanica, materie plastiche, termotecnica, aerospaziale, cemento, chimica, informatica, siderurgia, ecc.). Questi due organismi partecipano, in rappresentanza dell'Italia, all'attività normativa degli organismi sopranazionali di normazione. Fra organismi sopranazionali ricordiamo a livello mondiale l'International Organization for Standardization, ISO (www.iso.org) e l'International Electrotechnical Commission, IEC (www.iec.ch) e a livello europeo il Comité Européen de Normalisation, CEN (www.cenorm.be) e il Comité Européen de Normalisation Electrotechnique, CENELEC (www.cenelec.org).

2 Si veda: BRUNSSON e JACOBSSON [2002].

3 Sul tema della modularizzazione si vedano in particolare: BALDWIN e CLARK [1997].

lare un bene complesso in più sottosistemi (moduli) che possono essere prodotti e anche progettati indipendentemente ma che poi devono poter funzionare insieme, formando il bene complesso. In altri termini, i diversi moduli devono essere compatibili e interagire fra di loro. Perché questo avvenga, occorre che un'entità (aziendale o sovra-aziendale) stabilisca le regole che devono essere rispettate da coloro che progettano e producono i singoli moduli. Così, come già visto per i componenti più semplici, si può quindi parlare di «standardizzazione dei moduli» se le regole da rispettare vengono definite a livello di singola azienda e di «uniformazione dei moduli» se le regole vendono definite da un organismo sovra-aziendale o vengono accettate da più aziende come standard di fatto. Il progetto di un prodotto complesso modularizzato si compone di *parametri visibili* (che tutti devono conoscere e rispettare) e da *parametri nascosti* (che riguardano solo il funzionamento dei singoli moduli e che non è necessario siano conosciuti da chi si occupa degli altri moduli). I parametri visibili si distinguono in tre categorie:

- l'architettura, che specifica quali sono i moduli di cui il sistema si compone e quali devono essere le funzionalità di ciascun modulo;
- le regole di interfacciamento, che descrivono come i singoli moduli si combinano, interagiscono e comunicano fra di loro;
- gli standard per la verifica della funzionalità dei singoli moduli e dell'efficacia dell'integrazione fra i diversi moduli.

Modularizzare un bene comporta diversi vantaggi, sia in sede di progettazione che in sede di produzione. In fase di progettazione, una volta stabiliti i parametri visibili, la progettazione dei singoli moduli può procedere in parallelo, accorciando i tempi necessari per portare il prodotto sul mercato. Successivamente, inoltre, è possibile introdurre innovazioni sui singoli moduli, senza che debba essere rimessa in discussione l'intera architettura del prodotto e senza dover necessariamente intervenire sugli altri moduli. In sede di produzione, analogamente, i singoli moduli possono essere prodotti indipendentemente l'uno dall'altro e poi confluire in un'unica sede per l'assemblaggio. Consentendo a diversi attori di focalizzarsi sui singoli sottoinsiemi di un prodotto complesso, inoltre, la modularità riduce la complessità delle attività di progettazione e di produzione che i singoli attori devono gestire. Una grande opportunità offerta dalla modularizzazione è rappresentata anche dalla possibilità di produrre un'ampia gamma di prodotti fortemente differenziati tra loro (e quindi con prestazioni, mercati di sbocco, marchi e prezzi differenti) ma contenenti uno o più moduli comuni; questa strategia, ad esempio, è oggi prassi comune nel settore automobilistico dove molte decine di modelli differenti (per segmento, marchio e prezzo) sono realizzate combinando pochissime varianti di pianali, motori e sospensioni.

Sebbene i diversi moduli di un prodotto complesso possano essere progettati e prodotti all'interno di un'unica azienda, in genere la modularizzazione di un prodotto complesso si accompagna a fenomeni di specializzazione delle aziende e di articolazione della filiera su diversi attori economici. Questo è, ad esempio, quanto è avvenuto nel settore dei computer. Quando i computer erano sistemi chiusi e non modulari, le aziende del settore tendevano ad occuparsi della progettazione e della produzione di tutto l'hardware e di tutto il software necessario per il funzionamento dei calcolatori. Oggi, invece, i computer sono un esempio estremo di modularizzazione e diverse aziende si sono specializzate nella progettazione e produzione dei singoli moduli (memoria di massa, memoria RAM, video, microprocessore, modem e così via). Per ciascuno di questi moduli spesso molte aziende si sfidano sul mercato introducendo continue innovazioni di prodotto e, al tempo stesso, cercando di ridurre i costi di produzione. Il risultato è la disponibilità di computer sempre più innovativi e sempre meno costosi.

Ciascuna impresa deve riflettere con attenzione sulle proprie scelte di standardizzazione, di uniformazione e di modularizzazione. Nelle pagine precedenti si sono messi in evidenza soprattutto i vantaggi della standardizzazione; essa produce però anche gravi inconvenienti: i prodotti uniformi non soddisfano le attese di varietà dei clienti e, inoltre, possono scatenare guerre di prezzi; gli standard normati e gli standard di fatto riducono gli incentivi all'innovazione e rendono difficile l'attuazione di strategie competitive basate sulla differenziazione dei prodotti. Per loro natura gli standard si modificano solo in tempi lunghi; talvolta segnano discontinuità nell'evoluzione di uno o più settori; per ciascuna impresa diventa cruciale una corretta tempificazione delle mosse di adattamento ai nuovi standard. Per molti aspetti, l'arte della formulazione delle strategie d'impresa consiste nel combinare mosse che consentano di sfruttare tutti i vantaggi della standardizzazione e, nel contempo, godere di margini di libertà sufficienti per attuare combinazioni economiche originali e flessibili.

11.1.2. I bisogni di standardizzazione espressi dal mercato e le esternalità di rete

Sinora abbiamo presentato i fenomeni di standardizzazione sottolineandone gli effetti positivi in termini di razionalizzazione dei processi produttivi e distributivi e, di conseguenza, i vantaggi in termini di riduzione dei costi. In altre parole, abbiamo considerato i fenomeni di standardizzazione assumendo il punto di vista dell'offerta. In molti casi, tuttavia, i fenomeni di standardizzazione assumono rilevanza non solo per il loro effetto sui costi, ma anche per il loro effetto sulla soddisfazione dei bisogni del mercato.

Esistono molti prodotti la cui utilità è legata al numero di altri utenti che utilizzano lo stesso bene o beni compatibili (ovvero che utilizzano gli stessi standard). Si parla, in questi casi, di presenza di *esternalità di rete*[4]. Le fonti di esternalità di rete sono numerose e possono essere ricondotte ai seguenti punti:

1. le esternalità di rete possono essere generate dall'effetto diretto del *numero di utenti* sulla capacità del bene di generare valore per il cliente. Tutti i prodotti di telecomunicazione, ad esempio, rientrano in questa tipologia: l'utilità di un videotelefono (così come di un fax o di una casella di

[4] Si veda: KATZ e SHAPIRO [1985].

posta elettronica) aumenta all'aumentare del numero di utenti in quanto un apparecchio di comunicazione che consente di collegarsi a milioni di utenti vale molto di più di un apparecchio collegato a poche centinaia di utenti. È importante sottolineare come, in questo caso, il mercato apprezzi la diffusione del bene e come questa sia molto incentivata dalla standardizzazione delle utenze. La presenza di più circuiti fra loro incompatibili, renderebbe infatti più difficile accedere a reti ampie. Un esempio recente su questo fronte è dato dalla telefonia mobile, che in Europa si è diffusa molto rapidamente grazie al fatto che tutti gli operatori telefonici hanno deciso di aderire a standard sopranazionali comuni (prima il GSM e, successivamente, il GPRS e l'UMTS), mentre negli Stati Uniti ha stentato a decollare, proprio a causa della presenza di diversi standard e di network fra di loro incompatibili;

2. in altri casi le esternalità di rete possono essere legate alla presenza di *prodotti complementari* che, per essere compatibili, devono condividere gli stessi standard. Esempi a questo riguardo sono le macchine fotografiche digitali e le memorie digitali, i videoregistratori e le videocassette, i computer (parte hardware), i sistemi operativi ed i software applicativi. Quando la produzione e la distribuzione di beni complementari che aderiscono a diversi standard non comporta gravi problemi, le esternalità di rete sono ridotte e diversi standard possono convivere sul mercato. Questo è, ad esempio, quanto avviene attualmente nel mercato delle macchine fotografiche digitali, dove convivono diversi standard per quanto riguarda i supporti digitali (le memorie) sui quali le foto vengono memorizzate. In altri casi, invece, la produzione e la distribuzione di beni complementari aderenti a standard diversi risulta molto onerosa, a causa degli altri costi di sviluppo (si pensi ai software applicativi) o degli altri costi di distribuzione (si pensi alla complessità che avrebbe la distribuzione delle videocassette se sul mercato convivessero più standard). In questi casi gli utenti tendono a privilegiare lo standard più diffuso o che ritengono sarà il più diffuso, al fine di assicurarsi l'accesso ad una più vasta gamma di beni complementari. Diventa quindi probabile l'affermazione sul mercato di un unico standard e l'estromissione o la marginalizzazione dei sistemi alternativi[5]. Questo può condurre alla creazione di situazioni di quasi monopolio (come nel caso di Microsoft per i sistemi operativi per personal computer) se un'unica impresa controlla il prodotto in questione, o all'adozione da parte di diversi concorrenti, di uno standard di settore. Questo è, ad esempio, quanto è avvenuto nella produzione di personal computer (standard INTEL), di videoregistratori (standard VHS), di lettori di CD e così via. In questi casi si assiste spesso all'affermazione di standard di fatto, dei quali abbiamo già parlato più sopra;

3. una terza fonte di esternalità di rete, anche se meno stringente rispetto alle prime due, si presenta quando per un bene sia rilevante la presenza di una *rete di assistenza* sul territorio, come avviene, ad esempio, per le auto o per gli elettrodomestici. Anche in questi casi gli utenti tendono a preferire i

[5] Si vedano: ARTHUR [1989]; SHAPIRO e VARIAN [1998].

prodotti più diffusi, al fine di poter godere di una migliore assistenza post-vendita.

In presenza di forti esternalità di rete, le imprese devono compiere scelte volte ad ottenere l'affermazione del proprio standard, ad esempio ricorrendo alla concessione di licenze, ad alleanze strategiche, alla produzione diretta dei beni complementari o a politiche di prodotto molto aggressive[6]. In assenza o nell'impossibilità di ottenere un'affermazione di un proprio standard – situazione che riguarda la maggior parte delle aziende – diventa invece importante capire quali sono gli standard destinati ad affermarsi nel settore e definire il proprio posizionamento strategico in materia.

11.2. Le scelte di dimensionamento della capacità produttiva: le economie di scala e di saturazione

11.2.1. La capacità produttiva

Osservando i diversi insiemi di imprese e la loro evoluzione nel tempo[7] si può notare come esistano settori (ad esempio i settori chimico, farmaceutico, bancario, assicurativo, oppure il settore del trasporto aereo o aerospaziale) nei quali le imprese sono tutte di grandi dimensioni, internazionali, spesso presenti anche in settori correlati[8]; in altri settori, invece, convivono e competono imprese di dimensioni molto diverse: produzioni artigianali, imprese piccole, medie fino a imprese di grandi dimensioni (ad esempio i settori dell'intermediazione turistica, della produzione di abbigliamento, della produzione di mobili, dell'entertainment, ecc.). In altre parole, per alcune attività la dimensione dell'azienda (in termini di numero di addetti, investimenti effettuati, dimensioni degli impianti) sembra essere determinante per poter operare economicamente in quel particolare settore, mentre per altri contesti competitivi la dimensione non è la determinante principale del successo o della sopravvivenza[9], pur restando una caratteristica distintiva delle combinazioni economiche.

In questo paragrafo, l'obiettivo è quello di comprendere quale ruolo possono assumere le scelte di dimensionamento delle attività aziendali nella formulazione della strategia d'impresa e spiegare, dunque, quando e perché scelte di dimensionamento possono portare allo sviluppo di vantaggi economici.

Quando si parla di scelte di dimensionamento delle attività aziendali, in realtà, si fa riferimento ad una grandezza aziendale che è chiamata capacità produttiva (CP). Per CP si intende il numero massimo di unità di output producibili in un certo intervallo di tempo e date certe condizioni operative

6 Si veda: HILL [1997].

7 Per una panoramica sull'evoluzione di alcuni settori industriali si veda: CHANDLER [1990].

8 Si veda: WHITTINGTON e MAYER [2000].

9 Si veda: BARTLETT e GHOSHAL [2000].

quali, ad esempio, il numero di turni di lavoro e i tassi di difettosità degli output giudicati accettabili. Il concetto di CP si applica a tutte le attività che si svolgono nelle aziende (attività produttive, commerciali, amministrative, di ricerca e così via), qualunque sia il settore di appartenenza[10].

Come detto, la CP è la misura massima di output ottenibile date certe condizioni operative; tuttavia, non è detto che i programmi di utilizzo aziendale prevedano (o richiedano) l'uso di tutta la capacità disponibile. La produzione effettiva, infatti, molto spesso può essere inferiore alla CP massima dell'impianto e ciò può accadere per varie ragioni. Per misurare quanto la produzione effettiva utilizzi la potenzialità produttiva teorica, occorre rapportare la produzione effettiva alla CP teorica, in percentuale, ottenendo così il grado di utilizzo della CP (detto anche grado di saturazione):

$$\frac{\text{produzione effettiva}}{\text{CP}} \times 100 = \text{grado di utilizzo della CP}$$

Per le unità aziendali che producono beni tangibili la misurazione della CP è intuitivamente collegata al numero massimo di «pezzi» (o al numero di chili, metri, litri) producibili nell'intervallo di tempo considerato. Per le attività di servizi la misurazione della CP richiede la corretta individuazione dell'output prodotto dall'attività stessa.

Ad esempio, per le società di consulenza verrebbe spontaneo pensare che l'unità di misura aziendale dell'output sia la singola consulenza realizzata; tuttavia, una consulenza può impegnare tanti consulenti per tanti giorni oppure un singolo consulente per un solo giorno, può essere relativa ad una problematica molto semplice come una consulenza fiscale o contabile, oppure essere relativa ad una problematica nuova, particolare ed importante come una ristrutturazione delle attività o una *joint venture* da realizzare in un Paese straniero. Le diverse consulenze non sono fra loro omogenee e questo spiega perché esprimere la CP in numero di consulenze realizzabili non fornisce un'indicazione univoca degli output producibili. Gli elementi che rendono non comparabili le diverse consulenze sono rappresentati dal diverso tempo impiegato e dal numero e dalle competenze dei consulenti coinvolti (consulenti junior o con poca esperienza piuttosto che consulenti senior con molta esperienza). Un'unità di misura che possa rendere quantificabile l'output delle società di consulenza dunque, deve essere in grado di rappresentare sia il tempo (ossia deve essere utile per misurare la durata della consulenza), sia il numero e la qualità dei consulenti impegnati sul progetto. L'unità di misura dell'output, pertanto, potrebbe essere la giornata di attività consulenziale per singolo consulente junior (denominata giornata/uomo base), ipotizzando che un senior impieghi metà del tempo rispetto ad uno junior[11].

10 Per una rassegna dei concetti relativi alla capacità produttiva si vedano: GRANDO [1996]; AA.VV. [2003, cap. 8].

11 La CP della società di consulenza, pertanto, è data dal numero di giornate/uomo base

Per le attività di vendita al dettaglio la capacità produttiva può essere efficacemente misurata in termini di metri cubi di spazio espositivo disponibili nel punto vendita, frutto delle dimensioni del negozio, della struttura degli scaffali e così via. Per aumentare la sua capacità produttiva, il punto vendita deve incrementare lo spazio espositivo disponibile.

Per il servizio di trasporto aereo di persone l'unità di misura dell'output è data dal trasporto di un singolo passeggero per un miglio (o chilometro); non essendo consentito, nel trasporto aereo, viaggiare in piedi, la misurazione della CP si effettua considerando i posti a sedere disponibili e le distanze percorribili: si misurano, cioè, i posti/miglio disponibili.

Solitamente, nel linguaggio corrente[12], s'identifica la CP di un'azienda con la sua capacità di produrre il bene destinato al mercato[13]; in realtà le aziende non sono composte solo dagli impianti produttivi e la produzione del bene rivolto al mercato richiede il contributo di altre unità aziendali: per esempio, accanto alla produzione vera e propria è necessaria anche l'attività di progettazione; l'attività di acquisto di tutti i componenti che non sono prodotti internamente; l'attività di vendita e distribuzione sul mercato, e di organizzazione delle campagne pubblicitarie; l'attività di amministrazione e gestione del personale (stipendi, pianificazione delle carriere, e così via); l'attività di controllo dei costi; ecc. In sostanza, numerose sono le attività aziendali coinvolte nella realizzazione di un certo prodotto commercializzato da un'azienda ed ognuna di esse produce un proprio output ed ha, pertanto, una propria CP[14]. Pertanto, una delle fondamentali competenze richieste a chi deve gestire l'azienda è, proprio, saper coordinare e bilanciare le diverse capacità produttive delle attività affinché la capacità complessiva dell'azienda sia la sintesi più conveniente delle diverse capacità produttive delle unità aziendali e si riducano al minimo gli «sprechi»[15].

che nell'arco di tempo considerato è in grado di assicurare. Una società di consulenza che ha 5 consulenti junior che lavorano a tempo pieno (245 giorni all'anno) e 10 consulenti senior che possono dedicare alla società al massimo 100 giornate all'anno ciascuno, ha una CP di 3.225 giornate/uomo base (5 × 245 junior + 10 × 100 × 2 senior). Per incrementare la sua CP la società dovrà aumentare il numero di consulenti oppure impegnarli per un numero maggiore di giornate (ad esempio facendoli lavorare anche il sabato e la domenica).

12 Per semplicità lo abbiamo fatto anche noi fino a questo momento.

13 La capacità della Piaggio si misura in numero di motocicli producibili, quella della Ocean in frigoriferi, quella della Invicta in zaini e così via.

14 Per un'azienda imbottigliatrice di acqua minerale naturale l'output prodotto è rappresentato da litri di acqua imbottigliati nel periodo di tempo; immaginiamo 50.000 bottiglie al giorno. L'azienda vende le bottiglie ai ristoranti in cartoni da 6 e, per poter realizzare il confezionamento, ha acquistato un impianto di imballaggio in grado di confezionare 9.500 cartoni al giorno (pari a 57.000 bottiglie). L'impianto di imballaggio, dunque, ha una CP propria che è maggiore di quella dell'impianto di imbottigliamento. L'azienda ha anche un deposito nel quale immagazzina i cartoni di acqua; nel deposito, date le sue dimensioni, è possibile conservare al massimo 25.000 cartoni, che corrispondono a 150.000 bottiglie (ossia 3 giorni di produzione). La CP del magazzino è pari a 25.000 cartoni.

15 Sul tema del bilanciamento della capacità produttiva e più in generale sul «capacity management» si veda: AA.VV. [1997a].

Se esiste un'unità aziendale (o un'attività) che ha una CP inferiore alle altre unità (collo di bottiglia), la CP complessiva risente della CP più bassa[16]. Il collo di bottiglia può essere frutto di errori di dimensionamento, dipendere da cause accidentali (ad esempio le dimissioni di un operaio specializzato non facilmente sostituibile oppure la mancanza di un particolare pezzo di ricambio). In ogni caso, il collo di bottiglia rappresenta il vincolo allo sfruttamento della potenzialità degli altri reparti o delle altre attività e frena tutte le attività aziendali.

11.2.2. Le economie di scala o di dimensione

Di regola, le imprese con maggiori capacità produttive installate, ossia le imprese di maggiori dimensioni, sono in grado di realizzare le loro produzioni con costi più bassi rispetto ai costi delle imprese più piccole. Nel linguaggio economico, questo fenomeno è denominato «economie di scala» o «economie di dimensione»[17].

Le economie di scala (EDS) sono le riduzioni di costi unitari che si ottengono installando (e saturando) capacità produttive maggiori; in linea generale, capacità produttive maggiori consentono costi unitari di produzione più bassi. I confronti si devono fare *a parità di tasso di utilizzazione della capacità produttiva installata*. Il calcolo richiede il confronto fra i costi unitari di due diverse capacità produttive installate, ipotizzando per entrambe lo stesso grado di utilizzo.

$$\text{EDS} = [Cu_X - Cu_Y]$$

dove:
Cu_X = costo unitario medio di produzione impianto X (utilizzato al 100%);
Cu_Y = costo unitario medio di produzione impianto Y (utilizzato al 100%).

Il costo unitario medio (Cu) è il costo sostenuto, mediamente, per la realizzazione di una singola unità di output e si calcola dividendo i costi totali di produzione per la produzione effettiva:

$$Cu_X = \frac{CT_X}{Q_X} = \frac{\text{costi totali sostenuti con l'impianto } X}{\text{quantità prodotta con l'impianto } X}$$

16 Ad esempio, un'azienda di produzione di filati di alta qualità ha una capacità nel reparto di filatura che le consente di produrre 10.000 metri di un certo tipo di filato al mese. Se tuttavia, l'attività del controllo qualità è in grado di controllare, per velocità dei macchinari e per numero di operai impegnati in tale attività, solo 7.000 metri di filato al mese, a nulla serve spingere al massimo la velocità del reparto di filatura in quanto si avrebbe l'unico effetto di riempire i magazzini interni di semilavorati; la capacità complessiva aziendale sarebbe determinata dalla capacità dell'anello debole della catena, in questo caso il reparto controllo qualità.

17 Si veda: WHITTINGTON e MAYER [2000].

11.2.3. Le fonti delle economie di scala

Le condizioni che rendono possibile l'ottenimento di vantaggi economici corrispondenti ad aumenti della scala produttiva si denominano «fonti delle economie di scala» e sono le seguenti:

1. indivisibilità di alcuni componenti;
2. maggiore produttività degli input per effetto della specializzazione;
3. proprietà geometriche dei «contenitori»;
4. maggiore efficienza negli impianti di maggiori dimensioni;
5. minori costi unitari di acquisto, derivanti da una maggiore forza contrattuale.

Indivisibilità di alcuni componenti. Alcuni fattori della produzione non possono essere ridotti come dimensioni (e costi) al di sotto di una scala minima, anche se il livello di CP è molto basso. Corrispondono, cioè, ad elementi che si presentano, con le stesse dimensioni e gli stessi costi, all'interno di un ampio intervallo di dimensionamento della CP e, pertanto, i costi ad essi relativi solitamente non aumentano in presenza di aumenti di CP (o aumentano meno che proporzionalmente). Per un aereo è indivisibile la cabina di pilotaggio e il quadro di controllo; per un'aula universitaria è indivisibile il costo della cattedra, della lavagna luminosa e del videobeam, e del microfono; per un'impresa di ristorazione, il costo del capocuoco, per le attività di e-commerce la registrazione del sito e il costo dell'elaboratore per la gestione delle informazioni e così via.

Maggiore produttività degli input per effetto della specializzazione. Al crescere delle dimensioni della CP è possibile specializzare maggiormente le risorse, siano esse umane (persone) o tecniche (impianti). Risorse maggiormente specializzate sono in grado di produrre un vantaggio economico perché svolgono la loro specifica attività in modo particolarmente efficiente e con risultati di alta qualità. Se, ad esempio, un'azienda di distribuzione al dettaglio di prodotti hi-fi ha un punto vendita di piccole dimensioni con una superficie espositiva ridotta, può permettersi un solo commesso tuttofare che sappia dare consigli su tutti i prodotti, gestisca la cassa, e così via. Se il punto vendita aumenta le proprie dimensioni (magari quattro volte quello precedente) si potrà permettere quattro commessi specializzati: uno alla cassa e tre dedicati ai vari tipi di impianto (hi-fi portatili o di piccole dimensioni, hi-fi grandi e impianti destinati a discoteche e locali pubblici). Questo consentirà maggiore rapidità ed efficienza nell'erogazione del servizio alla clientela. Ancora, nelle attività di ricerca e sviluppo, la specializzazione dei ricercatori su oggetti di studio precisi e definiti, favorisce la rapidità e l'efficacia dei risultati ottenuti. Per portare un altro esempio, un'azienda che realizza oggetti in plastica di varie forme e colori (piatti, bicchieri, servizi da picnic e così via) con una ridotta CP tenderà ad avere un solo impianto «universale» per lo stampaggio dei diversi oggetti e monterà, di volta in volta, sull'impianto gli stampi relativi alla forma da realizzare. All'incremento della CP potrà per-

TAVOLA 11.1. *Le relazioni tra superfici e volumi dei contenitori*

Dimensioni lineari	Superficie	Volumi
1m × 1m × 1 m	6 m^2	1 m^3
2m × 2m × 2 m	24 m^2	8 m^3
4m × 4m × 4m	96 m^2	64 m^3

mettersi più impianti specializzati per lo stampaggio dei differenti tipi di oggetti, migliorando, così, l'efficienza e la qualità di ciascuna produzione e riducendo i tempi di attrezzaggio delle macchine.

Proprietà geometriche dei contenitori. Per le condizioni di produzione del tipo «contenitori» (uffici, magazzini, petroliere, container, ecc.) si producono economie legate alle proprietà geometriche, ben note agli ingegneri. Laddove, infatti, la CP è collegata al volume di alcuni «contenitori» nei quali il prodotto deve essere contenuto o lavorato, l'aumento di capacità si sviluppa con indicatori di potenza 3 rispetto alla sua dimensione lineare (un contenitore si misura in *metri cubi*), mentre i costi che sono legati alla superficie quadrata (cioè alle pareti) del contenitore stesso, si sviluppano con potenza 2. La tavola 11.1 fa riferimento alle dimensioni lineari, alle superfici ed ai volumi di 3 cubi contenitori: ogni raddoppio delle dimensioni lineari porta ad un aumento di 4 volte della superficie (che passa da 6 a 24 e da 24 a 96) e di 8 volte del volume (che passa da 1 a 8 e a 64). Se i dati della tavola fossero riferiti ad un silos il cui costo di costruzione sia fissato a metro quadro di superficie, aumentare di 8 volte la capacità del silos comporta un aumento del costo di sole 4 volte. In qualsiasi attività produttiva sono presenti dei contenitori: lo sono gli edifici, i capannoni, i negozi, i forni, gli altoforni, i silos, i magazzini, i serbatoi, le celle di raffreddamento, le tubazioni, gli oleodotti e gasdotti, gli aerei, le navi, gli stadi e gli impianti sportivi, gli studi cinematografici e televisivi e così via; in tutte le attività che utilizzano contenitori e la cui CP è collegata alla dimensione del contenitore, dunque, è possibile sfruttare i risparmi di costi provenienti dall'effetto scala.

Maggiore efficienza degli impianti di maggiori dimensioni. Molti impianti produttivi presentano miglioramenti di efficienza all'aumentare della potenza installata. Si pensi ai motori (elettrici o a scoppio) dove, ad un raddoppio della potenza non corrisponde un raddoppio nei consumi di energia o di combustibile (a parità di altre condizioni, un motore di cilindrata 2.000 consuma meno del doppio di un motore di cilindrata 1.000). Lo stesso può valere per un impianto di condizionamento, di riscaldamento o di illuminazione, di trazione, di alimentazione, di generazione di corrente e così via.

Minori costi unitari di acquisto. All'aumentare della CP, l'impresa aumenta i volumi di input acquistati e, solitamente, ottiene migliori condizioni nei prezzi di acquisto (sconti quantità). Il risparmio ottenibile nei costi è imputabile, in parte, al *maggior potere contrattuale* che l'impresa acquisisce quando diventa un cliente importante, che acquista ingenti quantità; in parte, invece, è dovuto al fatto che per i fornitori è più conveniente vendere quantità maggiori ad un contraente unico: ogni singola negoziazione ha una serie di costi indivisibili (ad esempio l'emissione della fattura e della bolla di accompagnamento, l'immissione a terminale dell'ordine o la compilazione del relativo modulo, il costo di trasporto e consegna, e così via) e, pertanto, i fornitori possono sfruttare una delle fonti di economia se vendono ingenti quantità ad un unico cliente.

Come già ricordato, *non rappresenta fonte di economia di scala il maggiore assorbimento dei costi per effetto di maggiori volumi di produzione data una certa CP*. Se, infatti, l'azienda incrementa i propri volumi di produzione senza aumentare la CP, la riduzione dei costi unitari è il semplice effetto matematico della ripartizione di un costo totale (che, per quanto riguarda alcuni costi, resta invariato essendo costante la CP) su un maggiore numero di unità. Questa non è una fonte di economie di scala, ma è una riduzione di costi molto importante per le imprese ed è denominata «economia di volume» o «economia di assorbimento dei costi fissi» o, ancora, «economia di saturazione della capacità produttiva».

11.2.4. Le economie di saturazione della capacità produttiva

I costi dell'azienda, in prima approssimazione, possono essere suddivisi in due grandi categorie: costi che variano proporzionalmente al variare dei volumi prodotti (definiti *costi variabili*) e costi che, invece, non variano in proporzione ai volumi prodotti (definiti *costi fissi*)[18]. I costi variabili sono, per esempio, i costi delle materie prime o dei componenti utilizzati, le provvigioni di vendita, i diritti di autore, ecc. che aumentano proporzionalmente all'aumentare dei volumi.

I costi fissi, invece, sono quei costi che, almeno entro certi intervalli delle quantità prodotte, non variano al variare dei volumi di produzione. Si pensi al costo della campagna pubblicitaria di lancio del nuovo modello di scooter, al costo dell'affitto dell'edificio nel quale avviene la produzione; al costo della polizza assicurativa e così via. Più in generale, i costi fissi sono i costi correlati ad una data CP: variano per variazioni del dimensionamento della CP ma non al variare dei volumi con essa prodotti, ossia del grado di utilizzo della stessa. All'aumentare del grado di sfruttamento della CP il costo fisso (che resta invariato all'interno dell'intervallo di CP) è ripartito su un numero maggiore di output prodotti e questo determina una riduzione del costo unitario[19]. In altre parole, le economie di assorbimento della

[18] Si introduce qui solo il concetto di costi variabili e fissi, per poi approfondire il tema nel par. 11.4.

[19] Un'impresa presenta costi fissi per 600.000 euro e costi variabili unitari pari a 2 euro

CP determinano minori costi unitari all'aumentare del grado di utilizzo di una data CP e sono maggiori quanto maggiore è il peso dei costi fissi sul totale. Per le imprese caratterizzate da maggiori costi fissi[20], le potenzialità di sfruttamento delle economie di assorbimento della CP sono maggiori rispetto alle imprese caratterizzate da una maggiore incidenza dei costi variabili.

Prendendo in considerazione contemporaneamente i due fenomeni delle economie di scala e delle economie di assorbimento della capacità produttiva, si evince chiaramente che: *a*) da un lato è conveniente installare grandi capacità produttive per mettersi in grado di realizzare grandi economie di scala; *b*) dall'altro lato, al crescere della capacità produttiva installata cresce il rischio di non saturarla completamente e quindi di subire diseconomia da mancato assorbimento dei costi fissi. In sintesi, si tratta di prendere decisioni bilanciate e quanto possibile ancorate ad affidabili previsioni del mercato e dei volumi di vendita[21].

11.3. Le scelte di durata delle produzioni: le economie di apprendimento

11.3.1. Le economie di apprendimento

Un altro importante fenomeno legato ai volumi di produzione è quello delle economie di apprendimento. Le economie di apprendimento sono le riduzioni di costo unitario (e i miglioramenti delle qualità degli output) che, per effetto dell'accumulo di esperienza, si realizzano ogni volta che si producono addizionali quantità di beni. Le economie di apprendimento, dunque, dipendono dai volumi cumulati di produzione realizzati sino ad un certo tempo *t*.

Il fenomeno delle economie di apprendimento è immediatamente riscontrabile anche nelle normali attività quotidiane: la prima volta che si esegue una certa attività (sia essa lo svolgimento di un esercizio di matematica, la realizzazione di un nuovo piatto di cucina o la riparazione di un guasto al motorino) occorre sviluppare un certo apprendimento ed «imparare» a realizzare quella attività. Man mano che si replica l'attività realizzata, il tempo impiegato si riduce e si diventa più bravi nell'eseguirla. La bravura consiste non solo nel fatto che si impiega meno tempo nella realizzazione dell'attività, ma anche che si impara a farla meglio. In altre parole, a mano a mano che si accumula esperienza è possibile riscontrare riduzioni di costo, a parità di qualità, e miglioramenti qualitativi del prodotto realizzato, a parità di costi.

e una CP massima di 1 milione di pezzi. Il *Cu* nell'ipotesi di produzione e vendita di 600.000 pezzi sarebbe pari a 3 euro (costo variabile unitario di 2 euro più una quota di 1 euro di costi fissi); in corrispondenza di una produzione di 800.000 pezzi, invece, avremmo un *Cu* pari a 2,75 euro: (2 euro di costo variabile + 0,75 quota di costi fissi per unità).

20 Si veda il par. 11.4.

21 Si vedano: ASHISH [2003]; ZENGER [1994].

TAVOLA 11.2. *Esempio schematico di andamento dei tempi di lavorazione al crescere dei volumi prodotti*

	Aerei prodotti (volume cumulato)	Giornate di manodopera per ciascun aereo
1° raddoppio	1	200
	2	*160*
2° raddoppio	3	140,4
	4	*128*
	5	119,1
3° raddoppio	6	112,3
	7	106,9
	8	*102,4*

Il risparmio correlato alla maturazione dell'esperienza è intuitivo, ma è interessante il fatto che lo si possa misurare e prevedere con buona precisione. Il vantaggio economico correlato all'accumulo di esperienza è denominato «economia di esperienza» o anche «economia di apprendimento»[22]. Le economie di esperienza sono riduzioni regolari e prevedibili dei costi unitari dell'output prodotto, che si realizzano al crescere del volume di produzione cumulato[23]. Il fenomeno, noto da molto tempo, fu oggetto di misurazione solo nel 1925 quando il comandante della Wrigth-Patterson Air Force Base, negli Stati Uniti, osservò che il numero di ore di lavoro necessario per montare un aeroplano diminuiva man mano che aumentava il numero progressivo di aeroplani costruiti. La novità era rappresentata dalla scoperta che la riduzione delle ore di lavoro era regolare: i tempi diminuivano di una stessa percentuale ad ogni raddoppio del numero di aerei costruiti; la regolarità rendeva possibile prevederne l'evoluzione nel tempo. La tavola 11.2 presenta un esempio schematico.

L'analisi dei dati mostra che il secondo aereo richiede il 20% di tempo in meno rispetto al primo. Lo stesso risparmio del 20% non si manifesta tra il secondo ed il terzo aereo, bensì fra il secondo ed il quarto, in corrispondenza, cioè, del secondo raddoppio dei volumi complessivi. Così, se la produzione del quarto aereo ha richiesto 128 giornate, la produzione del quinto, sesto, settimo ed ottavo aereo impiegherà via via qualche giornata in meno del precedente fino a raggiungere il livello di 102,4 per l'ottavo aereo (terzo raddoppio), con un nuovo riparmio del 20% rispetto al quarto aereo.

La costanza e la prevedibilità permettono di rappresentare la relazione tra costi ed esperienza in una curva denominata appunto «curva di esperienza» (o di apprendimento)[24]. La curva di esperienza si traccia ponendo in

22 Nella letteratura anglosassone il tema è definito *learning curve*. Si veda: MANSFIELD [1994].

23 Definizione tratta da: ABELL e HAMMOND [1979].

24 ANDRESS [1954].

ascissa il volume di produzione cumulata (come rappresentativo dell'esperienza), e in ordinata i costi unitari di produzione[25].

La funzione che rappresenta la curva di esperienza è la seguente:

$$C_q = C_n\left(\frac{q}{n}\right)^{-b}$$

dove:
C_q = costo dell'unità q cioè dell'unità ultima prodotta;
C_n = costo dell'unità n cioè dell'unità prodotta al tempo precedente;
q = quantità cumulata ad oggi;
n = quantità cumulata alla data precedente;
b = costante che esprime la velocità di apprendimento di ciascun caso specifico.

Evidentemente, affinché si possa misurare il solo effetto esperienza, occorre che nell'intervallo indicato nel grafico della tavola 3.1 come «$X-2X$» le altre condizioni produttive restino invariate. Se mutasse, infatti, la CP, o il grado di assorbimento dei costi fissi, la diminuzione dei costi unitari in ordinata sarebbe dovuta non solo all'effetto esperienza, ma anche ad economie di altra natura.

L'inclinazione della curva dipende dalla «velocità di apprendimento», che si calcola rapportando i costi relativi a due produzioni che rappresentano un rapporto di esperienza 2 a 1:

$$\frac{C_{2X}}{C_X} \times 100 = \text{velocità di apprendimento}$$

dove:
C_{2X} = costo unitario di produzione dell'unità $2X$ (doppia rispetto ad X);
C_X = costo unitario di produzione dell'unità X.

Nel linguaggio corrente si adopera il termine di «posizionamento su una certa curva di apprendimento» per indicare il risparmio di costi ottenibile ad ogni raddoppio di produzione[26]. Non si deve tuttavia pensare che basti essere posizionati su una determinata curva di apprendimento per avere la certezza che, al raddoppio successivo, la riduzione dei costi avvenga automaticamente nella stessa percentuale. L'ottenimento di riduzioni nei costi ed il mantenimento della velocità di apprendimento richiedono uno sforzo mirato ed un impegno costante; i costi, in mancanza di un controllo consapevole,

[25] Il grafico mostra solo uno dei possibili andamenti della curva.

[26] Ad esempio, un'attività posizionata su una curva di apprendimento dell'85% indica che ad ogni raddoppio dell'esperienza i costi dello svolgimento di tale attività mostrano un risparmio di costi pari al 15%.

TAVOLA 11.3. *Schema generale delle curve di esperienza*

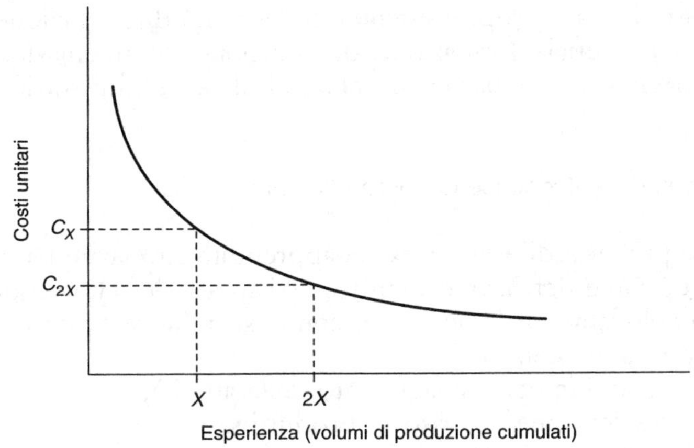

tendono spesso a lievitare e la velocità di apprendimento a ridursi[27]. La riduzione dei costi alla velocità indicata dalla curva di esperienza rappresenta, per chi gestisce l'impresa, un'opportunità che deve essere perseguita attraverso una costante attenzione alle attività aziendali, una stabilità nel personale coinvolto, una giusta motivazione all'apprendimento.

La forma delle normali curve di esperienza ci chiarisce che i grandi risparmi per effetto dell'esperienza si ottengono sui primi lotti di produzione; la curva ha poi un andamento asintotico perché sempre più grande diventa la quantità necessaria per il raddoppio e sempre più ridotta la base per il calcolo del risparmio percentuale[28]. Pertanto, se l'azienda vuole ottenere nuove sostanziali riduzioni sui costi deve realizzare innovazioni di prodotto e di processo, che consentano di velocizzare la produzione, ridurne la complessità, ridurre gli scarti, aumentare la qualità, ecc., spostando l'azienda su una nuova curva di apprendimento.

L'accumulo di esperienza è un fenomeno che investe tutte le attività aziendali. Sono oggetto di risparmio, oltre ai costi di produzione (correlati al tempo di produzione), anche i costi amministrativi[29], di vendita, di marketing,

27 Si veda: ZANGWILL e KARITOR [1998].

28 Riprendendo l'esempio degli aerei, un risparmio del 20% sul primo aereo prodotto (di 40 ore) è ben più consistente di un risparmio del 20% sul sedicesimo aereo (pari a 20,48 ore) e così via.

29 Per esempio, un neolaureato in economia durante il praticantato, impegnato sulle dichiarazioni dei redditi, ha impiegato, per la compilazione dei primi modelli Unico, circa sei ore ciascuno, sebbene avesse già tutti i documenti necessari in ordine. Dopo un paio di settimane (e la compilazione di una ventina di modelli), il tempo si era ridotto a quattro ore. Il secondo anno di attività, dato che non erano cambiate di molto le regole per le dichiarazioni dei redditi, riusciva a compilare un modello in sole tre ore.

di distribuzione fisica, di ricerca e sviluppo, di gestione del personale, ecc. In relazione a quanto detto, il fenomeno dell'esperienza non investe solo le imprese industriali ma è proprio anche delle attività di erogazione di servizi (consulenza manageriale, formazione, distribuzione, intermediazione finanziaria, aziende sanitarie, o appartenenti alla pubblica amministrazione, ecc.).

11.3.2. Le fonti delle economie di apprendimento

La fonte primaria di esperienza è l'apprendimento sviluppato dalle persone; questo, come detto, può manifestarsi in attività che vengono svolte meglio, più velocemente e, pertanto, con costi minori. Sostanzialmente le economie sono dovute a:

- crescente abilità nello svolgimento delle attività;
- migliore selezione delle risorse produttive;
- coordinamento più efficiente;
- più elevata programmabilità dell'attività;
- semplificazioni dei prodotti e dei processi.

Crescente abilità nello svolgimento delle attività. La forma più evidente di esperienza è la capacità delle persone di imparare ad adottare nuovi e migliori modi di lavorare che consentono di svolgere meglio e più velocemente le attività loro assegnate. Si pensi, ad esempio, ad una persona addetta al montaggio di un componente di un motore. Man mano che aumenta il numero di volte che si svolge l'attività si impara come muovere la mano ed il braccio per il montaggio, quanta forza imprimere al movimento, dove posizionare gli attrezzi necessari affinché siano immediatamente recuperabili nel montaggio successivo, quando l'operazione è ben compiuta e, invece, quando il montaggio deve essere ripetuto perché il pezzo non è stato montato bene e così via. Tutti questi piccoli miglioramenti continuano con lo svolgimento dell'attività e consentono di risparmiare tempo nelle operazioni, di evitare errori e quindi sprechi di risorse (un singolo particolare pezzo montato male in un motore, seppure piccolo, può compromettere il funzionamento del motore stesso). L'acquisizione di una migliore manualità non è specifica solo degli operai e delle attività «operative» in senso stretto: si acquisisce maggiore abilità nell'uso del computer, della tastiera e del mouse; si impara ad usare meglio gli strumenti tecnici di lavoro (le squadre o il compasso per il disegno, il microscopio per i laboratori di analisi e così via), ad utilizzare con velocità prontuari, manuali, codici normativi, banche dati, ecc.

Migliore selezione delle risorse produttive. L'esperienza consente di comprendere meglio quali siano le risorse produttive più opportune e convenienti per lo svolgimento di una data attività. Si impara a selezionare le materie prime o i componenti che consentono una migliore qualità nel prodotto, ma anche una maggiore facilità di uso. Nella produzione industriale di dolci, ad esempio, l'apprendimento consente di selezionare gli ingredienti, di comporli nella quantità più opportuna e migliorare la qualità del prodotto in termini di cottura, lievitazione, ecc. La migliore capacità di selezionare le risorse produttive ha effetto anche nell'organizzazione dell'attività e nella predisposizione delle attrezzature necessarie: man mano che si conosce meglio il prodotto o il suo ciclo produttivo, infatti, si è in grado di comprendere quali sono le attrezzature più adatte al suo completamento.

Coordinamento più efficiente. Le persone nello svolgimento di attività devono interagire fra di loro ed utilizzare impianti ed attrezzature varie. Con l'esperienza, gli individui imparano a conoscersi e a lavorare in gruppo, ad interagire con altri gruppi di lavoro (per esempio altri reparti produttivi), a coordinare le attività di impianti differenti e così via. Una più proficua interazione fra persone ed attrezzature si determina anche attraverso un miglioramento nel *lay-out* (organizzazione fisica dello spazio all'interno dell'impresa). Questi processi di *apprendimento collettivo* sono lenti e complessi, ma sono la base dell'efficienza, della flessibilità e della competitività di molte imprese.

Più elevata programmabilità dell'attività. L'esperienza accresce la prevedibilità degli accadimenti e la capacità di dare risposte rapide ed efficaci alle eccezioni; è così possibile programmare meglio l'attività attribuendo alle singole operazioni i tempi e le risorse effettivamente necessari. La maggiore capacità di programmare e di coordinare le risorse determina non solo un migliore sfruttamento della CP installata, ma anche una riduzione della differenza tra la CP teorica e la CP raggiungibile.

A titolo di esempio, si consideri la problematica del bilanciamento tra acquisti, produzione e vendita nel caso di lancio di una nuova linea di capi d'abbigliamento; per qualche settimana certamente si manifesteranno squilibri (acquisti e produzioni sovradimensionati o sottodimensionati rispetto alle vendite, assortimenti di taglie e di colori sbagliati, ritardi nelle consegne, ecc.); poi, progressivamente, si capirà quali sono le preferenze dei consumatori, quali i tempi di risposta dei fornitori, quali le capacità produttive reali, e così via; sarà così possibile programmare tutte le attività con grande efficacia.

Semplificazioni dei prodotti e dei processi. Quando cresce l'esperienza si riesce anche a comprendere se esiste la possibilità di semplificare i processi e i prodotti in modo tale da ottenere costi più bassi e prodotti migliori. Ad esempio, la costruzione dei mobili schiumati per frigoriferi (la «scatola» bianca, sulla quale viene montata la porta e all'interno della quale vengono montate mensole e cassettini) prevedeva che venissero realizzate quattro pareti che, imbottite di isolante, venivano successivamente assemblate fra di loro. L'esperienza ha consentito di ridurre i costi di assemblaggio e di migliorare la tenuta termica del mobile quando si è proceduto allo stampaggio (presso-formatura) di due scatole (una esterna di metallo verniciato ed una interna, più piccola, di plastica), tra le quali viene iniettata una schiuma che oltre a garantire la tenuta termica, funge anche da collante fra le due scatole. Ciò ha consentito di ridurre i componenti da montare da 12 pezzi a soli 3.

In sintesi, le economie di esperienza sono legate all'apprendimento maturato dalle persone che lavorano in azienda e questo apprendimento può dare luogo a:

- minori costi per riduzioni di sprechi nell'uso delle risorse: risparmi nei materiali utilizzati, minori scarti, risparmi di tempo nell'esecuzione delle attività;
- miglioramenti qualitativi dei prodotti a parità di costi;
- migliore sfruttamento delle risorse a disposizione, ossia della CP: la migliore programmabilità, conoscenza degli impianti, manutenzione, ecc., hanno l'effetto di consentire migliori sfruttamenti della CP installata ma anche di ridurre la distanza tra la CP teorica e quella raggiungibile.

La conoscenza dei risparmi di costi ottenibili per effetto dell'esperienza è molto utile per:

- comprendere quale potrebbe essere l'andamento dei costi dell'azienda nel lungo periodo;
- decidere le politiche di prezzo a lungo termine;
- comprendere i vantaggi di costo ottenibili rispetto ai concorrenti;
- assumere decisioni sulla divisione del lavoro all'interno dell'azienda (ossia, quanto spingere la specializzazione).

In chiusura di paragrafo, si vuole sottolineare che i tre fenomeni delle economie di scala, di saturazione e di apprendimento sono interconnessi. In particolare, si noti che i volumi di produzione cumulati nel tempo, e quindi le economie di apprendimento, sono tanto maggiori quanto maggiori sono la CP installata e il tasso di saturazione della stessa. In tal senso, dunque, le economie di apprendimento sono funzione della CP e della sua saturazione.

11.4. Le strategie di replicazione

Una combinazione particolarmente interessante di economie di scala, di saturazione e di apprendimento si realizza attraverso le «strategie di replicazione»[30]. In proposito si usa anche l'espressione «economie di replicazione» che intende anche economie di raggio d'azione[31]. Le strategie di replicazione si ispirano all'obiettivo di sfruttare competenze e routine presenti nel patrimonio aziendale[32] applicandole ad un grande numero di combinazioni economiche parziali tra loro uniformi. Molte imprese hanno scelto la strada della replicazione come percorso di rapida crescita dimensionale ed estensione spaziale. Emblematici sono i casi delle imprese dei settori della ristorazione veloce e dei servizi alberghieri, ma questa strategia è ricorrente anche nei casi delle banche, delle sale cinematografiche, delle librerie, delle catene di

30 DEMATTÈ [2002].

31 Le economie di raggio d'azione sono oggetto di approfondimento nel cap. 12.

32 NELSON e WINTER [1982]; KOGUT e ZANDER [1992]; SZULANSKI e CAPPETTA [2003]; WINTER e SZULANSKI [2001].

vendita al dettaglio; non mancano i casi di replicazione di stabilimenti manifatturieri «identici» nell'ambito di una stessa impresa[33]. Una formula di assetto proprietario e organizzativo spesso adottata per sfruttare le economie di replicazione è quella delle reti in *franchising*.

11.5. Le scelte di struttura dei costi

11.5.1. I volumi prodotti e l'economicità

Nei precedenti paragrafi è stata illustrata una serie di scelte che modificano in modo strutturale la configurazione dell'azienda e, in particolare, il dimensionamento della sua CP. In questo paragrafo, assumendo una CP data, analizziamo l'effetto dei volumi effettivamente realizzati dall'azienda sui costi e sul risultato reddituale.

Il modello che utilizziamo per indagare le relazioni fra volumi effettivi, costi e risultato economico è noto come «modello costi-volumi-risultati». Come vedremo, questo modello è utile anche per analizzare l'impatto sull'equilibrio reddituale delle diverse scelte aziendali che possono modificare la struttura di costo o di ricavo (scelte di internalizzazione, di esternalizzazione, di automazione, di prezzo e così via). Per inquadrare meglio il tema, può essere opportuno ricapitolare in uno schema unitario l'impatto sul risultato economico dei diversi tipi di scelte presentate in questo capitolo. I fattori che determinano il risultato economico conseguito dalle imprese in un determinato periodo possono essere ricondotti a tre classi fondamentali:

- gli elementi strutturali;
- il livello dei prezzi-costo e dei prezzi-ricavo;
- i volumi.

Gli elementi strutturali. Fattori come la CP, l'esperienza, la specializzazione, la modularizzazione, l'estensione verticale e orizzontale (che è oggetto del cap. 12) possono essere definiti «determinanti strutturali» dei costi in quanto il loro configurarsi determina la struttura e le modalità di funzionamento dell'azienda. Tali caratteri strutturali rappresentano le determinanti prime del livello di EDS, di scopo e di esperienza che un'impresa può conseguire. Se si vuole intervenire sulle economie di tipo strutturale (e di conseguenza sulla struttura dei costi dell'impresa) occorre apportare variazioni alla struttura aziendale. Maggiori EDS, ad esempio, possono essere conseguite aumentando la CP dell'impianto di produzione o acquistando un mezzo di trasporto più capiente per la distribuzione dei prodotti dell'azienda. Il conseguimento di economie di esperienza implica modifiche continue nel modo in cui l'azienda opera: si mettono a punto macchinari e sistemi di produzione più efficienti, si semplifica la configurazione del prodotto a parità di prestazioni, si miglio-

[33] CAPPETTA e GIORGI [2003].

TAVOLA 11.4. *Le principali determinanti del reddito operativo*

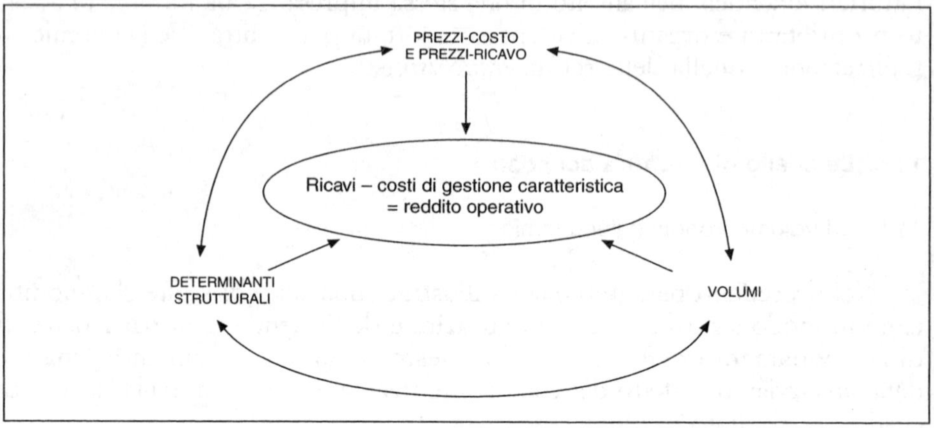

ra il *lay-out* degli impianti. L'ottenimento di maggiori economie di scopo, infine, implica la necessità di allargare la gamma di prodotti e servizi offerti. In tutti i casi le variazioni nei costi legate a determinanti strutturali si accompagnano a modifiche più o meno estese nel patrimonio, nell'assetto tecnico, nel personale, nell'assetto organizzativo e nelle combinazioni economiche dell'impresa.

A parità di impianti, attrezzature, esperienza e gamma di beni offerti (ovvero definita una certa struttura dell'impresa e i corrispondenti livelli di economie strutturali perseguibili) i ricavi totali, i costi totali e i risultati reddituali saranno legati soprattutto al configurarsi di due classi di fattori:

1. i prezzi ricavo ed i prezzi costo che l'azienda è riuscita a spuntare sui mercati di sbocco e di approvvigionamento;
2. i volumi effettivamente prodotti e venduti nel periodo considerato.

Le relazioni fra i fattori sopra evidenziati vengono illustrate nella tavola 11.4.

Il livello dei prezzi. La seconda classe di elementi che determina il livello dei ricavi e dei costi in un dato periodo è rappresentata dal livello dei prezzi-costo e dei prezzi-ricavo. Il livello dei prezzi al quale l'impresa acquista e vende beni è in parte determinato da elementi interni all'impresa e, in parte, da elementi esterni. Il livello dei prezzi di vendita, ad esempio, è legato a fattori interni quali la politica dei prezzi decisa dall'impresa (di penetrazione nel mercato o di scrematura[34] dello stesso), la forza del marchio e la possibilità di

[34] In estrema sintesi, la politica di penetrazione in un mercato consiste nel fissare un prezzo di vendita molto competitivo in modo da acquisire rapidamente quote di mercato. Al contrario la politica di scrematura consiste nel fissare un prezzo molto elevato in modo da servire solo il segmento di mercato poco sensibile al prezzo e ottenere sulle vendite effettuate margini molto elevati.

ottenere un *premium price*[35] grazie a particolari caratteristiche del bene venduto. I prezzi di vendita, tuttavia, sono anche legati a fattori esterni quali la presenza di concorrenti, il loro grado di aggressività commerciale e i prezzi medi applicati, l'andamento del mercato di sbocco (di crisi o di sviluppo) e così via. Questo tema è stato trattato nel capitolo 10, parlando delle scelte di configurazione del sistema di prodotto. Allo stesso modo i prezzi-costo sono influenzati dalla situazione competitiva dei settori di approvvigionamento dell'impresa (fattori esterni), ma anche dai volumi acquistati, dal potere contrattuale e dalla politica di approvvigionamento dell'impresa (fattori interni).

I volumi. A parità di struttura aziendale e di livello dei prezzi, la principale determinante dei costi di breve periodo è rappresentata dai volumi. Data una certa CP e dati i costi fissi e variabili a questa associati, l'effettivo ammontare dei costi che l'impresa dovrà sostenere sarà infatti legato ai volumi effettivamente prodotti, ovvero al grado di saturazione della CP predisposta. I volumi influenzano sia l'ammontare dei costi totali, sia i costi unitari effettivi dei beni prodotti, in quanto al variare dei volumi varierà la quota dei costi fissi da imputare alle singole unità prodotte. Questa relazione fra costi unitari e grado di saturazione della CP è già stata illustrata nel paragrafo 11.2, dedicato alle economie di assorbimento della CP. Chiaramente i volumi, oltre ad influenzare il livello effettivo dei costi, determinano anche il livello effettivo dei ricavi e, quindi, il reddito operativo conseguito dall'impresa.

Con riferimento alla tavola 11.4, è opportuno sottolineare come fra le diverse classi di fattori evidenziate esistono numerose relazioni di interdipendenza: i prezzi di vendita che l'impresa ha deciso di praticare, ad esempio, influenzano sia i volumi effettivamente venduti sia la possibilità di conseguire certe economie strutturali; i volumi effettivamente prodotti in un dato periodo influenzano le economie di esperienza, cumulandosi ai volumi realizzati nei periodi precedenti; la CP dell'impresa (con le connesse EDS) determina l'intervallo entro il quale si possono collocare i volumi effettivamente realizzati; i volumi effettivamente realizzati influenzano il potere contrattuale dell'azienda e, quindi, i prezzi-costo che questa riesce a spuntare e così via. In questo paragrafo ci occupiamo essenzialmente di illustrare le relazioni fra volumi e risultati aziendali, presentando un modello di analisi denominato «costi-volumi-risultati»[36]. Come risulterà chiaro nel corso del capitolo, tutta-

35 Si dice che un prodotto viene venduto con un *premium price* quando il prezzo dello stesso è più elevato rispetto al prezzo medio praticato dalla concorrenza. La possibilità di ottenere un *premium price* può essere legata a connotati materiali del bene (una maggiore qualità intrinseca determinata da una migliore qualità dei materiali utilizzati o da un contenuto tecnologico superiore) o, anche, a elementi immateriali quali l'immagine di marca del bene stesso (si veda il par. 10.3).

36 Il modello costi-volumi-risultati ha avuto un così ampio utilizzo nella teoria e nella pratica da rendere impossibile citare anche solo i contributi più importanti che se ne sono occupati. Ci limitiamo quindi a ricordare, fra i primi rilevanti contributi su questo tema: RAUTENSTRAUCK [1939] e GARDNER [1954].

via, al fine di trattare questo tema sarà inevitabile richiamare anche le altre due classi di fattori illustrate nella tavola 11.4, ovvero le determinanti strutturali dei costi ed il livello dei prezzi.

11.5.2. L'analisi costi-volumi-risultati

L'analisi costi-volumi-risultati consente di illustrare e di modellizzare le relazioni che esistono fra i volumi di beni effettivamente prodotti e venduti da un'impresa e i risultati operativi da questa conseguiti. Al fine di presentare i concetti fondamentali del modello costi-volumi-risultati può essere utile introdurre un semplice esempio.

Supponiamo di voler aprire una pizzeria a servizio veloce che chiameremo «Pizza Planet». Ipotizziamo di tenere aperto il locale 300 giorni all'anno e di riuscire a vendere circa 150 consumazioni al giorno (composte da una pizza più una bibita), ovvero circa 45.000 consumazioni all'anno. Sulla base di questa ipotesi di volumi, abbiamo stimato per il primo anno di attività i costi e ricavi riportati nella tavola 11.5.

A prima vista Pizza Planet sembra essere un business piuttosto promettente, con risultati operativi accettabili sin dal primo anno. Ma cosa succederebbe se i coperti previsti risultassero effettivamente 2/3 di quelli ipotizzati (ovvero 100 invece di 150 al giorno)? Anche i profitti si ridurrebbero di un terzo, passando da 135.000 a circa 90.000? Per rispondere a queste domande occorre ricalcolare ricavi e costi tenendo conto dei nuovi volumi ipotizzati (tav. 11.6).

Come si può osservare, la riduzione dei volumi incide molto pesantemente sulla redditività prevista della nostra iniziativa imprenditoriale. Il reddito operativo non passa da 135.000 a 90.000 euro, ma diventa addirittura negativo (–45.000). Come si spiega questo fenomeno? La risposta è semplice: mentre alcuni costi diminuiscono in misura proporzionale ai volumi, altri rimangono invariati. I salari e gli stipendi, ad esempio, non si possono ridurre perché si ritiene che i 5 addetti previsti (1 pizzaiolo, 1 cassiere, 1 addetto alle pulizie e 2 camerieri) rappresentino il personale minimo per far funzionare il locale. Allo stesso modo il costo di affitto dei locali è legato alla localizzazione prescelta e non è influenzato dalle consumazioni effettivamente vendute. Se supponiamo che la situazione prevista nella simulazione n. 2 abbia buone probabilità di verificarsi, è evidente che dobbiamo intervenire sul nostro progetto imprenditoriale, cercando di modificarlo in modo da ottenere un risultato positivo. Le alternative che si presentano a questo riguardo sono numerose: potremmo affittare i locali in una zona meno costosa, risparmiando sull'affitto, potremmo assumere un pizzaiolo meno esperto che costi meno, potremmo rafforzare la pubblicità prevista, potremmo aumentare il prezzo di vendita e così via. È evidente che nel fare le nostre simulazioni dovremo però considerare non solo gli effetti positivi di una certa azione, ma anche le conseguenze negative indesiderate. Ad esempio, l'assunzione di un pizzaiolo

TAVOLA 11.5. *Pizza Planet: ricavi, costi e reddito operativo 1º anno: simulazione n. 1 (dati in euro)*

+ Prezzo medio pizze	10,50	
+ Prezzo medio bibite	5,50	
= Prezzo consumazione media	16,00	
× Volume ipotizzato (300 × 150)	45.000	
= Totale ricavi di vendita		+720.000
+ Costo variabile unit. materie prime pizze	1,90	
+ Costo variabile unitario bibite	2,10	
= Costo variabile unit. per consumazione	4,00	
× Volume ipotizzato	45.000	
= Totale costi variabili		–180.000
+ Costo 1 pizzaiolo esperto	80.000	
+ 4 addetti × costo medio 32.500	130.000	
= Salari e stipendi		–210.000
Affitto		–60.000
Costi generali		–70.000
Ammortamenti		–35.000
Pubblicità		–30.000
Reddito operativo		= 135.000

TAVOLA 11.6. *Pizza Planet: ricavi, costi e reddito operativo 1º anno: simulazione n. 2 (dati in euro)*

+ Prezzo consumazione media	16,00	
× Volume ipotizzato (300 × 100)	30.000	
= Totale ricavi di vendita		+480.000
+ Costo variabile unit. per consumazione	4,00	
× Volume ipotizzato	30.000	
= Totale costi variabili		–120.000
+ Costo 1 pizzaiolo esperto	80.000	
+ 4 addetti × Costo medio 32.500	130.000	
= Salari e stipendi		–210.000
Affitto		–60.000
Costi generali		–70.000
Ammortamenti		–35.000
Pubblicità		–30.000
Reddito operativo		= –45.000

meno costoso ridurrebbe i nostri costi fissi, ma se la qualità delle pizze risultasse inferiore potrebbero anche diminuire i volumi venduti.

Gli effetti delle molteplici azioni che si possono intraprendere per migliorare il risultato di un'attività economica possono essere classificati in tre grandi categorie:

- variazioni nei volumi;
- variazioni nei costi;
- variazioni nei prezzi di vendita.

In sede di messa a punto del progetto imprenditoriale (o di analisi e miglioramento di un'iniziativa imprenditoriale già esistente) può essere molto utile effettuare una serie di simulazioni, valutando i risultati connessi a diversi scenari e ipotesi e, quindi, al vario combinarsi di prezzi di vendita, di costi e di volumi. Dato un certo livello di prezzi-ricavo, di costi fissi e di costi variabili unitari, è inoltre interessante determinare quale sia il volume d'affari che consente all'iniziativa di coprire i propri costi (ossia di ottenere un risultato operativo pari a zero) e valutare il grado di flessibilità operativa dell'azienda. Questo tipo di studi e simulazioni è supportato dall'analisi costi-volumi-risultati.

Svolgere un'analisi costi-volumi-risultati significa quindi:

1. analizzare il variare del risultato economico al variare dei volumi di vendita e identificare il punto di pareggio[37], dato un certo livello di prezzi di vendita, di costi fissi e di costi variabili unitari;
2. confrontare diverse ipotesi di configurazione dei prezzi e dei costi al fine di identificare la soluzione migliore in termini di risultato economico atteso;
3. confrontare diverse ipotesi di internalizzazione/esternalizzazione al fine di identificare la soluzione migliore in termini di grado di integrazione verticale e di estensione delle combinazioni economiche.

L'analisi costi-volumi-risultati consente di rispondere a domande del tipo:

- qual è la relazione fra volumi venduti e risultato economico? In altri termini, qual è l'effetto delle economie di assorbimento della CP?
- se aumentiamo i volumi di vendita (abbassando i prezzi o rafforzando la pubblicità) quale sarà l'effetto sul risultato reddituale?
- qual è il volume (o il fatturato) minimo che occorre vendere per coprire tutti i costi?
- che effetto hanno sulla struttura di costo, sul risultato reddituale e sul punto di pareggio le decisioni di internalizzazione/esternalizzazione? In altri termini, qual è l'effetto delle scelte relative al livello di integrazione verticale?

Al fine di svolgere in modo corretto l'analisi costi-volumi-risultati, è importante avere le idee chiare sul comportamento delle diverse categorie di costi.

11.5.3. I costi fissi e i costi variabili

Come si può osservare dalla tavola 11.7, i costi di gestione caratteristica possono essere classificati in due grandi categorie:

- i costi variabili;
- i costi fissi.

[37] Come vedremo successivamente, il punto di pareggio è rappresentato dall'ammontare di vendite che consente di coprire tutti i costi aziendali.

TAVOLA 11.7. *La classificazione dei costi*

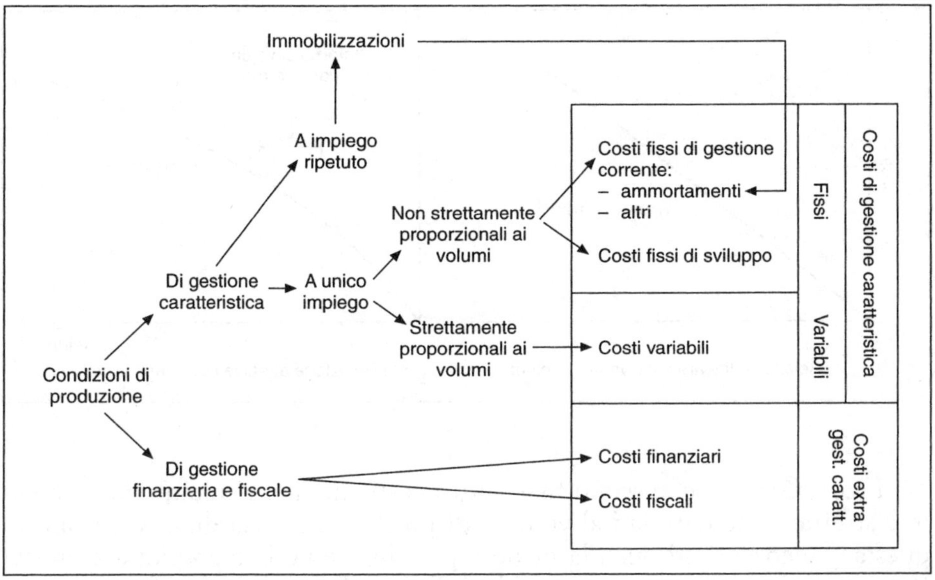

I costi variabili. Si definiscono variabili i costi direttamente e strettamente correlati al volume di produzione e vendita. Rientrano in questa categoria costi quali le provvigioni di vendita, i consumi di materie prime, le lavorazioni esterne. Nel caso possa essere facilmente dismessa (o assegnata ad altri incarichi) anche la manodopera diretta può essere inclusa in questa categoria. L'analisi costi-volumi-risultati assume l'ipotesi semplificatrice che fra volumi e costi variabili esista una relazione lineare, così come illustrato nel primo schema della tavola 11.8.

Come mostrato nel secondo schema, in realtà variazioni molto consistenti nei volumi in genere implicano variazioni nei costi variabili unitari (legate a riduzioni nei prezzi di acquisto e/o ad aumenti nelle rese dei materiali) e, quindi, una relazione non lineare fra volumi e costi variabili totali. Nel caso di Pizza Planet, ad esempio, è possibile che da 0 a circa 20.000 consumazioni vendute il costo medio unitario sia pari a 4,60 euro, che oltre le 20.000 unità i costi medi unitari scendano a 4,00 euro, che oltre le 60.000 unità sia possibile ottenere degli sconti per cui il costo medio unitario scende a 3,70 euro e che oltre le 100.000 consumazioni il costo variabile medio unitario possa ulteriormente scendere a 3,50 euro. D'altra parte quando si fanno delle analisi costi-volumi-risultati è possibile fare delle ipotesi in relazione all'intorno di volumi che si sta prendendo in considerazione. Nel caso di Pizza Planet, ad esempio si può assumere di voler fare delle simulazioni ipotizzando di collocarsi in un intorno di volumi che va da circa 20.000 a circa 60.000 consumazioni vendute in un anno. Per questo intorno di volumi è possibile ipotizzare, senza commettere errori rilevanti, che i costi variabili unitari rimangano invariati e che, quindi, fra volumi e costi variabili totali esista una relazione lineare.

TAVOLA 11.8. *La relazione fra costi variabili e volumi*

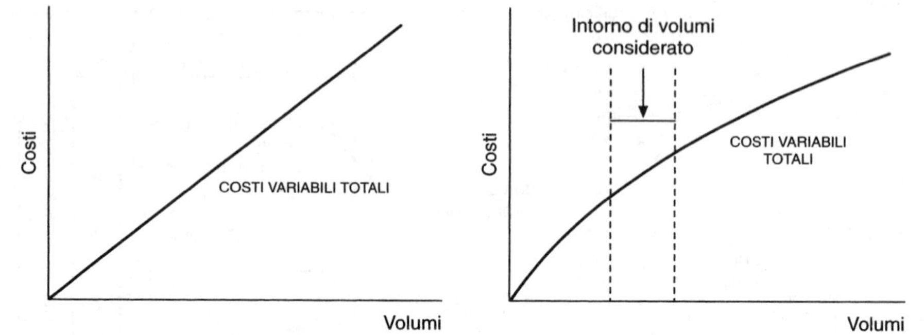

(*a*) Relazione lineare costi variabili/volumi

(*b*) Relazione effettiva costi variabili/volumi

I costi fissi. Si definiscono fissi, tutti i costi che non risultano direttamente e strettamente correlati al volume di produzione e vendita. Rientrano in questa categoria costi quali la manodopera indiretta, la manodopera diretta (se non facilmente aumentabile, riducibile o riallocabile), gli affitti, le quote di ammortamento, la pubblicità, le consulenze legali e amministrative, le manutenzioni.

L'analisi costi-volumi-risultati assume l'ipotesi semplificatrice che i costi fissi rimangano invariati, qualsiasi sia il volume realizzato (tav. 11.9.a).

Come mostra la tavola 11.9.b, nella realtà anche i costi fissi tendono ad aumentare di fronte ad aumenti consistenti dei volumi, ovvero in corrispondenza di aumenti nei volumi che richiedono aumenti nella CP. Nel caso di Pizza Planet, ad esempio, se le consumazioni dovessero arrivare a 60.000 in un anno potrebbe rendersi necessario assumere un altro cameriere. Se le consumazioni superassero quota 100.000, poi, potrebbe essere necessario assumere un quarto cameriere, un aiutante pizzaiolo e affittare dei locali più grandi. Così come abbiamo visto per i costi variabili, tuttavia, nello svolgere un'analisi costi-volumi-risultati occorre fare un'ipotesi in merito all'intorno di volumi considerato e, per tale intorno, è possibile assumere, senza commettere gravi errori, che i costi fissi totali rimangano invariati.

Un aspetto che vale la pena sottolineare in relazione al comportamento dei costi fissi, è rappresentato dall'asimmetricità di tali costi rispetto a variazioni nei volumi. Mentre i costi variabili tendono a variare in modo simmetrico, aumentando rapidamente quando i volumi aumentano e diminuendo altrettanto rapidamente quando i volumi diminuiscono, i costi fissi spesso presentano comportamenti diversi a seconda che i volumi stiano aumentando o diminuendo. Se, ad esempio, Pizza Planet dovesse superare le 200 consumazioni giornaliere (60.000 su base annua) potremmo nel giro di breve tempo assumere un altro cameriere, provocando un «gradino» nei costi fissi così come descritto nella tavola 11.10. Se, tuttavia, dopo qualche mese il nostro locale dovesse passare di moda e le nostre vendite medie scendessero a 150

TAVOLA 11.9. *La relazione fra costi fissi e volumi*

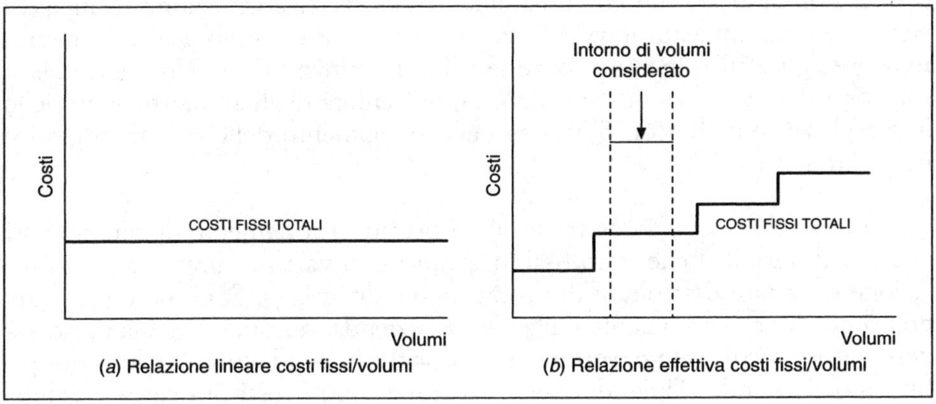

TAVOLA 11.10. *Asimmetricità dei costi fissi*

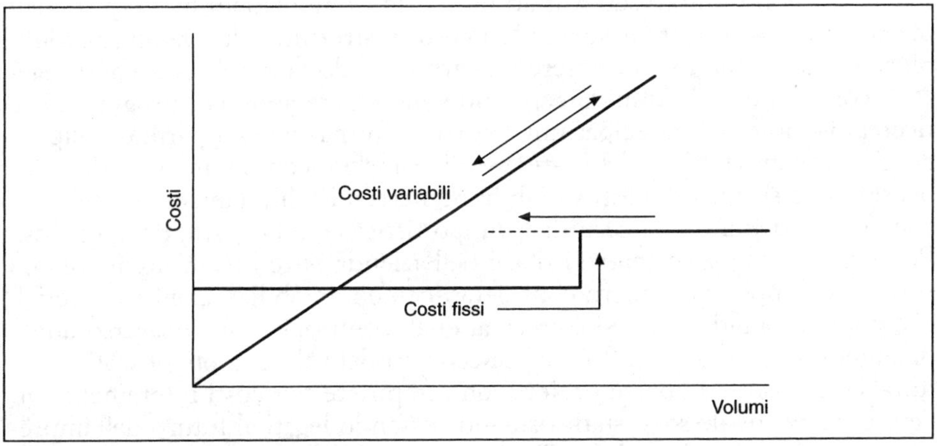

consumazioni giornaliere, potremmo licenziare il neoassunto, ma questo richiederebbe del tempo. I costi fissi, quindi, potrebbero mantenersi al livello più elevato per un certo periodo.

I costi fissi di gestione caratteristica possono, a loro volta, essere ricondotti a due tipi:

- i costi fissi di struttura;
- i costi fissi di sviluppo.

Costi fissi di struttura. Si tratta di costi fissi (più propriamente, dei componenti negativi di reddito fissi) strettamente connessi alla CP in essere dell'azienda in un certo momento. Se si escludono riduzioni nei prezzi di acquisto delle condizioni di produzione relative, ridurre questi costi significa ridurre la CP, ossia i volumi di produzione e di vendita realizzabili nel breve periodo. Rientrano in questa categoria i costi del lavoro e tutti i costi non proporzionali ai volumi connessi alle attività di trasformazione tecnica, di vendita e di amministrazione dell'azienda (quali, ad esempio, i costi di manutenzione, gli affitti, le consulenze legali e amministrative). Una particolare categoria dei costi fissi di struttura è rappresentata dagli ammortamenti delle immobilizzazioni che contribuiscono allo svolgimento delle attività di gestione caratteristica.

Costi fissi di sviluppo. Si tratta di costi (più propriamente di componenti negativi di reddito) che sono fissi in quanto non variano direttamente in relazione al variare dei volumi di produzione e di vendita. Sono però costi che non dipendono direttamente dalla CP dell'azienda, ma sono destinati a sostenere l'attività corrente e, soprattutto, a porre le condizioni per lo sviluppo futuro dell'azienda. Tipici di questa categoria sono i costi di ricerca e sviluppo, di formazione del personale e una buona parte dei costi di marketing (ricerche di mercato, pubblicità, ecc.). Il fatto di essere collegati allo sviluppo dell'impresa più che alla sua CP attuale, fa sì che i costi appartenenti a questa categoria possano essere variati (anche in diminuzione) molto più facilmente rispetto a quanto avviene per i costi di struttura. Una campagna pubblicitaria, ad esempio, può essere interrotta o ridotta con brevissimo preavviso, così come molto rapidamente possono essere annullati programmi di ricerca o ridotte le partecipazioni a corsi di formazione da parte dei dipendenti. La manovrabilità dei costi fissi di sviluppo, comunque, non deve far pensare che si tratti di costi variabili: non essendo direttamente correlati ai volumi, per definizione i costi di sviluppo rientrano a far parte dei costi fissi. Per la parte volta a sostenere i ricavi dell'azienda oltre l'esercizio in corso, i costi di sviluppo andrebbero considerati come immobilizzazioni immateriali e, quindi, imputati ai diversi esercizi ai quali contribuiscono attraverso quote di ammortamento. Per vari motivi (incertezza del valore, motivi fiscali, ecc.), tuttavia, spesso le imprese preferiscono imputare tali costi interamente all'esercizio nel quale sono stati sostenuti. Essendo legati al futuro dell'impresa, eventuali tagli nei costi di sviluppo non presentano nel breve termine alcun inconveniente, permettendo, anzi, di migliorare il risultato reddituale attraverso una riduzione dei costi fissi totali. Le conseguenze negative di questo tipo di azioni si manifestano solo nel medio-lungo termine, quando cominceranno a farsi sentire gli effetti del mancato impegno nello sviluppo aziendale: la perdita di immagine (connessa al calo negli investimenti pubblicitari) e la mancanza di nuovi prodotti (connessa al risparmio sulle spese di R&S) potrà causare riduzioni nelle vendite, così come il mancato sviluppo delle capacità del personale potrà causare inefficienza e minore produttività.

11.5.4. I costi totali e i costi unitari

Sommando costi fissi e costi variabili si ottengono i costi totali di gestione caratteristica. Dal punto di vista grafico, la retta dei costi totali ha un

TAVOLA 11.11. *I costi totali*

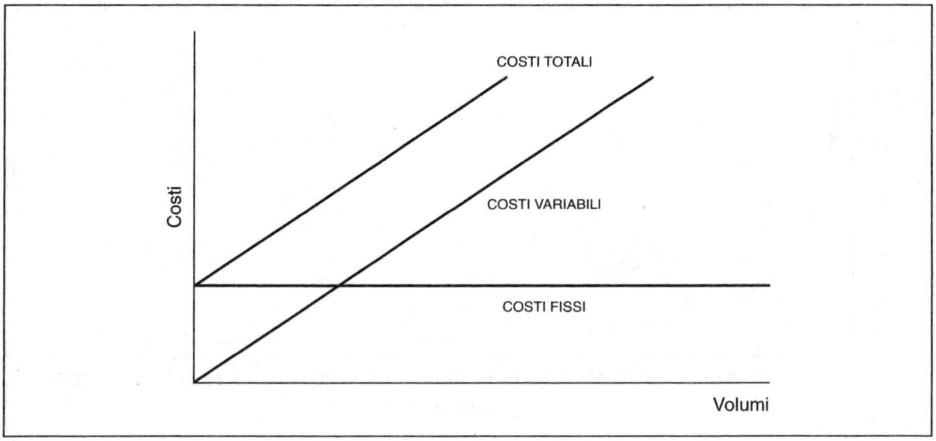

punto di minimo pari all'ammontare dei costi fissi e la stessa inclinazione della retta dei costi variabili (tav. 11.11).

Dividendo i costi totali per il volume di beni prodotti e venduti, si ottiene il costo totale unitario (totale perché include sia la parte variabile, sia la parte fissa; unitario perché riferito ad un'unità di prodotto). La tavola 11.12 illustra l'andamento dei costi unitari di un prodotto per la cui produzione occorre sostenere 100 euro di costi fissi e 1 euro di costi variabili per ogni unità prodotta. Come si può osservare, mentre i costi totali complessivi (tav. 11.11) aumentano all'aumentare dei volumi, i costi totali unitari (tav. 11.12) diminuiscono man mano che ci si avvicina al limite massimo di utilizzo della CP (supponiamo che sia pari a 200 unità), in quanto i costi fissi si ripartiscono su di un numero maggiore di unità. Nel caso assunto per la costruzione della tavola 11.12 la produzione di 1 unità comporta un costo unitario pari a 101 (100 per la quota di costi fissi + 1 di costi variabili). All'aumentare del volume il costo unitario diminuisce. Ad un volume di 5 unità, ad esempio, il costo unitario è pari a 21 (20 per la quota di costi fissi + 1 di costi variabili). A fronte di una saturazione completa dalla CP, il costo unitario è pari a 1,5 (0,5 per la quota di costi fissi + 1 di costi variabili). Se non ci fosse un limite di CP, per il volume che tende ad infinito, il costo totale unitario tenderà asintoticamente a 1 (ovvero all'ammontare del costo variabile unitario).

Per semplicità, d'ora in avanti utilizzeremo le seguenti abbreviazioni:

Q = quantità effettivamente prodotta;
CV = costi variabili totali;
CF = costi fissi totali;
CT = costi totali;
R = ricavi;
CVu = costi variabili unitari;
CFu = quota costi fissi unitari;

TAVOLA 11.12. *Costi totali unitari*

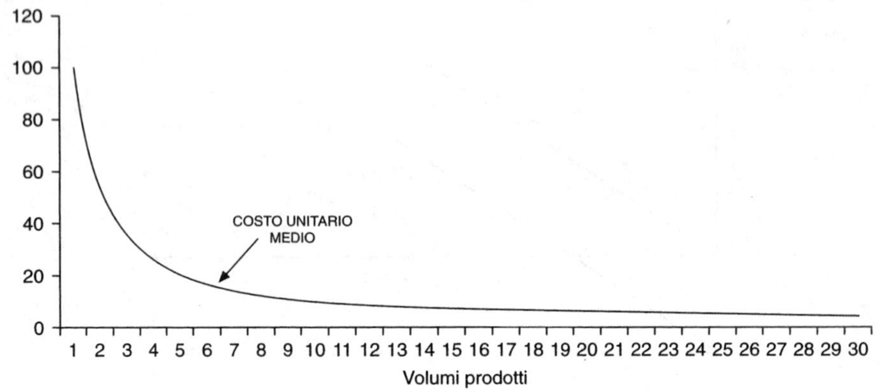

TAVOLA 11.13. *Pizza Planet: costi totali e costi unitari*

Q	*CVu*	*CV* (*CVu* × *Q*)	*CF*	*CT* (*CV* + *CF*)	*CTu* (*CT*/*Q*)	*CFu* (*CF*/*Q*)
25.000	4,00	100.000	405.000	505.000	20,20	16,20
30.000	4,00	120.000	405.000	525.000	17,50	13,50
45.000	4,00	180.000	405.000	585.000	13,00	9,00
60.000	4,00	240.000	405.000	645.000	10,75	6,75

CTu = costi totali (nel senso di fissi + variabili) unitari;
Ru = ricavi unitari.

Per illustrare il comportamento dei costi totali unitari, possiamo anche utilizzare i dati già presentati relativi a Pizza Planet. I costi totali e i costi unitari in corrispondenza di varie ipotesi di volume sono riassunti nella tavola 11.13.

Analizzando la composizione dei costi totali complessivi e unitari riportati nella tavola, è possibile mettere in luce quanto segue:

- all'aumentare dei volumi i costi variabili totali aumentano, mentre i costi fissi rimangono invariati;
- all'aumentare dei volumi i costi variabili unitari restano invariati, mentre diminuisce la quota unitaria di costi fissi (tav. 11.14) e, di conseguenza, diminuisce il costo totale unitario. Questo avviene in quanto lo stesso ammontare di costi fissi viene suddiviso su di un numero sempre più elevato di unità prodotte.

TAVOLA 11.14. *Relazioni fra volumi e costi unitari*

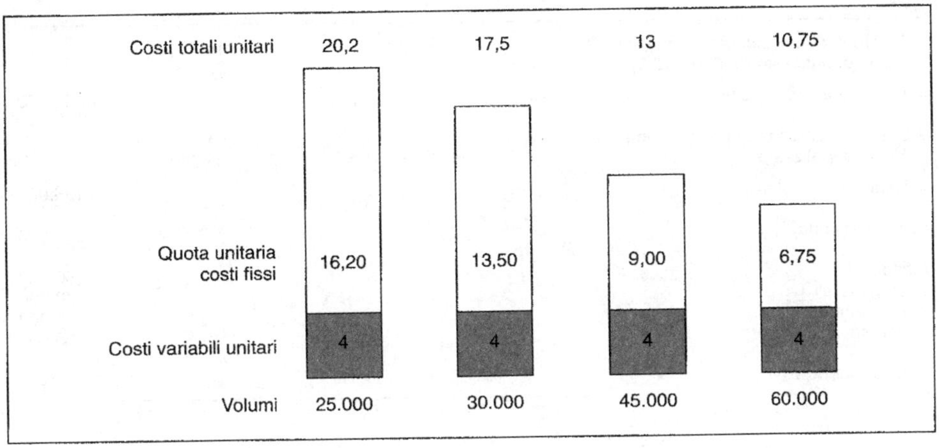

11.5.5. Il punto di pareggio in volumi

A questo punto siamo in grado di descrivere uno degli elementi più rilevanti dell'analisi costi-volumi-risultati: la determinazione del punto di pareggio[38], ovvero dell'ammontare di vendite che consente di coprire tutti i costi aziendali. Il punto di pareggio può essere inteso come numero di pezzi da produrre e vendere per andare a pareggio (punto di pareggio in volumi) o come fatturato da conseguire per andare a pareggio (punto di pareggio in fatturato). In questo paragrafo trattiamo il punto di pareggio «operativo», ovvero l'ammontare di vendite che occorre conseguire per coprire tutti i costi di gestione caratteristica. Nel paragrafo 11.5.7 vedremo invece come calcolare il punto di pareggio «complessivo», da conseguire per coprire sia i costi di gestione caratteristica sia i costi finanziari e fiscali.

I passaggi matematici che consentono di determinare i volumi da produrre e vendere per coprire tutti i costi di gestione caratteristica sono molto semplici. Come già abbiamo detto, il punto di pareggio operativo espresso in quantità (QP) è rappresentato dal volume di produzione per il quale i ricavi totali (R) sono pari ai costi totali (CT) di gestione caratteristica, ovvero:

$$R = CT$$

$$R = CV + CF$$

Sia i ricavi che i costi variabili totali dipendono dalle quantità prodotte (nel nostro caso, la quantità di pareggio QP). Avremo quindi:

$$Ru \times QP = CVu \times QP + CF$$

38 Correntemente si usa anche la dizione inglese *Break Even Point*, anche abbreviata in BEP.

TAVOLA 11.15. *Pizza Planet: ricavi, costi e reddito operativo 1º anno: simulazione n. 3 (dati in euro)*

+ Prezzo consumazione media	16.000	
× Volume ipotizzato (300 × 112,5)	33.750	
= Totale ricavi di vendita		+540.000
+ Costo medio unitario per consumazione	4.000	
× Volume ipotizzato	33.750	
= Totale costi variabili		–135.000
Salari e stipendi		–210.000
Affitto		–60.000
Costi generali		–70.000
Ammortamenti		–35.000
Pubblicità		–30.000
Reddito operativo		= 0

$$Ru \times QP - CVu \times QP = CF$$

$$QP \times (Ru - CVu) = CF$$

$$QP = \frac{CF}{Ru - CVu}$$

La differenza fra ricavi unitari e costi variabili unitari viene comunemente denominata *margine di contribuzione unitario* (*MDCu*), per cui possiamo scrivere:

$$Q = \frac{CF}{MDCu}$$

Nel caso di Pizza Planet, i dati rilevanti per il calcolo del punto di pareggio operativo sono i seguenti:

- prezzo consumazione media 16,00;
- costo variabile unitario per consumazione 4,00;
- costi fissi totali 405.000.

Il punto di pareggio può quindi essere calcolato come segue:

$$QP = \frac{405.000}{16,00 - 4,00} = \frac{405.000}{12,00} = 33.750$$

Questo significa che Pizza Planet deve riuscire a vendere 33.750 consumazioni in un anno (ovvero 112,5 per ogni giorno lavorativo) per poter coprire tutti i costi di gestione caratteristica (ricordiamo che con 45.000 consumazioni il risultato reddituale sarebbe pari a 135.000 euro, mentre con 30.000 si perderebbero 45.000 euro). Questo risultato può essere facilmente verificato (tav. 11.15).

TAVOLA 11.16. *Il punto di pareggio di Pizza Planet*

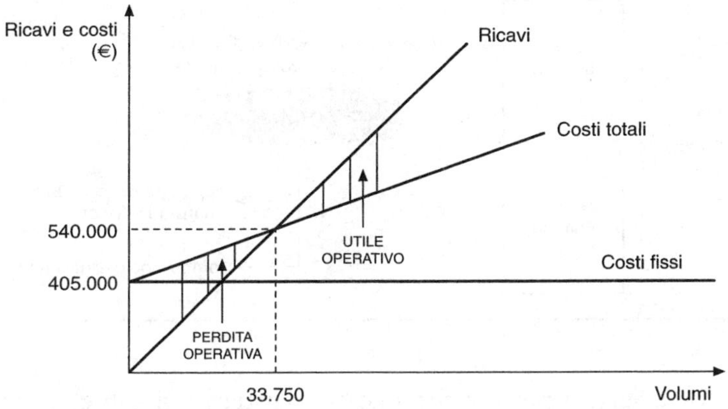

Il punto di pareggio può essere illustrato anche graficamente, aggiungendo alla rappresentazione dei costi la retta che rappresenta i ricavi di vendita. La tavola 11.16 riporta tale rappresentazione nel caso di Pizza Planet.

Il punto di pareggio è il punto nel quale la retta dei ricavi incrocia la retta dei costi totali (nel nostro caso tale punto si colloca in corrispondenza di 33.750 unità). La distanza fra la retta dei ricavi e quella dei costi di gestione caratteristica totali rappresenta il reddito operativo. Prima del punto di pareggio tale risultato è negativo (essendo i costi più alti dei ricavi), oltre è positivo.

11.5.6. Il margine di contribuzione e il fatturato di pareggio

Come già visto sopra, il margine di contribuzione unitario (*MDCu*) è dato dalla differenza fra ricavi unitari (*Ru*) e costi unitari variabili (*CVu*).

$$MDCu = Ru - CVu$$

Analogamente, il margine di contribuzione totale (MDC) è dato dalla differenza fra ricavi e costi variabili totali:

$$\text{MDC} = R - CV$$

Il margine di contribuzione unitario può essere definito come il contributo che la vendita di ogni unità di bene prodotta e venduta porta alla copertura dei costi fissi di gestione caratteristica e alla formazione del reddito operativo. Ogni consumazione venduta da Pizza Planet, ad esempio, comporta ricavi per 16,00 euro e costi «vivi» per i materiali di 4,00 euro, lasciandoci un margine di 12,00 euro per la copertura dei costi fissi e, una volta coperti tutti i costi fissi, per formare il reddito operativo. Il reddito operati-

TAVOLA 11.17. *La destinazione del margine di contribuzione unitario*

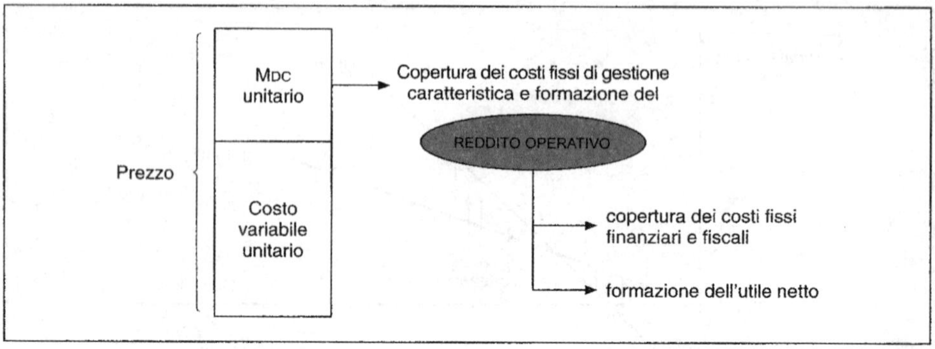

vo, a sua volta, servirà per coprire i costi finanziari e fiscali e, se sufficiente, per formare l'utile netto.

Il margine di contribuzione complessivo può essere calcolato sia sottraendo ai ricavi totali i costi variabili totali, sia moltiplicando il margine di contribuzione unitario per i volumi prodotti e venduti.

Al fine di ottenere un indicatore relativo, è utile esprimere il margine di contribuzione in percentuale dei ricavi (MDC%). Il margine di contribuzione percentuale può essere ottenuto in due modi:

- rapportando il margine di contribuzione unitario ai ricavi unitari (MDC% = *MDCu/Ru*);
- rapportando il margine di contribuzione totale ai ricavi totali (MDC% = *MDC/R*).

Trattandosi di un valore relativo, il valore del margine di contribuzione percentuale sarà uguale, a prescindere che sia stato calcolato utilizzando i valori unitari o i valori totali. Nel caso di Pizza Planet, ad esempio, il MDC% risulta pari al 75% sia utilizzando i valori unitari (12,00/16,00), sia utilizzando i valori totali e – aggiungiamo – indipendentemente dal volume effettivamente prodotto:

- *Simulazione 1*:

a) MDC = 720.000 – 180.000 = 540.000
b) MDC% = 540.000/720.000 = 75%

- *Simulazione 2*:

a) MDC = 480.000 – 120.000 = 360.000
b) MDC% = 360.000/480.000 = 75%

Il margine di contribuzione percentuale può essere utilizzato per calcolare i ricavi di pareggio (*RP*). Il punto di pareggio in fatturato si calcola infatti dividendo il totale dei costi fissi (*CF*) per il margine di contribuzione espresso in percentuale dei ricavi, ossia:

$$RP = CF/\text{MDC}\%$$

TAVOLA 11.18. *Gli elementi del rischio operativo*

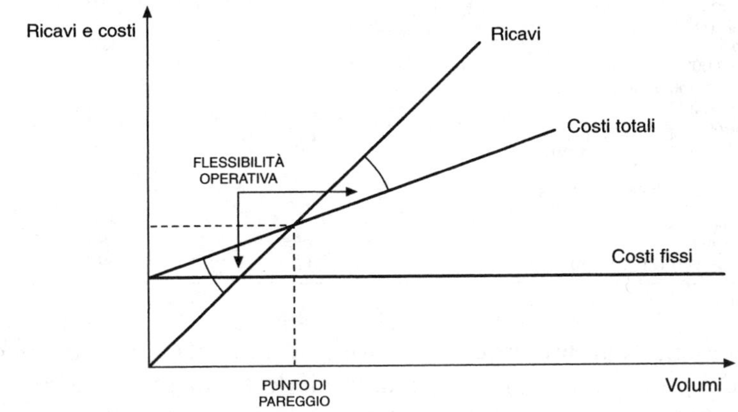

La versione in fatturato del punto di pareggio è molto utile in tutti i casi in cui non si conoscano i costi unitari e nei casi in cui il concetto di quantità di pareggio non abbia senso in quanto l'azienda che si sta analizzando vende una gamma di prodotti e servizi molto eterogenei. Nell'ipotesi di un superato, ad esempio, non avrebbe molto senso chiedersi quanti «pezzi» occorre vendere per andare a pareggio, mentre è utile calcolare il fatturato di pareggio.

11.5.7. L'analisi del grado di rischio operativo

Il rischio operativo di un'azienda è espresso dalla probabilità più o meno elevata di subire risultati reddituali particolarmente negativi o particolarmente positivi in relazione al fluttuare dei volumi di produzione e vendita. Il rischio operativo è essenzialmente legato a due elementi della struttura economica delle imprese: il livello del punto di pareggio (che abbiamo già definito) e il grado di elasticità operativa (che approfondiremo in questo paragrafo). Se il punto di pareggio rappresenta il volume (o il fatturato) raggiunto il quale i ricavi coprono tutti i costi, l'elasticità operativa è rappresentata dall'ampiezza della forbice fra ricavi e costi totali prima e dopo il punto di pareggio (tav. 11.18).

L'elasticità operativa (o flessibilità operativa)[39] di un'azienda è legata all'incidenza dei costi variabili sui ricavi. Maggiore è tale incidenza più stretta risulterà la forbice, in quanto all'aumentare dei volumi aumenteranno rapidamente anche i costi variabili e ridotto sarà il margine lasciato per la copertura dei costi fissi.

[39] Sul tema si vedano, fra gli altri: INVERNIZZI e MOLTENI [1990].

TAVOLA 11.19. *Ditta Attilio Brioschi: dati 2003 (in migliaia di euro e in percentuale)*

+ Ricavi di vendita (30 cucine × 25.000)	750	100%
– Costi variabili (30 cucine ×15.000)	450	60%
= Margine di contribuzione	300	40%
Salari e stipendi	180	
Ammortamenti (immobile, furgone, attrezzature)	20	
Altri costi fissi (utenze, commercialista, ecc.)	50	
– Totale costi fissi	250	
= Reddito operativo	50	
= Pareggio operativo (25 cucine)	625	

È importante sottolineare che se la forbice fra ricavi e costi è molto stretta prima del punto di pareggio, lo sarà, in modo simmetrico, anche oltre tale punto. Questo significa che le aziende che presentano una struttura dei costi molto rigida (ovvero hanno una forbice fra ricavi e costi totali molto ampia), reagiscono male a diminuzioni nei volumi in quanto hanno limitate possibilità di comprimere i costi. In compenso questo tipo di azienda trae grande vantaggio da aumenti nei volumi, in quanto, al crescere di questi, i costi (in gran parte fissi) aumentano, ma in misura contenuta.

Le aziende che, al contrario, presentano una struttura dei costi molto flessibile (ovvero hanno una forbice fra ricavi e costi totali molto stretta), non risentono in modo pesante di eventuali riduzioni nei volumi in quanto sono in grado di comprimere in misura significativa i costi (in gran parte variabili). D'altra parte questo tipo di aziende vede migliorare i propri risultati economici lentamente all'aumentare dei volumi, in quanto registra, insieme all'aumento dei ricavi, anche un rapido aumento dei costi.

Il grado di rischio operativo di un'impresa è legato alla sua configurazione strutturale e, in particolare, alle sue scelte di dimensionamento, di meccanizzazione, di automazione e di estensione verticale. Si pensi, ad esempio, ad un'impresa artigianale (che chiameremo Ditta Attilio Brioschi) che produce mobili (supponiamo cucine) personalizzate e di altissima qualità. Supponiamo che l'azienda sia così configurata:

- l'organismo personale è costituito dal signor Brioschi (il titolare) e da tre dipendenti;
- sia il titolare, sia i dipendenti sono falegnami molto esperti e presentano competenze intercambiabili;
- le lavorazioni vengono svolte con attrezzature poco specializzate e con grado di meccanizzazione e di automazione molto basso;
- il grado di estensione verticale è basso, in quanto il signor Brioschi acquista esternamente tutti i componenti (elettrodomestici, maniglie, cerniere e così via) e anche tutti i semilavorati (antine, cassetti, superfici laminate e così via) che è possibile reperire da fornitori specializzati, compatibilmente con le esigenze di personalizzazione del prodotto;
- la Ditta Attilio Brioschi non dispone di una struttura di commercializ-

zazione, in quanto il signor Brioschi riesce a collocare tutta la CP della propria azienda attraverso contatti personali generati dal «passa parola» di ex clienti, amici e conoscenti;

- la signora Brioschi aiuta il marito part-time emettendo le fatture di vendita, curando i pagamenti di clienti e fornitori e gestendo i rapporti con le banche; la contabilità e gli adempimenti fiscali sono curati da un commercialista.

I ricavi di vendita, i costi e il punto di pareggio della Ditta Attilio Brioschi nel 2003 sono riportati nella tavola 11.19.

Come si può osservare, la Ditta Attilio Brioschi presenta un grado di rischio operativo basso: i costi fissi sono ridotti (250.000 euro), ciascuna cucina produce un margine di contribuzione di 10.000 euro e, quindi, sono sufficienti 25 cucine per raggiungere il punto di pareggio.

Quali sono le decisioni che potrebbero modificare il grado di rischio operativo della Ditta Attilio Brioschi? Supponiamo che il signor Brioschi abbia un figlio (Carletto) neodiplomato presso un istituto tecnico commerciale e che voglia inserirlo in azienda. Con l'aiuto del figlio, il signor Brioschi intende sviluppare la propria attività e avviare una trasformazione da impresa artigianale a impresa industriale. A questo fine il signor Brioschi e il figlio stanno valutando l'impatto sulla struttura dei costi dell'azienda delle seguenti azioni:

- assunzione di Carletto in azienda (costo iniziale 40.000 euro annui). Il figlio del signor Brioschi si occuperà dell'amministrazione, della gestione dei rapporti con i fornitori e le banche e supporterà il padre nella commercializzazione e nella preparazione di preventivi;
- acquisto di alcuni macchinari volti a ridurre i tempi interni di lavorazione, ad aumentare la CP e a consentire l'internalizzazione della produzione di antine e altri componenti prima acquistati da subfornitori esterni. L'investimento complessivo è di 200.000 euro ammortizzabili in 5 anni;
- l'internalizzazione di alcune fasi della lavorazione dovrebbe consentire di ridurre i costi variabili unitari da 15.000 a 12.000 euro;
- assunzione di 3 operai specializzati per la gestione delle nuove macchine operatrici (costo annuo 40.000 euro ciascuno);
- affitto di due locali presso i quali allestire una piccola esposizione al fine di incentivare le vendite (costo di affitto e di gestione 20.000 euro + investimento di 100.000 euro per ristrutturazione e predisposizione dei locali da ammortizzare in 5 anni);
- in seguito all'ampliamento della struttura aziendale si prevedono ulteriori costi generali per 30.000 euro (per maggiori costi di manutenzione, pubblicità, consulenti esterni, commercialista, ecc.);
- si ipotizza di poter portare le vendite a 45 cucine all'anno.

L'impatto delle azioni sopra descritte sulla struttura dei costi e sul rischio operativo dell'azienda viene sintetizzato nella tavola 11.20.

Come si può osservare, i cambiamenti introdotti nella struttura della Ditta Attilio Brioschi hanno comportato un irridigimento della struttura dei costi, un aumento del punto di pareggio ed un aumento della forbice fra ri-

TAVOLA 11.20. *Ditta Attilio Brioschi: dati previsionali 2004 (in migliaia di euro e in percentuale)*

Ricavi di vendita (45 cucine × 25.000)	1.125	100%
Costi variabili (45 cucine × 12.000)	540	48%
Margine di contribuzione	585	52%
Salari e stipendi	340	
Ammortamenti (immobile, furgone, attrezzature)	80	
Altri costi fissi (utenze, commercialista, ecc.)	100	
Totale costi fissi	520	
Reddito operativo	65	
Pareggio operativo (40 cucine)	1.000	

cavi e costi variabili. La nuova struttura presenta sicuramente un maggior grado di rischio operativo in quando il punto di pareggio è più alto e maggiori sono le perdite connesse al suo mancato conseguimento. In compenso, una volta superato il punto di pareggio il risultato migliora più rapidamente rispetto alla situazione precedente, essendo più alto il margine connesso alla vendita di ciascuna cucina.

In genere i due elementi del rischio operativo (punto di pareggio ed elasticità operativa) risultano legati, in quanto le imprese che presentano un elevato punto di pareggio tendono anche ad avere un elevato grado di rigidità operativa, mentre quelle che hanno un punto di pareggio basso in genere sono più flessibili. Questo avviene perché esiste correlazione negativa fra costi fissi e costi variabili: in genere aumentando i costi fissi (ovvero acquistando più macchinari, assumendo più personale, automatizzando le lavorazioni, rafforzando la CP) è possibile ridurre l'incidenza dei costi variabili sui ricavi (in quanto si aumenta il rendimento delle attività interne e si riducono le attività esternalizzate e i costi relativi). Il caso della Ditta Brioschi rappresenta un'esemplificazione della correlazione negativa descritta.

Sebbene le imprese operativamente rigide in genere presentino un punto di pareggio più elevato rispetto alle imprese flessibili, non bisogna tuttavia confondere la misura del punto di pareggio con quella del grado di flessibilità operativa. Un semplice esempio può essere utile per illustrare questo punto. Supponiamo di confrontare due aziende (Alfa e Beta) che producono scrivanie direzionali di alta qualità. Per entrambe il prezzo medio di vendita è di 3.000 euro, essendo l'immagine e la qualità dei prodotti analoghe. Le due aziende, tuttavia, differiscono riguardo al grado di internalizzazione: mentre Alfa ha esternalizzato molte lavorazioni e si occupa direttamente solo dell'assemblaggio dei tavoli, Beta svolge al proprio interno la maggior parte delle lavorazioni e, quindi, è caratterizzata da maggiori costi fissi (legati soprattutto a maggiori ammortamenti e a maggiori costi del personale). Alfa, da parte sua, presenta minori costi fissi ma, in compenso, sostiene costi variabili unitari più elevati, in quanto deve acquistare esternamente componenti già lavorati e lavorazioni esterne che Beta realizza internamente. I dati delle due imprese sono sintetizzati nella tavola 11.21.

TAVOLA 11.21. *Dati Alfa e Beta (in migliaia di euro)*

	Alfa	Beta
Costi fissi	500	1.000
Costi variabili unitari	2	1
Ricavi unitari	3	3

Alfa e Beta presentano lo stesso punto di pareggio:

$$\text{Alfa: } QP = \frac{500}{3-2} = 500 \qquad \text{Beta: } QP = \frac{1.000}{3-1} = 500$$

Osservando i due grafici della tavola 11.22 è tuttavia evidente il fatto che la flessibilità operativa di Alfa è più elevata rispetto a quella di Beta. La «forbice» fra ricavi e costi totali è infatti molto più stretta rispetto a Beta. La struttura di Alfa non comporta gravi perdite al di sotto del punto di pareggio, ma non consente neppure utili molto alti quando lo si superi; viceversa, la struttura di Beta comporta il rischio di maggiori perdite ma, anche, la possibilità di maggiori utili.

Più sopra abbiamo detto che l'elasticità operativa è legata all'incidenza dei costi variabili sui ricavi ed è misurata calcolando il rapporto fra costi variabili totali e costi fissi in corrispondenza del punto di pareggio. Nel caso di Alfa e di Beta tale indicatore assume i seguenti valori:

$$\text{Alfa: } = \frac{1.000}{500} = 2 \qquad \text{Beta: } = \frac{500}{1.000} = 0,5$$

Come si può notare, mentre il punto di pareggio è lo stesso, l'indice di flessibilità operativa è molto più alto per Alfa rispetto a Beta.

Le aziende operativamente flessibili conseguono perdite relativamente ridotte se non raggiungono il punto di pareggio, ma ottengono anche profitti limitati una volta superato tale punto. La tavola 11.23 illustra questo punto in relazione ai casi di Alfa e Beta.

I dati della tavola 11.23 ci portano a ribadire come non necessariamente un elevato grado di flessibilità sia da preferire rispetto ad un elevato grado di rigidità: dipende dalla probabilità attribuita al verificarsi di volumi di vendita sopra e sotto il punto di equilibrio e dalla propensione al rischio del decisore. Se riteniamo di poter facilmente superare il punto di pareggio, la situazione di Beta può essere preferibile. In caso contrario è consigliabile ridurre i rischi connessi al mancato raggiungimento del punto di pareggio e optare per la situazione di Alfa. Questo tipo di considerazioni può variare nel tempo e a seconda della posizione competitiva dell'impresa. Quando, ad esempio, Barilla ha lanciato nel 1978 la linea di prodotti «Mulino Bianco» ha saggiamente deciso di ridurre i rischi connessi all'operazione internalizzando

TAVOLA 11.22. *Punto di pareggio di Alfa e Beta*

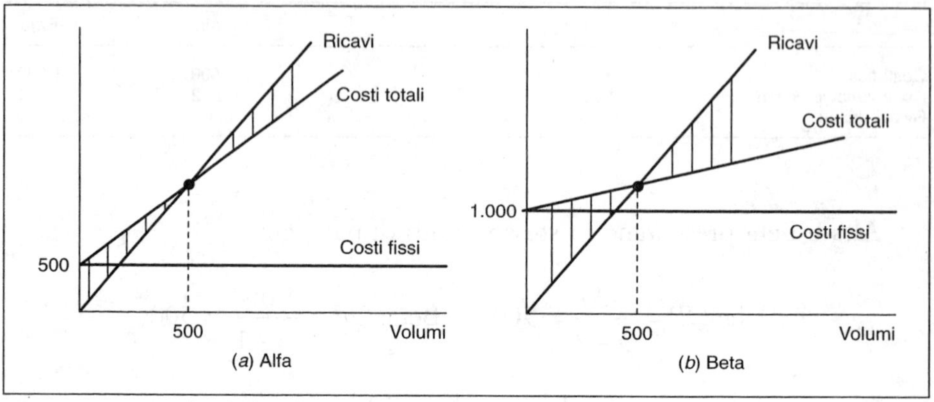

TAVOLA 11.23. *Flessibilità e risultato economico*

Volume effettivo di vendita	Reddito operativo Alfa	Reddito operativo Beta
400	–100	–200
500	0	0
600	100	200

solo le attività di ricerca, marketing e distribuzione ed esternalizzando le attività produttive. Una volta consolidata la propria posizione sul mercato Barilla ha successivamente internalizzato anche le attività di produzione, ottenendo una riduzione dei costi medi unitari ed un maggiore controllo sulla qualità dei prodotti.

11.5.8. Il punto di equilibrio reddituale

La formula del punto di pareggio può facilmente essere adattata al fine di ottenere non il punto di pareggio operativo, ma il volume di vendite (o il fatturato) che consente di coprire sia i costi di gestione caratteristica, sia quelli finanziari e fiscali e, quindi, di ottenere un risultato reddituale netto pari a zero. È anche possibile determinare il volume di vendite che consente sia di coprire tutti i costi sia di ottenere un utile netto ritenuto soddisfacente, ossia, di ottenere il desiderato *equilibrio reddituale*. A questo fine, nella formula del punto di pareggio occorre aggiungere ai costi fissi il reddito operativo desiderato. Tale reddito deve essere calcolato in modo da coprire i costi extra gestione tipica e da costituire l'utile netto desiderato.

Supponiamo, ritornando all'esempio di Pizza Planet, di aver stimato per il primo anno i seguenti dati extra gestione caratteristica e i seguenti obiettivi di redditività netta:

TAVOLA 11.24. *Pizza Planet: ricavi, costi e reddito operativo 1º anno: simulazione n. 4 (dati in euro)*

+ Prezzo consumazione media	16,00	
× Volume ipotizzato (300 × 162,5)	48.750	
= Totale ricavi di vendita		+780.000
+ Costo medio unitario per consumazione	4,00	
× Volume ipotizzato	48.750	
= Totale costi variabili		–195.000
+ Costo 1 pizzaiolo esperto	80.000	
+ 4 addetti × Costo medio 32.500	130.000	
= Salari e stipendi		–210.000
Affitto		–60.000
Costi generali		–70.000
Ammortamenti		–35.000
Pubblicità		–30.000
Reddito operativo		= 180.000
Oneri finanziari		–24.000
Imposte non legate al reddito		–6.000
Reddito anteimposte		= 150.000
Imposte sul reddito		–75.000
Reddito netto		= 75.000

- oneri finanziari: 24.000 euro (originati da un prestito di 200.000 al tasso del 12%);
- imposte non legate al reddito: 6.000 euro;
- imposte legate al reddito: 50% del reddito anteimposte;
- reddito netto desiderato: 75.000 euro.

Sulla base di questi dati è possibile calcolare il reddito operativo desiderato (ROD):

+ Oneri finanziari	24.000
+ Imposte non sul reddito	6.000
+ Utile anteimposte sul reddito[40]	150.000
= Reddito operativo desiderato	180.000

Il fatturato che consente di conseguire gli obiettivi sopra indicati sarà quindi pari a:

$$\text{Fatturato} = \frac{CF + \text{ROD}}{\text{MDC\%}}$$

$$\text{Fatturato} = \frac{405.000 + 180.000}{0,75} = 780.000$$

[40] L'utile anteimposte desiderato è pari a 150.000 perché si suppone che le imposte incidano per il 50%.

ovvero 48.750 consumazioni in un anno e 162,5 consumazioni per giorno lavorativo. La tavola 11.24 consente di verificare la correttezza del risultato raggiunto.

11.5.9. L'analisi degli scostamenti

Il modello costi-volumi-risultati è di grande utilità per valutare la convenienza delle alternative configurazioni di costo e di CP in relazione ai possibili volumi della domanda e ai differenti livelli di prezzi applicabili in sede di vendita. Lo stesso modello, tuttavia può essere utilizzato anche per rappresentare i programmi di un'impresa riferiti, ad esempio, ad un anno. Fatte le scelte di dimensionamento della CP e di combinazione di costi fissi e variabili, l'impresa ipotizza un certo prezzo e un certo volume di vendita; così, il programma di un certo anno può essere rappresentato in uno schema che quantifica:

- i volumi da produrre e da vendere;
- i prezzi unitari medi da applicare ai clienti;
- i ricavi totali previsti;
- i costi fissi previsti;
- i costi unitari variabili previsti;
- il reddito operativo della gestione caratteristica previsto.

Durante l'anno di riferimento, la realtà confermerà alcune previsioni, ma certamente si realizzeranno anche scostamenti e inevitabilmente a fine anno il *ROGC* effettivo sarà differente (più alto o più basso) rispetto a quello programmato. Ogni impresa deve essere in grado di analizzare la differenza tra il *ROGC* programmato e quello effettivo; in particolare, deve calcolare quanta parte dello scostamento complessivo è dovuta al fatto che, rispetto a quanto previsto e programmato: si è prodotto e venduto un volume maggiore o minore (scostamento di volume), i costi fissi sono stati più alti o più bassi (scostamento di costi fissi), si sono pagati prezzi più alti o più bassi per gli input variabili (scostamento di costi variabili unitari)[41], i prezzi medi di vendita sono stati più alti o più bassi (scostamento di ricavi unitari). L'analisi di questi scostamenti si compie secondo procedure standard. Di seguito si propone un esempio numerico mettendo a confronto i dati previsionali con due possibili esiti: un esito negativo (caso A), in cui tutti i dati a consuntivo sono meno favorevoli di quelli previsti; un esito positivo (caso B), ove accade il contrario (tavv. 11.25 e 11.26).

41 Per semplicità si trascura lo scostamento di efficienza nell'utilizzo dei fattori variabili.

TAVOLA 11.25. *I dati programmati e due consuntivi*

	Previsione, programma	Consuntivo A	Consuntivo B
Volume di produzione e vendita (*V*)	13	12	14
Ricavo unitario, prezzo (*p*)	7	6,5	7,5
Ricavi totali (*R*)	91	78	105
Costi fissi totali (*CF*)	50	55	45
Costi variabili unitari (*CVu*)	2	2,2	1,8
Costi variabili totali (*CV*)	26	26,4	25,2
Costi totali (*CT*)	76	81,4	70,2
Reddito operativo della gestione caratteristica (*ROGC*)	15	–3,4	34,8
Punto di equilibrio in volumi (*Q*)	10	12,8	7,9

TAVOLA 11.26. *L'analisi degli scostamenti*

	Scostamenti del consuntivo A		Scostamenti del consuntivo B	
	Calcoli	Scostamento	Calcoli	Scostamento
Scostamento totale di *ROGC* da spiegare (*ROGC* reale – *ROGC* programmato)	–3,4 – 15	–18,4	34,8 – 15	+19,8
Scostamento di volume (MDC previsto × variazione di volume)	5 × –1	–5,0	5 × 1	+5,0
Scostamento costi fissi (*CF* previsti – *CF* reali)	50 – 55	–5,0	50 – 45	+5,0
Scostamento di prezzo dei costi variabili (MDC previsto – MDC effettivo) × Volume effettivo	–0,2 × 12	–2,4	+0,2 × 14	+2,8
Scostamento di prezzo medio di vendita (*p* effettivo – *p* previsto) × Volume effettivo	–0,5 × 12	–6,0	+0,5 × 14	+7,0
Totale degli scostamenti parziali		–18,4		+19,8

Le scelte di estensione verticale e orizzontale

Capitolo 12

12.1. Le scelte di estensione delle combinazioni economiche: un quadro d'assieme

12.1.1. La dimensione delle singole produzioni e l'estensione delle combinazioni economiche

Nei capitoli precedenti abbiamo trattato il tema delle dimensioni delle singole produzioni aziendali e abbiamo visto che le imprese tendono ad installare grandi capacità produttive (ossia a crescere dimensionalmente) per sfruttare le economie di scala e le economie di apprendimento; ma le dimensioni di un'impresa non sono determinate solo dalle dimensioni delle singole produzioni; le dimensioni di un'impresa sono determinate più in generale dalle scelte di estensione delle combinazioni economiche: dalle scelte di estensione interfunzionale, di estensione orizzontale, di estensione verticale. Così, un'impresa è tanto più grande quanto maggiori sono le capacità produttive installate (dimensioni delle singole produzioni), quanto maggiore è il numero delle funzioni – ricerca, produzione, vendita, sistemi informativi, ecc. – svolte all'interno (estensione interfunzionale), quanto più numerose sono le aree strategiche di affari, o combinazioni economiche parziali, attivate (estensione orizzontale, diversificazione), quanto più numerose sono le fasi della filiera produttiva svolte all'interno (integrazione verticale, a monte e a valle).

12.1.2. L'estensione interfunzionale

Come sappiamo, le combinazioni economiche complessive delle imprese si articolano in coordinazioni parziali o «funzioni» quali: ricerca e sviluppo, produzione, logistica, marketing, vendite, acquisti, contabilità, finanza, ge-

I parr. 12.1 e 12.3 sono di Cinzia Parolini; il par. 12.2 è di Susanna Di Martino.

stione del personale, sistemi informativi e così via. In materia, ciascuna impresa deve prendere due ordini di decisioni: *a*) occorre decidere quante risorse investire in ciascuna funzione oltre i livelli minimi imposti dai vincoli tecnici e giuridici; così, ad esempio, occorre decidere quanta attività di ricerca e sviluppo svolgere, se sviluppare un sistema informativo semplice o particolarmente sofisticato, se compiere sistematiche indagini di mercato o meno[1]; *b*) occorre decidere quali funzioni (o quali parti di funzioni) svolgere all'interno dell'impresa (internalizzare) e quali funzioni (o parti di funzioni) fare svolgere ad altre imprese (esternalizzare). È palese che le scelte sub *a*) e soprattutto le scelte sub *b*) influenzano fortemente le dimensioni complessive dell'azienda (l'estensione delle combinazioni economiche svolte direttamente dall'azienda). Si pensi, ad esempio, ai casi molto diffusi di imprese che svolgono completamente al proprio interno (internalizzano) la produzione dei componenti e il montaggio dei prodotti e ai casi altrettanto diffusi di imprese che esternalizzano gran parte delle produzioni di componenti limitandosi ai montaggi finali. Non sono poche le imprese che esternalizzano gran parte delle attività delle varie funzioni mantenendo all'interno solo gli elementi strategici essenziali.

Le scelte di estensione interfunzionale si ispirano essenzialmente ai seguenti criteri:

1. *efficienza ed economicità di produzione*; esternalizzando una certa attività, è possibile che il fornitore della stessa (il quale svolge tale attività per conto di un certo numero di imprese) sia in grado di realizzare economie di scala non possibili per la nostra azienda o di godere di maggiori economie di apprendimento; il prezzo chiesto dal fornitore può essere notevolmente inferiore rispetto al costo da sostenere all'interno;
2. *costi di transazione*; le imprese tendono a mantenere al proprio interno le attività i cui contenuti e risultati sono scarsamente definibili e controllabili nonché le attività che sono avvinte da forti relazioni di interdipendenza con altre attività interne; in altri termini, internalizzano le attività che, se esternalizzate, comporterebbero alti costi di transazione;
3. *criticità strategica*; le imprese internalizzano le attività che costituiscono competenze distintive di rilevanza strategica e che, quindi, devono essere protette dall'imitazione esterna.

12.1.3. L'estensione orizzontale

Ciascuna impresa deve continuamente riflettere e decidere in merito alla numerosità e alla disomogeneità delle «aree di affari» (combinazioni economiche parziali) nelle quali operare, ossia al suo grado di diversificazione. Così, ad un estremo, troviamo imprese monobusiness, con una sola combinazione economica parziale, focalizzate su un solo prodotto e su una sola

[1] Si veda: MINTZBERG [1983].

nicchia di mercato e, all'estremo opposto, troviamo imprese che gestiscono decine di «business» diversi, a volte tra loro correlati e a volte assolutamente disomogenei (non correlati)[2]. Naturalmente, la gran parte delle imprese si colloca negli spazi intermedi tra i due estremi.

Nel linguaggio corrente delle imprese, le strategie di diversificazione sono denominate anche «strategie di portafoglio»; con tale espressione si evoca l'esigenza che l'impresa in ogni momento disponga di un «portafoglio» equilibrato di «aree strategiche di affari»: aree mature e aree in sviluppo, aree che producono abbondanti flussi di mezzi monetari e aree che richiedono investimenti, aree ad alto e a basso rischio, aree che si combinino sinergicamente[3].

Pur essendo un problema tutt'altro che nuovo per le imprese ed un tema analizzato ormai da decenni, il dibattito su come formulare la strategia di portafoglio è più che mai aperto e numerosi sono gli errori commessi dalle imprese in questa area. Alcuni studi[4] hanno rilevato che per molte aziende diversificate la strategia di portafoglio ha portato a risultati negativi, contribuendo a diminuire il valore dell'impresa stessa anziché aumentarlo. Il problema più diffuso di molte strategie di portafoglio si può ricondurre ad un prevalere delle considerazioni finanziarie rispetto alla ricerca delle sinergie fra le diverse aree di attività e all'orientamento, presente in molti vertici aziendali, a considerare la strategia di portafoglio relativamente scollegata rispetto all'acquisizione di vantaggi competitivi a livello di area strategica di affari (ASA). Quando questo avviene, in genere i vantaggi della diversificazione non bastano per compensare i maggiori costi in termini di struttura centralizzata, di coordinamento e di aumento dei tempi decisionali connessi alla gestione di un'impresa multibusiness. Affinché la diversificazione porti ad un aumento del valore dell'impresa, la strategia di portafoglio deve invece mirare anzitutto ad accrescere il vantaggio competitivo delle singole attività mediante l'individuazione ed il perseguimento di sinergie fra diversi business[5].

Al fine di comprendere con maggiore chiarezza cosa influisce sul successo e sull'insuccesso delle strategie di portafoglio, è opportuno esaminare i criteri cui si deve far riferimento nel prendere decisioni a questo livello. I principali criteri da considerare sono:

2 Fra i primi contributi in tema di diversificazione, si veda: ANSOFF [1965].

3 Fra la seconda metà degli anni '60 e gli inizi degli anni '70 alcune grandi società di consulenza, in particolare il Boston Consulting Group, e qualche grande impresa diversificata hanno elaborato diverse versioni di «matrici del portafoglio», volte a classificare i business aziendali in funzione di vari parametri (tasso di crescita, quota di mercato dell'azienda, grado di rischio, ecc.) e, quindi, a suggerire la strategia (investimento, mantenimento, dismissione, ecc.) suggerita per ciascuna area d'affari. Fra i principali contributi teorici che hanno cercato di confrontare e valutare i diversi modelli di matrici del portafoglio, ricordiamo: ABELL e HAMMOND [1979] e HOFER e SCHENDEL [1978].

4 Si veda, a questo proposito: PORTER [1987].

5 A riguardo si vedano, fra gli altri: INVERNIZZI [1999]; DONNA [2003].

- attitudine delle varie ASA a generare o assorbire mezzi monetari (sinergie finanziarie);
- fase del ciclo di vita del prodotto di ciascuna ASA;
- attrattività del mercato;
- posizione competitiva dell'impresa;
- economie di raggio di azione (sinergie non finanziarie, economie di scopo);
- attitudine a generare know-how strategico.

Attitudine a generare o assorbire mezzi monetari. Una prima regola da seguire nel formulare una strategia di portafoglio consiste nel cercare di combinare ASA che assorbono risorse finanziarie con ASA che generano risorse finanziarie in modo da non sbilanciare eccessivamente la struttura patrimoniale dell'impresa. L'attitudine a generare risorse finanziarie è legata alla fase del ciclo di vita del business (le attività in settori maturi tendono ad assorbire meno risorse finanziarie delle attività in settori in rapido sviluppo), al ciclo monetario che caratterizza l'ASA (le attività nella grande distribuzione al dettaglio, ad esempio, assorbono meno risorse finanziarie delle attività manifatturiere), agli obiettivi di crescita e alle strategie competitive dell'impresa nella specifica ASA (l'acquisizione di quote di mercato comporta spesso un maggior impegno finanziario).

Fase del ciclo di vita del prodotto. Come abbiamo visto sopra, uno dei fattori che influenzano l'attitudine a generare o assorbire risorse finanziarie è rappresentato dalla fase del ciclo di vita del prodotto[6]. Oltre che la dinamica finanziaria, la fase del ciclo di vita del prodotto influenza anche altri aspetti dell'ASA quali, ad esempio, il tasso di cambiamento tecnologico (in genere più alto nelle prime fasi), l'attrattività del settore in termini di tassi di sviluppo della domanda, le modalità competitive. Una strategia equilibrata di portafoglio dovrebbe, in teoria, cercare di combinare ASA che si trovano in diverse fasi del ciclo di vita in modo da favorire uno sviluppo dimensionale graduale e continuo. La teoria tradizionale, inoltre, suggerisce di sfruttare i prodotti in fase di maturità come fonti di risorse finanziarie e di investire in modo selezionato nei prodotti in fase di introduzione e di sviluppo. Questo criterio, seppur a prima vista logico, può essere molto pericoloso se utilizzato in modo indiscriminato. Considerare un business come maturo e, quindi, sfruttarlo al massimo come fonte di risorse finanziarie da investire in altri settori porta ad una caduta degli investimenti volti a migliorare il prodotto e il processo produttivo e questo può comportare, soprattutto se altri concorrenti continuano ad investire, la rapida perdita di posizioni competitive. Non è affatto detto, inoltre, che in un mercato maturo non sia possibile introdur-

6 Esiste una letteratura molto ampia sulle caratteristiche che i business possono assumere nelle diverse fasi della loro vita (introduzione, sviluppo, maturità e declino). Fra i primi e più rilevanti contributi, ricordiamo: LEAVITT [1965]; BUZZELL [1966]; COX [1967] e POLLI e COOK [1969]; VERNON [1966].

re innovazioni significative. Nel settore delle radio, ad esempio, mentre le imprese statunitensi, un tempo leader di mercato, hanno ridotto gli investimenti, le imprese giapponesi hanno continuato ad investire in innovazione di prodotto e di processo, mettendo sul mercato prodotti rivoluzionari come il walkman ed acquisendo, alla fine, una leadership incontrastata. In effetti alcuni autori[7] sostengono come un reale orientamento ai bisogni dei clienti consenta spesso di individuare in settori considerati maturi possibilità di innovazione e di crescita insospettate.

Attrattività del mercato. L'attrattività del mercato dipende essenzialmente dalla configurazione del sistema competitivo e dalla fase del ciclo di vita del prodotto. La strategia di portafoglio dovrebbe quindi favorire le ASA che presentano una struttura del sistema competitivo più favorevole e che consentono più alti tassi di crescita del fatturato.

Posizione competitiva dell'impresa nell'ASA. Un altro elemento da prendere in considerazione nel decidere se investire o disinvestire da una determinata ASA è rappresentato dalla posizione competitiva dell'impresa. Come abbiamo visto, la redditività di un'ASA dipende infatti sia dalla struttura del sistema competitivo che dalla posizione strategica occupata e, quindi, dalla strategia competitiva perseguita, dalla quota di mercato, dal raggruppamento strategico nel quale si è deciso di operare. La strategia di portafoglio dovrebbe essere volta a consolidare le ASA con buone posizioni competitive e a selezionare le ASA con posizione competitiva debole. Il rafforzamento della posizione competitiva, infatti, richiede in genere investimenti rilevanti sia in termini finanziari sia in termini organizzativi e difficilmente un'impresa può avere successo impegnandosi contemporaneamente su più fronti.

Sinergie non finanziarie. Oltre alle sinergie di carattere finanziario descritte sopra, fra le diverse ASA di un'impresa possono esistere, soprattutto se la diversificazione è di tipo correlato, numerose sinergie (economie di scopo o di raggio d'azione[8]) che vanno attivamente individuate e perseguite. Tali sinergie possono essere materiali (condivisione della rete distributiva, condivisione della struttura commerciale e di assistenza, condivisione delle attività di ricerca e sviluppo, condivisione della rete di approvvigionamenti e della struttura logistica) o immateriali (condivisione del marchio e dell'immagine aziendale, condivisione di esperienze e di know-how). L'errore che spesso le imprese commettono a questo riguardo è dato dal credere che, per il solo fatto che una sinergia esiste a livello teorico, essa venga per definizione sfruttata. In realtà molte possibili sinergie rimangono solo a livello potenziale per l'incapacità dell'impresa di coordinare adeguatamente le diverse ASA: le di-

[7] Si veda in particolare: OHMAE [1988].

[8] Il concetto di economie di scopo (o di raggio d'azione) è sviluppato nelle pagine successive dove si trovano anche i riferimenti bibliografici.

verse attività vengono così gestite come se fossero tante imprese singole e non un'unica grande impresa. Il perseguimento attivo di tutte le strategie potenziali richiede che la struttura organizzativa di base e, soprattutto, i sistemi operativi siano orientati al coordinamento e non alla competizione fra le diverse ASA.

Attitudine a generare know-how strategico. A volte la gestione di una certa ASA, pur sembrando apparentemente non conveniente dal punto di vista economico, consente di sviluppare esperienze, conoscenze, tecnologie che possono essere utili ad altre ASA all'interno dell'impresa. Per un'impresa operante nel settore automobilistico, ad esempio, la presenza nel segmento delle auto ad altissime prestazioni e la partecipazione alle gare di Formula 1 può essere interessante, al di là dei ritorni economici diretti, al fine di sviluppare tecnologie avanzate che poi possono essere impiegate in altre aree d'affari[9].

In conclusione è opportuno sottolineare come la strategia di portafoglio debba tenere in considerazione tutti i criteri sopra riportati, evitando posizioni rigide e dogmatiche in merito alle modalità di scelta. Occorre inoltre ricordare che i criteri elencati rappresentano solo la *parte razionale esplicita del processo decisionale*. Nella realtà le decisioni inerenti la strategia di portafoglio, così come avviene per tutte le scelte strategiche, risentono anche di fattori in larga misura impliciti quali la struttura di potere consolidatasi nell'impresa, le preferenze e gli obiettivi personali di chi prende o influenza le decisioni, l'orientamento strategico di fondo dell'impresa.

12.1.4. L'estensione verticale

Schematicamente, si può rappresentare la «filiera produttiva» di ciascun bene materiale come una lunga catena di fasi e di processi che dalla «estrazione delle materie prime» giunge alla «vendita al consumatore finale»; in mezzo stanno le fasi del tipo trasporto delle materie prime, lavorazione delle materie prime per l'ottenimento di componenti di primo livello, produzione e trasporto dei componenti di secondo livello, montaggi, confezionamenti, distribuzione a grossisti, distribuzione al dettaglio. L'estensione verticale (o integrazione verticale) delle combinazioni economiche di un'impresa esprime il numero e la disomogeneità delle fasi della filiera produttiva svolte al proprio interno; è scarsamente integrata verticalmente un'impresa che svolge una sola specifica fase (ad esempio, la distribuzione all'ingrosso); è fortemente integrata verticalmente, al contrario, un'impresa che svolge «tutte» le fasi, dalla produzione delle materie prime alla vendita al consumatore finale. Le imprese tendono ad integrarsi a monte o a valle per:

9 Sul tema della condivisione di know-how fra diverse combinazioni parziali si veda in particolare: PRAHALAD e HAMEL [1990].

- economizzare in termini di costi di transazione/ottimizzare le integrazioni tecnologiche;
- interiorizzare competenze o risorse strategiche;
- ridurre l'accesso di concorrenti a risorse strategiche.

I freni all'integrazione verticale sono:

- gli investimenti finanziari richiesti per aggiungere le nuove combinazioni economiche;
- le disomogeneità di «dimensione minima economica» e le conseguenti diseconomie di scala o di saturazione (la combinazione economica che si vorrebbe aggiungere potrebbe essere di dimensioni molto maggiori, se la si vuole gestire secondo efficienza, rispetto al fabbisogno dell'azienda);
- la rigidità strategica e la concentrazione del rischio (al crescere dell'integrazione verticale, l'azienda riduce i propri spazi di manovra in direzione di altre aree strategiche di affari).

Tutte le scelte qui descritte (estensione interfunzionale, verticale e orizzontale) sono tra loro interconnesse e, come visto, ciascuna scelta deve basarsi su una pluralità di considerazioni di varia natura. Per ragioni di chiarezza espositiva e di semplicità, nei prossimi paragrafi si trattano in modo disgiunto (salvo qualche richiamo di collegamento) le varie scelte e si concentra l'attenzione su alcuni dei criteri di scelta. In particolare, le scelte di diversificazione sono riferite prevalentemente alle economie di raggio di azione (o economie di scopo, o sinergie non finanziarie), mentre le scelte di integrazione verticale sono riferite prevalentemente alle economie di transazione.

12.2. Le scelte di diversificazione e le economie di raggio d'azione

12.2.1. Le economie di raggio d'azione

L'estensione dei confini dell'impresa ad attività diverse, vicine o simili, può essere fonte di vantaggi economici e competitivi. Produrre due beni diversi fra di loro può condurre a vantaggi economici per il fatto che le risorse impiegate possono essere condivise, incrementate e sfruttate più efficientemente. Il vantaggio è ottenibile per risorse gestite sia all'interno dei confini dell'impresa, sia in aggregati di imprese diverse[10].

Le economie ottenibili grazie all'ampliamento della varietà dei beni prodotti, ossia all'allargamento dei confini dell'impresa in senso orizzontale, sono chiamate «economie di raggio d'azione» o «economie di scopo» o «sinergie» (non finanziarie). In questo testo si preferisce chiamarle «economie di raggio d'azione», anche se in letteratura è molto utilizzata la dizione «economie di scopo» (*scope economies* in inglese).

10 Numerosa e ricca è la bibliografia circa le economie di scopo. Fra i riferimenti più rilevanti si vedano: NORMANN [1977]; WERNERFELT [1984]; PORTER [1985; 1987]; CHANDLER [1990]; PRAHALAD e HAMEL [1990]; BARNEY [1991].

Si hanno economie di raggio d'azione quando producendo unitariamente due o più beni diversi, si realizzano vantaggi economici rispetto al caso di loro produzione disgiunta; le economie di raggio di azione derivano essenzialmente dal fatto che si utilizzano risorse comuni ai due o più beni[11].

In sostanza, le economie di raggio d'azione riguardano quel vantaggio che si ottiene quando due o più beni e servizi vengono progettati, realizzati e venduti utilizzando risorse comuni, rispetto alla situazione nella quale gli stessi beni o servizi vengono realizzati separatamente[12]. Per fare qualche esempio, una piccola impresa di trasporto aereo potrebbe scoprire che, oltre a trasportare passeggeri, esiste un interessante mercato anche per il trasporto di carichi e pacchi. O ancora, un'agenzia immobiliare può aumentare i servizi offerti ai propri clienti se, oltre a vendere immobili, si preoccupa anche delle attività di ristrutturazione degli stessi, fornendo consulenza sugli acquisti di materiali per l'edilizia, avendo una rete di architetti e designer per la realizzazione degli interni e così via.

Le strategie di ampliamento della gamma di prodotti e servizi offerti si chiamano, in generale, *strategie di diversificazione* per indicare che le combinazioni economiche comprendono la realizzazione di prodotti diversi. Per poter ottenere vantaggi economici da tali strategie occorre che le diverse attività produttive utilizzino risorse, siano esse materiali o immateriali, condividendole o gestendole unitariamente.

Le *risorse materiali* (ad esempio, impianti produttivi, macchinari, automezzi, edifici, reti telefoniche e telematiche e così via), presentano il vincolo della capacità produttiva. Affinché si realizzino dei vantaggi economici per l'azienda nell'introduzione di nuovi prodotti, destinati ad utilizzare risorse materiali presenti in azienda e impegnate nelle produzioni esistenti, è necessario che le risorse stesse abbiano ancora capacità produttiva disponibile non utilizzata (insatura). In altre parole, nell'utilizzo di risorse materiali per due o più output, è necessario che esista capacità produttiva insatura e che l'introduzione del nuovo output ne consenta un migliore sfruttamento[13].

Le *risorse immateriali* quali l'immagine dell'azienda, la creatività e le competenze del personale, il know-how tecnologico, la conoscenza dei clienti ecc. non presentano invece «limiti fisici» di capacità produttiva, ma possono essere utilizzate potenzialmente all'infinito. Anzi, il loro utilizzo più intensivo, spesso, consente addirittura un loro arricchimento. Si pensi ad esempio all'utilizzo del marchio Disney: nato nella produzione di film di animazione è poi stato utilizzato per giocattoli, per programmi software destinati ai bambini, per i gadget da inserire nelle merendine, per i prodotti per la scuola (quaderni, cartelle e zaini), per l'abbigliamento, scarpe, teli da bagno, per gli «Happy Meal» di McDonald's destinati ai bambini, per i programmi di Disney Channel, per i parchi divertimento e così via. Quanto più il marchio è

[11] CHANDLER [1990].
[12] GHOSHAL e GRATTON [2002].
[13] Sui vantaggi relativi allo sfruttamento della capacità produttiva, si veda *supra* il cap. 11.

utilizzato, tanto maggiore è la sua conoscenza da parte del pubblico cui è destinato, e pertanto, tanto maggiore è il suo valore. Potenzialmente il marchio Disney è utilizzabile anche per tanti altri prodotti e servizi (si pensi al turismo o allo sport, a programmi di investimento finanziario per giovanissimi o ancora alla ristorazione per le scuole e così via).

Il fatto che le risorse immateriali non presentino vincoli di capacità produttiva (tipici delle risorse materiali), non vuol dire, tuttavia, che siano utilizzabili senza limiti e cautele. Innanzitutto presentano un vincolo di «coerenza»: l'utilizzo del marchio per un prodotto che si dimostra poi, agli occhi dei clienti, non coerente con gli altri prodotti contraddistinti dallo stesso marchio, o di minore qualità, può portare all'immediata riduzione del valore del marchio stesso su tutti i prodotti sui quali il marchio è utilizzato. Inoltre, spesso le risorse immateriali come la creatività, la conoscenza dei clienti, le competenze, risiedono nelle singole persone e non sono facilmente trasferibili ad altri all'interno dell'azienda. Si pensi ad esempio a quanto i marchi di alta moda siano legati ai singoli stilisti, la fiducia dei clienti di un ospedale sia collegata alla figura del primario o ancora, la fedeltà della clientela dipenda dalla capacità relazionale del direttore commerciale, e così via. Questo rende le stesse risorse immateriali soggette ad un altro vincolo: la «difficile appropriabilità». Le economie di raggio d'azione si misurano confrontando i costi[14] di realizzazione di due o più beni condividendo le risorse (che per semplicità chiameremo *produzione integrata*), rispetto ai costi sostenuti per produzioni autonome, ossia in assenza di condivisione delle risorse (indicati come *produzione disgiunta*). Nella produzione di più beni si ottengono economie di raggio d'azione se i costi della produzione integrata sono inferiori alla somma dei costi della produzione disgiunta. In formula:

$$Cn_{int} < \Sigma Cn_{dis}$$

dove:

Cn_{int} = costo della produzione integrata di *n* beni;

ΣCn_{dis} = somma dei costi di produzione di *n* beni realizzati in *n* combinazioni disgiunte.

Si consideri il seguente esempio schematico. L'impresa Alfa produce e vende due linee di prodotti: tovaglioli in *tissue* goffrati e stampati a più colori e piatti in cartoncino nobilitato sia bianchi sia stampati a più colori. I due prodotti condividono il know-how tecnologico di base e il patrimonio commerciale rappresentato dalla notorietà del marchio e dall'accesso ai canali distributivi; i processi di fabbricazione sono invece distinti poiché richiedono macchinari differenti. L'impresa Beta produce e vende tovaglioli

14 Si noti che questa è una semplificazione dato che il risparmio di costo è solo uno dei due fattori che determinano il vantaggio economico, mentre l'altro è il miglioramento della qualità a parità di costi. Si veda quanto detto a proposito delle economie di scala ed esperienza nel cap. 11.

TAVOLA 12.1. *Costi delle produzioni integrate di Alfa e disgiunte di Beta e Gamma*

	Costi delle produzioni integrate in Alfa	Costi delle produzioni particolari di Beta	Costi delle produzioni particolari di Gamma	Somma dei costi di Beta e di Gamma
Ricerca e sviluppo	100.000	100.000	100.000	200.000
Promozione immagine	120.000	120.000	120.000	240.000
Fabbricazione tovaglioli	190.000	190.000		190.000
Fabbricazione piatti	280.000		280.000	280.000
Costi totali	690.000	410.000	500.000	910.000

del tutto simili a quelli di Alfa e i volumi prodotti dalle due aziende sono uguali. L'impresa Gamma produce e vende piatti del tutto simili a quelli di Alfa e i volumi prodotti dalle due aziende sono uguali. Nel tempo le tre aziende hanno effettuato investimenti di pari importo per lo sviluppo del loro know-how tecnologico di base e del loro patrimonio commerciale; in base al principio di competenza, tutte le tre aziende attribuiscono a ciascun esercizio 100.000 euro di componenti negativi di reddito per «ricerca e sviluppo» e 120.000 euro per «promozione immagine». I costi di fabbricazione dei tovaglioli sono pari a 190.000 euro sia in Alfa sia in Beta, mentre i costi di fabbricazione dei piatti, in Alfa e in Gamma, sono pari a 280.000 euro.

La tavola 12.1 pone a confronto i costi delle due produzioni integrate in Alfa e disgiunte in Beta e Gamma.

Le produzioni disgiunte realizzate da Beta e Gamma danno luogo a un costo totale di 910.000 euro, mentre le produzioni integrate in Alfa comportano un costo di soli 690.000 per via delle «sinergie» tecnologiche e commerciali. Mentre Beta e Gamma sfruttano il loro patrimonio tecnologico e commerciale per operare in una sola area di affari, Alfa lo sfrutta per gestirne due.

Le economie di raggio d'azione (ERA) possono essere misurate come rapporto tra il risparmio di costi realizzabile con le produzioni integrate e il costo totale delle produzioni disgiunte:

$$\text{ERA} = \Sigma Cn_{dis} - Cn_{int}/\Sigma Cn_{dis}$$

Nel nostro esempio (910.000 – 690.000)/910.000: l'impresa Alfa ottiene economie di raggio d'azione pari al 24% del costo totale delle produzioni disgiunte.

12.2.2. Le fonti delle economie di raggio d'azione

Come sopra evidenziato, le ragioni per cui può risultare più conveniente per un'azienda realizzare congiuntamente prodotti diversi piuttosto che realizzarli in due combinazioni autonome risiede fondamentalmente nella possibilità, consentita dalla gestione unitaria, di un migliore sfruttamento delle risorse (materiali, umane, intangibili). Principalmente le economie di scopo sono dovute a[15]:

- condivisione di elementi materiali della struttura produttiva: impianti ed attrezzature;
- condivisione di elementi materiali della struttura di vendita: canali e reti distributive;
- condivisione di risorse immateriali (risultato di precedenti investimenti): immagine, know-how, competenze manageriali.

Di seguito tali punti sono sviluppati con esempi tratti dalla realtà.

Condivisione di elementi materiali della struttura produttiva. La Ferrero, azienda produttrice di prodotti dolciari prevalentemente a base di cioccolato, soffriva la stagionalità dei propri prodotti: la sua struttura produttiva, in grado di effettuare rilevanti produzioni per la richiesta invernale, restava assolutamente non sfruttata nei periodi estivi, nei quali i prodotti al cioccolato hanno un rilevante calo di consumi. L'inserimento nella propria gamma di prodotti freschi, da conservare in frigo e da consumare nei mesi estivi (Kinder Fetta al latte, Kinder Pinguì, Torta Paradiso, ecc.) ha consentito di utilizzare la struttura produttiva (impianti di produzione, miscelatura ingredienti, imballaggio, ecc.) quando questa sarebbe stata prevalentemente inutilizzata a causa della stagionalità del cioccolato.

Condivisione di elementi materiali delle strutture di vendita. La Lavazza s.p.a., azienda produttrice di caffè, ha iniziato la produzione di caffè in cialde mono-uso per l'utilizzo in macchine da caffè localizzate negli uffici. Per assicurarsi che venissero acquistate sempre le proprie cialde lascia agli uffici, in uso gratuito, le macchine da caffè espresso automatiche (Lavazza Espresso Point) purché questi garantiscano un acquisto minimo mensile di cialde. Assicuratosi il canale di distribuzione (che prevede l'utilizzo di una rete di distributori locali che mensilmente riforniscono gli uffici ed effettuano la manutenzione alle macchine Lavazza Espresso Point), la Lavazza ha iniziato anche la produzione di cialde di tè e cioccolata utilizzabili con le stesse macchine. Questo ha consentito di ripartire il costo di gestione della rete di distribuzione su un numero maggiore di prodotti.

Condivisione di risorse immateriali[16]. La Procter & Gamble Italia ha iniziato la propria attività nel 1956 vendendo prodotti per la pulizia della casa (con i marchi Ariel, Dash) e l'igiene personale (con i marchi Camay, Infasil, Oil of Olaz, Panten) fabbricati da imprese terziste. La commercializzazione di questi beni nel mercato di largo consumo e presso la grande distribuzione organizzata ha consentito nel tempo lo sviluppo di competenze manageriali

[15] BERRY [1975].
[16] PRAHALAD e HAMEL [1990]; GHOSHAL [1987].

(nelle scelte di posizionamento rispetto ai concorrenti, nella capacità di innovare continuamente i prodotti, nella realizzazione di attività promozionali, nella gestione della relazione con la grande distribuzione organizzata) che sono state oggetto di applicazione anche ad altri prodotti, sia nel settore della pulizia della casa (ai precedenti, infatti, si sono aggiunti una serie di marchi: Nelsen, Ace, Mastro Lindo, Mister Verde, Spic & Span, Viakal, ecc.) e dell'igiene personale (con prodotti venduti con marchi AZ, Hegor, Keramine H, Topexan). L'azienda, inoltre, ha sviluppato e lanciato nuovi prodotti in nuovi settori: come quello dei prodotti medico-chirurgici (Napisan, Clearasil, Milton, Vicks), dei prodotti cosmetici (Max Factor, Ellen Betrix, Laura Biagiotti, Hugo Boss) o nel comparto dei prodotti in carta (Tempo, Demak'Up) e dei pannolini per bambini (Pampers) e così via. Un particolare effetto dello sfruttamento congiunto di risorse immateriali è «l'effetto ombrello», vale a dire la possibilità di sfruttare un marchio o un'immagine su un numero ampio di prodotti. Si creano dei marchi che contraddistinguono un numero elevato di prodotti (detti appunto marchi ombrello) il cui effetto immagine si ripercuote su tutti i prodotti presenti sotto il marchio stesso (Mulino Bianco della Barilla è un marchio ombrello che raggruppa prodotti che vanno dai frollini alle merendine, ai prodotti di pasticceria; il marchio Kinder della Ferrero raggruppa le barrette al cioccolato, le uova di Pasqua, gli ovetti, le barrette ai cereali e così via; post-it della 3M raggruppa una serie di prodotti di cancelleria professionali: i fogliettini gialli per messaggi – dai quali è sorto il marchio – il nastro bianco per correzioni, i fogliettini Index rimovibili per segnare ed evidenziare le pagine dei libri, lo scotch e così via). Le campagne pubblicitarie e, più in generale, le attività di comunicazione effettuate sul marchio ombrello, consentono di dividere i costi, peraltro rilevanti, delle attività stesse su un numero ampio di prodotti. Inoltre, qualsiasi altro nuovo prodotto inserito sotto «l'ombrello», può godere immediatamente dell'immagine degli altri prodotti già presenti. La stessa cosa accade per lo sfruttamento di marchi d'alta moda per la commercializzazione di profumi, valigie, accessori e così via. Anche nello sfruttamento dei marchi ombrello va sempre considerato il vincolo di coerenza: negli anni '80 alcuni stilisti d'alta moda iniziarono a firmare prodotti anche molto lontani dalle creazioni originarie (ad esempio ceramiche, sanitari per l'edilizia, interni per auto e così via) e molti di essi soffrirono un immediato calo di immagine. Le signore del «jet set», acquirenti di abiti d'alta moda, infatti, non videro di buon occhio l'uso del marchio, che sfoggiavano nei loro eleganti abiti, utilizzato per contrassegnare i rivestimenti dei bagni, e ovviamente, smisero di acquistare anche gli abiti d'alta moda.

12.2.3. Le economie di raggio d'azione negli aggregati interaziendali

Finora si è detto delle economie di raggio d'azione realizzate all'interno di una sola impresa, ma economie di scopo possono essere raggiunte anche attraverso accordi e alleanze fra imprese differenti ossia, in generale, nell'ambito di aggregati interaziendali[17]. Il vantaggio economico ottenibile rappresenta una potente fonte di aggregazione e accordi fra le imprese.

Un esempio è quello delle campagne pubblicitarie congiunte: aziende di abbigliamento che «raccomandano» l'uso di determinati detergenti (Prénatal raccomanda Dash) o di aziende di elettrodomestici che consigliano l'uso di prodotti anticalcare (Candy e Calfort), o ancora autonoleggi e imprese automobilistiche (Herz e Opel). Molti esempi sono visibili nelle campagne pubblicitarie (per esempio McDonald's che imposta tutta la campagna di comunicazione rendendo ben visibile il marchio Coca-Cola) mentre in altri casi le collaborazioni fra aziende assumono la forma di promozioni temporanee (ad esempio acquistando le batterie Duracell si ha gratis una torcia Philips o ancora acquistando una rivista di arredamento si ottengono sconti per le manifestazioni fieristiche di arredo e design). In tutti questi casi le aziende condividono le spese pubblicitarie e cercano di rafforzare la propria immagine associandosi ad un partner di successo. A parte gli esempi più visibili perché offerti al cliente sotto forma di promozioni e pubblicità, vi sono esempi meno noti, come quello che vede aziende produttrici di elettrodomestici per il lavaggio (lavatrici e lavastoviglie) collaborare con aziende produttrici di detergenti (saponi e detersivi) nelle attività di ricerca e sviluppo per lo studio di macchine «ecologiche», che consumino ad esempio meno detersivi, o che riescano a garantire determinate prestazioni anche a temperature basse (che quindi consumino meno energia). È il caso della Whirlpool elettrodomestici che collabora con la Procter & Gamble per lo studio di nuovi detergenti destinati a nuove lavatrici. Il vantaggio economico per entrambe attualmente è in termini di costi: per la Procter è molto più facile progettare un nuovo detergente conoscendo le caratteristiche della macchina da lavaggio cui è destinato; per la Whirlpool è possibile progettare una nuova macchina ecologica solo se contemporaneamente sul mercato ci sarà un detergente che garantisca prestazioni elevate anche con quantità ridotte e basse temperature. In termini di potenziali economie, poi, i due prodotti potranno essere lanciati insieme sul mercato, condividendo gli investimenti pubblicitari ed entrambi beneficeranno dell'immagine del partner. O ancora, si pensi alle aziende produttrici di computer e hardware (ad esempio IBM) che collaborano con i produttori di software (ad esempio Microsoft) per studiare nuovi sistemi operativi e così via.

12.3. Le scelte di internalizzazione e di esternalizzazione e le economie di transazione

12.3.1. L'integrazione verticale

Un'importante categoria di scelte economiche è rappresentata dalle decisioni riguardanti l'integrazione verticale dell'azienda, ovvero quali attività

17 DOZ [1991]; ALTER e HAGES [1993].

svolgere all'interno dell'azienda, e quali attività lasciare svolgere ad altri attori economici, siano questi a monte o a valle[18]. Prendiamo, ad esempio, un'impresa di confezioni. Per fare arrivare un abito al consumatore finale occorre produrre la materia prima (lana, cotone, materiali sintetici, ecc.), filarla, tesserla o lavorarla a maglia, ideare il modello, tagliare il tessuto, produrre gli elementi accessori (bottoni, passamanerie, ecc.), confezionare l'abito, stirarlo, trasportarlo e venderlo al consumatore finale. Delimitare i confini di un'azienda significa decidere quali attività, fra le tante da svolgere, gestire internamente all'impresa, e quali lasciare svolgere ad altri attori economici facendo ricorso a transazioni esterne nell'ambito di relazioni d'affari di breve o di medio/lungo termine. L'azienda di confezioni potrebbe decidere di svolgere internamente le fasi di taglio e confezione e di acquistare i tessuti e gli elementi accessori sul mercato, senza instaurare particolari rapporti di collaborazione con chi si occupa di tali attività, valutando, di volta in volta, quali fornitori offrono il rapporto qualità/prezzo più vantaggioso. La stessa azienda potrebbe poi decidere di esternalizzare l'attività di ideazione dei modelli presso uno o più stilisti, nell'ambito di un rapporto duraturo di collaborazione. Allo stesso modo potrebbe decidere di esternalizzare la fase di stiratura sottoscrivendo con l'azienda fornitrice un contratto con il quale si impegna per un certo periodo di tempo e per un quantitativo minimo di abiti da stirare.

Quali sono le considerazioni che i responsabili di un'azienda fanno quando si tratta di decidere che cosa internalizzare e che cosa esternalizzare? E, di fronte ad una scelta di esternalizzazione, quali sono gli elementi che spingono verso relazioni di breve o di medio/lungo termine? Sicuramente questo tipo di scelte è influenzato dalle economie di cui abbiamo parlato nei paragrafi precedenti. Un'impresa che produce personal computer, ad esempio, non si pone nemmeno il problema se internalizzare la produzione di microprocessori, in quanto tale produzione (per via del fenomeno delle economie di scala) richiede dimensioni talmente elevate da non poter essere raggiunte nemmeno dai produttori di PC più importanti. In altri casi possono essere le economie di esperienza a determinare la scelta. Pensiamo, ad esempio, ad un'impresa che decida di rinnovare radicalmente il proprio sistema informativo ormai obsoleto. Pur disponendo al proprio interno di alcuni addetti ai sistemi informativi, quest'ipotetica impresa potrebbe trovare conveniente rivolgersi ad una società esterna di consulenza informatica, in modo da poter godere di tutta l'esperienza da questa accumulata nella progettazione dei sistemi informativi di molte imprese diverse. Anche le economie di raggio

[18] I contributi scientifici in tema di integrazione verticale sono molto numerosi. Molti contributi possono ricondursi alla teoria dei costi di transazione, come vedremo più avanti in questo stesso paragrafo [in particolare COASE 1937 e WILLIAMSON 1971]. Fra i contributi classici al tema ricordiamo in particolare: ADELMAN [1955]; HAY [1973]; MCGEE e BASSETT [1976]; HARRIGAN [1984]; BALAKRISHNAN e WERNERFELT [1986], mentre fra i contributi più recenti ricordiamo: DAVIS e DUHAIME [1992]; D'AVENI E RAVENSSCRAFT [1994] e MPOYI [2003].

d'azione possono influenzare i confini aziendali. Un'azienda che gestisce un parco di divertimenti, ad esempio, potrebbe decidere di costruire all'interno del parco un albergo a tema, contando sul fatto che la presenza del parco aiuti a saturare la capacità produttiva dell'albergo e che la presenza dell'albergo possa spingere i visitatori a passare più di un giorno nel parco.

Le economie di scala, di raggio d'azione e di esperienza, tuttavia, non sono in grado, da sole, di spiegare fino in fondo le scelte di definizione dei confini compiute dalle aziende. Perché, ad esempio, i produttori di microprocessori non si sono integrati a valle, arrivando a produrre e a distribuire i personal computer che contengono i loro componenti? Perché, un'azienda può decidere di condurre internamente un sondaggio telefonico per rilevare il grado di soddisfazione dei propri clienti, rinunciando ai servizi di una società specializzata con maggiore esperienza? Il parco di divertimenti e l'albergo a tema possono sostenersi a vicenda, ma devono necessariamente essere gestiti dalla stessa impresa? E perché l'impresa di confezioni acquista i tessuti dal miglior offerente mentre si lega con un contratto duraturo per il servizio di stiratura?

In decisioni complesse come quelle sopra delineate, sono molti gli elementi che entrano in gioco: le economie di scala, raggio d'azione ed esperienza, le competenze e le capacità delle quali le imprese possono disporre, l'attrattività strategica dell'attività considerata, la disponibilità di mezzi finanziari. Molte scelte, tuttavia, non possono essere comprese se, oltre agli elementi citati non si prendono in considerazione anche i costi che occorre sostenere per effettuare le transazioni esterne e, dall'altra parte, i costi che si sostengono nel coordinamento e nella gestione delle attività internalizzate. La teoria dei costi di transazione si occupa in modo diretto di questi ultimi elementi.

12.3.2. I costi di transazione

L'origine della teoria dei costi di transazione può essere ricondotta ad un celebre articolo di Coase del 1937[19]. In questo scritto venivano poste alcune domande fondamentali. Perché esistono le aziende? O meglio, perché l'attività economica non viene svolta da singoli individui che si scambiano beni e servizi nei mercati? O perché, al contrario, l'attività economica non viene interamente svolta all'interno di un'unica grande organizzazione dove il meccanismo dei prezzi è sostituito dalla pianificazione centralizzata?

[19] Ci riferiamo all'articolo *La natura dell'impresa*, articolo che ha posto le fondamenta della teoria dei costi di transazione, successivamente sviluppata da molti autori, fra i quali ricordiamo in particolare: WILLIAMSON [1975; 1979; 1985; 1991]; WILLIAMSON e OUCHI [1981]; RUGIADINI [1985]; WILLIAMSON e WINTER [1991]; DEMSETZ [1991]; MILGROM E ROBERTS [1992]; WILLIAMSON e MASTEN [1999]. Oltre che a COASE [1937], l'origine della teoria dei costi di transazione può essere ricondotta anche agli studi di COMMONS [1934] nell'ambito dell'economia istituzionale. Una trattazione semplificata è offerta da RUBIN [1990].

Rispondere che le imprese esistono perché molte attività moderne richiedono la collaborazione di più individui non esaurisce l'argomento. Gli individui potrebbero infatti collaborare fra di loro vendendo le loro prestazioni o mettendo a disposizione i propri beni sul libero mercato, aggregandosi in modo temporaneo per svolgere compiti complessi per poi rimettersi sul mercato e formare nuove aggregazioni. Se è vero che il libero mercato garantisce, con il meccanismo dei prezzi, un'allocazione efficace ed efficiente delle risorse, questa economia fatta di individui e non di imprese garantirebbe il migliore dei risultati. Perché così non è? Non è così perché in questo mondo ipotetico moltissime risorse verrebbero spese per raccogliere informazioni sulle prestazioni offerte dagli individui e nel definire i contratti che dovrebbero regolare i rapporti di collaborazione. L'uso del mercato, in altri termini, comporta dei costi.

Le imprese esistono perché consentono di diminuire il numero di contratti che occorre concludere per svolgere attività complesse e che richiedono lunghi tempi di svolgimento riducendo, in tal modo, i costi di uso del mercato. Le risorse impiegate stabilmente nelle imprese sono legate con contratti di lungo termine (spesso a tempo indeterminato) e poco dettagliati in merito all'effettivo contenuto della transazione. Un contratto di lavoro a tempo indeterminato, ad esempio, stabilisce le ore settimanali di lavoro, il livello di inquadramento del lavoratore, lo stipendio base, le modalità di rimunerazione degli straordinari. Ma non stabilisce in dettaglio che cosa il lavoratore dovrà fare, come invece occorrerebbe fare se il lavoratore vendesse i suoi singoli servizi, invece del suo tempo. Allo stesso modo un contratto per il conferimento di capitale di rischio stabilisce l'ammontare conferito, la quota di capitale alla quale questo conferimento dà diritto, i diritti di voto del conferente di capitale e le condizioni di recesso. Ma non stabilisce in dettaglio come il capitale dovrà essere impiegato. Analogamente, un contratto a lungo termine per l'esternalizzazione dell'attività di stiratura consente di eliminare i tanti contratti che occorrerebbe concludere se, per ogni partita di abiti, si cercasse sul mercato il miglior offerente, assegnando la commessa di volta in volta.

Ma se l'uso del mercato costa, perché esistono le transazioni esterne? Non sarebbe più conveniente avere un'unica grande organizzazione all'interno della quale svolgere tutte le attività economiche, eliminando ogni tipo di transazione sul mercato? All'interno delle organizzazioni l'allocazione delle risorse spetta alla funzione direttiva, che sostituisce il meccanismo dei prezzi. Sono gli imprenditori e i manager che decidono come allocare le risorse alle diverse attività. Ma al crescere delle dimensioni aziendali il costo di organizzare le transazioni internamente può crescere più che proporzionalmente, a causa del crescente numero di elementi che occorre prendere contemporaneamente in considerazione. Inoltre al crescere delle transazioni gestite e, di conseguenza, al crescere della complessità dell'organizzazione, aumenta la probabilità che le risorse non vengano allocate nel migliore dei modi. L'esempio fallimentare dell'economia pianificata sovietica illustra con chiarezza questo punto.

Interrogarsi sui motivi per cui esistono le imprese è un modo estremo di ragionare sui confini delle imprese stesse. Ridurre al limite estremo le attività economiche internalizzate significa arrivare ad un tessuto economico composto da singoli individui. Aumentare al limite estremo le attività economiche internalizzate significa arrivare all'economia pianificata a livello centralizzato. Nella nostra realtà economica ci troviamo in una situazione intermedia, nella quale esistono sia imprese individuali, sia imprese composte da centinaia di migliaia di individui. Adottando la prospettiva dei costi di transazione potremmo affermare che esistono aziende di grandi dimensioni che hanno internalizzato molte transazioni ed aziende di dimensioni minori che hanno esternalizzato la maggior parte delle transazioni. Perché si presentano situazioni tanto diverse fra di loro? Perché esistono attività che tipicamente vengono esternalizzate (ad esempio il servizio di pulizia) ed attività che tipicamente vengono internalizzate (ad esempio la gestione degli approvvigionamenti)?

Cerchiamo di utilizzare la teoria dei costi di transazione per rispondere a queste domande. Anzitutto definiamo che cosa si intende per «transazione». Una transazione si manifesta quando un bene o un servizio è trasferito attraverso un'interfaccia tecnologicamente separabile: una fase di attività termina ed un'altra inizia[20]. Con il termine generico di «transazione» non ci si riferisce quindi solo a transazioni esterne, ma a qualsiasi passaggio fra fasi produttive tecnologicamente separabili. Ritornando all'esempio dell'impresa di confezioni esistono tante transazioni interne quante sono le diverse attività di taglio e confezionamento tecnologicamente separabili. Si parla di attività di confezionamento e taglio al plurale perché queste macro-fasi si dividono al loro interno in numerose attività tecnologicamente separabili. Il confezionamento, ad esempio, si divide in cucitura delle maniche, cucitura del corpo dell'abito, cucitura del corpo con le maniche, ricamo degli occhielli e così via. Fra l'ultima delle attività di confezione e la stiratura (che supponiamo sia stata esternalizzata ad un'impresa specializzata), esiste invece una transazione esterna. Per non generare confusione, d'ora in avanti utilizzeremo il termine «transazioni esterne» per fare riferimento agli scambi fra attori economici giuridicamente distinti e il termine «transazioni interne» per designare il passaggio fra attività tecnologicamente separabili svolte all'interno di una stessa impresa. Denomineremo inoltre «costi delle transazioni esterne» i costi sostenuti per l'esternalizzazione delle attività e «costi di coordinamento interno» i costi di gestione delle transazioni interne, che sorgono a fronte delle decisioni di internalizzazione.

L'identificazione delle attività tecnologicamente separabili, delle transazioni fra queste e dei relativi costi è un passaggio fondamentale nella definizione dei confini aziendali. Una volta identificati questi elementi, il problema consiste nel decidere quali transazioni internalizzare e per quali, invece, ri-

20 WILLIAMSON [1981].

TAVOLA 12.2. *Attività e transazioni nella produzione di biciclette*

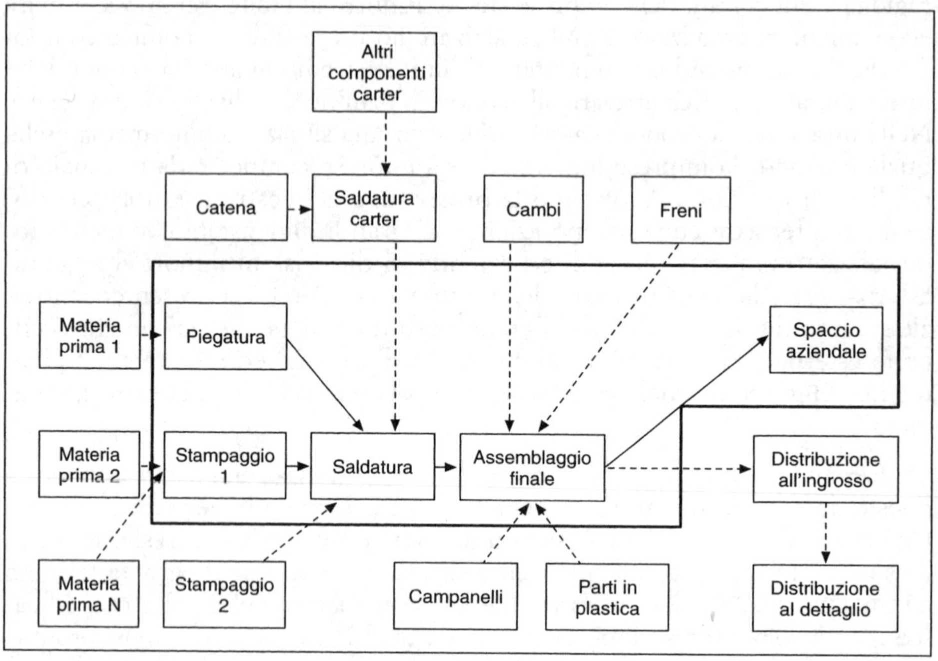

correre ad altri operatori e in che modo. Un esempio può essere utile per chiarire questo punto. Supponiamo di voler analizzare la Bibikito, un'impresa che produce biciclette. La tavola 12.2 illustra le attività, le transazioni e i confini attuali dell'azienda considerata.

La tavola 12.2 può essere illustrata come segue:

- per produrre biciclette occorre anzitutto produrre vari tipi di materie prime (lamiera, tubi in acciaio, ecc.);
- la prima fase di lavorazione specifica consiste nello stampaggio o nella piegatura dei componenti delle biciclette, che poi vengono saldati fra di loro e quindi assemblati con altri componenti per arrivare alla bicicletta finita;
- per ciascuna fase di lavorazione (o attività che porta alla produzione di un componente) è necessario decidere se l'intera attività deve essere svolta internamente, esternamente o solo in parte esternamente (ad esempio si potrebbero far stampare fuori particolari poco complessi, ricorrere allo stampaggio esterno anche per sopperire a punte di domanda, e così via);
- per le attività che si preferisce esternalizzare occorre decidere se legarsi in modo più o meno duraturo alla controparte;
- dopo l'assemblaggio finale, le biciclette possono essere vendute attraverso uno spaccio aziendale o attraverso grossisti che, a loro volta, vendono a distributori al dettaglio;
- i confini dell'impresa contengono le attività svolte internamente e, quindi, sono attraversate dalle transazioni con altri attori economici;

• le transazioni che danno luogo a scambi con altri operatori vengono evidenziate con linee tratteggiate.

Se i confini attuali della nostra impresa di biciclette sono quelli descritti nella tavola 12.2, quali fattori hanno portato a quella configurazione? E quali considerazioni dovremmo fare se decidessimo di rimettere in discussione i confini attuali? Per decidere quali attività internalizzare e quali esternalizzare dobbiamo mettere a confronto le seguenti categorie di elementi:

costi di realizzazione interna + costi di coordinamento interno

rispetto a:

costi di acquisto + costi di transazione esterna

oppure:

prezzi di vendita + costi di transazione esterna.

L'alternativa fra le ultime due dipende dalla valutazione delle opportunità di internalizzazione o di esternalizzazione di una fase a monte o a valle della filiera.

I costi di realizzazione dipendono in buona parte dalle economie di scala, di assorbimento della capacità produttiva, di esperienza e di raggio d'azione. I costi di acquisto e i prezzi di vendita sono sicuramente influenzati dai costi di realizzazione che gli attori esterni sostengono o dovrebbero sostenere per svolgere le attività considerate. Questa però è solo una base di partenza, che può essere aumentata o, in alcuni casi, diminuita a seconda del potere contrattuale dei diversi attori coinvolti.

Prendiamo, ad esempio, la produzione dei cambi. Questo componente delle biciclette è piuttosto sofisticato e complesso e la sua produzione presenta delle economie di scala e di esperienza piuttosto elevate. Supponiamo che la sua produzione interna (vista l'esperienza e le economie di scala raggiungibili) comporti un costo medio unitario (comprensivo di una rimunerazione del capitale specifico investito del 15%) di 45,00 euro. Supponiamo, anche, che un fornitore specializzato, grazie ai maggiori volumi prodotti, riesca ad ottenere lo stesso cambio ad un costo medio unitario (sempre comprensivo di una rimunerazione del capitale del 15%) di 35,00 euro. L'effettivo prezzo di scambio non necessariamente sarà pari a quest'ultimo costo, essendo influenzato anche dal potere contrattuale relativo dei contraenti. Se, ad esempio, il fornitore di cambi ha un forte potere contrattuale perché ha un marchio forte e apprezzato dai consumatori finali e perché non esistono molti produttori alternativi di cambi, il prezzo potrebbe essere molto superiore e fissarsi, ad esempio, a 40,00 euro.

Così come il costo di acquisto, anche i prezzi di vendita sono influenzati sia dal costo che la controparte sosterrebbe per internalizzare l'attività, sia dal potere contrattuale relativo dei contraenti. Riprendiamo l'esempio dei cambi dal punto di vista del produttore di cambi. Per quanto alto sia il suo potere contrattuale, non potrà mai praticare un prezzo superiore a 45,00 euro perché, oltre quel livello, per il produttore di biciclette diventerebbe conveniente la produzione interna.

I costi di realizzazione, i costi di acquisto e i prezzi di vendita sono molto importanti, ma non sono sufficienti per prendere correttamente una decisione di internalizzazione o di esternalizzazione. A questi costi occorre aggiungere i costi del coordinamento interno (nel caso di internalizzazione) o i costi della transazione esterna (nel caso dell'esternalizzazione).

I costi di coordinamento interno[21] sono anzitutto rappresentati dal costo della funzione direttiva. All'interno delle imprese, infatti, non esistono meccanismi automatici di coordinamento e occorre che qualcuno stabilisca come allocare le risorse, quali attività svolgere e in che modo, come dimensionare la capacità produttiva, che volumi produrre e così via. L'internalizzazione, inoltre richiede l'impiego di consistenti risorse per tenere sotto controllo costi ed efficienza. I costi espliciti delle funzioni direttiva e di controllo, tuttavia, rappresentano in genere una quota minore dei complessivi costi di coordinamento interni. I costi più rilevanti sono infatti rappresentati dagli sprechi, dai maggiori costi, dalla minore efficacia e dall'inefficienza indotti da errori di coordinamento. Al crescere delle dimensioni aziendali, l'insieme di attività da coordinare diventa sempre più complesso ed aumentano le possibilità di errore. Si tratta di costi impliciti e, come tali, difficili da misurare, ma sicuramente molto rilevanti.

Esternalizzando le attività, diminuiscono i costi di coordinamento, ma occorre sostenere i costi delle transazioni esterne. Gestire le transazioni esterne costa perché:

- occorre raccogliere le informazioni necessarie sui possibili fornitori o acquirenti;
- occorre negoziare e predisporre un contratto per ogni singola transazione;
- occorre premunirsi per prevenire comportamenti indesiderati da parte degli altri contraenti.

Nel caso di transazioni complesse con scambi di prestazioni protratti nel tempo, inoltre, una volta effettuata la transazione possono emergere costi *ex post* riconducibili ai seguenti punti:

- si possono verificare disallineamenti fra le esigenze dei diversi contraenti;
- nel tentare di eliminare questi disallineamenti si sostengono ulteriori costi di negoziazione;

[21] Sul tema dei costi di coordinamento interno, si vedano in particolare MASTEN, MEEHAN e SNYDER [1991].

• occorre predisporre delle strutture di gestione delle transazioni e delle dispute che da queste possono scaturire.

Per chiarire in che cosa possono consistere i costi di transazione esterna, torniamo all'esempio della società che gestisce il parco di divertimenti (che chiameremo FunLand), che vuole avere un albergo all'interno del parco. Supponiamo che, in considerazione delle proprie scarse competenze in materia di gestione di strutture alberghiere, la FunLand stia prendendo in considerazione la possibilità di far costruire e far gestire l'albergo da un'impresa che già opera nel settore alberghiero. Quali sono i costi di transazione che si sosterrebbero per realizzare questo progetto? Anzitutto la FunLand dovrà spendere tempo (e denaro) per identificare i possibili partner. In questo processo, è probabile che si dovrà contattare e visitare un certo numero di possibili contraenti, avviando trattative che potrebbero non concludersi. Una volta identificato il partner occorrerà stendere un contratto molto complesso che stabilisca i termini dello scambio (ad esempio a quanto verrà venduto il terreno, la politica di prezzi dell'albergo nei confronti dei clienti del parco, le dimensioni ed il livello qualitativo che l'albergo dovrà rispettare e così via) e cerchi di prevedere tutte le possibili situazioni future che si potrebbero presentare (ad esempio cosa succede se uno dei contraenti vuole recedere, cosa succede se la società che gestisce il parco volesse aprire un altro albergo e così via).

I costi relativi alle attività sopra descritte possono essere molto elevati, ma non sono nulla rispetto ai costi *ex post* che si possono presentare in un caso come questo. Supponiamo, ad esempio, che successivamente all'accordo l'impresa alberghiera, contando sul flusso certo di clienti legato al parco, cominci a risparmiare sui costi di gestione riducendo il personale, risparmiando sulle pulizie e sul buffet della prima colazione. Il livello di servizio diminuirebbe e questo danneggerebbe anche l'immagine del parco. Supponiamo che la società che gestisce l'albergo finisca nelle mani di una proprietà poco lungimirante che si rifiuti di compiere le necessarie opere di manutenzione esterna dell'albergo, tanto che questo col passare del tempo diventi sempre più malandato ed esteticamente spiacevole. Supponiamo che l'albergo vada a fuoco e che la società che lo gestiva si rifiuti di ricostruirlo e pretenda di rivendere il terreno all'impresa che gestisce il parco ad un prezzo esoso minacciando, in caso di rifiuto, di lasciare l'edificio annerito a deturpare il paesaggio. Abbiamo, forse, esagerato un po' sulle possibili disgrazie che possono scaturire dalla scelta di esternalizzare l'attività alberghiera, ma quando sono in gioco investimenti di miliardi occorre premunirsi contro qualsiasi evenienza. Un buon contratto può essere utile per limitare comportamenti indesiderati della controparte, ma non è possibile prevedere tutto. E se anche fosse possibile, i ritardi e i danni che una controparte in malafede possono causare sono enormi.

12.3.3. Le determinanti dei costi di transazione

Il caso dell'albergo nel parco di divertimenti ci consente di fare alcune generalizzazioni. Anzitutto i costi di transazione possono essere solo in minima parte espliciti (i costi di raccolta delle informazioni, di stesura del contratto e di costi di controllo della transazione). I costi più rilevanti possono essere impliciti e difficili da valutare (ad esempio la perdita di possibili visitatori del parco causata dalla presenza di un albergo inadeguato).

La tavola 12.3 riporta un esempio di valutazione dell'ammontare dei costi di transazione esterna, con riferimento però ai soli costi espliciti, con tutti i limiti che questo può comportare. L'esempio riprende il caso del produttore di biciclette presentato sopra e valuta, in particolare, i costi di transazione che l'impresa deve sostenere avendo deciso di esternalizzare la produzione dei freni.

In secondo luogo è interessante cercare di identificare gli elementi che influenzano il costo di una transazione. Nel caso dell'albergo i costi sono altissimi ma in altri casi, si pensi ad esempio all'acquisto di materiale di cancelleria, i costi sono praticamente inesistenti. Quali fattori rendono costoso l'uso del mercato? Gli elementi che incidono sui costi di transazione esterna possono essere ricondotti ai seguenti punti:

- complessità informativa;
- specificità delle risorse;
- possibilità di comportamenti opportunistici o inadeguati.

Complessità informativa. I costi di transazione sono legati alla complessità informativa della transazione stessa[22]. Nel caso degli articoli da cancelleria questa complessità è quasi inesistente. È chiaro che cosa si vuole acquistare ed è chiaro quanto bisogna pagare. Il caso dell'albergo, lo abbiamo visto, presenta invece un'elevatissima complessità informativa tanto che, per quanto ben redatto, nessun contratto potrà mai prevedere e descrivere tutto. All'aumentare della complessità informativa il mercato diventa meno trasparente (perché diventa più difficile confrontare offerte alternative) ed aumenta il grado di incertezza sull'esito della transazione. La complessità informativa spiega perché alcune attività di servizio vengano spesso esternalizzate mentre altre lo sono molto più raramente. I servizi di pulizia, ad esempio, presentano una complessità informativa ridotta: basta stabilire quali sono i locali da pulire e con quale frequenza svolgere le diverse attività di pulizia (vuotare i cestini, spolverare, pulire i vetri, ecc.). Ci può comunque essere un comportamento opportunistico (si può spolverare con grande attenzione o in modo approssimativo), ma il controllo è semplice e, in caso di insoddisfazione, è

22 La teoria classica dei costi di transazione sostiene che i costi di transazione esistono perché gli esseri umani presentano una razionalità limitata. In effetti se la razionalità umana fosse totale, il problema della complessità informativa non si porrebbe, in quanto sarebbe possibile gestire senza errori qualsiasi livello di complessità.

TAVOLA 12.3. *Costi espliciti di transazione di freni per biciclette*

Monitoraggio mercato	4 gg./uomo/anno	800
Selezione fornitori/Contrattazioni	7 gg./uomo/anno	1.400
Emissione ordini/solleciti	9 gg./uomo/anno	1.800
Controllo quantità consegnate	10 gg./uomo/anno	2.000
Ammortamento impianto aggiuntivo di collaudo	50.000 utilizzabile per 10 anni	5.000
Collaudo aggiuntivo	20 gg./uomo/anno	4.000
Totale costi di transazione		15.000
Volumi consumati annualmente	18.000	
Prezzo medio di acquisto	20.000	
Totale costi di acquisto		360.000
Incidenza costi di transazione/costi di acquisto		4,17%

facile cambiare impresa di pulizie perché il servizio è generico e non comporta una collaborazione stretta fra i contraenti. Molto più complessa è la mole di informazioni da scambiare se si vuole esternalizzare il servizio di logistica (ovvero la gestione dei magazzini e i trasporti). Occorre definire la capienza che devono avere i magazzini, la frequenza e i tempi massimi di consegna, le modalità di comunicazione fra i contraenti (come devono essere inviati gli ordini di consegna, come deve fare la società di logistica per segnalare i prodotti sotto scorta e così via). In questo caso, fra l'altro, la complessità informativa richiede che fra i contraenti si instauri un rapporto di collaborazione tale da rendere piuttosto difficile cambiare fornitore e, quindi, diventa più difficile punire (cambiando fornitore) eventuali comportamenti opportunistici. Per questi motivi, nonostante i progressi nell'information technology abbiano reso possibile questo tipo di esternalizzazione, i casi di esternalizzazione completa dei servizi logistici sono molto più rari dell'esternalizzazione dei servizi di pulizia. Quanto abbiamo detto per le attività di servizio vale, naturalmente, anche per le attività di realizzazione dei beni prodotti dalle imprese. Nel caso del produttore di biciclette, esternalizzare lo stampaggio di componenti standard e semplici è molto più facile che esternalizzare lo stampaggio di componenti complessi e personalizzati.

Specificità delle risorse. Il caso dell'albergo nel parco di divertimenti è anche un caso estremo di specificità delle risorse. Prima che un contratto venga sottoscritto, la FunLand può scegliere fra molti possibili partner, così come l'impresa alberghiera può scegliere fra tante diverse localizzazioni. Una volta concluso l'accordo le possibilità di scelta per entrambi i contraenti si riducono in modo drastico. Se ha venduto la proprietà dell'albergo, la FunLand non può decidere autonomamente di cambiare il gestore dell'albergo. Può fare pressioni, cercare di negoziare, ma non ha il controllo della situazione. Allo stesso modo, se la società che gestisce l'albergo non è soddisfatta della gestione del parco e del continuo diminuire del flusso di visitatori, può scegliere di chiudere l'albergo, perdendo l'investimento fatto, ma difficilmente riuscirà a destinare l'albergo ad altri usi. Si ha specificità di risorse quando uno o più contraenti in una transazione devono sostenere dei costi più o

TAVOLA 12.4. *Esternalizzazione di un'attività di stampaggio*

Costo stampo personalizzato	100.000
Pezzi producibili	20.000
Quota costo stampo per pezzo	5,00
Costo unitario manodopera diretta	3,00
Costo unitario energia elettrica	0,50
Quota di costi generali	1,50
Costo unitario totale	*10,00*
Prezzo proposto da Bibikito	14,00
Margine di profitto per lo stampatore	4,00

meno rilevanti per cambiare interlocutore. In assenza di specificità delle risorse, non vi è alcun vincolo all'interruzione della relazione e ciascun contraente potrebbe rimettersi sul mercato, eliminando immediatamente il costo di transazione insorto *ex post*. La specificità delle risorse può assumere diverse forme. Il caso dell'albergo è un esempio di specificità di luogo, in quanto dopo la chiusura dell'accordo le parti sono vincolate dal fatto che l'albergo è localizzato nel parco, non può essere spostato e, in caso di cattiva gestione, non può essere sostituito.

In altri casi si può avere specificità dei beni fisici. Si pensi, ad esempio, agli stampi di cui occorre disporre per stampare componenti personalizzati. Nel caso della Bibikito potrebbe presentarsi questo tipo di specificità nei confronti delle imprese di stampaggio esterne. Supponiamo che la Bibikito si rivolga ad una società specializzata chiedendo lo stampaggio di un componente personalizzato della bicicletta. Per svolgere questa attività la società di stampaggio dovrebbe acquistare uno stampo del costo di 100.000 euro che, essendo usurabile, può essere utilizzato per produrre al massimo 20.000 pezzi. Vista la forma particolare degli oggetti stampati, questo stampo può essere utilizzato solo per la Bibikito. La Bibikito è disposta a garantire contrattualmente lo stampaggio di almeno 5.000 pezzi all'anno per quattro anni e a non chiedere una revisione del prezzo per almeno un anno. Supponiamo che i dati necessari all'impresa di stampaggio per decidere se accettare l'offerta siano quelli contenuti nella tavola 12.4.

Il fornitore dovrebbe accettare l'offerta della Bibikito? Apparentemente la proposta garantisce un ottimo margine di profitto. Se accettasse, tuttavia, il fornitore si metterebbe nella condizione di poter subire un comportamento opportunistico da parte della Bibikito. Dopo un anno, infatti, la Bibikito potrebbe imporre una riduzione del prezzo a 8,00 euro. A questo prezzo il fornitore non riuscirebbe più a coprire tutti i costi unitari. Nonostante questo al fornitore converrebbe continuare a fornire il servizio di stampaggio, perché lo stampo non potrebbe essere utilizzato in nessun altro modo e, accettando il prezzo di 8,00 euro è comunque possibile coprire tutti i costi diretti (3,50 euro), contribuire a coprire i costi generali (1,50 euro) e rientrare almeno in parte dell'investimento fatto sullo stampo (nella misura di 3,00 euro al pezzo).

I costi di transazione legati alla specificità di luogo e alla specificità dei beni fisici possono essere ridotti separando la proprietà dei beni dal loro utilizzo. L'albergo, ad esempio, potrebbe rimanere di proprietà della Fun-Land e dato in gestione ad un'impresa alberghiera. Allo stesso modo lo stampo potrebbe essere acquistato dalla Bibikito e dato gratuitamente allo stampatore concordando un prezzo ridotto di conseguenza. Queste, in effetti, sono le soluzioni comunemente utilizzate in questo tipo di situazioni anche se, è bene ricordarlo, non risolvono tutti i problemi. Lo stampatore, ad esempio, potrebbe non avere sufficiente cura dello stampo, visto che non è suo, e rovinarlo. Cambiare il gestore dell'albergo, in caso di servizio inadeguato, è possibile ma comunque complesso. Un ultimo tipo di specificità è dato dalla specificità delle risorse umane. Supponiamo, ad esempio, che la Bibikito utilizzi, per le attività produttive svolte internamente, macchinari molto sofisticati, efficienti e flessibili che sono stati costruiti, in buona parte, dalla stessa Bibikito. Supponiamo, anche, che l'azienda voglia esternalizzare la manutenzione dei macchinari. La società di manutenzione, per poter svolgere i propri compiti, sarebbe costretta a formare alcuni dei suoi addetti, inviandoli per qualche tempo presso la Bibikito per capire come sono stati costruiti i macchinari, come intervenire in caso di guasto, come impostare le manutenzioni di routine. Come nel caso dello stampo, anche in questa situazione c'è la possibilità che, una volta che la società di manutenzione abbia investito nella formazione dei suoi addetti, la Bibikito si comporti in modo opportunistico, cercando di abbassare il prezzo inizialmente concordato. A differenza del caso dello stampo, tuttavia, in questo caso non solo il fornitore, ma anche la Bibikito ha investito nella transazione esterna, in quanto qualcuno dell'azienda deve spendere del tempo per spiegare ai manutentori come funzionano i macchinari. Questo fatto, evidentemente, contribuisce a riequilibrare il rapporto con la società di manutenzione e a diminuire i rischi che quest'ultima corre nell'accettare la transazione.

Possibilità di comportamenti opportunistici o inadeguati. Molti dei costi di transazione descritti ai punti precedenti verrebbero meno se gli esseri umani non tendessero a comportarsi in modo opportunistico, ovvero non tendessero a conseguire il proprio interesse a scapito degli altri anche con l'inganno e con l'astuzia. Se non potesse esistere il comportamento opportunistico, non sarebbe necessario premunirsi con complesse clausole contrattuali e nessuno penserebbe di approfittare delle specificità delle risorse descritte sopra. In assenza di opportunismo, anche contratti incompleti o la presenza di investimenti specifici non comporterebbero rischi, vista l'impossibilità che una delle controparti cerchi di trarre vantaggio dalla situazione a scapito dell'altra. Non tutti gli individui si comportano in modo opportunistico ma, ovviamente, nel mondo degli affari agire ipotizzando che gli altri si comportino sempre in modo totalmente corretto è piuttosto rischioso. Va comunque sottolineato che l'assenza di opportunismo non elimina tutti i costi di transazione. Il comportamento inadeguato della controparte in una transazione, infatti, potrebbe essere legato non all'opportunismo, ma all'incapacità. Il servizio inadeguato dell'impresa alberghiera, ad esempio, potrebbe essere legato non alla scelta di contenere i costi di gestione, ma alla semplice incapacità di gestire bene un albergo offrendo alti standard di servizio. In alcuni casi le imprese che vogliono acquisire commesse in settori caratterizzati da alta complessità informativa e alta specificità delle risorse, riescono a ridurre le giuste resistenze dei propri interlocutori segnalando l'improbabilità di un loro comportamento opportunistico o inadeguato. Come avviene tale segnalazione? Essenzialmente cercando di crearsi reputazione, sia attraverso un comportamento sempre corretto, sia investendo in pubblicità e comunicazione[23]. Maggiore è la reputazione di un'impresa, maggiori sono i danni che a questa possono derivare da propri comportamenti opportunistici. Se, ad esempio, un'importante società di consulenza acquisisse una grossa commessa da un committente e poi si comportasse in modo (troppo spudoratamente) opportunistico mettendo in campo consulenti troppo giovani ed inesperti (e per questo poco costosi) guadagnerebbe molto su quella specifica commessa, ma ne riceverebbe un danno di immagine gravissimo.

A conclusione di questo paragrafo sulle scelte di internalizzazione e di esternalizzazione, è opportuno richiamare ancora una volta quanto già detto anche per le altre teorie e categorie di scelte sin qui presentate. Non esiste una corrispondenza biunivoca fra scelte di internalizzazione ed esternalizzazione e costi di transazione. Le scelte di internalizzazione ed esternalizzazione, come abbiamo già sottolineato sopra, dipendono infatti in modo significativo anche da altre economie sin qui presentate (in particolare economie di scala ed economie di apprendimento) e possono essere valutate utilizzando molte teorie (in particolare la teoria dei costi di transazione e il modello di analisi costi-volumi-risultati). Allo stesso modo la teoria dei costi di transazione può risultare utile a fronte di un'ampia gamma di scelte, dalle scelte di integrazione verticale, alle scelte di diversificazione, alle scelte di promozione di alleanze strategiche con altre imprese. A questo si aggiunga che molti fenomeni economici (ad esempio la progressiva diffusione di standard e la modularizzazione dei beni complessi o l'affermazione di Internet e la riduzione dei costi di circolazione delle informazioni) possono modificare in modo significativo sia i costi di transazione esterna sia i costi di coordinamento interno e, con essi, le scelte aziendali. Sta all'abilità di imprenditori e manager combinare nel modo opportuno i diversi *frameworks* teorici per migliorare la qualità delle scelte aziendali.

[23] Sul tema si vedano, fra gli altri: CHILES e MCMACKIN [1996].

Le scelte di gestione patrimoniale, finanziaria e tributaria

Capitolo 13

13.1. Le relazioni tra le gestioni aziendali

Non è solo la gestione caratteristica a determinare l'economicità d'impresa e dunque la sua capacità di rimunerare in modo soddisfacente coloro che fanno parte del soggetto economico: un ruolo critico è svolto anche dalla gestione patrimoniale, dalla gestione finanziaria e dalla gestione tributaria. Ciò è ancora più vero se si considera che le scelte relative a tali gestioni influiscono in varia misura sulla gestione caratteristica: per esempio, la gestione finanziaria è chiamata a reperire le risorse di cui l'impresa temporaneamente non dispone per svolgere la sua attività tipica; scelte di gestione finanziaria che si rivelano errate possono quindi rendere difficile, quando non impossibile, effettuare investimenti non di rado fondamentali per sostenere la crescita e la competitività. Il forte impatto sull'economicità, oltre alle competenze tecniche di elevato profilo spesso necessarie, suggeriscono di attuare tali gestioni con particolare cura, dedicandovi risorse adeguate.

Fra le diverse gestioni intercorrono numerose e importanti interrelazioni, che costituiscono altrettante manifestazioni del carattere di unitarietà delle combinazioni economiche: basti pensare a quanto le scelte di struttura finanziaria sono condizionate dalle implicazioni di carattere fiscale. Su questo punto si avrà comunque modo di tornare ampiamente in seguito.

Prima di entrare nel merito delle singole gestioni è opportuno mettere in luce il rapporto «speculare» fra gestione patrimoniale e gestione finanziaria, nel senso che alla prima si ricorre quando la gestione caratteristica produce risorse monetarie eccedenti rispetto ai fabbisogni, ossia genera liquidità (attraverso gli incassi dai clienti) più di quanto non ne assorba (per effettuare investimenti, pagare i fornitori, ecc.); alla seconda si ricorre, al contrario, quando la gestione caratteristica produce deficit di risorse monetarie, da

Questo capitolo è di Mario Minoja.

coprire ricorrendo a una o più fonti (vari tipi di finanziamenti bancari, aumenti di capitale con o senza ingresso di nuovi soci, ecc.). Una stessa impresa può trovarsi, in alcuni periodi, nella condizione di avere eccedenze da impiegare, in altri deficit da coprire; in linea di principio, un'impresa non dovrebbe avere investimenti in essere in gestione patrimoniale e, contemporaneamente, debiti di prestito ancora accesi: le eccedenze generate dalla gestione caratteristica andrebbero prima impiegate per far fronte ai debiti in essere. Tale compresenza si verifica in realtà assai di frequente, per importi e durate differenti. Ancora: vi sono classi di imprese che presentano, strutturalmente, delle eccedenze di risorse provenienti dalla gestione caratteristica e quindi hanno in essere un'estesa gestione patrimoniale (ad esempio, le imprese di assicurazione e le imprese commerciali): ciò in quanto i loro cicli monetari sono caratterizzati dal fatto che le entrate precedono normalmente le uscite. Le imprese manifatturiere presentano invece, più di frequente, dei deficit di risorse. Può trattarsi di deficit del tutto fisiologici, per entità e manifestazione temporale, che vengono coperti con relativa facilità, oppure di deficit la cui copertura è così difficile e costosa da pregiudicare l'economicità dell'impresa; oppure, ancora, di deficit che derivano da una situazione già compromessa sotto il profilo reddituale e competitivo. In alcuni settori, deficit di entità particolarmente elevata e di lunga durata sono strutturali e quindi fisiologici: si pensi, per esempio, alle imprese che effettuano grandi lavori su commessa (cantieri navali, ecc.).

13.2. Le scelte di gestione patrimoniale

Le scelte di gestione patrimoniale attengono alle modalità e ai tempi di investimento e di disinvestimento delle eccedenze di liquidità temporaneamente prodotte dalla gestione caratteristica. Tale condizione di eccedenza può verificarsi, per esempio, quando un'impresa è leader nel suo settore, consegue ottimi utili e non necessita di effettuare nuovi investimenti per mantenere la sua posizione competitiva nel lungo periodo. La gamma di alternative di investimento disponibili per un'impresa è ampia e variegata, come si desume dal seguente elenco, per altro non esaustivo:

- mantenere il denaro sul c/c;
- acquistare titoli di Stato;
- compiere operazioni di pronti contro termine;
- sottoscrivere obbligazioni di altre imprese;
- acquisire quote di fondi comuni;
- acquistare azioni in borsa (di entità non tali da configurare partecipazioni di collegamento o di controllo, altrimenti si ricadrebbe nella gestione caratteristica);
- acquisire immobili da reddito e da rivalutazione.

Le scelte di gestione patrimoniale sono il risultato di valutazioni talora complesse – il che spiega il diffuso ricorso a istituti e a consulenti specializzati –, in quanto devono fondarsi su numerosi elementi di natura tecnica e spesso di difficile stima o misurazione. Le variabili da prendere in esame nell'assumere le decisioni sono soprattutto le seguenti.

1. *Rendimento.* È normalmente espresso in percentuale sul valore dell'investimento effettuato e può essere al lordo o al netto dell'inflazione. Per esempio, il rendimento di un immobile locato a terzi, espresso come rapporto fra canoni di locazione percepiti annualmente e prezzo pagato per acquistare l'immobile, è in genere un rendimento reale, in quanto il valore di mercato dell'immobile tende a crescere nel tempo e dunque non viene eroso dall'inflazione. Anzi, non è raro che il valore di un immobile cresca a tassi più elevati dell'inflazione, così che il rendimento reale è superiore a quello espresso dai canoni di locazione.

2. *Rischio.* Se si acquista un titolo di Stato (BOT, ecc.) si corre un rischio pressoché nullo, perché sono stabiliti e noti a priori sia il prezzo di rimborso del titolo alla scadenza, sia il suo rendimento periodico. Al contrario, se si acquistano azioni, si è soggetti al rischio non solo di mancata rimunerazione periodica – in quanto negli anni in cui l'impresa della quale si detengono le azioni produce perdite non può distribuire dividendi –, ma anche di perdita, parziale o totale, del capitale conferito. D'altro canto, positivi risultati della gestione e andamenti favorevoli dei mercati finanziari possono permettere agli azionisti di ottenere rendimenti molto elevati in termini di dividendi e di aumento del valore delle azioni.

3. *Grado di liquidità.* Si valuta in relazione al tempo necessario, ai costi e ai rischi eventualmente da sopportare per cedere l'attività nella quale si è investito e convertirla in denaro. I mercati finanziari «occidentali» sono attualmente abbastanza efficienti da consentire di vendere in pochi giorni azioni o altri titoli, salvo sopportare il rischio di subire perdite in conto capitale («minusvalenze») in relazione alla quotazione corrente dei titoli stessi al momento della vendita; un immobile richiede invece, di regola, un tempo di disinvestimento più lungo. Il grado di liquidità costituisce un elemento di non secondaria importanza se si considera che la gestione patrimoniale è spesso attuata per investire eccedenze di liquidità di breve durata e deve mettere l'impresa nella condizione di disporre prontamente del denaro che si rendesse nuovamente necessario impiegare nella gestione caratteristica.

4. *Trattamento fiscale.* Esso differisce normalmente in relazione al tipo di attività nella quale si è investito e al soggetto che ha effettuato l'investimento. Attualmente, per esempio, gli interessi attivi maturati sul conto corrente sono assoggettati alla ritenuta definitiva del 27% se i percettori sono persone fisiche, mentre nel caso delle imprese subiscono la medesima imposizione dei redditi da gestione caratteristica, ma limitatamente all'IRES. Il trattamento fiscale, il quale per altro è soggetto a non infrequenti modifiche, dev'essere tenuto presente per calcolare i rendimenti netti delle diverse attività e quindi per effettuare confronti omogenei fra alternative di investimento.

Si tratta di elementi in parte fra loro correlati – in particolare, vi è una correlazione positiva fra rendimento e rischio – ma che devono essere presi in esame congiuntamente quando si assumono decisioni di gestione patrimoniale. Tali decisioni sono tanto più critiche quanto più tale gestione è estesa

– estensione che può essere valutata, per esempio, calcolando quozienti come l'incidenza delle attività di gestione patrimoniale sul totale dell'attivo netto di bilancio e l'incidenza dei proventi di gestione patrimoniale sul reddito operativo – e quanto più forte è il suo impatto sull'economicità dell'impresa. In alcune classi di imprese le dinamiche temporali tipiche delle entrate e delle uscite sono tali da lasciare un'ampia disponibilità di risorse per la gestione patrimoniale, al punto che, sotto un certo profilo, quest'ultima potrebbe essere considerata parte integrante della gestione caratteristica: ciò vale, in particolare, per le imprese di assicurazione, in cui l'incasso dei premi assicurativi precede sistematicamente l'esborso a cui devono far fronte allorché si manifestano i sinistri; oppure, almeno in qualche misura, per le imprese della grande distribuzione al dettaglio, per le quali l'incasso avviene di norma contestualmente alla vendita dei beni, mentre per i pagamenti ai fornitori esse si avvalgono spesso di ampie dilazioni di pagamento. In molte imprese, invece, la gestione patrimoniale è pressoché irrilevante, perché si trovano nella condizione strutturale, ma non per questo patologica, di deficit di risorse e quindi ricorrono abitualmente alla gestione finanziaria.

La gestione patrimoniale può essere vista come una combinazione economica parziale, in quanto dà luogo a componenti positivi e negativi di reddito dalla cui contrapposizione scaturisce un risultato economico parziale: tale risultato è di norma positivo, ma può anche essere negativo come nel caso, ad esempio, in cui un'impresa abbia acquistato azioni in borsa il cui prezzo di mercato è diminuito in misura consistente nel periodo nel quale essa le ha detenute.

13.3. Le scelte di gestione finanziaria

13.3.1. Le modalità di copertura del fabbisogno finanziario

La gestione finanziaria consiste in un insieme di scelte relative all'acquisizione, al rimborso e alla rimunerazione delle risorse finanziarie necessarie per coprire i fabbisogni generati dalla gestione caratteristica e dalla connessa gestione tributaria.

La gestione finanziaria è una variabile sempre critica per tutte le imprese ma la sua rilevanza si fa particolarmente evidente in alcune circostanze:

- in fase di costituzione, quando l'impresa deve sostenere rilevanti investimenti per predisporre le condizioni produttive necessarie per avviare l'attività e, nel contempo, non è ancora in grado di conseguire ricavi consistenti, essendo ancora poco conosciuta dai potenziali clienti;
- in fase di crescita; in particolare, se la crescita è essenzialmente di tipo operativo (consiste cioè in un aumento dei ricavi a capacità produttiva data), l'aumento del fabbisogno finanziario è indotto per lo più dalla crescita del capitale circolante, mentre se è anche di tipo strutturale (consiste cioè in un aumento della capacità produttiva) i nuovi fabbisogni finanziari sono dovuti anche agli investimenti in immobilizzazioni;

• nei periodi in cui la gestione produce perdite, soprattutto se prolungati; mentre gli utili non distribuiti (autofinanziamento) costituiscono una fonte finanziaria, le perdite, simmetricamente, concorrono a generare fabbisogni da coprire. La legge – quando le perdite superano certe percentuali del capitale di rischio – oppure le effettive necessità della gestione possono imporre ai soci di coprirle mediante nuovi apporti di capitale.

Le teorie di finanza aziendale hanno a lungo discusso il problema della struttura finanziaria ottimale, interrogandosi soprattutto su quale debba essere il mix ideale fra capitale di prestito (o «debito») e capitale di rischio (o «*equity*» nella terminologia anglosassone). Tale dicotomia, per quanto fondamentale, si pone in realtà solo a un livello di prima approssimazione, in quanto, nel concreto, si tratta di scegliere fra un numero elevato e crescente nel tempo di forme di copertura del fabbisogno, forme riconducibili in parte al debito e in parte all'*equity* o, in alcuni casi di recente introduzione, forme ibride. Le scelte vanno compiute in funzione dei diversi costi e delle differenti implicazioni di natura contrattuale e istituzionale che ne derivano, nonché del tipo di fabbisogno che l'impresa deve fronteggiare.

In particolare, senza alcuna pretesa di esaustività, sono riconducibili al capitale di prestito:

- scoperto di conto corrente;
- anticipi «salvo buon fine»;
- anticipi all'export;
- factoring;
- mutui passivi;
- leasing;
- finanziamenti da parte dei soci;
- obbligazioni;
- obbligazioni convertibili.

Sono riconducibili invece al capitale di rischio le emissioni di nuove azioni a pagamento, le quali a loro volta possono essere diverse in relazione ai diritti, patrimoniali e non, di cui godono coloro che le hanno sottoscritte.

Le modalità di copertura dei fabbisogni finanziari possono comportare in alcuni casi il ricorso al «mercato», espressione con la quale si designa nel linguaggio corrente l'emissione di strumenti finanziari collocati presso i risparmiatori per il tramite di banche o agenzie di collocamento; il ricorso al mercato – come avviene tipicamente, ma non esclusivamente, allorché un'impresa decide di quotarsi in borsa – implica l'assoggettamento a specifiche normative, che, allo scopo di tutelare il pubblico risparmio, impongono alle imprese emittenti, fra l'altro, una maggiore trasparenza informativa. Non sono rari i casi di imprenditori che rinunciano a importanti opportunità di crescita, talora persino mettendo a repentaglio l'economicità di lungo periodo della loro impresa, pur di non «aprire il capitale» a terzi (con o senza quotazione in borsa), onde evitare di perdere anche solo in parte il controllo dell'impresa stessa o di dover fornire un volume maggiore di informazioni ai diversi *stakeholders*.

Le modalità di copertura dei fabbisogni finanziari sono diverse, inoltre, in relazione al tempo di permanenza in azienda delle risorse ottenute. Il capitale conferito a titolo di rischio è, di norma, quello che vi permane più a lungo, mentre si possono ottenere prestiti con scadenze assai diverse: dal breve o brevissimo periodo, come nel caso degli anticipi salvo buon fine, al medio-lungo periodo, come nel caso dei mutui decennali o ventennali; i prestiti a breve scadenza presentano, in genere, anche un'elevata rotazione, ovvero frequenza di rinnovo, diversamente dai prestiti a più lunga scadenza. È buona norma che vi sia equilibrio fra la durata degli impieghi e quella delle fonti utilizzate per finanziarli: in linea di principio e in termini generali, i debiti di prestito a breve scadenza dovrebbero coprire gli impieghi in circolante, mentre quelli a lunga scadenza e il capitale di rischio dovrebbero essere a fronte degli investimenti in immobilizzazioni; i noti quozienti di liquidità e di solidità forniscono informazioni utili per verificare il rispetto di tali condizioni.

Un'importante scelta di gestione finanziaria, che ha per altro anche evidenti e importanti valenze istituzionali, riguarda la «politica dei dividendi». Distribuire ai soci in forma di dividendi quote elevate degli utili prodotti equivale, per definizione, a limitare il ricorso all'autofinanziamento, che costituisce per molte imprese un'importante fonte di copertura del fabbisogno finanziario, spesso alternativa all'aumento di capitale con emissione di nuove azioni: è dunque buona norma che la distribuzione di dividendi sia contenuta – al limite nulla – nei periodi in cui l'impresa deve far fronte a processi di crescita per mantenere o rafforzare la propria posizione competitiva o comunque, in generale, quando ha l'esigenza di ridurre il rapporto di indebitamento.

13.3.2. Il costo del capitale di prestito e del capitale proprio

A modalità differenti di copertura dei fabbisogni finanziari corrispondono costi differenti. Ogni impresa deve far fronte a un costo del capitale di prestito – costituito dalla media ponderata dei costi delle diverse forme tecniche dei finanziamenti in essere – e a un costo del capitale di rischio. Il primo è di più semplice determinazione, dal momento che ogni prestito viene erogato sulla base di un contratto nel quale è di norma specificato un tasso d'interesse; gli oneri finanziari che ne conseguono costituiscono componenti negativi di reddito, la cui rilevazione in conto economico permette, sia pure con una certa approssimazione, il calcolo *ex post* del costo medio (espresso in termini percentuali) del capitale di prestito, come nell'esempio seguente.

Nelle tavole che seguono sono riportati, rispettivamente, gli stati patrimoniali (in forma riclassificata e sintetica) dell'impresa Alfa al 31 dicembre 2005 e al 31 dicembre 2006.

Nel corso dell'esercizio 2006 Alfa ha sostenuto oneri finanziari pari a: 40 su debiti bancari a breve scadenza; 10 su mutui. Utilizzando tali informazioni è possibile calcolare il costo medio ponderato del capitale di prestito. Un

TAVOLA 13.1. *Il calcolo del costo del capitale: gli stati patrimoniali di inizio e fine periodo*

ATTIVITÀ	2005	2006	PASSIVITÀ E NETTO	2005	2006
Capitale circolante netto	500	750	Debiti bancari a breve scadenza	400	600
Immobilizzazioni	700	650	Mutui passivi	200	100
			Capitale netto	600	700
TOTALE ATTIVITÀ	1.200	1.400	TOTALE PASSIVITÀ E NETTO	1.200	1.400

TAVOLA 13.2. *Il costo del capitale di terzi*

	Oneri finanziari	Consistenza media dei debiti di prestito fra inizio e fine esercizio	Costo del debito (%)
Debiti bancari a breve scadenza	40	500	8,00
Mutui passivi	10	150	6,67
Totale	50	650	7,69

TAVOLA 13.3. *Il costo del capitale proprio e di terzi*

	Consistenza media	Pesi (%)	Costo (%)
Capitale di prestito	650	50	7,69
Capitale di rischio	650	50	10
Totale	1.300	100	8,85

modo relativamente semplice di effettuare il calcolo consiste nel rapportare gli oneri finanziari dell'esercizio alla consistenza media (di inizio e fine esercizio) dei debiti di prestito che li hanno generati: in questo modo si determinano sia il costo medio delle singole forme di prestito (a breve scadenza o mutuo), sia il costo medio ponderato di tutti i debiti di prestito, che nell'esempio è pari a 7,69%.

La stima del costo del capitale di rischio è di fatto più problematica. Esso può essere definito come un costo-opportunità, ossia come il rendimento che i soci di un'impresa potrebbero ottenere impiegando il loro capitale in investimenti alternativi, a parità di rischio. Ciò significa, in linea di principio, che se i soci di un'impresa possono conseguire un rendimento netto dell'8%, senza modificare il rischio al quale vanno incontro, acquistando le quote di un fondo di investimento, l'impresa della quale sono soci deve garantire loro, attraverso la distribuzione dei dividendi e l'aumento del valore capitale delle azioni o quote, un rendimento almeno pari, in media, all'8%.

In linea generale, dunque, per soddisfare le attese dei propri conferenti di capitale di rischio un'impresa deve conseguire un ROE almeno pari al rendimento da questi desiderato, cioè al costo-opportunità del loro capitale. Il rendimento atteso dai propri soci costituisce quindi, dal punto di vista dell'impresa, il costo del capitale di rischio. Ogni impresa, pertanto, ha un proprio costo medio ponderato del capitale, che si determina come media ponderata del costo di ogni fonte di risorse finanziarie, sia essa a titolo di prestito o di rischio. Nell'esempio sopra riportato, ipotizzando che il costo del capitale di rischio per Alfa sia del 10%, il *costo medio ponderato del capitale* (di prestito e di rischio) è pari a 8,85% (7,69% × 50% + 10% × 50%).

Pertanto, se Alfa vorrà approvvigionarsi di nuovo capitale mantenendo invariato il mix di debito e di *equity*, dovrà sostenere un costo medio dell'8,85%.

13.3.3. Gestione finanziaria e redditività: l'effetto leva finanziaria

Come già osservato nel capitolo 7, la relazione fra gestione finanziaria e redditività può essere analizzata utilizzando il modello «classico» della leva finanziaria, che mette in evidenza, in particolare, la relazione fra grado di indebitamento e redditività del capitale di rischio (ROE). Tale modello è espresso dalla formula[1] seguente:

$$\text{ROE} = [\text{ROA} + (\text{ROA} - i) \times MT/MP)] \times (1 - t)$$

dove:

ROE = redditività dei mezzi propri (espressa dal rapporto fra reddito netto e mezzi propri);
ROA = redditività dell'attivo (espressa dal rapporto fra reddito operativo e attivo totale netto);
i = costo medio dei mezzi di terzi (espresso dal rapporto tra oneri finanziari e mezzi di terzi);
MT = mezzi di terzi (ovvero i debiti);
MP = mezzi propri (ovvero il capitale di rischio o *equity*);
t = aliquota fiscale (percentuale da applicare al reddito al lordo delle imposte per determinare le imposte stesse).

Dalla formula sopra presentata si desume che:

1. se, in un'ottica di statica comparata, si confrontano aziende diverse, tutte con la stessa redditività (ROA) e lo stesso costo medio dei mezzi di terzi (i), ma diversi rapporti di indebitamento (MT/MP), l'azienda più indebitata è quella che consegue il ROE più elevato, purché il differenziale («forbice») fra ROA e i abbia segno positivo; se, al contrario, tale differenziale è negativo, l'azienda più indebitata è anche quella che consegue il ROE più basso;
2. in una prospettiva dinamica:

[1] Si suppone, per semplicità, che non vi siano componenti straordinari di reddito.

• dati ROA e *i*, al crescere del rapporto di indebitamento, il ROE cresce se (ROA – *i*) è positivo, diminuisce nel caso opposto;

• al variare del differenziale fra ROA e costo medio dei mezzi di terzi (*i*), il ROE varia all'interno di un intervallo di valori tanto più ampio quanto più elevato è il rapporto di indebitamento.

Il seguente esempio numerico sviluppa uno degli aspetti della prospettiva dinamica, ossia il caso di un aumento del tasso di indebitamento in presenza di differenti livelli del costo medio del capitale di terzi. Si pongono a confronto tre imprese: Alfa, Beta e Gamma, tutte con lo stesso rapporto di indebitamento (*MT/MP* = 40.000/40.000 = 1) e lo stesso ROA (10%). Esse sostengono però tre diversi costi medi dei mezzi di terzi (rispettivamente 5, 10 e 15%), così che la forbice (ROA – *i*) è positiva per Alfa (+5%), pari a 0 per Beta, negativa per Gamma (–5%). Si suppone che tutte e tre finanzino un nuovo investimento di 20.000 ricorrendo al capitale di prestito, così che il rapporto di indebitamento di ciascuna aumenta a 1,5 (60.000/40.000). Ne consegue che Alfa vede il proprio ROE crescere di 1,5 punti percentuali, Beta non subisce alcuna variazione di ROE, mentre il ROE di Gamma, simmetricamente a quello di Alfa, subisce un peggioramento di 1,5 punti percentuali.

Il modello della leva finanziaria, in tutte le applicazioni sopra proposte, sembra dunque suggerire alle imprese di «spingere» al massimo sulla leva dell'indebitamento fino a quando investire capitale nella gestione caratteristica rende (ROA) più di quanto non costi prenderlo a prestito (*i*).

Tale criterio decisionale può tuttavia rivelarsi rischioso o controproducente: si pensi, per esempio, alla non infrequente eventualità che il ROA subisca un inatteso peggioramento, che potrebbe invertire il segno del differenziale tra ROA e *i*, soprattutto quando esso è sì positivo, ma di modesta entità; in presenza di rapporti di indebitamento particolarmente elevati, inoltre, i finanziatori potrebbero richiedere tassi di interesse più elevati; ancora, quan-

TAVOLA 13.4. *Tasso d'indebitamento e costo del capitale di terzi: tre casi a confronto*

Impatto sul ROE di un aumento del rapporto di indebitamento	Azienda Alfa		Azienda Beta		Azienda Gamma	
	Prima	Dopo	Prima	Dopo	Prima	Dopo
Equity (*E*)	40.000	40.000	40.000	40.000	40.000	40.000
Debiti (*D*)	40.000	60.000	40.000	60.000	40.000	60.000
Totale (*D* + *E*)	80.000	100.000	80.000	100.000	80.000	100.000
D/E = rapporto di indebitamento	*1,0*	*1,5*	*1,0*	*1,5*	*1,0*	*1,5*
ROA = *RO*/(*D* + *E*) (%)	10,0	10,0	10,0	10,0	10,0	10,0
i = costo del debito (%)	5,0	5,0	10,0	10,0	15,0	15,0
Reddito operativo (*RO*)	8.000	10.000	8.000	10.000	8.000	10.000
Oneri finanziari	2.000	3.000	4.000	6.000	6.000	9.000
Reddito anteimposte	6.000	7.000	4.000	4.000	2.000	1.000
Imposte (40%)	2.400	2.800	1.600	1.600	800	400
Reddito netto (*RN*)	3.600	4.200	2.400	2.400	1.200	600
ROE = *RN*/*E* (%)	9,0	10,5	6,0	6,0	3,0	1,5
Variazione di ROE (%)		*1,5*		*0,0*		*–1,5*

do un'impresa è fortemente indebitata (ossia «sottocapitalizzata»), si è soliti dire che si trova in una condizione di rigidità finanziaria, perché incontra maggiori difficoltà a ottenere ulteriori capitali di prestito per sfruttare un'eventuale, improvvisa quanto interessante opportunità di investimento (ad esempio, un'impresa con forte potenziale sinergico da acquisire). Ma v'è di più. Quanto più un'impresa è indebitata, tanto più forte è l'impatto (in positivo o in negativo) che una stessa variazione del differenziale tra ROA e *i* produce sul ROE. Variabilità, nella teoria di finanza aziendale, è sinonimo di rischio: se il ROA cresce, infatti, gli azionisti di un'impresa molto indebitata vedono il proprio rendimento crescere di molto, ma se si riduce, tale rendimento subisce un peggioramento altrettanto forte. Gli azionisti di un'impresa più indebitata si aspettano quindi anche un rendimento più elevato, che li compensi del maggior rischio che corrono. Ciò significa che se un'impresa decide di aumentare il proprio rapporto di indebitamento, aumenta sì il ROE[2], ma ciò non implica necessariamente che gli azionisti siano più soddisfatti: dipende se tale incremento del rendimento è sufficiente a compensarli del maggior rischio. Se ci si pone dal punto di vista dell'impresa, ciò significa che il suo costo del capitale di rischio è cresciuto: per soddisfare le attese dei soci, infatti, essa deve garantire loro un rendimento più elevato.

Gli studiosi di finanza aziendale si interrogano da tempo circa l'impatto che un cambiamento della struttura finanziaria, in particolare del rapporto di indebitamento, determina sul valore di mercato dell'impresa. In questa sede ci si limita a segnalare due teorie fondamentali: da un lato, quella di Modigliani e Miller[3], secondo i quali una variazione della struttura finanziaria non comporta nessuna variazione del valore di mercato di un'impresa, purché non vi siano imposte e i mercati finanziari siano perfettamente efficienti; dall'altro, quella dei «tradizionalisti», i quali sostengono invece che esiste una struttura finanziaria ottimale, ossia un rapporto di indebitamento tale da massimizzare il valore dell'impresa e, nel contempo, minimizzare il costo medio ponderato del capitale. Alla base di tali differenti impostazioni teoriche stanno, in ultima analisi, diverse assunzioni in merito alla relazione fra aumento del rendimento atteso dagli azionisti a compensazione del maggior rischio e incremento del ROE, ossia del rendimento effettivo che l'impresa è in grado di offrire loro per effetto di un maggiore utilizzo della leva finanziaria.

13.3.4. La gestione finanziaria e l'assetto istituzionale d'impresa

Da tempo la teoria economica si interroga in merito alle relazioni tra la «struttura finanziaria» dell'impresa e i suoi assetti proprietari e di governo.

[2] Naturalmente, sempre che ROA > *i*.

[3] Il primo lavoro nel quale Modigliani e Miller hanno esposto la loro teoria dell'irrilevanza della struttura finanziaria è: MODIGLIANI e MILLER [1958]. Per un confronto fra la teoria dell'irrilevanza di Modigliani e Miller e altre teorie si vedano: JENSEN e MECKLING [1976]; BREALEY, MYERS e SANDRI [1999].

In tale contesto il tema della «struttura finanziaria» è inteso in senso molto ampio includendo anche la struttura del capitale di rischio e dunque il suo frazionamento e la sua ripartizione tra differenti classi di conferenti di capitale di rischio. In tempi relativamente recenti si è constatato che la struttura finanziaria intesa in tale ampia accezione ha grande influenza sulle attese e sui comportamenti dei finanziatori e degli amministratori e, di conseguenza, sulle performance e sul «valore» dell'impresa. Di seguito si passano in rassegna alcune delle principali manifestazioni dei fenomeni in oggetto[4].

I conflitti di interesse tra azionisti di controllo e altri azionisti: i benefici privati con costi pubblici. L'azionista di controllo, nella misura in cui è in grado di controllare l'impresa con una percentuale relativamente piccola del capitale – supponiamo il 20% – con il 20% del capitale «sostiene il 20% dei costi e gode del 100% dei vantaggi di talune scelte»: per esempio, può stabilire la sua rimunerazione, i prezzi di trasferimento verso le aziende controllate, ecc. In altri termini, egli può assumere decisioni che massimizzano il suo vantaggio personale, di cui gode al 100%, ma sono dannose per l'impresa, dei cui costi e perdite egli si sobbarca soltanto il 20%: il restante 80% è sopportato, senza che sia controbilanciato da alcun vantaggio, dagli altri soci. Ad esempio, se l'azionista di controllo è anche amministratore delegato e decide di aumentare il proprio compenso di 100, il suo vantaggio netto è pari a 80[5] (cioè 100 meno 20 di minori utili); gli altri azionisti subiscono invece, nel loro insieme, una perdita di 80 (ossia l'80% del minore utile di 100 conseguito dall'impresa).

I conflitti di interesse tra i manager e gli azionisti. Si tratta di una situazione per certi versi analoga alla precedente o, forse meglio, ne costituisce l'ipotesi estrema: in presenza di una compagine proprietaria molto frammentata (tipica delle *public companies*), tale per cui nessuno dei soci detiene quote di partecipazione sufficientemente elevate da conferirgli un qualche potere di controllo, i manager non azionisti o con piccole quote detengono un potere molto grande, al punto che potrebbero assumere decisioni che vanno a loro personale vantaggio ma a detrimento della redditività e del valore dell'impresa. Si producono, in questo modo, disallineamenti fra gli obiettivi dei manager e quelli dei conferenti di capitale di rischio: i primi perseguono la crescita, che conferisce loro prestigio e appetibilità sul «mercato» del lavoro manageriale, anche a scapito della redditività dell'impresa; si assegnano ingenti *benefits* anche quando le condizioni dell'impresa suggerirebbero rigore e attenzione ai costi; evitano di intraprendere investimenti rischiosi anche se aumenterebbero il valore dell'impresa, perché questo andrebbe a vantaggio dei soli azionisti. Inoltre, oppongono resistenza ai tentativi di acquisizione (*takeover*) da parte di terzi, anche quando potrebbero aumentare il valore

[4] Si riporta in termini sintetici il contributo di MILGROM e ROBERTS [1992, capp. 14 e 15].
[5] Nell'esempio si trascurano le imposte.

dell'impresa o essere vantaggiosi per gli azionisti esistenti, per evitare il rischio di essere estromessi dall'incarico.

Il *conflitto di interessi tra azionisti e conferenti di capitale di prestito*. In presenza di un rapporto di indebitamento molto elevato, al limite quando vi sono rilevanti probabilità di insolvenza, gli azionisti possono trovare conveniente compiere investimenti che i creditori giudicherebbero troppo rischiosi, in quanto la distribuzione degli utili e delle perdite è fortemente asimmetrica[6]. Ciò si verifica, in particolare, quando le perdite accumulate dall'impresa non solo hanno eroso completamente il capitale di rischio, ma sono di entità tale che, quand'anche si liquidassero tutti gli elementi attivi del patrimonio dell'impresa, non ci sarebbe denaro sufficiente a rimborsare interamente i debiti contratti nei confronti dei conferenti di capitale di prestito (banche, obbligazionisti, ecc.).

Si consideri il caso limite di un'impresa in stato di dissesto, in quanto, a fronte di obbligazioni del valore nominale di 1.000.000 che andranno a scadenza dopo un anno, detiene, come unica attività, cassa per 100.000. In tale ipotesi, gli azionisti, nonostante abbiano perduto interamente il loro capitale, hanno ancora diritto di decidere come impiegare tale liquidità e potrebbero avere convenienza a intraprendere progetti molto rischiosi, ossia progetti che presentano una probabilità estremamente alta di condurre alla perdita totale del capitale investito e una probabilità minima di generare un utile molto elevato[7]: nella prima ipotesi, gli azionisti non subiscono alcun danno, in quanto il loro capitale si era già azzerato anche prima che il progetto venisse intrapreso, mentre i creditori perdono i 100.000 che avrebbero potuto essere utilizzati per rimborsare una pur piccola quota del loro credito; nella seconda ipotesi, invece, i flussi di cassa sono così elevati che l'impresa ottiene risorse sufficienti non solo per rimborsare completamente i debiti, ma anche per rigenerare in tutto o in parte il capitale degli azionisti. Prevedendo la possibilità che gli azionisti, detenendo ancora il diritto di governare l'impresa nonostante le loro azioni non abbiano più alcun valore, intraprendano progetti con caratteristiche analoghe a quelle dell'esempio sopra riportato, i creditori cercano in ogni modo di restringerne la libertà. Possono cercare di limitare le possibilità di prendere a prestito altro denaro, di distribuire dividendi e di intraprendere certi investimenti. Tali restrizioni possono condurre a decisioni di struttura finanziaria subottimali e quindi a una riduzione del valore dell'impresa. I conflitti di interessi fra azionisti e creditori generano quindi dei costi che contribuiscono a ridurre il valore dell'impresa, rendendo quindi non convenienti valori molto elevati del rapporto di indebitamento.

6 Secondo la teoria, un progetto di investimento andrebbe intrapreso se e solo se presenta un valore attuale netto positivo. Si veda: SHLEIFER e VISHNY [1997].

7 Una situazione di questo tipo potrebbe verificarsi nel caso in cui si decida di avviare la trivellazione di un terreno alla ricerca di un pozzo di petrolio: la probabilità di trovarlo è modesta, ma se lo si trova il rendimento può essere molto elevato; se non lo si trova, l'investimento va interamente perduto.

Costo e free-riding nel controllo societario. In presenza di assetti proprietari molto frammentati, i piccoli azionisti non hanno convenienza a investire in controllo e tendono a comportarsi da *free-riders*: ciascuno teme che il proprio sforzo individuale sia sproporzionato rispetto ai vantaggi che potrebbe conseguirne, per cui reputa conveniente non fare nulla nella speranza che siano gli altri ad agire; in questo caso, infatti, godrebbe dei risultati dello sforzo degli altri senza sostenere alcun costo. Il comportamento assunto dai piccoli azionisti è diverso quando il rischio connesso all'inerzia e alla mancanza di controllo è elevato: è questo il caso, per esempio, dei *venture capitalists*, imprese la cui attività caratteristica consiste nell'acquisire quote di capitale di rischio di altre imprese con l'obiettivo di cederle nuovamente dopo alcuni anni realizzando guadagni in conto capitale, nelle fasi di avvio di una nuova impresa (*start-up*) o di nuova quotazione in borsa (*Initial Public Offer*, IPO), i quali tendono a esercitare un forte controllo, almeno temporaneamente, sull'impresa nella quale hanno conferito capitale. I conferenti di capitale di prestito tendono a essere particolarmente attivi in situazioni di particolare rischio, come nel caso della banca principale dell'impresa finanziata, oppure quando hanno sottoscritto grandi prestiti obbligazionari o concesso ingenti mutui a lunga scadenza.

In tutte le situazioni sopra illustrate (ma la casistica non è certo esaustiva) si rileva come a strutture finanziarie differenti (in relazione, in particolare, al mix debito/*equity* e al grado di frammentazione dell'assetto proprietario) corrispondano diversi rischi che si formino soggetti economici impropri e che si creino conflitti fra diversi attori chiave (azionisti di controllo, azionisti di minoranza, manager, finanziatori, ecc.): si tratta, ad evidenza, di due condizioni che influiscono negativamente sul valore e sull'economicità delle imprese. Tali casi dovrebbero comunque fare quanto meno intuire che le decisioni di gestione finanziaria hanno implicazioni che vanno ben al di là del problema, pur fondamentale, di contenere il costo del capitale, in quanto spesso, incidendo direttamente sui delicati equilibri fra i soggetti primari, impattano sulle condizioni di operatività dell'impresa. Le scelte di gestione finanziaria, in alcuni casi, sono anche scelte di assetto istituzionale.

13.4. Le scelte di gestione tributaria

13.4.1. La rilevanza economica della gestione fiscale

La rilevanza economica della gestione tributaria per le imprese è evidente se solo si considera l'incidenza delle imposte sul reddito lordo: l'aliquota dell'imposta sul reddito delle società (IRES)[8] prodotto in Italia a partire dal-

[8] L'IRES ha sostituito l'IRPEG (Imposta sul reddito delle persone giuridiche) in concomitanza con l'entrata in vigore della riforma fiscale il 1° gennaio 2004. La normativa fiscale è mutevole; qui si fa riferimento alle norme in vigore a metà 2005.

l'esercizio 2004 è pari al 33%, fatte salve eventuali agevolazioni[9] stabilite con leggi *ad hoc*. All'incidenza dell'IRES si deve sommare quella dell'IRAP (Imposta sul reddito delle attività produttive), un'imposta regionale la cui aliquota principale è del 4,25%, ma la cui incidenza effettiva è spesso ben più elevata, in quanto la sua base imponibile è costituita dalla somma del reddito operativo e di altri componenti di costo, in particolare il costo del lavoro. A conti fatti, l'incidenza effettiva delle imposte sul reddito lordo supera assai spesso il 40% e non di rado arriva al 50%. L'entità del prelievo fiscale e la complessità della variabile tributaria sono ancora più evidenti se si considera che, nonostante numerosi sforzi di semplificazione compiuti negli ultimi anni, le imprese sono assoggettate a vari tributi – oltre alle citate imposte sui redditi, l'IVA, l'imposta di registro, l'ICI, ecc. –, la cui concreta applicazione richiede spesso competenze specifiche e complesse. Inoltre, sarebbe fuorviante pensare che quella fiscale costituisca una variabile del tutto esogena, alla quale l'impresa deve limitarsi a sottostare: come si dirà meglio fra breve, molte decisioni di gestione caratteristica, patrimoniale e finanziaria sono fortemente condizionate dall'impatto fiscale, in quanto esso non è neutrale rispetto alle diverse alternative di azione.

Quella tributaria è dunque un'area da gestire con cura, non certo in logica residuale rispetto alle altre aree della gestione aziendale, eventualmente dedicandovi risorse *ad hoc* (ufficio pianificazione fiscale, responsabile fiscale, ecc.). Coloro che, come dipendenti, collaboratori o consulenti dell'impresa, si occupano specificamente della gestione tributaria svolgono prioritariamente le seguenti attività: studiare la normativa fiscale e controllarne sistematicamente l'evoluzione; provvedere agli adempimenti richiesti da tale normativa (predisposizione delle dichiarazioni periodiche e di eventuale altra documentazione, effettuazione dei versamenti delle imposte, ecc.); simulare l'impatto fiscale delle diverse alternative di azione riconducibili alle altre aree di gestione; suggerire al management le modalità attraverso le quali ridurre o minimizzare il carico fiscale; gestire eventuali contenziosi con l'amministrazione tributaria; ecc. In un'accezione più ampia, rientra nella gestione tributaria anche quell'amplissima gamma di scelte – inerenti specificamente la gestione caratteristica, patrimoniale o finanziaria – che non sono neutre sotto il profilo fiscale, nel senso che, a seconda del corso di azione prescelto, si produce un diverso impatto sull'entità del carico tributario, sulla sua distribuzione temporale, nonché sul livello di rischio fiscale.

[9] Le disposizioni agevolative di natura fiscale sono solitamente finalizzate a conseguire specifici obiettivi di politica economica e sono in genere legate alla localizzazione dell'impresa (per sostenere lo sviluppo o la ripresa di aree depresse o in crisi), all'entità degli investimenti effettuati (per promuovere l'occupazione o l'innovazione, come nel caso della «Tremonti bis»), alla struttura finanziaria (ad esempio, per incentivare la capitalizzazione).

13.4.2. La gestione fiscale e le scelte della forma giuridica, della localizzazione e dell'integrazione verticale

Alcune delle più importanti scelte che comportano anche rilevanti implicazioni di ordine tributario sono quelle che hanno per oggetto la forma giuridica dell'impresa, la localizzazione della sua sede principale e delle unità operative, l'esternalizzazione o l'internalizzazione delle attività (ossia le scelte di integrazione verticale).

Con riguardo alla *scelta della forma giuridica*, la forma cooperativa potrebbe porsi, in alcuni casi, come valida alternativa rispetto a quella di società di capitali (s.p.a. o s.r.l.), in quanto, fra l'altro, è assoggettata, a certe condizioni, a un regime di imposizione più favorevole. Non va però trascurato che la forma cooperativa implica una serie di vincoli di natura extra-tributaria rispetto a quella di società di capitali e si caratterizza, rispetto a quest'ultima, per il principio noto come «una testa, un voto»: in linea generale, il «peso» del voto di ciascun socio in assemblea non è commisurato alla quota di capitale sociale che egli detiene.

La scelta di localizzazione della sede giuridica dell'impresa porta talvolta a optare per Paesi caratterizzati da un regime fiscale più favorevole, in modo che il reddito prodotto sia tassato con aliquote inferiori. Tale scelta presenta però alcuni inconvenienti: aumentano la complessità della funzione amministrativa e i relativi costi (ad esempio, quelli per i consulenti che conoscono la normativa di quei Paesi); soprattutto, aumenta il rischio di natura fiscale, legato a possibili evoluzioni sfavorevoli della normativa del Paese in cui l'impresa ha posto la propria sede o, ancor più, alla possibilità che tale scelta sia sanzionata dal Paese di origine in quanto considerata elusiva d'imposta; oppure, ancora, all'eventualità di una «stretta» della normativa che disciplina i rapporti con i Paesi considerati «paradisi fiscali», come si è verificato, ad esempio, con l'entrata in vigore della riforma tributaria nel 2004. L'obiettivo di ridurre il carico fiscale può anche indurre ad avviare o a trasferire uno stabilimento in un'area o in un Paese in cui sono previste agevolazioni di natura tributaria volte a incentivare gli investimenti e quindi a promuovere lo sviluppo economico locale.

Per quanto riguarda le scelte di internalizzazione o di esternalizzazione è istruttivo il caso dell'introduzione, avvenuta nel 1998, dell'IRAP; tale imposta ha rafforzato gli incentivi all'esternalizzazione di fasi del processo produttivo, in quanto mentre i costi per servizi – e quindi per lavorazioni esterne – sono deducibili ai fini della determinazione della base imponibile dell'IRAP, non lo sono, in gran parte, i costi del personale. L'esempio numerico che segue mette in evidenza come due imprese con lo stesso reddito operativo ma con un diverso grado di internalizzazione delle combinazioni economiche subiscono un prelievo di IRAP di entità differente: quella con le combinazioni economiche più internalizzate, sostenendo maggiori costi del personale (indeducibili), paga un'IRAP più elevata per 106.250 euro (221.000 – 114.750), che incide sul reddito operativo in misura pari al 18,4%, contro il 9,6% nel caso dell'altra impresa. Ciò non toglie che considerazioni di altra natura –

TAVOLA 13.5. *L'impatto fiscale dell'internalizzazione e dell'esternalizzazione (valori in euro)*

	Impresa con combinazioni economiche internalizzate	Impresa con combinazioni economiche esternalizzate
Ricavi di vendita	10.000.000	10.000.000
Costo del personale	4.000.000	1.500.000
Costi per lavorazioni esterne	1.000.000	3.500.000
Altri costi di gestione caratteristica	3.800.000	3.800.000
Reddito operativo	1.200.000	1.200.000
	CALCOLO DELLA BASE IMPONIBILE IRAP	
a) Reddito operativo	1.200.000	1.200.000
b) Costo del personale	4.000.000	1.500.000
c) = *a*) + *b*) Imponibile IRAP	5.200.000	2.700.000
IRAP (4,25% dell'imponibile)	221.000	114.750
IRAP/reddito operativo (%)	18,4	9,6

legate per esempio al controllo della qualità e al contenimento dei costi di transazione – possano rendere comunque preferibile la soluzione dell'internalizzazione.

13.4.3. Le relazioni tra gestione finanziaria e gestione tributaria

Molte scelte di gestione finanziaria (intesa in senso lato, includendo anche le scelte relative al capitale di rischio) hanno notevoli impatti sui tributi a carico dell'azienda e dei soggetti che partecipano alla stessa; in altro aspetto, molte scelte di gestione del capitale di prestito e del capitale di rischio sono fortemente condizionate dalle loro conseguenze fiscali. Qui si considera una situazione decisionale critica in tal senso: quella inerente la struttura finanziaria, ossia il rapporto tra capitale di terzi e capitale proprio.

La deducibilità fiscale degli interessi passivi, a fronte dell'indeducibilità dei dividendi distribuiti, costituisce, in generale, un incentivo a utilizzare il capitale di prestito in luogo di quello di rischio e concorre a spiegare la nota, diffusa sottocapitalizzazione delle imprese italiane, soprattutto di piccole e medie dimensioni, rispetto a quelle di molti altri Paesi europei. Una valutazione di convenienza economica non può in ogni caso prescindere dal prendere in esame non solo il regime di tassazione dell'impresa, ma anche quello dei soci. Il criterio di scelta fra strutture finanziarie alternative è infatti la minimizzazione del carico fiscale complessivo per l'impresa e per i soci.

Un esempio numerico[10] è utile per chiarire il concetto, con l'avvertenza che è in discussione, a livello nazionale, una revisione generale della tassazione delle rendite finanziarie che potrebbe modificare significativamente le risultanze della comparazione. Si pongono a confronto due strutture finanzia-

[10] L'esempio è costruito facendo riferimento alla riforma tributaria entrata in vigore, limitatamente all'imposta sui redditi delle società (IRES), il 1° gennaio 2004.

TAVOLA 13.6. *L'impatto fiscale della struttura del capitale: due casi a confronto*

	Ipotesi A	Ipotesi B
STRUTTURA FINANZIARIA DELLA SOCIETÀ		
Capitale sociale	20.000	10.000
Obbligazioni passive (sottoscritte dai soci)	0	10.000
Totale fonti di finanziamento = Totale investimenti dei soci	20.000	20.000
Tasso d'interesse sulle obbligazioni	3%	3%
TASSAZIONE DEL REDDITO DELLA SOCIETÀ		
Reddito operativo	2.000	2.000
Interessi passivi su obbligazioni	0	300
Reddito prima delle imposte	2.000	1.700
Imposte (IRAP 4,25% sul reddito operativo)	*85*	*85*
Imposte (IRES 33% sul reddito prima delle imposte)	*660*	*561*
Reddito netto	1.255	1.054
TASSAZIONE DEI DIVIDENDI E DEGLI INTERESSI IN CAPO AI SOCI		
Dividendi percepiti (= utile netto della società)	1.255	1.054
Quota dei dividendi tassabili in capo ai soci	40%	40%
Dividendi assoggettati a tassazione in capo ai soci	502,0	421,6
Aliquota d'imposta (IRE[a]) applicabile sui dividendi percepiti dai soci	33%	33%
Imposta (IRE) sui dividendi dovuta dal socio	*165,7*	*139,1*
Interessi attivi lordi su obbligazioni	0	300
Aliquota d'imposta sugli interessi attivi dovuta dal socio	12,50%	12,50%
Imposta (IRE) sugli interessi attivi dovuta dal socio	*0*	*37,5*
TASSAZIONE COMPLESSIVA IN CAPO ALLA SOCIETÀ E AL SOCIO		
IRAP + IRES + IRE	*910,7*	*822,6*
Tassazione complessiva / reddito operativo	*45,53%*	*41,13%*

[a] L'IRE (Imposta sui redditi) sostituirà l'IRPEF (Imposta sul reddito delle persone fisiche) a partire dal 2005. L'aliquota è differente a seconda del reddito complessivo percepito dal socio: si suppone qui che la parte del reddito del socio dovuta ai dividendi e agli interessi attivi ricada nello scaglione a cui corrisponderà un'aliquota del 33%.

rie alternative: *a*) si ricorre interamente al capitale di rischio (azioni); *b*) si utilizza per metà il capitale di rischio, per metà il debito. Quest'ultimo consiste in obbligazioni interamente sottoscritte dai soci[11]. Il totale delle fonti finanziarie è in ogni caso pari a 20.000 e il reddito operativo conseguito nell'esercizio è pari a 2.000. In entrambi i casi l'utile netto è interamente distribuito ai soci, tutte persone fisiche con partecipazioni qualificate nell'impresa[12], e la società ha un fatturato superiore a 5,5 milioni di euro[13].

11 Si ricorda che, per l'istituto della *thin capitalization*, previsto dalla riforma tributaria allo scopo di contenere la sottocapitalizzazione delle imprese, gli interessi pagati sui prestiti ottenuti o garantiti dai soci non sono deducibili se essi sono superiori a quattro volte il capitale netto (cinque volte nel 2004).

12 Una partecipazione al capitale di rischio di un'impresa s'intende qualificata se rappresenta una percentuale superiore al 20% dei diritti di voto esercitabili in assemblea ovvero al 25% del capitale o patrimonio sociale. Nel caso di detenzione di partecipazione qualificata, viene assoggettato a tassazione in capo al socio, ad aliquota ordinaria, il 40% dei dividendi da esso percepiti; in caso di partecipazione non qualificata, secondo la nuova normativa tributaria i dividendi sono tassati soltanto con una ritenuta del 12,5% a titolo d'imposta.

13 A certe condizioni, le società con un fatturato annuo non superiore a 5.465.569,00

Dal confronto emerge chiaramente come la struttura finanziaria più conveniente sia quella che prevede per metà il capitale di rischio (azioni), per metà il capitale di prestito (obbligazioni): in questo caso, infatti, le imposte complessive a carico della società e dei soci sono significativamente inferiori (822,6 contro 910,7 nell'ipotesi di struttura finanziaria basata solo sul capitale di rischio) e quindi i soci conseguono un rendimento complessivo superiore, sia in valore assoluto, sia rispetto al capitale complessivamente conferito (20.000 in entrambi i casi).

La ragione fondamentale alla base della convenienza del prestito obbligazionario è costituita dal fatto che gli interessi sulle obbligazioni, essendo deducibili ai fini dell'IRES, generano un risparmio fiscale per la società pari al 33%, mentre in capo ai soci sono tassati a un'aliquota pari soltanto al 12,5%[14].

euro possono applicare il regime della trasparenza fiscale, che permette di tassare gli utili prodotti dalla società solo in capo ai soci, a prescindere dall'effettiva distribuzione in forma di dividendi. Tale regime ha il vantaggio di evitare la doppia imposizione (in capo alla società e al socio) dello stesso reddito.

[14] Nell'esempio si è ipotizzato che siano rispettate le condizioni che la normativa attuale impone perché gli interessi passivi su obbligazioni siano deducibili per la società ai fini IRES e, nel contempo, siano imponibili in capo ai soci percettori con la ritenuta d'acconto a titolo definitivo del 12,5%: i soci sono persone fisiche; il prestito obbligazionario ha scadenza superiore ai 18 mesi; il tasso di rendimento previsto non supera il tasso ufficiale di sconto maggiorato dei due terzi (o due volte il tasso ufficiale di sconto per le obbligazioni negoziate in mercati regolamentati).

Le scelte di formazione e di sviluppo del patrimonio

Capitolo 14

14.1. Il patrimonio e il capitale di funzionamento

Il patrimonio di un'azienda è l'insieme delle *condizioni di produzione e di consumo* di pertinenza della stessa in un dato momento; condizioni di produzione e di consumo denominate condizioni patrimoniali. Le condizioni patrimoniali sono: *a)* sia *positive* (cassa, crediti, immobili, rimanenze, ecc.) sia *negative* (debiti e obbligazioni di vario genere); *b) materiali* (gli impianti, i macchinari, ecc.), *immateriali* (le competenze tecniche, l'immagine commerciale, le relazioni di fiducia, ecc.) e *monetarie* (disponibilità di cassa, debiti e crediti di varia natura); *c) esogene* (acquistate, tratte dall'ambiente) ed *endogene* (prodotte internamente).

Nella teoria dell'azienda esposta in questo volume, il patrimonio è una delle cinque macrovariabili fondamentali che compongono la struttura di ogni azienda. L'evidenza attribuita al patrimonio si deve al fatto che da un lato nel patrimonio si riflette l'intera *storia passata dell'azienda*, dell'attività economica svolta e delle circostanze di ambiente nelle quali ha operato e, dall'altro lato, il patrimonio è la base della *vita futura dell'azienda*. Nel patrimonio si accumulano progressivamente i punti di forza e di debolezza dell'azienda e le sue basi più o meno solide di vita economica duratura. Il senso e il valore delle condizioni patrimoniali derivano dalle prospettive di loro impiego nelle combinazioni economiche future.

Il patrimonio nel suo insieme e nei suoi singoli elementi è il complesso risultato di processi di acquisizione, trasformazione e ricombinazione di elementi di varia natura. Si consideri, ad esempio, il *patrimonio tecnologico* di un'impresa, ossia l'insieme delle conoscenze e delle capacità di fare applicate alla gestione caratteristica; ciascuna impresa si distingue per un proprio patrimonio tecnologico il cui sviluppo dipende da numerose attività quali: lo svolgimento di attività interne di ricerca e di sperimentazione, lo studio dell'evoluzione tecnologica esterna, l'acquisto di brevetti e di licenze, interventi di formazione sul personale, l'assistenza tecnica ai clienti, lo studio dei pro-

TAVOLA 14.1. *Schema del processo generale di formazione del patrimonio di un'impresa*

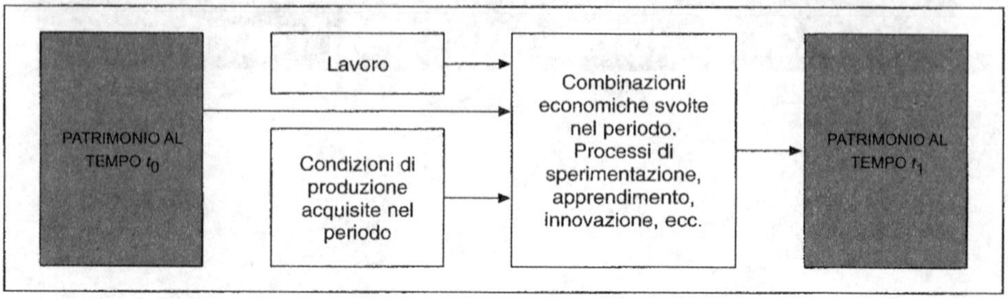

dotti dei concorrenti, la produzione di documentazione tecnica ad uso interno ed esterno, il deposito di brevetti, e così via. È essenziale riconoscere il fatto che gli elementi del patrimonio non sono semplici somme di fattori produttivi acquistati nei mercati e rapidamente combinati secondo modelli standard[1]; sono invece elementi complessi *prodotti in tempi lunghi accumulando tentativi ed esperienze* che si ispirano anche a modelli standard, ma che in larga parte sono specifici e peculiari della singola azienda. Il punto può ulteriormente chiarirsi riflettendo sul fatto che una buona parte del patrimonio tecnologico è formata da conoscenze e competenze *delle singole persone e di gruppi di persone*, conoscenze che in certa misura, talvolta molto grande, sono *implicite o tacite*. Il processo generale di formazione del patrimonio è schematizzato nella tavola 14.1. Nell'ottica del patrimonio, le condizioni di produzione sono osservate come insieme di elementi esistenti in un certo momento, di pertinenza dell'azienda e destinati a partecipare alle combinazioni economiche future; sono cioè osservate come fondi (o *stock*) di condizioni patrimoniali. In prima approssimazione si può affermare che i *flussi* di condizioni di produzione in input si trasformano in *stock* di condizioni patrimoniali per effetto dell'attuazione delle combinazioni economiche aziendali.

Il concetto di *patrimonio* richiama il concetto di *capitale di funzionamento*; il capitale di funzionamento è il sistema dei valori positivi e negativi che esprimono i valori delle condizioni patrimoniali di un'azienda[2]. Si noti dunque che il capitale di funzionamento non è il patrimonio, ma una *rappresentazione del patrimonio*; è la rappresentazione del patrimonio sotto forma di valori economici (i valori della cassa, dei crediti, dei debiti, degli impianti, del capitale netto, ecc.); una rappresentazione di grande rilevanza, ma comunque parziale perché nulla ci dice della «qualità» delle condizioni patrimoniali (le caratteristiche fisiche degli impianti, ad esempio, o delle rimanenze finali); non solo, la rappresentazione è parziale per altri due ordini di ra-

1 Con espressione sintetica ma efficace si dice che «le competenze distintive non si comprano, si costruiscono» [TEECE, PISANO e SHUEN 1997].
2 MASINI [1979, par. 11.1].

gioni: *a*) *i prestatori di lavoro non sono elementi del patrimonio* e, ovviamente, il loro valore non appare nel capitale di funzionamento[3]; *b*) molte condizioni patrimoniali immateriali prodotte all'interno dell'azienda (buona parte, ad esempio, del patrimonio tecnologico e del patrimonio commerciale) sono rappresentabili, in linea di principio, come valori del capitale di funzionamento, ma per ragioni di varia natura non trovano diretta rappresentazione nella tavola del capitale di funzionamento.

Come sopra accennato, non tutte le immobilizzazioni tecniche sono acquisite dalle aziende mediante operazioni di acquisto. In casi particolari, ma non infrequenti, le aziende possono giudicare conveniente *produrre al proprio interno le immobilizzazioni tecniche*; ciò significa impiego, tra l'altro, di lavoro e di materie prime che non entrano direttamente nel processo di produzione dei beni destinati alla vendita. I costi di lavoro e di materie prime si «accumulano» in insiemi di costi comuni a più esercizi annuali corrispondenti alle *immobilizzazioni tecniche endogene*; essi partecipano al reddito di esercizio e al capitale di funzionamento secondo la stessa logica dei costi comuni a più esercizi originati da acquisti. Non tutti i costi comuni a più esercizi annuali corrispondono a immobilizzazioni materiali. Le aziende sostengono costi comuni a più esercizi anche per l'acquisizione di *beni immateriali ad impiego ripetuto per tempi lunghi*; ad esempio, un'azienda può sostenere un costo per l'acquisto di un «brevetto», ossia di un insieme di conoscenze che saranno impiegate ripetutamente nella produzione economica per periodi lunghi. Si usa in questi casi la dizione *immobilizzazioni tecniche immateriali* che dal punto di vista economico (e, quindi, della partecipazione al reddito di esercizio e del capitale di funzionamento) sono analoghe alle immobilizzazioni tecniche materiali. Si noti che una quota rilevante delle immobilizzazioni tecniche immateriali è spesso prodotta all'interno dell'azienda; gran parte dei costi (di lavoro ed altro) sostenuti dalle aziende per le attività di ricerca, di studio, di progettazione e di attivazione e mantenimento di «relazioni esterne» ha carattere di costi comuni a più esercizi annuali; si tratta di *immobilizzazioni immateriali endogene*.

Nella tavola 14.2 si presenta una schematizzazione del processo di formazione dei valori del capitale di funzionamento di un'impresa.

[3] Spesso nella pratica si usano espressioni che portano a definire i prestatori di lavoro come condizione patrimoniale dell'azienda; si dice delle «risorse umane» o delle competenze dei prestatori di lavoro come «patrimonio dell'azienda». I prestatori di lavoro sono *persone* (non «risorse»); sono membri del soggetto economico dell'azienda; nel loro insieme compongono l'organismo personale; in nessun senso sono parte del patrimonio aziendale.

TAVOLA 14.2. *Schema del processo di formazione dei valori del capitale di funzionamento di un'impresa*

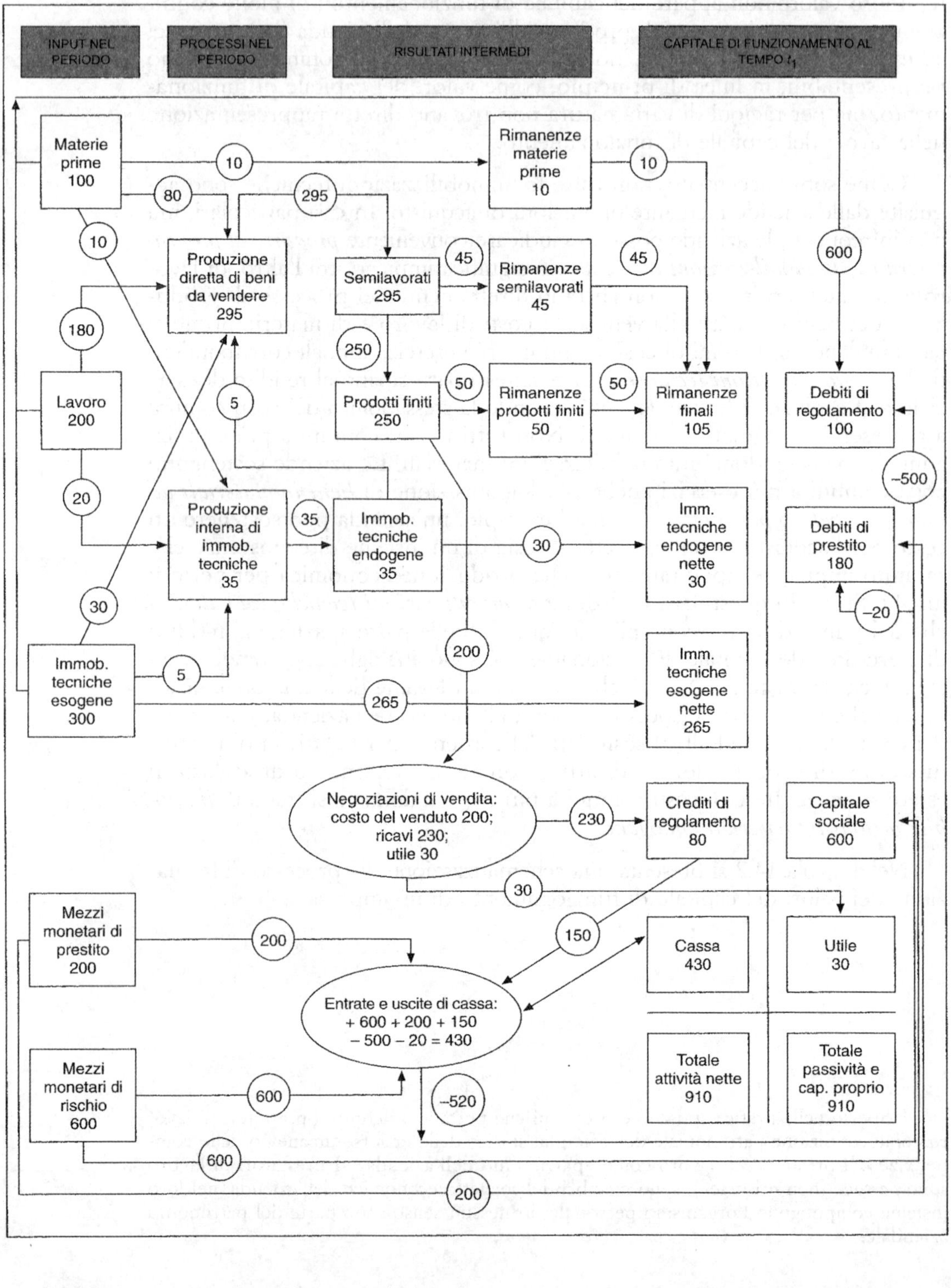

14.2. Le classi di condizioni patrimoniali delle imprese

Detto dei collegamenti rispetto al capitale di funzionamento, d'ora in poi si sviluppa il tema del patrimonio in ottica ampia presentando tutte le classi rilevanti di condizioni patrimoniali e mostrando tutte le «qualità» critiche per la conduzione economica delle imprese.

Le condizioni patrimoniali sono utilmente osservabili e classificabili secondo più criteri; una classificazione introduttiva generale distingue i seguenti insiemi di condizioni:

• *condizioni materiali*. Sono gli elementi patrimoniali che hanno una manifestazione fisica quali i terreni, i fabbricati, gli impianti, i macchinari, gli arredi, i computer, gli attrezzi, i veicoli, le rimanenze delle imprese manifatturiere. Sono di grande rilievo per tutte le funzioni aziendali assumendo forma di laboratori per la ricerca, stabilimenti e magazzini per la fabbricazione, punti di vendita e magazzini per la commercializzazione, uffici per l'amministrazione e così via;

• *condizioni immateriali*. Sono elementi patrimoniali che non operano sotto forma fisica, ma che possono avere rilevanza strategica pari o superiore a quella delle condizioni materiali. Nell'ambito di questa classe è utile distinguere:

1. *le conoscenze e le capacità di fare* (il know-how) che si applicano a tutte le funzioni aziendali; così abbiamo know-how tecnico, commerciale, amministrativo, logistico, ecc.; il know-how (che, come specificato più avanti, può essere individuale o collettivo e più o meno esplicito) si manifesta sotto forma di modelli di comportamento che consentono di svolgere con successo compiti complessi (le *routine*)[4]; ciascuna impresa accumula patrimoni più o meno ricchi di routine più o meno efficienti sia mediante processi interni sia acquisendo competenze dall'esterno[5]; si usano anche le espressioni *patrimonio tecnico* e *capitale intellettuale*;

2. *la rete di relazioni esterne*: relazioni di fiducia[6] e di cooperazione con le varie categorie di portatori di interessi, tra cui i finanziatori, i clienti, i fornitori, lo Stato, le comunità locali; le relazioni, anche, con tutti i partner degli aggregati interaziendali dei quali l'impresa fa parte; si usano anche le espressioni *capitale sociale* e *capitale reputazionale*; una ricca rete di relazioni esterne rende particolarmente efficaci gli accessi alle informazioni e alle risorse delle quali l'impresa necessita[7] o, in altri termini, riduce i costi di transazione esterni; si attivano anche relazioni di mutua difesa;

3. *la reputazione e l'immagine*: possono essere viste come elemento della rete di relazioni esterne, ma è utile anche una trattazione separata; la reputazio-

4 NELSON e WINTER [1982].

5 Sulla problematica della diffusione delle competenze nelle aziende e negli aggregati di aziende vedi: HAMEL [1991]; GRANT e BADEN-FULLER [1995]; PADULA [2002]; MAHNKE e VENZIN [2003].

6 PERRONE [2004].

7 Sulla varietà dei concetti di «capitale sociale» usati nelle discipline di economia e di management si veda: ADLER e KWON [2002]. Sviluppi di vari punti rilevanti in questa sede si trovano in: NAHAPIET e GHOSHAL [1998]; FLORIN, LUBATKIN e SHULZE [2003]; RAVASI e GABBIONETA [2004]; LIPPARINI [1998]; COSTABILE [2001]; FONBRUN [1966].

ne della quale l'impresa gode nei confronti dei vari portatori di interessi ha diretti riflessi economici riducendo i prezzi di acquisto dei fattori e consentendo più elevati prezzi di vendita; con riguardo all'attività commerciale, sono particolarmente importanti le immagini legate alle *marche*, ai *marchi*, alle *firme*; si usa anche l'espressione *capitale reputazionale*;

4. *la coesione interna*: lo spirito di squadra, l'intensità di positive relazioni sociali tra le persone che operano nell'impresa; una forte coesione interna promuove la cooperazione, riduce i costi interni di transazione, rende particolarmente fluidi ed efficienti i processi di comunicazione, di decisione, di diffusione delle conoscenze, di apprendimento[8]; concetti collegati sono quelli dell'identificazione, dell'identità aziendale[9], della cultura aziendale;

• *condizioni monetarie*. Qui l'espressione «condizioni monetarie» è utilizzata con significato molto ampio includendo tutte le condizioni patrimoniali, positive e negative, che si presentano sotto forma di cassa, debiti, crediti, capitale netto; le grandezze assolute e relative di tali elementi condizionano fortemente le opportunità e i vincoli di azione delle imprese consentendo di effettuare investimenti più o meno rilevanti e di affrontare differenti livelli di rischio.

Complementari alle condizioni patrimoniali in senso stretto (ossia condizioni di pertinenza di un'impresa), sono le:

• *condizioni d'ambiente*. L'economicità delle combinazioni economiche di un'impresa dipende anche dalle condizioni di ambiente che comprendono: le infrastrutture di comunicazione e di trasporto, i servizi della pubblica amministrazione, la struttura del tessuto di imprese vicine fisicamente e socialmente e che possono formare sistemi locali quali i distretti, la disponibilità di prestatori di lavoro con determinati profili professionali, la cultura locale, e così via; quanto più ricche e favorevoli sono le condizioni di ambiente (il «patrimonio di condizioni ambientali»), tanto più l'impresa gode di «economie esterne» che possono essere fonti di importanti vantaggi competitivi.

Includendo le condizioni ambientali, si può parlare di condizioni patrimoniali in senso allargato, ossia di condizioni di produzione sia di pertinenza dell'azienda sia esterne ma rilevanti per lo svolgimento delle combinazioni economiche.

Come sopra accennato, altre classificazioni delle condizioni patrimoniali possono essere utili[10]; alcune sono riflesse nei punti seguenti ove si discutono i «caratteri» delle condizioni patrimoniali.

8 NONAKA [1994].

9 RAVASI [2004].

10 Ad esempio, in TEECE, PISANO e SHUEN [1997] si distinguono otto classi di risorse (*assets*): 1) risorse tecnologiche: competenze di ricerca e sviluppo e di fabbricazione specifiche dell'azienda; 2) risorse complementari: competenze distintive in altre aree funzionali quali vendite e logistica; 3) risorse finanziarie: mezzi monetari accessibili senza dover svelare le strategie agli investitori; 4) risorse di reputazione presso i clienti, i fornitori e le autorità pubbliche; 5) risorse strutturali: la struttura interna e le relazioni esterne; 6) risorse istituzionali: caratteri dell'ambiente vantaggiosi per l'impresa; 7) risorse di mercato: la forza contrattuale nei confronti dei clienti e dei fornitori; 8) confini organizzativi più o meno estesi che proteggono l'azienda. Si veda anche: NAHAPIET e GHOSHAL [1998].

14.3. Le condizioni patrimoniali distintive e centrali

Introducendo i primi concetti relativi al patrimonio, abbiamo notato che esso è composto da condizioni di vario segno (positive e negative), di varia natura (materiali, immateriali, monetarie) e di varia origine (esogene ed endogene). Ora dobbiamo riflettere sul *patrimonio come leva strategica dell'impresa*, ossia come insieme di condizioni per competere e per crescere; a tal fine, è necessario mettere in luce altri caratteri delle condizioni patrimoniali e poi ricondurli sinteticamente ai concetti di *condizioni patrimoniali distintive* e *condizioni patrimoniali centrali.*

Le condizioni patrimoniali possono essere[11]:

1. *specifiche dell'azienda oppure generiche* e disponibili sul mercato dei fattori produttivi; le condizioni patrimoniali specifiche (dette anche «uniche») sono quelle possedute da una sola azienda e normalmente tale situazione deriva dal fatto che esse sono state costruite all'interno dell'azienda sulla base di idee e di processi originali;
2. *ad alto o basso impatto* sulla configurazione dei sistemi di prodotto offerti dall'impresa; la loro esistenza, cioè, attribuisce in modo più o meno diretto ai sistemi di prodotto caratteri che li rendono particolarmente attraenti per i clienti (si usa anche dire «creano valore per il cliente») e nettamente distinguibili rispetto a quelli offerti dalle imprese concorrenti;
3. *mono o pluridisciplinari* ossia conoscenze e capacità di fare (know-how) basati su una sola disciplina scientifica o tecnologica (l'acustica, ad esempio) oppure nelle quali si fondono più saperi (l'acustica, l'elettronica, il design, per continuare nell'esempio precedente)[12];
4. *frutto di apprendimenti individuali o collettivi*, ossia capacità attivabili da singole persone oppure con il necessario apporto di numerose persone; i relativi comportamenti possono essere letti anche come *routine individuali* o *routine collettive*;
5. *esplicite o implicite*, ossia conoscenze e capacità più o meno codificate in linguaggi comprensibili per pubblici generici;
6. *più o meno replicabili e imitabili*: in pratica questo è un carattere che sintetizza i precedenti *sub* 3-5; per replicabilità si intende la facilità di trasferire e applicare certe competenze ad altre attività nell'ambito della stessa impresa; l'imitabilità è la facilità di appropriazione e di applicazione di una certa competenza da parte di altre imprese, soprattutto concorrenti.

Si definiscono *condizioni patrimoniali distintive* (dette anche risorse distintive o competenze distintive) le condizioni che presentano netti caratteri di specificità, di alto impatto sulla configurazione dei prodotti e di bassa imi-

11 Questo punto sviluppa alcuni concetti base dell'economia aziendale e della microeconomia ispirandosi anche ad alcune idee tipiche della cosiddetta «*resource based view*» dell'impresa; in materia, si vedano: BARNEY [2002]; TEECE, PISANO e SHUEN [1997]; PRAHALAD e HAMEL [1990]; NELSON e WINTER [1982].

12 Si veda il quadro 14.1.

QUADRO 14.1.

Le tre competenze centrali di Canon e le loro applicazioni alle varie linee di prodotto negli anni '80

	Meccanica di precisione	Ottica	Micro-elettronica
Macchine fotografiche standard	□	□	
Macchine fotografiche compatte	□	□	
Macchine fotografiche elettroniche	□	□	
Macchine fotografiche EOS autofocus	□	□	□
Telecamere	□	□	□
Stampanti a raggi laser	□	□	□
Stampanti video a colori	□		□
Stampanti a getto d'inchiostro	□		□
Fax standard	□		□
Fax laser	□		□
Calcolatrici			□
Fotocopiatrici a carta normale	□	□	□
Fotocopiatrici a batteria	□	□	□
Fotocopiatrici a colori	□	□	□
Fotocopiatrici laser	□	□	□
Fotocopiatrici a colori laser	□	□	□
NAVI	□	□	□
Sistemi video	□	□	□
Imager laser	□	□	□
Analizzatori di cellula	□	□	□
Allineatori a maschera	□		□
Allineatori stepper	□		□
Allineatori laser	□	□	□

Fonte: PRAHALAD e HAMEL [1990, 90].

tabilità[13]. È evidente che quanto più un'impresa è dotata di condizioni patrimoniali distintive (che solo essa possiede, che fanno la differenza rispetto ai clienti e ai concorrenti, che i concorrenti non possono copiare) tanto più forte è la sua posizione nel realizzare le strategie competitive.

Le condizioni patrimoniali distintive possono essere caratteristiche di un solo sistema di prodotto (o area di affari, o combinazione prodotto-mercato) oppure possono essere comuni a tutti i sistemi di prodotto offerti da una stessa impresa; in questi casi, tali competenze distintive trasversali sono denominate *core competences*, ossia *competenze centrali* del disegno strategico dell'impresa. Idealmente, le *core competences* sono non solo le competenze

13 TEECE, PISANO e SHUEN [1997].

distintive comuni alle attuali combinazioni economiche, ma anche, e soprattutto, la *fonte per l'attivazione e lo sviluppo di nuovi sistemi di prodotto.*

Le competenze distintive sono la base delle strategie competitive per ogni sistema di prodotto, le competenze *core* sono la base delle strategie di estensione orizzontale e verticale. Una ricca dotazione di competenze distintive e di competenze *core* è palesemente un ottimo presupposto per la vita duratura economica dell'impresa; un patrimonio formato solo da condizioni generiche, che non danno ai sistemi di prodotto caratteri peculiari, che sono facilmente imitabili e che non sono estendibili a nuove combinazioni economiche, può consentire solo una vita economica stentata e precaria, ossia con bassa capacità di attrazione e di rimunerazione delle condizioni produttive, in particolare del capitale di rischio.

Dedicando attenzione alle condizioni patrimoniali d'impresa e, in particolare, all'individuazione e all'analisi delle competenze distintive, si pone in luce il fatto che *ciascuna impresa è dotata di un patrimonio di risorse differente rispetto a quello di ogni altra.* Dunque, le imprese che formano uno stesso settore e che competono sugli stessi mercati sono tra loro differenti e da tali differenze si traducono in differenti potenziali di redditività e di sviluppo. Collegando questa riflessione con quanto suggerito dal modello del sistema competitivo allargato (par. 9.3) giungiamo a concludere che i potenziali di redditività e di sviluppo delle imprese dipendono da due ordini di fattori:

- l'intensità delle *pressioni competitive* derivanti dal settore e dal mercato in cui l'impresa opera (elemento comune a tutte le imprese dello stesso settore);
- la ricchezza delle *condizioni patrimoniali distintive* disponibili (elemento differente per ciascuna impresa).

14.4. Le scelte di formazione e di valorizzazione del patrimonio

Come si può agevolmente dedurre da quanto sopra esposto, la configurazione del patrimonio di ciascuna impresa è il frutto di numerose scelte di natura molto varia; tutte le scelte compiute dall'azienda giorno per giorno influenzano le condizioni patrimoniali; alcune premesse fondamentali si pongono già nei momenti iniziali in cui l'impresa viene progettata e costituita; profonde trasformazioni possono avvenire in occasione di scelte straordinarie o di grande portata come, ad esempio, una fusione con altra impresa o la costruzione di un nuovo stabilimento; moltissime scelte singolarmente di scarso rilievo producono effetti cumulati assolutamente importanti costruendo progressivamente le condizioni patrimoniali immateriali quali il know-how e le routine.

Alcune classi di scelte che producono effetti particolarmente evidenti sul patrimonio dell'impresa sono:

a) le scelte di integrazione verticale ed estensione orizzontale e interfunzionale;

b) le scelte di dimensionamento delle capacità produttive;
c) le scelte di fusione e di acquisizione di altre imprese;
d) le scelte relative alla formazione di aggregati interaziendali;
e) le scelte di localizzazione;
f) le scelte di struttura del capitale proprio e di terzi;
g) le scelte di gestione dell'organismo personale e di progettazione degli assetti organizzativi.

Le scelte di integrazione verticale e di estensione orizzontale. Quando sono scelte di *maggiore estensione*, si producono due fenomeni congiunti: da una parte, alcune condizioni patrimoniali già disponibili trovano nuove occasioni di impiego nelle nuove combinazioni economiche (si producono le economie di raggio d'azione, si sfruttano le *core competences*); dall'altro lato si sviluppano dall'interno e si acquisiscono dall'esterno nuove condizioni patrimoniali, più o meno distintive, che arricchiscono la dotazione complessiva dell'impresa; meno frequenti, ma altrettanto importanti sono le scelte di *riduzione dell'estensione*, in particolare dell'estensione verticale; in tali occasioni si decide di affidare ad altre imprese lo svolgimento di certe parti delle combinazioni economiche e così alcuni insiemi di condizioni patrimoniali escono dal dominio dell'impresa, inclusa la possibilità di proteggerle dall'imitazione e di influenzarne direttamente lo sviluppo; considerazioni analoghe valgono per le scelte di maggiore o minore estensione interfunzionale.

A parità di estensione verticale, orizzontale e interfunzionale, *le scelte di dimensionamento delle capacità produttive* comportano l'aggiunta o la sostituzione di stabilimenti, magazzini, laboratori, punti di vendita, ecc. Spesso queste scelte hanno una duplice natura perché in occasione dell'ampliamento delle dimensioni si possono realizzare anche innovazioni tecniche e organizzative modificando così il patrimonio di competenze dell'impresa.

Le decisioni di acquisizione di altre imprese o di fusione con altre imprese. Per certi versi, queste scelte possono essere viste semplicemente come una speciale modalità di realizzazione delle scelte di crescita orizzontale, verticale, interfunzionale e dimensionale (in proposito si usa l'espressione «crescita esterna» contrapposta alla «crescita interna»); tuttavia, è assolutamente critico ricordare che le fusioni e le acquisizioni portano ad unire (augurabilmente ad integrare sinergicamente) anche due o più patrimoni di risorse immateriali, ossia di valori, di culture, di routine; già sappiamo che queste condizioni patrimoniali sono difficili da trasferire da un contesto all'altro; ancora più *difficile è integrarle*[14]; una scelta di «crescita esterna» può abbreviare notevol-

[14] Le difficoltà derivano, se non altro, dal fatto che molte routine delle aziende che si fondono sono semplicemente dei doppioni tra loro tecnicamente (e talvolta culturalmente) incompatibili; spesso la decisione da prendere è quella di scegliere tra l'una o l'altra routine con notevoli ripercussioni sul morale dell'una e dell'altra parte che si vedono come vincenti o perdenti. Si vedano: TURATI [1990]; HASPESLAGH e JEMISON [1991]; CORTESI [2000]; CONCA [2001].

mente i tempi di realizzazione di una strategia di sviluppo, ma comporta concreti *rischi di conflitti organizzativi* e di «distruzione», anziché «valorizzazione» di condizioni patrimoniali.

Le scelte relative alla formazione di aggregati interaziendali. Le imprese che si trovano a far parte di aggregati interaziendali (gruppi di imprese, partecipazioni a *joint ventures*, consorzi, reti in *franchising*, alleanze strategiche formalizzate, ecc.) godono in qualche misura dei patrimoni di tutte le entità che compongono l'aggregato; la singola impresa non ha un controllo diretto sul patrimonio delle altre entità, ma ha un *accesso regolamentato e privilegiato* a risorse di vario tipo: capacità produttive, mercati, conoscenze, competenze; queste relazioni esterne fanno parte del cosiddetto *capitale sociale*; la formazione di nuovi aggregati interaziendali e l'ingresso in aggregati già esistenti sono altre forme di «crescita esterna».

Le scelte di localizzazione. Adottando la visione ampia del patrimonio di un'impresa, ossia includendo le condizioni di ambiente, è immediatamente chiara la criticità delle scelte di localizzazione; al di là delle evidenti conseguenze in termini di costi di trasporto e di comunicazione e dei differenziali di costo del lavoro locale, le scelte di localizzazione aprono l'accesso a «patrimoni ambientali» più o meno ricchi che possono dare luogo ad economie esterne per molti versi assimilabili a condizioni distintive fonti di vantaggio competitivo; si considerino in particolare i seguenti aspetti: *i*) l'inserimento in economie locali quali i distretti e i connessi vantaggi in termini di «capitale sociale»; *ii*) l'appartenenza a Paesi con sistemi giuridici e finanziari più o meno affidabili e il connesso «patrimonio istituzionale»[15] che si riflette nella reputazione dell'impresa; *iii*) la localizzazione in aree geografiche alle quali si associano idee di pregio dei prodotti (si pensi ai marchi di origine quali «made in Italy» piuttosto che ai vari apparati di tutela e di valorizzazione delle denominazioni di origine geografica) e i conseguenti impatti sull'immagine commerciale dell'impresa.

Le scelte di struttura del capitale proprio e di terzi. Scelte di gestione finanziaria e di assetto proprietario determinano direttamente un aspetto fondamentale della struttura del patrimonio: le dimensioni assolute e relative del capitale proprio e del capitale di prestito. Altre scelte di gestione caratteristica (in particolare le condizioni di pagamento) e di gestione patrimoniale concorrono a definire il quadro complessivo dei debiti e dei crediti di regolamento e di prestito e del capitale netto; in molte imprese sono di grande rilievo le scelte istituzionali e di gestione caratteristica di investimento in quote di capitale di rischio di altre imprese con fini di controllo o di interazione istituzionale (le partecipazioni dette anche «immobilizzazioni finanzia-

[15] Le scelte di localizzazione geografica determinano il tipo di «ambiente istituzionale» (e di connesso «patrimonio istituzionale») in cui l'impresa si trova ad operare e che può essere un vantaggio o uno svantaggio competitivo: NELSON [1994]; TEECE, PISANO e SHUEN [1997].

rie»). La struttura del capitale proprio e del capitale di terzi, a sua volta, influenza l'immagine dell'azienda, la sua capacità di investire nello sviluppo interno e nell'acquisizione di competenze, il grado di rischio affrontabile in tali processi.

Le scelte di gestione dell'organismo personale e di progettazione degli assetti organizzativi. Sono scelte che influenzano con grande forza la formazione del patrimonio di condizioni immateriali, in particolare delle conoscenze e delle capacità di fare e della coesione interna; le conoscenze e le capacità individuali dei prestatori di lavoro, ad esempio, dipendono dai criteri di selezione del personale, dagli interventi di addestramento e di formazione e dai percorsi di carriera seguiti; i processi di apprendimento collettivo sono influenzati dalle modalità di organizzazione del lavoro che può più o meno favorire il lavoro di gruppo e per progetti; la progettazione organizzativa delle strutture e dei processi codifica e razionalizza le routine nelle quali si incorpora il saper fare dell'azienda.

Dopo aver passato rapidamente in rassegna alcune delle principali classi di scelte che determinano la configurazione del patrimonio d'impresa, svolgiamo qualche riflessione sugli *indirizzi strategici che dovrebbero ispirare tali scelte*; in altri termini esplicitiamo quali politiche generali sono coerenti con il fatto di assegnare al patrimonio un ruolo centrale nella gestione strategica dell'impresa. In sintesi, tali indirizzi strategici sono[16]:

1. basare le scelte di ingresso in nuovi mercati principalmente sull'opportunità di sfruttamento delle competenze distintive possedute piuttosto che sulla generica opportunità di entrare in mercati promettenti perché sono soggetti a basse pressioni competitive ma per i quali non si dispone di competenze distintive; in altri termini, adottare strategie di *diversificazione correlata* (dove si realizzano economie di raggio d'azione utilizzando competenze distintive esistenti) evitando mosse di *diversificazione non correlata* (si entra in un contesto competitivo senza competenze specifiche);
2. scegliere con cura le *modalità di sfruttamento delle competenze distintive* possedute; le alternative fondamentali sono tre[17]: *i*) usarle direttamente nella propria impresa realizzando il sistema di prodotto finale; *ii*) usarle direttamente nella propria impresa, ma per produrre un bene intermedio da cedere ad altre imprese che realizzeranno il prodotto finale; *iii*) cedere la competenza distintiva ad altra impresa che produrrà i beni intermedi e finali;
3. sfruttare a fondo le *economie di replicazione* interna di competenze distintive, in particolare nelle imprese che crescono per replicazione di unità produttive omogenee (grande distribuzione, banche, fast food, reti in *franchising*, ecc.)[18];

[16] I punti sono tratti da vari passaggi in: BARNEY [2002] e TEECE, PISANO E SHUEN [1997]. Ivi si trovano i richiami bibliografici rilevanti per ciascun punto.

[17] TEECE [1980; 1982].

[18] WINTER e SZULANSKI [2001]; il tema è ripreso nel cap. 11.

4. attuare operazioni di fusione e di acquisizione quando le competenze delle imprese da unire sono *competenze tra loro complementari* piuttosto che competenze simili e sovrapposte[19];

5. internalizzare e *non esternalizzare* i processi che producono le competenze distintive e nei quali tali competenze sono incorporati;

6. puntare su *modelli organizzativi* e su sistemi di gestione del personale *originali* perché da essi possono scaturire processi di apprendimento differenti rispetto a quelli delle altre imprese e dunque competenze distintive[20];

7. attuare strategie di raccolta di *capitale di rischio* e di *capitale di prestito* che permettano di sviluppare in autonomia i *progetti innovativi* che contengono competenze distintive; in altri termini, evitare di trovarsi a dover «svelare segreti» in sede di negoziazione di aumenti di capitale o di formazione di alleanze;

8. in generale, impostare strategie centrate chiaramente sullo *sviluppo di alcune competenze distintive* per le quali l'impresa assume impegni forti e di lungo periodo;

9. evitare *eccessi di cambiamento* che mettono in crisi i sistemi cognitivi e i processi di apprendimento.

14.5. La dinamica del patrimonio: le scelte di sviluppo

Abbiamo visto che, adottando l'ottica delle scelte strategiche, il patrimonio è visto essenzialmente come un insieme di risorse distintive e di risorse centrali (*core competence*) che sono le basi delle strategie competitive e delle strategie di espansione. Correttamente, le imprese che vogliono essere competitive e che vogliono crescere investono nel rafforzamento e nella difesa delle loro condizioni patrimoniali più preziose; tale condotta, tuttavia, nei tempi non brevi può portare a ridurre la capacità di azione strategica dell'impresa; *le competenze distintive possono diventare fattore di rigidità* e di blocco dell'innovazione; naturalmente, questo rischio diventa tanto più concreto quanto più dinamico è il contesto competitivo nel quale l'impresa opera. Le origini di questo fenomeno possono chiarirsi riflettendo, ancora una volta, su alcuni caratteri delle condizioni patrimoniali:

a) molte condizioni patrimoniali hanno *cicli tecnici ed economici di lunga durata*: la loro predisposizione, la messa a punto e l'utilizzo nelle combinazioni economiche possono protrarsi per molti anni e per molti decenni; ciò vale sia per le risorse materiali (un fabbricato, un impianto) sia per le risorse immateriali (competenze endogene, brevetti acquistati, ecc.); le scelte in materia vincolano le condotte successive poiché giustamente l'impresa cercherà di sfruttare tali risorse il più a lungo possibile anche quando le condizioni di mercato potrebbero suggerire il loro abbandono o la loro sostituzione;

[19] LOCKETT e THOMPSON [2001].

[20] WRIGHT, DUNFORD e SNELL [2001].

b) le immobilizzazioni tecniche materiali e immateriali possono essere *a destinazione specifica*, ossia essere utilizzabili convenientemente solo per lo svolgimento di determinati processi; non sono ad uso generico e non sono facilmente convertibili; in alcuni casi sono frutto di investimenti specifici per soddisfare la domanda di singoli clienti; è chiaro che i gradi di discrezionalità strategica di un'impresa si riducono notevolmente se una parte rilevante delle sue condizioni patrimoniali ha cicli economici e tecnici lunghi ed è a destinazione specifica;

c) le routine nelle quali si incorpora il know-how aziendale *tendono a permanere nel tempo* e ciò è particolarmente vero quando l'impresa ha avuto successo per lunghi periodi; negli *schemi mentali* di chi governa l'impresa e di chi vi svolge lavoro direttivo ed esecutivo si insinua la convinzione che le routine correnti siano le migliori possibili e che non si debba ricercare nessuna novità; più in generale, nelle imprese di successo si consolidano valori, strutture e processi che riducono pericolosamente la sensibilità al dinamismo ambientale e all'esigenza di cambiamento.

La costruzione e lo sfruttamento delle competenze distintive e centrali può dunque produrre rigidità[21], mentre i contesti dinamici richiedono flessibilità e innovatività. Ragionando in termini di condizioni patrimoniali, si afferma che la vita duratura economica delle imprese non può basarsi solo su una buona dotazione di *competenze distintive* e di *competenze centrali*; l'impresa deve dotarsi anche di capacità di cambiamento, ossia di *competenze dinamiche*[22]; ciò è particolarmente vero quando le attese dei clienti mutano rapidamente, le tecnologie disponibili nell'ambiente si rinnovano intensamente e le competenze distintive utilizzate dall'impresa sono facilmente imitabili. Le competenze dinamiche consistono nella capacità di *arricchire, rinnovare, ricombinare e sostituire le competenze distintive esistenti.*

Come si possano sviluppare le competenze dinamiche è questione complessa; uno schema di riferimento può dedursi dalle seguenti tre considerazioni congiunte[23]:

- occorre curare e sviluppare le strutture e i processi aziendali in modo tale da *massimizzare le capacità di*: *i*) *integrare* gli elementi che compongono l'impresa e il suo immediato ambiente combinandoli in competenze solide e distintive; *ii*) *apprendere*, ossia imparare a svolgere le attività meglio e più rapidamente attraverso la ripetizione e la sperimentazione; apprendere che è processo intrinsecamente sociale e collettivo; *iii*) *riconfigurare* rapidamente ed efficacemente le strutture e le competenze aziendali in forme innovative;
- la base di partenza è comunque rappresentata dalla dotazione di condizioni patrimoniali di ogni tipo esistenti in un certo momento; occorre *sa-*

21 RUMELT [1995]; MONTGOMERY [1995].

22 TEECE, PISANO e SHUEN [1997]; HELFAT e PETERAF [2003]; LANGLOIS e ROBERTSON [1995].

23 Si propone una rielaborazione di quanto in TEECE, PISANO e SHUEN [1997, 518 ss.]; si veda anche: VERONA e RAVASI [2003].

per riconoscere le competenze distintive esistenti e valutarne il potenziale futuro;

• le opzioni strategiche disponibili sono insiemi di vincoli e di opportunità fortemente condizionati dalla *storia dell'impresa* (*path dependence*), ossia dai suoi investimenti passati e dalle routine in atto; ciò significa che le imprese non possono efficacemente cambiare contemporaneamente tutti gli elementi della loro struttura; cambiando tutto contemporaneamente diventa praticamente impossibile capire quali cambiamenti hanno prodotto quali effetti, vanno in crisi gli schemi cognitivi e si blocca il processo di apprendimento.

In alternativa alla strategia di sviluppo di competenze dinamiche, si può seguire la strada dell'*acquisizione di competenze distintive dall'esterno* mano a mano che se ne presenta la necessità o l'opportunità; non si può escludere l'utilità di tale strategia ma si deve sempre ricordare che per loro natura le competenze distintive sono difficilmente trasferibili ed imitabili e rischiano di avvizzire se trapiantate in un nuovo contesto.

Le scelte di organizzazione

Capitolo 15

15.1. La progettazione dell'assetto organizzativo delle imprese: un quadro d'assieme

L'*assetto organizzativo* di un'impresa è l'insieme delle variabili che *configurano l'organismo personale* e che *definiscono, indirizzano e coordinano i comportamenti delle persone* che lo compongono. In altri termini, quando si progetta l'assetto organizzativo si decide: *quante persone*, e *con quali caratteristiche*, sono necessarie per svolgere le combinazioni economiche dell'impresa; quali insiemi di *compiti* deve svolgere ciascuna persona, con quali *obiettivi*, secondo quali *modalità*, con quali *risorse*; come e quanto ciascuna persona deve essere *retribuita*; quali sono i percorsi professionali coerenti con le dinamiche delle persone e delle combinazioni economiche aziendali. Tutto ciò deve essere configurato in modo tale che i compiti siano svolti secondo *efficienza ed efficacia*, con i massimi livelli di *coordinamento* e di *integrazione* possibili, con grande *flessibilità* e capacità di fronteggiare il *dinamismo* ambientale[1].

Entrando un po' più nel dettaglio, possiamo dire che per attuare un buon assetto organizzativo deve realizzarsi un insieme di condizioni congiunte[2] e piuttosto articolato che chiamiamo «condizioni di efficacia di un sistema organizzativo»:

- occorre un *numero di persone adeguato* al volume complessivo di attività da svolgere e, più in generale, *equilibrati carichi di lavoro* a livello di combinazioni economiche generali, di combinazioni e coordinazioni econo-

[1] Per i vari significati del termine «organizzazione» si vedano: RUGIADINI [1979, 3 ss.]; MAGGI [1984, 9 e 151-161].

[2] In questa presentazione introduttiva le singole condizioni sono trattate separatamente per ragioni di semplicità espositiva; si rifletta però, ad esempio, sulla congiunzione tra le scelte di numero dei prestatori di lavoro, loro competenze e la quantità di risorse tecniche messe a disposizione.

miche parziali, a livello di singole persone; nessuna persona e nessun gruppo di persone deve trovarsi in una situazione di sovraccarico o di sottocarico di lavoro;

• occorrono prestatori di lavoro con *profili personali* (valori e bisogni) *e professionali* (conoscenze; capacità tecniche, relazionali e manageriali) coerenti con il tipo di attività da svolgere nell'impresa;

• è necessaria una chiara definizione *dell'insieme di compiti che ciascuna persona deve svolgere* (la mansione); a ciascuna persona si assegna una mansione specifica e il disegno organizzativo complessivo dovrebbe essere tale per cui se ciascuno svolge tutta e soltanto la propria mansione, tutte le attività dell'impresa vengono svolte senza lacune o duplicazioni;

• si devono definire gli *obiettivi* (di efficienza e di efficacia) che ciascuna persona deve perseguire nello svolgimento della propria mansione e, congiuntamente, si deve decidere quali sono le *risorse* messe a disposizione della persona (impianti, macchinari, mezzi monetari, informazioni, ecc.);

• bisogna scegliere e codificare quali sono le *modalità tecniche*, le *procedure* da seguire nello svolgimento delle varie attività;

• occorre decidere quali gradi di *rispetto delle procedure* e quali gradi di *esercizio della discrezionalità* ciascuna persona deve esercitare a fronte del dinamismo interno ed esterno; in altri termini, quali *deleghe e responsabilità decisionali* fanno capo alle varie persone;

• le *persone* devono percepire di essere *rimunerate in modo corretto*, secondo equità, rispetto all'impegno profuso e ai risultati ottenuti;

• le persone devono sentirsi parte di collettività sociali (l'impresa in generale, ma anche i gruppi di lavoro formali e informali) e quindi assumersi, con *spirito di corpo*, anche responsabilità collettive oltre a quelle connesse alla posizione individuale;

• le *persone* devono essere *motivate* al lavoro con atteggiamento contributivo e cooperativo; nelle economie evolute, questo significa predisporre condizioni che permettano ai prestatori di lavoro di soddisfare i bisogni di socialità, di stima e realizzazione[3];

• occorre attivare potenti strumenti di *coordinamento* e di *integrazione* in modo tale che le attività svolte dalle singole persone formino un insieme unitario efficace; in particolare occorre integrare:

– *i compiti*; come già accennato, la somma dei compiti assegnati alle varie persone deve comporre esattamente l'insieme delle attività necessarie per svolgere le combinazioni economiche dell'impresa, senza lacune e sovrapposizioni;

– *i tempi*; le attività delle persone sono collegate anche da vincoli di sincronia e di sequenza temporale; occorre una regia centrale che assicuri tali coerenze;

– *i volumi*; gli acquisti, le produzioni, le vendite e le spedizioni – complessive e parziali – devono svolgersi in volumi bilanciati;

• l'intero sistema deve possedere adeguati gradi di *flessibilità* e di capacità di gestione del dinamismo interno ed esterno.

[3] Si veda più avanti il par. 15.5.

Si intuisce facilmente che le decisioni di organizzazione sono tutt'altro che semplici. Sono decisioni con forti contenuti tecnici, ma anche decisioni cariche di tensioni e di ambiguità perché:

- si opera in generale in un mondo di variabilità, di incertezza, di conoscenze incomplete, di razionalità limitata;
- i comportamenti organizzativi delle persone non sono facilmente osservabili e controllabili; lo stesso vale per i profili personali e professionali delle persone;
- i risultati conseguiti dalle singole persone spesso non sono facilmente valutabili e, inoltre, sono sempre influenzati dai contributi di altre persone; in altri termini i risultati ottenuti nelle imprese sono risultati congiunti, risultati «dell'organizzazione», mai perfettamente scomponibili in parti attribuibili univocamente ai singoli;
- in generale, le attività, i comportamenti, le risorse e i risultati sono legati da forti relazioni di interdipendenza; ogni variazione di un elemento influenza gli altri e può richiedere interventi di riprogettazione dell'intero sistema;
- le singole persone e i gruppi di persone si presentano con insiemi di valori e di bisogni e con schemi cognitivi disomogenei; una stessa soluzione organizzativa può stimolare differenti comportamenti in differenti persone;
- alle strutture formali progettate dell'impresa si sovrappongono strutture informali di gruppi sociali le cui norme di comportamento possono essere incoerenti con le attese di comportamento dell'impresa;
- tutti i punti sopra ricordati aprono ampi spazi a comportamenti opportunistici;
- anche le scelte organizzative, come tutte le scelte di impresa sono soggette a vincoli di risorse; moltissime scelte sono scelte di compromesso;
- i comportamenti organizzativi tendono a stabilizzarsi nel tempo; una volta trovata una risposta efficace per la soluzione di un problema ricorrente, si tende a replicare tale risposta (che diventa una routine)[4] anche quando i termini del problema cambiano;
- nella loro essenza le problematiche organizzative sono simili in tutte le imprese con combinazioni economiche analoghe; l'apprendimento interorganizzativo porta a soluzioni uniformi in varie classi di imprese; tuttavia, la replicazione e l'imitazione sono limitati dal fatto che comunque ogni impresa ha una propria storia (*path dependence*) e che molte imprese ricercano soluzioni organizzative originali che possono dare un vantaggio competitivo rispetto ai concorrenti.

Vediamo ora quali sono le variabili che si debbono progettare per realizzare l'assetto organizzativo secondo le «condizioni di efficacia dei sistemi organizzativi» sopra viste. Si tratta delle *variabili organizzative*, ossia:

1. la struttura organizzativa:
   - struttura organizzativa di base,
   - struttura delle singole unità organizzative;

[4] NELSON e WINTER [1982].

2. la distribuzione dell'autorità;
3. i sistemi operativi:
– i sistemi di pianificazione strategica;
– i sistemi di programmazione e controllo;
– i sistemi di gestione del personale;
– i sistemi informativi.

Progettare *la struttura organizzativa di base* significa decidere quali unità organizzative attivare, quali insiemi di compiti attribuire a ciascuna unità organizzativa, come collegare le varie unità organizzative in una struttura gerarchica. Ad esempio, un'impresa può decidere di attivare una direzione produzione, una direzione ricerca, una direzione commerciale e una direzione amministrativa, di far dipendere le prime due da un direttore tecnico e di fare dipendere questi e le seconde due dal direttore generale. Risulta l'organigramma di tavola 15.1. Con la struttura di base, dunque, si divide il lavoro tra le varie unità e lo si coordina mediante le relazioni gerarchiche. In verticale si dividono anche le responsabilità e il potere decisionale. Ogni capo è un integratore ed è un decisore; in quanto integratore è responsabile di coordinare tutte le attività che da lui dipendono; in quanto decisore è responsabile di decidere a fronte di tutte le occasioni di decisione che si presentano all'interno delle unità che da lui dipendono salvo quanto delegato ai suoi dipendenti.

Data una certa struttura di base, si progetta *la struttura organizzativa delle singole unità* giungendo a definire le mansioni e le responsabilità delle singole persone e dei gruppi di persone che formano le unità organizzative elementari (un ufficio, un reparto, un team di progetto, ecc.). Oltre che per chiarire le mansioni individuali, queste scelte sono cruciali sul fronte della motivazione perché da esse deriva in larga misura la possibilità dei prestatori di lavoro di soddisfare i bisogni di socialità, di stima e di realizzazione.

Le scelte di *distribuzione dell'autorità*, come visto, sono in parte strettamente congiunte alle scelte di struttura organizzativa sia di base sia delle singole unità; tuttavia, data una certa struttura organizzativa, sono sempre possibili differenti forme di distribuzione dell'autorità e, dunque, è utile trattare queste scelte anche separatamente. In essenza, si tratta di decidere in merito al decentramento (a quali unità organizzative, procedendo dall'alto verso il basso, fanno capo quali decisioni) e alla delega (quali gradi di libertà nelle scelte sono lasciati a coloro che devono decidere). Possiamo così avere, agli estremi, imprese con potere molto concentrato (poco decentramento e poca delega) o con potere molto diffuso (decisioni molto decentrate con ampia delega). In generale, è bene che il potere sia diffuso quando l'impresa vive in un contesto dinamico e scarsamente prevedibile.

I *sistemi operativi di pianificazione strategica* svolgono un ruolo molto critico per l'integrazione aziendale. I sistemi di pianificazione strategica (qui intesi in senso molto ampio) producono idee, orientamenti, «visioni», «missioni», politiche, strategie, piani che fungono da quadro di riferimento comune per tutte le persone che operano in impresa; tutti i manager nelle si-

TAVOLA 15.1. *Un esempio di organigramma*

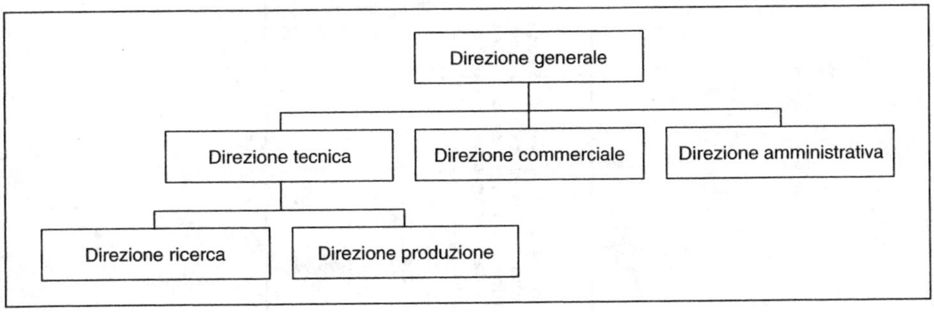

tuazioni decisionali critiche e complesse dovrebbero ispirarsi a questi orientamenti di fondo e se ciò accade si ottiene integrazione. I piani strategici contengono anche specifici obiettivi «di lungo periodo» per le varie unità organizzative.

I *sistemi di programmazione e controllo* svolgono una molteplicità di funzioni critiche: definiscono gli obiettivi di breve periodo di ciascuna unità organizzativa (in senso lato, anche di ciascuna persona); in corrispondenza degli obiettivi, assegnano a ciascuna unità organizzativa le necessarie risorse; definendo obiettivi e risorse, determinano i carichi di lavoro di ciascuna unità; le risorse e gli obiettivi di tutte le unità sono definiti tutti contemporaneamente a livello aziendale secondo una struttura internamente coerente; in tal modo, i sistemi di programmazione e controllo svolgono un ruolo essenziale anche in termini di coordinamento, in particolare di integrazione dei volumi e dei tempi.

I *sistemi di gestione del personale* sono numerosi (dimensionamento degli organici, ricerca, selezione, accoglimento, inserimento, valutazione della posizione, valutazione delle prestazioni, retribuzione, valutazione delle competenze, valutazione del potenziale, carriera, addestramento, formazione, mobilità interna, mobilità esterna) e svolgono una molteplicità di funzioni. Progettando e attuando i sistemi di gestione del personale si decide quante persone includere nell'organismo personale complessivo, quante assegnarne a ciascuna unità organizzativa, con quali profili assumerle e come sviluppare successivamente tali profili, come retribuire le persone, come assegnarle progressivamente a compiti di maggior responsabilità.

I *sistemi informativi* raccolgono, producono, immagazzinano, elaborano e distribuiscono i dati e le informazioni che alimentano i processi decisionali. Da un lato, i dati e le informazioni sono una classe fondamentale di risorse sia a livello complessivo di impresa sia a livello delle singole unità organizzative e delle singole persone; dall'altro lato, un buon sistema informativo è uno strumento essenziale di coordinamento costituendo una base comune di conoscenza e di interpretazione dei fenomeni aziendali.

TAVOLA 15.2. *Variabili organizzative e condizioni di efficacia dei sistemi organizzativi*

LE VARIABILI ORGANIZZATIVE DA PROGETTARE (L'ASSETTO ORGANIZZATIVO)	LE CONDIZIONI DI EFFICACIA DEI SISTEMI ORGANIZZATIVI											
	Adeguato numero di prestatori di lavoro, carichi di lavoro equilibrati	Profili personali e professionali coerenti con i tipi di lavoro da svolgere	Chiare mansioni (insiemi di compiti) individuali	Obiettivi espliciti; risorse coerenti con gli obiettivi	Chiare modalità di svolgimento delle mansioni; procedure operative	Esplicite deleghe e responsabilità	Equità delle rimunerazioni	Spirito di corpo, socializzazione	Motivazione (soddisfazione dei bisogni di socialità)	Motivazione (soddisfazione dei bisogni di stima e di realizzazione)	Coordinamento e integrazione dei compiti, dei tempi e dei volumi	Flessibilità: gestione del dinamismo interno ed esterno
La struttura organizzativa di base		O	O		O	O					O	
La struttura delle singole unità organizzative		O	O		O			O	O	O		
La distribuzione del potere						O						O
I sistemi di pianificazione strategica								O			O	O
I sistemi di programmazione e controllo	O			O							O	
I sistemi di gestione del personale	O	O					O	O		O		
I sistemi informativi				O	O							

Nella tavola 15.2 si presentano le relazioni essenziali tra progettazione delle variabili organizzative e condizioni di efficacia dei sistemi organizzativi.

Due riflessioni prima di passare all'approfondimento dei temi di progettazione delle variabili organizzative: *a*) queste poche pagine introduttive sull'assetto organizzativo dovrebbero aiutare a capire quali sono le differenze sostanziali tra l'attività economica coordinata «dal mercato» e l'attività economica coordinata «dalla gerarchia» (si dovrebbe dire «dall'assetto organizzativo» di un'impresa); *b*) certamente l'assetto organizzativo e l'organismo personale non formano una macchina, tuttavia l'immagine della «macchina organizzativa» può essere utile per ricordare quanto impegno e quanta cura debbono essere dedicati alla progettazione coerente e integrata di tutte le variabili oggetto di questo capitolo.

15.2. L'organismo personale: le variabili individuali e sociali

15.2.1. Un insieme di persone unitario, dinamico e flessibile

L'organismo personale è l'insieme *unitario* delle persone che, con il proprio lavoro, partecipano allo svolgimento dell'attività aziendale. Si tratta, ad evidenza, di uno degli elementi cardine della struttura di ogni impresa. Sono membri dell'organismo personale d'impresa tutte le persone che fanno parte degli organi di governo economico, di direzione e di esecuzione. L'unitarietà dell'organismo personale si manifesta, tra l'altro, in forma di complementarità di tutte le persone e delle loro competenze, di appartenenza all'unitario soggetto economico, di bene comune prodotto cooperando.

L'organismo personale è un *complesso dinamico*. In relazione al variare delle combinazioni economiche e degli assetti organizzativo e tecnico variano le dimensioni e la composizione dell'organismo personale complessivo e delle sue parti. Ne varia anche la struttura sociale per il dinamico comporsi e ricomporsi degli interessi e delle relazioni interpersonali in gruppi sociali interagenti. Con riferimento ai tempi lunghi si osservano tendenze generali di variazione dei valori, dei bisogni e delle competenze professionali dei prestatori di lavoro. Una dinamica di particolare rilievo è alimentata dal fenomeno dell'*apprendimento*; fenomeno complesso che si svolge sia a livello di singole persone sia a livello di gruppi; nella sua progressione l'apprendimento è fattore di crescenti livelli di efficienza nello svolgimento delle attività correnti; nel suo consolidamento può però divenire elemento di rigidità o di indebita replica di comportamenti passati in contesti innovati.

Il tema generale della ricerca dell'equilibrio tra gli elementi della struttura aziendale richiama immediatamente quello più particolare della *flessibilità* dell'organismo personale. Nei contesti ambientali passati, che si caratterizzavano per una relativa stabilità, il problema della configurazione dell'organismo personale era affrontato assumendo come obiettivi o parametri di riferimento l'efficienza, l'adeguatezza delle competenze professionali, il «costo del lavoro». Nei contesti d'oggi, più mutevoli, diviene cruciale realizzare una dinamica coerenza tra l'organismo personale e gli altri elementi della struttura aziendale; in sintesi, appunto, la flessibilità dell'organismo personale, ossia la sua adattabilità alle variazioni di contesto nel rispetto dei «vincoli» dell'efficienza e dell'economicità.

La configurazione dell'organismo personale di un'impresa si qualifica in due aspetti:

- le caratteristiche delle singole persone che compongono l'organismo personale, ossia le *variabili individuali*;
- le caratteristiche dei gruppi e degli aggregati di persone, ossia le *variabili sociali*.

15.2.2. Le variabili individuali

L'unità elementare dell'organismo personale è la singola persona che presta lavoro nell'azienda. L'organismo personale di un'azienda è innanzitutto qualificato dalle caratteristiche delle persone che lo compongono, ossia dalle *variabili individuali*. La definizione e l'analisi delle caratteristiche delle persone non sono compito proprio delle discipline economico-aziendali in senso stretto; è tuttavia evidente che la comprensione dei fenomeni d'azienda non può prescindere dal ricorso agli strumenti di analisi delle caratteristiche delle persone proposti da altre discipline quali la psicologia, la sociologia e la medicina. L'analisi e l'interpretazione degli accadimenti aziendali, in particolare dei comportamenti dei prestatori di lavoro, richiedono la considerazione di un'ampia gamma di *variabili individuali*, ossia di caratteristiche delle persone che prestano lavoro; le persone devono essere osservate nella loro complessità e unitarietà. Le operazioni d'azienda risentono del profondo influsso soggettivo, in tutti i suoi componenti fisici, spirituali e psicologici, delle persone che pertengono all'organismo personale dell'azienda. Se l'analisi degli accadimenti e dei dati aziendali non è adeguatamente integrata dalle conoscenze di tali componenti soggettivi, le conclusioni facilmente sono erronee[5]. In una visione generale e di sintesi, le variabili individuali rilevanti per l'analisi economico-aziendale sono riconducibili a tre grandi categorie:

- le *competenze professionali*;
- i *valori*;
- i *bisogni*.

Le *competenze professionali* sono riconducibili a due grandi classi: le conoscenze e le capacità tecnico-specialistiche (di ricerca, di trasformazione tecnica, di manutenzione, di rilevazione, di vendita, ecc.); le conoscenze e le capacità di gestione delle relazioni interpersonali (comunicazione, influenza, comando, composizione di interessi contrapposti, conduzione di cambiamenti, ecc.).

[5] MASINI [1979, 268].

I *valori* sono analizzati, in particolare, in termini di convinzioni e di credenze in merito all'attività economica e alle sue modalità di svolgimento: il lavoro, la distribuzione gerarchica dell'autorità, l'efficienza e il cambiamento. Il comportamento di lavoro delle persone è direttamente influenzato dalle differenti posizioni assunte rispetto a tali variabili. Il tema è sviluppato più avanti trattando della cultura organizzativa.

I *bisogni* sono definiti, in generale, come percezioni di carenza di date condizioni (cap. 1); in economia aziendale sono di rilievo le categorie di bisogni che direttamente o indirettamente possono essere soddisfatti dalla partecipazione all'azienda nella qualità di prestatori di lavoro (par. 15.5).

15.2.3. Le variabili sociali: i gruppi, la coesione e il conflitto, la cultura

I gruppi sociali

L'organismo personale non è solo un insieme di singole persone; tra le persone che compongono l'organismo personale di un'azienda si formano sempre relazioni interpersonali che con varia intensità e contenuto legano sottoinsiemi multipli di persone influenzando direttamente il comportamento delle persone anche come parti di tali sottoinsiemi e modificando le stesse variabili individuali. Le persone non si comportano come singoli individui soggetti a regole organizzative; le persone si comportano anche come membri di gruppi sociali, ossia rispettando le regole del gruppo. L'organismo personale di ogni azienda è cioè sempre fortemente caratterizzato, oltre che dalle variabili individuali, dalle *variabili sociali*[6], ossia dall'intensità e dalla qualità delle relazioni interpersonali che connettono le persone in gruppi e in aggregati di vario livello. I concetti centrali per l'analisi delle variabili sociali (gruppo sociale, norme, ruoli) sono illustrati nel paragrafo 1.2 al quale si rimanda.

Le due manifestazioni più importanti delle variabili sociali per ciò che riguarda la vita economica dell'impresa sono:

- la coerenza tra gruppi sociali e gruppi formali; la coesione interna ai gruppi e la cooperazione, o il conflitto, tra gruppi;
- la cultura aziendale e la cultura organizzativa.

Coerenza, coesione, cooperazione e conflitto

I gruppi sociali che si formano in un'impresa o sui confini tra impresa e ambiente non coincidono mai con i gruppi formali corrispondenti ai vari organi aziendali; possono coincidere in termini di persone (non è raro che le persone di uno stesso «ufficio» diventino anche gruppo sociale), ma saranno sempre differenti, almeno in parte, per fini e per norme. Queste differenze e

6 Per una più ampia trattazione del tema, si veda: RUGIADINI [1979, cap. 4].

coincidenze possono dare luogo a varie situazioni: *a*) ad un estremo, possiamo avere coerenza e sinergia tra gruppi sociali e gruppi formali; la coesione e la cooperazione tra i membri dei gruppi sociali si manifesta anche come coesione e cooperazione nei gruppi formali; *b*) all'altro estremo, i fini e le norme di un gruppo sociale possono essere incompatibili con i ruoli formali aziendali.

Anche quando non compongono un gruppo sociale, membri di un gruppo formale sono sempre connessi da relazioni sociali oltre che da relazioni organizzative; queste relazioni sociali possono essere più o meno intense e più o meno positive; quando le relazioni sono intense e positive si dice che il gruppo è *coeso* e da ciò deriva un elevato livello di cooperazione prezioso per l'efficienza aziendale. Quando il gruppo formale si sovrappone (in tutto o in parte) ad un gruppo sociale, la coesione è rafforzata.

La coesione all'interno dei gruppi formali corrispondenti alle varie unità organizzative non è sinonimo di cooperazione e di integrazione a livello aziendale; spesso tra le varie unità organizzative (tra i vari gruppi) si formano rapporti di *tensione* o di *conflitto* con negativi impatti sull'efficienza aziendale.

Le condizioni necessarie per realizzare buoni livelli di coesione all'interno dei gruppi e di cooperazione tra i gruppi sono numerose e di varia natura; qui si richiamano tre regole generali:

- fare in modo che nell'ambito dei singoli gruppi, e complessivamente a livello di impresa, operino persone con *valori simili, o almeno compatibili*;
- prestare la massima attenzione alle doti di leadership naturale delle persone; ciascun gruppo formale dovrebbe essere guidato da *un capo con buone doti di leadership* e nell'ambito dello stesso gruppo non dovrebbe operare più di una persona con spiccate doti di leadership;
- progettare un sistema di «incentivi» (retribuzioni, qualifiche, carriera, ecc.) che premi chiaramente, oltre alle prestazioni individuali, le *prestazioni collettive*.

La cultura aziendale e la cultura organizzativa

In generale, la *cultura* è definibile come l'insieme (o sistema) di idee, di valori, di credenze e di convinzioni condivisi da un insieme di persone. Le idee e i valori condivisi dall'insieme delle persone dell'azienda A in merito all'azienda stessa costituisce la *cultura aziendale*. Nell'ambito di ciascuna azienda si possono individuare sottoinsiemi di persone con idee e valori parzialmente differenziati; si manifestano sottoculture più o meno compatibili con la cultura aziendale generale.

La cultura aziendale è causa ed effetto delle scelte aziendali di fondo. È utile intendere la cultura come fatto dinamico; di seguito si presenta schematicamente un modello di definizione della cultura aziendale in ottica dinamica[7]. La cultura aziendale è l'insieme di idee fondamentali che un insieme di

[7] L'esposizione si basa, con qualche variante, su SCHEIN [1984].

persone ha sviluppato imparando a governare la dinamica d'azienda e di ambiente; si tratta delle idee che hanno mostrato di essere valide per governare tale dinamica e che dunque è bene trasmettere a tutti i nuovi membri dell'azienda come modi di percepire, pensare e sentire la vita aziendale. La cultura aziendale può essere analizzata in tre aspetti. Si possono analizzare le *manifestazioni visibili* della cultura (modelli di comportamento ripetuto o ritualizzato, linguaggio, architettura e arredamento, ecc.); si possono ricercare nelle dichiarazioni esplicite delle persone *i valori*, *le credenze*, *le convinzioni* che producono le manifestazioni fisiche; si può risalire, infine, al livello delle *idee*, ossia degli assunti impliciti, tipicamente inconsci, che, al di là delle dichiarazioni esplicite (spesso razionalizzazioni a posteriori dei propri comportamenti), determinano i modi di percepire, di pensare e di sentire delle persone. Gli assunti impliciti possono anche essere intesi come la particolare categoria dei valori rispetto ai quali è sospeso il giudizio individuale. La cultura è un insieme di idee interrelate che formano un modello coerente. Si danno molte culture aziendali differenti, ciascuna coerente al proprio interno. La cultura è sempre il prodotto ed un carattere distintivo di un gruppo sociale. Quanto più il gruppo è stabile ed omogeneo e quanto maggiori sono la durata e l'intensità delle esperienze condivise dal gruppo, tanto più la cultura del gruppo è definibile come «cultura forte». Le culture forti (se coerenti con il contesto ambientale in cui l'azienda opera) contribuiscono direttamente all'efficienza aziendale. In particolare, le culture forti svolgono una funzione di stabilizzazione dell'ambiente aziendale interno e delle sue relazioni con l'ambiente esterno; le persone che entrano a far parte del gruppo devono apprendere la relativa cultura, ossia adattare le proprie idee a quelle che hanno mostrato la loro validità nel passato e che si giudica garantiranno l'equilibrio aziendale nel futuro.

Quanto sopra vale per definire in generale il concetto di cultura aziendale; nell'ambito della cultura aziendale si definisca la *cultura organizzativa* come l'insieme di idee (di valori, di convinzioni, di credenze) che hanno più specificamente per oggetto gli aspetti critici del sistema organizzativo[8]:

a) il rapporto persona-azienda;

b) la struttura organizzativa, in particolare la distribuzione gerarchica dell'autorità;

c) la dinamica aziendale.

Analogamente a quanto detto per la cultura aziendale, la cultura organizzativa può presentarsi in forme molto differenti; ciascuna coerente al proprio interno. Ai nostri fini appare utile distinguere tre tipi di cultura organizzativa che richiamano per insiemi omogenei molti dei concetti presentati nei capitoli precedenti. I tre tipi di cultura corrispondono a tre modi distinti di intendere il sistema organizzativo: come «sistema naturale», come «sistema tecnico» e come «sistema politico».

[8] Si riprende quanto in AIROLDI e DECASTRI [1983].

Secondo la cultura del *sistema naturale* il lavoro è interpretato come dovere individuale; l'ineguale distribuzione dell'autorità corrisponde alle differenze di competenze personali e costituisce un'opportunità di sviluppo; la dinamica organizzativa è frutto del progresso; il progresso è indotto dall'applicazione e dallo sviluppo delle competenze e delle aspirazioni individuali. Nella cultura del *sistema tecnico* il lavoro è inteso come fatto strumentale per l'ottenimento di ricompense; il rapporto con l'azienda è essenzialmente un rapporto contrattuale di scambio; la gerarchia è condizione tecnica necessaria per lo svolgimento ordinato delle combinazioni economiche; il progresso e il cambiamento organizzativo sono condizioni di efficienza e di competitività. Nella cultura del *sistema politico* il lavoro è interpretato come contributo variabile in funzione del potere esercitato e del potere subito; le differenze di autorità e il cambiamento organizzativo sono rispettivamente frutto e mezzo delle strategie di conquista di potere, ossia di spazi di discrezionalità.

15.3. I principi guida nelle scelte di organizzazione

15.3.1. Il principio di coerenza dinamica

Ciascuna impresa deve progettare il proprio assetto organizzativo in funzione delle proprie caratteristiche specifiche. *Non esistono soluzioni organizzative ottime e valide in ogni circostanza.* Ciò non significa che si debbano inventare soluzioni particolari per ciascun caso; in realtà gli studi aziendali e di management ci consentono di sapere: *a*) quali sono le configurazioni fondamentali che ciascuna variabile organizzativa può assumere; *b*) quali sono le regole in base alle quali scegliere la configurazione fondamentale più adatta per ogni specifica impresa. Questa impostazione del tema è nota come *visione «contingency»* della progettazione organizzativa e si contrappone alle *visioni «universalistiche»* che propongono soluzioni valide per tutte le imprese in tutti i momenti della loro vita.

Le principali regole *contingency* di coerenza tra le variabili organizzative e le altre variabili dell'impresa riguardano le relazioni tra:

- i bisogni delle persone e la struttura delle singole unità organizzative;
- l'articolazione delle combinazioni economiche (la strategia) e la struttura organizzativa di base.

I bisogni delle persone e i contenuti delle mansioni. Differenti persone sentono i vari bisogni (elementari, sicurezza, socialità, stima, realizzazione) con differente intensità e dunque la loro motivazione al lavoro è sollecitata da differenti condizioni, quelle condizioni che nei vari casi soddisfano i bisogni sentiti con maggior intensità. In termini essenziali, la regola *contingency* per noi rilevante è la seguente: *quanto più forti sono i bisogni di socialità, di stima e di realizzazione, tanto più il lavoro deve essere organizzato in forma di lavoro di gruppo e con contenuti «ricchi»* (par. 15.5).

La strategia e la struttura di base. La struttura organizzativa di base deve essere scelta in funzione dell'estensione e della disomogeneità delle combinazioni economiche o, con espressione sintetica, della strategia dell'impresa. In sintesi: *le imprese più piccole e semplici devono adottare una struttura «elementare»; le imprese medio-grandi con una sola area di affari devono adottare una struttura «funzionale», le imprese medie e grandi con più aree di affari molto disomogenee devono adottare una struttura «divisionale»; le imprese medie e grandi con più aree di affari correlate possono adottare strutture «a matrice» o «miste»* (par. 15.4).

La coerenza tra le variabili organizzative e le altre variabili aziendali è *coerenza dinamica.* Continuamente, se pur con varia intensità, si modificano i bisogni delle persone, le forme di interdipendenza, l'estensione e la disomogeneità delle combinazioni economiche; di conseguenza, continuamente si producono adattamenti in parte spontanei, in parte da progettare e mettere in atto con specifici progetti. Le imprese più attente e con maggiori risorse disponibili cercano di sincronizzare le dinamiche delle variabili in gioco per evitare che un assetto organizzativo «superato» diventi, come spessissimo accade, un freno alla crescita e all'economicità dell'impresa.

Il fatto che teorie di economia aziendale e di management propongano regole *contingency* piuttosto precise per la scelta delle soluzioni fondamentali non significa che la progettazione organizzativa avvenga in modo meccanico e imitativo; si progetta sempre in situazioni di incertezza, risentendo della storia e con ampi gradi di discrezionalità nel passare dalle soluzioni di base alle soluzioni analitiche specifiche. Non mancano neppure le occasioni per la sperimentazione di soluzioni organizzative innovative che comportano rischi ma che possono anche diventare importanti fonti di vantaggio competitivo.

15.3.2. Il principio di orientamento alle persone e ai gruppi di persone

La centralità delle persone nella teoria dell'azienda in generale e nella teoria dell'organizzazione aziendale in particolare è stata ribadita più volte nelle parti precedenti. L'attenzione è stata puntata soprattutto sull'esigenza e sulla possibilità di individuare e di attivare soluzioni organizzative che permettano di *coniugare l'efficienza aziendale con la soddisfazione delle persone*; si ricorda che *le due finalità non sono perseguibili l'una in alternativa all'altra*; si tratta di finalità congiunte. Il rilievo dell'organizzazione nella teoria dell'azienda è direttamente legato a quello assegnato nella stessa al lavoro di persona. Per l'economia aziendale si può assumere «il lavoro di persona come idea prima guida di tutta la rete concettuale e di ogni ricerca sia empirica, sia speculativa»; le dottrine di organizzazione sono centrali e non strumentali rispetto alle altre dottrine dell'economia d'azienda; in tale impostazione lo schema di economicità privilegia il prestatore di lavoro rispetto al conferente di capitale poiché, pur essendo complementari, nel primo «si ha sempre un carattere immediato di concorso di persona» e nel secondo «un carattere di strumento o mezzo impersonale»[9].

Le scelte di organizzazione si collegano strettamente alle scelte di tipo istituzionale. Gli assetti organizzativi e gli assetti istituzionali in alcuni aspetti quasi si confondono[10]. Le modalità e l'intensità di partecipazione dei prestatori di lavoro al governo economico dell'impresa sono direttamente influenzate dalle scelte di struttura organizzativa; lo stesso vale per le modalità di trasmissione degli indirizzi di governo economico espressi dai conferenti di capitale; la progettazione del sistema retributivo incorpora scelte con valore anche istituzionale poiché determina la misura dei redditi destinati ai prestatori di lavoro rispetto a quella dei redditi destinati ai conferenti di capitale; le scelte di assetto organizzativo influenzano anche la forma e i contenuti delle relazioni tra istituti.

Le scelte di progettazione degli assetti organizzativi e le scelte di configurazione e di gestione dell'organismo personale devono ispirarsi al principio dell'orientamento alle persone e ai gruppi di persone. Si tratta di un *principio etico* che afferma in generale la necessità che le imprese siano organizzate e gestite nel rispetto della dignità delle persone come individui e come membri di società umane; ma si tratta anche di un *principio economico*, ossia di un principio da applicare per realizzare condizioni di vita economica duratura dell'impresa.

Una prima applicazione del principio di orientamento alle persone consiste nel *realizzare le condizioni che permettono alle persone di essere fortemente motivate a lavorare intensamente e in modo contributivo*; al di là delle considerazioni etiche e morali, un'alta motivazione al lavoro delle persone è una condizione tecnica di economicità. Le imprese non sono sistemi meccanici ove tutto è previsto, programmato e stabile e dove, quindi, basterebbero persone che diligentemente applicano le regole, ossia persone ligie al dovere ma non necessariamente motivate al lavoro contributivo. Le imprese sono realtà dinamiche le cui attività sono solo parzialmente programmabili e programmate; questo vuol dire che sono sempre aperti ampi spazi di discrezionalità che devono essere riempiti con l'impegno, l'iniziativa, la capacità di giudizio critico delle persone; persone solo rispettose delle regole bloccherebbero la vita dell'impresa. Quanto più dinamiche sono le combinazioni economiche d'impresa, tanto più importante diventa l'attenzione alla motivazione delle persone per un lavoro ad alto contenuto decisionale, creativo, imprenditoriale.

Chi progetta gli assetti organizzativi e chi gestisce le persone deve essere orientato anche ai gruppi di persone nel senso che deve cercare di creare *un*

[9] L'impostazione e le citazioni sono tratte da MASINI [1987b, 683-686].

[10] Sul generale e complesso tema del rapporto tra persona e impresa si vedano: MASINI [1979, 270 e 708-720]; MAGGI [1984]; SCOTT [1981]; CROZIER e FRIEDBERG [1977]; ETZIONI [1961]; KNIGHT [1921]; WILLIAMSON [1980].

clima organizzativo favorevole e una forte coesione all'interno dei gruppi di persone che lavorano. Ciò, come già sappiamo, è condizione necessaria per soddisfare i bisogni di socialità delle persone, ma è anche condizione essenziale per la gestione efficace delle relazioni di interdipendenza nelle molteplici attività aziendali. Il fabbisogno di coordinamento e di integrazione delle attività aziendali non può essere coperto solo con strumenti tecnici e organizzativi (programmi, capi, comitati, ecc.) perché, come sopra ricordato, le attività d'impresa non sono interamente programmabili e programmate; i vuoti lasciati dagli strumenti tecnici ed organizzativi devono essere colmati dallo spirito di squadra, dalla coesione di gruppo, dal senso di responsabilità per i risultati collettivi oltre che per quelli individuali. Il clima organizzativo positivo e la coesione sociale sono potenti strumenti di integrazione assolutamente essenziali per le imprese più complesse e dinamiche.

La progettazione organizzativa orientata alle persone ruota, per molti aspetti, attorno al principio della *fiducia*. Il tema, anche con riferimento alle «teorie X e Y» di Douglas McGregor, è svolto nel paragrafo 1.2.6 al quale si rimanda.

Le competenze delle persone che lavorano sono in parte competenze individuali (ossia esprimibili efficacemente da singole persone) e in parte collettive (sono frutto di un apprendimento collettivo e si esprimono nell'azione integrata e congiunta di più persone); sono competenze di persone e di gruppi di persone, ma, evidentemente, sono anche parti importanti del *patrimonio dell'impresa*.

In molte persone è radicata l'idea secondo la quale la «produttività del lavoro» o la «produttività di un'impresa» dipenderebbe essenzialmente dall'impegno profuso dai «lavoratori» nello svolgimento della loro attività; nel breve e nel lungo periodo la produttività aumenterebbe o diminuirebbe sempre e solo in funzione dello sforzo dei prestatori di lavoro. Questa visione porta ad una cattiva organizzazione delle imprese e a una cattiva gestione del personale. Sono gli organi direttivi e di governo economico delle aziende che hanno la responsabilità di progettare l'assetto organizzativo (e l'assetto tecnico) in modo tale da creare *condizioni favorevoli allo svolgimento efficiente delle attività lavorative. Crescenti livelli di efficienza si devono perseguire mediante l'innovazione organizzativa e l'innovazione tecnica* piuttosto che attraverso la pressione sullo *sforzo dei prestatori di lavoro*. L'impegno dei prestatori di lavoro è evidentemente necessario ma la realtà dimostra con indiscutibile evidenza che, esauriti gli effetti dell'apprendimento, progressi significativi di produttività non si ottengono che con l'innovazione organizzativa e tecnica. Gli organi direttivi che interpretano il proprio ruolo come esercizio di pressione sull'impegno dei prestatori di lavoro anziché come ricerca dell'innovazione eludono le proprie responsabilità caratteristiche. Adottando unicamente la logica dell'impegno e dello sforzo si produce tensione organizzativa e la produttività non cresce. Si conseguono congiunti risultati di inefficienza e di insoddisfazione.

TAVOLA 15.3. *Una sintesi dei fattori che influenzano i comportamenti organizzativi*

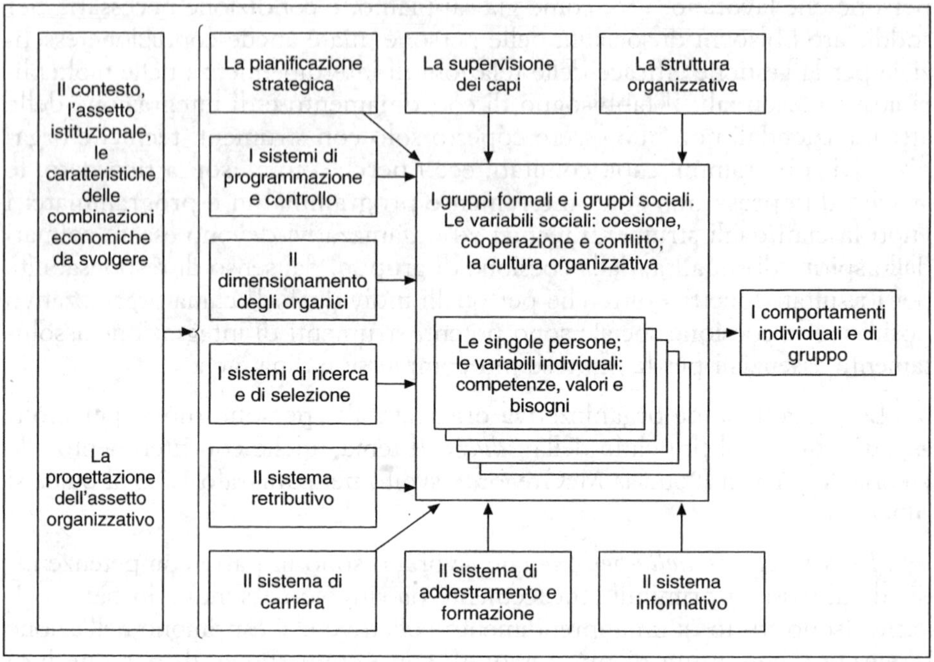

15.3.3. Una sintesi intermedia

Prima di passare alle singole variabili che compongono l'assetto organizzativo, si propone uno schema grafico che riassume in parte quanto sin qui esposto (tav. 15.3).

15.4. La scelta della struttura organizzativa di base

15.4.1. Il processo, gli output, il sistema dei ruoli

In termini sintetici, la struttura organizzativa di un'azienda può essere definita come *la configurazione unitaria e coordinata degli organi aziendali e degli insiemi di compiti e di responsabilità assegnati a ciascuno di tali organi*. Il concetto di struttura organizzativa si può chiarire considerando tre aspetti: il processo di progettazione; gli output formali della progettazione; il sistema di ruoli originato dalla struttura.

Il *processo di progettazione della struttura organizzativa* può sintetizzarsi schematicamente nel modo seguente:

• analizzate le combinazioni economiche aziendali, si definisce *l'insieme complessivo di compiti* (ossia di attività elementari di lavoro) che devono essere svolti dall'insieme dell'organismo personale;

• si sceglie *un criterio di divisione del lavoro* e l'insieme generale di compiti viene suddiviso in sottoinsiemi di compiti in base a tale criterio; ciascun sottoinsieme è inteso come aggregato di compiti corrispondente ad una *unità organizzativa* (un ufficio, un reparto, una direzione, ecc.); si configura dunque *un insieme di unità organizzative*;
• le varie unità organizzative vengono aggregate a più livelli in una *gerarchia* (ossia in linee di autorità formale che partono dal vertice e si diramano, connettendole, tra le unità organizzative dei vari livelli); la gerarchia che lega le varie unità organizzative ai differenti livelli ha il doppio significato di linea di comando (discendente dagli organi di livello più alto a quelli di livello più basso) e di strumento di coordinamento (da parte di ciascuna unità nei confronti delle unità da essa dipendenti);
• il sottoinsieme di compiti assegnato a ciascuna unità organizzativa viene suddiviso in aggregati corrispondenti alle singole *posizioni* che compongono tale unità; la posizione è l'elemento base della struttura organizzativa; è l'unità destinata ad essere coperta da una singola persona; gli insiemi di compiti assegnati alle singole posizioni sono denominati *mansioni*.

Gli output formali del processo di progettazione della struttura organizzativa sono: *a*) un «elenco» di unità organizzative (ufficio acquisti, direzione produzione, reparto montaggi, servizio relazioni esterne, ecc.); *b*) un corrispondente elenco di insiemi di compiti, ossia dei compiti assegnati a ciascuna unità organizzativa; *c*) un insieme di relazioni gerarchiche che collega le varie unità organizzative. Questi tre insiemi costituiscono la *struttura organizzativa formale* o ufficiale: quando tale struttura viene codificata in forma scritta, gli insiemi *a*) e *c*) vengono rappresentati negli *organigrammi* e l'insieme *b*) in *mansionari* ossia in raccolte di descrizioni delle mansioni. Due precisazioni: la struttura organizzativa non è definita dal solo organigramma bensì dall'organigramma e dai mansionari; sin qui per semplicità si è usato solo il termine «compiti» che deve però intendersi nel senso di *compiti e responsabilità* includendo così la definizione di quali decisioni sono demandate alle singole unità e con quali gradi di discrezionalità.

La struttura organizzativa si configura anche come *insieme (o sistema) di ruoli*. Per ruolo si intende l'insieme delle attese di comportamento nutrite nei confronti di una persona che occupa una determinata posizione (par. 1.2). La struttura organizzativa formale definisce i ruoli ufficiali in quanto esplicita per ciascuna posizione (non persona) i comportamenti attesi; in tal senso la struttura può essere definita come sistema di «ruoli ufficiali»; le attese di comportamento sono quelle dell'entità astratta azienda. In senso proprio (ossia nel senso proposto dalle discipline sociologiche) il ruolo è il sistema di attese di comportamento nutrite dalle persone (capi, collaboratori, ecc.) nei confronti di una persona specifica che occupa una certa posizione; tali attese sono certamente influenzate dai «ruoli ufficiali» ma non coincidono con essi poiché risentono dei valori, dei bisogni, delle competenze e delle percezioni individuali.

15.4.2. La scelta tra quattro forme di base e due varianti

Le alternative

Per le imprese la progettazione della struttura organizzativa consiste essenzialmente nella scelta di una delle quattro forme di base (più due varianti) che sono denominate:

- struttura elementare;
- struttura funzionale (pura o mista);
- struttura divisionale (pura o mista);
- struttura matriciale.

La scelta tra i quattro tipi di struttura (e le loro varianti) dipende dalle caratteristiche dell'azienda e si sostanzia nell'adozione di *differenti criteri di divisione e di coordinamento del lavoro*. Per molti versi la scelta della struttura di base è la scelta dei criteri di divisione e di coordinamento del lavoro. A fini di chiarezza dell'esposizione si esemplifica facendo riferimento a «tipiche» situazioni di imprese manifatturiere.

La struttura funzionale pura

Si consideri il caso di *un'impresa di medie dimensioni e con combinazioni produttive relativamente semplici*; le coordinazioni parziali di trasformazione tecnica (*t*), di commercializzazione (*c*) e di ricerca e sviluppo (*r*) danno luogo ad un solo prodotto (o ad una linea di prodotti molto omogenei) destinato ad un solo mercato (nel senso corrente di una sola categoria di clienti omogenei). In una situazione di questo tipo il lavoro (la complessiva attività aziendale) appare divisibile secondo un solo criterio: quello delle coordinazioni parziali. In negativo, non è divisibile per prodotti né per mercati dato che il prodotto è unico così come unico è il mercato. Risulta la struttura rappresentata nell'organigramma schematico della tavola 15.4. Tale tipo di struttura è denominato correntemente *struttura funzionale*; tale dizione deve intendersi nel significato di *struttura organizzativa articolata per funzioni, ossia per coordinazioni parziali*; si tratta di una struttura derivante dalla divisione del lavoro secondo il criterio dell'omogeneità delle *tecniche* caratteristiche di ciascuna coordinazione parziale.

Dalla direzione generale – organo di governo economico – dipendono le direzioni di funzione – organi di direzione – quali la direzione acquisti, la direzione tecnica, la direzione commerciale, la direzione ricerca, e così via. Dalle direzioni di funzione dipendono gli organi operativi che svolgono sottoinsiemi di coordinazioni parziali e che assumono denominazioni del tipo ufficio acquisti materie prime; ufficio acquisti impianti e macchine; ufficio programmazione della produzione; reparto lavorazioni meccaniche; reparto montaggi; e così via.

TAVOLA 15.4. *La struttura funzionale pura*

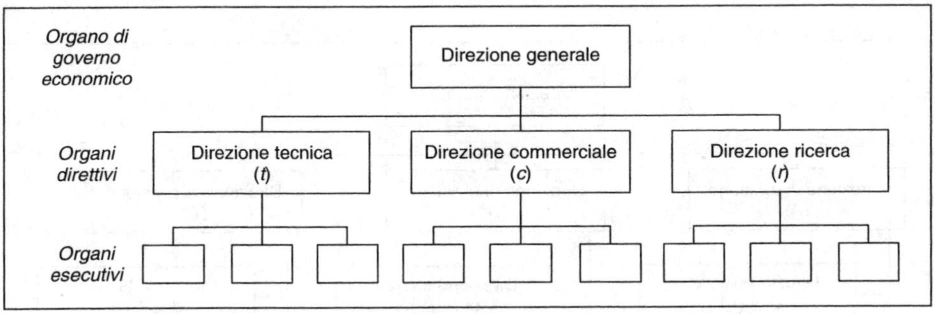

TAVOLA 15.5. *La struttura elementare*

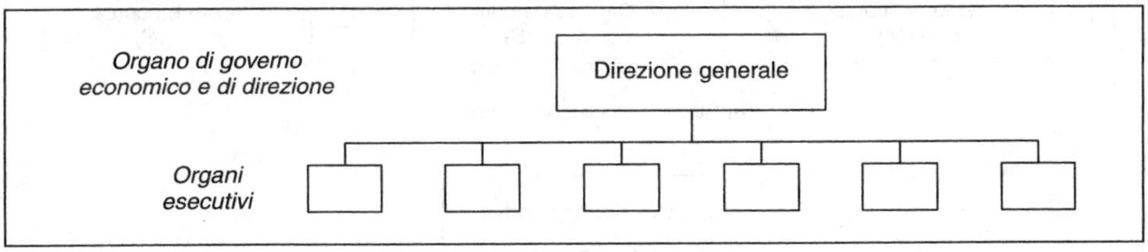

La struttura elementare

Nel caso di aziende particolarmente piccole e semplici, si adotta una *struttura elementare*, ossia una struttura nella quale, come visto nel paragrafo precedente, la funzione di governo economico e la funzione di direzione sono svolte da un unico organo di direzione generale. La struttura elementare è analoga a quella funzionale ma manca il livello delle direzioni di funzione. Dalla direzione generale dipendono direttamente le unità operative. L'organigramma corrispondente è schematizzato nella tavola 15.5.

La struttura divisionale pura

Si faccia ora riferimento ad un'azienda con combinazioni produttive articolate in tre combinazioni parziali corrispondenti a linee di prodotto (*A*, *B*, *C*); ciascuna linea di prodotto sia destinata ad uno specifico mercato, si dia cioè corrispondenza univoca tra le linee di prodotto e i mercati. In tale situazione sono utilizzabili due criteri di divisione del lavoro: la divisione del lavoro «per funzioni», analogamente al caso precedente, oppure la divisione del lavoro «per prodotti» (qui per «prodotti-mercati»). Adottando il primo criterio si dà luogo ad una struttura funzionale in cui ciascuna funzione tratta le tre combinazioni prodotto-mercato. Adottando il secondo criterio si ottiene una struttura del tipo denominato *struttura divisionale pura*. È oppor-

TAVOLA 15.6. *La struttura divisionale pura e la struttura funzionale pura di un'impresa multibusiness*

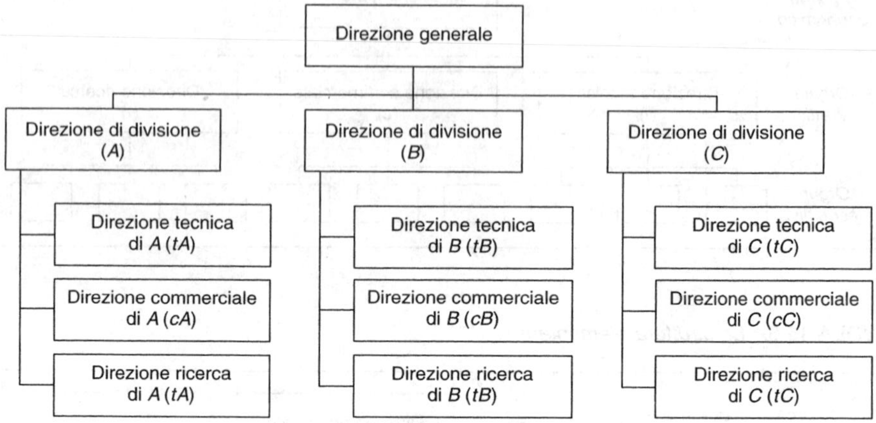

(*a*) Struttura divisionale pura

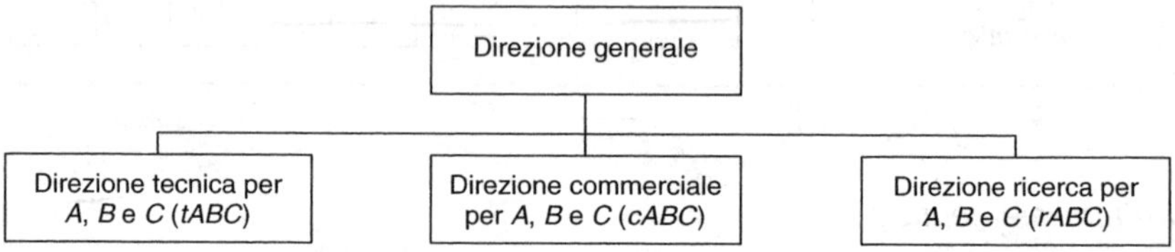

(*b*) Struttura funzionale di un'impresa multibusiness

tuno adottare una struttura divisionale pura quando le varie *combinazioni produttive* (qui le varie combinazioni prodotto-mercato) sono *molto disomogenee* tra loro negli aspetti sia tecnici sia commerciali; in altri termini, è opportuno adottare una struttura divisionale pura quando l'impresa ha sviluppato una *strategia di diversificazione non correlata*. Nella struttura divisionale pura: dalla direzione generale dipendono le direzioni di divisione (*A*, *B* e *C*); da ciascuna direzione di divisione dipendono le unità funzionali (*t*, *c*, *r*) dedicate alla corrispondente combinazione prodotto-mercato. Nella struttura funzionale ciascuna direzione di funzione è responsabile dell'*efficienza* di svolgimento dei relativi processi. Nella struttura divisionale, ciascuna Direzione di divisione è responsabile del *risultato reddituale parziale* della combinazione economica parziale corrispondente. Per chiarire ulteriormente le differenze tra la struttura divisionale e la struttura funzionale, si consideri il caso di un'impresa con più combinazioni prodotto-mercato molto omogenee, ossia con basi tecniche e commerciali in gran parte comuni; in tal caso, potrebbe essere opportuna una struttura funzionale. Le due alternative strutture organizzative sono schematizzate nella tavola 15.6.

Le strutture matriciali e miste

Nella realtà delle imprese, raramente accade che le combinazioni economiche siano perfettamente omogenee o assolutamente disomogenee portando così, senza esitazioni, a scegliere la struttura funzionale pura (nel primo caso) o la struttura divisionale pura (nel secondo caso). In moltissimi casi si presentano situazioni intermedie nelle quali si dovranno adottare stutture matriciali o strutture miste. Si consideri dunque la comune fattispecie delle imprese con più linee di prodotto (*A*, *B* e *C*) tra loro legate da alcune relazioni di interdipendenza, di comunanza di conoscenze e di complementarità di risorse nelle varie coordinazioni parziali (*t*, *c*, *r*).

Il processo logico utile per decidere se e quale struttura matriciale o mista adottare parte dall'ipotesi finzione che siano possibili solo due configurazioni di struttura organizzativa: una struttura funzionale «pura» ed una struttura divisionale «pura» per prodotti come quelle illustrate nei punti precedenti e schematizzate nella tavola 15.6. La scelta tra i due tipi di struttura si compie in base all'analisi di cinque variabili[11]. Da tale analisi si vogliono fare emergere: *a*) le considerazioni a favore di funzioni «centralizzate», ossia di funzioni, quali *t*, *c*, *r*, unitarie a livello aziendale; se l'analisi porta a concludere che tutte le funzioni devono essere centralizzate, allora si adotterà una struttura funzionale pura; *b*) le considerazioni a favore di separazioni delle funzioni, da assegnare a divisioni, ossia le considerazioni a favore di una struttura divisionale. Data l'ipotesi di partenza, secondo la quale si hanno più prodotti ma questi sono in qualche misura collegati, risulterà *per definizione* che le due alternative «pure» non sono soddisfacenti e che dunque si devono adottare strutture intermedie; tali strutture intermedie sono distinguibili in due classi: le strutture «miste» e le strutture «bidimensionali» (o contestuali, o a matrice) di cui si dice più avanti. Tre delle cinque variabili portano ad evidenziare le considerazioni a favore della struttura funzionale; le altre due quelle a favore delle divisioni.

La prima variabile è rappresentata dalle *economie di scala ottenibili con funzioni centralizzate*. Per ciascuna delle funzioni *t*, *c*, *r* si valuta quali sarebbero i costi totali in caso di funzione unitaria a livello aziendale e in caso di ripartizione tra le divisioni. Ripartendo una funzione tra divisioni (più stabilimenti anziché uno, più reti di vendita, più laboratori, ecc.) si hanno di regola aumenti di costi complessivi a causa di parziali «duplicazioni» di risorse, ossia diseconomie di scala; a rovescio, funzioni centralizzate producono economie di scala; quanto maggiori sono le economie di scala di una funzione centralizzata tanto maggiore è la convenienza di una struttura di tipo funzio-

[11] Il modello qui illustrato trae origine da GALBRAITH [1977]; per il concetto di fabbisogno di integrazione si ricorre a LAWRENCE e LORSCH [1967]; la variabile economie di scopo è stata introdotta per tener conto di quanto emerge dalla teoria del vantaggio competitivo basato sulle risorse: BARNEY [2002]; PRAHALAD e HAMEL [1990].

nale. Dall'analisi di casi concreti emerge spesso la forte convenienza a centralizzare talune funzioni mentre per altre funzioni la divisionalizzazione non produce diseconomie apprezzabili.

La seconda variabile è data dal *grado di specializzazione richiesta nell'ambito delle singole funzioni* (o economie di specializzazione). Tale variabile è collegata alle economie di scala ma ne è opportuna un'analisi distinta. Supponiamo che in una funzione centralizzata si trovino numerosi prestatori di lavoro con competenze sostanzialmente indifferenziate; in caso di divisionalizzazione si assegnano tali persone alle varie divisioni e le competenze rimangono invariate; la divisionalizzazione in questo caso non comporta svantaggi. Si ipotizzi il caso opposto; in una funzione centralizzata n persone posseggono n qualificazioni professionali distinte richieste dalle n posizioni occupate; si ipotizza una divisionalizzazione e ciascuna divisione richiede tutte le n qualificazioni professionali; ripartendo le n persone tra le divisioni, ciascuna di esse dovrà svolgere più mansioni; si abbassa così il grado di specializzazione, ossia si rinuncia alla corrispondenza specialistica tra una persona, una posizione e un profilo professionale. Tale inconveniente è riducibile sopportando diseconomie di scala, ossia utilizzando complessivamente nelle divisioni un numero di persone maggiore di n; normalmente, nelle situazioni del tipo descritto si combinano diseconomie di scala con abbassamenti di specializzazione. In sintesi, quanto maggiore è la specializzazione richiesta, tanto più sono convenienti funzioni centralizzate.

La terza variabile è rappresentata dalle *economie di raggio di azione che si possono realizzare con la gestione centralizzata di competenze «core»*, ossia di quelle competenze distintive comuni a tutte le combinazioni economiche parziali; può trattarsi, ad esempio, delle competenze stilistiche o di gestione della *griffe* in un'impresa del settore moda che opera in più aree di affari (uomo, donna, accessori, ecc.); si tratta di elementi essenziali del patrimonio aziendale che devono essere gestiti anche a livello di singola combinazione economica parziale, ma che spesso richiedono una forte gestione centralizzata per garantirne l'integrità e lo sviluppo.

La quarta variabile porta l'attenzione sulle esigenze di divisionalizzazione; si tratta delle *interdipendenze tra le funzioni relative a ciascuna linea di prodotto*. Si considerino tA, cA e rA quali funzioni relative alla linea di prodotto A; se tali funzioni sono raggruppate in una divisione si realizza una forte integrazione gerarchica; se sono collocate ciascuna in distinte funzioni centralizzate la loro integrazione è meno agevole. È conveniente costituire divisioni per le linee di prodotto che presentano interdipendenza particolarmente alta tra le funzioni.

La quinta ed ultima variabile indica altre circostanze favorevoli alla divisionalizzazione; si tratta del *fabbisogno di differenziazione* tra linee di prodotto, ossia dell'esigenza di *separare* le attività (t, c, r) relative ad una linea di prodotto da quelle relative ad altre. Tale esigenza può manifestarsi in due situazioni: *a*) in generale, quando per la conduzione di una linea di prodotto sono richiesti atteggiamenti manageriali e professionali molto differenti rispetto a quelli richiesti per le altre linee; si pensi alle contrapposizioni di orientamento al mercato o alla produzione, all'innovazione o all'efficienza, al breve o al lungo periodo; *b*) in particolare, quando si è in presenza di un «nuovo prodotto» che richiede l'assegnazione di risorse e di attenzioni distinte per evitare il rischio che esse vengano assorbite dalle «attività correnti».

L'analisi secondo le cinque variabili sopra descritte può evidentemente portare ad una grandissima varietà di combinazioni di considerazioni a favore della centralizzazione di ciascuna funzione e di costituzione di divisioni per ciascuna linea di prodotto. Si considerano di seguito cinque casi emblematici che portano anche ad identificare le strutture matriciali e miste.

a) *Primo caso*: emergono forti indicazioni per la centralizzazione di ciascuna delle funzioni (alte economie di scala, di specializzazione e di raggio di azione); nessuna forte indicazione fa propendere per la costituzione di una o più divisioni (basse interdipendenze tra funzioni, orientamenti manageriali uniformi); si adotta una struttura funzionale pura.

b) *Secondo caso*: nessuna funzione presenta forti economie di scala o spinte specializzazioni e non ci sono *core competences* da presidiare centralmente; in pratica, non ci sono motivi per scegliere una struttura funzionale; sono invece alte le interdipendenze e le esigenze di differenziazione per tutte le linee di prodotto; di conseguenza, conviene adottare una struttura divisionale pura.

c) *Terzo caso*: per economie di scala, di specializzazione e di raggio di azione appare forte la convenienza di una funzione di ricerca e sviluppo (*r*) centralizzata; per tutte le linee di prodotto (*A*, *B*, *C*) è alta l'interdipendenza tra le funzioni tecnica e commerciale (*t* e *c*); inoltre, risulta opportuno differenziare gli orientamenti manageriali di ciascuna linea rispetto ad ogni altra; si deve ricorrere ad una struttura «mista»; una struttura divisionale di base ma con la funzione ricerca centralizzata; le tre divisioni *A*, *B* e *C* governano solo le funzioni *t* e *c*.

d) *Quarto caso*: sono alte le economie di scala e di specializzazioni per tutte le funzioni (*t*, *c*, *r*) ma ciò vale limitatamente a quanto concerne le due linee di prodotto *A* e *B*; *A* e *B* condividono una *core competence*; è alta l'interdipendenza tra *t*, *c* ed *r* per il prodotto *C*; è necessario separare *C* dalle altre linee di prodotto; in sintesi, si deve adottare una struttura «mista»: una struttura funzionale di base ma con la divisione *C* distinta; le tre funzioni centrali *t*, *c* ed *r* operano solo per *A* e per *B*.

e) *Quinto caso*: sono forti le indicazioni provenienti dall'analisi di tutte le cinque variabili: le economie di scala ed i livelli di specializzazione di ciascuna delle funzioni, le *core competences* da presidiare, le interdipendenze tra tutte le funzioni di ciascuna linea di prodotto, le esigenze di differenziazione tra le varie linee di prodotto; qui si deve adottare una struttura organizzativa «bidimensionale» (o contestuale, o a matrice) nella quale dalla direzione generale dipendono sia le direzioni di funzione sia le direzioni di divisione; tali due linee di comando si intersecano (a matrice): le persone operanti in azienda sono soggette agli indirizzi sia di «funzione» sia di «prodotto».

I risultati dell'analisi e gli organigrammi corrispondenti ai cinque casi

TAVOLA 15.7. *Le strutture matriciale e miste*

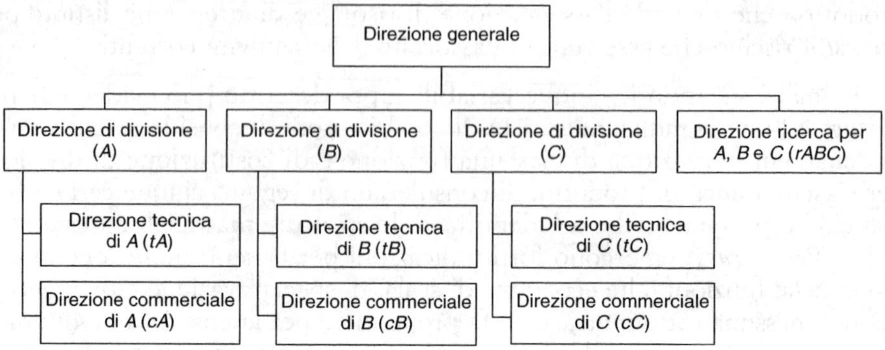

(*a*) Struttura divisionale con una funzione centralizzata

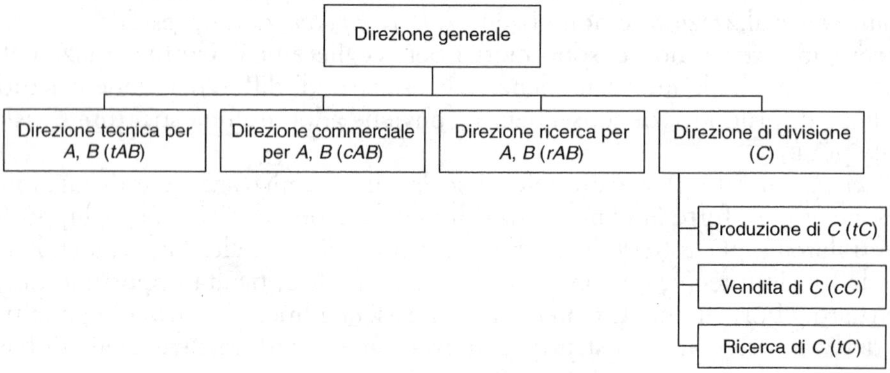

(*b*) Struttura mista: funzionale con una divisione

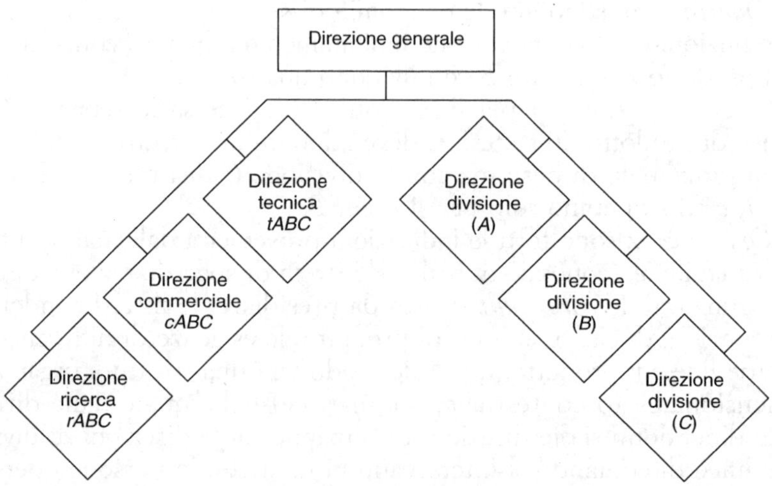

(*c*) Struttura matriciale

TAVOLA 15.8. *Il modello strategia-struttura*

	Stadio 1	Stadio 2	Stadio 3	Stadio 4
Dimensioni	Piccole	Medie e grandi	Medie e grandi	Medie e grandi
Articolazione strategica	Monoprodotto, monomercato	Gamma di prodotti omogenei, mercati ampi omogenei	Diversificazione correlata, mercati disomogenei	Diversificazione non correlata
Struttura organizzativa	Elementare	Funzionale	Mista o a matrice	Divisionale
Potere, stile di direzione	Accentrato, personalistico	Decentrato, manageriale	Decentrato, manageriale	Decentrato, manageriale
Valori, principi	Disponibilità, obbedienza	Efficienza	Efficienza, flessibilità	Imprenditorialità
Formalizzazione dell'assetto	Bassa	Alta	Alta	Alta

emblematici di cui sopra sono schematizzati nelle tavole 15.6 (strutture funzionale e divisionale pure) e 15.7 (strutture miste e a matrice).

Il modello strategia-struttura

Spesso i tipi base di struttura organizzativa vengono correlati alla struttura delle combinazioni produttive anche in una prospettiva di tipo evolutivo[12]; si distinguono così: *a*) lo stadio delle piccole dimensioni e delle strategie semplici correlato alla struttura elementare; *b*) lo stadio di dimensioni più ampie, di strategie di integrazione verticale e di parziale articolazione dei prodotti e dei mercati, correlato alla struttura funzionale; *c*) lo stadio di dimensioni molto grandi e forti diversificazioni dei prodotti-mercati, correlato con la struttura divisionale. In tale contesto le grandi imprese con diversificazione correlata e struttura mista o a matrice possono essere viste o come terzo stadio alternativo a quello della diversificazione spinta e della struttura divisionale pura, oppure come stadio intermedio tra il secondo e il terzo. Nella tavola 15.8 si propone uno schema a quattro stadi dove il terzo e il quarto possono essere visti come alternativi.

La multidimensionalità

Introduciamo ora il concetto di multidimensionalità. Sin qui, per ragioni di semplicità, abbiamo preso in considerazione solo due criteri di divisione del lavoro: la divisione del lavoro «per funzioni» e la divisione del lavoro «per prodotti». Nella realtà, tuttavia, spesso si deve scegliere tra più criteri,

[12] In merito sono fondamentali le teorie originate da CHANDLER [1962]; per i successivi sviluppi si veda: WHITTINGTON e MAYER [2000].

o si devono combinare più criteri. Si pensi, ad esempio, ad un caso in cui si danno due linee di prodotto *P*1 e *P*2 (ad esempio, mobili per ufficio e mobili per cucina); entrambe le linee di prodotto si suddividono in categorie caratterizzate da tecnologie di base differenti *T*1 e *T*2 (ad esempio mobili in legno e mobili in metallo); l'azienda opera con stabilimenti ed unità di vendita sia in Italia sia all'estero (*I*, *E*); i clienti in entrambe le aree e per tutte le categorie di prodotti sono sia «singoli privati» che «imprese e comunità» (*S*, *C*). In una situazione di questo tipo divengono rilevanti almeno i seguenti criteri di divisione del lavoro:

- per funzioni (*t*, *c*, *r*);
- per linee di prodotto secondo l'uso (*P*1 e *P*2);
- per tecnologia (o prodotto secondo la tecnologia) (*T*1 e *T*2);
- per aree geoeconomiche (*I*, *E*);
- per categorie di clienti (*S*, *C*).

Sono dunque ipotizzabili una struttura funzionale e quattro differenti versioni di struttura divisionale: divisioni mobili per ufficio e mobili per cucina; divisioni mobili in legno e mobili in metallo; divisione Italia e divisione estero; divisione dettaglio e divisione comunità. Questo esempio illustra il concetto di *multidimensionalità*; nelle aziende con combinazioni economiche non semplici il lavoro può essere sempre diviso secondo *più dimensioni* (o criteri) alternative.

15.5. Le scelte di struttura delle singole unità organizzative: i bisogni e la motivazione

La struttura organizzativa di base definisce l'insieme dei vari organi aziendali ordinati in una gerarchia. A parità di struttura organizzativa di base, *si possono dare forme di organizzazione del lavoro molto differenti all'interno dei singoli organi*. In altri termini, definiti un organo, la sua funzione e un corrispondente insieme di attività elementari, si tratta di articolare tale insieme di attività in compiti e in mansioni corrispondenti alle posizioni che compongono l'organo in oggetto. In altri termini ancora, si tratta di definire come ripartire e integrare il lavoro tra le persone che prestano il lavoro in quell'organo.

In sede di progettazione della struttura organizzativa delle singole unità organizzative si pone la scelta tra tre logiche fondamentali di divisione del lavoro: la logica della divisione *sequenziale (o per fasi)*; la logica della divisione per *attività autonome (o per risultati) nelle versioni individuale o di gruppo*[13].

La *prima logica* (sequenziale, per fasi) assegna ad ogni posizione (e quindi a ciascuna persona) la responsabilità di *una fase* di un processo; la posizio-

[13] La dizione «attività autonome» vuole qui rappresentare congiuntamente i concetti di «lavoro per gruppi autonomi», di «mansioni arricchite» e di *self contained task* proposti, rispettivamente, in TRIST e BAMFORTH [1951]; HERZBERG [1966]; GALBRAITH [1977].

ne risulta così legata da strette relazioni di interdipendenza sequenziale con le unità «a monte» e con le unità «a valle»; la singola posizione non produce un risultato «autonomo»; essa contribuisce, per una fase, ad un processo sovraordinato cui corrisponde un risultato finale non riconducibile direttamente o separatamente a nessuna delle unità in sequenza. Questa logica dà luogo a mansioni povere di contenuto, ripetitive, non motivanti. La *seconda logica* (attività autonome individuali) fa corrispondere ad ogni posizione un insieme relativamente autonomo di compiti e di risorse; tali compiti e risorse portano ad un risultato attribuibile direttamente alla posizione. L'«attività autonoma», da intendersi sempre in senso relativo, è dunque definita da una posizione, un insieme di compiti (la mansione), un insieme di risorse, un risultato; i quattro elementi sono legati tra di loro in modo univoco. La *terza logica* (attività autonome di gruppo) è una variante della seconda. Anziché fare riferimento alle singole posizioni (ossia alle singole persone e relative mansioni) si può definire un risultato autonomo per un insieme di posizioni (ossia per più persone considerando un insieme complessivo di compiti); tale insieme di posizioni può coincidere con l'organo, oppure con una parte dello stesso; l'attuazione della logica del risultato autonomo consiste essenzialmente nel definire compiti, risorse ed obiettivi per un gruppo di persone (posizioni) senza specificare i compiti delle singole posizioni.

Nella letteratura specialistica l'applicazione del principio delle attività autonome è richiamata dal termine *arricchimento delle mansioni* quando si fa riferimento a singole posizioni e dal termine *lavoro per gruppi semi-autonomi* quando si considerano congiuntamente più posizioni. Tali forme organizzative vengono contrapposte a quelle della «parcellizzazione sequenziale del lavoro»[14].

Le scelte di struttura delle singole unità organizzative sono strettamente dipendenti dalle ipotesi in merito ai bisogni delle persone e alle condizioni necessarie per soddisfarli. Un riferimento generale in materia è rappresentato dalla teoria dei bisogni di Abraham Maslow e dalla teoria dell'arricchimento delle mansioni di Frederick Herzberg.

Le teorie e le ipotesi in merito ai bisogni delle persone sono essenziali oltre che per capire le preferenze e le scelte delle persone in quanto «consumatori» anche per capire i comportamenti delle persone in quanto prestatori di lavoro e, più in particolare, per capire il fenomeno della «motivazione al lavoro». In generale, vale la regola per cui *le persone sono motivate ad adottare quei comportamenti che, nelle loro percezioni, prevedibilmente consentiranno loro di soddisfare, direttamente o indirettamente, i loro bisogni*. Ciò vale anche per la *motivazione al lavoro*, ossia per la *motivazione a prestare il proprio lavoro con impegno e con spirito cooperativo e costruttivo*[15]. Una persona

14 Il tema è sviluppato in SALVEMINI [1977].

15 Per una rassegna delle teorie in materia di motivazione al lavoro si veda: STEERS, MOWDAY e SHAPIRO [2004]. Per alcuni approfondimenti: LOCKE e LATHAM [2004]; PINDER [1998]; PORTER, BIGLEY e STEERS [2003].

è motivata a svolgere una certa attività lavorativa, con impegno e con spirito cooperativo e costruttivo, soltanto se essa prevede che tale prestazione le consentirà di soddisfare convenientemente i suoi bisogni; in caso contrario, la persona potrà decidere di non svolgere l'attività lavorativa o di svolgerla con il minimo livello di impegno necessario per non perdere il lavoro.

È evidente che le imprese (in generale, tutti gli istituiti nei quali si svolge attività lavorativa) sono interessate a che le persone che vi prestano lavoro siano motivate a farlo con impegno e con spirito cooperativo e costruttivo; si tratta di una fondamentale condizione di efficienza, di efficacia e di economicità. Ma è altrettanto importante considerare che la possibilità di svolgere un lavoro «motivante» è un interesse primario anche per i prestatori di lavoro; è vero che le persone soddisfano i loro bisogni sia nella loro esperienza lavorativa sia in quella extra-lavorativa; è però anche vero che la gran parte delle persone adulte spende una quota molto elevata della propria vita nell'attività lavorativa ed è quindi importante che anch'essa sia occasione di soddisfacimento dei bisogni personali[16]. Di seguito si svolge il tema utilizzando alcune teorie consolidate in materia. Per quanto sopra detto, un'impresa (o altro istituto) che voglia avere persone motivate al lavoro deve: *a*) capire quali sono i bisogni delle persone (di quelle persone, in quel momento); *b*) sapere quali sono le condizioni e le circostanze che permettono di soddisfare tali bisogni, e non altri; *c*) organizzare l'attività lavorativa in modo tale che si attivino le condizioni e le circostanze che consentono alle persone di soddisfare i loro bisogni[17].

$$ML = P \times BI$$

La motivazione a svolgere una certa attività lavorativa (*ML*) con impegno e con spirito collaborativo e costruttivo è tanto più forte quanto più alta è la probabilità percepita (*P*) che tale comportamento produrrà una condizione utile a soddisfare un bisogno (*B*) e quanto maggiore è l'intensità (*I*) di tale bisogno.

La teoria dei bisogni elaborata da Maslow[18] ci aiuta a distinguere le varie classi di bisogni e ci guida nel percorso necessario per capire quali bisogni sono sentiti dalle persone in differenti fasi della loro vita; la teoria dei fattori igienici e dei fattori motivanti proposta da Herzberg[19] ci suggerisce come «organizzare il lavoro» per soddisfare le varie categorie di bisogni. Maslow distingue cinque classi di bisogni ordinati in una gerarchia:

1. bisogni *elementari* legati alla componente fisica delle persone: la fame, la sete, il sonno, la protezione dalle intemperie, ecc.;
2. bisogni di *sicurezza*: sicurezza fisica dell'ambiente di lavoro; relativa

[16] Per una trattazione (dal punto di vista dell'azienda e secondo la cultura americana) del tema del rapporto tra la vita e il lavoro si veda: BAILYN, FLETCHER e KOLB [1997].
[17] In materia si veda anche: VROOM [1964].
[18] MASLOW [1964].
[19] HERZBERG [1968].

garanzia di stabilità dell'occupazione; chiarezza delle regole riguardanti la valutazione, la retribuzione, la carriera, la distribuzione dell'autorità;

3. bisogni di *socialità*, ossia di intense e positive relazioni interpersonali, di affetto, di senso di appartenenza a gruppi;

4. bisogni di *stima*: esigenza di poter esprimere valutazioni positive sul proprio operato (stima di sé) e di ottenerle da altri (stima altrui);

5. bisogni di *realizzazione*: esigenza di poter esprimere ed utilizzare l'intera gamma delle proprie conoscenze e capacità.

Le singole persone non percepiscono contemporaneamente con pari intensità tutte le classi di bisogni; invece, ciascuna persona in una data fase della propria vita sente con particolare intensità i bisogni di una sola classe. Nella teoria di Maslow, come accennato, i bisogni si dispongono secondo una gerarchia, o una scala: al primo gradino troviamo i bisogni elementari, al secondo i bisogni di sicurezza, al terzo i bisogni di socialità, al quarto i bisogni di stima e, infine, al quinto gradino si collocano i bisogni di realizzazione. Idealmente ciascuna persona parte dal primo gradino e progressivamente sale la scala. Inizialmente, al primo gradino, si sentono con grande intensità i bisogni elementari e, di conseguenza, le persone sono motivate a quei comportamenti che presumibilmente permetteranno di soddisfare i bisogni elementari; quando si realizzano condizioni tali per cui la persona si sente appagata e dà per scontato che potrà regolarmente soddisfare i propri bisogni elementari, allora tali bisogni perdono di intensità e cominciano a diventare critici i bisogni del secondo gradino: i bisogni di sicurezza. E così via con il passaggio ai gradini successivi.

Quali sono i bisogni critici per le persone che vivono oggi nella nostra società? Evidentemente si danno situazioni molto differenti sia a livello di singole persone sia a livello di aggregati di persone. Ragionando per grandi aggregati, è però condivisa l'opinione secondo la quale per la generalità delle persone operanti nei «sistemi economici progrediti» si possono considerare soddisfatti i bisogni dei primi due livelli, i bisogni elementari e i bisogni di sicurezza, nonché, in buona misura, i bisogni di socialità; per la generalità delle persone, dunque, i bisogni critici sono prevalentemente quelli di stima e di realizzazione.

Vediamo ora, con l'aiuto della teoria di Herzberg, quali sono le modalità di soddisfacimento delle varie categorie di bisogni. Si noti che qui si fa riferimento al soddisfacimento dei bisogni mediante lo svolgimento dell'attività di lavoro; tutti i bisogni sono soddisfatti anche al di fuori dell'attività lavorativa[20] e di ciò si deve tener conto per una corretta comprensione delle argomentazioni qui svolte.

[20] Si pensi, ad esempio, ai bisogni di socialità che sempre le persone soddisfano in larga misura nell'ambito della famiglia, della scuola, delle relazioni amicali, ecc. Idealmente, si auspica che una persona possa soddisfare i propri bisogni di socialità anche nel corso dell'attività lavorativa. Lo stesso vale per tutti gli altri bisogni.

I *bisogni elementari* si soddisfano prevalentemente mediante beni (il cibo, le bevande, gli indumenti, le abitazioni, ecc.) che le persone di regola acquisiscono mediante scambi monetari. L'attività di lavoro permette alle persone di ottenere rimunerazioni che consentono di acquisire tali beni. Le persone dominate dai bisogni elementari sono motivate al lavoro essenzialmente dalla retribuzione che consente loro di acquistare i beni utili per soddisfare i bisogni elementari.

Se e quando una persona passa al secondo gradino dei bisogni, allora *la retribuzione non è più il fattore motivante critico*; naturalmente le persone continuano ad attendersi una retribuzione che deve essere equa, ma la motivazione al lavoro dipende dal soddisfacimento dei bisogni di sicurezza[21]. I *bisogni di sicurezza*, con riguardo sempre all'attività lavorativa, si soddisfano mediante: ambienti fisici di lavoro non dannosi per la salute; contratti di lavoro che garantiscano una certa stabilità del posto di lavoro; forme di assicurazione e di previdenza; strutture organizzative (quali compiti devono essere svolti; chi è il capo gerarchico) e sistemi di gestione del personale (retribuzione, carriera, formazione, ecc.) espliciti e attuati correttamente; comportamenti manageriali (stile di direzione) aperti e non arbitrari.

I *bisogni di socialità* nei contesti lavorativi sono soddisfatti quando le persone possono avere intense e positive relazioni interpersonali, quando si creano spirito di squadra e senso di appartenenza. Occorre rimuovere gli ostacoli alle interazioni, favorire il lavoro di gruppo, promuovere iniziative di socializzazione. In alcuni contesti l'azienda assume i caratteri della «seconda famiglia».

Una persona, in una situazione di lavoro, soddisfa i propri *bisogni di stima* quando riesce ad ottenere risultati positivi svolgendo attività complesse; quando in altri termini, gli sono assegnati compiti sfidanti che riesce a svolgere con successo. Per le persone che si trovano sul quarto gradino della scala dei bisogni, il fattore motivante fondamentale è dunque il contenuto della mansione. Si dà per scontato che la retribuzione sia correttamente commisurata al contributo fornito all'azienda, si dà per scontato che l'ambiente fisico di lavoro e l'organizzazione permettano di soddisfare i bisogni di sicurezza e di socialità; ciò che conta è una mansione «ricca» che consenta di ottenere risultati visibili e attribuibili alla persona o al gruppo di persone che vi hanno concorso. Come rinforzo, i bisogni di stima sono soddisfatti anche dai riconoscimenti espliciti, da parte dell'azienda, dei buoni risultati conseguiti.

Il contenuto della mansione è la condizione essenziale anche per il soddisfacimento dei *bisogni di realizzazione*. Qui le persone si aspettano che l'at-

21 È bene ricordare che la quasi totalità della teoria economica ipotizza che le persone siano motivate (incentivate) al lavoro esclusivamente dalle rimunerazioni monetarie. Ciò discende da una visione grezza della persona umana e del rapporto di lavoro secondo cui le persone lavorerebbero solo per ottenere uno stipendio che consenta loro di acquistare beni; il rapporto di lavoro sarebbe un puro scambio nel quale la persona cede il proprio tempo a fronte di un salario; per la singola persona l'alternativa al lavoro sarebbe il tempo libero.

TAVOLA 15.9. *Una rappresentazione sintetica delle teorie dei bisogni e della motivazione secondo Maslow e Herzberg*

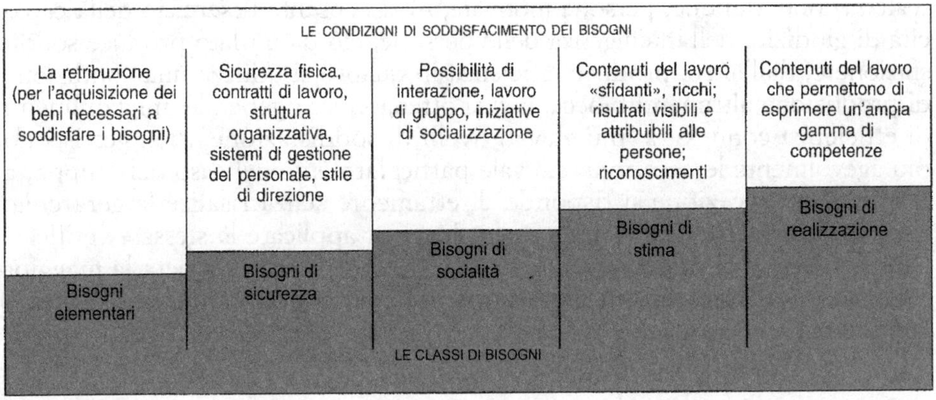

tività lavorativa non solo sia sfidante, ma consenta anche di esprimere un'ampia gamma di competenze; le persone desiderano mettere in atto (realizzare) «tutte» le proprie capacità tecniche, manageriali e imprenditoriali, «creative» e «politiche».

Si noti dunque che per «far funzionare bene un'azienda» non basta definire in modo razionale i compiti e le procedure e poi ordinare alle persone di eseguirli promettendo uno stipendio commisurato alla prestazione. Tale visione meccanicistica è figlia di teorie economiche basate sull'ipotesi ristretta dell'*homo oeconomicus*. Una buona teoria di economia aziendale afferma invece che gli organi direttivi e di governo economico delle aziende devono anche creare condizioni di lavoro motivanti e, come visto, per fare questo devono agire su una molteplicità di leve che vanno dalle retribuzioni ai contenuti delle mansioni.

Si è detto che nel mondo d'oggi i bisogni da soddisfare per motivare le persone sono prevalentemente i bisogni di socialità, di stima e di realizzazione; le modalità di soddisfacimento di tali bisogni rappresentano precisamente le caratteristiche richieste alle mansioni affinché si coniughino efficienza e soddisfazione secondo la logica delle attività autonome. Come visto, si tratta di progettare mansioni che:

1. consentano interazioni intense e positive tra le persone (per soddisfare i bisogni di socialità);
2. diano luogo ad un risultato quanto possibile valutabile autonomamente ed attribuibile alla persona singola o al gruppo; il processo deve implicare l'esercizio della capacità di giudizio e di competenze professionali significative da parte delle persone (per soddisfare i bisogni di stima);
3. consentano l'esercizio di una gamma non troppo ristretta di competenze professionali e, più in generale, personali (per soddisfare i bisogni di realizzazione).

Sinteticamente, i vantaggi dell'organizzazione per attività autonome sono: *a*) si danno mansioni atte a soddisfare i bisogni di socialità, di stima e di realizzazione; dunque, persone motivate; *b*) si consente l'esercizio della capacità di giudizio, dell'intelligenza delle persone; ciò da un lato produce soddisfazione e, dall'altro, produce efficienza in quanto si utilizza una condizione di produzione altrimenti bloccata; *c*) si ottengono, in generale, miglioramenti di efficienza connessi ai più elevati livelli di soddisfazione; *d*) si gestiscono più agevolmente le eccezioni; ciò vale particolarmente nel caso del gruppo; a fronte di un'eccezione si risponde direttamente senza risalire la gerarchia, istruire il problema, individuare una soluzione, applicare la stessa e verificarne gli effetti; *e*) si ottengono più elevati livelli di flessibilità data la maggior capacità di adattamento di più unità autonome rispetto a un vasto sistema complesso.

15.6. I sistemi di pianificazione, programmazione e informazione come variabili organizzative

I sistemi di pianificazione strategica, di programmazione e controllo e i sistemi informativi hanno una doppia natura: da un lato, sono parte del grande insieme dei sistemi di rilevazione e di informazione che servono per rappresentare compiutamente le condizioni di economicità passate e prospettiche delle imprese; dall'altro lato, sono variabili che influenzano direttamente i comportamenti delle persone e quindi entrano nel quadro della progettazione dell'assetto organizzativo. Nel primo aspetto i tre sistemi sono stati illustrati nel capitolo 8. Qui se ne riprendono le valenze organizzative già accennate in apertura del capitolo.

Il *sistema di pianificazione strategica*, qui inteso in senso molto ampio, è un potente strumento di integrazione poiché per suo tramite si esplicitano i fini, le politiche e le strategie (con altre dizioni, l'orientamento strategico di fondo, la visione, la missione dell'azienda) alle quali tutti i prestatori di lavoro dovrebbero ispirare le proprie decisioni. La criticità di disporre di fini, politiche e strategie chiare è tanto maggiore quanto più alto è il dinamismo dell'ambiente e dell'impresa; in tali situazioni, infatti, si presentano frequentemente casi nei quali i manager non possono adottare le pratiche correnti, ma devono inventare e sperimentare soluzioni nuove; i necessari punti di riferimento per orientare i nuovi percorsi sono proprio i fini, le strategie e le politiche derivanti dai processi di pianificazione strategica. I processi di pianificazione strategica possono essere condotti in forme differenti e, in particolare possono coinvolgere solo i vertici aziendali o ampie popolazioni di manager; la seconda opzione è particolarmente utile quando il dinamismo aziendale e ambientale è molto alto poiché il coinvolgimento nell'elaborazione dei fini, delle strategie e delle politiche garantisce una più profonda comprensione delle stesse e una più alta responsabilizzazione (*commitment*) nella loro messa in atto.

I sistemi di *programmazione e controllo* (detti anche sistemi di controllo di gestione o sistemi di budgeting e di reporting) svolgono spesso un ruolo centrale nel formare le idee e nel guidare i comportamenti dei prestatori di lavoro; per molte persone la regola di condotta basilare consiste nel rispettare quanto «previsto in budget» e nel dare scarsa o nessuna rilevanza a ciò che il sistema di programmazione e controllo non esplicita. La centralità del sistema di programmazione e controllo è frutto di due insiemi di fattori: *i*) il sistema di programmazione e controllo indica esplicitamente per ciascuna unità organizzativa quali sono gli obiettivi da raggiungere con quali risorse; si deve supporre che gli obiettivi e le risorse siano stati calcolati e distribuiti razionalmente per garantire l'economicità dell'impresa, e dunque, è del tutto logico che le persone motivate a contribuire al successo dell'impresa cerchino di rispettare tali indicazioni; *ii*) il fatto che gli obiettivi siano stati o meno raggiunti rispettando i limiti di risorse assegnate, diventa immediatamente un elemento importante di valutazione della performance della persona, e quindi di progressione retributiva e di carriera; è dunque chiaro l'interesse diretto a prestare la massima attenzione ai contenuti «del budget». Attenzione che, naturalmente, si accende anche in fase di predisposizione dei budget, ossia nel periodo in cui il vertice aziendale e i capi delle singole unità organizzative elaborano previsioni e «negoziano» i livelli degli obiettivi e delle risorse per il periodo successivo; le singole persone cercheranno di farsi assegnare obiettivi relativamente facili da raggiungere con le corrispondenti risorse perché in tal modo si eleva la probabilità di realizzarli e di ottenere una buona valutazione della performance; il vertice aziendale per certi versi giocherà il ruolo contrario che consiste nell'assegnare obiettivi «realistici ma sfidanti» corrispondenti a risultati di redditività e di crescita più elevati. I sistemi di programmazione e controllo svolgono anche un ruolo fondamentale come strumenti di coordinamento e di integrazione; infatti: *i*) gli obiettivi e le risorse delle singole unità organizzative sono gli elementi particolari di un disegno complessivo elaborato centralmente; se ciascuna unità ottiene i risultati particolari programmati anche l'impresa nel suo insieme ottiene i risultati generali programmati; *ii*) partecipando ai processi di definizione degli obiettivi e di analisi dei risultati, le persone che operano in specifiche unità organizzative hanno l'occasione di conoscere le realtà circostanti e di capire meglio quali sono le esigenze e le modalità di coordinamento con le stesse.

I *sistemi informativi* raccolgono, producono, immagazzinano, elaborano e distribuiscono i dati e le informazioni che alimentano i processi decisionali. Osservati in ottica organizzativa, ossia di impatto sui comportamenti delle persone, i sistemi informativi sono critici in almeno tre aspetti: *i*) influenzano direttamente la qualità, la tempestività e la «direzione» delle decisioni; sistemi informativi poveri e lenti producono decisioni povere e in ritardo; la direzione in cui si muovono le varie decisioni dipende molto da quali informazioni sono disponibili, quali vantaggi e svantaggi delle varie opzioni sono meglio illustrati, quali possibili soluzioni sono meglio documentate[22]; *ii*) la

22 Si ricordi quanto detto in materia di «razionalità limitata» nel cap. 1.

distribuzione delle informazioni tra le varie unità aziendali contribuisce a determinare la distribuzione del potere, qui nel senso della capacità di influenzare il comportamento dei manager delle varie unità; le informazioni sono una base di potere; la «normale» tendenza da parte delle persone di cercare di far prevalere le proprie ragioni e di realizzare risultati superiori rispetto a quelli dei colleghi, porta a competere per le informazioni nonché a distribuzioni asimmetriche delle stesse; *iii*) un buon sistema informativo con informazioni ricche, tempestive e uniformemente diffuse e accessibili, è anche un potente strumento di coordinamento.

15.7. Le scelte di gestione dell'organismo personale

15.7.1. Il dimensionamento degli organici generali e parziali

Le metodologie e i processi che portano a definire il numero di posizioni individuali (e quindi di persone) componenti ciascun organo aziendale e l'insieme complessivo di tali organi sono denominati sistemi di *dimensionamento degli organici* parziali e totali d'azienda. Il dimensionamento degli organici deve tener conto di due esigenze: *a*) produrre distribuzioni di carichi di lavoro, assoluti e relativi, percepiti come equi dai prestatori di lavoro; *b*) governare il «costo del lavoro». Nella pratica i processi di dimensionamento degli organici entrano spesso a far parte integrante dei più vasti processi di pianificazione strategica e di programmazione e controllo; il lavoro è condizione di produzione esplicitata per volumi, qualità e costo nei piani e nei programmi aziendali.

Definito in astratto un certo «volume di attività» corrispondente all'estensione delle combinazioni economiche aziendali, la *dimensione* dell'organismo personale destinato a svolgere tale volume di attività è determinata dalla combinazione delle scelte in merito alle seguenti variabili: *a*) forme e gradi di meccanizzazione ed automazione dei processi economici aziendali; *b*) livello «medio» delle competenze professionali dei prestatori di lavoro; *c*) «volume» di lavoro contrattualmente pattuito (orari giornalieri, settimanali, ecc.; ricorso a forme di lavoro a tempo parziale; lavoro «stagionale»); *d*) «qualità» attesa dei risultati (delle singole operazioni, dei processi, dei beni prodotti); *e*) «investimento» in funzioni di sviluppo, ossia non immediatamente legate all'attività corrente; *f*) livelli attesi di efficienza dei processi economici (impropriamente «del lavoro»)[23] in funzione delle strutture e delle procedure di lavoro e dell'«impegno» dei prestatori di lavoro. Si osservi che le scelte in merito alle variabili *sub d*), *e*) ed *f*) sono in realtà anche scelte di

[23] La dizione «produttività del lavoro» è dizione impropria; il lavoro è sempre e soltanto una delle condizioni di produzione; la produttività è sempre produttività di una combinazione produttiva e risulta dal concorso congiunto di tutte le condizioni produttive; in materia, si veda MASINI [1979, 271 e 386-411].

TAVOLA 15.10. *Esempio schematico di variazione dell'organismo personale*

Politiche e azioni determinanti la dimensione dell'organismo personale	L'azienda *A* nell'anno 2000	L'azienda *A* nell'anno 2005	Variazioni del numero di prestatori di lavoro
Volume di attività caratteristica: numero di pezzi prodotti e venduti	1.000	1.000	0
Livello di meccanizzazione e di automazione		maggiore	–100
Livello delle competenze professionali		Maggiore per politiche di assunzione, per addestramento e per esperienza (apprendimento)	–50
Forme e orari di lavoro	Tutti a tempo pieno; media 2.000 ore/anno	Riduzione orari e attuazione del tempo parziale; media 1.800 ore/anno	+100
Qualità attesa dei beni prodotti		Più elevata	+50
Investimenti in funzioni di sviluppo		Più elevati	+50
Livello di efficienza «del lavoro»		Più elevati per nuova organizzazione e maggior «impegno»	–50
Esternalizzazioni		Minor integrazione a monte	–300
Internalizzazioni		Maggior integrazione a valle	+100
Numero totale di prestatori di lavoro	1.000	800	–200

«volumi di attività» da svolgere. In tale contesto, particolarmente rilevanti sono le scelte di *g)* internalizzazione ed esternalizzazione delle attività. Le scelte relative al dimensionamento dell'organismo personale sono dunque varie, complesse e strettamente congiunte alle scelte relative all'estensione delle combinazioni produttive e agli assetti organizzativi e tecnici. Si tratta di scelte riferibili a complesse valutazioni di convenienza economica; sono però rilevanti anche valutazioni più specificatamente di tipo istituzionale; la dimensione e la composizione dell'organismo personale (qui insieme dei prestatori di lavoro) ha immediato riflesso sulla struttura del soggetto economico e delle relazioni organizzativo-istituzionali interaziendali; spesso le scelte di cui qui si tratta sono direttamente influenzate dalla normativa e dalla prassi vigenti in materia di «relazioni sindacali». Le varie scelte di cui si è detto si combinano con effetti vari sulla dimensione dell'organismo personale. Nella tavola 15.10 si presenta un esempio schematico di variazione netta negativa delle dimensioni dell'organismo personale di un'azienda come risultato di più variazioni positive e negative connesse ai vari tipi di scelte sopra presentate.

15.7.2. I sistemi di ricerca e di selezione del personale

Le persone entrano a far parte dell'organismo personale d'azienda attraverso i processi detti di *ricerca e selezione del personale*. Tali processi si avviano in relazione alle previste esigenze di copertura di posizioni vacanti e si basano su descrizioni di «profili professionali» ossia, su specificazioni delle caratteristiche reputate necessarie per coprire adeguatamente la posizione vacante. Si trascurano qui le modalità tecniche secondo le quali si possono realizzare tali processi così come la normativa di legge e contrattuale che li regola. Si considerano brevemente le alternative politiche aziendali in materia concentrando l'attenzione su due aspetti. Il primo aspetto riguarda il «livello degli ingressi»; si può adottare una politica di ingressi riservati unicamente a persone senza precedente esperienza di lavoro (corrispondentemente, le posizioni che si rendono vacanti ai livelli alti ed intermedi vengono coperte con promozioni dall'interno), oppure una politica di inserimenti sia «dal basso» che «laterali» per persone con precedenti esperienze di lavoro; questa alternativa si rende utile o necessaria quando si voglia arricchire l'organismo personale di nuovi insiemi di competenze in tempi brevi. Il secondo aspetto riguarda il tipo di profilo professionale; si tratta di privilegiare l'ingresso di persone con competenze specialistiche approfondite oppure quello di persone con una base più ampia di competenze meno specifiche; la prima variante si ispira alle esigenze di efficienza nel breve periodo e ad ipotesi di relativa stabilità del contesto aziendale nel lungo andare; la seconda, per converso, dà rilievo alle previste esigenze di profonde variazioni dell'assetto aziendale nel medio e lungo periodo.

I sistemi di ricerca e selezione del personale trovano complemento nei sistemi di *accoglimento* ed *inserimento* che gestiscono la fase d'ingresso in azienda e il primo periodo di lavoro.

15.7.3. La gestione della dinamica interna del personale

Definiti gli organici generali e parziali e svolti i processi di ricerca e selezione del personale, l'impresa si trova con un certo insieme di persone che devono essere dinamicamente assegnate alle varie unità organizzative. Naturalmente, dal punto di vista tecnico queste scelte si ispirano prioritariamente all'obiettivo di far coincidere, per quanto possibile, i contenuti e i carichi di lavoro di ciascuna unità organizzativa con il numero e le competenze delle persone ad essa assegnata. Tuttavia, la gestione della dinamica interna del personale deve tener conto di altri due aspetti assolutamente critici: *a*) è opportuno che la scelta nominativa delle singole persone da inserire in una stessa unità organizzativa si ispiri all'obiettivo di fare in modo che nel gruppo formale si sviluppino buone relazioni sociali e una forte coesione; a tal fine è bene che si scelgano persone con obiettivi e bisogni simili e che il capo abbia spiccate doti di leadership; *b*) i passaggi interni all'azienda devono essere visti anche come strumentali alla crescita personale e professionale delle persone, ossia come occasioni di apprendimento; da una parte, si decide di assegnare la persona *x* all'unità *y* perché *x* possiede le competenze necessarie per essere efficiente ed efficace; dall'altra parte, *x* viene assegnato ad *y* perché impari, sviluppi nuove competenze, in modo tale che poi possa coprire adeguatamente una nuova posizione *z*. In definitiva, si tratta di bilanciare più esigenze: *i*) l'efficienza e l'efficacia di breve periodo; *ii*) la qualità del clima organizzativo; *iii*) lo sviluppo delle competenze che saranno utili all'impresa nel medio e lungo periodo; *iv*) le attese di crescita personale e professionale (e le connesse progressioni di carriera e di retribuzione) dei singoli prestatori di lavoro.

La gestione della dinamica interna del personale si realizza in parte attraverso la programmazione e la gestione delle carriere delle quali si dice più avanti.

15.7.4. Il sistema retributivo

Il sistema di *retribuzione* definisce le politiche, i livelli e le strutture generali delle retribuzioni e determina, nel loro ambito, le retribuzioni periodicamente liquidate ai singoli prestatori di lavoro.

Le retribuzioni effettive individuali sono determinate da tre fattori fondamentali: *a*) il valore attribuito dall'azienda alla *posizione* occupata dalla persona; *b*) il livello delle *prestazioni* conseguito dalla persona che occupa la posizione; c) i livelli retributivi correnti nel *mercato del lavoro* per posizioni e per prestazioni analoghe. La progettazione di un sistema retributivo si sostanzia in una serie di decisioni relative a ciascuno di tali fattori fondamentali.

La *valutazione delle mansioni* effettuata all'interno dell'azienda consiste nell'analizzare ciascuna posizione e nell'attribuirle un valore (spesso nella pratica un «punteggio») che successivamente dovrà essere correlato ad un livello retributivo. Si tratta di un procedimento molto complesso volto ad assicurare l'equità interna del sistema retributivo. Per la determinazione del valore di ciascuna posizione (o di insiemi di posizioni simili) si utilizzano fattori del tipo: livello di responsabilità economica; capacità di innovatività richiesta; competenze specialistiche; e così via. Ciascun fattore viene graduato; a ciascun grado corrisponde un valore (punteggio) parziale; la somma dei valori parziali determina il valore complessivo della mansione.

Determinati i valori delle mansioni, vi si correlano i livelli retributivi; si costruisce la *curva retributiva*; a ciascuna mansione, caratterizzata da un certo valore, corrisponde una retribuzione. La curva è determinata tenendo conto delle situazioni di domanda e offerta di lavoro, della normativa di legge e contrattuale, di logiche di equità proprie di ciascuna azienda. Mediante analisi più o meno esplicite e sistematiche, si determinano i livelli di retribuzione correnti nelle strutture di domanda e offerta del lavoro per posizioni assimilabili a quelle per le quali si sta progettando il sistema retributivo. Si decide in quale misura scostarsi in positivo o in negativo rispetto a tali livelli; a tal fine si tiene conto: delle relazioni tra domanda e offerta di lavoro per le varie categorie di posizioni; delle altre condizioni di lavoro favorevoli o sfavorevoli offerte dall'azienda; della differente criticità delle varie posizioni. Tutto ciò è influenzato, naturalmente, dai gradi di discrezionalità concessi dalla normativa di legge e contrattuale.

Le retribuzioni determinate dalla curva retributiva sono retribuzioni impersonali; sono *retribuzioni riferite alle posizioni*. Le effettive retribuzioni liquidate periodicamente alle persone che occupano le varie posizioni tengono conto, in positivo o in negativo, della *valutazione delle prestazioni*; in altro aspetto del grado di «copertura» della posizione.

In sede di analisi e di progettazione del sistema retributivo, si deve sempre tener presente che la retribuzione non è l'unico elemento di ricompensa avente influsso sui livelli di soddisfazione e di motivazione dei prestatori di lavoro. Spesso la soddisfazione e la motivazione sono correlate più direttamente a fattori quali il clima organizzativo in generale e il contenuto delle mansioni in particolare. L'equità percepita è la caratteristica essenziale che rende un sistema retributivo più o meno accettabile, soddisfacente o motivante.

15.7.5. La programmazione e la gestione delle carriere

I sistemi di *carriera* da un lato definiscono i *percorsi professionali* tipici che le varie categorie di persone potranno seguire in azienda e, dall'altro lato, determinano i *criteri* in base ai quali le singole persone possono compiere i singoli passi previsti. Sono passi di carriera in senso stretto le promozioni lungo la linea gerarchica in senso verticale; in senso lato si includono tutte le variazioni di posizione (dunque anche orizzontali) e di contenuto della mansione a parità di posizione.

La carriera si presenta con una triplice natura: *a*) è la modalità secondo la quale l'azienda gestisce la dinamica delle persone in modo tale da occupare le posizioni che si creano, si trasformano, si liberano; in tal senso deve essere vista anche come percorso di formazione delle persone che vanno ad occupare le posizioni di maggior rilievo; *b*) è la modalità attraverso la quale le persone trovano modi di porre in atto le competenze che progressivamente si sviluppano; *c*) è un'importante modalità di ricompensa; la carriera in senso stretto, in particolare, comporta ricompense sotto forma di incrementi di retribuzione, di *status* e di autorità.

Al sistema di carriera è strettamente collegato il cosiddetto sistema di *valutazione del «potenziale»*; le persone che compiono passi di carriera vanno ad occupare posizioni che richiedono competenze parzialmente differenti rispetto a quelle richieste dalla posizione di partenza; occorre dunque valutare quali persone posseggono le nuove competenze richieste; si tratta di competenze non espresse, ossia di competenze «potenziali»; da ciò la dizione sistema di valutazione del potenziale che si distingue dal sistema di valutazione delle prestazioni; quest'ultimo valuta, indirettamente, in quali misure sono possedute le competenze richieste dalla posizione occupata in un certo momento.

I percorsi di carriera tipici possono essere formalizzati in *sentieri di carriera*. Ciascun sentiero di carriera si riferisce ad una categoria di persone o di posizioni (ad esempio: sentiero di carriera dei neodiplomati assunti nell'area amministrativa; sentiero di carriera degli specialisti informatici; ecc.). Il sentiero di carriera stabilisce quali sequenze di posizioni sono percorribili, in quali tempi, con quali gradi di selettività. I sentieri di carriera possono essere più o meno espliciti e più o meno trasparenti. I percorsi di carriera possono essere progettati secondo logiche differenti. Particolarmente importanti sono le scelte in merito all'articolazione verticale e all'articolazione orizzontale. Nel primo aspetto si distinguono i percorsi segmentati per livelli (partendo dal livello *x* si può giungere al massimo al livello *y*, ecc.) da quelli aperti in senso verticale. Nel secondo aspetto si distinguono le carriere «in linea» o monofunzionali da quelle «per rotazione» o interfunzionali. Le carriere in linea privilegiano l'esperienza e le formazioni specialistiche; le persone progrediscono in senso verticale unicamente nell'ambito della funzione (amministrativa, commerciale, ecc.) in cui hanno iniziato e svolto la loro esperienza di lavoro. Le carriere per rotazione privilegiano la visione interfunzionale dell'azienda; i passi di carriera si svolgono sia in senso verticale sia in diagonale sia in orizzontale; le rotazioni sviluppano le competenze manageriali mentre opportuni assetti strutturali e interventi di formazione assicurano il presidio e gli adattamenti necessari delle competenze specialistiche.

15.7.6. L'addestramento e la formazione del personale

I sistemi di *addestramento* e di *formazione* contribuiscono a determinare sia le conoscenze e le capacità sia gli atteggiamenti e gli orientamenti dei prestatori di lavoro. L'addestramento e la formazione devono intendersi come processi continui; in ottica di anticipazione, essi compongono in armonia la dinamica delle mansioni con la dinamica delle competenze professionali individuali. L'addestramento e la formazione si svolgono in parte in contesti e tempi specifici (i corsi «in aula»); altrettanto importanti sono i processi di apprendimento «sul lavoro» strutturabili in progetti specifici di affiancamento, di rotazioni, di assegnazioni temporanee e così via. Si distinguono altresì i corsi di tipo tecnico-specialistico da quelli di tipo culturale-interfunzionale; i primi si ispirano ad obiettivi di efficienza e di specializzazione; i secondi alla flessibilità e alla multidimensionalità. Gli interventi di formazione tendono a concentrarsi in particolari momenti della dinamica personale o aziendale: gli inserimenti, le promozioni, i cambiamenti di tecnologia e così via; trascurando di programmare gli interventi con progressività si corrono gravi rischi di produrre fenomeni diffusi di «obsolescenza professionale».

15.8. La gestione della complessità

15.8.1. L'assetto organizzativo come risposta alla complessità

Molte importanti scelte di assetto organizzativo sono osservabili come scelte volte a fronteggiare la «complessità dell'impresa». Si tratta di una speciale interpretazione dei fenomeni organizzativi capace di chiarire ulteriormente il significato di molti passaggi svolti in questo e in altri capitoli. Qui presentiamo un modello che rientra nel grande filone della teoria delle decisioni e che ben si collega con i temi di strategia e di organizzazione delle imprese[24].

15.8.2. La complessità e le sue determinanti

La complessità è definita dal *volume delle informazioni da raccogliere e da elaborare, ossia dal volume di decisioni da prendere, durante lo svolgimento di un'attività.* È equivalente la definizione secondo la quale la complessità d'impresa è espressa dalla *differenza tra le informazioni necessarie per svolgere un'attività e le informazioni disponibili prima di iniziare la stessa.* L'impresa è osservata nella particolare (ma fondamentale) ottica del sistema decisionale; quanto più complessa è l'attività da svolgere tanto più potente deve essere il sistema decisionale. Le definizioni sopra date implicano che la complessità di un'attività è nulla se tale attività è perfettamente nota, ossia se prima di iniziarla si conoscono tutte le condizioni di suo svolgimento, incluse le varianti e le connesse alternative di comportamento. Al contrario, la complessità di un'attività è altissima se le informazioni disponibili prima di avviarla sono molto scarse (in astratto, nulle) e, dunque, il suo svolgimento sarà caratterizzato da una lunga serie di problemi e di decisioni.

Ragionando a livello di impresa, ossia con riferimento alle combinazioni economiche generali, la complessità, in essenza, è determinata:

- dalla numerosità degli elementi da governare;
- dalla disomogeneità di tali elementi;
- dalla loro variabilità;
- dall'interdipendenza che li lega;
- dalla pressione esterna sui risultati;
- dalla pressione interna sui risultati.

Numerosità degli elementi da governare. La complessità di un'azienda è tanto maggiore quanto più numerosi sono gli elementi da governare, ossia:

1. le varie linee di prodotto;
2. i differenti mercati;

[24] Si ripercorre, con integrazioni, quanto in GALBRAITH [1977]. Per una rassegna dei campi di utilizzazione del concetto di complessità si veda: BOCCHI e CERUTI [1988].

3. le funzioni (produzione, vendita, marketing, ricerca, finanza, ecc.);
4. le tecnologie (meccanica, chimica, del legno, cartotecnica, ecc.);
5. le unità operative (stabilimenti, depositi, filiali, ecc.).

Così, a parità di altre condizioni, è semplice l'azienda che offre una singola linea di prodotti (al limite, un solo prodotto) in un solo mercato, che ha risorse e competenze specifiche in una sola funzione (la produzione e gli immediati dintorni) e in una sola tecnologia e che opera mediante una sola unità operativa. Le aziende di questo tipo sono dette aziende monoprodotto, monomercato, monofunzione, monotecnologia e monounità. Sempre a parità di altre condizioni, è complessa l'azienda che ha diversificato le proprie combinazioni economiche in più aree di affari, che opera in più mercati, che svolge con competenze e con risorse specialistiche l'intera gamma delle funzioni aziendali, che combina nei propri processi e nei propri prodotti più tecnologie di base e che copre la propria estensione spaziale con numerose unità operative. Al crescere della numerosità degli elementi governati la complessità cresce poiché si estende il campo delle informazioni necessarie per decidere.

Disomogeneità degli elementi da governare. A parità di numero di elementi da governare, la complessità è tanto più alta quanto maggiore è la disomogeneità degli elementi stessi. Due mercati simili richiedono informazioni parzialmente comuni; due mercati profondamente differenti richiedono due distinti insiemi di informazioni e dunque un maggior volume complessivo di informazioni. Le variabili numerosità e disomogeneità degli elementi da governare sono evidentemente interconnesse; il giudizio di omogeneità è infatti la base della numerazione. Inserendo la variabile disomogeneità si comincia a chiarire il fatto che la complessità non è funzione diretta delle dimensioni aziendali; un'azienda di grandi dimensioni operante in due aree strategiche di affari tra loro simili può essere più semplice di un'azienda di medie dimensioni che opera in due aree di affari profondamente disomogenee.

Variabilità degli elementi da governare. Il fabbisogno di informazioni utili per decidere si rinnova nel tempo se gli elementi da governare nel tempo variano. Si pensi, in astratto, ad un'azienda che debba gestire molti elementi disomogenei (ossia ad un'azienda complessa in prima approssimazione) ma operante in un contesto assolutamente stabile per un periodo di tempo lungo; la complessità di governo di tale azienda progressivamente si riduce nel tempo e al limite si annulla. Il livello di complessità, dunque, è frutto anche della dialettica tra la dinamica degli elementi da gestire e la dinamica dei processi di apprendimento; l'apprendimento riduce la complessità ma la dinamica d'azienda e d'ambiente la spingono continuamente verso livelli più elevati.

Interdipendenze tra gli elementi da gestire. Le interdipendenze producono complessità poiché sono elementi addizionali da gestire. Se, ad esempio, due linee di prodotto hanno in comune una parte degli impianti di produzione, si devono affrontare problemi che non esistono nel caso di fattori produttivi completamente distinti; se si opera in due fasce di mercato contigue le relative politiche di prodotto e di prezzo sono oggetto di decisioni più complesse rispetto al caso di indipendenza; se si lavora su commessa si devono gestire interdipendenze tra le funzioni (progettazione, produzione, vendita, ecc.) che non si manifestano nelle produzioni su programma; e così via.

In sintesi, le prime quattro variabili esaminate chiariscono che un'azienda è tendenzialmente molto complessa se deve gestire molti elementi (prodotti, mercati, tecnologie, funzioni, unità operative) e se tali elementi sono molto disomogenei, variabili e interdipendenti. Queste quattro variabili, tuttavia, non sono elementi sufficienti per valutare l'effettiva complessità del governo di una data azienda. Un'azienda potrebbe presentarsi con molti elementi disomogenei, variabili e interdipendenti e, nonostante ciò, potrebbe essere un'azienda relativamente semplice da gestire. Al contrario, un'azienda che le prime quattro variabili definirebbero come relativamente semplice, potrebbe essere una realtà estremamente difficile da governare. Tali considerazioni discendono dal fatto che la complessità dipende anche dai livelli di efficienza che si vogliono raggiungere; può essere più complessa la gestione secondo efficienza di una piccola azienda con pochi prodotti rispetto alla gestione di un'azienda grande e fortemente diversificata ma che, per qualche ragione più o meno contingente (ad esempio, una posizione di monopolio), «può permettersi» di essere inefficiente. Per valutare compiutamente il livello di complessità di un'azienda occorre dunque analizzare anche il grado di pressione sui risultati, ossia i livelli relativi di efficienza perseguiti.

La pressione esterna sui risultati. Il sistema competitivo nel quale un'azienda opera può esercitare pressioni sui risultati più o meno elevate, ossia può imporre all'azienda (affinché questa possa avere vita autonoma duratura) livelli più o meno alti di efficienza. A parità di altre condizioni, la complessità è tanto più elevata quanto maggiore è l'efficienza da realizzare poiché per elevare l'efficienza si debbono attuare processi decisionali particolarmente attenti e intensi; in altri termini, e sempre con riferimento alle iniziali definizioni di complessità, più elevati livelli di efficienza richiedono più ampie basi conoscitive e sistemi di raccolta e di elaborazione delle informazioni più estesi, più veloci e più affidabili[25].

La pressione interna sui risultati. La pressione sui risultati non è determinata univocamente dal contesto competitivo. A parità di contesto competitivo ciascuna azienda ha sempre, almeno in linea di principio, un certo grado di discrezionalità nel fissare i livelli di efficienza da raggiungere; entro certi limiti, cioè, ciascuna azienda può adattare i propri obiettivi in termini di ri-

[25] Sul tema della pressione competitiva si veda il modello della concorrenza allargata presentato nel cap. 9. Il punto è sviluppato secondo due ottiche differenti ma complementari in PORTER [1980] e in PFEFFER e SALANCICK [1978].

munerazione del capitale di rischio (redditività) e del lavoro. Il grado di discrezionalità può essere elevato se la pressione competitiva esterna è relativamente debole. La pressione esterna e la pressione interna (o endogena) sono parzialmente interconnesse; congiuntamente esse producono un effetto moltiplicativo (positivo o negativo) sul livello di complessità aziendale determinato dal numero, dalla disomogeneità, dalla variabilità e dall'interdipendenza degli elementi da governare.

15.8.3. I livelli di complessità

La complessità può essere gestita secondo logiche e modalità differenti. La scelta delle logiche e degli strumenti dipende dal livello di complessità affrontato. Molto schematicamente si distinguono i seguenti quattro livelli.

Livello di complessità 1. È il livello della complessità nulla; si tratta di un riferimento astratto utile per chiarire il significato dei livelli successivi: nella realtà concreta non esistono aziende con complessità nulla. L'azienda a complessità nulla si configura come una sequenza di nuclei di attività (ad esempio, la sequenza acquisti, produzione, vendita) perfettamente conosciuta e stabile sia nei nuclei che la compongono sia nelle relazioni che legano i nuclei.

Livello di complessità 2. È il livello di complessità tipico delle piccole imprese monoprodotto e monomercato operanti in un contesto relativamente stabile. L'azienda si configura schematicamente come una sequenza di nuclei di attività nei quali si manifestano «eccezioni», ossia situazioni problematiche che richiedono un intervento di decisione. A questo livello di complessità le eccezioni non sono molto frequenti, provengono da aree funzionali poco numerose (soprattutto produzione e vendita) e richiedono decisioni adattive piuttosto che innovative. Si usa la semplice dizione sintetica «complessità bassa».

Livello di complessità 3. È il livello della «complessità media e alta» e ad esso sono riferibili le aziende che hanno superato la soglia delle dimensioni piccole e della strategia monoprodotto e monomercato ma che, all'estremo opposto, non si trovano nelle situazioni di diversificazione marcata combinata ad alta pressione competitiva. Si tratta di un livello al quale è riferibile una gamma molto ampia di imprese. Lo schema di base dell'azienda è ancora una sequenza di nuclei di attività ma si tratta di una sequenza più articolata (arricchita cioè di nuclei che vanno al di là di quelli essenziali) e nella quale si manifestano eccezioni frequenti e di varia criticità. In sintesi, questo livello di complessità è caratterizzato da: eccezioni molto numerose; eccezioni molto disomogenee per contenuto «funzionale»; elevato peso relativo delle eccezioni connesse all'integrazione dei vari nuclei di attività; elevata frequenza di decisioni strategiche con contenuto innovativo.

Livello di complessità 4. Si definisce sinteticamente come il livello della «complessità alta ed altissima». È il livello delle aziende nelle quali tutte le sei variabili che definiscono la complessità si manifestano con gradi elevati o elevatissimi; tipicamente, ma non necessariamente, aziende grandi, fortemente diversificate, operanti in contesti competitivi dinamici e concorrenziali e che, per scelta o per necessità, devono conseguire elevati livelli di efficienza e di redditività.

15.8.4. Le logiche e le modalità di gestione della complessità

Come sopra accennato, la complessità può essere gestita secondo differenti logiche e modalità; logiche e modalità da scegliere anche in funzione del livello di complessità affrontato. Si distinguono nove modalità (insiemi di strumenti e di azioni) di gestione della complessità:

1. le regole, le procedure e i programmi;
2. i capi (la gerarchia);
3. la delega su obiettivi;
4. i sistemi informativi verticali;
5. le relazioni laterali;
6. la socializzazione;
7. le attività autonome (*self contained tasks*);
8. la gestione dell'ambiente;
9. le risorse eccedenti (*slack resources*).

Le regole, i programmi e le procedure sono le modalità di gestione della complessità del primo livello. Ad esse si aggiungono i capi per gestire la complessità del livello 2. Al livello 3 occorre procedere alla delega su obiettivi. Le rimanenti sei modalità sono tipiche del livello 4 ove si cumulano alle precedenti. Di seguito si illustrano innanzitutto le modalità di gestione della complessità ai primi tre livelli.

1. *Regole, programmi e procedure.* Il livello di complessità 1 è il livello della complessità nulla e, come sopra detto, è un riferimento astratto se si considerano le aziende nel loro insieme. Non esistono aziende a complessità zero. Esistono però in ogni azienda sottoinsiemi di attività a complessità molto bassa (se non nulla); le cosiddette attività di routine, o attività programmabili[26], attività esecutive e ripetitive stabili da molto tempo; la modalità più efficiente di governo di tali attività consiste nella loro strutturazione (programmazione) mediante regole, procedure e programmi.

2. *I capi (la gerarchia).* Al livello di complessità 2, ossia al livello della complessità bassa, una parte delle attività è attività di routine ma si danno anche attività che producono eccezioni. L'attività programmabile deve

[26] Si utilizzano i concetti e i termini elaborati in SIMON [1997].

essere programmata; le eccezioni saranno convenientemente gestite dai capi (con altra dizione, dalla gerarchia). Nel concreto le aziende a complessità bassa sono quasi tutte piccole aziende imprenditoriali e la gerarchia si riduce di fatto all'unica persona dell'imprenditore. All'imprenditore fanno capo tutte le eccezioni e finché queste non sono né molto numerose né molto disomogenee la gerarchia è strumento efficace di gestione della complessità.

3. *La delega su obiettivi.* Al livello di complessità 3 le eccezioni sono molto numerose, disomogenee per aree funzionali, in misura notevole eccezioni di integrazione e non raramente eccezioni con valenza strategica e con contenuto innovativo. Al livello di complessità 3 occorre la delega su obiettivi; occorre cioè che si formalizzi una struttura organizzativa (tipicamente una struttura funzionale) che preveda un livello direttivo (i direttori di funzione) cui fanno capo unità organizzative ampie e responsabilità esplicite; alle unità di livello direttivo si assegnano gli obiettivi da realizzare e le risorse necessarie all'uopo, nonché il diritto e dovere di decidere autonomamente nell'ambito delle deleghe, ossia di prendere tutte le decisioni coerenti con le politiche aziendali che consentano di raggiungere gli obiettivi prefissati con le risorse assegnate. Naturalmente, anche al livello di complessità 3 una parte notevole dell'attività aziendale è attività programmabile; l'attività programmabile deve essere programmata, le eccezioni meno critiche sono gestite mediante la delega su obiettivi, la gerarchia (l'alta direzione) gestisce le eccezioni di rilievo strategico.

La correlazione tra i primi tre livelli di complessità e le prime tre modalità di gestione della stessa è una correlazione sostanzialmente univoca. La storia delle imprese moderne nel mondo occidentale ha fatto registrare chiare uniformità (comunque sempre relative) in materia. Per le aziende al livello di complessità 4 si possono utilizzare, combinandole, varie modalità di gestione della complessità; esse sono riconducibili a due logiche, o «strategie», di gestione della complessità. La prima logica consiste nel *risolvere* la complessità, ossia nel predisporre strumenti capaci di gestire le eccezioni che sono le manifestazioni della complessità; la seconda logica consiste nel *ridurre* la complessità da risolvere, ossia nell'eliminare in parte il sorgere o la necessità di far fronte alle eccezioni.

Rispondono alla logica del *risolvere* la complessità le modalità sopra elencate sotto le voci: sistemi informativi verticali; relazioni laterali; socializzazione. Sono orientate a *ridurre* la complessità le modalità rimanenti: attività autonome; gestione dell'ambiente; risorse eccedenti.

4. *I sistemi informativi verticali.* La complessità è fabbisogno di raccolta e di elaborazione di informazioni per le decisioni. Per contribuire a risolvere la complessità si possono compiere investimenti nei sistemi informativi; qui si usa la qualificazione «verticali» per contrasto con le relazioni laterali di cui al punto seguente. Sono verticali i sistemi informativi particolari delle aree (per

semplicità si pensi alle funzioni) in cui si articola la struttura organizzativa dell'impresa. Ciascun sistema informativo verticale migliora la capacità decisionale dell'area aziendale corrispondente; lo sviluppo dei sistemi informativi verticali può indirettamente favorire anche l'integrazione tra le aree aziendali.

5. *Le relazioni laterali.* La complessità elevata si manifesta anche sotto forma di problemi di coordinamento e di integrazione tra le varie unità organizzative in cui l'azienda si articola; si tratta di far circolare grandi volumi di informazioni tra le varie unità e di prendere, con la massima rapidità, numerose e critiche decisioni che coinvolgono (nelle fasi di scelta e nelle fasi di attuazione) varie unità aziendali. In questi contesti è utile attivare le relazioni laterali o, meglio, investire in relazioni laterali più di quanto non serva a livelli di complessità inferiori. Appartengono all'ampia categoria delle relazioni laterali: i comitati, le *task forces* (gruppi di progetto), i perni di collegamento, gli organi di integrazione (*product manager* e *project manager* nonché particolari configurazioni di unità di programmazione e di sviluppo). La forma estrema di attuazione di relazioni laterali è rappresentata dalla struttura a matrice pura.

6. *La socializzazione.* I processi decisionali aziendali sono processi sociali, ossia processi che comportano relazioni interpersonali. I processi decisionali sono particolarmente efficaci quando tra le persone coinvolte sono in atto relazioni di reciproca stima personale e professionale e quando è condiviso l'orientamento strategico aziendale. In difetto di tali condizioni i processi decisionali si svolgono con difficoltà e dunque è ridotta la capacità aziendale di gestire la complessità. La presenza di tali condizioni è indice di alta socializzazione del gruppo dirigente dell'azienda ed è una potente modalità di risoluzione della complessità. La socializzazione si attiva favorendo le occasioni in cui le persone possono operare assieme per periodi non brevi; particolarmente efficaci sono i percorsi di carriera con rotazioni interfunzionali, i corsi di formazione con partecipanti provenienti dalle varie aree della stessa azienda e il lavoro in gruppi di progetto a tempo pieno; importante è anche la configurazione fisica e telematica degli ambienti di lavoro. Per loro natura, gli interventi di socializzazione producono effetti molto positivi e duraturi ma richiedono tempi di attuazione lunghi.

7. *Le attività autonome (self contained tasks).* Quando le aziende raggiungono livelli di complessità particolarmente elevati si può palesare il rischio di un «blocco» dell'intero sistema aziendale; nel tentativo di gestire al meglio ciascuna parte del sistema e ciascuna delle relazioni tra le parti, ossia nel tentativo di «ottimizzare il sistema aziendale», si corre il rischio di impostare strutture e meccanismi organizzativi tanto complicati da produrre la paralisi del sistema. Una soluzione radicale del problema consiste nello spezzare il sistema in parti relativamente autonome; sul piano concettuale si rinuncia all'ottimizzazione e sul piano pratico si accettano volumi anche rilevanti di diseconomie di scala e di raggio d'azione; come contropartita si ottiene un sistema (articolato in sottosistemi relativamente autonomi) funzionante anzi-

ché un sistema paralizzato. Nel concreto questa modalità di gestione della complessità (secondo la logica della riduzione della stessa) si attua attraverso la divisionalizzazione dell'azienda secondo vari criteri e a differenti livelli.

8. *La gestione dell'ambiente.* Origine della complessità aziendale può essere una pressione esterna particolarmente forte. In tal caso la complessità può essere ridotta proprio agendo sull'ambiente: rivedendo i contratti con i clienti e con i fornitori; modificando le scelte di internalizzazione ed esternalizzazione delle attività; stipulando accordi più o meno espliciti con i concorrenti; formando aggregati interaziendali; promuovendo una normativa più favorevole per il settore; e così via.

9. *Le risorse eccedenti (slack resources).* Se, quando e dove un'azienda non può o non vuole risolvere la complessità, si manifesta il fenomeno delle risorse eccedenti (risorse di riserva, risorse sprecate). Si noti subito che le risorse eccedenti sono un fenomeno universale e mai del tutto eliminabile; esso accompagna quasi ogni atto delle persone umane nelle loro attività sia economiche sia di altra specie. Le risorse eccedenti sono la differenza tra le risorse effettivamente impiegate per svolgere una certa attività e quelle idealmente necessarie per la stessa. A fronte dell'incertezza e del dinamismo noi investiamo in risorse di riserva; ad esempio, in scorte di materie prime e di prodotti finiti per gestire l'incertezza della domanda e dell'offerta. Dato un certo obiettivo e le corrispondenti risorse definite a preventivo, spesso si impiegano interamente le risorse per ottenere un risultato inferiore all'obiettivo, oppure per realizzare l'obiettivo si usano risorse addizionali rispetto a quelle preventivate. Le risorse eccedenti misurano gli scostamenti negativi dell'efficienza reale rispetto all'efficienza ideale. Il fenomeno delle risorse eccedenti può manifestarsi con grande forza in situazioni di complessità molto alta. Se non si riesce a ridurre o a risolvere la complessità per altra via, non si può che ridurre gli obiettivi e aumentare le risorse. Così descritta la modalità delle risorse eccedenti può apparire una manovra esplicita, cosciente e residuale. In realtà il fenomeno è in qualche misura sempre presente, spesso si nasconde, talvolta precede l'eventuale azione sulle altre modalità di gestione della complessità.

Le modalità di gestione della complessità sopra descritte compongono una sorta di inventario di quanto le imprese occidentali hanno sperimentato con successo negli ultimi tre decenni; si ricorda ancora che non si tratta di modalità alternative, bensì di strumenti e azioni utilmente combinabili.

15.9. La dinamica organizzativa

15.9.1. L'esigenza di una visione dinamica

Questo paragrafo chiude la parte del testo dedicata all'organizzazione e lo fa sviluppando il tema della dinamica dei sistemi organizzativi. Si tratta di un tema complesso e adatto ad un testo specialistico più che ad un testo di introduzione all'economia aziendale come il presente. Si ritiene tuttavia che, almeno per cenni, il tema debba essere sviluppato anche in questa sede poiché alcuni dei più importanti problemi concreti delle aziende moderne sono proprio problemi di dinamica dei sistemi organizzativi. Il paragrafo si articola in quattro punti nei quali in parte si riprendono concetti già trattati, ponendoli in ottica dinamica, in parte si introducono concetti nuovi.

Il *primo punto* illustra il principio generale secondo il quale gli assetti organizzativi devono essere progettati rispettando il *principio dell'orientamento al dinamismo*. Il *secondo punto* schematizza e contrappone i caratteri tipici dei *sistemi organizzativi* rigidi (o *meccanici*, o burocratici) e quelli dei sistemi organizzativi flessibili (o *organici*, o dinamici); si offre così un profilo sintetico ma preciso dell'azienda fortemente orientata al dinamismo. Il *terzo punto* tratta un particolare problema molto critico sia sul piano concettuale sia sul piano pratico; ci si domanda se l'evoluzione degli assetti aziendali debba essere guidata dall'innovazione tecnologica o da altre variabili guida; più in generale si affronta il tema delle *relazioni tra tecnologia ed organizzazione*. Il *quarto punto* affronta il tema della *gestione del cambiamento organizzativo*; per quanto complicati possano essere i processi di analisi e di progettazione organizzativa volti a ridisegnare gli assetti organizzativi aziendali, l'esperienza insegna che la parte più difficile della trasformazione consiste proprio nella gestione del cambiamento, ossia nell'attuazione del cambiamento progettato.

15.9.2. Il principio di orientamento al dinamismo

Il sistema organizzativo è un sistema dinamico; la progettazione organizzativa deve essere orientata al dinamismo; in particolare deve stimolare il cambiamento e, per quanto possibile, anticiparlo.

Le scelte di assetto organizzativo influenzano direttamente i *livelli di innovatività*, *di creatività e di imprenditorialità* espressi dalle persone operanti nelle aziende. Le condizioni organizzative utili in tale aspetto sono molto numerose[27]; si ricordano: strutture organizzative che «isolino» le unità organizzative prioritariamente orientate all'innovazione da quelle orientate all'efficienza; la delega su obiettivi combinata con la logica della sperimentazione per «tentativi ed errori»; meccanismi di primo finanziamento e di protezione

[27] Si vedano: GALBRAITH [1983]; DECASTRI [1984].

delle idee innovative; meccanismi di esplicitazione e di difesa della «proprietà intellettuale» delle innovazioni.

Il cambiamento organizzativo richiede sempre tempi di analisi, di progettazione e di attuazione molto lunghi; per la sua efficacia è dunque importante adottare una logica di *anticipazione*; si tratta di compiere sistematicamente analisi e previsioni della dinamica delle variabili di contesto e di avviare i necessari cambiamenti di assetto organizzativo «prima» che si manifestino gravi incoerenze tra le variabili organizzative e le variabili di contesto.

15.9.3. Gli assetti organizzativi rigidi e flessibili

L'assetto organizzativo «rigido» è caratterizzato dal prevalere della logica «meccanicistica» rispetto alla logica «organicistica»[28]; il contrario vale per l'assetto organizzativo di tipo «flessibile». L'assetto organizzativo dominato dalla logica «meccanicistica» si presenta con i seguenti caratteri:

1. netta separazione di compiti tra le varie unità organizzative;
2. orientamento di ciascuna unità organizzativa in direzione della massima efficienza interna;
3. definizione delle mansioni e delle modalità di lavoro con elevati gradi di dettaglio e di formalizzazione;
4. prevalenza delle linee gerarchiche quali linee di comunicazione, di decisione e di controllo;
5. prevalenza di processi decisionali gerarchici con elevato accentramento dell'autorità;
6. dominanza delle norme dell'obbedienza ai superiori e della lealtà verso l'istituto;
7. correlazione del prestigio e dell'autorità delle persone con il rango delle posizioni occupate nella struttura formale.

L'assetto organizzativo dominato dalla logica «organicistica» si presenta, per converso, con i seguenti caratteri:

1. visione dinamica dei compiti e delle funzioni interpretati come elementi contributivi al perseguimento degli obiettivi globali dell'azienda;
2. estensione della funzione dei diversi organi alla finalità di efficacia complessiva in un'ottica professionale;
3. rilevanza della gerarchia quale sede di competenze e di informazioni piuttosto che di autorità formale;
4. intense relazioni interpersonali anche al di fuori delle linee gerarchiche;
5. autorità distribuita; decisioni soggette a processi di influenza multidirezionali;
6. dominanza dei valori e delle norme di comportamento connessi alla razionalità e allo sviluppo;

28 Si fa riferimento alla distinzione proposta in BURNS e STALKER [1961].

7. prestigio ed autorità correlati alle competenze professionali e ai contributi forniti.

Nell'assetto organizzativo «rigido» si privilegia la divisione del lavoro per fasi e per tecniche specialistiche; nell'assetto flessibile si privilegia il criterio delle «attività autonome».

L'adozione di assetti organizzativi di tipo «rigido» ha caratterizzato gran parte della storia delle imprese di medie e di grandi dimensioni a partire dalla «rivoluzione industriale». In tempi recenti si è manifestata una marcata tendenza all'adozione del secondo tipo di assetti organizzativi; questi si mostrano necessari, nei tempi presenti caratterizzati da forte dinamismo, per *perseguire congiuntamente obiettivi di efficienza e di flessibilità delle combinazioni produttive e di soddisfazione dei prestatori di lavoro.*

15.9.4. Organizzazione e tecnologia

In questo paragrafo si descrivono brevemente le relazioni reciproche e dinamiche tra l'evoluzione tecnologica e le scelte di assetto organizzativo. La tecnologia intesa come insieme di tecniche e, in particolare, di impianti e macchine atte alla produzione economica di beni è assunta nella teoria economica come fattore esplicativo fondamentale della nascita del «lavoro organizzato» o, più in generale, della nascita delle imprese in senso moderno. Le indivisibilità tecniche e le economie di scala che caratterizzano gli impianti di trasformazione tecnica dei beni fisici danno luogo, in particolare, alla nascita del «sistema di fabbrica»[29]. Non solo, la tecnologia dei sistemi di trasporto e di comunicazione rende possibile e stimola la formazione di grandi imprese molto articolate territorialmente con notevoli incrementi di efficienza addizionali rispetto a quelli conseguiti nelle singole unità di trasformazione tecnica[30]. In sintesi, il «progresso tecnologico» offre la possibilità di moltiplicare l'efficienza dei processi economici e tale possibilità si concretizza in nuove forme di organizzazione del lavoro sia a livello di singole unità produttive sia a livello di assetto globale delle aziende.

Lo schema di prima approssimazione così delineato sottintende un rapporto di causalità secondo il quale gli assetti tecnici determinano gli assetti organizzativi; per trarre vantaggio dal «progresso tecnologico» si devono adottare certe forme di organizzazione; l'assetto organizzativo dipende dalla tecnologia. Tale relazione è certamente forte, ma non è né univoca, né esclusiva; in linea di principio ogni innovazione tecnica, ogni assetto tecnico, è compatibile con più soluzioni organizzative alternative; non raramente un certo assetto

[29] Sempre fondamentale in materia è l'opera del 1776 di Adam Smith; si veda, in particolare: SMITH [1776, Libro I, capp. I-III]. Per una moderna visione di storia economica si veda LANDES [1969, capp. I e II].

[30] Tale aspetto è particolarmente sviluppato in CHANDLER [1977].

tecnico può attuarsi in forme differenti; in tal caso si amplia ulteriormente la gamma di soluzioni organizzative possibili. Inoltre, si manifesta anche la relazione inversa rispetto a quella sin qui considerata; le innovazioni tecnologiche o di assetto tecnico possono cioè essere ricercate e attuate in funzione di esigenze di innovazioni organizzative. In altri termini, la sequenza tecnologia → organizzazione → persone può rovesciarsi nella sequenza persone → organizzazione → tecnologia. Nei tempi recenti questo secondo tipo di sequenza tende a prevalere sul primo. Molte innovazioni di assetto tecnico in azienda sono spinte dalla necessità di adottare assetti organizzativi coerenti con le attese dei prestatori di lavoro. In generale, il cambiamento tecnologico e il cambiamento organizzativo possono e debbono interagire.

15.9.5. La gestione del cambiamento organizzativo

Sin qui le attività di organizzazione sono state presentate soprattutto come insiemi di attività di *analisi* e di *progettazione* organizzativa. Si estende ora la visione ai complessi *processi di cambiamento organizzativo* che includono le citate attività di analisi e di progettazione, nonché l'*attuazione* del cambiamento. La fase di attuazione, ossia la fase di gestione del cambiamento, è spesso la più complessa e difficoltosa[31].

Molti interventi di cambiamento organizzativo falliscono; le cause sono di varia natura ma spesso sono riconducibili a due fattori congiunti: *a*) una visione parziale dei processi di cambiamento basata sull'ipotesi che il cambiamento si realizzi efficacemente in modo automatico quando l'analisi e la progettazione sono state condotte con rigore di metodo; *b*) una scorretta visione dei fenomeni di resistenza al cambiamento; si contrappone alla razionalità del progetto la presunta irrazionalità di chi non lo capisce o non lo vuole attuare.

Una prima condizione necessaria per il cambiamento efficace consiste nella *diffusione del fabbisogno percepito di cambiamento*. Si tratta di un processo che *deve essere attivato* con forza sin dall'inizio della percezione del problema per agevolare le fasi di analisi, di progettazione e di attuazione del cambiamento. Se in azienda non si diffonde la convinzione dell'utilità di intraprendere un cambiamento, su di esso non si concentrano sufficienti energie e attenzioni; si manifestano atteggiamenti di indifferenza o di opposizione.

Spesso nello svolgimento di processi di cambiamento organizzativo si manifestano chiari fenomeni di *resistenza al cambiamento* sia in forme attive sia in forme passive. I cambiamenti organizzativi comportano sempre richieste di variazioni degli atteggiamenti e dei comportamenti di un certo numero di persone. Si ha resistenza al cambiamento quando non si producono le

[31] Per uno schema generale di riferimento e per una rassegna bibliografica in materia, si veda: SALVEMINI [1999].

richieste variazioni di atteggiamenti e di comportamenti; ciò indipendentemente dalle dichiarazioni esplicite di accordo o disaccordo sul merito delle variazioni stesse. Il fenomeno della resistenza al cambiamento è soggetto ad interpretazioni molto differenti. Si esaminano qui le tre più rilevanti.

L'interpretazione più diffusa, e contemporaneamente la più dannosa ai fini dell'impostazione dei cambiamenti, definisce la resistenza al cambiamento come *fenomeno naturale* (e quindi inevitabile); la resistenza al cambiamento è caratteristica della natura umana; le persone non amano il nuovo, temono l'incerto, rifiutano la sperimentazione. Una *seconda interpretazione* spiega la resistenza al cambiamento come manifestazione di un possibile giudizio negativo in merito al «*bilancio*» dei percepiti vantaggi e svantaggi indotti dal cambiamento. Si ipotizza che ciascuna persona valuti e metta a confronto i prevedibili vantaggi e svantaggi e si opponga al cambiamento in caso di previsione di un risultato complessivo negativo, o meglio, tenuto conto del rischio e dell'incertezza, in caso di previsione di un risultato non nettamente positivo. Tale interpretazione è parziale ma utile in due aspetti: *a*) evidenzia il fatto che i cambiamenti devono essere progettati in modo tale da produrre, per quanto possibile, bilanci positivi per tutti gli interessati; *b*) richiama l'attenzione sull'esigenza di comunicazioni chiare circa i cambiamenti che si intendono attuare; le comunicazioni ambigue producono atteggiamenti difensivi, ossia sopravvalutazioni dei possibili svantaggi e sottovalutazioni dei vantaggi.

Un sostanziale contributo alla gestione efficace del cambiamento organizzativo deriva dall'adozione della terza interpretazione del fenomeno della resistenza al cambiamento. Si ha resistenza al cambiamento quando le persone che devono modificare i propri atteggiamenti e comportamenti non dispongono delle *risorse* necessarie per realizzare tali variazioni. Le risorse critiche in materia sono: *a*) il *tempo*, necessario per comprendere, individuare e sperimentare le nuove modalità di lavoro; tempo da sottrarre a quello da dedicare alle attività in corso; *b*) le *competenze professionali* richieste dai nuovi compiti; in pratica interventi (più o meno formalizzati) di addestramento e formazione; si manifesta un assorbimento di tempo addizionale a quello del punto precedente; *c*) altre condizioni quali il numero e le caratteristiche dei *collaboratori*, gli *impianti*, le *informazioni*, e così via. Le persone possono essere favorevoli al cambiamento; possono giudicarlo positivo per l'efficienza aziendale e possono prevedere un bilancio molto positivo dei vantaggi e degli svantaggi a livello individuale; possono anche porre molto impegno nel tentativo di modificare i propri atteggiamenti e comportamenti; ma nei fatti si può rilevare che gli atteggiamenti e i comportamenti non si modificano nella misura e nei tempi auspicati per la mancanza delle risorse richieste. Per impostare e gestire efficacemente il cambiamento organizzativo occorre dunque individuare e rendere disponibili per ciascuna persona e per ciascuna unità organizzativa le necessarie risorse. Tale condizione è complementare a quelle citate in precedenza: diffondere il fabbisogno di cambiamento; progettare cambiamenti che producano bilanci positivi; attivare comunicazioni chiare circa i cambiamenti in corso di attuazione.

Le scelte di aggregazione interaziendale

Capitolo 16

16.1. I confini degli istituti e le relazioni istituzionali

In tutti i capitoli precedenti l'attenzione è stata concentrata sulla configurazione dei *singoli istituti* e sulle relazioni tra istituti che si svolgono essenzialmente nella forma di *negoziazioni secondo le regole del mercato*. In realtà, in numerose occasioni si è accennato al fatto che gli istituti possono far parte di aggregati (gruppi di aziende familiari, aggregati di istituti della pubblica amministrazione, gruppi di imprese, reti in *franchising*, ecc.), ma l'approfondimento del tema è stato sempre rinviato.

In questo capitolo sviluppiamo esplicitamente il tema degli aggregati aziendali; esso porta ad evidenziare due fenomeni congiunti che caratterizzano fortemente i sistemi economici evoluti:

1. molti istituti includono nei propri confini combinazioni e coordinazioni economiche che, in linea di principio, potrebbero essere svolte in altri istituti (o, per converso, assegnano a terzi lo svolgimento di attività che, sempre in linea di principio, potrebbero essere svolte al proprio interno); questo tema è già stato svolto in parte in capitoli precedenti quando, in particolare, si è detto della specializzazione economica, dell'integrazione verticale (le imprese decidono di svolgere dentro o fuori i propri confini certe «fasi» a monte o a valle) e dell'estensione orizzontale (le imprese decidono se svolgere al proprio interno una sola combinazione economica oppure, diversificando, più combinazioni economiche); qui lo riprendiamo come tema generale delle *scelte di delimitazione dei confini di istituto*;

2. moltissime delle relazioni che intercorrono tra gli istituti non sono «semplici» relazioni di scambio condotte secondo le regole del mercato; sono invece relazioni lungo le quali si dispongono anche forze e legami che vanno al di là della libera interazione tra domanda e offerta; si tratta di forze e di legami di tipo naturale, contrattuale, legale, culturale, politico, etico e sociale che danno alla relazione tra due o più istituti una forza particolare; si pensi, ad esempio, ai rapporti che legano lo Stato con le sue articolazioni

quali le Regioni, oppure ai rapporti tra più famiglie legate da relazioni di parentela e da patrimoni comuni, oppure ancora ai rapporti tra l'impresa «figlia» in forma di *joint venture* e le due imprese «madri» che vogliono sviluppare un progetto comune, o alle relazioni tra cento cooperative sociali aggregate in un'associazione di carattere politico; in sintesi, si tratta delle *relazioni istituzionali* che si affiancano alle relazioni di mercato di scambio e di concorrenza.

Come accennato, si tratta di due temi congiunti. Basti riflettere sul fatto che le relazioni istituzionali tra due o più istituti possono essere in alcuni casi tanto strette da far configurare, nella sostanza, un solo istituto che ingloba le varie unità nominalmente autonome.

In questo capitolo i due temi delle scelte dei confini aziendali e delle relazioni istituzionali sono trattati congiuntamente sotto la dizione sintetica *scelte di aggregazione interaziendale*. Dato il loro contenuto, sono scelte che influenzano direttamente la configurazione degli istituti coinvolti; siamo dunque nel campo generale delle *scelte di assetto istituzionale* che sono oggetto anche del capitolo successivo.

Per dare una prima evidenza empirica della tematica affrontata, si considerino i seguenti esempi.

A è una media impresa manifatturiera in forma di s.p.a. le cui azioni sono totalmente possedute dai membri della famiglia Alfa (FA). Uno dei più importanti fornitori di *A* è l'impresa *B*. *B* è una s.p.a. un po' più piccola di *A* e le sue azioni sono detenute dalla famiglia Beta (FB). *A* è uno dei principali clienti di *B* e *B* nei tempi recenti ha compiuto vari investimenti tecnici specifici per soddisfare le esigenze di *A*. I membri di FA e di FB sentono l'esigenza di rafforzare le relazioni tra le due aziende. *A* vorrebbe continuare a rifornirsi da *B*, ma si aspetta che *B* compia ulteriori investimenti specifici e non trasmetta il know-how sviluppato con *A* ai concorrenti di *A*. *B* non vuole perdere il cliente *A* ma, per decidere i nuovi investimenti specifici, vorrebbe qualche garanzia da parte di *A*; vorrebbe anche mantenere la propria libertà di azione nei confronti degli altri clienti. Gli amministratori di *A* e *B* incaricano un consulente di formulare delle proposte. Il consulente elabora le seguenti alternative: *a*) FA compra *B* e la incorpora in *A*: ne esce una sola impresa con la proprietà concentrata in FA; *b*) FA compra *B* che rimane giuridicamente autonoma; FA nomina tutti i membri del consiglio di amministrazione di *B*; abbiamo due imprese giuridicamente distinte ma con uno stesso soggetto economico: un gruppo di imprese; *c*) FA e FB conferiscono *A* e *B* – che cessano di esistere – nella costituzione di una nuova impresa *C*; FA detiene il 60% del capitale di *C*, nomina l'amministratore delegato e tre altri membri del consiglio di amministrazione; FB detiene il 40% del capitale di *C*, nomina il presidente e un altro membro del consiglio di amministrazione; abbiamo un'unica impresa i cui diritti di proprietà fanno capo ad una coalizione di due famiglie; *d*) FA e FB si scambiano azioni di *A* e di *B*; FA diventa proprietaria del 20% di *B* e nomina un membro nel consiglio di amministrazione di *B*; FB diventa proprietaria del 10% di *A* e nomina un membro nel consiglio di amministrazione di *A*; FA ha interesse a che *B* ottenga buoni risultati reddituali perché le spetta il 20% degli stessi; FB, reciprocamente, ha interesse a che *A* ottenga buoni risultati perché le spetta il 10%; un rappresentante nel consiglio di amministrazione può servire per controllare e per coordinare; *e)* *A* e *B* stipulano un contratto quinquennale nel quale: *A* si impegna ad acquistare da *B* merci per almeno 1.000 unità all'anno e ad un prezzo unitario compreso tra 5.000 e 5.500 euro; *B* si impegna a compiere investimenti specifici per 4 milioni di euro nel quinquennio e a cedere la tecnologia *x* in esclusiva ad *A*; in questo caso non si hanno trasformazioni negli assetti societari e nel capitale di rischio, ma, mediante un contratto, *A* e *B* vincolano reciprocamente alcune delle loro scelte e, di conseguenza, i loro risultati reddituali. Evidentemente, ciascuna delle 5 soluzioni (ed altre sono possibili) dà luogo a differenti combinazioni di assetti proprietari e di estensione delle combinazioni economiche; ciascuna soluzione comporta differenti costi di transazione e incentiva o disincentiva taluni comportamenti da parte di *A* e di *B*. Ad un estremo abbiamo la configurazione di due imprese distinte ed autonome che interagiscono secondo i meccanismi del mercato. All'altro estremo troviamo un solo istituto che include nei propri confini i due precedenti. Tra i due estremi si collocano situazioni «intermedie» nelle quali i due istituti sono formalmente distinti ma, in aggiunta ai rapporti di mercato, hanno attivato relazioni istituzionali di varia natura e di vario peso.

Quanto sopra esemplificato con riferimento a due imprese *A* e *B* che sono in relazioni di scambio, vale anche tra due (o più) imprese *H* e *J* che si trovano in relazioni di concorrenza. Non raramente due imprese concorrenti possono trovare conveniente attuare qualche forma di collaborazione per, ad esempio, realizzare economie di scala o per evitare distruttive guerre di prezzo o, meno lodevolmente, per adottare politiche collusive a danno dei clienti. Anche qui si possono adottare soluzioni analoghe a quelle viste sopra per *A* e *B* (acquisizioni, fusioni, scambi di partecipazioni, contratti più o meno ufficiali) o anche altre soluzioni quali, ad esempio, la costituzione di un consorzio (tra numerose imprese concorrenti) per svolgere in comune attività di ricerca tecnologica o di promozione di un marchio comune.

Infine, la convenienza all'integrazione può manifestarsi anche per due (o più) imprese *X* e *Y* tra le quali non esistono significative relazioni di concorrenza o di fornitura ma che aggregandosi potrebbero dare luogo ad economie di raggio di azione (sinergie) di tipo tecnologico, commerciale o finanziario. Anche in questo caso le combinazioni economiche e i diritti proprietari di *X* e di *Y* possono essere combinati in vari modi; ad esempio: si forma una holding che controlla *X* e *Y*; *X* e *Y* si fondono in un'impresa diversificata e con struttura divisionale; *X* e *Y* realizzano una *joint venture* partecipando pariteticamente alla costituzione di una nuova impresa *Z* che svolge le combinazioni economiche nelle quali si intersecano le competenze di *X* e di *Y*; *X* e *Y* stipulano un contratto di licenza nel quale, ad esempio, si stabilisce che *X* può realizzare i propri prodotti utilizzando un brevetto di *Y*, oppure *X* può vendere propri prodotti con il marchio «gamma» di proprietà di *Y*.

In sintesi, e generalizzando gli esempi sopra accennati, possiamo affermare che tra due o più istituti (*M* e *N*) possono manifestarsi potenziali vantaggi da integrazione. A seconda dei tipi e dei livelli dei vantaggi conseguibili, gli istituti interessati possono adottare le linee seguenti (qui si fa riferimento in particolare alle imprese):

1. *M* e *N* rimangono *due entità giuridicamente e operativamente indipendenti*, con proprietà distinte ed operano unicamente secondo le regole di mercato dello scambio e della concorrenza;

2. *M* e *N* formano *un aggregato*, ossia mettono in comune una parte o la totalità delle loro combinazioni economiche e dei diritti di proprietà:

a) formano *un aggregato monoaziendale* (o intra-aziendale); attraverso un'acquisizione o una fusione, *M* e *N* diventano una sola entità giuridica che svolge entro i propri confini le combinazioni economiche di *M* e di *N*;

b) formano *un aggregato interaziendale*; *M* e *N* rimangono due entità giuridiche distinte (ed eventualmente ne costituiscono altre addizionali):

b_1) *M* e *N* si uniscono mediante *relazioni di capitale di rischio* (formazione di un gruppo, scambio di partecipazioni, costituzione di una *joint venture*, ecc.);

b_2) *M* e *N* si uniscono mediante *contratti*, ed eventualmente mediante la costituzione di *strutture comuni*, che hanno rilevante impatto sui diritti di proprietà (formano un consorzio, costruiscono una rete in *franchising*, sottoscrivono alleanze strategiche, ecc.);

b_3) *M* e *N* non compiono alcuna mossa formale, non stipulano alcun contratto esplicito, ma adottano *taciti comportamenti di forte integrazione* che si sovrappongono a quelli dello scambio e della concorrenza secondo le regole del mercato.

Il fenomeno degli aggregati aziendali (intraziendali e interaziendali) pervade e caratterizza fortemente tutti i sistemi economici evoluti. Non si tratta di un fenomeno nuovo in assoluto, ma nei tempi recenti esso si è manifestato con particolare intensità coinvolgendo le aziende di tutti i settori e di ogni classe dimensionale ed estendendosi anche a parti rilevanti dei sistemi economici in via di sviluppo. L'analisi degli aggregati aziendali è oggi un componente essenziale di ogni osservazione economica sia a livello aziendale sia a livello di sistemi economici nazionali ed internazionali. La rilevanza del tema qui trattato è molto grande anche sul piano politico. Lo sviluppo di grandi aggregati di imprese private ha prodotto indubbi vantaggi per il progresso tecnico, economico e civile e ha così mostrato che sono possibili e convenienti forme di organizzazione economica profondamente differenti rispetto agli archetipi della concorrenza perfetta tra miriadi di piccole aziende, del monopolio naturalmente collusivo, della proprietà pubblica e della pianificazione centralizzata socialista.

16.2. L'organizzazione economica; le forze di aggregazione e di disaggregazione delle aziende

16.2.1. Le teorie dell'organizzazione economica

La rilevanza teorica e pratica degli aggregati aziendali, nonché la sua criticità politica, hanno stimolato l'attenzione di molti insiemi di studiosi che hanno analizzato il tema secondo una pluralità di prospettive. Così, il fenomeno del formarsi (o del non formarsi) di grandi aggregati aziendali è spiegato, volta per volta, dalle opportunità offerte dal progresso tecnologico, dallo svilupparsi di mercati finanziari più o meno efficienti, dai contesti culturali e giuridici, dalla sperimentazione di nuovi modelli organizzativi in grado di ridurre i costi di transazione, e così via. Nel vasto mondo delle discipline economiche si sono sviluppate varie teorie dell'organizzazione economica che, appunto, hanno per oggetto la configurazione dei confini reciproci delle aziende e le modalità istituzionali di integrazione interaziendale[1]. In estrema sintesi, le teorie dell'organizzazione economica cercano di spiegare: *a*) come mai i sistemi economici non sono composti da tante piccole aziende indipendenti ed interagenti secondo le pure logiche dello scambio e della concorrenza; *b*) a rovescio, come mai i sistemi economici non sono unità totalmente integrate e guidate da una sola intelligenza centrale che pianifica e programma l'attività economica di tutte le unità operative; *c*) quali tipi di relazioni istituzionali, e in base a quali criteri, s'instaurano tra i vari soggetti.

Tutti gli studi in materia di aggregati aziendali riconoscono la grande varietà delle problematiche affrontate e delle possibili soluzioni. Due questioni critiche sia sul piano teorico sia sul piano applicativo sono riassunte nei punti seguenti:

• le teorie che pongono al proprio centro la problematica dei *costi di transazione*[2] e della *dipendenza dalle risorse*[3] inducono a ritenere che le imprese tendano a gestire la complessità delle relazioni tra istituti inglobando (internalizzando) quelle più problematiche, ossia, in un certo senso, eliminandole; altre teorie che s'ispirano alla *resource-based view*[4], sostengono invece che al crescere dell'incertezza le imprese intensificano le loro relazioni per difendere e rafforzare i loro patrimoni di conoscenze distintive[5]; di conseguenza, il principale effetto dell'incertezza ambientale non è l'assorbimento

[1] La teoria dell'organizzazione economica non si configura attualmente in una disciplina unitaria. Essa si compone di proposizioni originate in differenti campi di ricerca (l'economia generale, l'economia aziendale, la sociologia, l'antropologia, il diritto, la scienza della politica) e non integrabili agevolmente. Quali riferimenti di base si vedano: COASE [1937]; WILLIAMSON [1975]; OUCHI [1980]; CHANDLER [1977]; THOMPSON [1967]; NACAMULLI e RUGIADINI [1985]; NELSON [1981]; PISANO [1989]; BARNEY [1991]; KOGUT [1988].

[2] Ad esempio, WILLIAMSON [1975; 1980] e OUCHI [1980].

[3] PFEFFER e SALANCICK [1978].

[4] Ad esempio, BARNEY [2002].

[5] PODOLNY [1994].

della fonte di incertezza entro i confini dell'impresa, bensì l'intensificarsi di rapporti con partner esterni affidabili[6];

• il tema degli aggregati e delle alleanze tra imprese può essere affrontato dando vario peso relativo da un lato alle *condizioni economiche, giuridiche e tecniche* e, dall'altro lato, alle *condizioni sociali*; le aggregazioni e le loro forme sono certo spiegate dalle valutazioni di convenienza economica e tecnica e dai contratti possibili, ma occorre anche ricordare che le imprese operano immerse in reti di contatti esterni, di relazioni sociali che condizionano fortemente la probabilità che un'impresa entri a far parte di un'alleanza e le connesse scelte dei partner e delle forme di aggregazione[7]; le variabili sociali hanno anche grande rilevanza nello spiegare le dinamiche e gli esiti delle allenze.

Qui si propone una teoria sintetica degli aggregati aziendali secondo la quale: *a*) forze di varia natura spingono le aziende ad aggregarsi; *b*) altre forze ostacolano l'aggregazione o spingono gli aggregati a disgregarsi; *c*) varie condizioni di contesto possono fungere da facilitatori o da ostacoli all'aggregazione; *d*) le possibili forme di aggregazione sono molteplici e ciascuna azienda può adottarne contemporaneamente più d'una e con più soggetti; *e*) gli aggregati aziendali esistenti in un certo momento sono le soluzioni che le persone hanno prescelto, tra le numerose possibili, per dare risposte equilibrate alle contrapposte spinte verso e contro l'aggregazione.

16.2.2. Le spinte all'aggregazione

Si consideri un primo insieme di circostanze che spingono all'aggregazione[8]; si tratta di circostanze prevalentemente di tipo economico-tecnico, i cui effetti sono cioè esprimibili compiutamente in termini di convenienza economica:

a) le economie di scala;
b) le economie di raggio d'azione;
c) l'integrazione delle competenze distintive;
d) le economie di transazione;
e) la condivisione di rischi;
f) le rendite monopolistiche.

Le economie di scala, espresse dai minori costi unitari associati a maggiori dimensioni di capacità produttiva installata[9], contribuiscono direttamente a

[6] LORENZONI e LIPPARINI [1999, 318].

[7] Si vedano in materia: GULATI [1998]; MCEVILY, PERRONE e ZAHEER [2003]; vari saggi raccolti in GRANDORI [2004].

[8] In materia di ragioni che spingono all'aggregazione la letteratura è vastissima ed offre impostazioni differenti. In particolare, per le ragioni che spingono alla formazione di alleanze, si vedano: KOGUT [1988]; GULATI [1998]; LORENZONI e LIPPARINI [1999].

[9] Si veda il cap. 11.

determinare le aggregazioni di combinazioni economiche e di aziende simili alla ricerca di dimensioni economicamente convenienti; tipicamente le economie di scala si raggiungono fondendo ed integrando tecnicamente in una sola impresa insiemi di attività prima svolte da più imprese oppure mediante la «crescita interna» ossia aggiungendo alla capacità produttiva esistente nuova capacità che, in linea di principio, potrebbe invece essere attivata da altre imprese. Molte alleanze tra imprese si realizzano per *conquistare accessi a nuovi mercati*; l'impresa che dispone di validi prodotti e che vuole aumentare i volumi di vendita si allea con le imprese che hanno clienti e canali commerciali ai quali i prodotti potrebbero essere destinati. Molte imprese si aggregano, ad esempio in reti di *franchising*, per realizzare grandissime dimensioni sfruttando combinazioni varie di economie di scala e di economie di replicazione.

Mentre le economie di scala orientano ai grandi volumi di attività omogenee, le *economie di raggio d'azione* spingono all'aggregazione di attività disomogenee. Infatti, si danno economie di raggio d'azione[10] quando sono disponibili condizioni di produzione (e di consumo) utili per combinazioni economiche dissimili e l'aggregazione di tali combinazioni economiche produce costi totali inferiori a quelli che si sosterrebbero in caso di combinazioni attuate disgiuntamente; si verificano fenomeni detti anche di «sinergia». L'opportunità di sfruttare economie di raggio d'azione è una delle spiegazioni fondamentali al formarsi di imprese e di gruppi di imprese diversificati.

Spesso per realizzare una nuova combinazione economica occorre *combinare competenze distintive possedute da imprese differenti*; la messa in comune di tali competenze può avvenire con forme di aggregazione molto differenti che possono andare dalla fusione delle imprese che posseggono le varie competenze, alla formazione di una *joint venture* nella quale convergono solo le competenze che devono essere combinate, allo scambio di brevetti e licenze. Non raramente queste combinazioni vedono tra i loro protagonisti non solo imprese ma anche istituti pubblici e privati impegnati, ad esempio, sul fronte della ricerca scientifica. La scelta della forma di aggregazione dipende, tra l'altro, dal grado di trasferibilità delle competenze da integrare, ossia dal fatto che siano competenze più o meno idiosincratiche rispetto alle imprese che le detengono[11]. In alternativa all'acquisizione di nuove competenze mediante aggregazioni, un'impresa può imboccare la strada dello sviluppo interno delle stesse; spesso, tuttavia, questa opzione comporta tempi e rischi eccessivi; le alleanze interaziendali sono in generale una modalità efficace di creazione e di trasferimento della conoscenza[12]. Accanto alle alleanze che si pongono l'obiettivo di combinare, sviluppare e sfruttare le competenze esi-

10 Si veda il cap. 12.
11 KOGUT [1991]; HARRIGAN [1985].
12 LORENZONI e LIPPARINI [1999]; KOGUT e ZANDER [1992]; NONAKA [1994].

stenti, si pongono le alleanze finalizzate all'«esplorazione» di campi nuovi di conoscenza[13].

La condivisione dei rischi tra più imprese può diventare un fattore di aggregazione importante quando si avviano iniziative particolarmente innovative e un eventuale esito negativo può avere ripercussioni particolarmente gravi sull'economia dei soggetti coinvolti. Le partecipazioni azionarie incrociate tra partner di un'alleanza, le *joint ventures* e molti interventi di *venture capital* si collocano in tale quadro. I due o più soggetti che condividono uno stesso rischio da un lato riducono l'onere da sopportare individualmente in caso di insuccesso, dall'altro lato, sono fortemente incentivati ad una stretta cooperazione.

Molte aggregazioni sono stimolate dalle occasioni di *economie di transazione*. Si manifestano economie di transazione[14] quando, aggregando più combinazioni economiche o aziende interdipendenti, i costi di gestione di tale interdipendenza (costi di transazione) sono minori rispetto a quelli che si sosterrebbero nel caso contrario. Fondamentali relazioni di transazione sono quelle connesse allo scambio; i costi di transazione sono tanto più elevati quanto più le transazioni si svolgono in un contesto di incertezza, quanto più si danno asimmetrie informative e quanto più le forze contrattuali sono squilibrate. Le opportunità di economie di transazione sono alla base del formarsi di aggregati aziendali integrati verticalmente «a monte» e «a valle»; una fattispecie importante è quella delle reti in *franchising* nelle quali il *franchisor* è il produttore dei beni distribuiti dai *franchisee*.

Nelle relazioni di scambio e nelle relazioni di concorrenza le aziende sono soggette a pressioni competitive di varia intensità. Come si è già avuto occasione di ricordare, le aziende possono fare fronte alla pressione competitiva secondo differenti «strategie»; tra queste, le strategie di aggregazione attuate secondo modalità differenti ma tutte riconducibili all'obiettivo di sfruttare in qualche misura *rendite monopolistiche* intese in senso lato: accordi più o meno collusivi; contratti di lungo termine variamente strutturati; acquisizioni e fusioni tra concorrenti; e così via; in generale si tratta di strategie che riflettono un atteggiamento di avversione alla pressione competitiva e che possono nascondere rilevanti diseconomie.

Altre ragioni e circostanze che possono orientare alla formazione di aggregati aziendali, o che possono agevolarla, sono solo in parte di tipo economico-tecnico, ma fondamentali per una teoria dell'organizzazione economica anche di prima approssimazione. Si tratta delle seguenti variabili:

g) le reti di relazioni sociali;

13 KOGUT [1988].
14 Si veda il cap. 12.

h) l'orientamento al dominio;
i) le relazioni di solidarietà e di affinità politica.

Come sopra accennato la nascita e l'evoluzione degli aggregati interaziendali è fortemente condizionata dalla *rete di relazioni sociali* nella quale ciascuna impresa si trova immersa. Aggregarsi significa cooperare; ogni volta che si attiva un nuovo rapporto di cooperazione i rischi di «selezione avversa» e di «azzardo morale» sono elevati; rischi che si possono in parte ridurre mediante apposite strutture e meccanismi, ma che in buona parte si tengono sotto controllo se si collocano in un contesto positivo di relazioni sociali[15]. Così, risulta del tutto evidente che le alleanze interaziendali si formano molto più frequentemente e facilmente tra imprese che in passato hanno avuto occasione di costruire rapporti di stima e di fiducia; al contrario, alleanze che sul piano economico e tecnico risultano palesemente evidenti, di fatto non si realizzano per la mancanza o la negatività di rapporti di fiducia. Quando le relazioni sociali sono particolarmente deboli, l'aggregazione interaziendale deve basarsi su forti meccanismi contrattuali, strutture comuni e condivisione di diritti di proprietà; quando si parte da solide relazioni di conoscenza e di fiducia l'investimento in tali strumenti può essere ridotto. Naturalmente, anche la durata e la dinamica dell'alleanza dipendono fortemente dall'evoluzione delle relazioni sociali tra i partner.

In molti casi le aggregazioni aziendali sono frutto di *strategie di dominio*, economico e non economico, attuate da vari insiemi di persone e di aziende; si fa riferimento soprattutto alle operazioni di acquisizione di aziende che non si ispirano, almeno come motivazione primaria, né alla realizzazione di economie di scala, o di altro tipo, né ad esigenze di riduzione della pressione competitiva. Il controllo di grandi aggregati di imprese è strumentale alla realizzazione di obiettivi personali o associativi piuttosto che alla realizzazione dei principi di economicità.

All'origine di aggregati aziendali possono stare anche particolari *relazioni di solidarietà*. Aggregati aziendali, sia di aziende di consumo sia di aziende di produzione o misti, si formano in corrispondenza di relazioni di parentela e di affinità; tali relazioni possono avere rilievo preponderante rispetto alle altre ragioni che possono portare alla formazione di aggregati aziendali e spesso portano a trascurare ragioni che con forza spingerebbero alla separazione; lo stesso vale per aggregati aziendali corrispondenti a relazioni di partito politico o di associazioni non economiche di altra natura; si pensi, ad esempio, agli aggregati nel campo delle imprese cooperative.

[15] Si vedano in materia: POWELL [1990]; MCEVILY, PERRONE e ZAHEER [2003]; GULATI [1998]; GRANDORI [2004].

16.2.3. Gli ostacoli all'aggregazione e le spinte alla disaggregazione

In linea di principio, tra tutte le combinazioni economiche tra aziende si danno possibilità di economie di scala, di raggio d'azione e di transazione; se dunque l'analisi (o la teoria dell'organizzazione economica) si limitasse a considerare tali variabili, o ad attribuire loro la massima rilevanza, la necessaria conclusione sarebbe che, secondo razionalità economica, i sistemi economici dovrebbero presentarsi come insiemi di vasti aggregati interaziendali e intraziendali, se non addirittura come un solo grande unitario aggregato di combinazioni economiche parziali[16]. Evidentemente, nei sistemi economici agiscono anche forze contrarie all'aggregazione. Un vasto insieme di tali ragioni prevalentemente di carattere economico-tecnico è riconducibile ai concetti di:
a) ultracomplessità organizzativa;
b) fabbisogno di differenziazione degli orientamenti manageriali;
c) rischio di erosione delle conoscenze e delle competenze distintive;
d) separazione dei rischi.

Formando aggregati aziendali si internalizzano le transazioni; queste sono regolate con strumenti vari di coordinamento (capi gerarchici, comitati, sistemi di programmazione, strutture comuni, diritti proprietari condivisi, ecc.) che comportano un incremento del livello di *complessità organizzativa dell'aggregato* e più elevati livelli di inerzia dello stesso. Le complessità indotte da più operazioni di internalizzazione possono rendere economicamente non conveniente e organizzativamente ingovernabile l'aggregato aziendale; si producono eccessivi costi di governo delle transazioni interne che possono frenare l'espansione dell'aggregato o anche portare a spezzare l'aggregato in due o più parti autonome.

Come sopra visto, la formazione di aggregati aziendali può essere ispirata dall'obiettivo di creare, diffondere, ricombinare conoscenze e competenze; tali mosse, tuttavia, possono trovare una forte controindicazione rappresentata dal rischio che le conoscenze e le competenze così messe in circolazione erodano l'unicità e la distintività delle competenze possedute dalla singola azienda[17]. In altri termini, le imprese tendono a *proteggere le competenze distintive* sulle quali si fonda il loro vantaggio competitivo; ogni forma di aggregazione interaziendale può sia rafforzare le competenze di ciascun partner sia fare perdere la distintività delle stesse.

Il *fabbisogno di differenziazione degli orientamenti manageriali* consiste nell'esigenza di «gestire» secondo modalità differenti combinazioni economi-

[16] Differenti prospettive di indagine scientifica e differenti opzioni di valori portano a considerare «naturali» forme di organizzazione economica radicalmente differenti. Si veda in GRANDORI [1989] la contrapposizione tra le prospettive economiche, sociologiche e organizzative.

[17] TEECE [1992]; MADHOK e TALLMAN [1998].

che il cui successo è basato su leve competitive differenti (il prezzo, il marchio, il design, ecc.); ciò significa, in generale, che alle differenti combinazioni economiche devono corrispondere unità organizzative caratterizzate da risorse, competenze e logiche di comportamento differenziate rispetto a quelle destinate alle altre combinazioni produttive. Quando queste sono tra loro molto disomogenee, ossia quando il fabbisogno di differenziazione è molto forte, si possono formare aggregati intraziendali composti da più «divisioni», oppure aggregati interaziendali composti da più aziende ordinate in gruppo o, in casi estremi, aziende totalmente distinte tra di loro.

Gli aggregati aziendali, in particolare gli aggregati intraziendali, producono, per loro natura, relazioni di congiunzione tra i *rischi* relativi alle differenti combinazioni economiche. Non raramente tale considerazione sta alla base della costituzione di aggregati aziendali; si perseguono le strategie dette di diversificazione, di compensazione o di condivisione dei rischi. Qui si considera il fenomeno opposto; differenti combinazioni economiche e differenti aziende possono presentare combinazioni di rischi ritenute non convenienti; si evitano allora aggregazioni aziendali strette o si allentano, eventualmente si recidono, le relazioni esistenti.

Altre ragioni e circostanze che spingono verso la disaggregazione o che ostacolano le aggregazioni aziendali sono solo in parte di tipo economico-tecnico e si possono ricondurre alle seguenti variabili:
e) orientamento all'indipendenza e alla competizione;
f) divergenze di valori e di interessi.

Due o più aziende legate da relazioni di scambio o di concorrenza possono giungere a constatare la presenza di numerose e forti circostanze che spingerebbero alla realizzazione di aggregati interaziendali per ragioni di convenienza economica ed eventualmente anche di altra natura; frequentemente, in tali situazioni il progetto di realizzazione di un aggregato è soggetto ad un giudizio negativo «a priori». Ogni aggregato comporta parziali riduzioni d'autonomia dei membri del soggetto economico e degli organi di governo economico; all'autonomia, all'indipendenza, può essere attribuito un valore tale da impedire processi di aggregazione. Non solo, *l'orientamento all'autonomia* può produrre «disaggregazioni»; singoli membri del soggetto economico di un'azienda, o gruppi di persone membri del soggetto economico, non raramente danno vita a «nuove aziende» con o senza scorpori di parti delle aziende di origine. Si pensi al caso delle aziende di produzione a conduzione familiare che spesso originano nuove aziende condotte dai figli dell'«imprenditore», oppure ad aziende che si articolano in aggregati corrispondenti a vari rami familiari. L'orientamento all'autonomia si accompagna più o meno strettamente all'*orientamento alla competizione*; tale orientamento ostacola in particolare la formazione di aggregati «collusivi» di aziende concorrenti. Esso, inoltre, aiuta a spiegare la coesistenza di aziende concorrenti configurate in strutture molto differenti; non si ricercano collusioni e neppure si imitano le strutture altrui; ciò sul piano della razionalità economica può apparire non conveniente ma per i protagonisti della competizione, e per la razionalità economica a posteriori, solo l'esito della stessa sarà giudice valido.

Considerazioni in parte analoghe valgono in merito alle differenze, e *divergenze, di valori e di interessi* propri di vari insiemi di persone membri del soggetto economico di una stessa azienda o di più aziende; tali differenze e divergenze ostacolano da un lato la formazione di aggregazione e suscitano, dall'altro, «disaggregazioni».

16.2.4. Fattori ambientali facilitanti e ostacolanti l'aggregazione

Si sono così passati in rapida rassegna i due ordini di ragioni e di circostanze che da un lato possono spingere verso la formazione di aggregati aziendali e, dall'altro, possono frenare tali operazioni o spingere, all'opposto, a «disaggregazioni». Un terzo insieme di circostanze è dato da alcune variabili di contesto che possono agevolare od ostacolare entrambi i tipi di operazioni; si tratta:

- dei sistemi di comunicazione e di trasporto;
- del mercato dei capitali;
- della normativa economica, in particolare la normativa antitrust;
- della cultura economica e politica prevalente.

In generale, il formarsi di ampi aggregati aziendali è agevolato da estesi ed efficienti *sistemi di comunicazione e di trasporto* poiché spesso tali aggregati operano su aree geografiche molto estese in termini sia di mercati di acquisto e di vendita sia di localizzazione delle proprie unità operative di trasformazione tecnica e di commercializzazione[18]. Sistemi di comunicazione e di trasporto poco estesi, poco integrati e poco efficienti spiegano situazioni di frazionamento di combinazioni economiche, di settori e di mercati non altrimenti interpretabili.

Spesso le operazioni di aggregazione e di disaggregazione comportano ampi movimenti di capitali: capitali di prestito e capitali di rischio; il livello di *efficienza del «mercato dei capitali»* può talvolta essere il fattore determinante in senso positivo o negativo[19]; la «trasparenza» del «mercato dei capi-

[18] Lo sviluppo dei sistemi di comunicazione e di trasporto (con la disponibilità di efficienti motori per la produzione di energia) è proposto da CHANDLER [1977] come una delle condizioni fondamentali che hanno reso «fisicamente» possibile lo sviluppo delle grandi e grandissime imprese americane a partire dal 1840.

[19] Questa è la tesi di fondo degli studi di taglio finanziario che privilegiano come modello ideale quello della grande *public company* anglosassone; si veda, ad esempio: SHLEIFER e VISHNY [1997].

tali» è fattore che agevola od ostacola talune forme di operazioni speculative di aggregazione e di disaggregazione.

La normativa che regola i sistemi economici nazionali ed internazionali è la variabile determinante nel contesto qui esaminato[20]; si noti che talvolta complesse strutture di aggregati interaziendali sono costruite unicamente per fruire di determinati vantaggi offerti o concessi dalla normativa civile e fiscale vigente; tali strutture spesso non riflettono l'articolazione delle combinazioni economiche. Nell'ambito della normativa economica che regola il formarsi di aggregati monoaziendali e interaziendali, hanno primario rilievo le regole e le strutture antitrust volte proprio a evitare che si formino aggregazioni (esplicite e implicite) unicamente o prevalentemente orientate a comportamenti collusivi dannosi per la collettività.

Tutte le variabili sin qui elencate, nei tre gruppi, assumono peso e significato vario nei contesti caratterizzati da differenti culture e istituzioni economiche[21]; si pensi ai sistemi liberistici e a quelli pianificati centralmente; ai sistemi progrediti e ai sistemi in via di sviluppo.

16.3. Gli aggregati di aziende

16.3.1. Le classi di aggregati aziendali

Dall'interazione delle ragioni e delle circostanze di vario segno esposte nel paragrafo precedente si originano gli aggregati aziendali e le loro trasformazioni. Le varie forme di aggregati aziendali si presentano secondo differenti combinazioni di caratteri distintivi[22]; qui particolarmente rilevanti sono: *a*) l'unicità o *pluralità di aziende* giuridicamente distinte formanti l'aggregato; *b*) *l'unitarietà* o meno *del soggetto economico* per le varie combinazioni economiche aggregate; *c*) il grado di esplicitazione e di *formalizzazione della struttura* delle relazioni di connessione tra le varie combinazioni economiche. In funzione di tali caratteri distintivi, si configurano le seguenti classi di aggregati:

- i gruppi economici;
- le associazioni formali di aziende;
- le associazioni informali di aziende;
- gli aggregati intraziendali.

Ciascuna classe contiene più forme di aggregati e loro varianti.

20 La Porta, Lopez-de-Silanes e Shleifer [1999]; Coffee [2001].

21 Si veda, ad esempio: Roe [2003].

22 Per i caratteri distintivi delle varie forme di aggregati aziendali e per le conseguenti tipologie si vedano: Grandori [1989]; Depperu [1987]; Marelli [1987]; Grandori e Soda [1995]; Powell [1990]; Kogut [1988]; Pisano [1989].

16.3.2. I gruppi economici

La classe dei *gruppi economici* si articola nelle seguenti forme principali:
a) gruppi privati e pubblici di aziende di produzione;
b) le *joint ventures*;
c) gruppi di gestioni patrimoniali familiari.

Si ha un *gruppo economico*

quando più combinazioni economiche di produzione o composte pertinenti a soggetti giuridici diversi sono istituite e rette per un unitario soggetto economico. Le diverse combinazioni economiche hanno un'autonomia giuridica, con molteplici conseguenti condizioni di relativa autonomia economica, che le distinguono da combinazioni che fossero solo parte di un'azienda divisa, ma costituiscono un unico complesso economico nel loro svolgersi dinamico in connessione a fini istituzionali del medesimo complesso economico[23].

L'aggregazione di aziende nella forma del gruppo economico è caratterizzata dal fatto che l'unico soggetto economico ha potestà di governo economico estesa a tutte le scelte di tutte le aziende del gruppo; nelle altre forme di aggregazione solo alcuni insiemi di scelte di ciascuna azienda sono direttamente condizionate dagli interessi e dalle politiche che si esprimono a livello di aggregato.

Dal punto di vista della struttura giuridica formale i gruppi possono configurarsi secondo strutture molto varie[24]; con o senza «società capogruppo»; con società capogruppo di varia configurazione giuridica e con funzioni differenti (capogruppo «finanziarie», «operative» e miste); spesso per le capogruppo finanziarie si usa la denominazione *holding* e, corrispondentemente, la dizione gruppo con «struttura ad holding»; le partecipazioni che danno luogo ai capitali di comando si distribuiscono a vari livelli e spesso nella forma di partecipazioni incrociate; l'esistenza di un gruppo può essere resa manifesta dalla presenza delle stesse persone negli organi di governo economico di più aziende più o meno in correlazione con la proprietà di partecipazioni nel capitale proprio (talvolta, ad esempio, tali presenze multiple derivano da relazioni di prestito particolarmente estese e critiche).

Gli istituti pubblici territoriali possono essere soggetto economico di altre aziende giuridicamente distinte; queste possono comporsi in gruppi economici: ad esempio, gruppi di aziende di produzione pubbliche.

Una forma particolare di gruppo economico si configura quando due o più aziende di produzione danno vita ad una combinazione economica congiunta mantenendo relativamente autonome le altre combinazioni economi-

23 MASINI [1979, 567-568].

24 Sulle origini e sulle forme dei gruppi si vedano: SARACENO [1976, par. 3]; ZATTONI [2000]; BARCA e BECHT [2001].

che[25]. La nuova combinazione economica (detta *joint venture*) può coincidere con una nuova azienda il cui soggetto economico è composto dall'insieme delle persone che compongono i soggetti economici delle aziende che l'hanno originata; tale unitarietà di soggetto economico, per la nuova combinazione economica, si dà anche quando non si forma una nuova azienda e la combinazione economica viene gestita mediante particolari forme di contratti. La peculiarità di queste forme di aggregazione sta nel fatto che non tutte le combinazioni economiche (quelle di ciascuna delle aziende originarie, e quelle di nuova formazione) hanno un soggetto economico comune; la comunanza di soggetto economico è solo parziale. L'aggregazione nella forma di *joint venture* spesso, almeno nei piani iniziali, ha carattere di aggregazione temporanea; si dice che l'aggregazione si forma per la realizzazione di un progetto cui le aziende originanti concorrono con condizioni di produzione complementari e dal quale si attendono risultati congiunti non convenientemente perseguibili autonomamente.

Gruppi economici possono configurarsi anche attorno al nucleo di una famiglia; ciò accade soprattutto nel caso di famiglie con gestioni patrimoniali particolarmente vaste e articolate; il patrimonio può essere gestito anche mediante la costituzione di più aziende di produzione il cui oggetto è lo svolgimento di gestioni patrimoniali ed una famiglia può conferire capitale proprio, con posizione di comando, in più aziende di tale tipo; spesso il soggetto economico del gruppo economico di gestioni patrimoniali familiari è composto unitariamente da più famiglie.

16.3.3. Le associazioni formali di aziende

La classe delle *associazioni formali di aziende* comprende le seguenti forme di aggregati:

a) i consorzi di aziende di produzione e di aziende composte pubbliche;
b) i cartelli;
c) le associazioni in *franchising*, le licenze e le concessioni;
d) le associazioni in «accordi quadro»;
e) le associazioni «di categoria»;
f) le associazioni di aziende di consumo.

Nella sua configurazione di base, un *consorzio* è un aggregato costituito da più aziende, spesso molto numerose, che si aggregano per svolgere in comune *una coordinazione parziale* del tipo acquisti, vendite, ricerca e sviluppo. L'aggregazione si forma quando le singole aziende in una data area di attività non sono in grado di operare con dimensioni economicamente con-

[25] I concetti fondamentali in tema di *joint venture* (e più in generale di alleanze interaziendali) si trovano in KOGUT [1988], HARRIGAN [1985] e KUMAR e SETH [1998].

venienti o con adeguata «forza contrattuale»; la formazione del consorzio di regola comporta la costituzione di una «struttura comune» che svolge, in varia misura, per tutte le aziende associate operazioni quali l'acquisto di dati beni, l'acquisizione di capitali di prestito, la copertura di rischi parziali, la pubblicità o la vendita su dati mercati, la ricerca e sviluppo, e così via; si usano le espressioni del tipo: «consorzi di acquisto»; «consorzi di finanziamento»; «consorzi per l'esportazione», e così via. Alla formula del consorzio, con significato in parte differente da quello sopra illustrato, ricorrono frequentemente gli istituti pubblici territoriali; l'aggregazione si forma per servizi pubblici non economicamente producibili dai singoli istituti: consorzi per l'erogazione di acqua, per la protezione ambientale, per la promozione di attività turistiche, ecc.

Un *cartello* è un insieme di aziende che si associano per l'elaborazione e l'attuazione di politiche e di programmi comuni atti a ridurre la pressione competitiva ambientale. I cartelli sono tipicamente composti da aziende concorrenti o potenziali concorrenti con prodotti scarsamente differenziati; le politiche e i programmi comuni riguardano essenzialmente i volumi di produzione (complessivo dell'aggregato e di ciascuna azienda partecipante al cartello) e i prezzi-ricavo da applicare nei vari mercati in cui le aziende operano. La bassa differenziazione dei prodotti dà centralità ai livelli di prezzi-ricavo come strumento di concorrenza; livelli molto elevati di competizione realizzati attraverso le cosiddette «guerre di prezzo» possono portare alla rovina le aziende più deboli e a posizioni monopolistiche le aziende più forti. I cartelli limitano la probabilità che si verifichino tali eventi; d'altro canto possono facilmente portare a cooperazioni di tipo collusivo con l'applicazione di prezzi-ricavo particolarmente elevati e con riduzione delle spinte all'efficienza e all'innovazione. Speciali cartelli si applicano per gli insiemi di aziende la cui economicità è giudicata di interesse pubblico, in particolare per le aziende di credito e, più in generale, di intermediazione finanziaria. Spesso gli accordi tipici dei cartelli non sono formalizzati esplicitamente; si dice allora di accordi taciti di regolazione della concorrenza; la dizione cartello si riserva alle forme di accordi espliciti e ammessi dalle leggi.

Gli aggregati per relazioni dette di *franchising* sono composti da un'azienda centrale detta *franchisor* e da un elevato numero di aziende ad essa collegate dette *franchisee*. L'azienda centrale trasferisce alle associate il diritto d'uso di un marchio comune e un insieme di conoscenze tecniche, organizzative e gestionali; le aziende associate si impegnano a rispettare le modalità di svolgimento delle combinazioni economiche stabilite dall'azienda centrale in modo tale che i beni (merci e servizi) prodotti e venduti da ciascuna associata presentino caratteri uniformi e costanti di elevata qualità. La forma del *franchising* è molto diffusa, ad esempio, nel campo delle aziende di vendita al dettaglio di beni di largo consumo, degli alberghi, dei ristoranti. Spesso, ma non necessariamente, nel caso di associazione di aziende commerciali, l'azienda centrale è l'unità di produzione dei beni commercializzati dalle aziende associate. I vincoli imposti dall'azienda centrale alle associate sono di varia natura e intensità; quando si limitano alla cessione del diritto d'uso di marchi e di brevetti si configurano le relazioni di licenza o di concessione.

Tra le aziende in rapporti di fornitura particolarmente complessi si possono costituire aggregati formali mediante la stipulazione di *accordi quadro* in forma di contratti. Tali contratti definiscono le condizioni di scambio di lungo periodo (volumi, qualità, prezzi, tempi di consegna, modalità di pagamento, ecc.) e, spesso con peso molto rilevante, anche le modalità di svolgimento delle operazioni interne delle aziende in relazione di scambio (caratteristiche delle materie prime, cicli di lavorazione, procedure di controllo qualità, e così via). Si tratta di contratti che includono esplicite condizioni di continuità, di esclusività e di reciprocità del rapporto di fornitura con la specificazione delle modalità di recesso e delle penali connesse al mancato rispetto delle condizioni pattuite. Non raramente il rapporto tra le aziende è fortemente asimmetrico; per una delle parti l'accordo quadro può essere tanto esteso e vincolante da ridurre ad ambiti molto ristretti l'autonomia di esercizio delle prerogative di governo economico; si configurano aggregati assimilabili al gruppo economico.

Di grande rilievo nei sistemi economici avanzati sono le associazioni formali di aziende che si costituiscono per il perseguimento di interessi istituzionali comuni non connessi direttamente a relazioni di scambio o di concorrenza. Le aziende di produzione si aggregano in *associazioni di categoria* variamente configurate per «settore» (associazioni delle aziende meccaniche, chimiche, bancarie, ecc.), per «dimensioni» (associazioni di piccole imprese, di aziende artigianali, ecc.), per natura del soggetto economico (private, pubbliche), per localizzazione (associazioni nazionali, regionali, ecc.) o secondo altri criteri ancora. Tali associazioni manifestano i propri interessi e linee comuni di azione in vari contesti; in particolare nell'ambito delle contrattazioni collettive relative alle condizioni di lavoro e in quello della formulazione delle politiche economiche generali e particolari da parte degli organi di governo pubblici. Le unità centrali, inoltre, forniscono un'ampia gamma di servizi alle aziende associate.

Nel campo delle aziende di consumo si diffondono *associazioni di famiglie* (o di persone) volte a tutelare gli interessi in merito alla qualità dei beni di consumo acquistati, alle modalità di distribuzione commerciale degli stessi, alle forme e ai contenuti delle campagne promozionali e pubblicitarie e così via; si tratta delle cosiddette «associazioni di consumatori». Altre associazioni di famiglie (o di persone) o anche di istituti di altro tipo si formano per esprimere interessi relativamente a temi quali i servizi pubblici, l'ecologia, la politica fiscale, e così via.

16.3.4. Le associazioni informali di aziende

Molti aggregati di aziende si formano per ragioni e operano secondo modalità analoghe a quelle dei gruppi e delle associazioni formali, ma non sono configurati in strutture esplicite sul piano giuridico formale; per tali aggregati si utilizza l'espressione *associazioni informali di aziende*. Schematicamente, si distinguono le seguenti forme:

a) le reti di subfornitura;
b) le costellazioni di aziende;
c) i distretti;
d) le intese informali varie.

Le *reti di subfornitura* sono composte da un'azienda principale con combinazioni economiche fortemente esternalizzate e da un numero vario di aziende fornitrici caratterizzate dal fatto che gran parte, se non la totalità, della loro attività economica trova sbocco in tale rapporto di fornitura e si svolge secondo modalità di fatto in larga misura determinate dall'azienda principale. Il governo economico dell'aggregato è sostanzialmente unitario con forti analogie con quanto accade negli accordi quadro e nei gruppi economici; analogie rafforzate dall'eventuale presenza di partecipazioni di vario rilievo, ed eventualmente incrociate, nel capitale di rischio delle varie aziende. Nel concreto, molte aziende, specie di grandi dimensioni, sono al centro di reti di aziende fornitrici connesse in parte da rapporti di subfornitura, in parte da rapporti regolati da accordi quadro e in parte da relazioni di gruppo economico.

Quando l'aggregato è composto da un numero ridotto di aziende di dimensioni omogenee (piccole e medie dimensioni) con combinazioni economiche strettamente complementari, e nel loro insieme relativamente autonome, si utilizza il termine *costellazione di aziende*[26]. Tale tipo di aggregato non è esplicitato formalmente ma le aziende che lo compongono operano in modo strettamente integrato; non appare la figura dell'azienda centrale cui sono connesse tutte le altre; tra le aziende si danno varie relazioni dirette essendo esse specializzate variamente per «componenti» o per «fasi» della combinazione economica complessiva dell'aggregato. A seconda delle caratteristiche dei settori e dei mercati cui la costellazione partecipa, il ruolo di «guida» all'operare dell'aggregato è riconosciuto alle aziende che governano le competenze «tecnologiche» oppure le competenze «commerciali». Le costellazioni e le reti di subfornitura sono fenomeni particolarmente rilevanti dei sistemi economici, come quello italiano, caratterizzati da una larga presenza di imprese di dimensioni piccole.

Il termine *distretto* è utilizzato per identificare vasti insiemi di imprese strettamente connesse da relazioni di mercato e di settore e localizzate in una stessa e ristretta area geografica. I distretti sono contemporaneamente iden-

[26] LORENZONI [1983].

tificati da un «prodotto» e da un'area geografica: «i mobili di Cantù», «i panni di Prato», «gli strumenti musicali di Castelfidardo» e così via. Per tali aggregati si usa anche la dizione «area-sistema»[27]. Le aziende di un distretto sono numerose e connesse da relazioni varie; anche estese relazioni di concorrenza che mancano invece nelle reti di subfornitura e nelle costellazioni.

La dimensione geografica identifica un complesso insieme di condizioni tecniche, economiche, sociali e culturali che danno carattere di unitarietà all'insieme delle aziende del distretto. In un'area circoscritta si formano servizi, privati e pubblici, comuni: scuole professionali; strutture espositive e commerciali; laboratori di ricerca; ecc. Si concentra un'offerta di lavoro caratterizzata da speciali competenze professionali e da una cultura comune. Si instaurano strette relazioni sociali (anche per vincoli di parentela) tra le persone che svolgono le funzioni di governo economico delle varie aziende. Si gode di vantaggi in termini di tempi e di costi di comunicazione e di trasporto. Tipicamente l'integrazione tra le aziende di un distretto solo in piccola parte è formalmente strutturata a causa sia dell'elevata numerosità delle aziende sia delle relazioni di concorrenza tra molte delle stesse aziende.

Molte associazioni informali di aziende non sono riconducibili a strutture specifiche quali le reti di subfornitura, le costellazioni, i distretti. Si utilizza per essa la dizione generica di *intese informali* che si attuano in relazioni interaziendali di ogni tipo; di particolare rilievo sono le intese informali tra aziende concorrenti che si attuano in luogo dell'esplicitazione di cartelli.

16.3.5. Gli aggregati intraziendali

Per completezza dell'esposizione si richiama ancora il fenomeno delle aggregazioni intraziendali, ossia delle pluralità di combinazioni economiche aggregate in una stessa entità giuridica, in una stessa impresa. Molto schematicamente, si tratta di: *a*) le *aziende «multiunità»*, ossia le aziende che inglobano più unità di trasformazione tecnica (stabilimenti, ad esempio) o di commercializzazione (filiali) relativamente autonome; sono le aziende che cercano di sfruttare massimamente le economie di scala; *b*) le *aziende integrate verticalmente*, ossia con combinazioni economiche parziali connesse «in sequenza» per cercare di sfruttare, tra l'altro, le economie di transazione; *c*) le *aziende diversificate*, ossia con combinazioni economiche parziali identificate da prodotti destinati a mercati distinti in quanto soddisfano differenti classi di bisogni; spesso tali aggregati sono destinati a sfruttare importanti economie di raggio d'azione.

Il richiamo serve per mettere in evidenza il fatto che gli aggregati intraziendali sono in relazione di fungibilità parziale rispetto a talune forme di aggregati interaziendali; ad esempio: le aziende multiunità rispetto ai consorzi o alle associazioni in *franchising*; le aziende integrate verticalmente rispetto

27 MARELLI [2002]; VISCONTI [1996].

alle reti di subfornitura o alle costellazioni; le aziende diversificate rispetto ai gruppi economici. Nella dinamica dell'azienda spesso si registrano passaggi da aggregati interaziendali ad aggregati intraziendali e viceversa.

16.4. La gestione degli aggregati

Gli aggregati di aziende sono realtà dinamiche che attraversano fasi di preparazione, di formazione iniziale, di evoluzione e trasformazione, di eventuale cessazione. La gestione della dinamica delle aggregazioni richiede particolare cura e particolari competenze; cura e competenze almeno pari a quelle dedicate alle valutazioni di fattibilità e alla progettazione iniziale dell'aggregato[28]. Molte alleanze falliscono in tempi anche brevi; ciò può accadere sia per ragioni economiche e tecniche, sia per ragioni di tipo sociale; il rischio di fallimento è particolarmente alto quando, ad esempio, si richiede una forte interazione tra attori che hanno identità (culture, routine) molto differenti.

Le alleanze interaziendali nascono da condizioni iniziali che comprendono certi interessi, obiettivi e rapporti interpersonali e che si configurano anche in particolari schemi interpretativi; il tutto è destinato a modificarsi nel tempo, anche in relazione a nuovi stimoli derivanti dalle dinamiche ambientali[29]. La formazione e la dinamica delle alleanze suscitano particolari processi di apprendimento che a loro volta influenzano i successivi comportamenti.

L'appartenenza a reti di relazioni istituzionali influenza significativamente anche gli assetti istituzionali delle singole imprese partecipanti. L'inclusione in reti interaziendali crea incentivi e spinte in direzione dell'adozione di strutture di governo evolute e trasparenti; ciascun partner deve configurarsi in modo tale da apparire ed essere affidabile nei confronti di tutti gli altri[30].

Nei sistemi economici evoluti moltissime imprese fanno parte di numerosi aggregati; sono comuni i casi di imprese che hanno centinaia di partner connessi da legami istituzionali. In questi casi non è critica soltanto la capacità di impostare e di gestire la singola relazione, ma anche la capacità di gestire l'insieme delle relazioni, di selezionarle e di integrarle. Si tratta di impostare e di governare un «portafoglio di alleanze»[31]. La capacità di gestire le relazioni con i partner diviene una competenza critica per le imprese perché da un lato esse sono numerose e variegate e dall'altro lato sono essenziali per creare, diffondere e integrare le competenze distintive alla base della competitività[32].

[28] Come riferimenti generali di taglio manageriale si vedano: DOZ e HAMEL [1998]; BAMFORD, GOMES-CASSERES e ROBINSON [2003]; HITT, HARRISON e IRELAND [2001]; ZOLLO [2003].

[29] Si veda: DOZ [1996].

[30] GRANDORI e CARPANI [2004].

[31] PARISE e CASHER [2003].

[32] Il tema è svolto in LORENZONI e LIPPARINI [1999], dove si utilizza l'espressione *relational capability*.

Le scelte di assetto istituzionale

Capitolo 17

17.1. Incertezza, libertà, equità

Le scelte di assetto istituzionale determinano la configurazione fondamentale di un istituto in quanto portano a decidere:

- chi ha il diritto e il dovere di governare l'istituto fissandone gli obiettivi, prendendo le scelte ultime, decidendone l'eventuale cessazione;
- chi ha il diritto di ricevere i risultati reddituali dell'istituto e di disporre del patrimonio dello stesso;
- come si configurano gli organi di governo economico e di controllo del governo economico;
- se e con quali altri istituti si instaurano relazioni «istituzionali», ossia con quali istituti si formano gli aggregati interaziendali e si condividono le scelte di governo economico, i redditi e i patrimoni.

Come visto nei capitoli precedenti, l'attività economica si svolge prevalentemente in istituti con il contributo di molti soggetti che cooperano apportando ciascuno i propri contributi e ottenendo adeguate ricompense. Idealmente, e in prima approssimazione, possiamo immaginare che tutto ciò possa avvenire in modo trasparente, fluido, leale e in un mondo composto da persone che condividono gli stessi valori, gli stessi fini e gli stessi modelli di razionalità. In tal caso, la progettazione degli assetti istituzionali sarebbe una questione piuttosto semplice; se tutto fosse chiaro e trasparente e se tutti i soggetti adottassero uno stesso modello di lealtà e di razionalità, allora gli alternativi assetti istituzionali sarebbero quasi equivalenti; la produzione dei beni potrebbe essere assegnata, ad esempio, ad imprese che operano in mercati aperti, oppure a macroapparati pianificati centralmente dallo Stato e nulla cambierebbe per il benessere dei cittadini. In un sistema liberistico non farebbe praticamente nessuna differenza il fatto che un'impresa industriale fosse strutturata come una società per azioni, oppure come una cooperativa di lavoro. Non farebbe nessuna differenza che nel consiglio di amministrazione sedessero o no rappresentanti dei prestatori di lavoro, delle banche o delle comunità politiche locali. Sarebbe indifferente anche l'alternativa di una rete distributiva totalmente posseduta dall'impresa produttrice rispetto all'alternativa di una rete distributiva in *franchising*; e così via. Ma il mondo reale non è un mondo di perfetta trasparenza e di totale omogeneità delle preferenze e dei modelli di razionalità; è per questo che la progettazione accorta degli assetti istituzionali diventa uno dei passaggi essenziali per il buon funzionamento dei singoli istituti e dei sistemi economici.

In estrema sintesi, il problema che stiamo affrontando si può ricondurre a cinque punti:

- i *sistemi economici* evoluti sono molto efficienti, ma contemporaneamente sono molto *complessi, dinamici, incerti, ambigui*; in molti aspetti sono sistemi poco trasparenti;
- l'attività economica organizzata dà sempre luogo a «rendite organizzative» e a «risultati residuali» e in tali contesti di complessità, di dinamismo, di incertezza, di ambiguità e di opacità è *impossibile decidere e valutare con precisione quali sono i contributi e quali sono le ricompense di ciascun soggetto*;
- i vari soggetti si presentano con *differenti competenze, valori, energie, propensioni al rischio, patrimoni economici e relazionali, basi di potere*; di conseguenza, i vari soggetti reagiscono in modi differenti a fronte degli spazi di incertezza, di ambiguità e di opacità; tutti i soggetti adottano comportamenti che contengono elementi di ingenuità, di egoismo, di altruismo, di carità, di prepotenza, di prudenza, di coraggio, di rispetto o di trasgressione delle norme sociali e legali;
- gli assetti istituzionali devono essere progettati in modo tale che: *a*) sia favorita la *massima libertà e varietà di espressione* delle persone rinunciando all'ipotesi che una qualche forma di razionalità economica superiore possa decidere il bene di ciascuno; *b*) si produca un senso di *sostanziale equità*; in pratica, occorre evitare che taluni soggetti, o categorie di soggetti, adottino comportamenti opportunistici, iniqui e predatori tanto gravi da compromettere l'armonia sociale di fondo, o, in altro aspetto, da minare la convinzione condivisa della convenienza alla cooperazione; *c*) il *costo* delle soluzioni adottate sia *quanto possibile contenuto*;
- gli assetti istituzionali adottati in un certo Paese in un certo momento sono inevitabilmente figli della «storia» di quel Paese, in particolare, sono espressione dei valori e degli interessi di chi detiene *il potere economico e politico*[1]; di regola, chi detiene il potere, ha come obiettivo primo il mantenimento di tale potere e, di conseguenza, non modifica gli assetti esistenti o li innova per rafforzare ulteriormente la propria posizione o per far fronte a minacce di perdita del potere; è bene ricordare che, sia al livello dello Stato sia al livello dei singoli istituti e dei loro aggregati, è continuamente in atto una «competizione» tra chi disegna assetti istituzionali per godere di privilegi (per aprire spazi di discrezionalità entro i quali esercitare il potere)[2] e chi tali privilegi vuole eliminare, o altri ne vuole costruire.

[1] NORTH [1990]; SCOTT e MEYER [1994]; POWELL e DIMAGGIO [1991]; ROE [2003].
[2] CROZIER e FRIEDBERG [1977].

In parti precedenti del libro (in particolare, nei primi quattro capitoli) si trovano gli elementi necessari per un corretto inquadramento teorico della problematica degli assetti istituzionali. In questo capitolo si forniscono ulteriori elementi di teoria e si trattano le principali scelte che contribuiscono a configurare l'assetto istituzionale; in particolare, si tratta:

- delle scelte di assetto proprietario del singolo istituto;
- delle scelte di configurazione degli aggregati interaziendali;
- delle scelte di configurazione degli organi di governo e di controllo.

17.2. Le scelte di assetto proprietario del singolo istituto

17.2.1. I diritti di proprietà nelle imprese: un modello base con molte varianti

Assegnare i diritti di proprietà in un istituto significa decidere a chi spettano i diritti di:

- governare l'istituto fissandone gli obiettivi e prendendo le decisioni ultime, inclusa l'eventuale decisione di cessazione della vita dell'istituto;
- ricevere i risultati reddituali dell'istituto e disporne;
- disporre della destinazione del patrimonio dell'istituto nel corso del suo svolgersi e in occasione dell'eventuale cessazione[3].

Le scelte in oggetto riguardano tutti i tipi di istituti nei quali si svolge attività economica; nelle famiglie, nelle imprese, negli istituti nonprofit e nello Stato tali scelte assumono significati differenti, se non altro perché varia notevolmente la natura del «risultato reddituale»; tuttavia è chiaro che le scelte in merito a chi debba prendere le decisioni ultime e possa disporre del patrimonio influenzano profondamente la vita di ogni istituto. In questo capitolo si concentra l'attenzione sulle scelte di assetto proprietario tipiche delle imprese con qualche estensione al mondo degli istituti nonprofit; quanto esposto aiuta comunque a inquadrare il tema anche per le altre classi di istituti.

Osservando la realtà delle economie liberiste progredite, notiamo immediatamente che la maggior parte delle imprese di dimensioni medie e grandi è configurata secondo il modello convenzionale della società per azioni, ossia dell'impresa nella quale i diritti di proprietà fanno capo all'insieme dei conferenti di capitale di rischio e i conferenti di capitale di rischio sono persone diverse rispetto ai prestatori di lavoro, ai clienti, ai fornitori e ai conferenti di capitale di prestito; nel linguaggio corrente si dice che i proprietari dell'azienda sono gli azionisti. Con variazioni nella forma giuridica, lo stesso vale per la grande maggioranza delle imprese di dimensioni minori che sono pure «possedute» dai conferenti di capitale di ri-

[3] Per una rassegna delle teorie dei diritti di proprietà si vedano: HANSMANN [1996]; BLAIR [1995]; WILLIAMSON [1985]; BERLE e MEANS [1932]; BUONOCORE e JOSSA [2003]; JENSEN e MECKLING [1976].

schio. L'impresa nella quale i diritti di proprietà fanno capo ai conferenti di capitale di rischio (e nella quale essi non sono prestatori di lavoro, clienti, fornitori, finanziatori a titolo di prestito) viene di solito qualificata come «impresa capitalistica».

L'impresa capitalistica è la forma dominante, ma non mancano insiemi, talvolta numerosi, di istituti di produzione con assetti proprietari differenti[4]:

- in alcuni casi i diritti di proprietà fanno capo ai clienti: ciò accade, ad esempio, nelle cooperative di consumo al dettaglio, nei consorzi di acquisto posseduti dalle imprese clienti, nelle banche e assicurazioni «di mutuo soccorso»;
- altre volte i diritti di proprietà sono assegnati a soggetti che forniscono input differenti dal capitale di rischio: ad esempio, nelle partnership professionali e nelle cooperative di lavoro i «proprietari» (i titolari dei diritti di proprietà) sono i prestatori di lavoro; nelle cooperative di trasformazione dei prodotti agricoli, i «proprietari» sono i conferenti dei prodotti agricoli; spesso questi soggetti, o sottoinsiemi degli stessi, sono *anche* conferenti di capitale di rischio;
- non mancano poi gli istituti nei quali i diritti di proprietà non sono assegnati a nessuno o sono fortemente limitati; sono gli istituti «senza proprietari» e il caso emblematico è quello degli istituti nonprofit.

Nel quadro 17.1 si illustra la struttura di una tipica cooperativa di produttori e si mostrano le principali differenze rispetto all'impresa capitalistica in termini di distribuzione dei diritti proprietari.

Come s'intende facilmente, il tema qui affrontato è molto critico sia sul piano della teoria economica sia sul piano della politica generale. La ripartizione dei diritti di proprietà nell'ambito delle varie classi di istituti determina la configurazione di base dei sistemi economici e sociali; visto a rovescio, differenti sistemi politici consentono, incentivano e impongono talune soluzioni scoraggiandone o vietandone altre. Non sorprende dunque che in materia si sviluppino e si intreccino teorie e visioni anche molto differenti tra loro; per distinguere i vari tipi di teorie possono essere utili le seguenti considerazioni: *a)* in molti scritti si sovrappongono teorie che interpretano e classificano l'esistente (ciò che è) e teorie che propongono modelli auspicati (ciò che dovrebbe essere)[5]; *b)* alcune teorie sono di tipo universalistico in quanto propongono un unico modello «ideale» di impresa[6], mentre altre teorie sono di tipo *contingency*, affermando che differenti assetti proprietari

[4] Si segue lo schema proposto da HANSMANN [1988].

[5] Ad esempio, fortemente ispirati ad un modello ideale sono: MASINI [1960; 1979]; BLAIR [1995]; MEADE [1989].

[6] Secondo l'impostazione universalistica, tutte le imprese sono essenzialmente simili; sono sempre gli stessi gli insiemi di soggetti ai quali è opportuno assegnare i diritti di proprietà. Nell'ambito di questa impostazione, si propongono differenti soluzioni quali: *a)* la soluzione capitalistica standard; i diritti di proprietà devono essere assegnati sempre e soltanto ai conferenti di capitale di rischio; *b)* la soluzione capitale e lavoro; i diritti di proprietà devono essere assegnati congiuntamente ai conferenti di capitale di rischio e ai prestatori di lavoro.

QUADRO 17.1.

La struttura tipica di una cooperativa di produttori e le sue analogie con la struttura di un'impresa posseduta dagli investitori

Un esempio emblematico di cooperativa di produttori è quello delle cooperative casearie nelle quali i diritti di proprietà della fabbrica di formaggio fanno capo ai contadini che apportano il latte fresco destinato alla produzione del formaggio stesso. La cooperativa paga ai propri membri il latte, ad un prezzo predeterminato, in occasione di ogni conferimento. Di solito il prezzo di acquisto del latte è fissato ad un livello sufficientemente basso per far sì che quasi certamente la cooperativa ottenga un utile dalla sua gestione. Quindi, alla fine dell'anno, gli utili ottenuti dalla produzione e dalla vendita del formaggio sono distribuiti tra i membri in proporzione alla quantità di latte conferito da ciascuno nel corso dell'anno. Hanno diritto di voto solo i contadini che conferiscono latte e il diritto di voto può essere capitario (una persona un voto), oppure può essere proporzionato ai volumi di latte conferito. Alcuni membri, o tutti, possono conferire anche capitale alla cooperativa, ma ciò, in linea di principio, non è indispensabile poiché la cooperativa potrebbe raccogliere tutto il capitale necessario per il suo funzionamento sotto forma di capitale di prestito. In ogni caso, anche quando alcuni membri conferiscono capitale, tali apporti di solito prendono la forma di azioni privilegiate che non hanno diritto di voto e che ricevono dividendi entro un limite massimo predeterminato. In caso di liquidazione della cooperativa, il capitale netto residuale – che può derivare da utili non distribuiti e da incrementi di valore delle attività aziendali – è distribuito tra i membri della cooperativa di solito utilizzando qualche parametro che misuri il contributo complessivo fornito alla cooperativa da ciascun membro.

In breve, i diritti di proprietà sono posseduti esclusivamente in funzione del fatto che la persona conferisce latte e sono proporzionati ai volumi dei conferimenti di latte. Tuttavia, non necessariamente tutti i contadini che vendono latte alla cooperativa sono anche membri (ossia titolari dei diritti di proprietà) della stessa; la cooperativa può comprare parte del latte che le serve da contadini non membri i quali ricevono un prezzo fisso e non partecipano né alla distribuzione degli utili né al governo della cooperativa. (Le cooperative di consumo sono configurate in modo analogo; gli utili e i voti sono ripartiti in funzione dei volumi degli acquisti effettuati dai membri.)

Anche un'impresa in forma di società di capitali funziona nello stesso modo, salvo il fatto che non è posseduta da coloro che apportano qualche tipo di materia prima, come il latte, bensì da coloro (tutti o alcuni) che conferiscono capitale.

Per chiarire l'analogia, può essere utile stilizzare nel modo seguente le transazioni tipiche di una società di capitali: ciascun membro conferisce all'impresa una certa quota di capitale; come remunerazione riceve interessi ad un tasso fisso predeterminato ad un livello sufficientemente basso per far sì che quasi certamente la società ottenga un utile dalla sua gestione; quindi, ad intervalli regolari, o in occasione della liquidazione, gli utili netti della società (dopo aver pagato tutti gli obblighi contrattuali inclusi quelli per gli stipendi, le materie prime e gli interessi fissi sul capitale fornito dai membri) sono distribuiti tra i membri finanziatori in proporzione al capitale apportato; l'impresa può avere anche finanziatori non membri, quali le banche o gli obbligazionisti, i quali ricevono solo interessi a tassi di mercato e non partecipano né alla distribuzione degli utili né al governo dell'impresa.

Nella realtà, il tasso fisso degli interessi da liquidare ai membri-finanziatori (ossia agli azionisti) è, per ragioni di praticità, pari a zero; inoltre, i conferimenti di capitale non sono negoziati su base annua, ma, in linea di principio, sono a tempo indeterminato; in generale, il socio rimane tale sino alla liquidazione dell'impresa. Nella tipica cooperativa, invece, i membri sono liberi di fare variare i volumi dei loro apporti e, di solito, possono uscirne quando vogliono. Tuttavia, questa distinzione non è essenziale; anche le società di capitali possono essere configurate in modo tale che gli apporti dei soci possano variare nel tempo; ciò è normale, ad esempio, in una società per azioni quotata. Per converso, certe cooperative sono strutturate in modo tale che i membri si assumano impegni di lungo periodo. Ad esempio, nelle cooperative di produzione e di distribuzione di energia elettrica (cooperative locali di distribuzione di elettricità) normalmente si richiede agli aderenti di sottoscrivere contratti trentacinquennali.

In pratica, possiamo vedere gli statuti delle società di capitali semplicemente come varianti speciali del modello generale degli statuti delle cooperative. In linea di principio, non c'è nessun bisogno di statuti distinti per le società di capitali; le società di capitali potrebbero benissimo essere governate adottando un ben congegnato statuto generale delle imprese cooperative.

Fonte: Estratto da HANSMANN [1988].

si adattano a differenti circostanze[7]; *c*) alcune teorie affermano che i diritti di proprietà devono essere assegnati ad una sola categoria di soggetti[8], mentre altre propongono che i titolari dei diritti di proprietà siano contemporaneamente due o più categorie di soggetti[9]; *d*) alcune teorie sono di tipo «razionalistico» sostenendo che gli istituti scelgono gli assetti proprietari più efficienti mentre altre teorie spiegano l'adozione dei vari modelli proprietari come processi imitativi di legittimazione[10].

17.2.2. I costi del mercato e i costi della proprietà

In questo paragrafo si illustra una speciale teoria, proposta da Henry Hansmann, particolarmente utile per guidare le scelte di assegnazione dei diritti di

[7] Secondo questa impostazione, occorre valutare caso per caso quale distribuzione dei diritti di proprietà è più efficiente. Ad esempio, in funzione dei soggetti «critici» (MITCHELL, AGLE e WOOD [1997], li chiamano i *definitive stakeholders*, gli *stakeholders* veri, quelli che apportano contributi critici, che mettono a rischio i propri contributi e che hanno potere; ad essi spettano i diritti di proprietà), oppure in funzione della minimizzazione dei costi di *market contracting* e dei costi di *ownership* [HANSMANN 1988].

[8] Ad esempio, WILLIAMSON [1985]; per una rassegna della varietà delle strutture di capitale di rischio si veda: LA PORTA, LOPEZ-DE-SILANES e SHLEIFER [1999].

[9] Ad esempio, propongono due categorie di soggetti (conferenti di capitale e prestatori di lavoro) MASINI [1979] e AOKI [1984]; alcuni filoni di studio (varianti dello *stakeholder approach* e del *corporate social responsibility approach*) propongono di distribuire i diritti di proprietà tra «tutte» le categorie di portatori di interessi [CLARKSON 1998].

[10] Si veda, ad esempio, la contrapposizione proposta in SCOTT e MEYER [1994, cap. 3]. Per il ruolo della politica nella determinazione delle forme di impresa si veda: ROE [2003].

proprietà nelle imprese e negli istituti nonprofit[11]. La teoria ha un'impostazione di tipo *contingency* secondo la quale non esiste un assetto proprietario ottimale per qualsiasi tipo di impresa; l'assetto proprietario – ossia la distribuzione dei diritti di proprietà – deve essere scelto in funzione di due variabili: i costi di *market contracting* e i costi di *ownership* suscitati da ciascun possibile alternativo assetto proprietario. La scelta razionale è quella che in ciascun caso minimizza la sommatoria dei due insiemi di costi. Si tratta di una teoria eminentemente di tipo economico e di taglio razionalistico: la scelta si compie secondo la razionalità economica della massimizzazione dell'efficienza.

Con l'espressione «proprietari dell'impresa» convenzionalmente si indicano quelle persone che sono titolari di due diritti formali: il diritto di governare l'impresa e il diritto di appropriarsi dei risultati economici residuali dell'impresa (ossia tutti i rendimenti netti dell'impresa inclusi gli utili correnti e gli incrementi di valore del patrimonio e dei diritti di cui l'impresa è titolare). Di solito i due diritti formali fanno capo allo stesso insieme di persone: chi governa l'impresa è anche chi ne gode i risultati residuali; se chi governa non può godere dei risultati residuali, la sua motivazione a massimizzare tali risultati può essere bassa. Un'importante eccezione a questa regola è rappresentata dall'assetto proprietario degli istituti nonprofit nei quali, per definizione, chi governa non può appropriarsi dei risultati residuali (gli utili e gli incrementi di valore del patrimonio non sono distribuibili). Naturalmente, si deve ricordare che chi ha il diritto formale di governare l'impresa non sempre lo fa direttamente; spesso lo fa delegando propri rappresentanti; il diritto di nominare i membri del consiglio di amministrazione è una delle manifestazioni più evidenti di esercizio del diritto di proprietà.

I diritti di proprietà di regola fanno capo a una delle categorie di persone che interagiscono con l'impresa in quanto forniscono input (lavoro, capitale di rischio, capitale di prestito, materie prime, ecc.) o in quanto ne acquistano gli output (i clienti in senso ampio). Tali soggetti si possono qualificare come «*patron*» dell'impresa (nel nostro linguaggio diremmo «categorie di portatori di interessi»).

Ciascun *patron*, nell'attivare e nel gestire le sue relazioni con l'impresa, sostiene dei costi di *market contracting* (per via delle asimmetrie informative, della non uniforme distribuzione delle forze contrattuali, ecc.); assegnando i diritti di proprietà ad un *patron*, tale *patron* di regola riduce i suoi costi di *market contracting* (perché può comandare lui e perché godrà dei risultati residuali derivanti dalle sue decisioni); ma l'esercizio della proprietà comporta a sua volta dei costi: i costi di *ownership* (il tempo e le altre risorse impiegate per informarsi, per raccogliere il consenso, per prendere le decisioni di governo, ecc.). Nel loro insieme, i costi di *market contracting* e i costi di *ownership* compongono la classe generale dei costi di transazione.

[11] In particolare, si segue quanto in HANSMANN [1988]; importanti sviluppi e complementi si trovano anche in HANSMANN [1987; 1996].

TAVOLA 17.1. *Alcuni esempi emblematici di assetti proprietari*

	Grande impresa posseduta da molti piccoli azionisti	Impresa grossista posseduta dai clienti dettaglianti	Impresa posseduta dai prestatori di lavoro: partnership di professionisti
Costi da potere contrattuale dell'azienda	Bassi: i mercati finanziari sono piuttosto competitivi	Alti: spesso i grossisti sono molto potenti	Bassi: in tempi normali il mercato del lavoro è abbastanza fluido
→ Incentivo[a]	Basso	Alto	Basso
Costi da investimenti specifici	Alti, se si ipotizza che l'investimento sia di lungo periodo	Alti se i dettaglianti investono in un marchio comune e in un sistema logistico comuni	Medio: in parecchi casi le persone sviluppano competenze *firm-specific*
→ Incentivo[a]	Alto	Alto	Medio
Costi da asimmetria informativa	Alti: non è facile per gli azionisti (tanti e piccoli) conoscere e capire le strategie aziendali	Bassi: di solito il grossista non dispone di informazioni private particolarmente critiche	Medi: è una situazione speciale nella quale l'impresa può essere la parte debole
→ Incentivo[a]	Alto	Basso	Medio
Costi di *monitoring*	Alti: per tanti piccoli azionisti è difficile indirizzare e controllare i manager	Bassi: i dettaglianti comprano molto e ripetutamente dallo stesso grossista	Bassi: i prestatori di lavoro controllano facilmente l'operato dei manager
→ Incentivo[b]	Basso	Alto	Alto
Costo delle decisioni collettive	Basso: sono molti azionisti ma con un solo chiaro obiettivo comune: il «profitto»	Basso: i dettaglianti hanno interessi comuni chiari	Basso: di solito i prestatori di lavoro hanno competenze e obiettivi omogenei
→ Incentivo[b]	Alto	Alto	Alto
Costo del rischio da assumere	Basso: gli azionisti possono diversificare il rischio investendo in più imprese o altro	Basso (salvo gli investimenti specifici); i magazzini e le merci sono facilmente liquidabili	Basso (salvo in caso di competenze *firm-specific*)
→ Incentivo[b]	Alto	Alto	Alto

[a] Incentivo a diventare proprietario per ridurre i costi di *market contracting*; [b] Incentivo a diventare proprietario poiché i costi di *ownership* sono bassi.

Fonte: Elaborazione da HANSMANN [1988].

La tesi generale del modello di Hansmann è la seguente: *nelle scelte di assegnazione dei diritti proprietari la soluzione più efficiente è quella che minimizza il totale dei costi di transazione sostenuti da tutti i patrons, ossia dei costi di ownership sostenuti dai proprietari e dei costi di market contracting sostenuti da tutti i patrons (inclusi i proprietari).*

Il livello dei costi di *market contracting* (che possono essere ridotti dall'assegnazione della proprietà) dipende da:

- la *forza contrattuale* (*market power*) dell'impresa nei confronti dei *patrons* (o viceversa); i *patrons* più deboli (ossia coloro che dovrebbero sostenere i costi di *market contracting* più elevati) hanno interesse ad assumere la proprietà (perché la titolarità della proprietà riduce i costi di *market contracting*);

• gli *investimenti specifici* effettuati dai *patrons*; i *patrons* che hanno effettuato investimenti specifici nei confronti dell'impresa (ossia investimenti il cui valore sarebbe annullato o drasticamente ridotto in caso di interruzione del rapporto con l'impresa) hanno interesse ad assumere la proprietà;
• l'*asimmetria informativa*; i *patrons* svantaggiati dall'asimmetria informativa hanno interesse ad assumere la proprietà.

I costi di *ownership* (sostenuti da coloro che diventano titolari dei diritti di proprietà) si distinguono in:
• *costi di monitoring* (costi di agenzia) sostenuti dai proprietari per informarsi, per comunicare tra loro, per trasmettere gli ordini ai manager; i *patrons* che possono incorrere in bassi costi di *monitoring* hanno un incentivo ad assumere la proprietà;
• *costo delle decisioni collettive*: se una classe di *patrons* è composta da più soggetti, nascono costi per la produzione di decisioni condivise; i costi sono tanto più alti quanto maggiore è il numero dei *patrons* di quella classe e quanto più disomogenei sono i loro interessi; le classi di *patrons* con i costi decisionali più bassi sono incentivate a diventare proprietari;
• *costi di assunzione del rischio*: i proprietari si assumono il rischio del risultato residuale; alcuni *patrons* sono in posizioni più favorevoli rispetto ad altri per assumersi i rischi (ad esempio perché possono meglio diversificarli); sono i *patrons* per i quali è più conveniente diventare proprietari.

Naturalmente, non sempre è facile trovare soluzioni che sono chiaramente preferibili rispetto ad altre. In molti casi si hanno contemporaneamente grandi vantaggi e grandi svantaggi nell'assegnare i diritti di proprietà a ciascuna delle classi di *patrons*. Talvolta i conflitti tra le varie classi di costi sono tanto alti da suggerire che nessuna classe di *patrons* sia titolare sia dei diritti di governo sia del diritto al risultato residuale; nascono così, ad esempio, gli istituti nonprofit. Nella tavola 17.1 sono schematizzati alcuni dei casi emblematici descritti nei lavori di Hansmann.

17.2.3. Alcuni archetipi di assetti proprietari: i criteri di scelta

La varietà e la variabilità degli elementi che compongono i sistemi economici e sociali si riflettono anche nella grande varietà degli assetti proprietari adottati dalle imprese. In prima approssimazione tale varietà può rimanere nascosta, o essere sottovalutata, dato il predominio del modello generale dell'impresa capitalistica, ossia dell'impresa nella quale i diritti di proprietà fanno capo all'insieme dei conferenti di capitale di rischio. In successive approssimazioni, tuttavia, occorre imparare a riconoscere le differenti configurazioni che si manifestano nella realtà e un passo essenziale in tale direzione consiste nell'osservare che entro la grande classe delle imprese capitalistiche si collocano soluzioni notevolmente differenti e che rispondono a proprie logiche ben distinte le une dalle altre. Qui si propone di riflettere sulle seguenti classi di imprese distinte per assetto proprietario:

- impresе ad assetto proprietario capitalistico;
- imprese ad assetto proprietario non capitalistico;
- imprese ad assetto proprietario misto;
- imprese con diritti proprietari limitati.

Nell'ambito del modello generale delle *imprese capitalistiche* si distinguono importanti fattispecie in relazione al grado di concentrazione del capitale di rischio, alla natura pubblica o privata dei titolari del capitale di rischio e alla distribuzione dei diritti di voto e di rimunerazione.

Con riguardo alla *concentrazione del capitale di rischio*, e trascurando i possibili azionisti pubblici, si considerino tre casi emblematici: *a*) l'impresa *con un solo proprietario*, spesso l'imprenditore fondatore; impresa di dimensioni di solito non grandi nella quale i diritti di proprietà sono tutti concentrati in una persona che spesso esercita personalmente le funzioni di governo e di direzione dell'impresa; *b*) l'impresa in forma di società per azioni, *quotata in borsa*, con numerosissimi azionisti «minori» e *un azionista di controllo*, ossia un azionista che possiede una percentuale di azioni sufficiente per consentirgli di nominare la maggioranza o la totalità dei membri del consiglio di amministrazione; per essere azionisti di controllo non necessariamente occorre possedere il 50% delle azioni più una; basta il 50% più una delle azioni partecipanti all'assemblea degli azionisti; spesso basta una percentuale dell'ordine del 10%; in linea di principio i diritti di proprietà fanno capo indistintamente e uniformemente a tutti gli azionisti, ma si osserva che in questo caso alcuni azionisti (l'azionista di controllo) di fatto sono in condizione di esercitare con più immediatezza i diritti di proprietà rispetto a quanto non possano fare gli altri azionisti (che spesso complessivamente detengono l'ampia maggioranza del capitale di rischio); ulteriore variante è quella della presenza tra gli azionisti non di controllo degli «investitori istituzionali»: banche, gestori di fondi comuni, fondi pensione; *c*) l'impresa in forma di società per azioni, *quotata in borsa e senza azionista di controllo*, ossia con numerosissimi azionisti che non possono (per l'esiguità della quota posseduta) o non vogliono (ad esempio, spesso gli investitori istituzionali che pur posseggono quote molto rilevanti) partecipare direttamente alla nomina degli amministratori e al governo dell'impresa; è il caso della *public company* pura di tipo anglosassone. In tutti i tre casi i diritti di proprietà fanno capo all'insieme dei conferenti di capitale di rischio, ma si tratta di assetti proprietari profondamente differenti.

Con riguardo alla *natura pubblica o privata dei conferenti di capitale di rischio*, è bene ricordare che in molti Paesi, e in particolare in certe fasi di sviluppo delle loro economie, lo Stato (in generale gli istituti pubblici) può avere un ruolo fondamentale come conferente di capitale di rischio delle imprese. Di regola lo è in imprese di grandi e grandissime dimensioni; spesso in imprese di settori con rilevanza «strategica» per il Paese; talvolta lo Stato, almeno per certi periodi, è l'azionista unico; altre volte è azionista di controllo; altre ancora – di solito come stato di transizione – è azionista di minoranza. In molti casi lo Stato è l'azionista di controllo di grandissime imprese quotate in borsa. Anche qui si osserva facilmente che gli azionisti pubblici e gli azionisti privati sono formalmente identici per quanto concerne i diritti di proprietà loro attribuiti; non certo identiche sono però le ragioni di esistenza e le condotte delle imprese con azionisti tutti privati rispetto a quelle delle imprese con un azionista di controllo pubblico.

Infine, con riguardo alla *distribuzione dei diritti di proprietà* occorre tenere presente che i diritti di governo e i diritti ai risultati residuali possono essere distribuiti (entro certi limiti) in modo non uniforme; una parte dei titoli rappresentativi delle quote di capitale di rischio (le azioni nella s.p.a.) può, ad esempio, avere limitati diritti di voto in assemblea e, per converso, privilegi nella distribuzione degli utili; in alcuni casi l'azionista pubblico (lo Stato) può avere particolari diritti – ad esempio di veto – a fronte di talune decisioni; e così via. Queste differenze di diritti fanno emergere differenti categorie di conferenti di capitale di rischio.

Si possono denominare imprese ad *assetto proprietario non capitalistico* le imprese nelle quali i diritti di proprietà non sono assegnati ai conferenti di capitale di rischio, bensì ad altre categorie di soggetti (che eventualmente possono essere anche conferenti di capitale di rischio). I casi più frequenti sono quelli delle imprese che, spesso sotto la forma giuridica della cooperativa, assegnano i diritti di proprietà ai prestatori di lavoro, oppure ai clienti, oppure ai fornitori di merci o servizi[12]. Sono i casi delle cooperative di lavoro, delle partnership professionali, delle cooperative di consumo, dei consorzi di acquisto, delle compagnie di mutua assicurazione, e così via. Talvolta in questi tipi di imprese si pongono particolari limiti all'appropriabilità dei risultati reddituali e così queste imprese si avvicinano alla forma degli istituti nonprofit. Spesso poi, i soggetti ai quali sono assegnati i diritti di proprietà – o una parte degli stessi – sono *anche conferenti di capitale di rischio*; in tal caso si configurano situazioni «miste» delle quali si tratta nei punti successivi.

Nei punti precedenti si è fatto riferimento ai casi nei quali i diritti di proprietà sono assegnati a una sola categoria di soggetti, siano questi i conferenti di capitale di rischio o altri. Dobbiamo ora considerare i casi di imprese che assegnano i diritti di proprietà a più di una categoria di soggetti, ossia ai casi che possiamo denominare imprese ad *assetto proprietario «misto»*. Qui si entra in un campo di situazioni molto variegate ove si mescolano teorie, opzioni politiche, norme di legge, prassi più o meno ritualizzate. Una fattispecie di grande rilievo è quella delle imprese nelle quali *i diritti di proprietà (in tutto o in parte) sono ripartiti tra i conferenti di capitale di rischio e i prestatori di lavoro*: due casi emblematici sono: *i)* la grande impresa tedesca nella quale i membri del «consiglio di amministrazione» sono eletti dai membri del «consiglio di sorveglianza» che è formato «paritariamente» dai rap-

12 Per il vasto tema delle imprese cooperative si vedano: HANSMANN [1996; 1987]; BUONOCORE e JOSSA [2003]; GARZONI [2003]; ZAN [1990].

presentanti dei prestatori di lavoro e dai rappresentanti dei conferenti di capitale di rischio (che in realtà dispongono della maggioranza in quanto nominano anche il presidente del consiglio di sorveglianza); *ii*) la grande impresa giapponese che per decenni ha visto nei consigli di amministrazione i rappresentanti dei sindacati dei prestatori di lavoro e ha gestito sistemi retributivi nei quali una parte rilevante della retribuzione dei prestatori di lavoro era direttamente rapportata alla performance reddituale dell'impresa. Il modello dell'impresa nella quale i diritti di proprietà sono ripartiti equamente tra i conferenti di capitale di rischio e i prestatori di lavoro è stato concettualizzato e proposto da numerosi studiosi pur con background profondamente differenti[13]; tale modello «misto» è anche stato oggetto di una lunghissima battaglia politica svoltasi negli organi dell'Unione Europea nell'intento di produrre uno schema comune di Società Europea[14]. In non pochi casi, una parte dei diritti di proprietà, in particolare il diritto di nominare una quota degli amministratori (e per tal via esercitare il governo dell'impresa) è attribuito ai *conferenti di capitale di prestito quali le banche*; ciò accade sporadicamente quando un'impresa si trova particolarmente esposta nei confronti del sistema bancario, ma può avere anche carattere sistematico; nei contesti tedesco e giapponese è stato proposto e parzialmente applicato il principio secondo il quale nel consiglio di amministrazione devono essere rappresentate sostanzialmente tre categorie di soggetti: i conferenti di capitale di rischio, i prestatori di lavoro, le banche; in questo caso, dunque, una parte dei diritti di proprietà è ripartita tra tre categorie di soggetti.

Altre fattispecie rilevanti sono quelle in cui uno stesso insieme di persone ha un *doppio ruolo* e riceve diritti di proprietà in ragione di entrambi i ruoli. Un caso emblematico può essere quello di una cooperativa di produzione e lavoro o di una partnership professionale nella quale tutti, e soltanto, i prestatori di lavoro sono anche i conferenti di capitale di rischio e ad essi sono assegnati tutti i diritti di proprietà. Analoghi sono i casi delle cooperative nelle quali i «soci» sono i clienti o i fornitori e questi sono anche i conferenti di capitale di rischio. Una situazione intermedia, e molto complessa da gestire, è quella delle cooperative di produzione di grandi dimensioni nelle quali coesistono: prestatori di lavoro non conferenti capitale di rischio; prestatori di lavoro soci conferenti capitale di rischio; conferenti di capitale di rischio non prestatori di lavoro.

Per chiudere questa sintetica rassegna della varietà di assetti proprietari assunti nel concreto dalle imprese, occorre dedicare un cenno ai casi speciali e importanti delle imprese che possiamo definire come *imprese a diritti di proprietà limitati*, ossia imprese i cui diritti di governo sono in misura rilevante esercitati da soggetti esterni all'impresa. Le due situazioni principali sono: *i*) le imprese facenti parte di gruppi di imprese e nelle quali una «ca-

13 MASINI [1979]; AOKI [1984]; MEADE [1989]; KOCHAN E RUBINSTEIN [2000].
14 PRETO [2002].

pogruppo» esercita un'intensa attività di indirizzo sulle aziende controllate; *ii)* le imprese operanti in contesti fortemente regolamentati da parte dello Stato che, per ragioni economiche e politiche, impone alcune scelte fondamentali; scelte che, a seconda dei casi, riguardano la capacità produttiva da installare, i prezzi da applicare, i clienti da servire, il livello di redditività da realizzare, il numero di persone da impiegare, la trasferibilità delle attività, e così via[15].

Anche i contenuti di questo paragrafo ci confermano che le scelte di assetto proprietario sono scelte complesse poiché esse: *a*) devono tener conto di numerose circostanze ed esigenze; *b*) possono dare luogo a molte soluzioni sensibilmente, se non radicalmente, differenti. Ragionando per grandi sintesi, la scelta tra il repertorio di possibili soluzioni sopra viste, dovrà compiersi in funzione di:

- *la qualità, i volumi e la criticità relativa degli input necessari per lo svolgimento delle combinazioni economiche di impresa*; da ciò dipende quali e quanti soggetti dobbiamo coinvolgere nella vita dell'impresa e anche quali investimenti specifici chiediamo loro; così, ad esempio, le grandi imprese a proprietà diffusa sono una risposta alle esigenze di capitali di rischio tanto grandi da superare le capacità finanziarie di singole famiglie[16], mentre le partnership professionali sono spiegate dal fatto che i capitali richiesti sono relativamente contenuti mentre sono assolutamente critiche le competenze professionali degli associati e le relazioni personali degli stessi con i clienti;
- i livelli dei *costi di market contracting e di ownership* connessi a ciascuna alternativa, secondo quanto suggerito dal modello di Hansmann;
- i tipi e i volumi di *benefici privati* che ciascuna categoria di potenziali «proprietari» stima di poter trarre dalla posizione di controllo (e quindi la forza con la quale cercherà di conquistare la posizione di controllo e di tenerla) e, per converso, gli *espropri* che teme di subire qualora il controllo fosse esercitato da altri[17];
- la *criticità politica* delle combinazioni economiche svolte dall'impresa dal punto di vista dello Stato; da essa dipende l'eventuale intervento dello Stato come conferente di capitale di rischio e come regolatore;
- i *processi di codificazione, legittimazione, imitazione e istituzionalizzazione* delle varie opzioni possibili[18].

Data la loro natura, le scelte di fondo in merito all'assetto proprietario non si compiono con grande frequenza; tuttavia, al di là del momento essenziale della fondazione di una nuova impresa, le occasioni nelle quali si modi-

15 Per le ragioni che inducono lo Stato a regolamentare taluni settori si vedano: MARZI, PROSPERETTI e PUTZU [2001]; ELEFANTI [2003]; CERVIGNI e D'ANTONI [2001]; BALDWIN e CAVE [1999]; STIGLITZ [1988]; LAFFONT e TIROLE [1993].

16 CHANDLER [1962; 1977].

17 SHLEIFER e VISHNY [1997]; EISENHARDT [1989]; FAMA [1980]; JENSEN e MECKLING [1976].

18 SCOTT e MEYER [1994]; NORTH [1990].

ficano gli assetti proprietari sono numerose e di varia natura; i momenti più evidenti sono quelli delle trasformazioni di assetto giuridico, dell'ingresso di nuovi soci o dell'uscita di soci precedenti, delle fusioni o delle acquisizioni, delle scissioni e degli scorpori, delle successioni generazionali in ambito familiare, delle privatizzazioni, delle quotazioni in borsa. Sempre importanti sono le cosiddette «operazioni sul capitale proprio» (aumenti di capitale, emissione di nuove classi di titoli, ecc.) che sono strettamente connesse alle scelte di gestione finanziaria. Molte delle scelte di assetto proprietario sono regolate dalle norme di legge o da codici di autodisciplina adottati dalle imprese. L'atto costitutivo e lo statuto (con una serie di regolamenti speciali) documentano le scelte di ciascuna impresa in tema di assetto proprietario.

17.3. Le scelte di configurazione degli organi di governo e di controllo

17.3.1. L'esempio di un'impresa quotata in borsa

Per entrare nel merito delle scelte che ciascuna impresa deve compiere relativamente agli organi di governo e di controllo si faccia riferimento al caso stilizzato di un'impresa italiana quotata in borsa: la Mega s.p.a.

Mega s.p.a. ha un capitale sociale di un miliardo di euro suddiviso in un miliardo di azioni possedute da: *a*) la famiglia Verdi che controlla il 14% delle azioni; *b*) sette fondi comuni di investimento che complessivamente detengono il 9%; *c*) 20.000 «piccoli azionisti» che detengono il rimanente 77%. All'ultima assemblea degli azionisti, in occasione della quale si dovevano rinnovare le cariche sociali, hanno partecipato: un rappresentante della famiglia Verdi con le deleghe per tutto il 14% delle azioni; i rappresentanti dei 7 fondi comuni; 3 azionisti minori con lo 0,2% dei voti; in totale era dunque presente il 23,2% delle azioni; le decisioni, come di regola, sarebbero state prese a maggioranza delle azioni rappresentate in assemblea e quindi con almeno l'11,6% delle azioni totali più una[19]. L'assemblea degli azionisti ha nominato un consiglio di amministrazione composto da 9 membri: 7 indicati dalla famiglia Verdi (quattro dei quali sono membri della famiglia) e 2 indicati dai fondi comuni[20]; ha votato a favore il rappresentante della famiglia Verdi, mentre i rappresentanti dei fondi comuni si sono astenuti e i piccoli azionisti hanno espresso voto negativo. L'assemblea degli azionisti ha altresì nominato i membri e il presidente del collegio sindacale i cui nomi

[19] È questo il meccanismo che consente ad un azionista, come la famiglia Verdi, che possiede solo il 14% delle azioni, ma oltre il 50% delle azioni presenti in assemblea, di esercitare il controllo dell'azienda nominando i membri degli organi di governo e di controllo.

[20] Lo statuto della Mega s.p.a. prevede che ogni insieme di azionisti che possegga oltre il 5% delle azioni abbia diritto di candidare membri del consiglio di amministrazione e del collegio sindacale; il meccanismo del «voto di lista» attivato da Mega s.p.a. ha dato luogo all'esito descritto nel testo.

sono stati proposti dalla famiglia Verdi (due membri effettivi, di cui uno presidente, e uno supplente) e dai fondi comuni (un membro effettivo e uno supplente).

I nove amministratori componenti il nuovo consiglio di amministrazione hanno nominato quale presidente il sig. V. Ventura, mentre A. Verdi è stato nominato consigliere delegato. Lo statuto di Mega s.p.a. prevede la possibilità che all'interno del CDA si formi un comitato esecutivo, ma il CDA non ha ritenuto opportuno procedere in tal senso. In quanto società quotata alla Borsa Italiana, Mega s.p.a. è soggetta al Codice di autodisciplina delle società quotate[21] che regola le strutture e i processi di *corporate governance*. Così, il nuovo CDA ha provveduto anche ad accertare e dichiarare quali dei propri componenti rispondono ai requisiti di «consigliere indipendente» e, di conseguenza, a nominare i membri del «comitato per il controllo interno» e il «comitato per la rimunerazione». Risultano indipendenti i due consiglieri designati dai fondi comuni di investimento (F. Foglia e F. Farina) e due dei consiglieri designati dalla famiglia Verdi (V. Viola e V. Veneziani). I consiglieri Foglia, Farina e Viola diventano i membri del comitato per il controllo interno (CCI); Foglia, Viola e Veneziani vanno a comporre il comitato per la rimunerazione (CR).

In quanto società quotata, Mega s.p.a. è tenuta a nominare una società di revisione per lo svolgimento dei «controlli contabili»; l'assemblea incarica la società STB. Il codice di autodisciplina della Borsa Italiana e altre norme di portata più generale sollecitano la realizzazione di un «sistema dei controlli interni»; Mega s.p.a. ha recepito tali indicazioni e la gestione del sistema dei controlli interni è stata attribuita alla direzione internal auditing che opera in stretto coordinamento con il CCI. Da tutto quanto sopra, l'insieme (ristretto) degli organi di governo e di controllo di Mega s.p.a. risulta configurato secondo lo schema della tavola 17.2.

Le prerogative essenziali degli organi di governo e di controllo delle imprese sono regolate da leggi e regolamenti di vario tipo[22]. Nel caso delle s.p.a. italiane quotate in borsa e configurate secondo lo schema ordinario[23], le norme più rilevanti che definiscono i compiti dei vari organi (contenute

[21] Il codice di autodisciplina delle società quotate alla Borsa Italiana si trova in www.borsaitalia.it.

[22] Le norme più rilevanti che definiscono i compiti degli organi delle s.p.a. in generale e delle s.p.a. quotate alla Borsa Italiana si trovano nel codice civile (c.c.) e nel codice di autodisciplina della Borsa Italiana (CABI): l'assemblea degli azionisti: artt. 2364, 2364-*bis*, 2365, 2367, 2370, 2373, 2376 c.c. e art. 13 CABI; il consiglio di amministrazione: artt. 2380-*bis*, 2381, 2383, 2387, 2393, 2393-*bis* c.c. e artt. 1, 2, 3, 4, 7 CABI; il comitato per il controllo interno: art. 10 CABI; il comitato per la rimunerazione: art. 8 CABI; il collegio sindacale: artt. 2397, 2399, 2403, 2403-*bis* c.c. e art. 14 CABI; il controllo contabile: artt. 2409-*bis*, 2409-*ter*, 2409-*septies* c.c.; il sistema dei controlli interni: art. 9 CABI.

[23] Il «sistema ordinario» prevede la costituzione di un consiglio di amministrazione e di un collegio sindacale; si pone in alternativa al «sistema monistico» e al «sistema dualistico» sinteticamente illustrati nell'appendice 17.A.

TAVOLA 17.2. *Gli organi di governo di Mega s.p.a. in una visione ristretta*

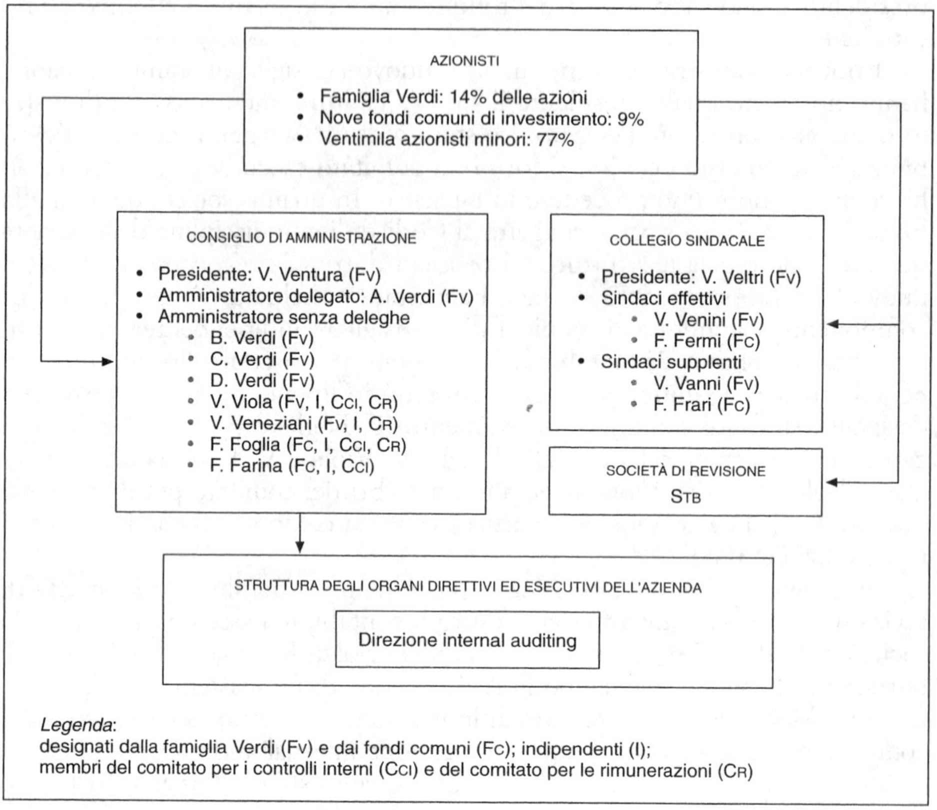

nel codice civile, c.c., e nel codice di autodisciplina della Borsa Italiana, CABI) sono sintetizzate nei punti seguenti.

• *L'assemblea ordinaria degli azionisti*: approva il bilancio; nomina e revoca gli amministratori; nomina i sindaci e il presidente del collegio sindacale; nomina il soggetto al quale è demandato il controllo contabile; determina il compenso degli amministratori e dei sindaci; delibera sulle responsabilità degli amministratori e dei sindaci (art. 2364 c.c.).

• La gestione dell'impresa spetta esclusivamente agli amministratori i quali compiono le operazioni necessarie per l'attuazione dell'oggetto sociale; quando l'amministrazione è affidata a più persone, queste formano il *consiglio di amministrazione*. Il consiglio di amministrazione può delegare proprie attribuzioni a uno o più membri (l'amministratore delegato o gli amministratori delegati) o ad un comitato esecutivo composto da alcuni degli amministratori. Sulla base delle informazioni ricevute, il consiglio di amministrazione valuta l'adeguatezza dell'assetto organizzativo, amministrativo e contabile della società. Il consiglio di amministrazione esamina i piani strategici, industriali e finanziari della società e valuta il generale andamento della gestione (artt. 2380-*bis* e 2381 c.c.). Nel caso di società quotate in borsa, il consiglio di amministrazione deve essere composto in parte da amministratori con deleghe («esecutivi») e in parte da amministratori senza deleghe («non esecutivi»); alcuni amministratori esecutivi devono essere indipendenti, ossia persone che non sono stretti familiari degli amministratori esecutivi e che non intrattengono con la società relazioni economiche tali da condizionarne l'autonomia di giudizio (artt. 2 e 3 CABI).

• *Il collegio sindacale* vigila sull'osservanza della legge e dello statuto, sul rispetto dei principi di corretta amministrazione e in particolare sull'adeguatezza dell'assetto organizzativo, amministrativo e contabile adottato dalla società e sul suo concreto funzionamento (art. 2403 c.c.).

• *Il controllo contabile* sulla società è esercitato da un *revisore contabile* o da una *società di revisione* (in casi particolari dal collegio sindacale) a seconda delle caratteristiche della società (art. 2409-*bis* c.c.), sempre da una società di revisione per le società quotate in borsa. Il revisore o la società di revisione, nel corso dell'esercizio, verifica la regolare tenuta della contabilità sociale e la corretta rilevazione dei fatti di gestione nelle scritture contabili; verifica inoltre che il bilancio di esercizio e il bilancio consolidato corrispondano alle risultanze delle scritture contabili e degli accertamenti eseguiti e che siano conformi alle norme che li disciplinano; il revisore, o la società di revisione, esprime con apposite relazioni un giudizio sul bilancio di esercizio e sul bilancio consolidato (art. 2409-*ter* c.c.).

• Nelle società quotate, il consiglio di amministrazione deve costituire al proprio interno un *comitato per il controllo interno* (composto prevalentemente da amministratori non esecutivi indipendenti) che assiste il consiglio di amministrazione nella costruzione e nella verifica del funzionamento del *sistema di controllo interno* (l'insieme dei processi volti a monitorare l'efficienza delle operazioni aziendali, l'affidabilità dell'informazione finanziaria, il rispetto di leggi e regolamenti, la salvaguardia dei beni aziendali); il comitato per il controllo interno, inoltre, assiste il consiglio di amministrazione nella scelta della società di revisione e verifica con la società di revisione l'adeguatezza dei principi contabili utilizzati per la stesura dei bilanci (artt. 9 e 10 CABI).

• Nelle società quotate, il consiglio di amministrazione deve costituire al proprio interno un *comitato per la rimunerazione* e per gli eventuali piani di *stock options* e di assegnazione di azioni; tale comitato, composto prevalentemente da amministratori non esecutivi, formula proposte per la rimunerazione degli amministratori delegati e indicazioni sui criteri di rimunerazione dell'alta direzione della società (art. 8 CABI).

17.3.2. I benefici privati degli azionisti di controllo e degli amministratori

Il significato del complesso apparato di organi di amministrazione e controllo sopra visto può essere ulteriormente chiarito riflettendo su due problemi caratteristici del governo delle grandi imprese a proprietà frazionata. I due problemi sono noti come:

• estrazione di benefici privati da parte degli azionisti di controllo a danno degli azionisti non di controllo;
• estrazione di benefici privati da parte degli amministratori a danno degli azionisti in generale.

Per chiarire il primo problema possiamo continuare a fare riferimento all'esempio dell'impresa Mega s.p.a. Qui abbiamo un azionista di controllo, la famiglia Verdi, che detiene il 14% delle azioni e azionisti non di controllo (spesso impropriamente chiamati «di minoranza») che detengono complessivamente l'86%. La famiglia Verdi detiene solo il 14% delle azioni ma detiene la totalità del potere (se pur potere condizionato) di governo dell'impresa poiché è in grado di nominare la maggioranza (o addirittura la totalità) dei membri del CDA. In una situazione di questo tipo la famiglia Verdi può essere indotta a trarre benefici privati a proprio vantaggio e a discapito degli azionisti «di minoranza». Ad esempio, potrebbe: *a*) agevolare l'ingresso di familiari negli organi di governo e negli organi direttivi della Mega s.p.a. e attribuire agli stessi retribuzioni particolarmente elevate; *b*) scegliere come fornitori imprese di altri familiari e riconoscere alle stesse condizioni di scambio particolarmente favorevoli; *c*) vendere in tutto o in parte il proprio «pacchetto di controllo» ad altri soggetti ottenendo un prezzo nettamente più alto rispetto a quello della quotazione corrente fruendo del cosiddetto «premio di maggioranza» al quale non partecipano gli altri azionisti. Molte regole e meccanismi possono essere messi in atto per ridurre la frequenza e l'impatto di questi comportamenti; uno strumento è l'inserimento nel consiglio di amministrazione di «consiglieri indipendenti» che presidino anche gli interessi degli azionisti «di minoranza».

Per chiarire il secondo problema conviene fare riferimento all'archetipo della *public company* nella quale non esistono azionisti di controllo nel senso che nessun azionista e nessuna categoria di azionisti si premura di entrare direttamente nella designazione degli amministratori e di impartire loro specifiche direttive; si usa schematizzare questa situazione dicendo che «la proprietà e il governo dell'impresa sono separati». In questa situazione chi detiene il potere, gli amministratori, può essere indotto a comportamenti che producono vantaggi (benefici privati) per gli stessi amministratori e svantaggi per gli azionisti in generale[24]. Ad esempio, gli amministratori possono: attribuirsi retribuzioni straordinariamente elevate, magari ricorrendo a piani di *stock options*[25]; puntare alla crescita dimensionale dell'impresa (che dà loro potere economico e sociale) piuttosto che alla sua redditività; speculare in borsa sui titoli della società approfittando delle conoscenze interne (insider trading) e delle mosse strategiche e finanziarie che essi stessi compiono; pro-

[24] La letteratura in materia è abbondantissima; per tutti si vedano: BERLE e MEANS [1932]; BAUMOL [1959]; WILLIAMSON [1963]; MARRIS [1964]; JENSEN e MECKLING [1976]; SARACENO [1976]; SHLEIFER e VISHNY [1997].

[25] AIROLDI e ZATTONI [2001].

durre bilanci di esercizio «reticenti» per nascondere performance non positive. Tutti gli strumenti di controllo presentati nel precedente paragrafo (e quelli illustrati nel prossimo) sono intesi a ridurre tali comportamenti; si pensi, ad esempio, al «comitato per la rimunerazione» per quanto riguarda i compensi degli amministratori e alle società di revisione per quanto riguarda la veridicità dei bilanci.

I due problemi qui brevemente richiamati sono connaturati alla forma della grande impresa capitalistica a proprietà frazionata e non sorprende che da molti decenni siano al centro dell'attenzione degli studiosi e del legislatore. Tuttavia, l'evidenza e la criticità di tali problemi non deve portare a concludere che essi siano l'essenza della problematica del governo delle imprese; tale problematica è ben più vasta e i prossimi paragrafi ne delineano l'estensione.

17.3.3. La pluralità delle linee di influenza e l'ampia gamma dei controlli

Sin qui abbiamo concentrato l'attenzione sul nucleo centrale degli organi di governo di un'impresa, in un certo senso sugli «organi interni», ossia sull'assemblea degli azionisti e sugli «organi di amministrazione e controllo» prescelti e configurati dalla stessa. Ma, nella realtà, le imprese sono soggette ad un'ampia gamma di indirizzi e di controlli provenienti da numerosi soggetti «esterni» i quali, per specifici oggetti, influenzano i comportamenti aziendali con forza almeno pari a quella esercitata dagli organi «interni».

Procedendo con riferimento alle imprese quotate come Mega s.p.a., due importanti organi esterni di indirizzo e di controllo sono CONSOB e Borsa Italiana volti soprattutto a garantire la trasparenza e l'efficienza dei mercati dei capitali ma che esprimono forti indicazioni anche in materia di assetti di governo delle imprese. Qualora Mega s.p.a. operasse in un settore ad alta regolamentazione (quali credito, assicurazioni, energia, gas, telecomunicazioni) i suoi comportamenti sarebbero fortemente influenzati dalla relativa «autorità di settore» (quali Banca d'Italia, ISVAP, Autorità per l'energia e il gas, Autorità per le telecomunicazioni). Accanto alle autorità di settore operano le «autorità intersettoriali» quali l'Autorità per la concorrenza e l'Autorità per la privacy che influenzano i comportamenti di tutte le imprese. Ancora, tutte le imprese sono soggette alle verifiche di vari organi di ispettorato e di polizia: polizia tributaria, ispettorato del lavoro, aziende sanitarie locali, e così via. Grande rilievo in molte circostanze assumono le associazioni di varie categorie di portatori di interessi; si pensi, ad esempio, ai sindacati dei prestatori di lavoro, alle associazioni dei consumatori, alle associazioni di categoria delle imprese. Nel caso in cui l'azienda considerata faccia parte di uno o più aggregati interaziendali (gruppi, consorzi, reti in *franchising*, *joint ventures*, ecc.), anche questi diventano soggetti di indirizzo e di controllo del comportamento della nostra impresa. Quando i fornitori e i conferenti di capitale di prestito dell'impresa si trovano ad aver legato strettamente i propri destini

TAVOLA 17.3. *Schema degli organi di governo, di indirizzo e di controllo in una visione allargata*

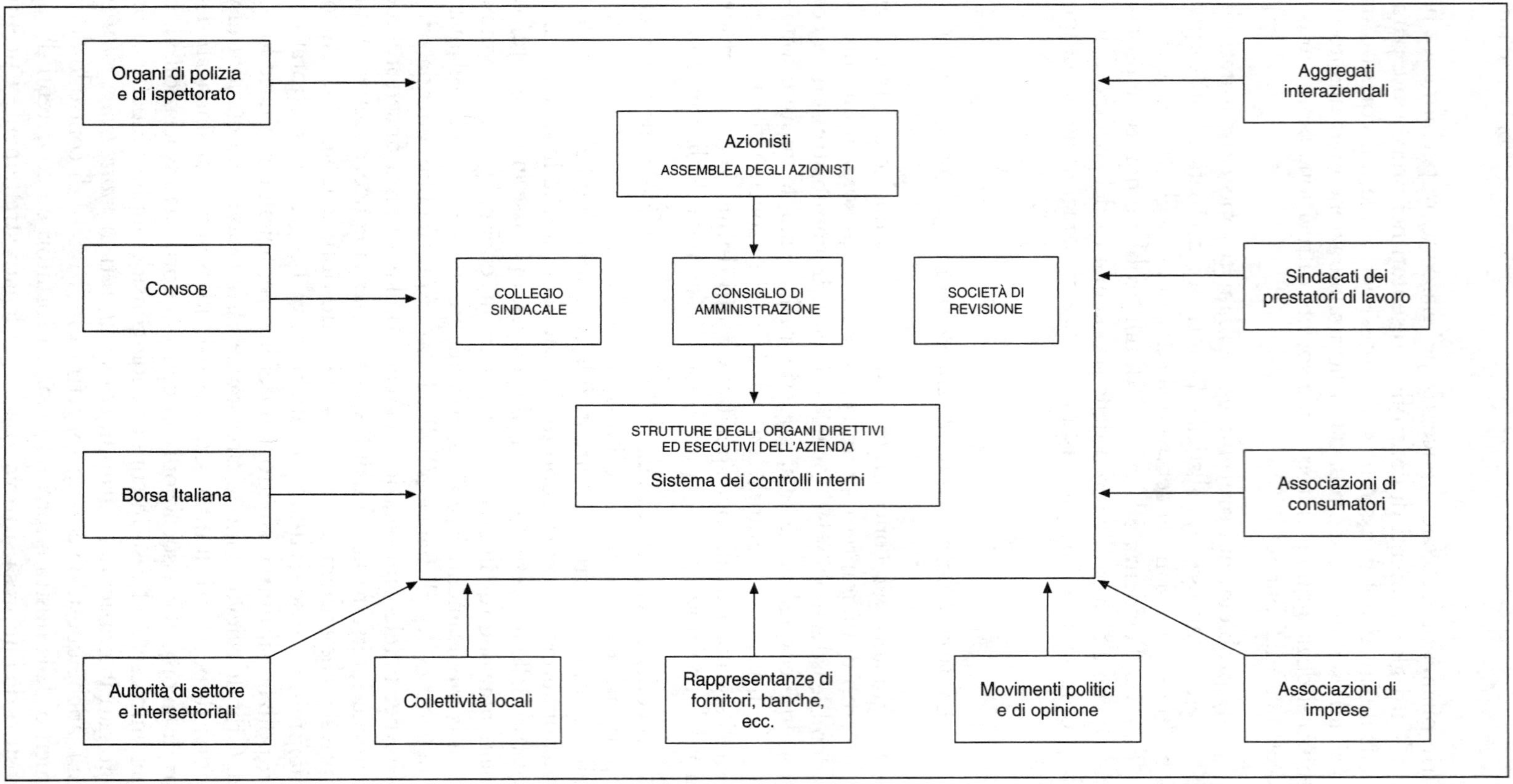

economici a quelli dell'impresa stessa (perché, ad esempio, hanno effettuato grandi investimenti specifici o hanno concesso ingenti finanziamenti ad un'impresa in difficoltà o in rapida espansione ma con alti livelli di rischio), tali soggetti possono attivare strutture e meccanismi speciali per presidiare con la dovuta intensità i loro interessi; può trattarsi di comitati o di patti speciali o anche di presenza diretta nel CDA con propri rappresentanti. Il quadro complessivo si complica ulteriormente considerando le dimensioni internazionali dell'operare delle imprese: in molti Paesi coesistono normative nazionali e sopranazionali; per l'Italia sono di grande rilievo le norme dell'Unione Europea; le imprese che operano in più Paesi devono rispettare le norme locali e integrarle a livello complessivo; casi particolarmente complessi possono presentarsi quando una stessa impresa è quotata presso più borse valori di differenti Paesi. In una visione allargata, dunque, il sistema di governo delle imprese include un grande numero di soggetti; la tavola 17.3 ne propone uno schema grafico.

Come mai attorno agli organi massimi di governo delle imprese vengono a configurarsi reti tanto articolate di organi di indirizzo e di controllo? In estrema sintesi, sappiamo che le complementari risposte sono: *a*) nell'impresa converge una pluralità di interessi; ciascuna categoria di portatori di interessi cerca di attivare le linee di influenza e gli strumenti di controllo che possono esprimere e presidiare con la massima efficacia le proprie legittime attese; *b*) gli interessi rilevanti in gioco non sono solo quelli che contrappongono «i proprietari ai manager» e «gli azionisti di controllo agli azionisti di minoranza»; *c*) coloro che occupano le posizioni di comando dispongono di spazi di discrezionalità che consentono loro di estrarre dall'impresa «benefici privati» a discapito di altre categorie di portatori di interessi (gli azionisti di minoranza e gli azionisti in generale, ma anche il fisco, i clienti, le banche, ecc.); *d*) il tutto avviene in contesti di incertezza e di dinamismo e, di conseguenza, le «regole del gioco» non possono essere definite, applicate e fatte rispettare con contratti «completi» e con semplici strutture burocratiche.

Lo schema allargato sopra delineato rende esplicita una chiave di lettura essenziale per capire il reale funzionamento delle imprese e il dibattito teorico e politico sulle forme di impresa: nelle imprese moderne, qualunque sia la categoria di soggetti ai quali si attribuiscono i diritti di proprietà, i titolari dei diritti di proprietà stessi esercitano il loro diritto e dovere di governare l'impresa immersi in un sistema di organi di indirizzo e di controllo che con forza presidiano le attese dei vari portatori di interesse. Con questo, naturalmente, non si vuole affermare che l'attribuzione dei diritti di proprietà ad una categoria di soggetti piuttosto che a un'altra sia irrilevante; e neppure si vuole affermare che tutte le categorie di soggetti abbiano o debbano avere gli stessi diritti e doveri. Semplicemente si vuole mettere in guardia dalle negative conseguenze delle sovrasemplificazioni del tipo «nelle imprese capitalistiche comandano i conferenti di capitale di rischio e il fine è il profitto» oppure «nelle cooperative comandano i lavoratori e non si perseguono obiettivi di profitto».

Tornando all'esempio di Mega s.p.a., l'esposizione, per quanto schematica, dovrebbe aiutare a capire che:

1. indubbiamente lungo la catena «azionisti di controllo (famiglia Verdi)-CDA-amministratore delegato-management» passa una linea di comando forte nella quale si manifesta il governo economico di Mega s.p.a.; e ciò accade, per una s.p.a. quotata in borsa, come da previsione del codice civile italiano e di numerose altre norme accettate dalla collettività;

2. ciò non significa però che tale linea di comando si svolga nel vuoto, senza subire influenze esterne; gli azionisti di controllo non sono i soli soggetti che dispongono di strumenti atti a influenzare il governo delle imprese: gli azionisti di «minoranza» dispongono di vari strumenti che, magari faticosamente, consentono di esprimere la loro voce; lo Stato (per conto della collettività) agisce attraverso le leggi, la polizia, la magistratura, gli organi di regolamentazione dell'attività economica; i prestatori di lavoro esercitano la loro influenza sia direttamente sia attraverso le rappresentanze sindacali; i clienti attraverso i loro comportamenti diretti ed eventuali organi di rappresentanza; e così via;

3. a fronte del pericolo, sempre in atto, che gli organi di governo delle imprese (*in primis* coloro che detengono il potere, il CDA e l'alta direzione) non rispettino le norme e gli interessi delle varie categorie di soggetti, «la storia» dei sistemi economici evoluti ha portato alla formazione di una gamma molto estesa di organi e di processi di controllo, interni ed esterni all'impresa; tra quelli già citati: il collegio sindacale, le società di revisione, il comitato per i controlli interni, l'ispettorato del lavoro, la polizia tributaria, le autorità per la concorrenza, CONSOB, Borsa Italiana, e così via.

In sintesi, le strutture di governo delle imprese sono composte da una grande varietà di organi e di processi di indirizzo, di decisione, di controllo; organi e processi sia interni all'impresa sia esterni; organi e processi in parte fortemente regolamentati dalle leggi nazionali e internazionali, ma in parte anche «informali» o «impliciti». Questa constatazione non deve sorprendere: le imprese vivono del contributo di numerose classi di soggetti; tutte le classi di soggetti devono disporre di modalità di influenza del comportamento dell'impresa e ciò vale al di là del dettato formale – spesso sovrasemplificante – delle regole ufficiali o delle opinioni correnti.

17.3.4. Le scelte delle strutture di governo delle singole imprese

Offerta la visione ampia del tema, concentriamoci sulle scelte in merito alle strutture di governo che rientrano negli ambiti di discrezionalità delle singole imprese.

Queste scelte sono fortemente vincolate dalla normativa vigente, ma ciò non significa che gli spazi decisionali a disposizione di ciascuna impresa siano ristretti:

- si può scegliere tra varie forme d'impresa in termini di assetto di base

TAVOLA 17.4. *Schema della sequenza di scelte da compiere per configurare l'assetto istituzionale*

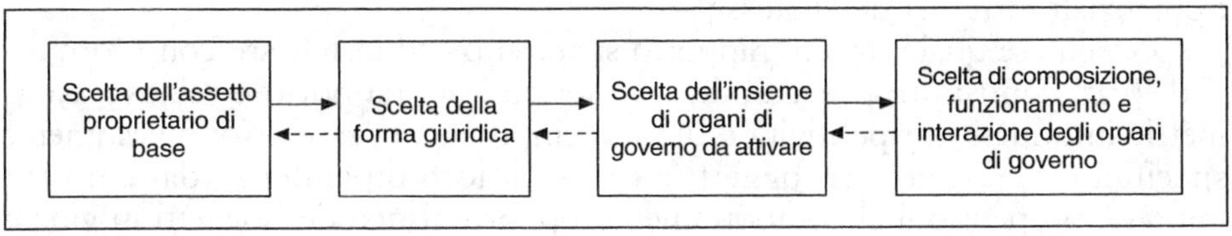

dei diritti proprietari: una «società di capitali», una cooperativa di produzione, una partnership professionale;

• all'interno di ciascuna macrocategoria si offrono sempre varie opzioni; ad esempio, sono «società di capitali» le società per azioni e le società a responsabilità limitata;

• per ciascuna forma giuridica la scelta degli organi da attivare è parzialmente libera; le s.p.a. possono scegliere, ad esempio, tra il collegio sindacale esterno al CDA e il comitato per il controllo sulla gestione interno al CDA;

• ciascun organo può essere progettato con una certa libertà sia in termini di composizione sia in termini di modalità di funzionamento; un ampio dibattito, ad esempio, è aperto in merito alla struttura e al funzionamento del CDA delle imprese quotate: quanti amministratori, con quale profilo professionale, da chi sono designati e selezionati, con quali gradi di indipendenza, come sono retribuiti; quali meccanismi informativi e decisionali adottare all'interno del CDA; se e come valutare le performance del CDA; e così via;

• si dispone di ampi gradi di libertà nella realizzazione delle modalità di interazione con le rappresentanze dei prestatori di lavoro, con i fornitori che hanno fatto rilevanti investimenti specifici, con le banche, con le autorità locali, ecc.

Si propone un percorso di scelte come quello schematizzato nella tavola 17.4.

Come si compiono queste scelte? In base a quali criteri? Coloro che prendono le decisioni in materia, ossia le persone che prendono l'iniziativa di fondare una nuova impresa o coloro che occupano le posizioni di massimo potere nell'impresa esistente, devono bilanciare due esigenze: *a*) da un lato massimizzare la propria utilità e, data la posizione occupata, ciò potrebbe ottenersi anche «espropriando» una parte dei benefici che in linea di principio spetterebbero agli altri soggetti; *b*) dall'altro lato, fare in modo che l'intera architettura sia sufficientemente equilibrata e capace di attrarre e trattenere tutti i soggetti che forniscono contributi rilevanti per la vita dell'impresa. In termini concettuali, il processo decisionale può essere scomposto nei seguenti passi:

1. decidere quale strategia si vuole realizzare in termini di dimensioni, di integrazione verticale, di diversificazione, di basi competitive (il costo, la differenziazione), di innovatività;

2. dedurre quali sono i contributi necessari per realizzare tale strategia

(lavoro delle varie specie, capitale di rischio, capitale di prestito, materie prime, servizi, licenze e brevetti, accessi ai canali distributivi, ecc.) e chi sono i potenziali fornitori degli stessi;

3. valutare quale tipo di rapporto si verrebbe ad instaurare con i fornitori dei vari contributi: prevedibilità dei termini del rapporto e relative asimmetrie informative; ripetitività e durata temporale del rapporto; investimenti specifici richiesti ai vari soggetti e grado di loro dipendenza dalla nostra impresa; propensioni al comportamento opportunistico dei soggetti in gioco;

4. stimare a quali condizioni i soggetti sarebbero disponibili a fornire i loro contributi con costi convenienti per la nostra impresa, ossia con bassi prezzi e bassi costi di transazione; in particolare, stimare se e quali diritti e strumenti di influenza sul consiglio di amministrazione (in generale, sull'organo decisionale massimo) i vari soggetti chiederanno di attivare, al di là di quanto previsto dalle normali condizioni contrattuali di «fornitura»;

5. valutare, nell'ambito delle scelte giuridicamente fattibili, quali sono quelle che, a parità di altre condizioni, risultano più accettabili sul piano culturale e in termini di «legittimazione» all'operare;

6. compiere le scelte di assetto proprietario di base, di forma giuridica, di insieme di organi di governo e controllo, di composizione e di funzionamento degli organi stessi.

Naturalmente, nel concreto, i passi sopra descritti non si svolgono in forma lineare puramente sequenziale, bensì per iterazioni; è altrettanto chiaro che nel concreto raramente si progetta un'impresa *ex novo*; quasi sempre si parte da una storia che nel tempo ha fatto accumulare risorse tecniche, patrimoni relazionali positivi e negativi, privilegi consolidati, e così via; si aprono dunque complessi processi di cambiamento dell'assetto istituzionale dell'impresa.

17.3.5. Gli assetti di governo degli aggregati interaziendali

Il tema della configurazione dell'assetto di governo non si pone solo a livello del singolo istituto, bensì anche a livello di aggregati interaziendali; così, occorre decidere quali organi e quali meccanismi attivare per governare unitariamente un gruppo di imprese piuttosto che un consorzio, un cartello, una federazione di cooperative di consumo.

Nei suoi termini generali, il tema si pone in forma analoga a quella vista per i singoli istituti; si tratta sempre di configurare assetti di governo che contemperino secondo equità le attese di tutti i soggetti e che combinino i loro contributi in un disegno di sviluppo condiviso ed efficace. Ciascuna forma di aggregato presenta poi problematiche particolari perché i livelli di integrazione richiesti e le comunanze di risorse e di risultati da gestire variano fortemente.

Come visto in parti precedenti, gli strumenti di governo utilizzabili sono di varia natura:

- impegni impliciti di cooperazione, non codificati e spesso frutto di lunghe esperienze di interazione e di socializzazione; sono di particolare rilievo, ad esempio, nei distretti industriali e nelle reti informali di subfornitura;
- contratti di collaborazione espliciti e più o meno complessi come accade, ad esempio, negli accordi quadro di fornitura, di collaborazione commerciale, di concessione di brevetti e di licenze;
- sistemi centralizzati di pianificazione e di programmazione che possono essere di grande rilievo nelle citate collaborazioni produttive e commerciali, ma anche per il funzionamento operativo delle reti in *franchising*;
- strutture centralizzate comuni all'aggregato come possono essere i consorzi, le imprese capogruppo, le unità centrali del *franchisor*;
- condivisione di diritti di proprietà, ossia partecipazione di più soggetti al governo e ai risultati reddituali di combinazioni economiche comuni; è un meccanismo tipico dei gruppi di imprese e delle *joint ventures*;
- rapporti sociali di stima e di fiducia.

Di seguito si sviluppano alcuni punti che riguardano la fattispecie dei gruppi di imprese, in particolare dei grandi gruppi nei quali le varie imprese hanno differenti insiemi di conferenti di capitale di rischio e nei quali si danno rilevanti relazioni di scambio o di finanziamento tra le imprese del gruppo[26].

Si faccia riferimento ad un esempio molto schematico nel quale: l'impresa Alfa, con capitale di rischio totalmente conferito dalla famiglia Ferrari, detiene le quote di controllo delle imprese Beta e Gamma; nel caso di Beta, Alfa detiene il 10% del capitale di rischio, mentre il 90% è posseduto da numerosi azionisti frazionati; nel caso di Gamma, Alfa detiene il 60% e il 40% fa capo ad azionisti frazionati differenti rispetto a quelli dell'impresa Beta; Beta è un importante cliente di Gamma.

In primo luogo, occorre osservare che Beta e Gamma hanno un azionista di controllo e numerosi azionisti «di minoranza»; di conseguenza, si pone in entrambi i casi il problema dell'estrazione di benefici privati da parte dell'azionista di controllo a discapito degli azionisti non di controllo.

In secondo luogo, si deve considerare il fatto che uno stesso soggetto, il comune azionista di controllo, decide le strategie sia di Beta sia di Gamma. Beta è cliente di Gamma e ciò, presumibilmente, accade per volontà dell'azionista di controllo. L'azionista di controllo possiede Beta al 10% e di conseguenza percepisce il 10% degli utili, o subisce il 10% delle perdite, di Beta; possiede invece il 60% di Gamma e quindi percepisce il 60% dei suoi utili e subisce il 60% delle sue perdite. In una situazione di questo tipo, l'azionista di controllo può essere indotto ad impartire direttive agli azionisti di Beta e di Gamma in modo tale che Gamma possa vendere a condizioni particolarmente favorevoli per sé quanto ceduto a Beta. Il «maggior utile» di

26 Nell'ambito della vasta letteratura, si vedano: ZATTONI [2000]; BARCA e BECHT [2001]; BRIOSCHI, BUZZACCHI e COLOMBO [1990].

Gamma andrà per il 60% all'azionista di controllo che subirà solo il 10% del «minor utile» conseguito da Beta.

Infine, dato che l'azionista di controllo «capogruppo» influenza direttamente le decisioni delle aziende controllate, e visto che tali decisioni possono essere ispirate anche a logiche «infraguppo», è evidente che tutti i soggetti che entrano in contatto con le imprese del gruppo sono fortemente interessati a sapere che sono in presenza di un gruppo e ad essere garantiti che le decisioni ispirate da logiche «infragruppo» non possano causare loro danni o, in caso di danni, si possano rivalere nei confronti della capogruppo. Non è difficile immaginare quanto possano essere complesse ed ambigue le situazioni che si vengono a creare quando i gruppi sono formati da centinaia di imprese interconnesse da relazioni di capitale di prestito, di fornitura e di concorrenza.

APPENDICI

17.A. Le opzioni aperte dal diritto societario italiano

Per dare ulteriore concretezza al tema delle opzioni aperte quando si progettano gli assetti istituzionali, si considerino le tre forme di società per azioni previste dal nostro codice civile. Si tratta di tre «modelli di amministrazione e controllo» denominati:

- *sistema ordinario*;
- *sistema duale*;
- *sistema monistico*.

La «Relazione» che accompagna il decreto legislativo 17 gennaio 2003, n. 6 («Riforma organica della disciplina delle società di capitali e società cooperative, in attuazione della legge 3 ottobre 2001») illustra sinteticamente i tre modelli nel modo seguente:

Il sistema tradizionale [ordinario] di amministrazione e controllo [...] continua a basarsi sulla distinzione tra un organo di gestione – amministratore unico o consiglio di amministrazione – e un organo di controllo, il collegio sindacale. A quest'ultimo, però, in analogia a quanto previsto dal decreto legislativo n. 58/1998 per le società quotate, è sottratto il controllo contabile, che, con l'eccezione di cui all'art. 2409-*bis*, terzo comma (per il quale nelle società che non fanno ricorso al mercato del capitale di rischio e che non sono tenute alla redazione del bilancio consolidato, è possibile prevedere che il controllo contabile sia esercitato dal collegio sindacale: in tal caso, però, il collegio sindacale è costituito da revisori contabili iscritti nel registro istituito presso il ministero della giustizia), è obbligatoriamente effettuato da un revisore – persona fisica o società di revisione – iscritto nel registro istituito presso il ministero della giustizia. Nelle società che fanno ricorso al mercato del capitale di rischio, il controllo contabile è obbligatoriamente esercitato da una società di revisione.

Il sistema dualistico prevede la presenza di un «consiglio di gestione», e di un «consiglio di sorveglianza». La gestione dell'impresa spetta esclusivamente al consiglio di gestione, che è costituito da almeno due componenti anche non soci, ed è nominato dal consiglio di sorveglianza (art. 2409-*novies*, primo, secondo e terzo comma). Al consiglio di gestione si applicano, in quanto compatibili, quasi tutte le norme stabilite per il modello tradizionale del consiglio di amministrazione (art. 2409-*undecies*).

Il consiglio di sorveglianza è costituito da almeno tre componenti, di cui almeno uno deve essere iscritto nel registro dei revisori contabili istituito presso il ministero della giustizia e, salvo quanto previsto nell'articolo 2409-*duodecies*, secondo comma, è nominato dall'assemblea ordinaria. Esso ha compiti compositi, poiché gli sono attribuite sia le funzioni di vigilanza e le responsabilità del collegio sindacale (art. 2409-*terdecies*, terzo comma e 2409-*quaterdecies*, primo comma) sia larga parte delle funzioni dell'assemblea ordinaria (nomina e revoca dei componenti del consiglio di gestione, loro retribuzione, approvazione del bilancio, promozione dell'azione sociale di responsabilità: art. 2409-*terdecies*). In considerazione del loro rilevante ruolo, alle deliberazioni del consiglio di sorveglianza sono in generale applicabili le disposizioni in tema di voto, di validità e di impugnazione stabilite dall'art. 2388 per le deliberazioni del consiglio di amministrazione (art. 2409-*quaterdecies*, primo comma).

Tutte le società che adottano il sistema dualistico sono assoggettate, senza eccezione, al controllo contabile di un revisore – persona fisica o società di revisione – iscritto nel registro istituito presso il ministero della giustizia. Nelle società che fanno ricorso al mercato del capitale di rischio, il controllo contabile è obbligatoriamente esercitato da una società di revisione.

Il sistema dualistico di amministrazione e controllo, che è largamente ispirato agli ordinamenti tedesco e francese e, soprattutto, allo statuto della Società Europea stabilito dal regolamento del consiglio dell'Unione Europea dell'8 ottobre 2001, attua un modello di *governance* in cui le più importanti funzioni dell'assemblea ordinaria, che nel modello tradizionale spettavano ai soci e, quindi, alla proprietà, sono attribuite ad un organo professionale quale è il consiglio di sorveglianza. Si tratta pertanto di un sistema in cui la proprietà non nomina gli amministratori e non approva il bilancio ma decide sull'elezione del consiglio di sorveglianza, che è l'organo misto di gestione e di controllo, così indirettamente determinando le linee del programma economico della società (oggetto sociale) e le modifiche di struttura della società (operazioni sul capitale, fusione e, più in generale, delibere dell'assemblea straordinaria). Date queste caratteristiche è quindi il modello di amministrazione che più realizza la dissociazione tra proprietà (dei soci) e potere (degli organi sociali).

Il sistema monistico prevede un modello di amministrazione sostanzialmente uguale a quello tradizionale: le principali differenze consistono nell'impossibilità di affidare l'amministrazione ad un amministratore unico e nell'eliminazione del collegio sindacale. Quest'ultimo è sostituito dal «comitato per il controllo sulla gestione», nominato dal consiglio di amministrazione al suo interno e composto da amministratori che non svolgono funzioni gestionali e che, oltre ad essere in possesso dei requisiti di indipendenza stabiliti per i sindaci, devono avere almeno un componente scelto fra gli iscritti nel registro dei revisori contabili istituito presso il ministero della giustizia (art. 2409-*octiesdecies*, terzo comma). La circostanza che la vigilanza sull'amministrazione sia svolta, invece che dal collegio sindacale, da un comitato formato all'interno del consiglio di amministrazione, non determina un minor rigore dell'attività di controllo, poiché la professionalità, l'indipendenza, i doveri e i poteri di tale comitato coincidono con quelli del collegio sindacale, e possono anzi essere integrati da codici di comportamento (art. 2409-*noviesdecies*, che richiama l'art. 2387).

Tutte le società che adottano il sistema monistico sono assoggettate, senza eccezione, al controllo contabile di un revisore – persona fisica o società di revisione – iscritto nel registro istituito presso il ministero della giustizia. Nelle società che fanno ricorso al mercato del capitale di rischio, il controllo contabile è obbligatoriamente esercitato da una società di revisione.

Il sistema monistico, come quello dualistico, è anch'esso largamente ispirato allo statuto della Società Europea, e attua un modello di *governance* semplificato e più flessibile rispetto agli altri modelli alternativi. Esso tende a privilegiare la circolazione delle informazioni tra l'organo amministrativo e l'organo deputato al controllo, conseguendo risparmi di tempo e di costi e un'elevata trasparenza tra gli organi di amministrazione e di controllo.

Uno schema di sintesi che mette a confronto i tre modelli è presentato nella tavola 17.5.

TAVOLA 17.5. *Schema di sintesi dei tre modelli di amministrazione e controllo delle s.p.a. italiane*

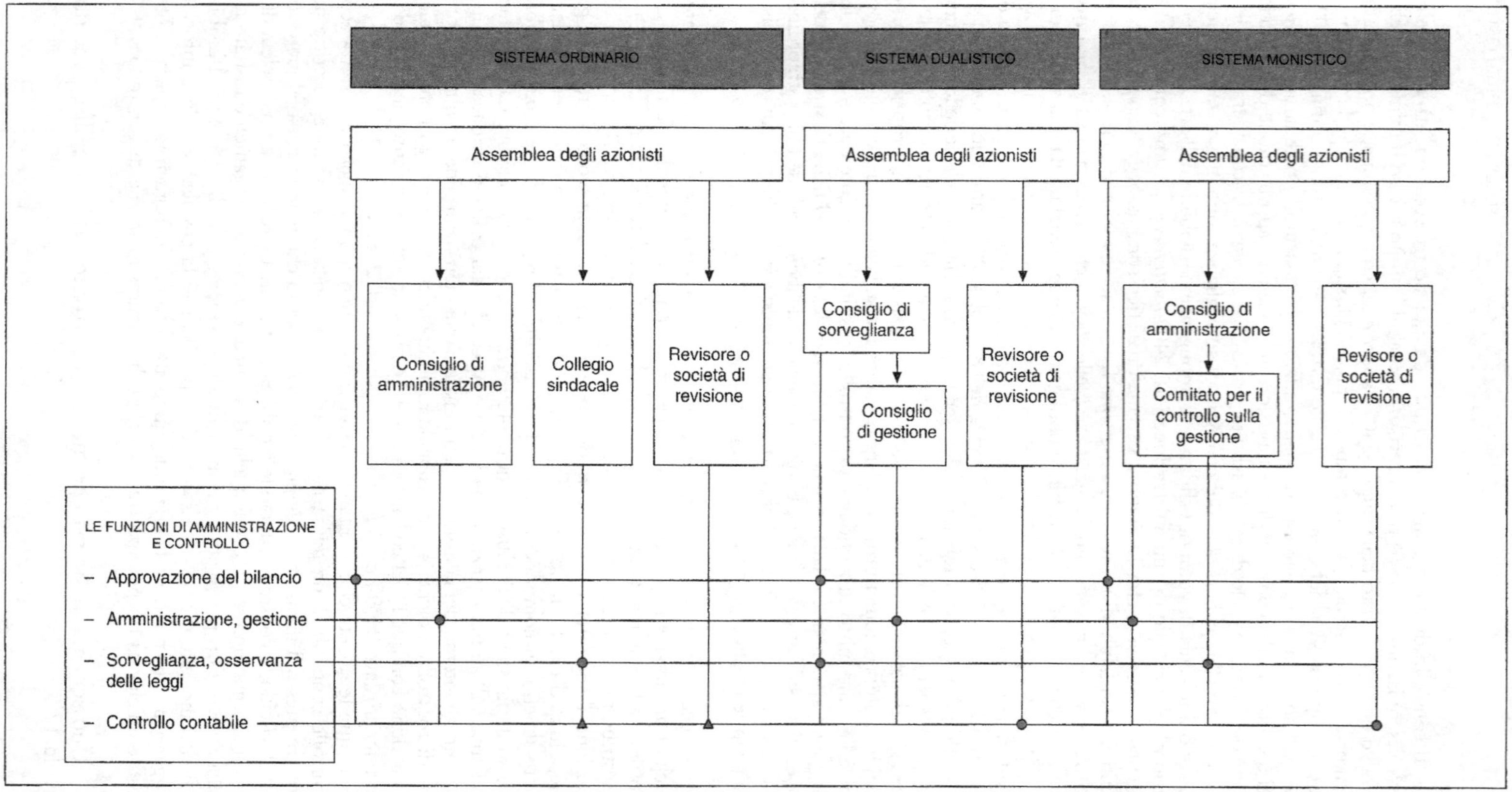

17.B. La «Società Europea»

Nell'ottobre 2001 il consiglio dei ministri dell'Unione Europea ha adottato gli atti legislativi destinati a disciplinare la Società Europea (SE): il regolamento 2157/2001/CE relativo allo statuto della Società Europea e la direttiva 2001/86/CE che completa lo statuto della Società Europea per quanto riguarda il coinvolgimento dei prestatori di lavoro[27]. Si è dunque conclusa una procedura durata oltre 30 anni. Infatti, la prima proposta della Commissione relativa allo statuto della SE risale al 3 giugno 1970.

Le imprese nazionali potranno scegliere se adottare lo schema societario europeo ovvero continuare ad operare secondo i modelli nazionali di diritto societario. Lo statuto della SE prevede la possibilità di scegliere tra il modello dualistico (con l'assemblea degli azionisti e un organo di direzione affiancato da un organo di vigilanza) e il modello monistico (con l'assemblea degli azionisti e un organo di amministrazione). Nel sistema dualistico, l'organo di direzione assicura la gestione della società; i membri dell'organo di direzione hanno il potere di obbligare la società nei riguardi di terzi e di rappresentarla in giudizio; essi sono nominati e revocati dall'organo di vigilanza; i membri dell'organo di direzione non possono fare parte dell'organo di vigilanza. Nel sistema monistico è l'organo di amministrazione ad assicurare la gestione della SE che può essere delegata a uno o più dei suoi membri.

Originariamente, la proposta di regolamento sullo statuto comprendeva anche le disposizioni che regolano la partecipazione dei prestatori di lavoro. Essendo questo il punto più controverso, fu scorporato dalla Commissione e prese la forma di una proposta di direttiva separata per consentire una maggior flessibilità permettendo ai singoli Stati membri di mantenere anche propri sistemi nazionali. La direttiva 2001/86/CE situa la partecipazione dei lavoratori non già al livello della gestione corrente che è di competenza della direzione, bensì a livello della vigilanza e dello sviluppo delle strategie dell'impresa. Sono possibili vari modelli di partecipazione:

- il modello che integra i prestatori di lavoro nell'organo di vigilanza (nel sistema dualistico) o nell'organo di amministrazione (nel sistema monistico);
- il modello dell'organo distinto che rappresenta i prestatori di lavoro;
- altri modelli, concordati tra gli organi di direzione o di amministrazione delle società e i prestatori di lavoro, che prevedano comunque un obbligo di informazione e di consultazione.

Nessuna SE può essere costituita se non è stato precedentemente scelto uno dei modelli di partecipazione. Ogni progetto di costituzione di SE deve essere accompagnato da negoziati con i rappresentanti dei prestatori di lavoro al fine di organizzare il coinvolgimento dei prestatori di lavoro nella SE. Nel caso in cui non si raggiunga un accordo si applicano le disposizioni previste dalla direttiva.

[27] Si segue quanto in PRETO [2002].

Un modello di sintesi: le determinanti dei risultati reddituali e patrimoniali

Capitolo 18

18.1. Le determinanti del reddito e del capitale investito

Nei capitoli precedenti abbiamo analizzato le principali scelte che costituiscono il governo strategico di un'azienda. L'insieme delle scelte aziendali, congiuntamente al configurarsi e all'evolversi del contesto ambientale, determina i risultati dell'azienda stessa. In questo capitolo delineiamo un modello di sintesi che consente di inserire in uno schema unitario le determinanti del reddito operativo della gestione caratteristica (*ROGC*), del reddito netto (*RN*) e del capitale investito (*CI*). Questo modello è strettamente complementare al modello del bilancio di esercizio e alle connesse analisi. Nell'ultimo paragrafo, inoltre, cercheremo di collegare le determinanti della redditività aziendale con le diverse categorie di scelte aziendali illustrate nel libro.

Come abbiamo visto, gli elementi che influiscono sul reddito operativo della gestione caratteristica di un'impresa sono numerosi: il livello di capacità produttiva (e le connesse economie di scala), il grado di estensione orizzontale (e le connesse economie di scopo), le economie di transazione, la struttura dei costi (fissi e variabili) e i volumi realizzati in un dato periodo (e le connesse economie di assorbimento e di apprendimento), i prezzi unitari di vendita e i livelli di domanda ad essi collegati. Il vario configurarsi dei fenomeni economici e delle scelte aziendali porta a determinati livelli di ricavi unitari, costi variabili unitari, volumi venduti e costi fissi, i quali determinano il *ROGC*[1]. Il *ROGC*, a sua volta, unitamente ad altri fattori, quali il livello di indebitamento, la presenza di una gestione patrimoniale e l'imposizione fiscale, concorre a formare il *RN*. Le scelte aziendali (di capacità produttiva, di estensione orizzontale, di internalizzazione ed esternalizzazione e così via),

Questo capitolo è di Cinzia Parolini.

[1] Il tema delle determinanti del reddito è ampiamente sviluppato negli studi di economia aziendale. Si vedano, fra gli altri: CODA [1984], INVERNIZZI e MOLTENI [1990], CODA e INVERNIZZI [1985], INVERNIZZI [1982].

inoltre, determinano non solo il *ROGC*, ma anche l'ammontare del *CI* in azienda. Il modello di sintesi qui presentato racchiude in uno schema unitario tutti i fattori citati.

18.2. L'analisi del reddito secondo lo schema del conto economico scalare

Un primo modo utile per capire come si formano il reddito operativo di gestione caratteristica e il reddito netto consiste, come visto nel capitolo 7, nel partire dall'analisi del conto economico riclassificato in forma scalare, evidenziando il contributo delle diverse gestioni alla formazione del reddito netto. Nell'ambito di tale schema è opportuno distinguere fra costi variabili (direttamente proporzionali ai volumi), costi fissi di struttura (proporzionali alla capacità produttiva) e costi fissi di sviluppo (legati all'impegno sullo sviluppo futuro dell'azienda). La tavola 18.1 illustra un conto economico riclassificato a margine di contribuzione[2], riprendendo i dati della 1ª simulazione del caso Pizza Planet già introdotto nel capitolo 11.

Il dettaglio offerto dalla tavola 18.1 consente di evidenziare il contributo delle diverse gestioni aziendali (gestione caratteristica, gestione patrimoniale, gestione finanziaria e gestione dei tributi), ma non ci dice se l'impresa offre più prodotti e in più aree di affari e come ciascuna di esse contribuisce alla redditività complessiva. La tavola 18.1, inoltre, non articola alcune categorie di costo (come ad esempio i costi fissi di struttura) che pesano molto sul risultato reddituale. L'analisi delle determinanti del reddito richiede quindi una maggiore articolazione della tavola 18.1, sia in verticale (diverse gestioni e diverse categorie di costo), sia in orizzontale (diversi prodotti e diverse aree di affari).

Pizza Planet vende pizze e bibite che presentano diversi prezzi e diversi margini. La tavola 18.2 illustra il conto economico di Pizza Planet riclassificato in modo più dettagliato, sia in senso orizzontale che verticale.

Pizza Planet è un'impresa che opera in una sola area strategica d'affari[3] (ASA) e i due prodotti venduti utilizzano la stessa struttura aziendale. Per questo motivo nella tavola 18.2 i costi fissi vengono indicati unitariamente, ossia non sono imputati alla vendita di bibite piuttosto che di pizze. Nel caso un'impresa operi in più ASA che utilizzino strutture almeno parzialmente separate, può essere utile suddividere non solo i ricavi e i costi variabili fra le diverse ASA, ma anche, per quanto possibile, i costi fissi.

Nelle imprese multi-ASA i costi fissi, siano essi di struttura o di sviluppo, possono essere distinti in:

[2] Ricordiamo che lo schema a margine di contribuzione è solo uno dei possibili schemi di riclassificazione del conto economico. Altri schemi ampiamente utilizzati sono lo schema a costo del venduto e quello a valore aggiunto.

[3] Con «area strategica d'affari» si intende un sottosistema aziendale strategicamente rilevante, contraddistinto da una propria specifica missione in termini di prodotti offerti e mercati serviti. Si vedano a riguardo: INVERNIZZI [1982] e PAROLINI [1986].

TAVOLA 18.1. *Pizza Planet: conto economico riclassificato*

+	Ricavi netti	720
–	Costi variabili	180
=	Margine di contribuzione	540
–	Costi fissi di struttura	340
–	Costi fissi di sviluppo	30
–	Ammortamenti	35
=	Reddito operativo della gestione caratteristica	135
±	Risultato della gestione patrimoniale	+5
=	Reddito operativo	140
–	Oneri finanziari	30
=	Reddito lordo di competenza	110
±	Componenti di reddito non di competenza[a]	–10
=	Reddito prima delle imposte	100
–	Imposte	40
=	Reddito netto	60

[a] Per componenti di reddito non di competenza si intendono i componenti positivi o negativi di reddito che in tutto o in parte non sono di competenza dell'esercizio, ma che per ragioni di varia natura devono essere computate nello stesso; spesso nel linguaggio corrente, sono denominati «componenti straordinari di reddito» anche se in moltissimi casi il carattere della straordinarietà è del tutto assente.

TAVOLA 18.2. *Pizza Planet: conto economico riclassificato per prodotto*

		Pizze	Bibite	Totale
+	Ricavi netti	472	248	720
–	Costi variabili	85	95	180
=	Margine di contribuzione	387	153	540
–	Costi fissi di struttura:			
	Retribuzioni			210
	Affitto			60
	Ammortamenti			35
	Costi generali			70
–	Costi fissi di sviluppo			
	Pubblicità			30
=	Reddito operativo della gestione caratteristica			135
±	Risultato della gestione patrimoniale			+5
=	Reddito operativo			140
–	Oneri finanziari			30
=	Reddito lordo di competenza			110
±	Componenti di reddito non di competenza			–10
=	Reddito prima delle imposte			100
–	Imposte			40
=	Reddito netto			60

- costi fissi specifici di ciascuna ASA;
- costi fissi comuni alle varie ASA.

I costi fissi specifici corrispondono alle condizioni di produzione impiegate in modo esclusivo da una data ASA. Tali costi possono essere imputati direttamente all'ASA di riferimento senza la necessità di effettuare congetture. I costi fissi comuni corrispondono alle condizioni di produzione impiegate congiuntamente da più ASA. Volendo imputare tali costi alle singole ASA è quindi necessario individuare criteri di ripartizione fondati su stime e congetture.

Al fine di illustrare la differenza fra costi fissi specifici e costi fissi comuni, supponiamo che Pizza Planet decida di ampliare la propria attività fornendo anche un servizio di consegna di pizze a domicilio. Questa scelta porta ad identificare due ASA all'interno di Pizza Planet: l'ASA pizzeria e l'ASA domicilio.

La consumazione media che presso i locali di Pizza Planet viene venduta a 16,00 euro, a domicilio verrà fatta pagare 18,00 euro al fine di coprire i costi di trasporto. Si ipotizza che il costo variabile di trasporto (rappresentato essenzialmente dal carburante) sia pari a 1,00 euro per consumazione. In relazione ai costi fissi si ipotizza quanto descritto di seguito.

- Retribuzioni. Attualmente Pizza Planet conta 5 dipendenti di cui 1 pizzaiolo (costo 80.000 euro) e 4 addetti al servizio (costo complessivo 130.000 euro). A questi si aggiungeranno 2 addetti per le consegne a domicilio (costo complessivo 60.000 euro). Il costo del pizzaiolo deve considerarsi comune alle due ASA di Pizza Planet, mentre i 4 addetti al servizio sono specifici dell'ASA pizzeria e i 2 addetti al trasporto sono specifici dell'ASA domicilio.
- Affitto. Le spese di affitto rimangono invariate. Essendo i locali utilizzati da entrambe le ASA questo costo può considerarsi comune.
- Gli ammortamenti attuali sono pari a 25.000 euro per l'ammortamento del forno e delle attrezzature di produzione (costo fisso comune) e a 10.000 euro per l'ammortamento degli arredi della pizzeria (costo specifico dell'ASA pizzeria). A questi ammortamenti si aggiungeranno 15.000 euro di ammortamento per 2 furgoni addetti alle consegne (costo specifico dell'ASA domicilio).
- I costi generali passano da 40.000 a 90.000 euro e non possono essere imputati alle singole ASA.
- Pubblicità. Alle iniziative pubblicitarie già in essere a sostegno di tutta l'impresa (costo fisso comune) si aggiungerà una campagna specifica per la consegna a domicilio del costo di 20.000 euro annui.

La scelta di allargare l'offerta dell'azienda, proponendo anche pizze a domicilio non ha effetto solo sul reddito, ma anche sul patrimonio dell'azienda. Per effettuare le consegne, infatti, Pizza Planet decide di dotarsi di due furgoni che comportano complessivamente un investimento di 75.000 euro e, come abbiamo già visto, un ammortamento aggiuntivo di 15.000 euro. Questi investimenti aumentano l'attivo patrimoniale e, di conseguenza, anche le fonti necessarie per finanziare l'attivo. Supponiamo di poter stimare, a seguito del maggior indebitamento, un aumento degli oneri finanziari annui da 30.000 a 35.000 euro. La tavola 18.3 illustra il conto economico riclassificato di Pizza Planet nell'ipotesi che i volumi di vendita della pizzeria rimangano invariati e che vengano effettuate 20.000 consegne a domicilio.

TAVOLA 18.3. *Pizza Planet con consegne a domicilio: conto economico riclassificato per ASA*

	ASA Pizzeria	ASA Domicilio	Totale
+ Ricavi netti	720	360	1.080
– Costi variabili di produzione	180	80	260
– Costi variabili di trasporto		20	20
= Margine di contribuzione	540	260	800
– Costi fissi specifici			
Retribuzioni	130	60	190
Ammortamenti	10	15	25
Pubblicità		20	20
= Contributo alla copertura dei costi fissi comuni	400	165	565
– Costi fissi comuni			
Retribuzioni			80
Affitto			60
Ammortamenti			25
Costi generali			90
Pubblicità			30
= Reddito operativo della gestione caratteristica			280
± Risultato della gestione patrimoniale			+5
= Reddito operativo			285
– Oneri finanziari			35
= Reddito lordo di competenza			250
± Componenti di reddito non di competenza			–10
= Reddito prima delle imposte			240
– Imposte			96
= Reddito netto			144

Come si può osservare, l'introduzione del servizio di consegna a domicilio porta, almeno nelle previsioni, ad un aumento del 50% del fatturato e ad un aumento di oltre il 100% del reddito operativo e del reddito netto. Questo fenomeno è spiegato, tra l'altro, da:

• *economie di raggio d'azione*: la presenza del punto vendita tradizionale e l'immagine che questo ha sul territorio dovrebbe consentire a Pizza Planet di acquisire rapidamente clienti a domicilio e di spendere meno per la promozione del servizio di quanto avrebbe speso se il business delle consegne a domicilio fosse disgiunto;

• *economie di saturazione della capacità produttiva*: se si ritiene di non rafforzare la struttura produttiva per l'offerta del nuovo servizio, è evidente che il pizzaiolo e il forno erano utilizzati solo per parte della loro capacità produttiva e che il nuovo servizio consente di saturare maggiormente tale capacità.

Generalizzando l'esempio di Pizza Planet, lo schema di riclassificazione del conto economico nelle imprese multi-ASA che consente di mettere in luce i principali fattori che determinano un dato livello di reddito operativo è illustrato nella tavola 18.4.

Una volta riclassificato il conto economico così come illustrato nella tavo-

TAVOLA 18.4. *Schema di riclassificazione del conto economico per* ASA

		ASA 1	ASA 2	ASA *N*	Totale
+	Ricavi netti	xx	xx	xx	xx
–	Costi variabili di produzione	xx	xx	xx	xx
=	Margine di contribuzione	xx	xx	xx	xx
–	Costi fissi specifici	xx	xx	xx	xx
=	Contributo alla copertura dei costi fissi comuni	xx	xx	xx	xx
–	Costi fissi comuni				xx
=	Reddito operativo della gestione caratteristica				xx
±	Risultato gestione patrimoniale				xx
=	Reddito operativo				xx
–	Oneri finanziari				xx
=	Reddito lordo di competenza				xx
±	Componenti di reddito non di competenza				xx
=	Reddito prima delle imposte				xx
–	Imposte				xx
=	Reddito netto				xx

la 18.4 può essere utile *esprimere tutti i valori in percentuale dei ricavi di vendita* e confrontare l'incidenza dei diversi tipi di costi con quella riscontrata negli anni precedenti nella stessa impresa o con quella dei vari tipi di costi in imprese simili a quella analizzata.

Un'altra utile analisi è rappresentata dallo studio dalla *«sensitività» del reddito operativo* al variare dei diversi valori. Tale analisi si ottiene facendo variare di una certa percentuale uno dei valori ed osservando la variazione percentuale del reddito operativo conseguente. Nel caso illustrato nella tavola 18.3, ad esempio, un aumento dei prezzi dell'1% porta ad un aumento del reddito operativo del 3,9%; un aumento nei costi variabili di produzione dell'1% porta una diminuzione del reddito operativo dello 0,9% ed un aumento dei costi di affitto, sempre dell'1%, porta ad una riduzione del reddito operativo dello 0,2%.

Le analisi sopra descritte sono molto utili al fine di individuare i ricavi e i costi ai quali occorre prestare più attenzione in quanto una loro piccola variazione può indurre variazioni consistenti nel reddito operativo. L'analisi per prodotti e per ASA, inoltre, consente di individuare i prodotti e le ASA che maggiormente contribuiscono alla formazione del reddito operativo e quelli che, al contrario, presentano margini di contribuzione non soddisfacenti o addirittura negativi. Nel dare un giudizio sui diversi prodotti e sulle diverse ASA, tuttavia, occorre tenere presente che i diversi prodotti potrebbero utilizzare la struttura comune con intensità differenti e questo aspetto non viene rilevato dai margini di contribuzione e dai contributi forniti alla copertura dei costi comuni. Nel caso di Pizza Planet, ad esempio, l'affitto dei locali è stato considerato un costo fisso comune, ma è evidente che l'ASA pizzeria usufruisce di questa condizione della produzione in misura significativamente maggiore rispetto all'ASA domicilio. Questa considerazione potrebbe portarci a ritenere il risultato dell'ASA pizzeria meno brillante di quanto risulti dalla tavola 18.3.

Oltre al grado di utilizzo della struttura, un altro elemento da considerare in sede di analisi del contributo dei diversi prodotti e delle diverse ASA è rappresentato dalle sinergie e dalle interrelazioni fra di essi. In un supermercato, ad esempio, possono essere venduti prodotti che presentano margini bassissimi o, addirittura, negativi. Tali prodotti, tuttavia, possono fungere da «civetta» e attrarre i consumatori nel punto vendita favorendo quindi la vendita di prodotti con margini più elevati. Allo stesso modo, una società di consulenza può essere disposta a vendere i propri servizi con margini molto ridotti pur di acquisire un cliente molto prestigioso, utile per migliorare l'immagine della società e quindi, in prospettiva, per consentirle di acquisire contratti di consulenza vantaggiosi. In altri casi, ancora, le imprese possono accettare di gestire prodotti o linee di prodotti con margini molto ridotti tenendo conto delle ricadute positive in termini di ricerca sulle altre linee di prodotto. Una società che produce robot di montaggio in serie, ad esempio, potrebbe ritenere conveniente produrre anche robot di montaggio su commessa per clienti con esigenze particolari anche in assenza di margini adeguati su questa seconda linea di prodotti, in considerazione dell'apprendimento e delle ricadute positive in termini di innovazione sulla linea di robot standard.

I conti economici riclassificati sopra presentati consentono di svolgere interessanti considerazioni sulle fonti di redditività dell'impresa; essi, tuttavia, per loro natura sono rappresentazioni di sintesi e contengono solo valori monetari. Così, molti importanti fenomeni che spiegano il formarsi dei risultati reddituali rimangono nascosti. Un ulteriore modello, il modello delle determinanti del reddito operativo, ci consente di entrare in maggiori dettagli e di rappresentare non solo le conseguenze (misurate in valori monetari) delle scelte gestionali, ma anche le leve sulle quali è possibile agire per migliorare il risultato della gestione.

18.3. Lo schema delle determinanti del reddito operativo: le catene di relazioni causa-effetto

Lo schema delle determinanti del reddito operativo è volto ad evidenziare le leve principali che muovono i costi e ricavi che formano il reddito operativo. Supponiamo, ad esempio di esaminare i costi fissi di struttura di un'impresa. Da cosa dipendono tali costi? Dalle retribuzioni, dall'affitto, dagli ammortamenti e dai costi generali. E le retribuzioni da cosa dipendono? Dal costo degli addetti diretti più quello degli addetti amministrativi e commerciali. E il costo degli addetti diretti da cosa dipende? Dal numero di addetti e dal loro costo medio. E il numero degli addetti diretti da cosa dipende? Potrebbe dipendere dalla capacità produttiva di cui si vuole disporre

TAVOLA 18.5. *Alcune relazioni causa-effetto nei costi fissi di struttura*

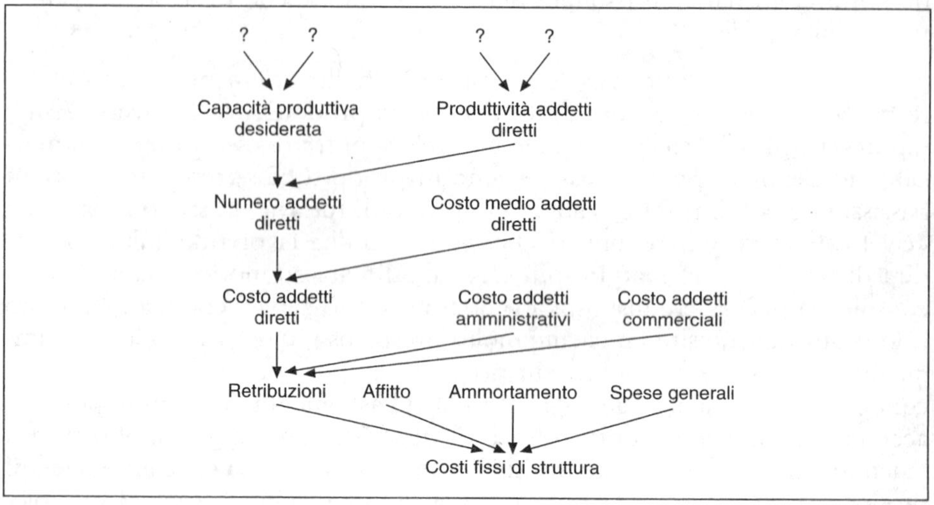

e dalla produttività della manodopera diretta. E così via. La tavola 18.5 illustra la catena di relazioni causa-effetto descritta.

18.3.1. Lo schema delle determinanti del reddito operativo nelle imprese mono-Asa

In estrema sintesi, lo schema delle determinanti del reddito operativo viene costruito partendo dal reddito operativo e ricostruendo le relazioni di causa-effetto che hanno portato a tale risultato. La tavola 18.6 illustra un esempio di schema di rappresentazione delle determinanti del reddito operativo in un'impresa che opera con più prodotti in un'unica area strategica d'affari. I passaggi finali di tutti gli schemi volti a rappresentare le determinanti del reddito operativo sono simili tra loro. In tutte le imprese, infatti, il reddito operativo di gestione caratteristica è dato dalla differenza fra margine di contribuzione e costi fissi e i costi fissi, a loro volta, sono dati dalla sommatoria di costi fissi di struttura e costi fissi di sviluppo. Man mano che si risale verso le determinanti prime, tuttavia, gli schemi che rappresentano diverse realtà aziendali tendono a differenziarsi. Come tutti i buoni modelli, infatti, lo schema delle determinanti del reddito operativo dovrebbe evidenziare i fattori che più hanno inciso sul risultato, aggregando i fattori minori. E i fattori più rilevanti in imprese diverse possono essere diversi. Così, ad esempio, per un'impresa può essere fondamentale evidenziare il peso dei costi di ricerca e sviluppo, mentre per un'altra impresa tali costi possono essere trascurati mentre diventa molto importante analizzare i costi di pubblicità.

Le differenze si fanno ancora più accentuate quando dai valori espressi in moneta si passa alle sottostanti variabili non monetarie. Per un'impresa che sta attraversando un periodo di forte crescita del fatturato e di cambia-

TAVOLA 18.6. *Le determinanti del ROGC di un'impresa che opera in una sola ASA con più prodotti*

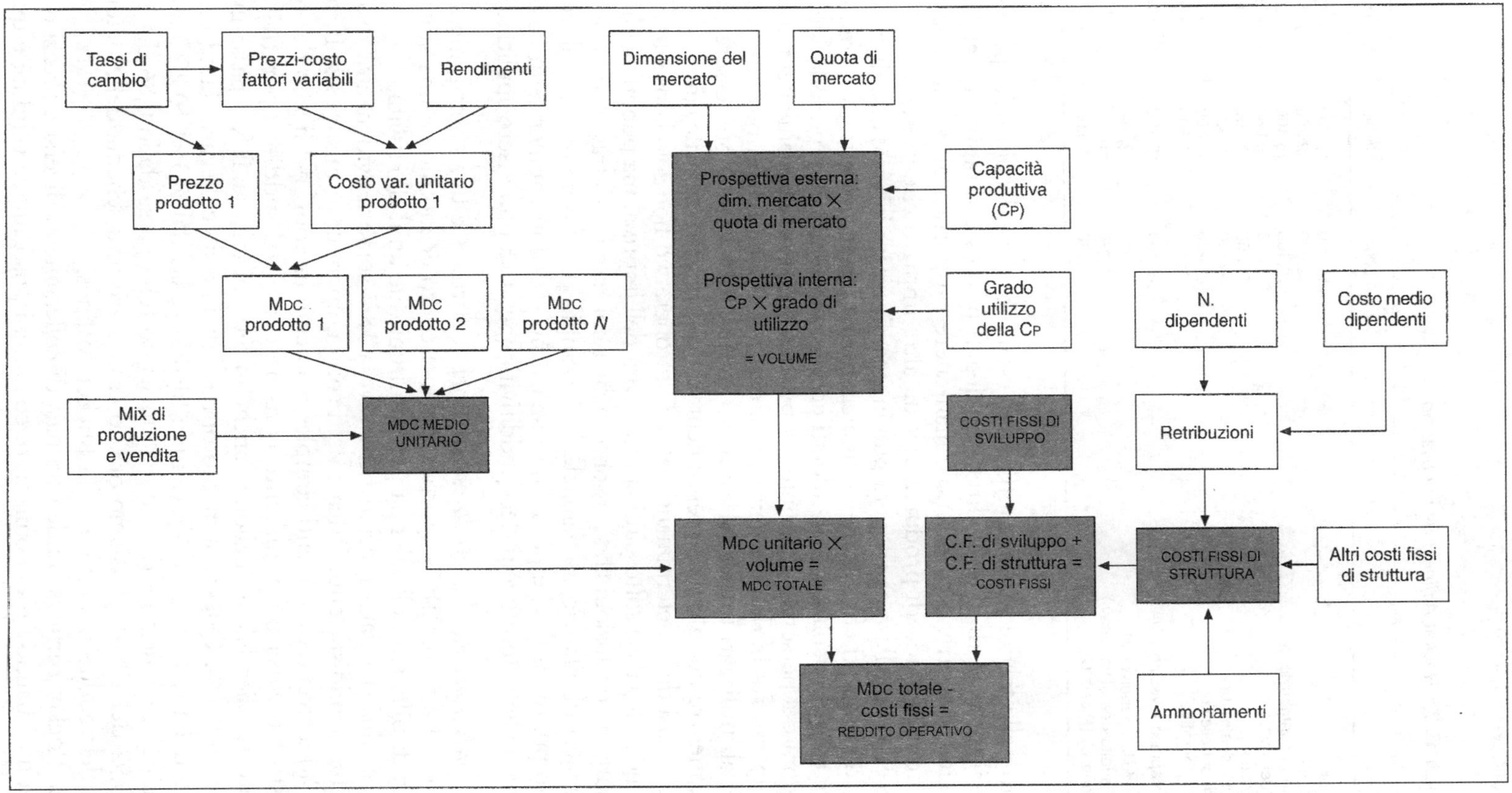

Fonte: Adattata da INVERNIZZI e MOLTENI [1990].

TAVOLA 18.7. *Rocket Airlines: dati di bilancio*

	2003	2004	Variazione (%)
Ricavi netti	14.400	17.600	+22
Carburante	2.000	2.200	+10
Margine di contribuzione	12.400	15.400	+24
Costo del lavoro	4.800	5.680	+18
Ammortamenti	1.260	1.400	+11
Altri costi di struttura	4.740	5.920	+25
Costi di pubblicità	400	600	+50
Reddito operativo	1.200	1.800	+50
Totale capitale investito (*CI*)	16.800	19.200	+14
ROI (Reddito operativo/*CI*)	7,1%	9,4%	
ROS (Reddito operativo/Ricavi)	8,3%	10,2%	
Rotazione *CI* (Ricavi/*CI*)	0,86	0,92	

mento nelle tecnologie produttive, ad esempio, il modo più utile per esprimere il numero di addetti diretti impiegati può essere rappresentato dalla capacità produttiva che si vuole mantenere rapportata ai volumi che ogni addetto è in grado di produrre. Per un'altra impresa che presenta problemi di eccedenza della manodopera può invece diventare interessante distinguere fra addetti diretti effettivamente impiegati e addetti eccedenti e vedere questi ultimi come il risultato degli addetti eccedenti all'inizio del periodo meno le riduzioni del personale avvenute nel periodo stesso. Analogamente, per alcune imprese fra le determinanti dei costi variabili unitari il rendimento dei materiali utilizzati (ovvero il rapporto fra output e input) può essere essenziale, mentre per altre tale rendimento non ha significato rilevante.

L'analisi delle determinanti del reddito operativo non solo consente di approfondire le cause sottostanti la redditività dell'impresa, ma può in alcuni casi condurre a conclusioni che possono anche sembrare in contrasto con i risultati dell'analisi di bilancio tradizionale. Un esempio può essere utile per illustrare questo punto, oltre che per fornire un'esemplificazione numerica di come lo schema delle determinanti della redditività operativa può essere applicato.

Simulazione Rocket Airlines. La Rocket Airlines è una compagnia aerea europea. La tavola 18.7 riporta i dati del conto economico e una sintetica analisi di bilancio dell'azienda per gli ultimi due anni di attività.

L'analisi dei dati riportati nella tavola 18.7 sembra evidenziare risultati reddituali soddisfacenti. I ricavi netti sono aumentati in misura significativa (+22%) a fronte di aumenti complessivamente inferiori nel livello dei costi. Questo ha causato un aumento considerevole del reddito operativo. La redditività aziendale è migliorata anche in termini relativi: il ROI passa infatti dal 7,1 al 9,4%. Questo aumento di redditività è da collegare sia ad un aumento della redditività delle vendite (il ROS passa dall'8,3 al 10,2%) sia ad una migliore rotazione del capitale investito (che passa dallo 0,86 del 1995 allo 0,92 del 1996). Passiamo ora ad esaminare uno schema delle determinanti del reddito operativo della Rocket Airlines.

La Rocket Airlines vende centinaia di collegamenti diversi a prezzi diversi, ma tutti hanno un denominatore comune: i posti/miglia venduti; è quindi

TAVOLA 18.8. *Caso Rocket Airlines: schema delle determinanti del reddito operativo*

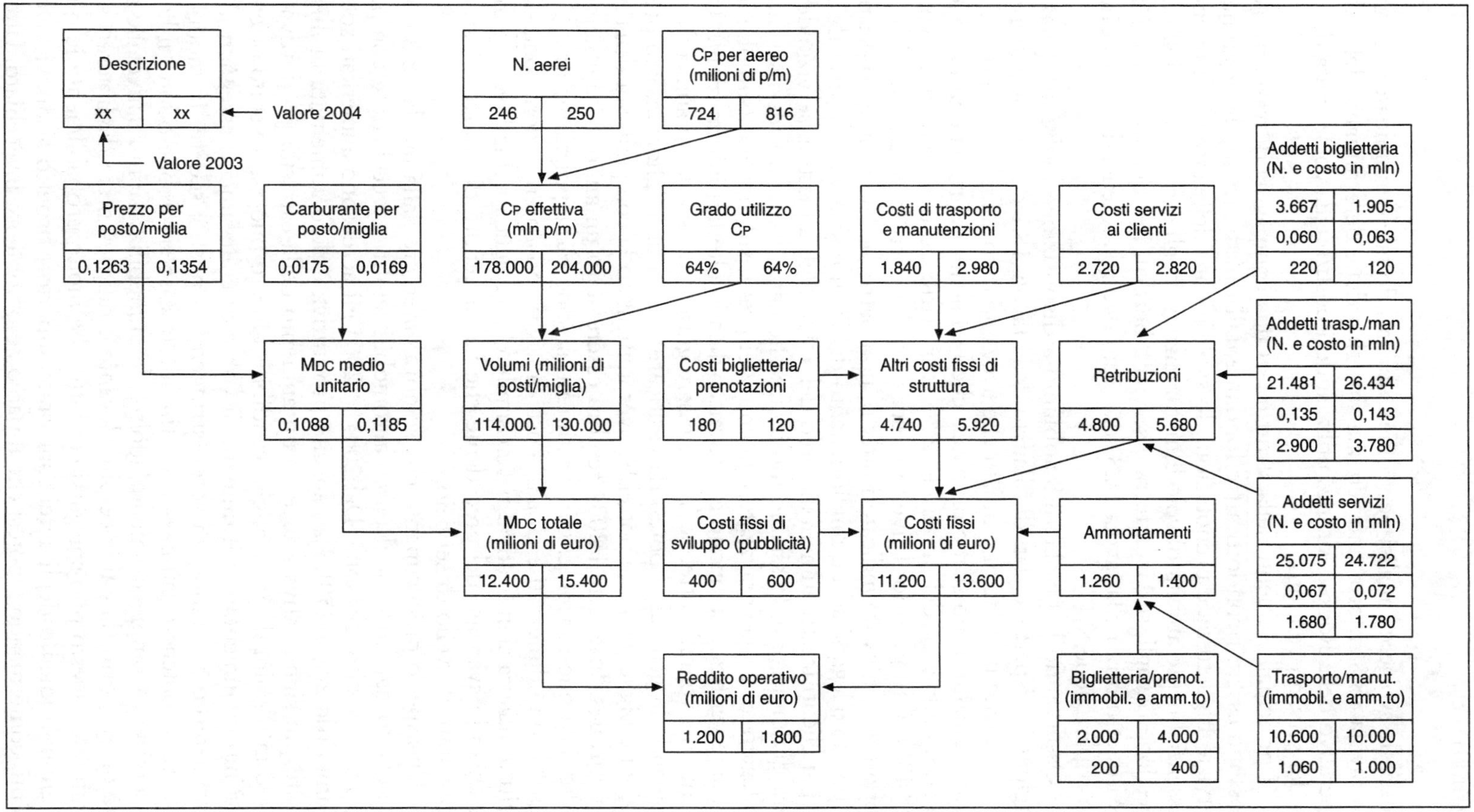

possibile svolgere l'analisi per volumi utilizzando tale denominatore comune. La tavola 18.8 riporta uno schema sintetico delle determinanti del reddito operativo della Rocket Airlines utilizzando i posti/miglia come unità di misura del servizio venduto.

I principali elementi della struttura di una compagnia di trasporto aereo possono essere ricondotti a tre fondamentali tipi di attività: la gestione del servizio biglietteria e prenotazioni, lo svolgimento delle attività di trasporto (essenzialmente attività di volo e manutenzione degli aerei) e servizi ai clienti (gestione bagagli, servizi a terra e servizi a bordo). Per questo motivo i costi fissi di struttura nella tavola 18.8 sono stati dettagliati tenendo conto di questa tripartizione.

Osservando la tavola 18.8 abbiamo a disposizione molte informazioni aggiuntive rispetto ai dati di bilancio della tavola 18.7 che ci portano a rivedere, almeno in parte, il giudizio che avevamo dato sulla base dei dati di bilancio. Anzitutto possiamo osservare che l'aumento dei ricavi è in parte legato ad un aumento dei prezzi (+7,2%) e, in parte, ad un aumento dei volumi (+14%). Giudicando il livello di servizio dai costi (anche se sarebbe più opportuno utilizzare indicatori diretti), non parrebbe che l'aumento dei prezzi possa collegarsi ad un miglioramento del livello di servizio. I costi dei servizi ai clienti infatti aumentano solo del 3,7% e gli addetti ai servizi addirittura diminuiscono. Possiamo ipotizzare che l'aumento dei prezzi sia quindi collegato ad un generalizzato aumento dei prezzi sul mercato (sarebbe interessante verificare se questo è vero raccogliendo ulteriori informazioni). L'aumento dei volumi potrebbe invece essere giustificato sia da un aumento della domanda in generale (ipotesi da verificare) sia da un miglior servizio prenotazioni e biglietteria che potrebbe aver aumentato la competitività della Rocket Airlines. In effetti il 2004 sembra essere stato un anno di cambiamenti radicali su questo fronte: gli investimenti si sono raddoppiati, mentre gli addetti si sono dimezzati e gli altri costi di biglietteria/prenotazioni sono diminuiti in misura significativa. È verosimile che l'azienda abbia investito in un sistema più avanzato del precedente che ha consentito di ridurre i costi e di aumentare il livello di servizio.

Un aspetto preoccupante che sembra emergere dalla tavola 18.8 è rappresentato dal fatto che il parco aeromobili sembra invecchiato e comporta maggiori costi di gestione. Dal 2003 al 2004 gli aerei sono aumentati solo di 4 unità (da 246 a 250). La capacità produttiva è però aumentata in misura molto più significativa grazie ad un aumento della capacità produttiva per aereo in termini di posti/miglia vendibili. Questo può essere stato ottenuto in 2 modi: aumentando il numero di voli e di collegamenti assegnati a ciascun aereo o allestendo gli aerei (stringendo i posti a sedere) in modo che potessero contenere più passeggeri (in questo caso si sarebbe ridotto il livello di servizio). Complessivamente, inoltre, le immobilizzazioni relative alle attività di trasporto (la cui voce più rilevante è rappresentata dagli aerei) sono diminuite: questo può spiegarsi col fatto che molto probabilmente le quote di ammortamento degli aerei sono state superiori rispetto ai nuovi investimenti, confermando l'ipotesi che il parco aeromobili sia invecchiato. Ulteriore conferma di questa ipotesi viene dal forte aumento dei costi di trasporto e di manutenzione e dall'altrettanto forte aumento del numero di addetti impiegati in questo tipo di attività: evidentemente aerei più vecchi e più sfruttati richiedono maggiori interventi di riparazione e di manutenzione.

Concludendo, l'analisi dello schema delle determinanti nel caso della Rocket Airlines, sebbene svolta in modo molto sintetico, ha portato a rettificare almeno in parte il giudizio positivo dato precedentemente: se sul fronte dei servizi di biglietteria e prenotazione le cose sembrano essere molto migliorate, emergono dubbi sul livello di servizio (e quindi sulla competitività futura dell'impresa) e sulla qualità della flotta della quale l'impresa dispone. Ovviamente tali ipotesi vanno verificate e, in un caso reale, occorrerebbe proseguire l'analisi anche dettagliando maggiormente lo schema sintetico della tavola 18.8.

18.3.2. Lo schema delle determinanti del reddito operativo nelle imprese multi-ASA

Quando l'impresa analizzata opera in più aree strategiche d'affari che utilizzano in parte strutture specifiche, può essere utile, così come visto nel paragrafo precedente, distinguere fra costi fissi specifici e costi fissi comuni e adattare di conseguenza lo schema di rappresentazione delle determinanti del reddito operativo. La tavola 18.9 illustra lo schema delle determinanti del reddito operativo di un'impresa multi-ASA. Lo schema è molto sintetico ma consente di evidenziare che per le imprese multi-ASA una leva decisionale molto importante è rappresentata dalla ripartizione del fatturato fra le diverse ASA. Infatti, spostare il fatturato verso le ASA che presentano margini più elevati significa aumentare il margine di contribuzione complessivo e, a parità di costi fissi, migliorare il reddito operativo.

Lo schema delle determinanti del reddito operativo, sia mono- che multi-ASA, oltre che per *analizzare i dati consuntivi*, può essere molto utile al fine di *effettuare simulazioni sui dati preventivi*. Con l'aiuto di tale modello è infatti possibile cercare di simulare l'impatto sul reddito operativo di varie scelte o eventi quali, ad esempio, variazioni di prezzi, variazioni nei tassi di cambio, variazioni nei volumi e nel grado di saturazione della capacità produttiva e così via. Tali simulazioni sono molto utili in quanto aiutano a comprendere le conseguenze reddituali delle scelte che si stanno valutando.

Nell'effettuare simulazioni con il supporto dello schema delle determinanti del reddito operativo occorre prestare molta attenzione alla congruità e al realismo delle varie ipotesi testate. Se, ad esempio, ci si rende conto che il problema principale dell'azienda analizzata è rappresentato da un grado di utilizzo della capacità produttiva troppo basso e, quindi, si decide di simulare un aumento dei volumi, occorrerà anche introdurre nel modello le variazioni necessarie per giustificare tale aumento dei volumi. Si dovrà, ad esempio, ipotizzare di aumentare le spese pubblicitarie, o aumentare i servizi (e i

TAVOLA 18.9. *Le determinanti del ROGC in un'impresa che opera in più ASA con più prodotti*

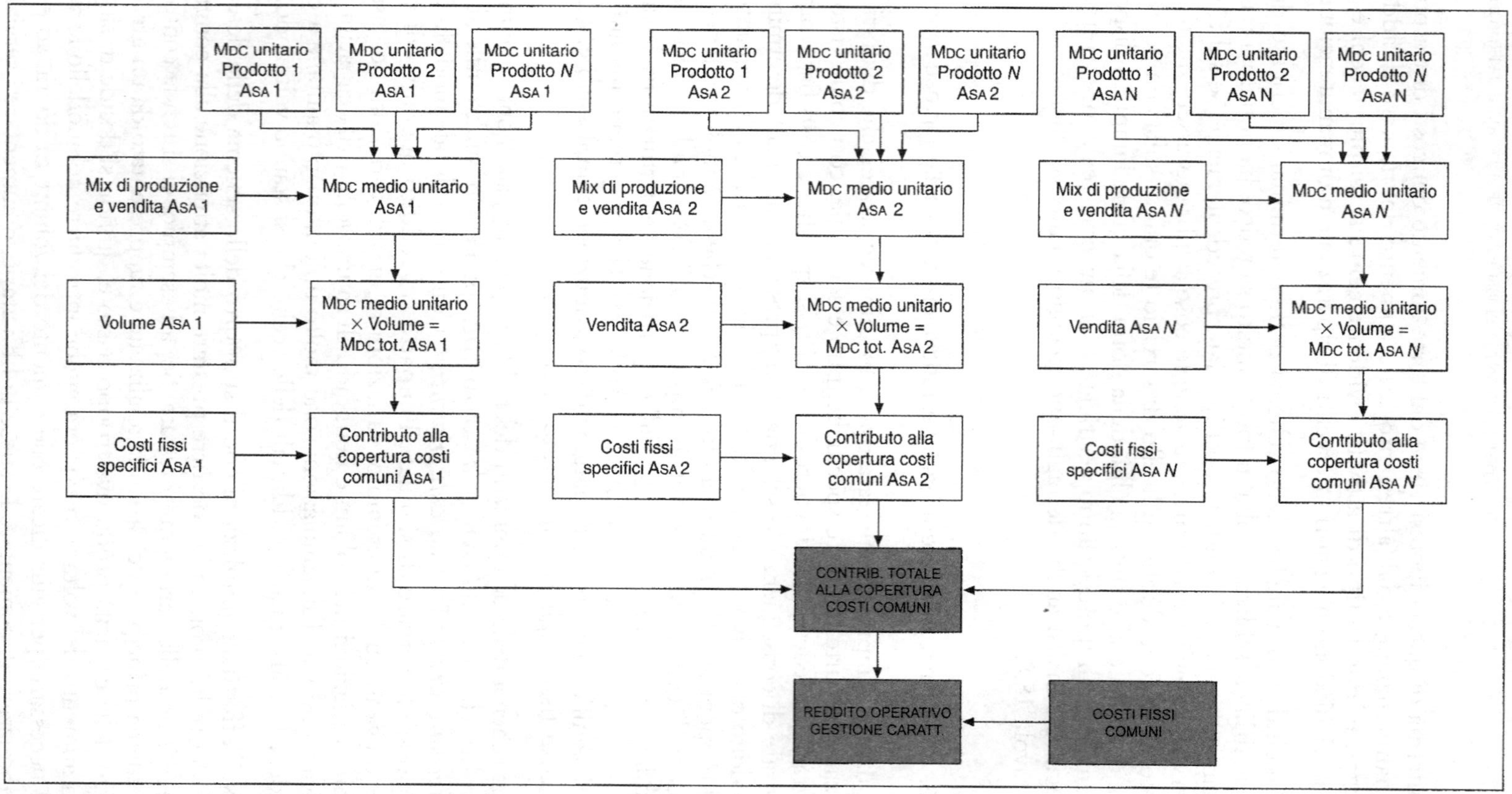

Fonte: Adattata da INVERNIZZI e MOLTENI [1990].

relativi costi) per rendere più competitivo il prodotto venduto, o migliorare la qualità (sostenendo i costi necessari), o abbassare il prezzo, o rafforzare la forza vendita e così via. In sostanza, ogni scelta simulata comporta una serie di conseguenze sia positive (nel nostro caso l'aumento dei volumi) sia negative (nel nostro caso l'aumento dei costi o la riduzione dei ricavi unitari). Tutte queste conseguenze devono essere prese in considerazione e introdotte nel modello in modo congruente, verificando quindi se a prevalere sono gli elementi che deprimono il reddito operativo o quelli che portano ad un suo aumento.

18.4. Dal reddito operativo della gestione caratteristica al reddito netto

Per la maggior parte delle aziende il reddito operativo di gestione caratteristica rappresenta la determinante più importante del reddito netto. Come illustrato nella tavola 18.10, tuttavia, oltre che dal *ROGC* il reddito netto è influenzato anche da altre determinanti, riconducibili alle diverse gestioni a cui possono essere ricondotte le combinazioni economiche (oltre alla gestione caratteristica, le gestioni patrimoniale, finanziaria e dei tributi).

La tavola 18.10 completa fino al reddito netto lo schema delle determinanti del reddito operativo, evidenziando i componenti di reddito che si interpongono fra il *ROGC* e il reddito netto. Tali componenti possono essere ricondotte alle scelte aziendali descritte nei capitoli precedenti:

- *Componenti di reddito di gestione patrimoniale.* In questa categoria ricadono i ricavi di gestione patrimoniale e i costi a questi correlati. L'ammontare di queste componenti dipende dalle scelte di investimento (in titoli, in azioni, in immobili da reddito, e così via) compiute a fronte dell'eventuale presenza di liquidità eccedenti il fabbisogno della gestione tipica. Indirettamente, tuttavia, queste componenti dipendono anche dalla gestione tipica. È infatti in genere dalla gestione tipica che possono derivare eccedenze di liquidità da investire in gestione patrimoniale.
- *Componenti di reddito di gestione finanziaria.* In questa categoria troviamo gli oneri finanziari che scaturiscono dall'indebitamento oneroso dell'azienda. Così come per la categoria precedente, anche in questo caso possiamo dire che l'ammontare degli oneri finanziari dipende dalle scelte finanziarie compiute dall'azienda (rapporto mezzi propri mezzi di terzi, indebitamento a breve o a medio-lungo termine, modalità di finanziamento e così via). Anche gli oneri finanziari, tuttavia, dipendono indirettamente anche dalla gestione tipica e, in alcuni casi dalla gestione patrimoniale. Scelte di gestione tipica (ad esempio l'ampliamento della capacità produttiva, l'offerta di più lunghi termini di pagamento o la decisione di tenere più scorte in magazzino per ridurre i tempi di consegna) hanno infatti un impatto sul capitale complessivamente investito nella gestione tipica e, di conseguenza, sull'ammontare delle fonti finanziarie da reperire per finanziare tale capitale. A fronte di possibilità di investimento patrimoniale particolarmente redditizie, inoltre, può anche avvenire che l'in-

TAVOLA 18.10. *Le determinanti del reddito netto*

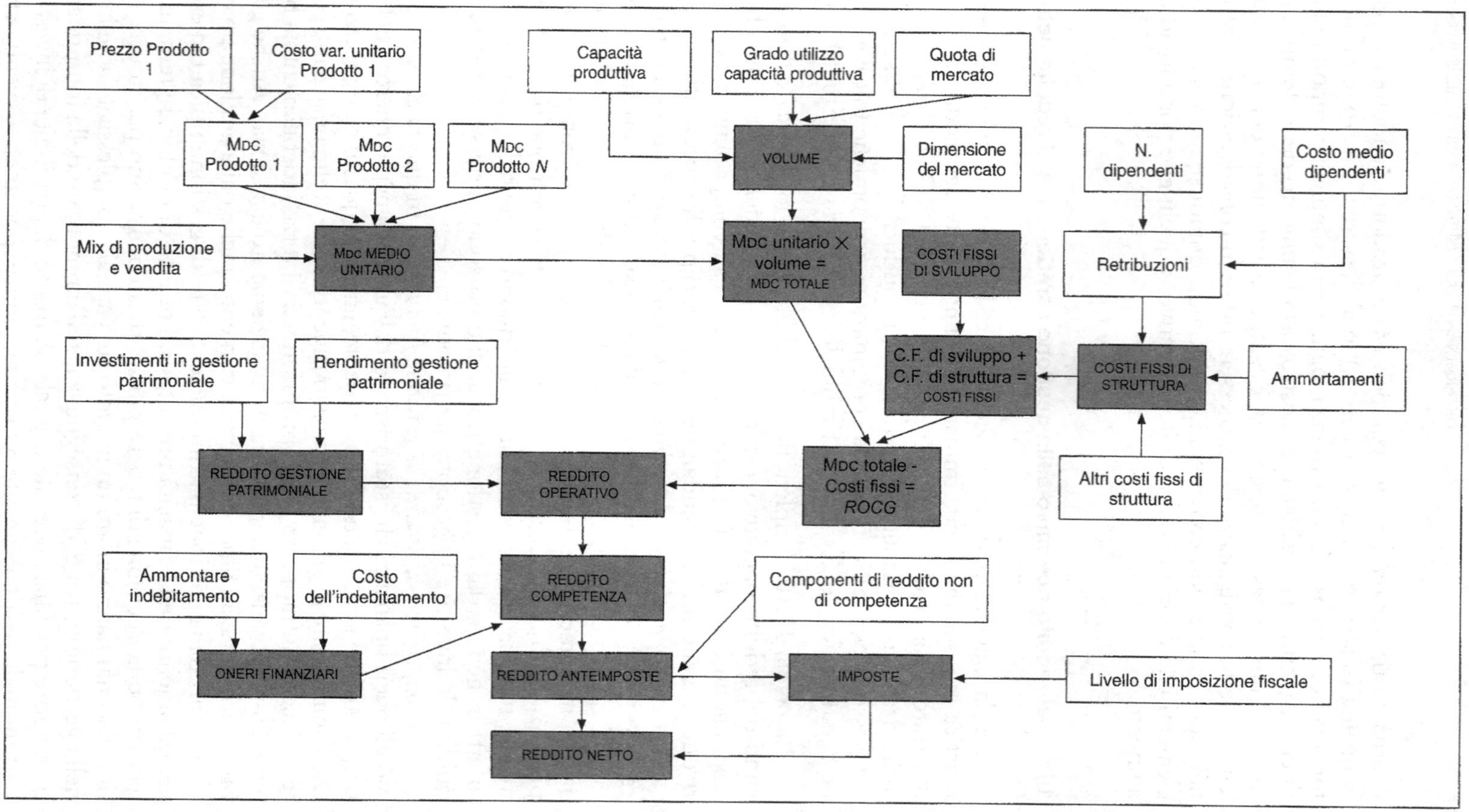

debitamento (e gli oneri finanziari che ne conseguono) sia contratto per finanziare la gestione patrimoniale. Questa, tuttavia, è un'eccezione e, in genere, le aziende la cui gestione tipica implica un eccesso di liquidità presentano una gestione patrimoniale, mentre quelle la cui gestione tipica genera fabbisogno finanziario presentano una gestione finanziaria.

- *Componenti di reddito di gestione fiscale.* In questa categoria rientrano le imposte sul reddito e altre tasse. Sebbene l'imposizione fiscale sia una variabile in gran parte al di fuori del controllo dell'azienda, anche in questo caso esistono scelte in grado di influenzare l'ammontare dei costi fiscali. Si pensi, ad esempio, alla scelta di localizzare l'azienda in zone che godono di benefici fiscali o alla scelta di forme societarie che consentono di ridurre l'incidenza di imposte e tasse.

I componenti di reddito non di competenza non sono frutto di specifiche decisioni; essi si possono manifestare come conseguenze sia di scelte di gestione caratteristica sia di scelte delle gestioni patrimoniale, finanziaria e tributaria. Si tratta di componenti positivi e negativi di reddito che per ragioni pratiche sono iscritti nel reddito di un dato esercizio (l'esercizio nel quale se ne accerta definitivamente il valore) ma che, in tutto o in parte, sono di competenza anche di esercizi precedenti. Tipiche manifestazioni sono: le minusvalenze e le plusvalenze che si registrano al momento della dismissione di immobilizzazioni tecniche e finanziarie; le perdite e gli utili su crediti e debiti di regolamento (per inesigibilità, rettifiche, variazioni di cambi, ecc.) sorti in esercizi precedenti; le rettifiche positive e negative dei tributi di esercizi precedenti. In casi particolari, componenti positivi e negativi non di competenza nascono da operazioni di rivalutazione fuori esercizio.

18.5. Lo schema delle determinanti del capitale investito

Gli schemi presentati nei paragrafi precedenti descrivono solo gli elementi che influenzano il reddito, non evidenziando le conseguenze patrimoniali che le scelte di gestione possono comportare. Se, ad esempio, al fine di aumentare i volumi venduti, decidiamo di allungare i tempi di pagamento concessi alla clientela, provochiamo un aumento del reddito operativo (attraverso l'aumento dei volumi e, quindi, del margine di contribuzione totale) ma anche un aumento del capitale investito (indotto dall'aumento dei crediti verso clienti) e, di conseguenza, un aumento del fabbisogno finanziario e – nel caso questo aumento sia coperto con maggiori debiti di finanziamento – degli oneri finanziari. In questo caso, lo schema delle determinanti del reddito operativo coglie la conseguenza positiva della nostra scelta (aumento dei volumi), ma non è in grado di descriverne i risvolti negativi (aumento del fabbisogno finanziario e dei connessi oneri). Lo schema delle determinanti del reddito netto, introducendo gli oneri finanziari, consente indirettamente di includere nell'analisi i riflessi patrimoniali della scelta, ma lo fa in modo troppo mediato e, quindi, poco trasparente.

TAVOLA 18.11. *Le determinanti del capitale investito*

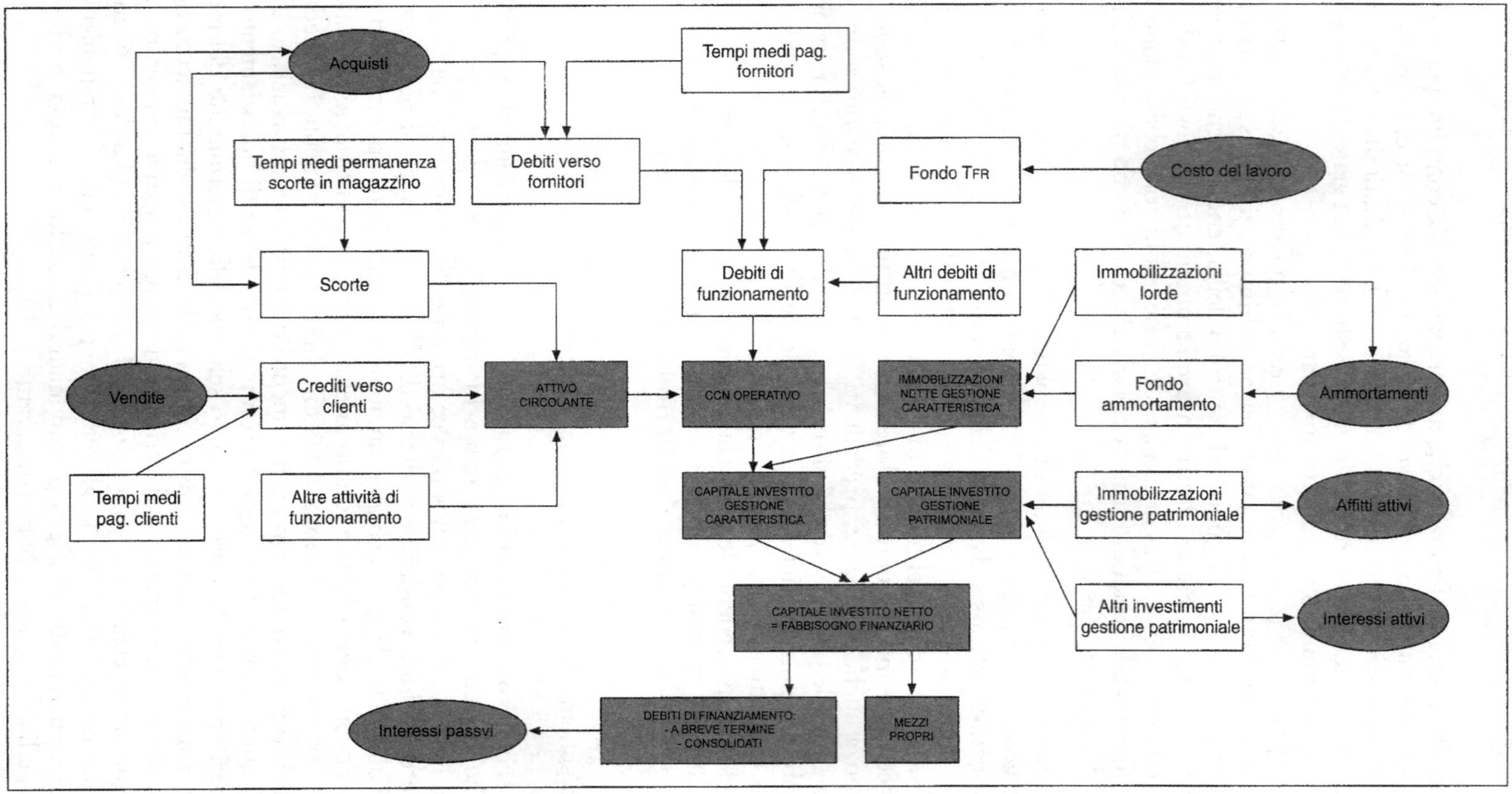

Per cogliere i riflessi patrimoniali delle scelte di gestione, lo schema delle determinanti del reddito operativo deve essere affiancato da un analogo schema che descrive le determinanti del capitale investito (e del connesso fabbisogno finanziario)[4]. La tavola 18.11 illustra le principali determinanti del capitale investito nel caso di un'impresa che opera in un'unica area d'affari.

A commento della tavola 18.11, possiamo sottolineare quanto segue:

- così come per il reddito, anche il capitale investito può essere ricondotto alle diverse gestioni aziendali: gestione caratteristica, patrimoniale, finanziaria e dei tributi;
- nella tavola 18.11 sono riportati, contraddistinti da forme ovali, anche i principali legami con i componenti del reddito netto;
- il capitale investito nella gestione caratteristica dipende da due gruppi di elementi: le immobilizzazioni nette e il capitale circolante netto operativo;
- le immobilizzazioni nette sono date dalla differenza fra il costo storico delle immobilizzazioni acquisite e l'ammortamento complessivamente effettuato. Moltissime scelte aziendali influenzano il livello delle immobilizzazioni. Fra le più rilevanti ricordiamo le scelte di dimensionamento della capacità produttiva e le scelte di internalizzazione ed esternalizzazione. Il livello delle immobilizzazioni, infatti, aumenta «a gradini» in connessione di scelte di ampliamento della capacità produttiva e di internalizzazione di attività e fasi della produzione;
- il capitale circolante netto operativo (CCNO) è dato dalla differenza fra attività circolanti e debiti di funzionamento. Tutte le voci del CCNO sono direttamente o indirettamente legate al volume d'affari e, quindi, aumentano e diminuiscono in modo graduale all'aumentare e al diminuire dello stesso;
- le due componenti principali dell'attivo circolante sono le scorte e i crediti verso clienti. Questi ultimi hanno una relazione diretta con il volume d'affari, in quanto dipendono dai tempi di pagamento dei clienti e dal fatturato. A parità di tempi di pagamento, un raddoppio del fatturato determina un raddoppio dei crediti verso clienti. Anche le scorte hanno un legame con il volume d'affari, in quanto all'aumentare del fatturato, se si vuole mantenere il livello di servizio ai clienti, occorre aumentare anche il livello delle scorte. In questo caso, tuttavia, il legame è meno diretto. Essendo valutate al costo, possiamo dire che le scorte sono date dagli acquisti e dai tempi medi di permanenza delle scorte in magazzino. Un negozio che vende ogni mese mediamente merci per 100 e acquista merci per 70, ad esempio, se ha in magazzino merci sufficienti per 3 mesi di vendite avrà scorte per 210. Altre attività legate alla gestione tipica (attività di funzionamento) possono essere rappresentate da voci come gli anticipi versati a fornitori o l'erario conto IVA, quando è attivo[5];

[4] Sul tema delle determinanti del fabbisogno finanziario si vedano, fra gli altri: CODA [1979], OLIVOTTO [1987] e INVERNIZZI e MOLTENI [1990].

[5] L'erario conto IVA è attivo quando l'IVA pagata ai fornitori in un dato periodo è superiore all'IVA ricevuta dai clienti nello stesso periodo. Nasce un credito, nel senso che l'erario deve restituire all'azienda l'IVA pagata in più rispetto a quella ricevuta.

- le due componenti principali delle passività di funzionamento (o passività circolanti) sono rappresentate dai debiti verso fornitori e dal fondo TFR. Così come i crediti verso clienti, anche i debiti verso fornitori sono molto sensibili al variare del volume d'affari, in quanto dipendono dagli acquisti (che aumentano all'aumentare delle vendite) e dai tempi di pagamento ai fornitori. Il fondo TFR, invece, dipende dal costo del lavoro. Altri debiti di funzionamento possono essere rappresentati dai debiti verso dipendenti per le retribuzioni, dai debiti verso gli istituti previdenziali per i contributi sul costo del lavoro, dai debiti verso l'erario per l'IVA;
- solitamente le attività circolanti superano le passività circolanti, per cui il CCNO rappresenta un impiego netto di denaro e va sommato alle immobilizzazioni nette per ottenere il *CI* di gestione caratteristica. Può tuttavia avvenire che, in casi particolarmente fortunati, si riesca ad ottenere il pagamento in tempi brevi da parte dei clienti, si riesca a tenere basso il livello delle scorte e contemporaneamente, si goda di un potere contrattuale che consente di allungare i tempi di pagamento dei fornitori e, quindi, di aumentare l'ammontare dei debiti verso fornitori. In situazioni particolari può quindi avvenire che i debiti di funzionamento superino le attività circolanti e che, quindi, il CCNO diventi non più un impiego netto di denaro, bensì una fonte netta. In questi casi il *CI* di gestione caratteristica si ottiene sottraendo il CCNO dall'ammontare delle immobilizzazioni. In altri termini, possiamo dire che quando i debiti di funzionamento superano le attività circolanti, con i debiti di funzionamento è possibile coprire gli impieghi in attività circolanti e anche parte degli impieghi in immobilizzazioni;
- per semplicità nello schema non evidenziamo i debiti generati dalla gestione tributaria (debiti verso erario per IRES e IRAP e fondi imposte). Questi debiti possono essere accorpati ai debiti di funzionamento – unendo così gestione caratteristica e dei tributi – senza che questo generi particolari distorsioni nell'analisi;
- il *CI* complessivo netto è in genere determinato soprattutto (spesso esclusivamente) dal *CI* di gestione caratteristica. Il *CI* può essere definito come la somma di tutti gli impieghi aziendali, al netto delle fonti generate automaticamente dalla gestione caratteristica (ovvero i debiti di funzionamento). In altri termini, il *CI* netto è l'ammontare di impieghi che va finanziato con mezzi di terzi di prestito o di rischio. In questo senso, il *CI* netto coincide con il fabbisogno finanziario;
- normalmente il capitale investito nella gestione caratteristica è più elevato dei mezzi propri, ovvero della somma del capitale sociale e di tutti gli utili conseguiti nel corso del tempo e non distribuiti ai conferenti di capitale di rischio. In questo caso per coprire la parte di *CI* netto non finanziato dai mezzi propri occorre contrarre dei debiti di finanziamento, che possono essere a breve termine (come gli scoperti di conto corrente) o di medio/lungo termine (ad esempio i mutui). L'ammontare dei debiti di prestito, unitamente ai tassi di interesse, determina l'ammontare degli oneri finanziari. Un altro modo per coprire il fabbisogno finanziario è di aumentare i mezzi propri, proponendo ai conferenti di capitale di rischio un aumento di capitale;

• in alcuni casi può succedere che, a fronte di:

a) un CCNO in cui le passività di funzionamento superano le attività circolanti,

b) immobilizzazioni di gestione caratteristica contenute,

c) mezzi propri particolarmente elevati anche grazie a consistenti utili non distribuiti,

i mezzi propri superino il *CI* di gestione caratteristica. In questi casi le fonti di finanziamento (sotto forma di mezzi propri) superano quindi il fabbisogno finanziario generato dalla gestione caratteristica e si determina un eccesso di liquidità. È in questi casi che si dà luogo alla gestione patrimoniale, investendo le liquidità eccedenti in immobili da reddito (che generano affitti attivi) o in altri investimenti di gestione patrimoniale (come ad esempio titoli di Stato, azioni, obbligazioni) che generano interessi attivi.

Lo schema delle determinanti del *CI* è utile da un lato per cogliere i molti legami che esistono fra le determinanti del reddito e le diverse componenti del *CI* e, dall'altro, per dare un giudizio relativo delle diverse componenti del reddito netto. Il *ROGC*, infatti, può essere valutato solo in rapporto al *CI* di gestione caratteristica. Allo stesso modo il reddito operativo di gestione patrimoniale deve essere confrontato con il *CI* in gestione patrimoniale, gli oneri finanziari con l'ammontare dei debiti di finanziamento e il *RN* con l'ammontare dei mezzi propri.

18.6. I limiti dei modelli delle determinanti del reddito e del capitale investito

Nei paragrafi precedenti abbiamo visto come gli schemi delle determinanti del reddito e del capitale investito siano molto utili per inserire in un modello di sintesi le varie e contrapposte conseguenze delle scelte aziendali. È tuttavia opportuno ricordare che questi modelli, come d'altra parte qualsiasi modello, presentano anche dei limiti che è opportuno conoscere ai fini di un loro utilizzo corretto.

Anzitutto, i modelli delle determinanti del reddito e del capitale investito, se usati come strumenti di simulazione in modo semplicistico, possono dare l'illusione di un'assenza di ritardi temporali fra decisioni e verificarsi delle relative conseguenze: si aumentano le immobilizzazioni e il numero dei dipendenti e, di conseguenza, si ritiene che la capacità produttiva aumenti; si aumentano le spese di pubblicità e si ipotizza che questo consenta di aumentare i volumi; si spende di più in servizi alla clientela e si assume che questo comporti un aumento della qualità del prodotto e, quindi, del prezzo praticabile. In realtà bisogna sempre ricordare che dal momento in cui si muove una leva al momento in cui si verificano le relative conseguenze intercorrono sempre dei ritardi temporali più o meno lunghi. Il neoassunto deve essere formato prima di diventare produttivo; il nuovo macchinario, soprattutto se complesso, può richiedere un periodo di messa a punto; occorre del tempo prima che una campagna pubblicitaria ottenga un miglioramento nell'immagine del prodotto e altro tempo prima che l'immagine migliorata causi un aumento delle richieste prima e delle consegne poi; analogamente occorre del tempo prima che i clienti si possano rendere conto del miglior livello di servizio e accettino di pagare un prezzo più elevato.

La presenza di ritardi temporali è particolarmente significativa quando la leva gestionale che viene mossa è rappresentata da un maggior impegno nello sviluppo dell'azienda e, quindi, dall'aumento dei costi fissi di sviluppo. Se si investe in pubblicità e, ancora di più, se si investe in ricerca e sviluppo o in formazione del personale, le conseguenze negative delle azioni intraprese (ovvero l'aumento dei costi fissi) influenzano immediatamente il reddito operativo, mentre le conseguenze positive (ovvero l'aumento dei volumi o dei prezzi o la riduzione dei costi connessa ad una migliore gestione) possono manifestarsi dopo mesi o, in alcuni casi, anche dopo anni. Di questo fatto occorre ovviamente tenere conto nel momento in cui si giudicano i risultati ottenuti dalle analisi e dalle simulazioni condotte con il supporto del modello.

Un secondo limite insito negli schemi delle determinanti del reddito e del capitale investito è rappresentato dal fatto che si tratta di modelli lineari, nei quali le relazioni circolari[6] non vengono gestite automaticamente. Un esempio può essere utile per chiarire questo punto. Supponiamo di ridurre i prezzi dei nostri prodotti e di voler evidenziare tutte le conseguenze di questa scelta. La riduzione dei prezzi dovrebbe indurre ad una maggiore domanda e, quindi ad un aumento dei volumi da produrre e della capacità produttiva. Se sono presenti economie di scala e di esperienza, inoltre, l'aumento della capacità produttiva e dei volumi prodotti dovrebbe consentire di ridurre i costi unitari e questo potrebbe porre le basi per un'ulteriore riduzione dei prezzi. Le relazioni sopra descritte sono rappresentate nella tavola 18.12.

La tavola 18.12 illustra in modo molto semplificato una caratteristica fondamentale delle imprese: gli eventi che si manifestano nelle aziende sono strettamente interconnessi gli uni con gli altri e formano complesse catene causa-effetto. Molto spesso tali catene presentano la caratteristica di essere circolari, per cui l'intervento in un'area o su una condizione genera una serie di effetti a catena che poi provocano ulteriori ripercussioni (positive o negative) sulla stessa area o condizione di partenza.

Come già ricordato sopra, inoltre, queste complesse relazioni causa-effetto sono caratterizzate da ritardi temporali di varia ampiezza. Tornando, ad esempio, al caso illustrato dalla tavola 18.12, il ritardo temporale che inter-

[6] Il tema delle relazioni circolari di causa-effetto è affrontato soprattutto dalla letteratura di *system dynamics*, alla quale si sono ispirati anche molti contributi aziendalistici. Sul primo fronte, oltre al contributo fondamentale di FORRESTER [1968], ricordiamo l'interessante lavoro di SENGE [1990]. Sul fronte aziendalistico ricordiamo, fra gli altri: CODA [1983a]; MOLLONA [2000]; CODA e MOLLONA [2002].

TAVOLA 18.12. *Le relazioni causa-effetto connesse ad una riduzione dei prezzi*

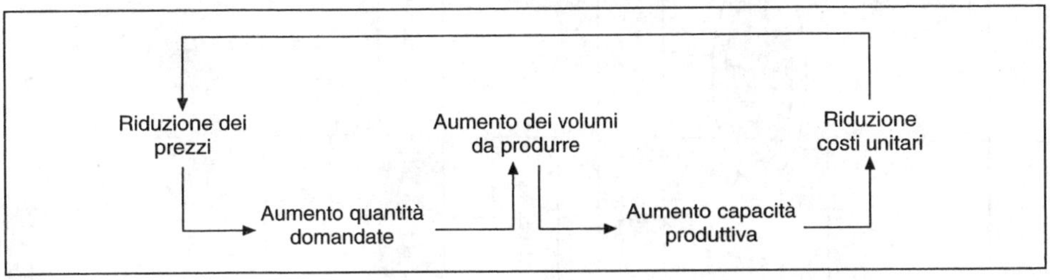

corre fra riduzione dei prezzi e aumento della quantità domandata può essere diverso rispetto a quello che intercorre fra aumento dei volumi prodotti e riduzione dei costi unitari.

Tutta la complessità sopra descritta, ovviamente, non viene colta dai modelli delle determinanti del reddito e del capitale investito i quali, lo ripetiamo, sono modelli lineari che descrivono solo le relazioni causa-effetto più importanti e dirette, non tengono conto esplicitamente dei ritardi temporali e non gestiscono automaticamente le relazioni circolari. A questi limiti deve sopperire l'analista, il quale deve usare i modelli in modo non superficiale e inserire dati e variazioni tenendo conto dei ritardi temporali e delle relazioni causa-effetto non esplicitate dal modello. Come già sottolineato sopra, ad esempio, se si vogliono aumentare i volumi occorrerà tenere conto delle premesse (aumento della pubblicità, aumento degli investimenti, riduzione dei prezzi e così via) e delle conseguenze dirette e indirette (maggiore margine di contribuzione, maggiori crediti verso clienti, minori costi unitari e così via) connesse a tale variazione.

I limiti sopra evidenziati, in ogni caso, nulla tolgono alla validità e all'utilità dei modelli presentati in questo paragrafo. Occorre solo tenerne conto per un loro uso più corretto, sapendo che per ulteriori e più approfondite indagini può essere necessario passare a modelli più complessi e dinamici ma, proprio per questo, meno semplici e immediati.

18.7. Scelte aziendali, reddito e capitale investito

In conclusione cerchiamo di ricollegare le determinanti del reddito e del capitale investito alle diverse tipologie di scelte aziendali presentate nei capitoli precedenti. Per semplicità, la tavola 18.13 si limita a rappresentare graficamente solo i principali legami fra scelte e determinanti del reddito. I principali legami fra scelte e capitale investito verranno di seguito richiamati, ma non rappresentati graficamente.

A commento della tavola 18.13 occorre anzitutto sottolineare come si tratti di una rappresentazione molto semplificata dei molteplici legami fra scelte gestionali e risultati. In genere le scelte aziendali, infatti, hanno un impatto

TAVOLA 18.13. *Alcune relazioni fra categorie di scelte aziendali e risultati reddituali*

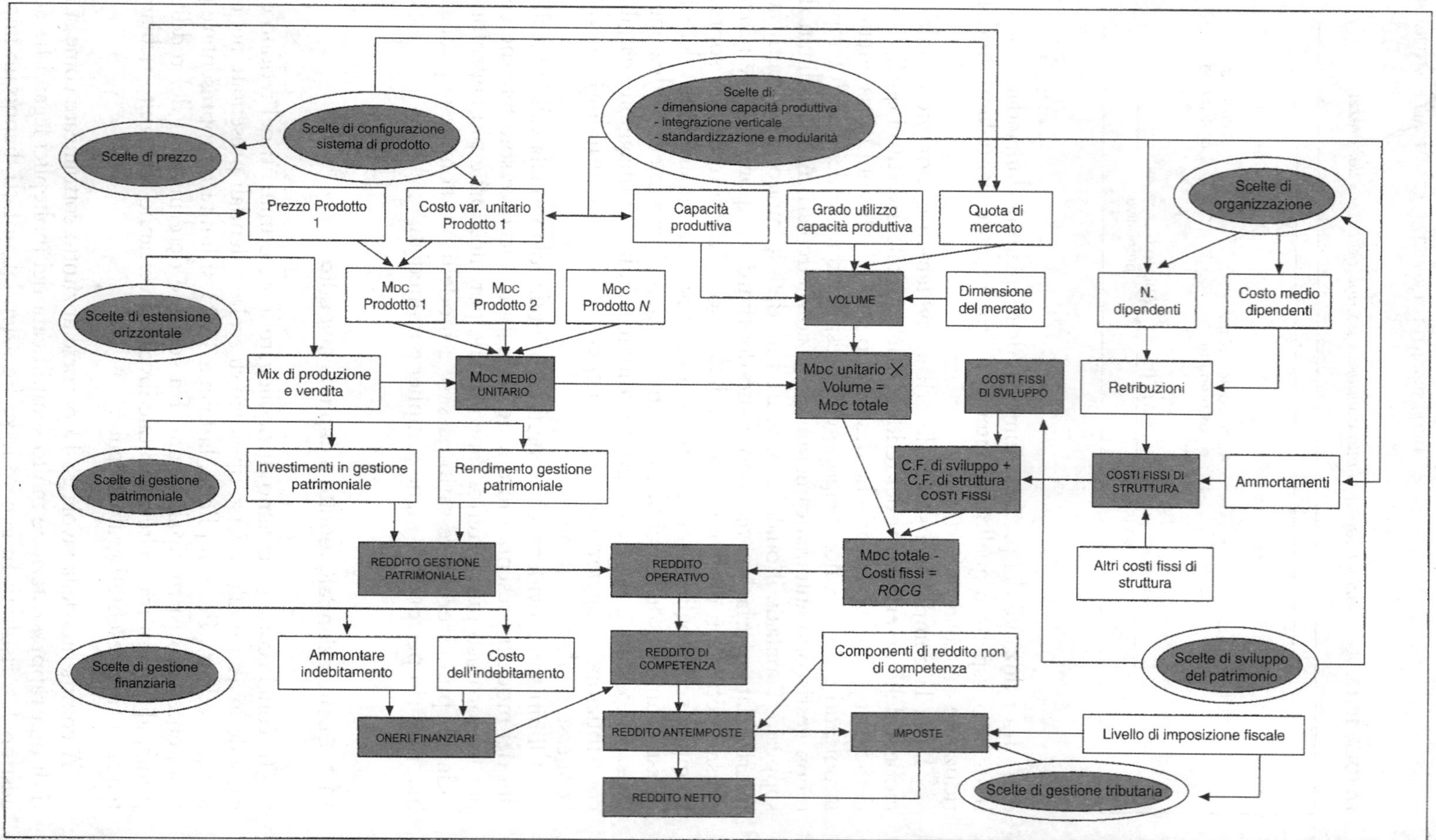

molto ampio e non possono essere direttamente connesse ad un unico risultato. Si pensi, ad esempio, alle scelte di estensione orizzontale. Se un parco di divertimenti decide di costruire un albergo all'interno del parco, questa decisione impatta direttamente sul mix di vendita, in quando alle vendite per ingressi nel parco si aggiungono le vendite dei pernottamenti. Questa decisione presenta tuttavia anche molte altre conseguenze. Anzitutto influenza il livello di investimenti in immobilizzazioni (e, di conseguenza, gli ammortamenti) e i costi fissi di struttura (attraverso aumenti del personale e di altri costi fissi) sia specifici dell'albergo, sia comuni. In secondo luogo influenza il livello del CCNO, in quanto varieranno crediti, scorte e debiti di funzionamento. La decisione di aprire un albergo, inoltre, può avere un effetto sugli ingressi al parco (che potrebbero aumentare, rappresentando l'albergo un ulteriore elemento di attrattività del parco), sui prezzi medi di ingresso al parco (ad esempio si potrebbero proporre prezzi scontati a chi pernotta in albergo), sulla gestione patrimoniale (ad esempio l'azienda potrebbe aver venduto dei titoli di Stato in portafoglio per finanziare la costruzione dell'albergo), sulla gestione finanziaria (ad esempio l'azienda potrebbe aver fatto un nuovo mutuo per finanziare la costruzione dell'albergo) e così via.

In secondo luogo occorre ribadire come tutte le decisioni comportino in genere contemporaneamente conseguenze reddituali e conseguenze sull'ammontare del capitale investito e sulla sua composizione. La decisione di abbassare i prezzi di vendita, ad esempio, può portare ad aumentare i volumi di produzione (e di conseguenza i costi di produzione) e il fatturato complessivamente realizzato. Questa stessa decisione, contemporaneamente, può quindi portare ad un aumento dei crediti verso clienti, del CCNO, del *CI*, dei debiti di finanziamento e, di conseguenza, degli oneri finanziari.

Infine, non bisogna dimenticare le relazioni trasversali che possono esistere fra diverse aree di affari, per cui le decisioni prese su un'area possono influenzare anche i risultati di un'altra area. Sempre nel caso delle scelte di prezzo, ad esempio, prezzi molto competitivi sui prodotti di marca di un supermercato possono portare ad attrarre più clienti sul punto vendita e, di conseguenza, a maggiori vendite dei prodotti di gastronomia o di frutta e verdura.

Pur ribadendo la complessità, la molteplicità e la circolarità delle relazioni che legano scelte e risultati, sintetizziamo – in conclusione – i principali legami fra le categorie di scelte presentate nel libro e risultati aziendali:

• scelte di configurazione del sistema di prodotto: influenzano direttamente da un lato il prezzo che è possibile far pagare ai clienti e i volumi che è possibile realizzare e, dall'altro, i costi di produzione (sia variabili che fissi);

• scelte di prezzo: influenzano direttamente i volumi realizzati e il margine di contribuzione unitario;

• scelte di standardizzazione, uniformazione e modularità: influenzano soprattutto i costi di produzione, oltre che le dimensioni complessive del mercato di sbocco;

• scelte di dimensionamento della capacità produttiva: influenzano soprattutto gli investimenti in immobilizzazioni, i costi fissi e i costi variabili unitari;

• scelte di durata delle produzioni: influenzano, attraverso i fenomeni di apprendimento, il livello unitario dei costi di produzione e di commercializzazione;

• scelte di struttura dei costi: in genere la struttura dei costi è influenzata da altre categorie di scelte (dimensionamento, integrazione verticale, estensione interfunzionale, standardizzazione e così via) e non rappresenta una categoria indipendente di scelte. Il rapporto fra costi fissi e costi variabili, tuttavia, può essere influenzato da decisioni specifiche, a parità di altre condizioni. Se, ad esempio, si è deciso di affidare a terzi l'attività di design dei nuovi prodotti, a parità di grado di estensione interfunzionale è possibile influenzare il livello di costi variabili unitari e di costi fissi concordando di pagare il designer esterno con una *royalty* sul fatturato, piuttosto che riconoscendogli una rimunerazione fissa a progetto;

• scelte di estensione interfunzionale: influenzano direttamente il livello di costi fissi (che aumentano all'aumentare dell'estensione interfunzionale) e i costi variabili unitari (che si riducono all'aumentare dell'estensione interfunzionale);

• scelte di estensione orizzontale (o diversificazione): influenzano direttamente il mix di produzione e vendita;

• scelte di estensione verticale (o integrazione verticale): analogamente a quanto visto per l'estensione interfunzionale, influenzano direttamente i costi fissi e i costi variabili unitari;

• scelte di gestione patrimoniale: dato un certo livello di liquidità eccedente, le scelte di gestione patrimoniale determinano il tipo di investimento patrimoniale prescelto e, di conseguenza, il rendimento ottenuto;

• scelte di gestione finanziaria: dato un certo livello di fabbisogno finanziario, riguardano anzitutto la scelta del rapporto fra mezzi propri e debiti finanziari e, nell'ambito dei debiti finanziari, la scelta fra debiti finanziari di breve e di medio-lungo termine, con le implicazioni in termini di ammontare degli oneri finanziari che tali scelte comportano;

• scelte di gestione tributaria: influenzano direttamente l'ammontare dei tributi e, indirettamente, anche i risultati di gestione tipica o finanziaria. Al fine di perseguire risparmi fiscali, infatti, si possono privilegiare strutture finanziarie maggiormente indebitate o localizzazioni in aree economicamente depresse che, a loro volta, possono avere vario influsso sui costi. La localizzazione in una zona depressa, ad esempio, può implicare minori costi del personale (perché il livello di stipendi nella zona è basso), ma maggiori costi di sviluppo (perché non è possibile trovare personale già esperto) e un maggiore livello di estensione interfunzionale e di integrazione verticale (perché sul territorio non è facile trovare servizi e aziende specializzate presso le quali fornirsi);

• scelte di formazione e sviluppo del patrimonio: influenzano direttamente i costi di sviluppo (si pensi ai costi di formazione, di ricerca e sviluppo e di pubblicità volti a sviluppare il patrimonio di know-how e di reputazione di cui l'azienda gode) oltre che l'ammontare e la composizione del capitale investito;

- scelte di organizzazione: influenzano direttamente la produttività e l'efficacia del personale e, attraverso questo, tutti gli altri risultati intermedi e complessivi conseguiti dall'azienda;
- scelte di assetto istituzionale: si tratta di scelte di fondo, che presentano un impatto profondamente trasversale, difficile da ricondurre a specifici risultati. Influenzano da un lato le relazioni dell'impresa con i membri del soggetto economico (con le conseguenze che questo comporta in termini di contributi che tali soggetti possono e vogliono fornire) e, dall'altro, l'efficacia delle strutture di governance delle aziende, da cui dipende la qualità di tutte le altre categorie di scelte.

Riferimenti bibliografici

Riferimenti bibliografici

AA.VV. [1984], *Introduzione all'economia delle amministrazioni pubbliche*, Milano, Giuffrè.

— [1987a], *Saggi di Economia Aziendale per Lino Azzini*, Milano, Giuffrè.

— [1987b], *Scritti di Economia Aziendale per Egidio Giannessi*, Pisa, Pacini Editore.

— [1997a], *Blackwell Encyclopedic Dictionary of Managerial Economics*, Oxford, Blackwell Publishing.

— [1997b], *Blackwell Encyclopedic Dictionary of Accounting*, Oxford, Blackwell Publishing.

— [2003], *Practical Tech for Your Business*, Washington, D.C., Kiplinger Washington Editors.

ABELL, D.F. e HAMMOND, J.L. [1979], *Strategic Market Planning: Problems and Analytical Approaches*, Englewood Cliffs, N.J., Prentice-Hall.

ADELMAN, M.A. [1955], *Concept and Statistical Measurement of Vertical Integration*, in *Business Concentration and Price Policy*, a cura di G.J. Stigler, Princeton, N.J., Princeton University Press.

ADLER, P.S. e KWON, S. [2002], *Social Capital: Prospects for a New Concept*, in «Academy of Management Review», 27, pp. 17-40.

AIROLDI, G. [1980a], *La pianificazione organizzativa*, in «Sviluppo e organizzazione», settembre-ottobre.

— [1980b], *I sistemi operativi*, Milano, Giuffrè.

— [1984], *L'organizzazione della direzione del personale*, in *La gestione delle risorse umane nelle banche*, a cura di R. Ruozi, Milano, Giuffrè.

— [1996], *Le aziende nonprofit: definizioni e classificazioni*, in *Le aziende non profit tra stato e mercato*, Bologna, CLUEB.

AIROLDI, G. e DECASTRI, M. [1983], *Le funzioni di organizzazione in impresa*, Milano, Giuffrè.

AIROLDI, G. e ZATTONI, A. [2001], *Piani di stock option: progettare la retribuzione del top management*, Milano, EGEA.

AKERLOF, G.A. [1970], *The Market for «Lemons»: Quality, Uncertainty and the Market Mechanisms*, in «Quarterly Journal of Economics», 3, pp. 488-500.

ALCHIAN, A.A. e DEMSETZ, H. [1972], *Production, Information Costs, and Economic Organization*, in «American Economic Review», 62.

ALTER, C. e HAGES, J. [1993], *Organizations Working Together*, Newbury Park, Calif., Sage.

AMADUZZI, ALDO [1976], *L'azienda nel suo sistema e nell'ordine delle sue rilevazioni*, Torino, UTET.

AMADUZZI, ANTONIO [2004], *Storia della ragioneria*, Milano, Giuffrè.

ANDRESS, F.J. [1954], *The Learning Curve as a Production Tool*, in «Harvard Business Review», 32.

ANDREWS, K.R. [1971], *The Concept of Corporate Strategy*, Homewood, Ill., Irwin.

ANSOFF, H.I. [1965], *Corporate Strategy:*

An Analytic Approach to Business Policy for Growth and Expansion, New York, McGraw-Hill (trad. it. *Strategia aziendale*, Milano, Etas, 1968).

— [1979], *Strategic Management*, New York, Macmillan (trad. it. *Management Strategico*, Milano, Etas Libri, 1980).

— [1984], *Implanting Strategic Management*, Englewood Cliffs, N.J., Prentice-Hall (trad. it. *Organizzazione innovativa*, Milano, IPSOA, 1987).

AOKI, M. [1984], *The Cooperative Game Theory of the Firm*, Oxford, Oxford University Press.

— [1990], *Toward an Economic Model of the Japanese Firm*, in «Journal of Economic Literature», marzo.

ARTHUR, B. [1989], *Competing Technologies, Increasing Returns, and Lock-in by Historic Events*, in «Economic Journal», 99.

ARTONI, R. [2004], *Lezioni di scienza delle finanze*, Bologna, Il Mulino.

ASHISH, N. [2003], *Scale and Scope in Professional Service Firms*, Cambridge, Mass., Harvard Business School Cases.

AZZINI, L. [1982], *Istituzioni di economia aziendale*, Milano, Giuffrè.

BAILYN, L., FLETCHER, J.K. e KOLB, D. [1997], *Unexpected Connections: Considering Employees' Personal Lives Can Revitalize Your Business*, in «Sloan Management Review», 4, pp. 11-19.

BAIN, J.S. [1956], *Industrial Organization*, New York, Wiley (II ed. 1968).

BALAKRISHNAN, S. e WERNERFELT, B. [1986], *Technical Change, Competition, and Vertical Integration*, in «Strategic Management Journal», 7, luglio-agosto.

BALDWIN, C.Y. e CLARK, K.B. [1997], *Managing in an Age of Modularity*, in «Harvard Business Review», settembre-ottobre.

BALDWIN, R. e CAVE, M. [1999], *Understanding Regulation: Theory, Strategy and Practice*, Oxford, Oxford University Press.

BAMFORD, J.D., GOMES-CASSERES, B. e ROBINSON, M.S. [2003], *Mastering Alliance Strategy*, San Francisco, Calif., Jossey-Bass.

BARBETTA, G.P., CIMA, S. e ZAMARO, N. [2003], *Le istituzioni nonprofit in Italia*, Bologna, Il Mulino.

BARCA, F. e BECHT, M. [2001], *The Control of Corporate Europe*, Oxford, Oxford University Press.

BARNEY, J.B. [1985], *Types of Competition and the Theory of Strategy*, Los Angeles, University of California, Working paper.

— [1991], *Firm Resources and Sustained Competitive Advantage*, in «Journal of Management», 17.

— [2002²], *Gaining and Sustaining Competitive Advantage*, Englewood Cliffs, N.J., Prentice-Hall.

BARTLETT, C. e GHOSHAL, S. [2000], *Going Global: Lessons from Late Movers*, in «Harvard Business Review», marzo-aprile, pp. 132-142.

BAUMOL, W. [1959], *Business Behaviour, Value and Growth*, New York, Macmillan.

— [1966], *Performing Arts: The Economic Dilemma*, Cambridge, Mass., MIT Press.

— [2002], *The Free-Market Innovation Machine. Analysing the Growth Miracle of Capitalism*, Princeton, N.J., Princeton University Press (trad. it. *La macchina dell'innovazione: tecnologia e concorrenza nel capitalismo*, Milano, Università Bocconi Editore, 2004).

BECKER, G.S. [1965], *A Theory of Allocation of Time*, in «Economic Journal», 75, pp. 493-517.

— [1991], *A Treatise on the Family*, Cambridge, Mass., Harvard University Press.

— [1996], *Accounting for Tastes*, Cambridge, Mass., Harvard University Press (trad. it. *De gustibus*, Milano, Università Bocconi Editore, 2000).

BECKER, G.S. e MURPHY, K.M. [1992], *The Division of Labour, Coordination Costs, and Knowledge*, in «The Quarterly Journal of Economics», 4, pp. 1137-1160.

BEN-NER, A. [1986], *Non-Profit Organizations: Why Do They Exist in Market Economies?*, in Rose-Akerman [1986].

BERLE, A. e MEANS, G. [1932], *The Modern Corporation and Private Property*, New York, Macmillan (trad. it. *Società per azioni e proprietà privata*, Torino, Einaudi, 1966).

BERRY, C.H. [1975], *Corporate Growth and Diversification*, Princeton, N.J., Princeton University Press.

BINI, M. e GUATRI, L. [2005], *Nuovo trat-*

tato sulla valutazione delle aziende, Milano, EGEA.
BLAIR, M. [1995], *Ownership and Control: Rethinking Corporate Governance for the 21st Century*, Washington, D.C., Brookings Institution.
BOCCHI, G. e CERUTI, M. [1988] (a cura di), *La sfida della complessità*, Milano, Feltrinelli.
BOLTON, P. e DEWATRIPONT, M. [1994], *The Firm as a Communication Network*, in «Quarterly Journal of Economics», 115, pp. 809-839.
BORGONOVI, E. [1978], *L'economia aziendale negli istituti pubblici territoriali*, Milano, Giuffrè.
— [1984], *La pubblica amministrazione come sistema di aziende composte pubbliche*, in AA.VV. [1984].
BORLAND, J. e YANG, X. [1992], *Specialization and a New Approach to Economic Organization and Growth*, in «The American Economic Review», 82, 2, pp. 386-391.
BOWLES, S. e GINTIS, H. [2002], *Social Capital and Community Governance*, in «Economic Journal», 112, pp. 419-436.
BRANDOLESE, A. e GRANDO, A. [1987], *Deverticalizzazione: opportunità e vincoli derivanti dalle nuove tecnologie*, in Fiocca [1987].
BRAUDEL, F. [1977], *Afterthoughts on Material Civilization and Capitalism*, Baltimore, Johns Hopkins University Press (trad. it. *La dinamica del capitalismo*, Bologna, Il Mulino, 1988).
BREALEY, R.A., MYERS, S.C. e SANDRI, S. [1999], *Principi di finanza aziendale*, Milano, McGraw-Hill Libri Italia.
BRIOSCHI, F., BUZZACCHI, L. e COLOMBO, M.G. [1990], *Gruppi di imprese e mercato finanziario*, Roma, La Nuova Italia Scientifica.
BROSIO, G. [1993], *Economia e finanza pubblica*, Roma, La Nuova Italia Scientifica.
BRUNETTI, G. [1979], *Il controllo di gestione in condizioni ambientali perturbate*, Milano, Angeli.
BRUNETTI, G., CODA, V. e FAVOTTO, F. [1984], *Analisi, previsioni, simulazioni economico-finanziarie d'impresa*, Milano, Etas Libri.
BRUNSSON, N. e JACOBSSON, B. [2002], *A World of Standards*, Oxford, Oxford University Press.
BUONOCORE, V. e JOSSA, B. [2003], *Organizzazioni economiche non capitalistiche: economia e diritto*, Bologna, Il Mulino.
BURKE, P.J., REITZES, D.C. [1991], *An Identity Theory Approach to Commitment*, in «Social Psychology Quarterly», 54, pp. 239-251.
BURNS, T. e STALKER, G.M. [1961], *The Management of Innovation*, London, Tavistock (trad. it. *Direzione aziendale e innovazione*, Milano, Angeli, 1974).
BUSACCA, B. [2004], *Consumatore, concorrenza e valore*, Milano, EGEA.
BUZZELL, R.D. [1966], *Competitive Behaviour and Product Life Cycles*, in *New Ideas for Successful Marketing*, a cura di J. Wright e J. Goldstucker, Chicago, Ill., American Marketing Association.

CAMUSSONE, P.F. [2000], *Informatica, organizzazione, strategia*, Milano, McGraw-Hill Italia.
CAPPETTA, R. e GIORGI, S. [2003], *Replicanti di successo: il caso Autogrill*, in «Economia & Management», 4, pp. 109-125.
CARROL, G.R. e HANNAN, M.T. [1992], *Dynamics of Organizational Populations: Density, Legitimation and Competition*, Oxford, Oxford University Press.
CARTER, M. [1995], *Information and the Division of Labor: Implications for the Firm's Choice of Organization*, in «Economic Journal», 105, pp. 385-397.
CASELLI, L. [1986], *Etica e progresso*, in «Economia e Politica Industriale», giugno.
CERVIGNI, G. e D'ANTONI, M. [2001], *Monopolio naturale, concorrenza, regolamentazione*, Roma, Carocci.
CHAMBERLIN, E.H. [1933], *The Theory of Monopolistic Competition*, Cambridge, Mass., Harvard University Press (trad. it. *Teoria della concorrenza monopolistica*, Firenze, La Nuova Italia, 1961).
CHANDLER, A.D. [1962], *Strategy and Structure. Chapters in the History of the American Industrial Enterprise*, Cambridge, Mass., MIT Press (trad. it. *Strategia e struttura: storia della grande impresa americana*, Milano, Angeli, 1976).
— [1977], *The Visible Hand. The Managerial Revolution in American Business*, Cambridge, Mass., Harvard University Press (trad. it. *La mano visibile. La rivo-*

luzione manageriale nell'economia americana, Milano, Angeli, 1981).

— [1990], *Scale and Scope. The Dynamics of Industrial Capitalism*, Cambridge, Mass., Harvard University Press (trad. it. *Dimensione e diversificazione: le dinamiche del capitalismo industriale*, Bologna, Il Mulino, 1994).

CHARREAUX, G. e DESBRIÈRES, P. [2001], *Corporate Governance: Stakeholder Value Versus Shareholder Value*, in «Journal of Management and Governance», 5, pp. 107-128.

CHILES, T.H. e MCMACKIN, J.F. [1996], *Integrating Variable Risk Preferences, Trust, and Transaction Cost Economics*, in «Academy of Management Review», 21, 1.

CLARKSON, B.E. [1998], *The Corporation and Its Stakeholders: Classic and Contemporary Readings*, Toronto, University of Toronto Press.

COASE, R.H. [1937], *The Nature of the Firm*, in «Economica», IV (trad. it. *La natura dell'impresa*, in *Impresa, mercato e diritto*, Bologna, Il Mulino, 1995, pp. 73-96).

— [1960], *The Problem of Social Costs*, in «Journal of Law and Economics», 3, pp. 1-44 (trad. it. *Il problema del costo sociale*, in *Impresa, mercato e diritto*, Bologna, Il Mulino, 1995, pp. 199-260).

CODA, V. [1965], *Le coordinazioni produttive*, Milano, Giuffrè.

— [1968], *I costi di produzione*, Milano, Giuffrè.

— [1979], *Il capitale circolante netto nelle decisioni finanziarie*, in AA.VV., *La professione di dottore commercialista*, Milano, Etas Libri.

— [1981], *Impatti ambientali e potenzialità di crescita imprenditoriale*, in «Sviluppo e Organizzazione», novembre-dicembre.

— [1983a], *L'analisi delle relazioni di causa-effetto nel governo delle imprese*, in «Finanza, Marketing e Produzione», giugno.

— [1983b], *Crisi e risanamenti aziendali*, in «Sviluppo e Organizzazione», gennaio-febbraio.

— [1983c], *L'analisi delle relazioni causa-effetto nel governo delle imprese*, in «Finanza, Marketing e Produzione», 2.

— [1984], *La valutazione della formula imprenditoriale*, in «Sviluppo e Organizzazione», marzo-aprile.

— [1985], *Valori imprenditoriali e successo dell'impresa*, in «Finanza, Marketing e Produzione», giugno.

— [1988a], *I paradigmi dell'eccellenza imprenditoriale*, in «Economia & Management», 2.

— [1988b], *L'orientamento strategico dell'impresa*, Torino, UTET.

— [1991], *Le determinanti della redditività operativa*, in *Analisi, Previsioni, Simulazioni economico-finanziarie d'impresa*, a cura di V. Coda, G. Brunetti e F. Favotto, Milano, Etas Libri.

CODA, V. e INVERNIZZI, G. [1985], *Analisi economica d'impresa*, Milano, Etas Libri.

CODA, V., INVERNIZZI, G. e RISPOLI, M. [1988], *Strategia aziendale. Enciclopedia dell'impresa*, Torino, UTET.

CODA, V. e MOLLONA, E. [2002], *Il governo della dinamica della strategia*, in «Finanza, Marketing e Produzione», 5.

COFFEE, J.C. [2001], *The Rise of Dispersed Ownership: Theories of Law and the State in the Separation of Ownership and Control*, in «Yale Law Journal», 111, pp. 1-82.

COHEN, S.G., MARCH, J.G. e OLSEN, J.P. [1972], *A Garbage Can Model of Organizational Choice*, in «Administrative Science Quarterly», 17, pp. 1-25.

COMMONS, J.R. [1934], *Institutional Economics*, Madison, University of Wisconsin Press.

CONCA, V. [2001], *Le acquisizioni*, Milano, EGEA.

COPELAND, T., KOLLER, T. e MURRIN, J. [2000], *Valuation: Measuring and Managing the Value of Companies*, New York, Wiley (trad. it. *Il valore dell'impresa: strategie di valutazione e gestione*, Milano, Il Sole-24 Ore Libri, 2002).

CORTESI, A. [2000], *Le acquisizioni di imprese. Strutture e processi per la creazione di valore*, Milano, EGEA.

COSTABILE, M. [2001], *Il capitale relazionale*, Milano, McGraw-Hill Italia.

COX, W. JR. [1967], *Product Life Cycles as Marketing Models*, in «Journal of Business», ottobre.

CROZIER, M. e FRIEDBERG, E. [1977], *L'acteur et le sistème*, Paris, Seuil (trad. it. *Attore sociale e sistema*, Milano, Etas Libri, 1978).

DALTON, G.W. [1971], *Motivation and Control in Organizations*, in Dalton e Lawrence [1971].

DALTON, G.W. e LAWRENCE, P.R. [1971] (a cura di), *Motivation and Control in Organizations*, Homewood, Ill., Irwin-Dorsey.

D'AVENI, R.A. e RAVENSSCRAFT, D.J. [1994], *Economies of Integration Versus Bureaucracy Costs: Does Vertical Integration Improve Performance?*, in «Academy of Management Journal», 37, 5.

DAVIS, R. e DUHAIME, I.M. [1992], *Diversification, Vertical Integration, and Industry Analysis: New Perspectives and Measurement*, in «Strategic Management Journal», 13.

DECASTRI, M. [1984] (a cura di), *Organizzazione e cultura dell'innovazione in impresa*, Milano, Giuffrè.

DEMATTÈ, C. [2002], *Quando i business crescono per clonazione*, in «Economia & Management», 3.

DEMSETZ, H. [1991], *The Theory of the Firm Revisited*, in Williamson e Winter [1991].

DEPPERU, D. [1987], *Gli aggregati aziendali ed interaziendali*, in *Economia Aziendale*, a cura di G. Airoldi, Milano, CUSL.

DEVEREUX J. e LOCAY, L. [1992], *Specialization, Household Production, and the Measurement of Economic Growth*, in «The American Economic Review», 82, pp. 399-403.

DIMAGGIO, P. [2001] (a cura di), *The Twenty-First-Century Firm*, Princeton, N.J., Princeton University Press.

DOERINGER, P.B. e PIORE, M.J. [1971], *Internal Labour Market and Manpower Analysis*, Lexington, Mass., Heath.

DONNA, G. [2003], *L'impresa multibusiness. La diversificazione crea o distrugge valore?*, Milano, Università Bocconi Editore.

DORE, R. [1983], *Goodwill and the Spirit of Capitalism*, in «British Journal of Sociology», 4, pp. 459-482.

DOZ, Y.L. [1991], *Alliance Advantage*, Cambridge, Mass., Harvard Business School Press.

— [1996], *The Evolution of Cooperation in Strategic Alliances: Initial Conditions or Learning Process*, in «Strategic Management Journal», 17, pp. 55-83.

DOZ, Y.L. e HAMEL, G. [1998], *Alliance Advantage: The Art of Creating Value Through Partnership*, Boston, Mass., Harvard Business School Press.

DRUCKER, P.F. [1954], *The Practice of Management*, New York, Harper & Row (trad. it. *Il potere dei dirigenti*, Milano, Etas Libri, 1978).

DUBINI, P. [1999], *L'economia delle aziende culturali*, Milano, Etas Libri.

DUESENBERRY, J.S. [1949], *Income, Saving and the Theory of Consumer Behavior*, Cambridge, Mass., Harvard University Press (trad. it. *Reddito, risparmio e teoria del comportamento del consumatore*, Milano, Etas Kompass, 1969).

DURKHEIM, É. [1902], *La division du travail social*, Paris, Alcan (trad. it. *La divisione del lavoro sociale*, Milano, Edizioni di Comunità, 1999).

EISENHARDT, K.M. [1989], *Agency Theory: An Assessment and Review*, in «Academy of Management Review», 14, pp. 57-74.

EISENHARDT, K.M. e ZBARACKI, M.J. [1992], *Strategy and Decision Making*, in «Strategic Management Journal», 13, pp. 17-73.

ELEFANTI, M. [2003], *La liberalizzazione dei servizi pubblici locali*, Milano, EGEA.

ETZIONI, A. [1961], *A Comparative Analysis of Complex Organizations*, New York, The Free Press.

FACCIPIERI, S. [1988], *Le competenze distintive*, in Coda, Invernizzi e Rispoli [1988].

FAMA, E. [1980], *Agency Problems and the Theory of the Firm*, in «Journal of Political Economy», 88.

FELLEGARA, A.M. [1987], *Il risparmio di esercizio dell'azienda familiare: alcune annotazioni*, in AA.VV. [1987a].

FERRERO, G., DEZZANI, F., PISONI, P. e PUDDU, L. [2000], *Contabilità e bilancio di esercizio*, Milano, Giuffrè.

FIOCCA, R. [1987] (a cura di), *Imprese senza confini*, Milano, Etas Libri.

FISCHER, S. e DORNBUSCH, R. [1983], *Economics*, New York, McGraw-Hill (trad. it. *Economia*, Milano, Hoepli, 1986).

FLAVIN, M. e YAMASHITA, T. [2002], *Owner-Occupied Housing and the Composition of the Household Portfolios*, in

«American Economic Review», 92, pp. 345-362.

FLORIN, J., LUBATKIN, M. e SCHULZE, W. [2003], *A Social Capital Model of High Growth Ventures*, in «Academy of Management Journal», 46, pp. 374-384.

FONBRUN, C.J. [1996], *Reputation: Realizing Value from the Corporate Image*, Boston, Mass., Harvard Business School Press.

FORRESTER, J.W. [1968], *Principles of Systems*, Cambridge, Mass., Wright Allen (trad. it. *Principi dei sistemi*, Milano, Etas Kompass, 1974).

FREEMAN, J. e HANNAN, M.H. [1977], *The Population Ecology of Organizations*, in «American Journal of Sociology», 82.

FREEMAN, R.E. e MCVEA, J. [2001], *Stakeholder Approach to Strategic Management*, in *Handbook of Strategic Management*, a cura di M.A. Hitt, R.E. Freeman e J.S. Harrison, Oxford, Blackwell, 2001.

FREY, B. e STUTZER, A. [2002], *Happiness and Economics*, Princeton, N.J., Princeton University Press.

GAGLIARDI, P. [1986] (a cura di), *Le imprese come culture*, Torino, ISEDI.

GALBRAITH, J.R. [1977], *Organization Design*, London, Addison Wesley.

— [1983], *Organizzare per l'innovazione*, in «Sviluppo e Organizzazione», 79 (ed. or. in «Organizational Dynamics», IV, 1982).

GARDNER, F.V. [1954], *Break-even Point Control for Higher Profits*, in «Harvard Business Review», settembre-ottobre.

GARZONI, A. [2003], *Il governo dell'azienda cooperativa*, Milano, EGEA.

GHEMAWAT, P. [2001], *Strategy and Business Landscape. Core Concepts*, Englewood Cliffs, N.J., Prentice Hall.

GHOSHAL, S. [1987], *Global Strategy: An Organizing Framework*, in «Strategic Management Journal», 8.

GHOSHAL, S. e GRATTON, L. [2002], *Integrating the Enterprise*, in «Sloan Management Review», 44, 1.

GIANNESSI, E. [1960], *Le aziende di produzione originaria*, Pisa, C. Cursi.

GLAESER, E., LAIBSON, D. e SACERDOTE, B. [2002], *An Economic Approach to Social Capital*, in «Economic Journal», 112, pp. 437-458.

GRANDO, A. [1996] (a cura di), *Produzione e logistica*, Torino, UTET.

GRANDORI, A. [1984], *Teorie dell'organizzazione*, Milano, Giuffrè.

— [1989], *Reti inter-organizzative: progettazione e negoziazione*, in «Economia & Management», 7.

— [1999], *Organizzazione e comportamento economico*, Bologna, Il Mulino.

— [2004], *Corporate Governance and Firm Organization*, Oxford, Oxford University Press.

GRANDORI, A. e CARPANI, S. [2004], *Reti interaziendali e corporate governance*, in «Economia & Management», 6, pp. 99-110.

GRANDORI, A. e SODA, G. [1995], *Inter-firm Networks: Antecedents, Mechanisms and Forms*, in «Organization Studies», 16 (2), pp. 183-214.

GRANOVETTER, M. [1985], *Economic Action and the Social Structure: The Problem of Embeddedness*, in «American Journal of Sociology», 3 (trad. it. *Azione economica e struttura sociale. Il problema dell'embeddedness*, in *Azione economica come azione sociale*, a cura di M. Magatti, Milano, Angeli, 1991).

GRANT, R.M. [2005], *Contemporary strategic analysis*, Oxford, Blackwell Publishing (trad. it. *L'analisi strategica per le decisioni aziendali*, Bologna, Il Mulino, 2005).

GRANT, R.M. e BADEN-FULLER, C. [1995], *A Knowledge-Based Theory of Inter-Firm Collaboration*, in «Academy of Management Best Paper Proceedings», pp. 17-21.

GRONAU, R. [1997], *The Theory of Home Production. The Past Ten Years*, in «Journal of Labour Economics», 15, pp. 197-205.

GRONAU, R. e HAMERMESH, D.S. [2001], *The Demand for Variety. A Household Production Perspective*, Cambridge, Mass., NBER Working Paper, n. 8509.

— [2003], *Time vs. Goods: The Value of Measuring Household Production Technologies*, Cambridge, Mass., NBER Working Paper, n. 9650.

GUATRI, L. [1988] (a cura di), *Trattato di economia delle aziende industriali*, Milano, EGEA.

GUISO, L., HALIASSON, M. e JAPPELLI, T.

[2001], *Household Portfolios*, Cambridge, Mass., MIT Press.
GULATI, R. [1998], *Alliances and Networks*, in «Strategic Management Journal», 19, pp. 293-317.

HAMEL, G. [1991], *Competition for Competence and Inter-partner Learning within International Strategic Alliances*, in «Strategic Management Journal», 12, pp. 83-103.
HANSMANN, H. [1987], *Economic Theories of Nonprofit Organizations*, in Powell [1987].
— [1988], *Ownership of the Firms*, in «Journal of Law, Economics, and Organization», 4, 2, pp. 267-304.
— [1996], *The Ownership of Enterprise*, Cambridge, Mass., Harvard University Press (trad. it. *La proprietà dell'impresa*, Bologna, Il Mulino, 2005).
HARRIGAN, K.R. [1984], *Formulating Vertical Integration Strategies*, in «Academy of Management Review», 9.
— [1985], *Strategies for Joint Ventures*, Lexington, Mass., Lexington Books.
HART, O., SHLEIFER, A. e VISHNY, R. [1997], *The Proper Scope of Government: Theory and an Application to Prisons*, in «Quarterly Journal of Economics», 112.
HASPESLAGH, P.C. e JEMISON, D.B. [1991], *Managing Acquisitions. Creating Value through Corporate Renewal*, New York, The Free Press (trad. it. *La gestione delle acquisizioni*, Milano, Etas Libri, 1992).
HAWRYLYSHYN, O. [1976], *The Value of Household Services: a Survey of Empirical Estimates*, in «Review of Income and Wealth», 22, pp. 101-131.
HAY, G. [1973], *An Economic Analysis of Vertical Integration*, in «Industrial Organization Review», 1.
HAY, D.A. e MORRIS, D.J. [1979], *Industrial Economics: Theory and Evidence*, Oxford, Oxford University Press (trad. it. *Economia industriale*, Bologna, Il Mulino, 1984).
HELFAT, C.E., PETERAF, M.A. [2003], *The Dynamic Resource-Based View: Capability Lifecycles*, in «Strategic Management Journal», 24, pp. 997-1010.
HERZBERG, F. [1966], *Work and the Nature of Man*, New York, The World Publishing Company.
— [1968], *One More Time: How Do You Motivate Your Employees?*, in «Harvard Business Review», gennaio-febbraio.
HILL, C.W.L. [1997], *Establishing a Standard: Competitive Strategy and Technological Standards in Winner-Take-All Industries*, in «Academy of Management Executive», 11.
HIRSCHMAN, A.O. [1970], *Exit, Voice and Loyalty. Responses to Decline in Firms, Organizations and States*, Cambridge, Mass., Harvard University Press (trad. it. *Lealtà, defezione, protesta*, Milano, Bompiani, 1982).
HITT, M.A., HARRISON, J.S. e IRELAND, R.D. [2001], *Mergers and Acquisitions*, Oxford, Oxford University Press.
HOFER, C.W. e SCHENDEL, D. [1978], *Strategy Formulation: Analytical Concepts*, St. Paul, Minn., West Publishing (trad. it. *La formulazione della strategia aziendale*, Milano, Angeli, 1984).

INVERNIZZI, G. [1982], *La costruzione della mappa strategica di un'impresa*, in «Sviluppo e Organizzazione», gennaio-febbraio.
— [1999], *Il sistema delle strategie a livello aziendale*, Milano, McGraw-Hill Italia.
INVERNIZZI, G. e MOLTENI, M. [1990], *Analisi di bilancio e diagnosi strategica: strumenti per valutare posizione competitiva, vulnerabilità, patrimonio intangibile*, Milano, Etas Libri.
INVERNIZZI, G., MOLTENI, M. e SINATRA, A. [1988], *Imprenditorialità interna*, Milano, Etas Libri.
ISTAT [2001], *Le istituzioni nonprofit in Italia, anno 1999*, Roma.
IWAIASAKO, T. [2003], *Household Portfolios in Japan*, Cambridge, Mass., NBER Working Paper, n. 9647.

JENSEN, M. e MECKLING, W. [1976], *Theory of the Firm: Managerial Behavior, Agency Costs and Ownership Structure*, in «Journal of Financial Economics», 3, pp. 305-360.

KAHNEMAN D., DIENER E. e SCHWARZ N. [1999], *Well-being: The Foundations of Hedonics Psychology*, New York, Russel Sage Foundation.
KAHNEMAN, D., KNETSCH, J.L. e THALER, R.H. [1986] (a cura di), *Fairness and*

the Assumptions of Economics, in «Journal of Business», ottobre, pp. 285-300.

KAPLAN, R.S. e NORTON, D.P. [2004], *Strategy mats: converting intangible assets into tangible outcomes*, Cambridge, Mass., Harvard University Press.

KATZ, D. e KAHN, R.L. [1966], *The Social Psychology of Organizations*, New York, Wiley (trad. it. *Psicologia sociale delle organizzazioni*, Milano, Etas Kompass, 1968).

KATZ, M.L. e SHAPIRO C. [1985], *Network Externalities, Competition and Compatibility*, in «American Economic Review», 75 (3).

KNIGHT, F. [1921], *Risk, Uncertainty and Profit*, New York, Kelley and Millan (trad. it. *Rischio, incertezza e profitto*, Firenze, La Nuova Italia, 1960).

KOCHAN, T.A. e RUBINSTEIN, S.A. [2000], *Toward a Stakeholder Theory of the Firm: The Saturn Partnership*, in «Organization Science», 4, pp. 367-386.

KOGUT, B. [1988], *Joint Ventures: Theoretical and Empirical Perspectives*, in «Strategic Management Journal», 9, pp. 312-332.

— [1991], *Joint Ventures and the Option to Expand and Acquire*, in «Management Science», 37, pp. 19-33.

KOGUT, B. e ZANDER, V. [1992], *Knowledge of the Firm, Combinative Capabilities, and the Replication of Technology*, in «Organization Science», 3 (3), pp. 383-397.

KUMAR, S. e SETH, A. [1998], *The Design of Coordination and Control Mechanisms for Managing Joint-Venture-Parent Relationships*, in «Strategic Management Journal», 19, pp. 579-599.

LA PORTA, R., LOPEZ-DE-SILANES, F. e SHLEIFER, A. [1999], *Corporate Ownership around the World*, in «Journal of Finance», 54, pp. 471-518.

LAFFONT, J.J. e TIROLE, J. [1993], *A Theory of Incentives in Procurement and Regulation*, Cambridge, Mass., MIT Press.

LANDEFELD, S.J. e MCCULLA, S. [2000], *Accounting for Nonmarket Household Production within a National Accounts Framework*, in «Review of Income and Wealth», 46, pp. 289-307.

LANDES, D.S. [1969], *The Unbound Prometeus*, Cambridge, Mass., Cambridge University Press (trad. it. *Prometeo liberato*, Torino, Einaudi, 1978).

LANGLOIS, R.N. e ROBERTSON, P.L. [1995], *Firms, Markets and Economic Change. A Dynamic Theory of Business Institutions*, London-New York, Routledge.

LAWRENCE, P.R. e LORSCH J.W. [1967], *Organization and Environment*, Cambridge, Mass., Harvard University Press.

LAYARD, R. [2003], *Happiness: Has Social Science a Clue?*, London, London School of Economics.

LEAVITT, H.J. [1965], *Exploit the Product Life Cycle*, in «Harvard Business Review», novembre-dicembre.

LIPPARINI, A. [1998] (a cura di), *Le competenze organizzative*, Roma, Carocci.

LOCAY, L. [1990], *Economic Development and the Division of Production between Households and Markets*, in «Journal of Political Economy», ottobre, 98, pp. 965-982.

LOCKE, E.A. e LATHAM, G.P. [2004], *What Should We Do about Motivation Theory? Six Recommendations for the Twenty-First Century*, in «Academy of Management Review», 29, pp. 388-403.

LOCKETT A. e THOMPSON S. [2001], *The Resource-Based View and Economics*, in «Journal of Management», 6, pp. 723-754.

LORENZONI, G. [1983], *La costellazione di imprese: una base di indagine sui processi di sviluppo*, in «Economia e politica industriale», 39.

LORENZONI, G. e LIPPARINI, A. [1999], *The Leveraging of Inter-firm Relationships as a Distinctive Organizational Capability: A Longitudinal Study*, in «Strategic Management Journal», 20, pp. 317-338.

MADHOK, A. e TALLMAN, S.B. [1998], *Resources, Transactions and Rents: Managing Value through Interfirm Collaborative Relationships*, in «Organization Science», 3, pp. 326-339.

MAGGI, B. [1984], *Questioni di organizzazione e sociologia del lavoro*, Torino, Tirrenia Stampatori.

MAHNKE, V. e VENZIN, M. [2003], *Governance of Knowledge Teams in the*

MNCs: The Case of Hedelberg Ciment, in «Management International Review», 3, pp. 47-67.
MALERBA, F. [2000], *Economia dell'innovazione*, Roma, Carocci.
MARCH, J.G. e SIMON, H.A. [1958], *Organizations*, New York, Wiley (trad. it. *Teoria dell'organizzazione*, Milano, Edizioni di Comunità, 1966).
MARCH, J.G., SCHULZ, M. e ZHOU, X. [2000], *The Dynamics of Rules. Change in Written Organizational Codes*, Stanford, Calif., Stanford University Press (trad. it. *Per una teoria delle regole*, Milano, Università Bocconi Editore, 2003).
MARCON, G. [1978], *Bilancio, programmazione e razionalità delle decisioni pubbliche*, Milano, Angeli.
MARELLI, M. [1987], *Le aggregazioni di piccole imprese*, in *Economia Aziendale*, a cura di G. Airoldi, Milano, CUSL.
— [2002], *Aziende e distretti: il governo delle economie locali*, Milano, EGEA.
MARIOTTI S. [1982], *Efficienza e struttura economica: il caso tessile-abbigliamento*, Milano, Angeli.
— [1988], *L'automazione flessibile nell'industria italiana*, in «L'impresa», 3.
MARKUS H.R. e ZAJONIC, R.B. [1985], *The Cognitive Perspective in Social Psychology*, in *Handbook of Social Psychology*, a cura di G. Lindzey e E. Aronson, New York, Random House.
MARRIS, R. [1963], *A Model of the Managerial Enterprise*, in «Quarterly Journal of Economics».
— [1964], *Theory of Managerial Capitalism*, New York, Macmillan (trad. it. *La teoria economica del capitalismo manageriale*, Torino, Einaudi, 1972).
MARZI, G., PROSPERETTI, L. e PUTZU, E. [2001], *La regolazione dei servizi infrastrutturali*, Bologna, Il Mulino.
MASI, V. [1975], *La ragioneria nell'età medievale*, Bologna, Tamari Editori.
MASINI, C. [1960], *L'organizzazione del lavoro nell'impresa*, Milano, Giuffrè.
— [1979²], *Lavoro e risparmio*, Torino, UTET.
— [1987a], *Il calcolo economico di azienda*, in AA.VV. [1987b].
— [1987b], *L'economia di azienda ramo dell'economia*, in AA.VV. [1987a].
MASLOW, A. [1964], *Motivation and Personality*, New York, Harper & Row (trad. it. *Motivazione e personalità*, Roma, Armando, 1976).
MASON, E.S. [1939], *Price and Production Policies of Large Scale Enterprises*, in «American Economic Review», marzo.
MASSARI, M. [1998], *Finanza aziendale. Valutazione*, Milano, McGraw-Hill Italia.
MASTEN, S.E., MEEHAN, J.W. JR. e SNYDER, E.A. [1991], *The Costs of Organization*, in «Journal of Law, Economics and Organization», 7.
MATACENA, A. [1999], *Aziende non profit: scenari e strumenti per il terzo settore*, Milano, EGEA.
MAZZOLA, P. [1988], *Differenziazione*, in Coda, Invernizzi e Rispoli [1988].
— [2002], *Produttività e crescita delle imprese*, Milano, EGEA.
MAZZOLENI, M. [1984], *Aspetti metodologici e tecnici del sistema di rilevazione negli enti pubblici*, in AA.VV. [1984].
MCEVILY, B., PERRONE, V. e ZAHEER A. [2003], *Trust as an Organizing Principle*, in «Organization Science», 14, pp. 91-103.
MCGEE, J.S. e BASSETT, L.R. [1976], *Vertical Integration Revisited*, in «Journal of Law and Economics», 19.
MCGREGOR, D. [1960], *The Human Side of Enterprise*, New York, Mc-Graw-Hill (trad. it. *L'aspetto umano dell'impresa*, Milano, Angeli, 1972).
MEADE, J.E. [1989], *Agathotopia: The Economics of Partnership*, Aberdeen, Aberdeen University Press (trad. it. *Agathotopia*, Milano, Feltrinelli, 1989).
MICHAEL, R.T. e BECKER, G.S. [1973], *On the New Theory of Consumer Behavior*, in «Swedish Journal of Economics», 75, pp. 378-396.
MILGROM, P. e ROBERTS, J. [1992], *Economics, Organization and Management*, Englewood Cliffs, N.J., Prentice-Hall (trad. it. *Economia, organizzazione e management*, Bologna, Il Mulino, 1994).
MINTZBERG, H. [1983], *Structures in Fives. Designing Effective Organizations*, Englewood Cliffs, N.J., Prentice Hall (trad. it. *La progettazione dell'organizzazione aziendale*, Bologna, Il Mulino, 1985).
— [2001], *Getting past Smith and Marx. Toward a Balanced Society*, Working Paper.
MITCHELL, R.K., AGLE, B.R. e WOOD,

D.J. [1997], *Toward a Theory of Stakeholder Identification and Salience*, in «Academy of Management Review», 22, pp. 853-886.

MODIGLIANI, F. e MILLER, M.H. [1958], *The Cost of Capital, Corporation Finance, and the Theory of Investment*, in «American Economic Review», 48, pp. 261-297.

MOLLONA, E. [2000], *Analisi dinamica dei sistemi aziendali*, Milano, EGEA.

MOMIGLIANO, F. [1975], *Economia industriale e teoria dell'impresa*, Bologna, Il Mulino.

MONTGOMERY, C.A. [1995], *Resource-based and Evolutionary Theories of the Firm: Towards a Synthesis*, Boston, Mass., Kluwer.

MPOYI, R.T. [2003], *Vertical Integration: Strategic Characteristics and Competitive Implications*, in «Competitiveness Review», 13.

MUSGRAVE, R.A. [1984], *Public Finance in Theory and Practice*, New York, McGraw-Hill.

MUTTI, A. [1998], *Capitale sociale e sviluppo: la fiducia come risorsa*, Bologna, Il Mulino.

NACAMULLI, R.C.D. e RUGIADINI, A. [1985] (a cura di), *Organizzazione e mercato*, Bologna, Il Mulino.

NAHAPIET, J. e GHOSHAL, S. [1998], *Social Capital, Intellectual Capital, and the Organizational Advantage*, in «Academy of Management Review», 23, pp. 242-266.

NELSON, R.R. [1981], *Assessing Private Enterprise: An Exegesis of Tangled Doctrine*, in «The Bell Journal of Economics» (trad. it. in Nacamulli e Rugiadini [1985]).

— [1994], *The Co-evolution of Technology, Industrial Structure, and Supporting Institutions*, in «Industrial and Corporate Change», 3 (1), pp. 47-63.

NELSON, R.R. e WINTER, S. [1982], *An Evolutionary Theory of Economic Change*, Cambridge, Mass., Harvard University Press.

NOGUCHI, Y. e POTERBA, J. [1994] (a cura di), *Housing Markets in the United States and Japan*, Chicago, Ill., University of Chicago Press.

NONAKA, I. [1994], *A Dynamic Theory of Organizational Knowledge Creation*, in «Organization Science», 5, pp. 14-37.

NORMANN, R. [1977], *Management for Growth*, New York, Wiley (trad. it. *Le condizioni di sviluppo dell'impresa*, Milano, Etas Libri, 1979).

NORTH, D.C. [1990], *Institutions, Institutional Change and Economic Performance*, Cambridge, Cambridge University Press (trad. it. *Istituzioni, cambiamento istituzionale, evoluzione dell'economia*, Bologna, Il Mulino, 1997).

OHMAE, K. [1988], *Getting Back to Strategy*, in «Harvard Business Review», novembre-dicembre.

OLIVOTTO, L. [1987], *La dinamica finanziaria dell'impresa*, Milano, Angeli.

ONIDA, P. [1951], *Le discipline economico-aziendali: oggetto e metodo*, Milano, Giuffrè.

— [1965], *Economia d'azienda*, Torino, UTET.

OUCHI, W.G. [1980], *Markets, Bureaucracies and Clans*, in «Administrative Science Quarterly», 25.

PADULA, G. [2002], *Reti di imprese e apprendimento*, Milano, EGEA.

PALETTA, A. [1999], *Assetti istituzionali ed economicità dell'azienda pubblica*, Padova, CEDAM.

PANOZZO, F. [2000], *Dalla produzione alla regolazione*, Padova, CEDAM.

PARISE, S. e CASHER, A. [2003], *Alliance Portfolios: Designing and Managing Your Network of Business-partner Relationships*, in «Academy of Management Executive», 17, pp. 25-39.

PAROLINI, C. [1986], *La definizione delle aree strategiche d'affari*, in *Economia aziendale*, a cura di G. Airoldi, Milano, CUSL.

— [1996], *Rete del valore e strategie aziendali*, Milano, EGEA.

PASINETTI, L. [1981], *Structural Change and Growth*, Cambridge, Mass., Cambridge University Press (trad. it. *Dinamica strutturale e sviluppo economico*, Torino, UTET, 1984).

PASTORE, R. e PIANTONI, G. [1984] (a cura di), *Strategia sociale dell'impresa*, Milano, Etas Libri.

PERRONE, V. [2004], *La fiducia è una cosa*

seria, in «Economia & Management», 3, pp. 5-11.

PFEFFER, J. e COHEN, Y. [1984], *Determinants of Internal Labour Market in Organizations*, in «Administrative Science Quarterly», 29, pp. 550-572.

PFEFFER, J. e SALANCICK, G.R. [1978], *The External Control of Organizations*, New York, Harper & Row.

PINDER, C. [1998], *Work Motivation in Organizational Behavior*, Englewood Cliffs, N.J., Prentice-Hall.

PISANO, G.P. [1989], *Using Equity Participation to Support Exchange: Evidence from the Biotechnology Industry*, in «Journal of Law, Economics and Organization», 5 (1), pp. 109-126.

PODESTÀ, S. [1988], *Teoria dell'impresa ed economia industriale*, in Guatri [1988].

PODOLNY, J. [1994], *Market uncertainty and the social character of economic exchange*, in «Administrative Science Quarterly», 39, pp. 458-483.

POLLAK, R. [2002], *Gary Becker's Contribution to Family and Household Economics*, Cambridge, Mass., NBER Working Paper, n. 9232.

POLLI, R. e COOK, V. [1969], *Validity of the Product Life Cycle*, in «Journal of Business», 42 (ottobre).

PORTER, M. [1980], *Competitive strategies*, New York, The Free Press (trad. it. *La strategia competitiva*, Bologna, Edizioni Tipografia Compositori, 1982).

— [1985], *Competitive Advantage. Creating and Sustaining Superior Performance*, New York, The Free Press (trad. it. *Il vantaggio competitivo*, Milano, Edizioni di Comunità, 1987).

— [1987], *From Competitive Advantage to Corporate Strategy*, in «Harvard Business Review», maggio-giugno.

PORTER, L.W., BIGLEY, G.A. e STEERS, R.M. [2003[7]] (a cura di), *Motivation and Work Behavior*, New York, Irwin/McGraw-Hill.

POST, J., PRESTON, L. e SACHS, S. [2002] (a cura di), *Redefining the Corporation: Stakeholder Management and Organizational Wealth*, Stanford, Calif., Stanford University Press.

POWELL, W.W. [1987] (a cura di), *The Nonprofit Sector*, New Haven, Conn.-London, Yale University Press.

— [1990], *Neither Market nor Hierarchy: Network Forms of Organization*, in *Research in Organizational Behavior*, a cura di B.M. Staw e L.L. Cummings, Amsterdam, Elsevier.

POWELL, W.W. e DIMAGGIO, P.J. [1991] (a cura di), *The New Institutionalism in Organizational Analysis*, Chicago, Ill., University of Chicago Press (trad. it. *Il neoistituzionalismo nell'analisi organizzativa*, Torino, Edizioni di Comunità, 2000).

PRAHALAD, C.K. e HAMEL, G. [1990], *The Core Competencies of the Corporation*, in «Harvard Business Review», maggio-giugno (trad. it. *La competenza distintiva delle aziende*, in «Harvard Espansione», 49, dicembre, 1990).

PRETO, A. [2002], *Il diritto societario europeo: alla ricerca di un modello regolativo*, in «Lecco Economia», 2-3.

PROPERSI, A. [2001], *Le aziende non profit*, Milano, Etas.

— [2002], *Governance e fiscalità negli enti non profit*, Milano, Il Sole-24Ore Libri.

PUTNAM, R.D. [2000], *Bowling Alone: The Collapse and Revival of American Community*, London, Simon & Schuster (trad. it. *Capitale sociale e individualismo: crisi e rinascita della cultura civica in America*, Bologna, Il Mulino, 2004).

PUTTERMAN, L. [1984], *On Some Recent Explanations of Why Capital Hires Labor*, in «Economic Inquiry», 22 (parzialmente riprodotto in: Putterman [1986]).

— [1986] (a cura di), *The Economic Nature of the Firm*, Cambridge, Mass., Cambridge University Press.

RAUTENSTRAUCK, W. [1939], *Economics of Enterprise*, New York, Wiley.

RAVASI, D. [2004], *La gestione strategica dell'identità aziendale*, Milano, EGEA.

RAVASI, D. e GABBIONETA, C. [2004], *Le componenti della reputazione aziendale: indicazioni dalla ricerca RQ Italy*, in «Economia & Management», 3, pp. 77-100.

RAVASI, D., ZATTONI, A. e BRUNI, M. [2002], *Gruppi di imprese, quotazioni e privatizzazione. La discontinuità degli assetti istituzionali*, Milano, EGEA.

REBORA, G. [1983], *Organizzazione e direzione dell'ente locale*, Milano, Giuffrè.

RISPOLI, M. [1984] (a cura di), *L'impresa industriale: economia, tecnologia, management*, Bologna, Il Mulino.

ROE, M. [2003], *Political Determinants of Corporate Governance*, Oxford, Oxford University Press (trad. it. *La public company e i suoi nemici*, Milano, Il Sole-24 Ore Libri, 2004).

ROSE-AKERMAN, S. [1986], *The Economics of Nonprofit Institutions: Studies in the Structure and Policy*, Oxford, Oxford University Press.

RUBIN, P.H. [1990], *Managing Business Transactions*, New York, The Free Press.

RUGIADINI, A. [1979], *Organizzazione d'impresa*, Milano, Giuffrè.

— [1985], *L'efficienza delle scelte manageriali fra organizzazione e mercato*, in *Organizzazione & Mercato*, a cura di R.C.D. Nacamulli e A. Rugiadini, Bologna, Il Mulino.

RULLANI, E. [1984], *Teoria ed evoluzione dell'impresa industriale*, in Rispoli [1984].

RUMELT, R.P. [1995], *Inertia and Transformation*, in Montgomery [1995].

SALVEMINI, S. [1977], *La progettazione delle mansioni*, Milano, ISEDI.

— [1999], *L'implementazione strategica*, in *Manuale di organizzazione aziendale*, a cura di G. Costa e R.C.D. Nacamulli, vol. 5, Torino, UTET.

SARACENO, P. [1976[8]], *La produzione industriale*, Venezia, Libreria Universitaria.

SCHEIN, E.H. [1984], *Verso una nuova consapevolezza della cultura organizzativa*, in Gagliardi [1986] (ed. or. in «Sloan Management Review», 4, 1984).

SCHUMPETER, J.A. [1912], *Theorie der wirtschaftlichen Entwicklung* (trad. it. *Teoria dello sviluppo economico*, Firenze, Sansoni, 1971).

— [1950], *Capitalism, Socialism and Democracy*, New York, Harper (trad. it. *Capitalismo, socialismo e democrazia*, Milano, Edizioni di Comunità, 1964).

SCOGNAMIGLIO, C. [1979], *I settori industriali*, in Masini [1979].

SCOTT, R.W. [1981], *Organizations. Rational, Natural and Open Systems*, Englewood Cliffs, N.J., Prentice-Hall (trad. it. *Le organizzazioni*, Bologna, Il Mulino, 1985).

— [1995], *Institutions and Organizations*, Thousand Oaks, Calif., Sage.

SCOTT, R.W. e MEYER, J.W. [1994], *Institutional Environments and Organizations*, Thousand Oaks, Calif., Sage.

SEN, A.K. [1993], *Internal Consistency of Choice*, in «Econometrica», 61 (trad. it. *Coerenza interna della scelta*, in *Razionalità e libertà*, Bologna, Il Mulino, 2005).

SENGE, P. [1990], *The Fifth Discipline: The Art and Practice of the Learning Organization*, London, Doubleday/Currency (trad. it. *La quinta disciplina*, Milano, Sperling & Kupfer, 1992).

SHAPIRO, C. e VARIAN, H. [1998], *Information Rules: A Strategic Guide to the Network Economy*, Boston, Mass., Harvard Business School Press (trad. it. *Information Rules: le regole dell'economia dell'informazione*, Milano, Etas Libri, 1999).

SHLEIFER, A. e VISHNY, R.W. [1997], *A Survey of Corporate Governance*, in «Journal of Finance», 52, pp. 737-783.

SIMON, H.A. [1951], *A formal Theory of the Employment Relationship*, in «Econometrica», 19, pp. 293-305.

— [1993], *Altruism and Economics*, in «American Economic Review», 83, pp. 156-161.

— [1997], *Administrative Behavior*, IV ed., New York, The Free Press (trad. it. *Il comportamento amministrativo*, Bologna, Il Mulino, 2001).

SINATRA, A. [1990], *Impresa e sistema competitivo*, Torino, UTET.

SMITH, A. [1776], *An Inquiry into the Nature and Causes of The Wealth of Nations* (trad. it. *Indagine sulla natura e le cause della ricchezza delle nazioni*, Milano, ISEDI, 1973).

STEERS, R.M., MOWDAY, R.T. e SHAPIRO, D.L. [2004], *The Future of Work Motivation Theory*, in «Academy of Management Review», 29, 3, pp. 379-387.

STIGLITZ, J.E. [1988], *Economics of the Public Sector*, Norton (trad. it. *Economia del settore pubblico*, Milano, Hoepli, 2003).

SZULANSKI, G. e CAPPETTA, R. [2003], *Stickiness: Conceptualizing, Measuring, and Predicting Difficulties to Transfer Knowledge within Organizations*, in *Handbook of Organizational Learning and Knowledge Management*, a cura di M. Easterby-Smith e M. Lyles, Oxford, Blackwell.

TEECE, D.J. [1980], *Economics of Scope and the Scope of the Enterprise*, in «Journal of Economic Behavior and Organization», 1, pp. 223-247.

— [1982], *Towards an Economic Theory of the Multiproduct Firm*, in «Journal of Economic Behavior and Organization», 3, pp. 39-63.

— [1992], *Competition, Cooperation and Innovation*, in «Journal of Economic Behavior and Organization», 18, pp. 1-25.

TEECE, D.J., PISANO, G.P. e SHUEN, A. [1997], *Dynamic Capabilities and Strategic Management*, in «Strategic Management Journal», 18, 7, pp. 509-533.

TESSITORE, A. [1979], *Redditività dell'impresa in periodo di inflazione*, Padova, CEDAM.

THOMPSON, J.D. [1967], *Organizations in Action*, New York, McGraw-Hill (trad. it. *L'azione organizzativa*, Milano, Petrini-ISEDI, 1989).

TRIST, E.L. e BAMFORTH, K.W. [1951], *Some Social and Psychological Consequences of the Longwall Method of Coal Getting*, in «Human Relations», 4.

TURATI, C. [1990], *Economia e organizzazione delle joint venture*, Milano, EGEA.

VACCÀ, S. [1989], *Scienza e tecnologia nell'economia delle imprese*, Milano, Angeli.

VEBLEN, T. [1899], *The Theory of the Leisure Class*, New York, Macmillan (trad. it. *La società opulenta*, Torino, Einaudi, 1949).

VERNON, R. [1966], *International Investment and International Trade in the Product Cycle*, in «Quarterly Journal of Economcs», 80, pp. 190-207.

VERONA, G. e RAVASI, D. [2003], *Unbundling Dynamic Capabilities: An Exploratory Study of Continuous Product Innovation*, in «Industrial and Corporate Change», 3, pp. 577-607.

VISCONTI, F. [1988a], *Fattori critici di successo*, in Coda, Invernizzi e Rispoli [1988].

— [1988b], *Il vantaggio concorrenziale*, in Coda, Invernizzi e Rispoli [1988].

— [1996], *Le condizioni di sviluppo delle imprese operanti nei distretti industriali*, Milano, EGEA.

VOLPATO, G. [1986], *Concorrenza, impresa, strategie*, Bologna, Il Mulino.

VROOM, V. [1964], *Work and Motivation*, New York, Wiley.

WEICK, K.E. [1979], *The Social Psychology of Organizing*, London, Addison-Wesley (trad. it. *Organizzare la psicologia sociale dei processi organizzativi*, Torino, ISEDI, 1993).

WEISBROD, B. [1977], *The Voluntary Nonprofit Sector*, Lexington, Mass., Heath.

WERNERFELT, B. [1984], *A Resource Based View of the Firm*, «Strategic Management Journal», 5.

WHITTINGTON, R. e MAYER M. [2000], *The European Corporation. Strategy, Structure and Social Science*, Oxford, Oxford University Press (trad. it. *L'impresa europea: strategia, struttura e culture aziendali*, Milano, Università Bocconi Editore, 2002).

WILLIAMSON, O.E. [1963], *Managerial Discretion and Business Behaviour*, in «American Economic Review» (trad. it. *Discrezionalità manageriale e comportamento d'impresa*, in *L'organizzazione economica*, Bologna, Il Mulino, 1991, pp. 9-42).

— [1971], *The Vertical Integration of Production: Market Failure Considerations*, in «American Economic Review», 61 (trad. it. *Integrazione verticale della produzione: considerazioni sul fallimento del mercato*, in *L'organizzazione economica*, Bologna, Il Mulino, 1991, pp. 113-134).

— [1975], *Markets and Hierarchies: Analysis and Antitrust Implications*, New York, The Free Press.

— [1979], *Transaction Costs Economics: The Governance of Contractual Relations*, in «Journal of Law and Economics», 22, pp. 233-261 (trad. it. *Teoria dei costi di transazione: il controllo delle relazioni contrattuali*, in *L'organizzazione economica*, Bologna, Il Mulino, 1991, pp. 135-174).

— [1980], *The Organization of Work: A Comparative Institutional Assessment*, in «Journal of Economic Behavior and Organization», 1 (trad. it. in Nacamulli e Rugiadini [1985]).

— [1981], *The Economics of Organizations: The Transaction Cost Approach*, in «American Journal of Sociology», 87, pp. 548-577.

— [1985], *The Economic Institutions of Capitalism*, New York, The Free Press (trad. it. *Le istituzioni economiche del capitalismo: imprese, mercati, rapporti contrattuali*, Milano, Angeli, 1992).

— [1991], *Comparative Economic Organization: The Analysis of Discrete Structural Alternatives*, in «Administrative Science Quarterly», giugno.

WILLIAMSON, O.E. e MASTEN, S.E. [1999], *The Economics of Transactions Costs*, Cheltenham, Edward Elgar.

WILLIAMSON, O.E. e OUCHI, W.G. [1981], *The Markets and Hierarchies Program of Research: Origins, Implications, Prospects*, in *Perspectives on Organization Design and Behaviour*, a cura di A.H. van de Ven e W.F. Joyce, New York, Wiley.

WILLIAMSON, O.E. e WINTER, S.G. [1991], *The Nature of the Firm*, Oxford, Oxford University Press.

WINTER, S. e SZULANSKI, G. [2001], *Replication as Strategy*, in «Organization Science», 6, pp. 730-743.

WOODWARD, J. [1965], *Industrial Organization: Theory and Practice*, Oxford University Press (trad. it. *Organizzazione industriale: teoria e pratica*, Torino, Rosenberg & Sellier, 1975).

WRIGHT, P., DUNFORD, B. e SNELL, S. [2001], *Human Resources and the Resource-based View of the Firm*, in «Journal of Management», 6, pp. 701-721.

ZAMAGNI, S. [2002] (a cura di), *Il nonprofit italiano al bivio*, Milano, EGEA.

ZAN, L. [1990], *L'economia delle imprese cooperative*, Torino, UTET.

ZANGWILL, W.I. e KARITOR, P.B. [1998], *Toward a Theory of Continuous Improvement and the Learning Curve*, in «Management Science», 44 (7).

ZAPPA, G. [1950], *Il reddito di impresa*, Milano, Giuffrè.

— [1957], *Le produzioni nell'economia delle imprese*, Milano, Giuffrè.

ZATTONI, A. [2000], *Economia e governo dei gruppi aziendali*, Milano, EGEA.

— [2004a], *Il governo economico delle imprese*, Milano, EGEA.

— [2004b], *L'assetto istituzionale delle imprese italiane*, Milano, EGEA.

ZENGER, T.R. [1994], *Explaining Organizational Diseconomies of Scale in R&D: Agency Problems and the Allocation of Engineering Talent, Ideas, and Effort by Firm Size*, in «Management Science», 40 (6).

ZERBI, T. [1952], *Le origini della partita doppia*, Milano, Giuffrè.

ZOLLO, M. [2003], *Mergers and Acquisitions on Corporate Growth*, in «European Management Journal», aprile.

Finito di stampare nel mese di luglio 2019
presso la Tipografia Casma, Bologna